国家社科基金重大招标项目

"中华优秀传统文化传承体系研究"（项目批准号 12&ZD018）成果

段超 等著

# 中华优秀传统文化传承体系研究

中国社会科学出版社

图书在版编目（CIP）数据

中华优秀传统文化传承体系研究／段超等著．—北京：中国社会科学出版社，2022.9

ISBN 978-7-5227-0978-9

Ⅰ.①中… Ⅱ.①段… Ⅲ.①中华文化—文化发展—研究 Ⅳ.①K203

中国版本图书馆 CIP 数据核字（2022）第 205530 号

| | | |
|---|---|---|
| 出 版 人 | 赵剑英 | |
| 责任编辑 | 孔继萍 | 高 婷 |
| 责任校对 | 郝阳洋 | |
| 责任印制 | 郝美娜 | |

| | | |
|---|---|---|
| 出 版 | 中国社会科学出版社 | |
| 社 址 | 北京鼓楼西大街甲 158 号 | |
| 邮 编 | 100720 | |
| 网 址 | http://www.csspw.cn | |
| 发 行 部 | 010-84083685 | |
| 门 市 部 | 010-84029450 | |
| 经 销 | 新华书店及其他书店 | |

| | |
|---|---|
| 印刷装订 | 北京君升印刷有限公司 |
| 版 次 | 2022 年 9 月第 1 版 |
| 印 次 | 2022 年 9 月第 1 次印刷 |
| 开 本 | 710×1000 1/16 |
| 印 张 | 36.5 |
| 字 数 | 576 千字 |
| 定 价 | 208.00 元 |

凡购买中国社会科学出版社图书，如有质量问题请与本社营销中心联系调换
电话：010-84083683
版权所有 侵权必究

# 序

  中华优秀传统文化是千百年来中华各民族创造的具有重要价值的精神财富。保护传承中华优秀传统文化，对于增强中华民族凝聚力，加强海内外中华儿女大团结，铸牢中华民族共同体意识，实现中华民族的伟大复兴具有重要意义。中南民族大学段超等同志的研究成果《中华优秀传统文化传承体系研究》即将出版面世，该著围绕中华优秀传统文化当代传承体系建设，就传承体系构架，传承体系要素构成，要素之间关系，民间传承、开发利用传承、数字化技术传承等传承方式要义展开研究，所讨论的具体问题和提出的观点对于深化中华优秀传统文化传承研究，推动传承实践具有积极作用。

  该成果价值体现在以下方面：

  1. 提出了中华优秀传统文化传承体系构架。作者认为，中华优秀传统文化传承体系是一个复杂系统，这个系统是由"传者—传承内容—传承方式—传承策略、方法、技术—受者—传承场域（环境）—保障体系"等要素和环节构成。作者对传承体系各要素及其关系进行分析，提出传承体系良性运行的条件是各种要素有效整合、各种要素功能充分发挥，要从传者、受者、传承内容、传承方式、传承场域、保障制度等方面，加强传承体系建设，使各要素环节间相互衔接、协调互动。从系统论角度建构文化传承体系，阐述传承体系要素环节及其关系，对于科学建构文化传承体系是有益的探索。

  2. 阐述了中华优秀传统文化主要传承方式。作者就中华优秀传统文化的民间传承、学校教育传承、开发利用传承、数字化技术传承、博物馆传承五种传承方式进行剖析,分析了每种传承方式的要义。例如,作者认为,开发利用传承是将优秀传统文化资源科学转化为文化产品或文化服务的过程,涉及文化资本与经济资本、社会资本、符号资本间的转换,渗透了文化持有者和开发利用参与者经济理性与文化理性;要建立传承机制,加强制度建设,防止传统文化资源遗弃和流失,完善优秀传统文化旅游传承。在数字化技术传承过程中,要完善数字化平台体系,在国家级媒体上建立传统文化传承"专业平台";提升数字化技术传承水平,生产更多数字化文化精品,提升数字化技术传承效果;防止媒体平台传播过程中过度娱乐化、恶搞等现象;实施一批数字化技术传承工程,选择文献、戏剧曲艺、故事传说、文物、工艺等,进行数据化采集、整理、制作、展示和传播;加强专业技术人才培养和技术创新;推动数字文化产业发展。要强化博物馆文化传承功能,建设虚拟博物馆,扩大文化传承覆盖面;重视藏品保护,做好文物研究和保护利用工作;博物馆要加强与非遗代表性传承人联动,共同开展文化传承活动中,加强与学校合作,共建文化传承教育基地,让学生体验非遗;促进民办博物馆发展,提升其文化传承水平。与已有研究成果相比,作者对上述问题的分析更为深入具体。

3. 提出了完善非物质文化遗产保护传承政策法规的措施。针对现行非物质文化遗产保护传承政策法规存在的不足,作者提出了完善政策法规的措施,包括突破现行非遗代表性名录制度局限,统筹做好非遗整体性保护传承工作;完善国家级非遗代表性项目名录评选办法,细化部分非遗代表性项目名录标准,增加非遗代表性项目名录类别;完善代表性传承人制度,充分发挥其引领作用,重视普通传承人作用;加强社会环境建设,形成全民保护传承非遗氛围;增强非遗法刚性,加强执法检查;各地制定落实非遗法律、法规的实施办法。作者的建议对于相关部门修订完善非物质文化遗产政策法规,具有重要参考价值。

另外,该成果田野调查资料丰富,在理论阐释同时,重视案例分析,这些都提升了其价值。

期望段超教授团队进一步深化中华优秀传统文化保护传承研究,为优秀传统文化创造性转化和创新性发展做出新贡献。

冯天瑜<br>
2022 年 8 月于武汉大学珞珈山寓所

# 目　录

**绪　论** ……………………………………………………………（1）
  一　中华优秀传统文化主要内容及其当代价值 ……………（1）
  二　中华优秀传统文化传承面临的问题 ……………………（11）
  三　研究中华优秀传统文化传承的意义 ……………………（13）

**第一章　中华优秀传统文化传承体系建构** ………………………（16）
 第一节　中华优秀传统文化传承体系架构 ………………………（16）
  一　复杂的传统文化系统 ……………………………………（16）
  二　传承体系要素和框架 ……………………………………（20）
  三　传承体系建设 ……………………………………………（28）
 第二节　中华优秀传统文化传承场域建设 ………………………（35）
  一　传承场域模式 ……………………………………………（36）
  二　传统场域文化传承逻辑 …………………………………（38）
  三　现代化进程中的场域重构 ………………………………（48）
 第三节　中华优秀传统文化传承保障机制建设 …………………（65）
  一　政策保障机制 ……………………………………………（66）
  二　法律保障机制 ……………………………………………（81）
  三　运行机制 …………………………………………………（91）
  四　监督评价机制 ……………………………………………（98）

**第二章　中华优秀传统文化民间传承** ……………………………（105）
 第一节　民间传承的形式、价值和困境 …………………………（105）

一　民间传承的形式 …………………………………… (106)
　　二　民间传承的价值 …………………………………… (126)
　　三　民间传承的困境 …………………………………… (130)
第二节　民间传承建设 …………………………………… (136)
　　一　传承人建设 ………………………………………… (136)
　　二　传承组织建设 ……………………………………… (147)
　　三　传承场域建设 ……………………………………… (158)
第三节　民间传承案例剖析 ……………………………… (175)
　　一　中国端午节传承剖析 ……………………………… (175)
　　二　湖北宜昌市下堡坪民间故事传承剖析 …………… (195)
　　三　广西"刘三姐"山歌传承剖析 …………………… (205)

**第三章　中华优秀传统文化学校传承** ……………………… (218)
第一节　学校在优秀传统文化传承中的地位 …………… (218)
　　一　优秀传统文化学校传承的价值 …………………… (218)
　　二　优秀传统文化学校传承的历史进程 ……………… (221)
第二节　中小学校优秀传统文化传承 …………………… (222)
　　一　主要做法 …………………………………………… (223)
　　二　存在的主要问题 …………………………………… (248)
　　三　促进传承的对策 …………………………………… (254)
第三节　大学优秀传统文化传承 ………………………… (259)
　　一　主要做法 …………………………………………… (261)
　　二　面临的主要问题 …………………………………… (268)
　　三　加强传承工作的对策 ……………………………… (275)
第四节　职业院校优秀传统文化传承 …………………… (285)
　　一　传承成效 …………………………………………… (286)
　　二　存在的主要问题 …………………………………… (292)
　　三　加强传承工作的措施 ……………………………… (294)

**第四章　中华优秀传统文化开发利用传承** ………………… (301)
第一节　开发利用传承概貌 ……………………………… (301)

一　传承形式及成效 …………………………………… (303)
　　二　传承机理 ………………………………………… (320)
　　三　存在的问题 ……………………………………… (330)
　　四　促进传承的对策 ………………………………… (334)
第二节　产业化传承案例：黔东南苗族银饰产业化
　　　　开发传承 ……………………………………… (336)
　　一　苗族银饰文化及其传统传承方式 ……………… (338)
　　二　苗族银饰文化产业化传承 ……………………… (340)
　　三　产业化传承中存在的问题及对策 ……………… (346)
第三节　生产性传承 ………………………………………… (350)
　　一　生产性传承理念和政策 ………………………… (350)
　　二　生产性传承的成效 ……………………………… (359)
　　三　存在的问题与对策 ……………………………… (368)
第四节　旅游传承 …………………………………………… (371)
　　一　传承主体的变化 ………………………………… (372)
　　二　传承内容的变化 ………………………………… (374)
　　三　传承空间的变化 ………………………………… (376)
　　四　传承方式的形成及特点 ………………………… (378)
　　五　传承场域的形成与结构 ………………………… (382)
　　六　存在的问题及对策 ……………………………… (390)

## 第五章　中华优秀传统文化数字化技术传承 ……………… (396)
第一节　数字化技术传承概貌 ……………………………… (396)
　　一　数字化技术传承动因 …………………………… (397)
　　二　数字化技术传承优势和局限 …………………… (399)
　　三　数字化技术传承政策、实践和成效 …………… (405)
　　四　数字化技术传承面临的困境 …………………… (423)
　　五　推动数字化技术传承措施 ……………………… (432)
第二节　互联网与传统文化传承 …………………………… (438)
　　一　互联网在传统文化传承中的作用 ……………… (438)
　　二　互联网文化传承现状 …………………………… (442)

三　互联网文化传承存在的问题 …………………………… (454)
　　四　完善互联网传承的对策 ……………………………… (455)
第三节　家庭数字电视文化传承 …………………………… (458)
　　一　传统家庭电视的文化传播传承 ……………………… (458)
　　二　家庭数字电视文化传承特点 ………………………… (467)
　　三　家庭数字电视文化传承现状 ………………………… (468)
　　四　家庭数字电视文化传承方向 ………………………… (474)
第四节　户外数字电视文化传承 …………………………… (476)
　　一　传承特点 ……………………………………………… (476)
　　二　地位和作用 …………………………………………… (478)
　　三　传承现状 ……………………………………………… (479)
　　四　存在的问题 …………………………………………… (481)
　　五　完善传承的对策 ……………………………………… (482)
第五节　数字化图书馆文化传承 …………………………… (485)
　　一　数字化图书馆在文化传承中的作用 ………………… (485)
　　二　数字化图书馆文化传承现状 ………………………… (489)
　　三　数字化图书馆文化传承存在的问题 ………………… (490)
　　四　完善数字化图书馆文化传承的对策 ………………… (492)
第六节　数字博物馆文化传承案例："数字敦煌" ………… (497)
　　一　敦煌莫高窟数字化背景 ……………………………… (498)
　　二　敦煌莫高窟数字化历程 ……………………………… (499)
　　三　"数字敦煌"成效和局限 …………………………… (501)
　　四　完善数字博物馆文化传承的对策 …………………… (507)

## 第六章　中华优秀传统文化博物馆传承 …………………… (510)
第一节　博物馆场域建设 …………………………………… (510)
　　一　博物馆场馆建设 ……………………………………… (510)
　　二　博物馆的传者 ………………………………………… (514)
　　三　博物馆的受众 ………………………………………… (516)
第二节　传承内容和传承方式 ……………………………… (518)
　　一　传承内容 ……………………………………………… (518)

二　传承方式 …………………………………………………… (523)

第三节　博物馆文化传承概貌 ………………………………………… (527)
　　一　对青少年开展文化传承教育 ……………………………… (528)
　　二　加强馆际合作交流 ………………………………………… (532)
　　三　走进校园、社区传承文化 ………………………………… (534)
　　四　举办优秀传统文化展览、讲座 …………………………… (536)
　　五　民办博物馆积极发挥文化传承作用 ……………………… (544)

第四节　博物馆传承存在的问题 ……………………………………… (549)
　　一　部分博物馆忽视文化传承 ………………………………… (549)
　　二　传统文化展示辐射力不够广 ……………………………… (550)
　　三　博物馆与学校、社区联动不紧密 ………………………… (551)
　　四　传统文化产品开发不丰富 ………………………………… (552)
　　五　数字化技术利用不全面 …………………………………… (553)
　　六　部分新建博物馆选址与建筑设计不科学 ………………… (554)
　　七　重展示、轻传习 …………………………………………… (554)
　　八　传承工作的机制不健全 …………………………………… (555)

第五节　加强博物馆文化传承的措施 ………………………………… (555)
　　一　将"传统文化传承"纳入博物馆职能 …………………… (555)
　　二　做好文化传承基础工作 …………………………………… (558)
　　三　积极发挥非遗传承人作用 ………………………………… (559)
　　四　建立优秀传统文化教育实践基地 ………………………… (559)
　　五　提升传统文化传承效果 …………………………………… (560)
　　六　促进民办博物馆发展 ……………………………………… (562)
　　七　建立健全保障体系 ………………………………………… (566)

**参考文献** ……………………………………………………………… (569)

**后　记** ………………………………………………………………… (574)

# 绪　　论

## 一　中华优秀传统文化主要内容及其当代价值

(一) 中华优秀传统文化主要内容

中华优秀传统文化是中华各民族在长期的历史发展过程中，在特定的地理环境、经济形式、政治结构、意识形态作用下创造的文明成果。中华优秀传统文化内容丰富，包括古代哲学宗教、科技思想、文学艺术、文化风俗等，是一个具有内在联系的有机整体，具体包括叹为观止的物质文化，彰显中华智慧的传统科技，积极的思想观念、传统美德和人文精神，以及丰富的非物质文化遗产。也可分为物质文化和非物质文化两部分。

1. 叹为观止的物质文化

中华各民族在长期的历史发展过程中，在适应和改造自然中，创造了丰富的物质文化。这些物质文化以实物为载体，构成了我国当代丰富的文物宝库，包括古遗址建筑、石窟寺观、石刻壁画、近现代重要史迹等不可移动文物，也包括历史上各时代的重要实物、艺术品、文献、手稿、图书资料等可移动文物。据国家文物局统计，我国现有不可移动文物76.67万处、可移动文物1.08亿件套。[①]此外还有数量众多的民间收藏文物。这些文物承载着中华灿烂文明，传承历史文化，维系民族精神，是弘扬中华优秀传统文化的珍贵财富，是促进经济社会发展的优势资源，是培育社会主义核心价值观、凝聚共筑中国梦磅礴力量的深厚滋养。

---

① 李群：《国务院关于文物工作和文物保护法实施情况的报告》，《中华人民共和国全国人民代表大会常务委员会公报》2021年第6期。

中华优秀物质文化类型多样。被列入世界文化遗产的有长城、大运河、明清故宫、承德避暑山庄及其周围寺庙、曲阜孔庙孔林孔府、武当山古建筑群、拉萨布达拉宫历史建筑群、庐山国家公园、秦始皇陵及兵马俑坑、高句丽王城王陵及贵族墓葬、明清皇家陵寝、周口店北京人遗址、殷墟、丽江古城、平遥古城、苏州古典园林、颐和园、天坛、皖南古村落西递、宏村、青城山—都江堰、莫高窟、龙门石窟、云冈石窟、大足石刻、澳门历史城区、开平碉楼与村落、福建土楼、五台山、登封"天地之中"历史建筑群、杭州西湖文化景观、元上都遗址、红河哈尼梯田文化景观、土司遗址、左江花山岩画、鼓浪屿历史国际社区、良渚古城遗址、泉州宋元世界海洋商贸中心等。此外，特色民居建筑诸如北京四合院、广东镬耳房、西北窑洞、徽派民居、客家土楼。侗族风雨桥、鼓楼、土家族吊脚楼、白族建筑"三房一照壁"或"四合五天井"、羌族碉楼等也属中华民族的建筑瑰宝。代表性园林有圆明园、颐和园、北海公园、承德避暑山庄、拙政园、沧浪亭、留园。著名寺观有白马寺、少林寺、灵隐寺、大昭寺、白云观、永乐宫、玄妙观、楼观台。宗祠有帝王祭祖的太庙、晋祠；祭天地的天坛、地坛、岱庙；祭祀先贤的孔庙、关帝庙；祭祀祖先的诚敬堂、绩溪胡氏宗祠、吴氏著存堂、广州陈家祠等。我国已公布135座国家历史文化名城、799个中国历史文化名镇名村、6819个中国传统村落，划定历史文化街区912片。这些是物质文化遗产的代表。

2. 彰显中华智慧的传统科技

四大发明推动了人类文明的进步，对世界科技文化的发展产生了深远影响。二十四节气是中华民族在天文气象研究领域对世界做出的重要贡献。古代丝绸之路上流通的精美丝绸和陶瓷，是享誉世界的中国"高附加值"产品。古老的中医和中药重在调和人与自然的关系，护佑中华儿女健康数千年。中华大地幅员辽阔，中华各族人民创造出极具生态智慧的农业科技和巧夺天工的灌溉工程。被列为世界农业文化遗产的有浙江青田稻鱼共生系统、江西万年稻作文化系统、云南红河哈尼稻作梯田系统、贵州从江侗乡稻鱼鸭系统、内蒙古敖汉旱作农业系统、云南普洱古茶园与茶文化系统、浙江绍兴会稽山古香榧群、河北宣化城市传统葡萄园、江苏兴化垛田传统农业系统、陕西佳县古枣园系统、福建福州茉莉花和茶文化系统、甘肃迭部扎尕那农林牧复合系统、浙江湖州桑基鱼塘系统等。被列为世界灌溉工程遗产的有四川乐山东风堰、浙江丽水通济堰、福建莆田木兰陂、湖南新化紫鹊界梯田、浙江诸暨桔槔井灌工程、安徽寿县芍陂、浙江宁波它山堰、陕西泾阳郑国渠、江西吉安槎滩陂、宁夏引黄古灌区、陕西汉中三堰、福建黄鞠灌溉工程等。罗伯特·坦普尔曾把李约瑟的名著《中国科学技术史》提炼为一个浓缩本，名为《中国：发明与发现的国度——中国科学技术史精华》，他在书中指出："现代世界赖以建立的种种基本发明和发现，可能有一半以上来源于中国……如果没有从中国引进尾舵、罗盘、多重桅杆等改进航海及导航技术，欧洲绝不会有导致地理大发现的航行，也就不可能建立那些殖民帝国。如果没有从中国引进马镫，使骑手能安然地坐在马背，欧洲就不会有骑士时代。如果没有从中国引进枪炮和火药，也就不可能用子弹击穿骑士的盔甲，从而结束骑士时代。如果没有从中国引进造纸术和印刷术，欧洲可能要更长期地停留在手抄书本的状况，书面文献不可能如此广泛流传。"①沃勒斯坦"现代世界体系"理论认为，现代世界体系的形成并非欧洲一隅所推动，而是整个世界体系互动而形成的结果。②中华科技文明对人类进步做出了重大贡献。

3. 博大精深的哲学体系与语言文学

自先秦至近现代，中华民族历代往圣先贤不断探寻天地人之奥妙，形成了中华特色风格的哲学体系。先秦儒家、道家、墨家、法家、阴阳家、名家、杂家、纵横家、农家等诸子学、两汉经学、魏晋玄学、隋唐佛学、宋明理学、清代朴学，绵延赓续，数千年未断绝。《诗》《书》《礼》《易》《春秋》《老子》《墨子》《庄子》《论语》《孟子》等中华元典，系统地展现了中华文化的哲学思想，建造了中国人的精神家园。冯天瑜先生指出，中华元典具有"道、学、治一体"的风格，使得中华元典具有理论性与实践性相统一的属性。③汉唐以降，儒释道三教融合与统

---

① [美]罗伯特·坦普尔：《中国：发明与发现的国度——中国科学技术史精华》，陈养正等译，21世纪出版社1995年版，第11—12页。

② [美]伊曼纽尔·沃勒斯坦：《现代世界体系》第1卷，罗荣渠译，高等教育出版社1998年版。

③ 冯天瑜：《中华元典精神》，上海人民出版社2014年版，第33页。

一，体现了中华文化开放包容的胸怀，马一浮先生对三教汇通评论说："先儒多出入二氏，归而求之六经。"[1]

汉语、汉字、汉文成为维系中国各民族联系和交往的重要媒介。中华特有情致和韵味的《诗经》与楚辞、汉赋、魏晋散文、唐诗、宋词、元曲、明清小说等中华文学一脉相通。程千帆先生认为，文学研究的理论和方法在中国传统中可以找到其立足点，无须一味向西洋乞灵。[2]叶嘉莹先生指出，诗歌价值在于滋养精神和文化。中国古代伟大诗人往往是用生命谱写诗篇、用生活实践诗篇，他们把自己内心的感动写了出来，千百年后的我们依然能够体会到同样的感动，这就是中国古典诗词的生命力。古典诗词凝聚中华文化的理念、志趣、气度、神韵，是我们民族的血脉、中华儿女的精神家园。[3]

4. 积极的思想观念、传统美德和人文精神

中华优秀传统文化还包括了积极的思想观念、传统美德和人文精神，体现着中华民族特有的思维方式，是中华民族的精神。

中华民族在修齐治平、尊时守位、知常达变、开物成务、建功立业过程中培育和形成了许多具有重要价值的思想观念。例如，道法自然、天人合一的宇宙观，中华一统、民惟邦本的治国理政思想，五行相生、阴阳相合的辩证法思想，革故鼎新、与时俱进的发展思想，崇尚大同、小康的社会治理思想，自强不息、知行合一的实践观念等。这些思想观念重伦理、重理性、重和谐，已经深入中华儿女的思想意识，具有重要的民族凝聚功能、精神激励功能、价值整合功能、行为规范功能。

中华文化重礼义、尚伦理，包含了许多优秀传统道德理念和规范。例如有"天下兴亡、匹夫有责"的担当意识，舍生取义、精忠报国的家国情怀，崇德向善、见贤思齐的优良品格，孝悌忠信、礼义廉耻的荣辱观念，敬业乐群、扶危济困的优良风尚等，这些传统美德滋养着中华民族的发展进步，使中国赢得了"礼仪之邦"的历史美誉。

---

[1] 马一浮：《与张立民》，《马一浮全集》第2册，浙江古籍出版社出版2013年版，第802页。
[2] 张伯伟：《"有所法而后能，有所变而后大"——程千帆先生诗学研究的学术史意义》，《文学遗产》2018年第4期。
[3] 叶嘉莹：《从中华诗词中获得慰藉和勇气》，《人民日报》2020年3月20日。

中华优秀传统文化重人文理性、中庸不偏执、尚和谐。例如崇尚仁爱、坚守正义的为人之道，求同存异、和而不同的处世哲学，修齐治平、兼济天下的理想抱负，自强不息、厚德载物的进取精神，文以载道、以文化人的教化观念，兼收并蓄、开放包容的博大胸怀，形神兼备、情景交融的美学追求，安土乐天、俭约自守的生活理念等。楼宇烈先生认为，与西方文化相比，以人为本的人文精神是中国文化最根本的精神，也是一个最重要的特征。中国文化不是靠一个外在的神或造物主，而是靠人自己道德的自觉和自律，强调人的主体性、独立性、能动性。中国家庭秩序和社会秩序的维护都是靠人的道德自觉和自律。中国文化中以人为本的人文精神是中华民族对人类的一项重要贡献。中国从西周以来就奠定了以人为本的文化精神和文化品格，而西方在公元以后奠定的是以神为本的文化，直至欧洲启蒙运动时期才高举起人本主义的旗帜，启发人不要做神的奴隶，要做人自己。①张岂之先生甚至认为，人文精神是中国优秀传统文化的灵魂。②

5. 丰富的非物质文化遗产

中华非物质文化内容丰富（非物质文化遗产也包括思想文化、人文精神、思想观念和传统美德，这部分内容前面已经进行了概述，这里不再讨论），包括民间文学、传统音乐、传统舞蹈、传统戏剧、传统曲艺、传统体育游艺与杂技、传统美术、传统技艺、传统医药、传统民俗等方面，每个方面都有着丰富的内容。高丙中先生指出，"非物质文化遗产"是一个彰显文化自觉历程的概念，是中国社会重构自己公共文化的一个重要方面。③非物质文化遗产是中华优秀传统文化的重要组成部分，现就部分列入国家级非物质文化遗产名录的非物质文化遗产梳理如下。

民间文学遗产代表有孟姜女传说、梁祝传说、董永传说、西施传说、济公传说、牛郎织女传说、鲁班传说、八仙传说、木兰传说、屈原传说、白蛇传传说、满族说部、宝卷、民间故事、阿凡提故事、吴歌、刘三姐歌谣、苗族古歌、玛纳斯、格萨尔、布洛陀、江格尔、阿诗玛等。

---

① 楼宇烈：《中国文化的根本精神》，中华书局2016年版，第46—47页。
② 张岂之：《张岂之谈中国优秀传统文化》，江苏人民出版社2019年版，第262—268页。
③ 高丙中：《作为公共文化的非物质文化遗产》，《文艺研究》2008年第2期。

传统音乐遗产代表有古琴艺术、唢呐艺术、琵琶艺术、古筝艺术、锣鼓艺术、洞箫、南音、芦笙音乐、丝竹、十番音乐、吹打、打溜子、号子、薅草锣鼓、河曲民歌、畲族民歌、梅州客家山歌、蒙古族马头琴艺术、蒙古族长调民歌、蒙古族呼麦、新疆维吾尔木卡姆艺术、侗族大歌、多声部民歌等。

传统舞蹈遗产代表有秧歌、太平鼓、龙舞、狮舞、花鼓灯、傩舞、高跷、安塞腰鼓、土家族摆手舞、基诺族大鼓舞、弦子舞、锅庄舞、羌姆、芦笙舞、木鼓舞、铜鼓舞、麒麟舞、灯舞、赛乃姆等。

传统戏剧遗产代表有京剧、昆曲、潮剧、秦腔、阳腔、高腔、青阳腔、越剧、豫剧、川剧、晋剧、湘剧、徽剧、苏剧、扬剧、评剧、淮剧、南剧、壮剧、梆子、大平调、黄梅戏、梨园戏、采茶戏、秧歌戏、道情戏、花灯戏、目连戏、傩戏、皮影戏、木偶戏、花鼓戏、藏戏、侗戏、布依戏等。

传统曲艺遗产代表有相声、京韵大鼓、北京评书、快板、苏州评弹、扬州评话、东北二人转、河南坠子、凤阳花鼓、四川扬琴、三棒鼓、乌力格尔、达斡尔族乌钦、鄂伦春摩苏昆、傣族章哈等。

传统体育游艺与杂技遗产代表有围棋、象棋、摔跤、赛龙舟、少林功夫、畲拳、武当武术、沧州武术、形意拳、太极拳、吴桥杂技、聊城杂技、维吾尔族达瓦孜、蒙古族博克、赛马会、抢花炮等。

传统美术遗产代表有杨柳青木版年画、梅花坞木版年画、漳州木版画、纳西族东巴画、藏族唐卡、剪纸、苏绣、湘绣、蜀绣、粤绣、苗绣、水族马尾绣、挑花、象牙雕刻、石雕、玉雕、木雕、核雕、锡雕、砖雕、竹刻、金石篆刻、泥塑、灯彩、竹编、面人、面花、草编、柳编、藤编、藏文书法、彩扎、镶嵌等。

传统技艺遗产代表有景德镇手工制瓷技艺、宜兴砂陶制作技艺、石湾陶塑技艺、景泰蓝制作技艺、龙泉青瓷烧制技艺、黎族原始制陶技艺、维吾尔族土陶烧制技艺、傣族慢轮制陶技艺、南京云锦木机妆花手工织造技艺、土家族织锦技艺、壮族织锦技艺、苗族蜡染技艺、白族扎染技艺、蓝印花印染技艺、保安腰刀制作技艺、客家土楼制作技艺、侗族木构建筑营造技艺、土家族吊脚楼营造技艺、银饰锻制技艺、酿醋技艺、皮纸制作技艺、竹纸制作技艺、风筝制作技艺、烟火炮竹制作技艺、琉璃烧制技艺、蚕丝织造技艺、传统棉纺织技艺、毛纺织及擀制技艺、地毯织造技艺、藏族金属锻制技艺、民族乐器制作技艺、漆器髹饰技艺、砚台制作技艺、装裱修复技艺、蒸馏酒传统酿造技艺、花茶制作技艺、绿茶制作技艺、乌龙茶制作技艺、普洱茶制作技艺、黑茶制作技艺、晒盐技艺、酱油酿造技艺、豆瓣传统制作技艺、传统面食制作技艺、牛羊肉烹制技艺、木拱桥传统营造技艺、徽派传统民居营造技艺、蒙古包营造技艺等。

传统医药遗产代表有中医诊法、中药炮制法、中医传统制剂方法、中医正骨疗法、针灸、蒙医药、藏医药、畲族医药、瑶族医药、苗医药、侗医药、回族医药、壮医药、彝医药、维吾尔医药等。

传统民俗遗产代表有春节、元宵节、清明节、端午节、七夕节、中秋节、重阳节、中元节、农历二十四节气、庙会、歌会、京族哈节、傣族泼水节、火把节、哈节、三月三、瑶族盘王节、黄帝祭典、炎帝陵祭典、妈祖祭典、祭孔大典、那达慕、新疆维吾尔麦西热甫、民间社火、灯会、庙会、民间信仰、抬阁、祭祖习俗、传统婚俗、茶俗、药市习俗、规约习俗、壮族歌圩、民族传统服饰等。

目前，中华各民族的非物质文化遗产已有42项列入联合国教科文组织确认的《人类非物质文化遗产代表作名录》。[①] 包括昆曲、古琴艺术、新疆维吾尔木卡姆艺术、蒙古族长调民歌、中国书法、中国篆刻、中国剪纸、中国雕版印刷技艺、中国传统木结构营造技艺、南京云锦织造技艺、中国传统桑蚕丝织技艺、端午节、龙泉青瓷传统烧制技艺、宣纸传统制作技艺、中国朝鲜族农乐舞、格萨（斯）尔、侗族大歌、花儿、玛纳斯、中国蒙古族呼麦歌唱艺术、南音、热贡艺术、藏戏、西安鼓乐、粤剧、妈祖信俗、中医针灸、藏医药浴法、京剧、中国皮影戏、福建木偶戏、中国珠算、二十四节气、羌族农历新年、黎族传统纺染织绣技艺、麦西热甫、中国水密隔舱福船制造技艺、中国活字印刷术、赫哲族伊玛堪说唱、太极拳、送船王等。

---

① 中国非物质文化遗产网·中国非物质文化遗产数字博物馆，https://www.ihchina.cn/chinadirectory.html。

(二) 中华优秀传统文化的当代价值

1. 优秀传统文化是中华民族发展进步的精神动力

中华文化起源既是多元区域性发展，又呈现出向中原汇聚以及中原文化向四周辐射的特点，这与中华民族"多元一体"发展格局高度契合。①中华各民族在长期的历史发展过程中，创造了光辉灿烂的中华优秀传统文化。这些宝贵的遗产积淀着中华民族最深沉的精神追求，代表着中华民族独特的精神标识，是中华民族生生不息、发展壮大的丰厚滋养，是中国特色社会主义植根的文化沃土，对延续和发展中华文明，构建各民族共有精神家园，团结凝聚各族人民具有重要意义。习近平总书记指出："中华民族形成和发展过程中产生的各种思想文化，记载了中华民族在长期奋斗中开展的精神活动、进行的理性思维、创造的文化成果，反映了中华民族的精神追求，其中最核心的内容已经成为中华民族最基本的文化基因。"②"中华民族具有5000多年连绵不断的文明历史，创造了博大精深的中华文化，为人类文明进步作出了不可磨灭的贡献。经过几千年的沧桑岁月，把我国56个民族、13亿多人紧紧凝聚在一起的，是我们共同经历的非凡奋斗，是我们共同创造的美好家园，是我们共同培育的民族精神。"③中华优秀传统文化中"自强不息、厚德载物的思想，支撑着中华民族生生不息、薪火相传，今天依然是我们推进改革开放和社会主义现代化建设的强大精神力量"④。中国传统文化中"先天下之忧而忧，后天下之乐而乐"的政治抱负，"位卑未敢忘忧国""苟利国家生死以，岂因祸福避趋之"的报国情怀，"富贵不能淫，贫贱不能移，威武不能屈"的浩然正气，"人生自古谁无死，留取丹心照汗青""鞠躬尽瘁，死而后已"的献身精神等，是今天中华民族发展进步的精神动力。新时代传承发展中华优秀传统文化，通过文化熏陶和实践养成，有利于把跨越时空的思想理念、价值标准、审美范式转化为人们的精神追

---

① 费孝通：《中华民族多元一体格局》，中央民族大学出版社2018年版，第53—71页。
② 习近平：《论党的宣传思想工作》，中央文献出版社2020年版，第90页。
③ 习近平：《习近平谈治国理政》第一卷，外文出版社2018年版，第39页。
④ 习近平：《论党的宣传思想工作》，中央文献出版社2020年版，第19页。

求和行为习惯,形成向上向善的社会风尚;巩固全党全国人民团结奋斗的共同思想基础,培育民族精神和时代精神,解决现实问题、助推社会发展。

2. 优秀传统文化是我国文化软实力的重要组成部分

当今世界,文化软实力是体现一个国家繁荣发展的重要内容,提升文化软实力意义重大。中国共产党在领导人民进行革命、建设、改革伟大实践中,自觉肩负起传承发展中华优秀传统文化的历史责任,是中华优秀传统文化的忠实继承者、弘扬者和建设者。习近平总书记指出:"中华优秀传统文化是我们最深厚的文化软实力,也是中国特色社会主义植根的文化沃土。"[1] 我们今天要提高国家文化软实力,必须展示中华优秀传统文化的魅力,传承发展中华优秀传统文化,努力吸收外来有益文化,在传统文化创造性转换和创新性发展中推动社会主义先进文化建设,全面促进中华文化的发展繁荣。"通过发掘蕴含着中华文化元素的文化事象、文化符号,彰显可亲可敬的中国风格,并将其传播给异域受众,可以推动中华文化走出去。"[2]

3. 优秀传统文化是培育和弘扬社会主义核心价值观的基础

社会主义核心价值观是我国文化建设的核心内容,培育和弘扬社会主义核心价值观是建设社会主义先进文化的重要内容。培育和弘扬社会主义核心价值观必须立足中华优秀传统文化,如果我们抛弃了优秀传统文化,就会丢掉根本,就等于割断了自己的精神命脉。"要认真汲取中华优秀传统文化的思想精华和道德精髓,大力弘扬以爱国主义为核心的民族精神和以改革创新为核心的时代精神,深入挖掘和阐发中华优秀传统文化讲仁爱、重民本、守诚信、崇正义、尚和合、求大同的时代价值,使中华优秀传统文化成为涵养社会主义核心价值观的重要源泉。"[3] 习近平总书记指出:"富强、民主、文明、和谐,自由、平等、公正、法治,

---

[1] 习近平:《论党的宣传思想工作》,中央文献出版社 2020 年版,第 90 页。
[2] 冯天瑜:《弘扬光大中华文化元素》,《人民日报》2016 年 1 月 21 日。
[3] 中共中央文献研究室编:《习近平关于社会主义政治建设论述摘编》,中央文献出版社 2017 年版,第 141 页。

爱国、敬业、诚信、友善，传承着中国优秀传统文化的基因，寄托着近代以来中国人民上下求索、历经千辛万苦确立的理想和信念，也承载着我们每个人的美好愿景。我们要在全社会牢固树立社会主义核心价值观，全体人民一起努力，通过持之以恒的奋斗，把我们的国家建设得更加富强、更加民主、更加文明、更加和谐、更加美丽，让中华民族以更加自信、更加自强的姿态屹立于世界民族之林。"①

4. 优秀传统文化促进国家治理体系和治理能力现代化

促进国家治理体系和治理能力现代化，是当下我国社会建设的重要内容。习近平总书记指出："一个国家的治理体系和治理能力是与这个国家的历史传承和文化传统密切相关的。解决中国的问题只能在中国大地上探寻适合自己的道路和办法。""我们推进国家治理体系和治理能力现代化，当然要学习和借鉴人类文明的一切优秀成果，但不是照搬其他国家的政治理念和制度模式，而是要从我国的现实条件出发来创造性前进。"②"我国古代主张民惟邦本、政得其民，礼法合治、德主刑辅，为政之要莫先于得人、治国先治吏，为政以德、正己修身，居安思危、改易更化，等等，这些都能给人们以重要启示。治理国家和社会，今天遇到的很多事情都可以在历史上找到影子，历史上发生过的很多事情也都可以作为今天的镜鉴。中国的今天是从中国的昨天和前天发展而来的。要治理好今天的中国，需要对我国历史和传统文化有深入了解，也需要对我国古代治国理政的探索和智慧进行积极总结。"③科学把握中华优秀传统制度文化的特质，从中汲取制度建设、道德建设的丰富养分，有助于坚持和完善中国特色社会主义制度、推进国家治理体系和治理能力现代化。④

5. 优秀传统文化是当代公共文化建设的重要资源

当今社会，广大人民群众对文化生活的需求特别强烈，希望政府能

---

① 习近平：《青年要自觉践行社会主义核心价值观——在北京大学师生座谈会上的讲话》，《人民日报》2014年5月5日，第2版。
② 习近平：《论党的宣传思想工作》，中央文献出版社2020年版，第90页。
③ 习近平：《论党的宣传思想工作》，中央文献出版社2020年版，第88—89页。
④ 郭齐勇：《中华优秀传统制度文化的特质》，《人民日报》2021年5月21日。

够提供形式多样、内容丰富的公共文化产品。许多优秀传统文化在当代仍然有生命力，群众十分喜欢，它们也是当代公共文化产品。另外一部分传统文化，通过改变形式，增添现代内容，经过现代转换，同样可以成为当代公共文化产品。公共文化服务体系建设离不开优秀传统，优秀传统文化资源是创造当代公共文化产品的重要基础。结合实施中华优秀传统文化传承工程，综合运用报纸、书刊、互联网等各类载体，融通多媒体资源，统筹宣传、文化、文物等各方力量，不复古泥古，不简单否定，不断赋予优秀传统文化新的时代内涵和现代表达形式。

6. 优秀传统文化是发展文化产业的重要资源

在当今社会，文化产业日益成为国民经济的重要组成部分。大力发展文化产业既是满足人民群众日益增长的文化生活需求的需要，也是发展国家经济，转变经济发展方式的需要。我国文化资源丰富，文化产业发展前景十分广阔。中华优秀传统文化中的许多内容如民族歌舞、传统工艺、传统医药等均可作为文化产品开发，是发展文化产业的重要资源。文化元素和文化力量日益成为与科技力量并驾齐驱的重要动能。适应经济文化社会的深度融合与基础变动，发挥文化力量对科技创新、产业升级的巨大乘数效应，有助于释放文化发展的创造活力。这就需要我们认真梳理传统文化资源，进行合理开发利用，推动文化产业发展，促进科技创新与经济繁荣。

## 二　中华优秀传统文化传承面临的问题

目前，中华优秀传统文化传承面临许多新情况、新问题，影响中华优秀传统文化有效传承。

### （一）外来文化冲击

近年来，外来文化特别是西方文化大量传入我国，对优秀传统文化造成影响。西方文化以电影、节日、思想、思潮、图书为载体在我国大量传播。一些西方文化宣传西方社会价值观、生活方式和审美观，对我国主流价值观和传统思想文化形成冲击。部分群众特别是青年人，乐于接受这些外来文化，认为它们新潮，以崇尚西方文化为荣。这些人对优秀传统文化关注不多，传承民族文化的意识淡漠，受历史虚无主义影响，甚至否定传统文化。

## （二）文化生态变化

传统文化是在特有的文化生态下形成的，随着社会的演进，传统文化形成的文化生态发生了很大变化。在当代新的文化生态环境下，一些传统文化事象的生命力和影响力下降，有些传统文化事象功能萎缩、作用被代替，其生存空间日益狭小。在市场经济背景下，文化旅游、影视、文化创意等文化产业对传统文化的误读、滥用，导致文化遗产功能改变、价值弱化、形式庸俗化、文物损毁破坏等问题。在现代社会环境下，传统文化如何进行科学有效调适，有效保护和传承优秀传统文化，成为摆在我们面前的重要任务。

## （三）现代科技影响

当代社会，科技发展日新月异，现代科技改变着人们的生活方式、审美情趣和价值观念，一定程度上影响着人们对于传统文化的接受，并且影响着传统传承方式作用的发挥。人们乐于接受直接的文化形式，喜欢快餐文化，传统文化由于其形式与当代社会有差别，受到冷落。

## （四）部分传统文化与现代社会不相适应

文化是随着社会变化而变化的，传统文化要能够发挥作用，必须适应社会发展需要，保持生机与活力。目前部分传统文化因为不适应当代社会面临失传困境，一些传统文化的转换、转型面临着一些问题，影响其自身发展。实现传统文化的创造性转换和创新性发展是传统文化有效传承的关键。

## （五）传统文化传承体系不健全

优秀传统文化要有效传承，必须有完整的传承体系。目前传统文化的传承体系很不健全，影响其传承发展。一方面，传统文化的部分传承者由于年事已高、身体不好等原因，无法从事传承工作；部分乡村的文化传承者由于常年外出务工，基本上不从事传承工作。过去在传统文化传承过程中发挥重要作用的社会组织不断消解，削弱了传承力量。另一方面，许多年轻人对传统文化认识不够，不愿意学习、传承传统文化。此外，部分传统文化的传承场域发生消解，而新的场域又没有建立起来，制约着传统文化的传承。本书集中讨论优秀传统文化传承体系问题。

### 三 研究中华优秀传统文化传承的意义

（一）探究传统文化传承机理，深化对文化传承规律的认识

传统文化传承既是一个实践问题，也是一个理论问题。目前，传统文化传承之所以出现一些问题，一个重要的原因就是我们对文化传承的机理、规律认识还不够深刻。加强对文化传承的学理研究，在总结我国文化传承的历史和现实经验，以及国外文化传承经验基础上，研究阐释中华优秀传统文化的历史渊源、发展脉络、基本走向；深入分析文化传承体系中传者、受众、传承内容、传承方式、传承策略、传承条件、传承保障体系等要素之间的关系；深入梳理中华优秀传统文化在与其他文明不断交流互鉴中丰富发展的历程，对于弄清文化传承机理，深化对文化传承规律的认识，有着重要意义。这也为文化传承实践提供坚实的理论支撑。

（二）促进优秀传统文化的有效传承，推动中华文化创新与发展

传统文化是一个民族的"根"和"魂"。在当今社会，要发展、创新中华文化，必须首先继承中华优秀传统文化。要建设有中国气派的先进文化，也必须继承优秀传统文化。优秀传统文化的丰富内容和独特方式体现出民族风格，建设中国气派、中国风格的中国特色社会主义文化，很大程度上要通过继承民族传统文化来体现。因此，研究中华优秀传统文化的传承体系，实现中华优秀传统文化的有效传承，是中华文化发展创新的需要。

（三）促进培育和践行社会主义核心价值观，推动中华民族共有精神家园建设

社会主义核心价值观是新时代中国人民的共同信仰，是体现社会主义制度的重要内容，是社会主义的重要表征。培育和践行社会主义核心价值观是当代文化建设的重要目标。中华优秀传统文化中的爱国主义、团结奋斗、诚实守信、帮扶济困、自强不息等积极进步思想，中华优秀传统伦理道德，在本质上是与社会主义核心价值观一致的。2019年7月15日至16日，习近平总书记在内蒙古考察。习近平总书记指出，我国是统一的多民族国家，中华民族是多民族不断交流交往交融而形成的。中华文明植根于和而不同的多民族文化沃土，历史悠久，是世界上唯一没

有中断、发展至今的文明。要重视少数民族文化保护和传承,支持和扶持《格萨(斯)尔》等非物质文化遗产,培养好传承人,一代一代接下来、传下去。钱穆先生认为,民族创造文化,文化也创造民族。① 我们要引导人们树立正确的历史观、国家观、民族观、文化观,不断巩固各族人民对伟大祖国的认同、对中华民族的认同、对中国特色社会主义道路的认同。习近平总书记指出:"当代中国是历史中国的延续和发展""数千年来,中华民族走着一条不同于其他国家和民族的文明发展道路。我们开辟了中国特色社会主义道路不是偶然的,是我国历史传承和文化传统决定的。"② 通过传承中华优秀传统文化,挖掘整理其积极思想内容,探析这些积极思想的继承方式,对于建设社会主义核心价值观、建设社会主义先进文化、建设中华民族共有精神家园,有着十分重要的意义。

(四)促进文化资源开发利用,发展文化产业

发展文化产业对于促进经济发展、满足人民群众的文化需求、促进经济发展方式转变,都有重要意义。我国传统文化内容丰富,许多内容可以成为发展文化产业的重要资源,文化产业发展有着广阔的前景。目前,我国一些地区特别是民族地区,通过发掘本地区文化资源,文旅融合,大力发展特色文化产业,促进了当地经济发展。2021年2月3日至5日,习近平总书记在贵州中国民间文化艺术之乡化屋村扶贫车间,了解发展特色苗绣产业、传承民族传统文化等情况时指出:"民族的就是世界的。特色苗绣既传统又时尚,既是文化又是产业,不仅能够弘扬传统文化,而且能够推动乡村振兴,要把包括苗绣在内的民族传统文化传承好、发展好。"③ 文化产业的发展也促进了优秀传统文化的保护传承,通过开发利用优秀传统文化资源,传统文化获得了新的生存土壤,许多优秀传统文化得到传承。

(五)促进国家文化政策实施,为完善文化政策提供参考

目前,我国制定了一系列促进文化政策,为文化传承、发展创造了

---

① 钱穆:《中华文化二十讲》,贵州人民出版社2019年版,第40页。
② 习近平:《论党的宣传思想工作》,中央文献出版社2020年版,第82、90页。
③ 《习近平春节前夕赴贵州看望慰问各族干部群众》,《人民日报》2021年2月26日,第1版。

良好条件。由于社会的发展，已出台的文化政策需要完善；一些领域还没有相应的政策，需要制定。我们要通过研究，为党和国家的公共文化服务体系建设、文化产业发展、文化生态保护区建设、文旅融合、"中华文化走出去"战略、中外文明交流互鉴等文化保护传承、发展与利用政策的制定和完善提供参考。加快社会主义文化强国建设步伐，使具有中国特色、中国风格、中国气派的文化产品更加丰富，文化自觉和文化自信显著增强，国家文化软实力的根基更为坚实，中华文化的国际影响力明显提升，使各族人民在保护传承中华优秀传统文化的过程中，树立正确的祖国观、历史观、文化观和宗教观，不断提升对伟大祖国的认同，对中华民族的认同，对中华文化的认同，对中国共产党的认同，对中国特色社会主义道路的认同，不断铸牢中华民族共同体意识。

（六）为政府部门和社会开展文化传承工作提供咨询

火热的文化建设实践需要理论做指导。要通过理论研究和实证分析，提出和解决文化传承实践中遇到的问题，对文化传承的指导思想、科技创新、政策与体制机制、融入与服务生产生活等具体工作提出建议。如对优秀传统文化的民间传承、学校传承、数字化技术传承、开发利用传承、文化场馆传承等提出对策，为政府部门、相关单位和社会组织开展具体文化传承工作提供参考，提升保护传承工作的系统性、协同性、整体性与可持续性。

# 第一章

# 中华优秀传统文化传承体系建构

党的十七届六中全会明确指出，要建设优秀传统文化传承体系，大力弘扬中华优秀传统文化，建设社会主义文化强国。党的十八大、十九大又提出，加强中华优秀传统文化传承工作，促进社会主义文化繁荣发展。什么是中华优秀传统文化的传承体系？如何建构中华优秀传统文化传承体系？本章就此进行探析。

## 第一节 中华优秀传统文化传承体系架构

中华优秀传统文化是一个由多民族文化组成的复杂系统，有必要借助系统论、控制论的相关理论，系统地、整体地考察影响文化传承的各种因素及其关系结构，在此基础上建构中华优秀传统文化传承的科学体系。

### 一 复杂的传统文化系统

（一）文化系统

文化是一种重要的、复杂的系统。从系统论角度看，"文化系统"是由相互作用、相互依赖并与文化环境发生一定关系的若干文化素所组合的具有特定功能的有机整体。[1]

---

[1] 柏贵喜：《文化系统论》，《恩施职业技术学院学报》2002年第2期。

文化系统中的文化素，或称文化元素，是指文化系统为了完成某种功能而无须再分的文化单元，它可以分为观念型文化、制度型文化和技术型文化三种类型。观念型文化主要指思维模式、价值取向、信仰、伦理道德、民族性格等观念性的合集；制度型文化是指文化表现或过程的组织、仪式、规则、习惯等，它实际上是指在文化模式中的行为关系及其规范；技术型文化是指文化器物形态及其制作工具、技艺等。[1]

文化系统的结构是文化素的关系总和，它主要表现为四种。其一，技术型文化对观念型文化的基础结构关系。技术型文化是观念型文化产生的基础与背景；技术型文化是观念型文化的载体和表现器物；技术型文化的改造在一定程度上影响着观念型文化的变迁。其二，观念型文化对技术型文化的主体结构关系。观念型文化不仅对技术型文化具有"为我"（为自我表达服务）取向，而且具有"排他"（选择载体的稳定性）的取向。最重要的是，观念型文化还具有"自我调适"的取向。其三，制度型文化对观念型文化和技术型文化粘连结构关系。文化系统内各元素之间的关系主要是一种动态关系，这种关系通过文化行为的各种规范表现出来。制度型文化的粘连功能是表现这种关系的契机。这种功能主要表现为序性功能和定式功用。也就是说，制度型文化具有使文化关系有序化和仪式化的功能。其四，观念型文化、制度型文化和技术型文化的耦合结构关系。系统论方法的一个重要原则是"整体性原则"。"整体性原则所要解决的是所谓'整体性悖论'，即系统的整体功能不等于它的各个组成部分功能的总和，它具有各个组成部分所没有的新功能。"[2] 文化系统是一个有机的整体，必然遵循着整体性原则。因此，观念型文化、制度型文化和技术型文化的关系整体上是一种耦合结构关系。[3]

文化系统的结构关系是文化系统内和谐的基础，而文化系统的存

---

[1] 柏贵喜：《文化系统论》，《恩施职业技术学院学报》2002年第2期。
[2] 中国科学技术大学5校编：《自然辩证法原理》，湖南教育出版社1984年版，第374页。
[3] 参见柏贵喜《文化系统论》，《恩施职业技术学院学报》2002年第2期。

续除了内和谐外,还必须达到外适应。作为系统的文化在进行内部关系自我调适的过程中,还要不断调适系统与外部环境的关系,尤其当外部环境发生变化时,这种调适就显得特别重要。所谓系统的环境,就是"一个系统的一切可能的输入的集合"①。一种文化系统的环境就是这种文化所处的生态系统和社会系统的总和。对于适应,按照控制论的一般解释,是指"系统为响应其环境变化而具有的学习能力和改变内部运行机制的能力"②,而人类学家托马斯·哈定等人则认为:"适应,即环境控制的保障和保持,是特定的生物进化和文化进化的定向性过程。"③综合控制论与人类学的理解,可以认为:"文化系统的适应就是文化系统迫于系统外环境的变化而进行的文化创造和文化保持的定向性过程。"④

文化系统适应变化着的文化环境,借助的是反馈机制。按照控制论的原理,"环境对系统的影响表现为输入,系统对环境的影响表现为输出"⑤。文化系统对环境的适应主要有三种形式:文化系统对环境的某一刺激(变化)的反作用;文化系统对文化环境的某一刺激(变化)的响应;文化系统的自发调适活动。

(二) 中华优秀传统文化系统

中华优秀传统文化是一个延绵不绝的复杂系统。

第一,从文化与生态环境的关系来看,中华传统文化可分为采集渔猎经济文化、畜牧经济文化、农耕经济文化等类型组。渔猎经济文化类型组主要分布在东北大小兴安岭的森林地区及黑龙江、松花江、乌苏里江的交汇处,其中包括了讲阿尔泰语系通古斯—满语族诸语言的赫哲族、鄂伦春族和部分鄂温克族。这一类型组内的各族人民均以渔猎兼采集为主要的生计方式。畜牧经济文化类型组主要分布在东起大兴安岭西麓,

---

① [民主德国] G. 克劳斯:《从哲学看控制论》,梁学志译,中国社会科学出版社1981年版,第119页。
② 何维凌、邓英陶:《经济控制论》,四川人民出版社1984年版,第32—33页。
③ [美] T. 哈定等著:《文化与进化》,韩建军、商戈令译,浙江人民出版社1987年版,第37页。
④ 参见柏贵喜《文化系统论》,《恩施职业技术学院学报》2002年第2期。
⑤ [东德] G. 克劳斯:《从哲学看控制论》,梁学志译,中国社会科学出版社1981年版,第119页。

西到准噶尔盆地西缘,南到横断山脉中段(云南省中甸县)的广大地区,基本上构成了一个从东北到西南的半月形畜牧带。属于这个类型组的有蒙古族、哈萨克族、裕固族、塔吉克族、藏族、达斡尔族等,其基本生计类型为畜牧经济。农耕经济文化类型组分布在从帕米尔高原东坡到台湾,从黑龙江到海南岛的辽阔地域里,这一类型组的各民族从事着山林刀耕火种、山地耕牧、山地耕猎、丘陵稻作、绿洲耕牧、平原集约农耕等农耕生计。①

第二,从民族文化来看,中华民族是由56个民族共同组成的,中华优秀传统文化系统是由56个民族文化共同组成的。中华文化是一个大系统,每一个民族的文化都是这个大系统中的子系统。各民族文化的子系统是中华文化系统的一部分,与中华文化系统形成相互影响、相互依赖的关系。同时,许多民族文化内部也呈现区域性差异。王会昌从文化地理的角度将以传统农业文化为基本特点的汉民族文化分为关东文化、燕赵文化、黄土高原文化、中原文化、齐鲁文化、淮河流域文化、巴蜀文化、荆湘文化、鄱阳文化、吴越文化、岭南文化、台湾海峡两岸文化等文化亚区或副区。②这说明在长期的历史发展中汉文化系统的复杂性。

第三,中华优秀传统文化通过几千年的不断创造、积淀,通过中华各民族文化的多元一体的融汇,通过对外来文化的兼融吸收,形成了一个内涵十分丰富的系统。在世界古代文化体系中,只有中华文化得以承续,没有中断,其原因是中华文化始终是作为系统而不是单一元素得到传承。中华优秀传统文化的核心价值理念如天人和谐、道法自然、居安思危(忧患意识)、自强不息、厚德载物、诚实守信、以民为本、仁者爱人、尊师重道、和而不同、日新月异、天下大同③等,大多形成于先秦时期,后世虽经器物文明变革的冲击、外来文化的影响、士人阶层的解释等,但其精神内核始终未变,这正是中华优秀传统文化作为系统的内和谐与外适应的结果。

--------

① 林耀华主编:《民族学通论》,中央民族大学出版社1997年版,第88—96页。
② 王会昌:《中国文化地理》,华中师范大学出版社1992年版,第230页。
③ 张岂之:《中华优秀传统文化略论》,《人民政协报》2013年2月14日第C03版。

## 二　传承体系要素和框架

所谓文化传承，即指文化在时间上的传衍与承续。文化传承主要是文化代际的纵向传递与接受，有时，文化的横向传播与接受可以看作文化传承的特殊形式。文化传承在传统社会中是一个复杂的社会文化活动，在现代社会更是一个复杂的行为体系。[①]

### （一）传承体系主要结构元素

中华优秀传统文化的传承不是单一元素功能的发挥，而是一个系统工程，是各种元素功能集结的体系。我们认为，中华优秀传统文化传承体系的结构元素主要有：传承主体体系、传承场体系、传承内容体系、传承方式体系和保障体系等。

#### 1. 传承主体

中华优秀传统文化传承主体主要包括传者与承者两类。传者是文化的传递者、传播者，承者是文化接续者、继承者。传者的核心是人，在传统社会中，传统文化代际传承的传者往往为师者、父兄、尊长，横向传播的传者较为复杂，多表现为社区、村落、年龄群体间的横向传播，但官员、商人、士兵、传教士等在文化传播中均发挥过重要作用。在现代社会中，上述传者在文化传承中仍然发挥着不同的作用，同时，学校、政府、企业、社会组织、现代媒体等成了传统文化新的传者。

传统文化的承者主要是人，其中青少年是承者的主要群体。承者对于传统文化的承续受到传统文化内容、传承方式与策略等影响，也受到承者的文化程度、职业类别以及不同群体对传统文化的认知、需求与接受方式与能力的影响。

#### 2. 传承场域

传承场域是文化传承的空间，共有两类，一类为自然场，另一类为社会场。自然场表现为文化传承的自然空间、生态元素与生态环境。社会场是文化传承的社会空间，它是传者与承者进行文化传承所建立的社会关系网络。

---

[①] 柏贵喜：《民族文化传承体系及其建构——基于系统论、控制论的视角》，《西南民族大学学报》2017 年第 5 期。

场域（champ）是法国人类学家、社会学家皮埃尔·布迪厄提出的一个概念。布迪厄认为：场域是指"在各种位置之间存在的客观关系的一个网络，或一个构型"①。他进一步认为："一个场域并不具有组成部分和要素。每一个子场域都具有自身的逻辑、规则和常规。"②场域与惯习是双向关系，场域是具有惯习的场域，惯习是有场域的惯习；场域的维持离不开资本运用与权力斗争，场域是资本运用与权力斗争的场所。

中华优秀传统文化的传承是在特定的社会制度和社会关系网络中进行的，也就是在特定的场域中进行的。因而，中华优秀传统文化传承体系除了宏观体系，更重要的是具体的场域体系。只有将其置于具体的场域体系，我们才能理解与领悟中华优秀传统文化传承的真实而生动的图景。根据中华优秀传统文化传承的历史特点与当下建构的需要，我们认为，中华优秀传统文化传承的重要场域主要有家族（含家庭）、社区（主要为村落社区）、社会组织（如戏班、行会等）、年龄群、集市、文化空间（含祭祀空间）、学校、学术、现代网络、现代场馆等。文化传承场域可分为传统场域、现代场域和综合场域。传统场域有家族、村落、年龄群、祭祀空间等，现代场域有学术、网络、博物馆、文化馆、传习馆等，但更多的场域表现为传统与现代的综合，如集市、学校等。

3. 传承内容

传承内容主要指中华传统文化的精髓，具体体现在以下方面：其一，中华优秀传统文化的价值内核。"讲仁爱、重民本、守诚信、崇正义、尚和合、求大同"的价值观是中华优秀传统文化价值体系的核心内容。另外，天人和谐、居安思危（忧患意识）、自强不息、厚德载物、尊师重道等也是中华优秀传统文化价值体系的重要组成部分。其二，中华传统制度文化的精髓。在中国悠久的历史长河中形成了大量的政治制度、法律

---

① ［法］皮埃尔·布迪厄、［美］华康德：《实践与反思——反思社会学引论》，李猛、李康译，中央编译出版社1998年版，第133—134页。

② ［法］皮埃尔·布迪厄、［美］华康德：《实践与反思——反思社会学引论》，李猛、李康译，中央编译出版社1998年版，第142页。

制度、教育制度、经济制度、社会保障制度、家族与宗法制度等,丰富的典章经制包含着许多治国、安民、选才、任能与因革损益的制度精髓。① 其三,中华古代的科技成果与智慧。中国古代天文学、数学、医学、农学、地理学以及造船术、冶金术、纺织术、制瓷术等实用科学技术蔚为大观,尤以火药、指南针、造纸术、印刷术四大发明影响世界。中国传统科技文化以其实用理性、工匠精神和整体观念充满了中华智慧。其四,中华优秀文艺作品与文艺精神。中国历史上产生了老子、孔子、庄子、孟子、屈原、王羲之、李白、杜甫、苏轼、辛弃疾、关汉卿、曹雪芹、鲁迅、郭沫若、茅盾、巴金、老舍、曹禺、聂耳、冼星海、梅兰芳、齐白石、徐悲鸿等灿若星辰的文艺大师,留下了《诗经》、楚辞、汉赋、唐诗、宋词、元曲、明清小说以及史诗《格萨尔王传》《玛纳斯》《江格尔》等浩如烟海的文艺精品,"不仅为中华民族提供了丰厚滋养,而且为世界文明贡献了华彩篇章"②。中华优秀的文艺精品体现了以民为本、爱国情怀、真善美的追寻和文以载道、形神具备、气韵兼举、情理相谐的精神。习近平总书记在全国文艺座谈会上指出:"中华美学讲求托物言志、寓理于情,讲求言简意赅、凝练节制,讲求形神兼备、意境深远,强调知、情、意、行相统一。我们要坚守中华文化立场,传承中华文化基因,展现中华审美风范。"③ 其五,其他非物质文化遗产。除上述内容外,传统音乐、歌舞、戏剧、曲艺、美术、民俗等遗产,都是中华优秀传统文化重要内容,需要保护传承。其六,物质文化遗产。我们的祖先用勤劳的双手和智慧,留下了许多物质文化遗产,这些遗产也是中华优秀传统文化的组成部分,必须予以保护。

4. 传承方式

传承方式是文化传承的形式、方法、媒介、工具、手段和策略等的总和。中华优秀传统文化传承体系中的传承方式是传统传承方式与现代传承方式的结合。传承方式体系主要包括:其一,民间传承,包括体现

---

① 刘后滨:《因革损益:中国传统制度文化的精髓》,《北京日报》2017 年 7 月 24 日。
② 习近平:《论党的宣传思想工作》,中央文献出版社 2020 年版,第 95 页。
③ 习近平:《论党的宣传思想工作》,中央文献出版社 2020 年版,第 114 页。

于生产、生活、生命方式中的师徒、家庭、社区、节日等各种传统传承方式。其二，学校教育传承，历史上的官学与私学对于中华文化，特别是上层精英文化的传承发挥过重要作用，现代学校教育仍是文化传承的主要方式。其三，文化开发利用传承，它是一种消费型的动态传承方式，产业化和生产性的传统文化以一种形象化的手段和活态的形式对承者产生教育。其四，数字化技术传承，主要利用现代数字技术对中华优秀传统文化进行保存、展示并制作数字化文化产品，在数字化文化产品的消费过程中实现中华传统优秀文化的传承。同时借助媒介进行中华优秀传统文化的传承与传播，传统社会的各种媒介，特别是以典籍为代表的纸质媒介是文化传承的主要方式之一，在现代社会中又增加了报纸、杂志、广播、电视、网络等现代媒介。其五，场馆传承，现代社会的博物馆、纪念馆、文化馆、艺术馆、资料馆、图书馆、档案馆等场馆对于文化传承越来越重要。

5. 保障体系

所谓保障体系是指保障文化传承良性运行的政策、法律、制度以及民间传承机制等共同组合的系统，还包括运行机制与监控与评估体系等。保障体系意味着中华优秀传统文化的有效传承不是单一部门采取的单一措施所能实现，它需要国家保障机制与民间运行机制的互协互动，激励机制与惩戒机制兼具，制度供给与机制创新并举才能达成。

（二）传承体系框架

从控制论、系统论的角度，中华优秀传统文化传承是一种传者与承者输入与输出的关系，从传者输入文化，到系统输出文化被承者接受，这一过程的完成需要传承场体系、传承方式体系、保障体系等多种结构元素功能的充分发挥。

中华优秀传统文化传承体系框架如图1-1[①]所示。

---

[①] 段超：《中华优秀传统文化当代传承体系建构研究》，《中南民族大学学报》2012年第2期。

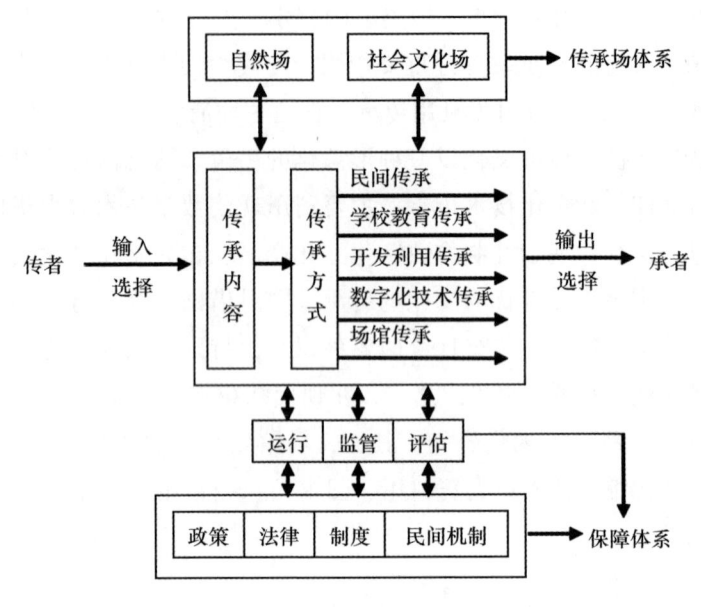

图 1-1 中华优秀传统文化传承体系

### 1. 传承与承者

传者与承者是对立统一的关系。传者输出文化，承者通过系统输出而接续文化。传者的形式与特点直接影响到承者对文化的理解以及接受方式与程度，承者的特点与对文化的反应反作用于传者，促使传者采取与调整文化传输的策略。当然，传者本身也是传统文化的承者，承者也可以充当传统文化的传者。

从系统论的输入、输出关系看，传者与承者的文化传承关系方式主要有：（1）一传与一承的关系。许多特殊文化事项均采取一对一的单传方式，在日常的生产、生活中，一些生产、生活方面的技能也多采取一对一的传承方式。一对一的传承多发生在家族场域中或部分师承关系中。索晓霞通过对近 200 名贵州民间艺人传承方式进行统计，发现"无论是声音清脆优美且能即兴编歌的民歌手，还是善于吹拉弹奏民族民间各种乐曲的民间器乐手，抑或是心灵手巧的技艺不凡的编扎、雕塑、银饰、刺绣、蜡染、剪纸艺人，他们中有 80% 以上是通过一对一的形式，分别由父母或师傅教习后掌握各种技艺的"①。（2）一传与多承的关系。传者与承者一对多的关系也是较为普遍的传承关系。主要表现为一师多徒的师承关系，另外，精神文化如族群观念、宗教观念、道德、规范、价值等的宣讲也属于这种类型。（3）多传与多承的关系。这种传承关系主要适用于群体性特征比较明显的文化事项和现代媒体文化传承体系。在这类文化传承中，传者输入的文化信息与承者接续的文化信息均具多样而开放的特点。（4）多传与一承的关系。这种传承关系并不常见。但历史上在佛学、中国武学等领域博学众家而终成宗师的事例时有发生。

以上仅就文化传承的主要形式进行分类，并不意味着每一种文化的传承只能取一种形式。事实上，在不同的场域中，受到文化传承系统的整体调控，文化传承的形式是可变的，有的文化的传承以某一种形式为主，兼用其他的形式。

在文化传承的输入与输出关系中，存在着输入无法寻找到对应的输出，输出无法寻找到对应的输入的状态。前者的发生常常导致文化传承的中断，后者的发生常常导致文化的借用与涵化。

当然，文化的输入与输出具有时效性，借用系统论中离散系统和连续系统的表述，文化传承也存在着连续代际传承关系和离散代际传承关系。所谓连续代际传承关系，是指文化传承在代际具有持续特征的关系。这种关系在物质文化和非物质文化中均大量存在。所谓离散代际传承关系，是指文化传承在代际具有非连续性的、抽样特征的关系。在这样的关系中，一种文化传承暂时中断，隔代或数代后重新接续，之后传承关系再次中断，隔代或数代后再次接续，如此循环。离散代际传承多发生于书写文化出现之后，大部分的活态文化不具有这种特征。

在传者与承者的关系中，还存在着反馈机制。反馈又称回馈，是控制论中的基本概念，主要指将系统的输出返回到输入端并以某种方式改变输入，进而影响系统功能的过程。文化传承体系中，传者将文化信息输入系统，系统输出后，由承者反馈给传者，传者调整输入（由传承系统控制），以达到承者接续文化，实现文化传承的目的。

---

① 索晓霞：《贵族少数民族文化传承方式初探》，《贵族社会科学》1998年第2期。

## 2. 传承内容与传承方式

传承内容体系与传承方式体系是中华优秀传统文化传承体系的核心，抽去了这个核心，文化传承体系便不存在。如果说文化传承体系是一个大系统，那么，传承内容与传承方式组成了文化传承体系的内系统或子系统。在这个子系统中，传承内容与传承方式是一种内和谐或匹配关系。系统功能的发挥，即文化得以有效传承，依靠传承内容与传承方式结构关系的和谐。传承内容影响着传承方式的选择，传承方式亦影响着传承内容的取舍。特定的传承内容需要特定的传承方式与之匹配，反之亦然。当然，一种文化内容可以选择多种传承方式，一种传承方式也可以传承多种文化。传承内容采取何种传承方式，传承方式适合于何种传承内容，这需视两者的匹配度。比如狩猎的技艺只适合于民间传承方式，工艺品则适合于选择博物馆传承方式。

当然，文化传承内容与传承方式在子系统中是一种静态的关系，当其处于输入与输出的时间链条上，就由静态关系变为动态关系。传者对系统的输入实际就是对传承内容与传承方式的选择，传者的输入是一种选择性输入，一个竹编技艺大师的文化输入只能是他所掌握的竹编技艺，而不是文字或其他，其选择的传承方式主要是民间的师徒相传。相类，承者接续文化即系统输出也是一种选择性输出。承者对系统输出的文化内容与传承方式的选择，或接受，或部分接受，或拒绝。无论哪种选择，都会反馈给传者，接受是正反馈，部分接受或拒绝是负反馈。当传承得到负反馈，必须进行调整。如竹编技艺大师用师传的方式传承其技艺，当出现负反馈时，他或者重新选择徒弟，或者调整传承方式，以使其技艺得以传承，否则，其技艺面临着失传危险。

## 3. 传承场和保障体系

传承场和保障体系既是中华优秀传统文化传承体系的一部分，也是它的环境系统。传承场是文化由传者到承者传承的基本空间，这种空间或以物理空间形式存在，或以社会文化网络形式存在。如果说，文化的输入、输出与传承内容、传承方式是一种时间关系，那么传承场与传承内容、传承方式则是一种空间关系，时间与空间的交互才导致文化传承的实现。文化传承系统功能的实现虽然表现为文化由输入转化为输出，但也表现为其与传承场的适应。不同的传承内容在不同的传承场得以展现与传递，如民间技艺只适合于在一种师徒组成的社会关系场中传承，而壮族歌墟文化只适合于在一种集市与社区交易网中进行展现与传承。文化得以传承的资本、权力与惯习等只能在传承场，特别是社会场中得以呈现。

保障体系作为文化传承体系的环境系统，是文化传承良性运行的外在动力和重要机制。保障体系既是文化传承体系的重要组成部分，又是其相对独立的外系统，两者之间保持着一种相互影响的关系。这种相互影响通过反馈机制得以实现。实际上，文化传承体系传者与承者的输入、输出关系及其反馈，必须通过其环境系统，特别是保障体系。一方面，保障体系为文化传承体系的良性运行提供重要动力，保障体系推动文化从传者到承者的传递，实现系统的正反馈；另一方面，文化从传者到承者的传递受阻，保障体系通过监控、评估，实现自我调整、完善与革新并将信息（负）反馈给传者，帮助系统实现文化传承。因此，科学、完备的保障体系以及传者的恰当选择是实现系统正反馈的关键。

4. 文化传承体系运行

体系内传者、承者、传承内容、传承方式、传承场、保障体系等元素对于体系的良性运行均不可或缺，否则，文化传承将不同程度受阻，甚者会导致文化失传。恰如文化系统一样，文化传承体系的良性运行也需要体系各元素的内和谐与外适应，最佳的文化传承体系是一个同步系统，即其结构与功能的同步性。以海南黎族织锦为例，其传承场是黎族各方言社区（五大方言区织锦均有区别），传者是年长妇女，承者是青年女性，传承内容是织锦技艺与文化，传承方式是一对一的口传身授，保障体系是民间的女性参与机制（这一机制促使每一妇女有权利与义务去传习织锦技艺）。在传统社会中，这些结构元素保证了黎锦的世代传承。但在现代化的背景下，黎锦文化传承体系受到冲击，主要表现为传者与承者的减少，前者主要因为死亡，后者则因受到市场经济的影响，多外出打工而不愿传习。当然，在当代社会，黎锦的传承增加了许多新的保障机制，如法律、传承人制度、代表作名录制度等，黎锦传承体系正重新朝着良性运行的方向发展。

### 三 传承体系建设

中华各民族文化源远流长，是世界上文化谱系清晰、承续良好、多样性特征鲜明的文化之一。然而，进入近代以来，在西方文化影响下，特别是在当代，受现代化和全球化的强烈冲击，中华优秀传统文化的传承面临着诸多问题。传承性危机促使国人思考中华优秀传统文化传承体系的建设。那么，如何建设这一传承体系，这既是一个理论难题，也是一个实践难题。上文中，我们已对文化传承体系进行了理论思考，并从系统论、控制论的角度建构了文化传承体系的理论框架。这一框架是一种理想框架，要将其变成现实，指导我们的实践，必须解决中华优秀传统文化传承的诸多问题。

（一）积极发展传者与承者协同进化的生态关系

中华优秀传统文化的代际传承是文化从前代到后代的历时性传递，传者与承者的关系模式是文化能否有效传承的关键。

一般来说，传者与承者的角色关系有三种基本模式：一是传者与承者的混沌关系；二是传者与承者的二元关系；三是传者与承者的协同关系。

传者与承者的混沌关系多发生在集体意识特别盛行的"机械社会"。在这样的社会中，社会分工不明显，传者与承者在文化传承中的角色地位比较模糊。在相同的年龄组中，每个人习得的文化结构是相似的，因此，所有的长者都是共有文化的传者，所有的幼者都是共有文化的承者。同时，传者与承者对于文化传承的内容与方式不具有选择性，因为，拥有存在合理性的每种文化都是社会成员得以生存的必备条件。这种文化传承的关系模式体现了这种社会的"生活化"本质，即文化传承活动就是人类日常生活的表现，这是文化传承的"生活化"强制机制。

传者与承者二元关系的建立是与社会大分工的出现密切相关的。社会大分工导致出现了许多专门的文化领域，进入特定的文化领域必须通过学师才能实现。师与徒组成了二元（或对立或统一）关系。师者拥有对某类文化的操弄权力，包括文化的解释权，师授内容、方式与弟子等的选择权，师承规范的决定权等。师者依赖权力塑造着权威，依靠师道而享受着尊严，许多师者还被尊为行业神圣。相反，徒弟处于失权、被动和卑微的地位，处处听命于师。只有当其出师而自立门户后，才使身份得到改变。在这样的社会中，师徒的角色清晰、分界明显。这种文化传承的关系模式体现了人类的"生存化"本质，即文化传承活动是一部分人谋生的手段，其内存在着"生存化"强制机制。

大量事实表明，在当代社会，文化传承的"生活化"强制机制和"生存化"强制机制都在弱化。比如，海南黎族妇女如果过去不学会织绣技术，不仅自己出嫁会受到很大影响，而且难以维持子女对衣装穿着的需求。这就迫使每一位妇女在出嫁前学习织绣技术，在成婚生育后，其织绣满足着全家人的衣装需要。这就是"生活化"强制机制。但近代以来，一个妇女若不会织绣技术，可在市场上购买到衣料甚至成衣，并不必然影响全家人的生活。这种"生活化"的强制机制大大弱化了。再如过去土家族"南剧"的常年演出可以解决几十人的生存问题，能进入"南剧"班底，意味着衣食无忧，若能得到师傅真传，成为名角，就会过上富足的生活。因此，在生活普遍贫困的社会，一个穷家子弟若有机会学习南剧，意味着命运的改变，许多人不惜托亲戚、走朋友，想方设法进入南剧班底。学习、掌握一门技艺以解决生存问题，这种"生存化"强制机制在中国传统社会的普遍存在，才使得中国传统的技艺得以代代传承，有的技艺甚至传承几千年而不中断。然而在当代，由于现代文化的冲击，传统技艺的习得不再成为生存的可靠手段，加上年青一代生存方式的多样化选择，这种"生存化"的强调机制亦在弱化。

在"生活化"与"生存化"强制机制弱化的当下社会，我们需要建立一种新的文化传承的关系模式。这种关系模式的建立，一是符合系统论、控制论的整体性原则，即文化传承体系的各结构元素是一个整体，其功能的发挥不是单个或部分元素功能的发挥，而是所有元素相互配合，是全部元素功能的发挥；二是动态性原则。系统必须通过反馈机制不断调整各元素之间的关系，才能使系统功能得到充分发挥。因此，传者与承者的关系应是协同进化的生态关系。

协同进化（Coevolution）本是生物学的概念，最早由 Ehrlich 和 Raven 在讨论植物和植食昆虫（蝴蝶）相互之间的进化影响时提出来的[①]。但他

---

[①] Ehrlich P. R., Raven P. H., "Butterflies and Plants: A Study in Coevolution", *Evolution*, 1964, 18: 586–608.

们未给协同进化下定义。Jazen给协同进化下了一个严格的定义：协同进化是一个物种的性状作为对另一个物种性状的反应而进化，而后一物种的这一性状本身又是作为对前一物种性状的反应而进化。①

文化传承的协同进化是指传者与承者通过对话，以相互协作的方式完成文化的代际传续。文化传承中传者与承者的协同进化关系建立与维持的机制是"对话"机制。对话有助于传者与承者共同选择文化传承的内容与方式，打开文化传承的多种通路；对话有助于系统反馈机制的正常发挥，使系统对文化输出的信息更快地反馈给传者，进行策略调整。

协同关系的建立除了对话机制外，还需要其他系统结构元素的综合配合。协同是指元素对元素的相干能力，表现了元素在整体发展运行过程中协调与合作的性质。因此，文化传承除了传者与承者两个核心元素的对话外，各结构元素之间也需协调、协作，以形成拉动效应，推动文化传承的实现。在传承人制度方面，应加强对承者的资助。

（二）不断完善与创新传承方式

中华优秀传统文化的传承受到传承方式的制约。中国历史上没有一成不变的传承方式，不同时期的文化进步如文字的出现、造纸技术和印刷术的发明等，都极大地推动着文化传承方式的变革，进而促进了文化的有效传承。当代社会，现代组织与媒介纷繁复杂，科学技术日新月异，对中华优秀传统文化的传承既提出了挑战，又提供了机遇。因此，中华优秀传统文化的传承要顺应社会发展的态势，依据现实需求，完善与创新各种传承方式。

1. 深刻把握文化传承的历史规律，坚持和完善传统传承方式

中华优秀传统文化传统传承主要在家庭、家族、社区和学校场域中进行，存在家传和师传两种主要传承谱系。民间文化大多采取言传身教的方式进行传承，而部分文化的传承借助于文字和书写文本。传统传承方式在当下仍然存在一定的效度，应予坚持和不断完善。荷兰学者胥金珈在他的《游戏人间》中曾根据传承作用与效果将传承分为两种：一种是快乐的传承，是游戏的、玩耍的、娱乐的、开心的消费性传承；另一种是痛苦的传承，是说服的、管理的、强制的、规范的、指令的，甚至

---

① Jazen D. H., "When Is It Coevolution", *Evolution*, 1980, 34: 611-612.

是灾难的、工作性和生产性的传承。① 这种划分在一定程度上具有工具性价值。中国传统社会，无论是具娱乐特征的"消费性"传承，还是具强制特征的"生产性"传承，对中华优秀传统文化的承续与发展均发挥了重要的作用。当代中华优秀传统文化的传承仍然需要依赖并充分利用"消费性"传承与"生产性"传承的价值。然而，由于"生存化"强制机制的弱化，传统的"生产性"传承，其可利用的工具性价值不断减弱，因而，在利用传统传承方式时，应强化具娱乐特征的"消费性"传承，同时对具强制特征的"生产性"传承进行改造，增强其娱乐的属性。在调查中，我们发现，由于生产生活方式的变迁，凡具生产性传承特征的文化传承均出现障碍，而具消费性特征的文化传承均较为顺利。如长阳资丘南曲是流行于长阳资丘的较为古老的弹唱艺术。表演形式主要是坐唱，多为一人自弹自唱，也可多人自弹自唱或一人弹奏，一人边打简板边唱，根据曲目内容还可对唱。资丘南曲为自娱自乐的艺术形式，每逢节日、婚寿或劳动之余，家人或邻里围坐一处，操起三弦和简板，你弹他唱，拍板帮腔，自唱自乐，自娱娱人。正是因为南曲的娱乐的"消费性"传承特点，在日常演唱中，家人、邻里相互习染，流传数百年而不衰。

2. 充分发挥现代组织和科技的作用，创新传承方式

现代组织和科技的发展，一方面创造了新文化，刺激着全新的文化消费，改变了人们的生活方式，另一方面使传统文化的传承获得了新的能量与手段。因此，我们应充分发挥现代组织和科技的力量，传承中华优秀传统文化。

其一，促进传统文化进校园、进课堂、进教材，发展传统文化教育传承的新方式。传承文化是学校的主要功能之一。中国古代各类学校在中华文化的传承中发挥着重要作用。然而，近代以来，由于受西学东渐的影响，现代学校以学习现代西方知识为主，加上学校教育的实利主义倾向，中华优秀传统文化的教育与传承的缺失是一种普遍的现象。因此，要传承中华优秀传统文化，就必须促进传统文化进校园、进课堂、进教材，这要求在与传统文化相关的校本教材编写、课程与大学专业设置、

---

① 乌丙安：《民俗学原理》，辽宁教育出版社2001年版，第325—326页。

校园文化传习基地或中心的建设等方面进行改革。

其二，推动传统文化产业化发展和开发利用，通过文化消费传承中华优秀传统文化。文化产业传承传统文化是将传统文化作为产业资本要素，通过旅游、电影、电视制作、服饰、食品、生活用品的生产等方式生产文化产品，通过受众的购买、消费、自觉或潜移默化接受，达到文化传承的目的。近年来，由于文化产业的发展，传统文化的产业开发方兴未艾。然而，文化产业对中华优秀传统文化的开发利用存在碎片化、过度娱乐化乃至误读、误解、误用等误区，因此，必须走出误区，用产业化的新形式体现中华优秀传统文化的精神内核，才能达到传承中华优秀传统文化的目的。

其三，挖掘数字化技术和互联网在文化传承上的价值。当今世界已进入数字化技术和互联网时代，数字化技术大大提高了文化的存储能力，而互联网则丰富了文化传播手段并推动了文化的传播速度。特别是在全媒体时代，报纸、电视、广播、杂志等传统媒体以及在新技术支撑下的新媒体如数字杂志、报纸、广播、数字电视、电影、互联网、桌面视窗、触摸媒体、微博、微信等纷纷登场，开辟了文化传播与传承的无限空间。当下最重要的是要充分挖掘数字化技术和互联网在中华优秀传统文化传承上的价值，不仅要通过建立数据库等做好中华优秀传统文化的保存工作，更要制作优秀的数字化文化产品并利用现代媒体，特别是新媒体，在青少年中做好中华优秀传统文化的传播教育。

其四，充分发挥场馆的文化传承功能。博物馆、纪念馆、文化馆等场馆不仅是文化的保护与传播机构，更是文化的传承机构。各类场馆是文化传承的基础性设施，要充分发挥其在中华优秀传统文化传承方面的功能，开辟文化传习功能区，特别是非物质文化遗产传习功能区，在中华优秀传统文化活态传承方面发挥重要的作用。

鉴于传承方式在传承体系中的重要作用，本书后面列专章进行讨论。

（三）加强传承场域建设

传承场域在文化传承体系中占据十分重要地位，建立与现代社会相适应的传承场域体系是传统文化传承的关键。

鉴于传承场域在文化传承的重要作用，本章第二节就此进行专题讨论。

(四) 科学建设中华优秀传统文化传承保障体系

中华优秀传统文化的传承长期以来主要依赖民间组织与机制，尽管政府组织的类书、丛书编纂和建立的选官、科举制度等对中华优秀传统文化的传承具有一定的作用，但由于没有科学、系统的保障体系，历朝历代文化失传现象大量存在。近代以来，由于频仍战乱的破坏，加之一系列的"文化运动""文化革命"的冲击，特别是改革开放以来，在全球化和现代化的影响下，没有科学保障体系的中华优秀传统文化部分内容加速失传。

近年来，为保障中华优秀传统文化的传承与保护，国家制定了《中华人民共和国非物质文化遗产保护法》，并建立了非遗代表作名录、代表性传承人和文化生态保护实验区制度等，对中华优秀传统文化的传承起到了一定的促进作用。但由于现有政策、法律、制度等主要是针对文化保护而制定的，对文化传承的保障作用有限，加之并未形成保障之"体系"，因此，科学建立中华优秀传统文化的保障体系任重而道远。

科学建立中华优秀传统文化传承的保障体系在宏观上需着力做好三个方面的工作：一是制定中华优秀传统文化传承的专门法律法规，对各传承主体如政府、场馆、学校、企业、媒体等的文化传承职责、义务进行明确规定；二是进行制度、体制、机制的顶层设计，在现有制度如代表性传承人制度的基础上，设计不同层面的文化传承制度、体制、机制，以保障文化传承活动良性运行；三是制定评估体系，对文化传承行为进行监控、评估、奖惩等。

鉴于保障体系对于文化传承的重要作用，本章第三节就此进行专门分析。

(五) 正确处理中华优秀传统文化传承中的各种关系

中华优秀传统文化传承是一个特定的概念，它与文化传播、创新、保护等既有区别，又有密切的联系，因此，建构中华优秀传统文化传承体系就必须正确处理好文化传承与文化传播、创新和保护等关系。

1. 正确处理中华优秀传统文化传承与传播的关系

文化的传承主要指文化在时间上的纵向传递性，由此表现出文化的累积性和内容与形式上的连续性；而文化传播主要指文化在空间上的横向播布性。但事实上，文化的传播包含着传承的内涵，当一种文化从一族一地传到他族他地时，被他族或他地民众接受，传播就实现了向传承的转化。德国文化圈学派研究的文化传播就包含了文化传承的性质。另一方面，文化传承也包含文化传播的内涵，文化传承首先表现为文化的代际传播。尽管文化传承与文化传播有密切的联系，但不能用文化传播代替文化传承，反之亦然。在中华优秀传统文化传承体系建构上，我们不能割裂文化传承与文化传播的关系，但也不能用文化传播行为代替文化传承。这就告诉我们在利用场馆、媒体、文化产业等进行文化传承时，必须走出用传播代替传承、将传播等同于传承的误区，采取切实措施推动中华优秀传统文化的传承。

2. 正确处理中华优秀传统文化传承与创新的关系

文化传承与创新是对立统一的辩证关系。传承是对传统文化的承继，这种承继具有历史的积淀性；创新是对新文化的创造，这种创造具有未来的开创性。但传承与创新具有内在的联系性，两者相互依赖。传统文化的传承包含着创新，历史上任何民族文化的积淀都是在传承—创新—再传承—再创新的循环往复中完成的，后一历史时期的文化传统总是在前一历史时期文化继承与文化创新的基础上形成的。同时，创新也离不开传承，任何文化创新并不是凭空创造的，其创新来源的重要元素是传统文化，或借用他族文化的传统要素。因此对文化传统的传承是创新的基础，而创新又使民族文化具有了存续的生命力。

中华文化的生命力在于其创新性，但中华文化的创新必须建立在对中华优秀传统文化的传承基础之上。在当代社会，中华文化的发展离不开创新，而创新更离不开对中华优秀传统文化的传承。所以党的十七届六中全会《决定》，针对我国传统文化，明确提出了"坚持继承和创新相统一"的方针。

3. 正确处理中华优秀传统文化传承与保护的关系

文化保护可分为两种基本的类型，一是对文化的保存、维护以使文化得以记录并不受损坏，这是一种静态保护，如博物馆、图书馆对文化的保护，文化遗产的数据库保护等；二是对文化进行传习进而使文化得以存续，这是一种活态保护。两种保护均可导致文化传承。但对于第一种保护而言，保护并不必然导致传承，有的文化永远成为文化记忆，只有部分文化在若干年后，有人通过文化记录进行学习，从而导致传承，这种传承是一种间接传承。对于第二种保护而言，它是一种直接传承，我们可称之为传承性保护。因此，对于中华优秀传统文化来说，传承与保护同样重要，有的优秀文化内容可进行直接的、持续性的传承，有的优秀文化在某个时期，其传承的条件不成熟，但可先进行保存、记录，待条件成熟后再进行教育传习，从而成为人们思想、行为的一部分。

## 第二节 中华优秀传统文化传承场域建设

文化传承总是在一定的社会空间中进行的，"一切人与人、人与社会接触的空间组合都可以是传承场"①。然而，受文化传承的机制和规律所决定，有些社会空间被固定下来，成了重要的文化传承和有意识的文化再生产的主要场所。家庭、村落、集市、寺庙、学校等一直是文化传承的固定场所，文化广场、文化馆、博物馆等现代文化场馆、传承基地等则成了现代社会中文化传承场所的新锐。学术界对传承场进行过多角度的探讨。如赵世林以列举的方式，指出传统社会时期云南少数民族文化的传承场有丛林、火塘、寺庙、仪式、集市和学校，并对各个传承场的特征及其中的文化传承方式进行了归纳②。张福三指出传承场是文化得以延续的一个重要基础，并根据民间文化传承场是否具有物理属性，将其分为自然场、社会场和思维场，并对每一类传承场的特征、表现形式及其存在的必然性等内容进行了廓清和解释，同时指出随着人们不断变化的生活需要还会不断涌现新的传承场，只有改造旧的传承场，建设新的传承场，民间文化才能在新时期获得发扬光大③。和晓蓉认为，文化传承场是"文化精神背景"叠加"特定时空"和"特定活动群体"而形成的、保障传承有序进行的一种三位一体的中介实体，传承场与文化传承是一种互生关系，其中民族信仰文化对传承场的生成、维护起到了基础性作用，是传承场保持稳定并自我调适的内力④。

---

① 赵世林：《民族文化的传承场》，《云南民族学院学报》1994年第1期。
② 赵世林：《民族文化的传承场》，《云南民族学院学报》1994年第1期。
③ 张福三：《论民间文化的传承场》，《文化研究》2004年第4期。
④ 和晓蓉、和继全、顾霞：《民族非物质文化传承场及其维护与再造》，《思想战线》2009年第1期。

既往研究主要集中于传承场的含义、类别、属性、特征等方面，基本上是对传承场进行平面探讨，少数学者就不同的传承场中所采用的文化传承方式进行了列举。然而，文化传承的关键是文化本体与传承场要互融共生，不同的文化本体总要在适于其生存的传承场中才能得到更好的传承，传承场的消解则会带来文化本体的没落甚至消亡。因此，既往研究采用单一逻辑方法分析传承场，没有将文化传承场及其实践"嵌入"广泛的社会背景，也没有保留文化传承场的独立性或特殊性，不能把握每个传承场的关系结构、内在规律、运作逻辑、传承场之间的互动关系，从而难以从根本上解决文化传承的难题。

## 一 传承场域模式

任何一种民族文化的产生、衍化、传承都要依附于一定的社会空间，即要在特定的场域中进行，而文化传承场域是物理场域与意义场域的交融，是一种密布着各种社会关系的网络空间。采用布迪厄的场域理论来分析文化传承命题，清楚把脉文化传承场域的结构，并运用资本、惯习工具分析场域中不同文化主体的文化实践策略及其行为方式，发现不同场域中文化传承的实践逻辑，以"场域模型"来分析文化传承场域，较之以往的研究范式，可以达到几个方面的突破。

其一，从场域论的视角，即是从关系论来考察研究对象。以场域理论解读文化传承问题，可以让我们更好地解析在中华文化的发展过程中，文化本体的构成与社会客观条件之间的互动关系，文化主体之间围绕着文化本体进行的博弈关系；让我们跳出仅仅以文化本体为研究基点的视野，摆脱传统民族志、文化史研究方法的局限；也可以改变既往以政治、经济等僵化决定论来阐释文化的产生、发展和变迁的机械方式。因而，"场域"论方法是从空间结构、关系网络中考察中华文化传承的实践逻辑，为中华文化传承提供了一个新的解读方式。如此，文化传承场域中所形成的关系网络、意义空间、资本争夺、惯习沉淀等特征，将会淋漓尽致地呈现出来，使置身于其中的每一个文化实践主体活跃于读者面前，不再仅仅是一个抽象的符号化的人，而场域中的文化本体的象征性、符号化也能凸显出来。

其二，文化传承体系是一个场域，即文化传承场域。它既是社会大场域中的一个子场域，又是由一些相对独立的亚场域（如家庭、村落、寺庙、学校、文化场馆、文化空间、网络等）组成的。这些亚场域相互关联又彼此独立，其关联性表现在各个亚场域的边界是模糊的，文化本体不是在单个的场域中传承的，而是在多个场域中交叉进行的；其独立性表现在各个亚场域都具有独特的逻辑和必然性，因而在每个亚场域中传承的文化本体各有侧重。

文化场域形塑了人们的文化惯习，进而形成了特定的场域文化，它们是场域的内生物，在场域的文化实践中产生，又影响着文化主体的场域实践行为，使整个文化场域充满了意义和生机。由于场域都有自身的内在逻辑，不同场域中人们的文化惯习千差万别，人们在不同文化惯习建构下，制定了相应的文化实践策略，采取有利于实现自身利益的文化实践方式，使得各个文化场域呈现出不同的规律性，有的契合了文化发展的内在规律，有的则完全背离，从而导致各个场域中的文化传承效果迥然不同。无论是从历时性考察，还是从共时性分析，中华文化的结构与生存样态都呈现出千变万化。可见，运用"场域模型"分析不同场域中的文化传承规律，能从根本上解答当代社会中华传统文化陷入生存困境的起因，进而提供解决文化传承难题的有效途径。这是一种解决问题的客观化方法，立足于文化本体所处的客观场域，分析场域中文化主体之间的客观关系、场域建构的文化惯习及在惯习建构下的文化实践行为，能够客观地理解场域中的文化本体不可能走上文化主体理性设计的发展道路，其最终的生存样态是场域中各主体相互博弈的结果呈现。

另外，对于文化本体而言，场域中的一切关系网络构成了文化本体赖以生存与传承的客观环境，这些客观条件又形塑了人们文化实践的惯习，场域中的规则和机制赋予了文化主体文化活动的实践感，于是文化主体在惯习指引下，有意无意地开展了一系列的生活实践活动。可见，场域中的文化本体既是复杂关系网络集结共指的对象，又可以帮助我们理解诸如村落、集市、学校等不同场域中的人们的文化实践。"在高度分化的社会里，社会世界是由大量具有相对自主性的社会小世界构成的，这些社会小世界就是具有自身逻辑和必然性的客观关系的空间，而这些小世界自身特有的逻辑和必然性也不可化约成支配其他场域运作的那些逻辑和必然性。"①这意味着社会大世界可以分化成多个相对独立的小场域，每个小场域都自有内在逻辑和规则；相应地，中华优秀传统文化依存于对应的场域中，其传承实践要契合场域的客观环境和内部规则。

人们的日常生活不仅涵盖了衣、食、住、行等基础性的物质文化，而且包含了情感依托、信仰追求、艺术审美、人生理想等不同层面的精神文化，故而人们要穿行于家庭、村落、集市、寺庙、学校等众多场域，采取与之相对应的生活实践，才能实现个体乃至群体的生存与发展之需要。人在不同场域中的具体文化实践恰好构成了具体文化事象的展演与传承，并在民俗事象与文化场域之间形成不谋而合的一致性，即共生关系。因此，我们根据生活空间的多样性和在每个空间的生活实践的不同，将中华优秀传统文化传承场域分为家庭、村落、集市、寺庙、学校等多个小场域。在几千年的传统社会，这些具体场域都是人们生活的重要空间，中华文化的相应成分便在人们的生活实践中不断地累积和创新，从而成就了中华优秀传统文化的丰富多彩。从文化传承惯常性、群体性特征而言，村落、集市、学校是传统社会时期人们生活赖以生存的重要公共空间，又是人们心灵栖居之所，相较于其他场域更具典型性。因此，我们基于人是文化的持有者，更是文化传承的核心要素的基本认识，根据人的社会化进程，即人要经历"生物人—社会人—文化人"的文化濡化过程，以代表群体"集体记忆"为标准，基于生活逻辑，重点选择村落、集市、学校三个子场域，来讨论传统场域中文化传承的实践逻辑。

## 二 传统场域文化传承逻辑

### （一）传统村落场域中的文化传承

传统村落是满足文化传承的核心主体——人的生存需要而存在的实体物，同时又是人类进行群体性文化实践的活动场所，是一个有地理边界和时间积淀的文化空间。

首先，传统村落是一个实体性场所，使人们进行文化实践成为可能。村落是人地结合的共同体，一定的地域空间为村落共同体的生活提供了

---

① ［法］皮埃尔·布迪厄、［美］康华德：《实践与反思——反思社会学导引》，李猛、李康译，中央编译出版社1998年版，第134页。

固定的地域及与之相适应的生态环境和资源基础。村落成员对世居的村落有着亲切感，不愿意背井离乡。此外，村落有相对独立的组织结构，并以此与外界政权、利益集团发生着抗拒或协调的作用，来平衡村落的内、外部关系。就其外部作用来说，村落保护着村民安居乐业，协调着村民对外交往，所以，每个村落都建立起相对独立的组织机构，既能抵御自然灾害和外来侮辱，形成村民生产和生活的保护屏障，又构筑起村民对外交流的话语表达平台和支持后盾。在村落"熟人"社会中，村民之间的交流互动与协作关系非常紧密，使得文化传习在村民们平素的亲密交往中变得简单自在。

其次，传统村落是一个恒定自足的生活空间，形成了文化传承生活化的稳定系统。在长期的小农经济体制下，村民经济行为的动机是基于生存的考虑重于利润的追求，村落内部生产产品主要是供给自我消费，剩余的土特产品则拿到村口集市或更远的市场销售，以购买自产不足的生活必需品。虽然村落内部的家庭有贫富差距，各个家庭相互独立，但都或多或少地对外发生着购销联系，所有生产、生活必需品的买卖需求都能在村落内得到满足，村落成了能使每个家庭维持生活且有宽松调适余地的社会单位。再者，基于邻里熟人关系、血缘人伦和宗族责任而形成的帮扶网络，进一步填补了村落内部的生活自足。在经济自足之外，对于村民们诸如技能与经验、伦理与规范、信仰与仪式、文艺与娱乐等方面的生活需求，则通过村落中的人际互动关系来实现自足。一方面，村民们通过走访亲友、定期赶集等方式来获取知识信息，又在频繁的人际交往中，将获取的信息迅速传播而为全体村民所共享，弥补了村民与外界联系不足的缺憾。另一方面，尽管村落空间中的人际交往是在亲缘、地缘、业缘之上建立起来的人群结构中实现的，沟通渠道互不相同，但在村落"熟人"社会里，村民们接触频繁，交朋结友成了村民接受外界信息的便捷模式。此外，在村落中，村民们都注重集体协作事务的参与，如在婚丧嫁娶、建房修路等事务中自愿按村中习俗出"份子钱"或担当角色，在节日、庙会时举行的全村性仪式活动中踊跃表现。这些有利于人们充分交往的生活常景，是村落供给村民们熟悉环境、认知社会和交流情感的机会。

最后，村落是一个有集体意识的公共空间，形成了文化实践的生活系统。村落作为一个稳定的小群体社会，村民们在频繁密切的交往互动中，形成了"共同生活方式和习惯成自然的种种文化规范"[①]。因此，在村落中，我们常常见到的生活场景是一样的住房、一样的劳作、一样的方言声腔、一样的游艺娱乐、一样的家常便饭、一样的活动仪式等。在这些相似的生活表象之下，"潜在的是村民群体的共同价值观念和由相通的个人感觉所构成的集体认同意识"[②]。集体意识能够使村民人际关系得到稳固，村民之间的互动得到增强，从而提升村落群体的凝聚力。因此，在平常生活状态下，村民是他者眼中或多或少地带有特定文化底色的村落人；而在特殊事件状态下，村民们心灵深处的村落集体认同感被唤醒，强烈的村落群体凝聚力外化为团结一致的集体行动。村落的集体意识通常还以村为单位的群体活动、村落内部组织、村规民约等形式表达出来。

总之，在村落集体意识的形塑之下，村民们的生活逻辑呈现模式化，从而形成了村落场域中文化实践程式化的内在体系。

（二）集市场域中的文化传承

在传统社会，生活于乡村的广大农民接触外界社会的路径之一便是赶集，集市成了乡村公共生活的重要空间。相对于村落来说，人们在集市上的行为是在市场规则导引下的规范行为。赵世林认为，人类社会进步和文化发展都与市场紧密相连，市场是一个重要的文化传承场，人们在市场上既有物质产品的交换，也有精神文化的传递与交流，而集市上交换的物质产品本身就是物化的文化形态，一系列的商品交换行为和文化交流则是文化实践。[③] 因此，集市既是文化物化产品的集散中心，又是文化活动的重要场所，从而涵盖了文化的静态表征和动态实践。从共时的角度来分析，来自不同文化圈的人聚集到集市上，分别展示自己的文化并学习异质文化，集市成为民族文化相互交流与传播的场所；从历时性来看，无论是固定集市还是季节性集市，年复一年、日复一日的集日

---

① 刘铁梁：《村落——民俗传承的生活空间》，《北京师范大学学报》（社会科学版）1996年第6期。

② 刘铁梁：《村落——民俗传承的生活空间》，《北京师范大学学报》（社会科学版）1996年第6期。

③ 赵世林：《民族文化的传承场》，《云南民族学院学报》（哲学社会科学版）1994年第1期。

活动，使得传统文化在代际间实现了传承。具体来说，集市成为中华文化传承的重要场域，基于如下几个因素的影响。

其一，集市浓缩了人们的生活百态。集市公共空间中包括面向所有顾客、商贾、行人的店铺、摊位、街道、空坝、广场、茶馆、饭店、政府办公地点等场所，都是看得见、摸得着的物质实体。这种物质性的公共空间和实体的存在，吸引着四乡农村的乡民们聚集，买卖商品，获取信息，交朋结友，休闲娱乐，甚至办理政务。商人、小贩在集市上没有限制地出售商品，游动商贩挑着担子沿街叫卖，手工工匠在街角或街沿处现场制作产品就地出售，商铺橱窗里展示着各地土特产。地摊边、棚子下、店铺前等集市中随处可见聚集的人群，除了物品交易外，人群聚集处或有流动戏班子在表演地方戏，或有民间艺人在说唱，或有表演杂耍的人在玩杂技，或有算命先生、"卦婆"在帮人预卜命理，或有阴阳先生在为人家测风水，或有端公、巫师在施法术，或有江湖游医在售药治病等。集市上的茶馆、饭店里里外外都是人，大多数茶馆都会与当地有名气的说书人、民间艺人或戏班联合起来。这样茶馆里既有茶点，又有看头，也就成了有钱人或是社会精英休闲娱乐的主要场所，他们坐在里面吃喝、看戏、听书、闲谈，贫困的赶集乡民则围在茶馆的门口或窗前倾听观看。许许多多赶集的乡民穿梭于街上，左顾右盼找寻需要的商品，或停留在某个角落观看集市上发生的奇闻逸事。集市也是孩子们游玩的场所，或是跟在大人后面购物，或是被各色玩具、街头艺人的表演所吸引。因此，集市是商业文化、民俗文化汇聚、展演的公共空间，"商业文化反映在商店的匾额、装饰、商品陈列、店铺和顾客的关系、财神崇拜、工匠工作方式以及他们独特的商业语言中"[①]。

其二，集市容纳了多元化的民族文化或地域文化。集市还是各民族风情大杂烩的场所，全面彰显着民族文化或地域文化的多样性。这在民族地区更为明显。集市所容纳的民族风情首先体现在赶集者的服饰上，如在云南文山的集市上，通过服饰可知赶集的人有彝族、苗族、壮族等少数民族，在澜沧的集市上则有身着独特民族服饰的傈僳族、怒族、独

---

[①] 王笛：《街头文化：成都公共空间、下层民众与地方政治（1870—1930）》，李德英、谢继华、邓丽译，商务印书馆2013年版，第55页。

龙族、白族、藏族、普米族等少数民族民众。各民族服饰是他们区别于其他民族的重要标识,反映了不同民族的生活环境、民族心理、审美追求、民族特征等文化元素。其次,集市上的生活用具各式各样,无论是用于交易的,还是赶集者随身携带的,都生动地展示了民族文化的丰富多彩。再次,集市上呈现着当地的饮食习俗。一般来说,一个地区的集市上会主打当地的特色饮食,再有其他地方特色食品售卖,还有赶集者自带的本土特色干粮,因此集市上聚集着南来北往的食客和各地的独特饮食。

其三,受中国传统农业经济封闭性的影响,乡村集市上的活动主体都以原居民为主。无论这些原居民的职业成分有多复杂,他们之间是一种熟人关系,是集市中原生社群的内部组成,构成了集市熟人社会。在原生社群的熟人社会里,贸易往来包含着通过亲缘、地缘及其附属纽带形成的扩展关系,即通过平价的商品贸易完成相互间的人情往来,建立更深厚的亲缘关系,从而促进了原生社群间人际的和睦,强化原生社群共同体的认知,进而激发族性认同。随着集市的时间沉淀,集市中有了坐贾开设的固定店铺,有的固定店铺发展成为老字号店铺,它们经销的商品往往与原生社群的传统生计方式息息相关,进而在集市中形成了不可遏制、无以违抗的惯性力量,在世代继承中传递下来,这又强化了原生社群的族性认同。有了社群认同,就为一个民族的传统文化传承奠定了前提条件,进而内化为原生社群的文化传承惯习。

虽然乡村集市是一个没有成文规范、没有管理机构的自治空间,一切集市活动都显得公平自由,但其活动规则都内含于不成文的地方性传统习俗当中,即乡村集市的自治惯习系统。

其一,交换关系是乡村集市中最核心的关系,互惠是乡土社会交换的基础和关键,而互惠式"交换"的交易价值被模糊化了,体现为双方应尽的互惠义务,并不可化约地成了乡村集市上的交易惯习。因此,在集市上,顾客与商贩都倾向于"熟人交易"。就农民而言,他们在交易过程中所追求的,不是利益最大化,而是风险最小、利益稳定,惯于守旧,采取的行动策略便是向熟人购物,既惠顾了老主顾的生意,又有价廉物美的收获。就商贩来说,他们在不触及利益底线的情况下,坚持"薄利多销"的经营理念,以"低价、多给"的行动策略,让老顾主在交易中心满意足，来年再次光顾他的摊子就是理所当然的选择，并将这种经营策略推及街上所有乡民，从而扩大交易圈，增强自己在街子上的资本能力。

其二，乡土社会是人情味浓厚的社会，倚重道德调整，社会交换以情感为取向，受到道德的束缚。在乡村集市上，重利轻义的商贩会被熟人唾弃，有的甚至被贴上"势利眼"的标签，从而难以在应有的社区共同体中生存下去，商贩们不得不具备乡土情结，要恪守"道德底线"。于是，商贩们便采用"实践亲属"①的行动策略来平衡经济利益与道德伦理之间的矛盾，以维持个人利益与集市的正常运行。因此，在集市上，各类商贩经常将其活用为经商的行动策略，通过一声声"大爹""大妈""兄弟""大姐""妹子"的热情招呼，与陌生人"混个脸熟"，与老顾主的亲密关系则更进一步。这种象征性地使用亲属称谓，很轻易地在买卖双方之间建立了认同和信任，为进一步展开活动奠定了基础。

其三，士绅、行会、商会等地方势力支配着乡村集市的运行，其规则和秩序的形成都是仰仗乡村社会自己的力量，即依靠市场及其主体自身的力量维持其运转，呈现出来的就是商人的经济支配能力、地方社会势力的调控能力和"小传统"的浸润能力②。在传统集市上，地主士绅、地方土豪、牙行及后期出现的商会、商帮等特殊群体掌管着街场自治权，他们将自己对权力的掌控和利益的诉求，以极其温和的方式表达出来，保持着与乡民们密切的亲缘关系。集市上的规范与习俗制约着每个赶街的乡民和商贩，建构了他们墨守成规的赶街心理，自觉遵守交易惯制，并不可化约地成为他们在街上的生存心态。地主士绅、商帮势力在生存需求之外，有着更多的利益诉求，大大小小的集市自然成了他们利益追求的理想场所。他们要将自己扮演成集市惯习的极力维护者，更要实现自己在集市上的话语权和规则制定权。因为长期与乡民们居住在一起，

---

① 陈文超：《实践亲属：乡村集市场域中的交换关系》，《中共福建省委学校学报》2010年第4期。

② 吴晓燕：《现代国家对乡土社会的渗透与整合——基于集市变迁的分析》，《学术论坛》2009年第1期。

深谙乡民们的生存需求和乡土习俗，运用"保证乡民们的利益需求为本位"的行动策略，来处理街场上的交易纠纷，维持集市稳定，并逐步"完善"街场上的旧秩序，制定新规则。如此一来，他们与乡民们之间的亲缘关系得到了进一步的增进，并借助家族、血缘、姻缘、感情等关系，增强了他们在集市上的势力和权威。

其四，受生存逻辑支配，农民顺从集市中的习俗惯制，强化了乡村集市的自治性。从古至今，农民在任何历史时期都是最庞大的社会群体，也是社会的弱势群体，在乡村集市场域中更是如此。然而，农民构筑了乡村集市的基础，是乡村集市习俗规范的主要制约对象。由于小农经济的独立与分散，加上闭塞视听和受教育水平极其有限，农民群体难以集结成强大的社会合力，导致他们在乡村集市上没有话语权，唯有遵守集市场域中的规则。然而，农民群体在集市场域中仍然具有资本能力，以确保他们的生存需要，即农民朴素的功利性追求。在集市上，四乡农民积攒下一年耕种和采集所得，能够拿到集市上售卖的粮食、土特产、农副产品、手工制品、药材等，以及相应的购买能力，构成了他们的资本能力。而他们在集市上能够多大限度地满足自己的生存需求，只有依赖对这些资本占有的多寡和手工技艺掌握的程度。于是，农民一年四季辛勤劳作，拼着体力和智慧，只为来年有更多的货物拿到集市上售卖，这是他们累积资本能力的主要途径，勤劳与坚忍则成了他们的主要行动策略。同时，这些资本的存在与农民的人身是不可分的，是农民在集市上与生俱来的资本优势。农民群体对这种资本的绝对拥有权，客观上奠定了他们在集市上的主体性地位，从而提升了他们在自有空间中积极参与交易实践的自信。正是农民这种集市内外的行动策略和朴素的主位理念，强化了集市自治的实践逻辑，使得集市文化在他们生活化的赶集实践中绵延不绝。

（三）学校场域中的文化传承

教育是传承传统文化的重要手段。一方面，教育的实质内容是传授知识传统，保持知识传统的持续性；又对知识传统进行加工，促进知识传统的创造性发展。另一方面，教育是实现"人的发展"的系统工程，通过有组织的教育机构、规范化的教育措施、全覆盖的学习内容、递进式的培养方案，将进入其中的人从懵懂无知的生物人培养成有知识、有技能的文化人，甚或培养成知识精英，这实质上是一种文化传承人的培养工程，从而解决了文化传承的根本性问题。

人是文化的创造者，更是文化的传承者，人的发展是文化传承的根本要件。而人的发展是教育的结果，教育是培养人的一种社会活动，是"使人社会化的活动、使人知识化的活动"①。在长期的历史中，中国乡村学校教育经历了漫长又复杂的发展与变革，既为中国社会发展培养了一代代的文化人，又为中国传统文化传承做出了不可替代的贡献。先秦时期，"夏曰校，殷曰序，周曰庠；学则三代以共之，皆所以明人伦也"②。校、序、庠皆为乡学，其课程为"乡三物"，"乡三物"即为"六德""六行""六艺"，并于西周末年，私学遽兴，百家争鸣，中国的教育和文化都获得了一次自由的大发展。汉唐时期，受两汉"无为而治"的治国策略之影响，私学得到了很大发展，尤其以私学中的"家学"③最为普遍，既传授知识技能，又重视治学和伦理道德，使得私学在文化传播、学术发展、人才培养方面做出了重大贡献。到了宋代，随着官学的日益式微，供私人读书的书院日渐发展成为私学的高级形式。私学既注重士人的知识教育，又重视个人修养、笃行礼仪道德，培养"明人伦""进可安邦定国，退可治学守业"、胸怀天下的实用性人才④，将传授知识、研究学问和品德修养、完善人格有机结合起来。明清时期，私学虽然受到官方禁毁和官学化的钳制，但没有影响它在培养人才和传承文化方面的主流地位。与此同时，自汉代开始，中国就有重视儿童启蒙的蒙养教育传统，各种村塾（村学）便是设在乡村的蒙养学校，它对儿童进行初步的道德行为训练和基本文化知识教授，以识字、写字、背书和严格规训为主，内容涵盖历史文化、文学艺术、生活常识、生产技能、行为规范、伦理道德等。通过蒙养教育，既为一部分人后来的继续学习培养了基本

---

① 郝文武：《教育哲学》，人民教育出版社2006年版，第157页。
② 《孟子·滕文公上》。
③ 家学，形成于汉代，是私学中的一种特殊形式，是对家庭或家族中的子弟进行教育，家族性很强，所授内容非常广泛，既有儒家经学，也有医学、天文、历算、律历等自然科学知识和专门技术，很多不在官学中传授而又源远流长的学科都在家学中传授，还对治学的态度和方法给予研究和指导，对伦理道德尤为重视。
④ 张传燧：《中国教育史》，高等教育出版社2010年版，第229页。

能力和良好习惯,也为广大儿童日后的社会化发展奠定了基础条件。另外,社会教化也自古有之,"化民成俗,其必由学乎"① 是历代封建王朝对广大民众进行社会教化的普遍策略,即通过祭祀、宗教、节庆、娱乐、宗族等各类活动,对广大民众施以道德伦理、诏告圣谕、训诫息讼、劝课农桑、家规族法、乡规民约等方面的社会教化,这种生活化的社会教化有利于中华传统文化深入民心,并实现了代代传承。

可见,在传统中国时期,以学校教育为代表的中国传统教育不仅培养了一代代的中国人,而且实现了中华传统文化的积累和创造性发展,从而有了国人今天引为自豪的中华文明。从教育发展史来看,学校教育是教育发展到形式化阶段的产物,相较于家庭教育、村落(社区)教育、社会教化等松散的教育方式,它是"集中的、系统的、有专职教师的、有计划和有目的的教育实践活动,它应用导入式的教育方式,形成规范的教育制度,又有文字、典籍等发达的符号系统"②,所以无论是对个人还是对群体,都是文化濡化最有效、最全面的教育活动。在系统化的学校教育中,除却家庭启蒙教育早的极少数人外,绝大多数人都是从一个目不识丁的娃娃逐渐成长为社会实用性人才。因为不论在哪个朝代哪一区域,学校都是当时当地文化最发达、最完备的社会场域,每一个进场的个体,受其惯习——教育机制的建构,逐渐被塑造成它预先设置的文化模型,从而成长为理性的文化人。可以说,人之个体由无知蛮夫到理性文化人的华丽转身,是在学校场域中接受文化模塑的结果。随着一代代理性文化人走出校门,学校便完成了文化传承最复杂的举措,也实现了文化传承最根本的环节。如此周而复始、前仆后继,学校教育是一个系统化的文化传承过程,一代代理性文化人的成功模塑则为文化的继续发展培养了一代代文化传承人,保证了传统文化的薪火相传和创造性发展。

综观传统中国的学校教育,无论是官学、私学、书院,还是蒙养学校,都比较成功地实现了文化传承的历史使命,究其原因,有两个重要基点:一是传统学校以"修己""治人"为教育理念,特别重视人之品性、思想方面的深化教育,将普世之伦理道德形塑成每一个入场者的人

---

① 《礼记·学记》。
② 赵世林:《民族文化的传承场》,《云南民族学报学报》(哲学社会科学版) 1994 年第 1 期。

生信仰，这些正是中国各民族优秀传统文化的核心价值理念。二是传统学校教育立足于乡土社会，尤其是乡村学校教育以"接地气"为突出特点，即不脱离于乡村"小传统"社会，以生活化的教学方法和知识内容，既重视教授文化知识，又不忽略传习生活常识和生产技能。因此，学校教育对人的一生来说，发挥着持久、全面的作用。再加上传统社会的封闭和落后，除了极少数人入仕离乡外，绝大多数人"学成"之后仍然留在故土。这种人才外流的有限性和回流的普遍性，恰恰是地域传统文化得以保留并获得传承的先决条件。留守本土的受教育者，无论是重返乡村学校执教，还是专事农桑或手工业，或是经商，又成了文化传承的中坚力量。可见，学校自产生时起，在漫长的传统社会始终担负着二重使命，"一是作为民族的文化传承场，传递着本民族的传统文化；二是作为文化的传递场，通过学校，学习外来的先进文化"[1]。由此可见，学校教育是传承文化和培养文化传承人的最有效方式，学校成了最发达、最完备的文化传承场，学校传承文化也成了一种历史传统。

当然，在传统社会，官学没有延伸到乡村社会，只有私学成为乡村教育和人才培养的主流方式。私塾则是私学在广大乡村的主要办学形式，是乡村社会的学校，担负着传递儒家文化、培养儒生的重要职责。由于私塾多设在个人家里，塾师与学生生活在同一空间，学习与生活紧密结合，塾师既对学生教书识字，又要顾及他们的生活和品格，故而私塾不仅是传授文化的场所，也是学生品格的养成所；私塾中既有大传统的教化，又有小传统的浸润，是教书育人和传承传统文化的理想场域。不过，在乡村社会，更多的是低层次的相当于小学性质的蒙馆私塾，教学内容都是乡村实用的基础知识，如识字、记数、算账、农耕生产和乡民教化等，这些教学内容及其培养的学生与乡村生活紧密相连。另外，私塾低廉的学费、分期收取方式、授课时间等也与农耕社会相适应；有学识修养的塾师与广大乡民是同一社会阶层的共生物，是乡民们获得社会支持的重要力量，与乡民们保持着天然的亲近感。在乡民视野中，私塾具有无可争议的"合理性"，契合了他们的生存智慧与利益判断能力，获得了乡民的普遍认可，从而有了深厚的社会认同根基。再有一个重要的原因，

---

[1] 赵世林：《民族文化的传承场》，《云南民族学报学报》（哲学社会科学版）1994年第1期。

私塾作为宗族乡里的教育机构，与中国封建社会地主—士绅统治体系中居于核心的宗族势力相联系。从学童入学庄重的跪拜仪式到学习内容，使得孝悌贞顺、睦族息争、男尊女卑等思想成为亲族观念和儒家文化共同的内核；私塾培养的儒生掌管着宗族组织的祭祀、修谱、教化训导等活动，对族人的言行起到了规范和监督的作用。因此，私塾得到了乡村中的宗族组织的支持，不仅予以经济扶持，而且许多宗族"悉力扶植"族内子弟业儒，注重挑选"气宇不凡"的族内子弟着力培养，力图使子弟"养正于蒙"。故而，私塾不仅普及于乡村，而且历经改朝换代的社会动荡，挺过了近代殖民主义的入侵和资本主义思潮的冲击，即便在清末与民国初年的新学改革中，也为广大乡民和宗族组织所钟情，从而成就了它是中国乡村传统教育的典型代表，中国儒学文化也因它获得了千年的发展和传承。

除各民族地区较为普遍存在的传统学校教育外，少数民族社会中还存在着一些极为独特的学校教育形式，在民族文化传承中也发挥着重要的作用。典型者如回族的经堂教育。伊斯兰经堂教育是根据伊斯兰教的需要在清真寺里开办，又称寺院教育，"其宗旨是传授经学知识，培养讲学经师和从事宣教及率众举行宗教活动的宗教教职人才"[①]。相较于乡村私塾来说，经堂设在清真寺，将个人生活与学习区分开来，对学生进行严格、系统的宗教文化教育，学习效果明显。经堂教育"通过训练和熏陶，通过传授真正的文本，促进了传统的延续"[②]。

### 三 现代化进程中的场域重构

（一）传统场域的消解

1. 国家权力重构了社会文化网络

经过清末至民国政府时期长达半个多世纪的"新学教育"改革，奠定了现代民族国家的内源性基础。在这一时期，中国共产党通过底层革命，从根本上改造了传统的乡绅精英统治的乡村结构，成功地将农民带

---

[①] 马信：《回族文化传承——经堂教育与学校教育比较研究》，博士学位论文，中央民族大学，2013年。

[②] ［美］爱德华·希尔斯：《论传统》，傅铿、吕乐译，上海人民出版社1999年版，第129页。

入国家政治生活。然而，急切的国家政权建设失之偏颇，村庄权力依托的"文化网络"被破坏，原本稳定的村庄权力结构被破坏。①

新中国成立后，中国共产党继续运用"行政下乡"的策略，发动农村合作化运动和"文化大革命"，打破了家族、族群界限，使得国家规则完全替代了社会自生的各类秩序。乡村社会原本自主性的文化系统被打破，代之以国家权力主导的社会文化网络。如社会所有的戏曲艺人和团体被逐渐统合进了政府的文艺体制之内，各种民间宗教不是被取缔就是自然消亡，乡民娱乐活动也被政社合一的集体联欢以及会演所取代，新出现的电影娱乐则由官方放映队掌控，乡村的祭祀、宗教活动逐步退出了公共领地，即便一些不甘心退出舞台的富有艺术才能的乡村戏头和香头类人物，也只能在公社的宣传队、剧团中略施才能。② 可见，国家权力对文化的控制不但没有缺席退场，反而以隐蔽的"形式化空间统治"的方式，无孔不入地扩散并渗透到大众的日常生活之中。自20世纪80年代开始，国家进行重大政策调整，先后采取村民自治、家庭联产承包责任制、社会主义市场经济体制等制度安排，以减少对地方社会的干预。于是，乡村自生秩序有了些许回归，具有地方特色的传统文化活动也得到了复兴。但是，国家原来开拓的社会空间并不一定只是由传统的价值观来填补。相反，新兴的市场经济、消费主义等种种因素，都会与传统观念争夺空间。20世纪90年代中期以后，城镇化发展与新农村建设运动交叠地席卷了中国各地。城镇化带来了经济社会的新发展，但是传统村落的退守是这一过程的必然结果，恰如费孝通所言"都市的兴起和乡村衰落像是一件事的两面"③。社会主义新农村建设是一场政府主导的"自上而下"的村落改造建设运动，传统村落的外在建筑、生活习惯和传统文化都被引入有计划的改造，导致乡村社会突发式地急速变迁，广大农民长期积淀的社会、文化资本急剧缩减。

---

① [美]杜赞奇：《文化，权力与国家：1900—1942年的华北农村》，王福明译，江苏人民出版社1996年版。
② 张鸣：《爬上妙峰山看村民自治》，《读书》2001年第11期。
③ 费孝通：《乡土中国·乡土重建》，上海世纪出版集团2007年版，第254页。

## 2. 教育现代化冲击了传统场域思想根基

清末民国时期的新学教育改革，是中国教育发展史上的重大转型，中国教育经历了近代教育体制的短期发展，步入教育现代化的道路上来。新中国成立后，我们改造旧教育，收回教育主权，建立起社会主义教育体制，各项教育事业都得到了发展。改革开放以来，中国教育又经历了重大改革，取得了丰硕成果，义务教育得到普及，并为素质教育打下了坚实的基础；发展职业教育，使其从政府主导的办学模式转向主场需求的办学体制；高校扩招，使教育从精英式选拔教育走向大众化的普及教育；建构起了多层次、多形式、多类型的教育网络，为建立终身教育体系、建设学习型社会打下了坚实的基础。

教育是一种理性化的制度设计，并随着教育事业的日益发展，其理性化程度越来越高。中国日渐发达的教育事业既培养了大批知识精英，也提升了全体国民的知识水平。经过理性化教育制度培养的民众，对于传统有了筛选的继承能力和改造的创新能力，对于现代化有了主动适应能力和推动发展能力。当然，这些都是教育制度对"人的发展"所应有的培养功能的理想化设计，现实的情况却不是沿着理性设计的方向单向度地发展。自清末以来的教育发展过程中，过分关注现代性知识的传授和技术型、专业型人才的培养，而对中华传统文化传承的关注少之又少，文化传统知识在教学内容中的权重越来越少，地方性知识几乎全被排斥在学校课堂之外。尤其是改革开放以后，非农化、功利主义、消费主义的社会价值观泛化，应试教育倾向日益严重，学校与社会相脱节的进度日渐加重。即便是近年来，尽管社会对文化传承问题的关注度日益提高，专家学者高声呐喊"民族文化进校园"，民族地区的学校也以实际行动给予积极回应，实际上却是貌合神离。对于求学者来说，教育仍是"谋生"的主要手段，要借助教育阶梯摆脱贫困并过上幸福生活；对于教育者而言，升学率是上级重点考核的工作指标和社会重点关注的教学质量标准，不得不将工作重心集中于提高升学率上。于是，回避教育竞争、大谈中华传统文化的学校传承成了一种乌托邦设想。

## 3. 生产力发展瓦解了传统场域的社会结构

近代以来，工业化、现代化浪潮席卷中国，代表先进生产力的工业技术、现代科技输入中国，不仅促进了中国社会生产力的快速发展，而且引发了社会结构的重大变革。一是农业不再是一统神州的主导产业，工业和服务业先后成为产业结构中的主体产业。三大产业并行发展，在生产效率、就业选择、财富创造、消费观念等方面，推动着中国社会经济结构的变迁。二是现代科技广泛应用于生产领域，机器生产代替了手工制造，大大提高了生产效率并产出了丰富的生产、生活用品，从而淘汰了大量的手工技艺和手工制品。三是采用先进的航空技术和现代路桥科技，逐步建立起完善的立体化现代交通网络，加上现代化交通工具的广泛应用，打破了城乡间、区域间的封闭格局，带给了人们生产、生活的极大便利。四是新兴产业的兴起和交通条件的改善，为人们提供了多元化的就业选择。尤其是农民获得了职业解放，农业科技提高了劳动效率和农业产量，降低了耕种难度并缩短了耕作时间，农民在更多的时间里走进了乡镇企业或进城务工，甚至于完全脱离了农业劳动。五是电子与通信技术的发展与应用，开启了媒介时代。电子媒介全方位地改变了人们的生活方式，使人类对世界的理解建立在图像与信息两个范畴之上。20世纪90年代普及于家家户户的电视，几乎支配了人们所有的闲暇时间，也为人们提供了一种超越时空、感性直观、如临其境的生活信息传播体系，打破了文化地域区隔，瓦解了文化与信息场域传播模式。进入21世纪，迅速发展的网络所构筑的"地球村"，营造了一个所有人、所有民族、所有文化平等、自由交流的大同时代[1]，本土文化遭遇外来文化冲击、同化，面临着"文化帝国主义"危机。近年来，资本成为第一生产力，它包括自然资源、生产工具、产业技术、现代科技、社会关系、荣誉地位、民族文化等方方面面。当文化成为创富资源后，引发了社会对文化的广泛关注和过度利用，进而出现了文化本体"表面繁荣，实则衰退"的矛盾现象。

4. 异化的生活逻辑颠覆了传统场域的生存规律

日益发展的教育事业在传授知识的同时，总是伴随着社会意识形态的传导。一方面，国家通过发展多样化的教育形式，以文明的强制手段，向受教育者灌输国家主流意识形态，使民众在思想上渐渐成长为成熟的

---

[1] 陈泳玮：《非物质文化遗产传播——场域传播在不同媒介时代的变化》，硕士学位论文，福建师范大学，2010年。

国家公民。另一方面，知识教化引导着人们思想观念的更新。因为人们在知识的习得和增长过程中，心智和思维持续地受到知识建构，思考能力和辨析能力得到了不断提升，必然引发着人们去除旧观念、接受新思想。生产力的发展为人们创造了大量的物质财富，解放了人们的思想，从而激发了人之创造力的无限释放，于是又有了代表先进生产力的电子科技和互联网络的发展与应用。电子科技与互联网络走进了普通民众的生活，拓展了社会大众的视野，从而促进了全社会思想观念的更新，功利主义、消费主义、享乐主义思想也开始泛化。受不断更新的思想观念的理性引导和变化发展的社会现实的感观刺激，人们的生活逻辑发生着诸多变化，导致传统场域的裂变和现代空间的重组。其一，人们对社会发展所带来的生活不确定性有了充分的认知，采用多元化的谋生手段予以积极应对，外出务工和频繁转岗成了大多数人的谋生方式。其二，人们的聚居格局发生了变化，对群体的依赖性趋于弱化，习惯于以独处的方式生活于拥挤的社区。这种聚居格局，是人们主动选择和被动适应相叠加的结果，割断了原有小传统中的地缘（血缘）亲切感和群体依赖性，原有的群体性生活习俗在符号化中渐渐淡去。其三，电视与互联网在传播信息的同时，也发挥着娱乐和交流功能。对于社会大众而言，后者的用途远远高过前者。如今，人们习惯于电子媒介赋予的娱乐方式，一个人或是一家人坐在电视或电脑前，不假思索地享受着他者文化的乐趣，没有了交流与互动，人们生活于没有邻居的社区里，沉浸于电子媒介的私密空间中，陷入群体孤独的怪圈。其四，由于消费主义、享乐主义泛化，物质上的一次性消费和奢侈消费、文化上的"快餐式"消费日益普遍，确实带来生产领域、消费领域的相关产业的繁荣，但也造成资源浪费，形成攀比、仇富的社会不良风气，普通民众生存压力加码，心里失衡加重，社会价值观也发生了偏离。

5. 实践主体流失打乱了传统场域建构系统

清末民国时期，国家推行新学教育和"政党下乡"策略，国家权力全面渗透乡村社会，部分乡村士绅移居城市。这种从乡村到城市的单向度人口流动，对乡村传统文化没落产生了一定影响。新中国成立后至改革开放前，先因农村人口文化素质低、城市工业不发达的社会条件所困，后有计划经济体制和户籍制度的严格限制，人口流动频率较低，但城乡分立的二元结构使得所有社会优质资源、人才精英集中于城市，乡村贫困落后，也就不可能出现乡村文化的复兴与繁荣。1978年后，国家在农村实行家庭承包责任制，解除了束缚农民流动的制度绳索，又有适应市场经济人口流动的相关制度的不断建构，使得农村大量剩余劳动力向城市流动，出现了自发性的"民工潮"和"出国潮"。在20世纪90年代中期以前，受制度约束，农民进城务工追求的是家庭风险最小化，常常是青、壮年男子进城务工，老弱妇孺留守乡村，是一种"离土不离乡"的人口流动。对于乡村文化而言，除了节俗文化所受冲击较小外，其他方面都因主要实践主体的缺席而日渐衰退。从20世纪90年代中期以后，中国确立了社会主义市场经济体制，改革开放和现代化建设事业进一步推进，国家和地方政府出台了一系列有关流动人口融入城市的政策法规，便出现了大规模、长距离地从农村向城市、从落后地区向发达地区"离土又离乡"的异地转移，进入城市并融入城市。这一时期，举家迁移日益常态化，只在春节或家族大事时才偶尔回乡，家乡成故乡，传统村落和城市老街中只留下年迈羸弱的老人和少数留守儿童。于是，传统村落和城市老街再也没有了往日生机，其中传统文化因为主要实践主体的长期离场而走向消弭。

总之，中国社会自进入现代化进程以来，尤其是历经改革开放以来40余年的快速发展，经济结构、社会形态、思想观念、生活方式等都发生了重大变迁，这推动着传统村落、古老乡集、城市老街等传统社会共同体的空心化与消逝。空间的变迁与消失往往意味着文化形态的变迁与消失，它直接与人的生存意义关联。传统场域消解的本身即是中华传统文化衰退及文化实践空间消失的双重恶果。

（二）传承场域的现代重构

面对传统场域消解及当下民族文化的传承困境，应积极主动地进行现代性场域的重构，使中华优秀传统文化在场域合力作用下获得复兴与发展。在现代人的主体建构下，现代社会场域的关系网络更为复杂，交织着传统与现代、经济与文化、政治与文化、政府与民众、企业与民众等多重关系。因此，在现代社会中重构中华优秀传统文化传承场域，既要处理好场域中胶着的复杂关系，又要强调文化变量，提升其场域因子的分量与地位。

1. 接力传统：历史经验的借鉴与创新

前文分别选取村落、乡村集市和乡村学校三个场域，对传统社会时期中华传统文化传承的实践逻辑进行了重点梳理和分析。在长达几千年的传统社会时期，鉴于国家权力下沉极其有限，不足以成为乡土社会秩序生成的主导力量，村落与乡村集市都处于内生的自治秩序中，民族文化表现为乡民的日常生活；又因为生活环境闭塞而没有频繁的社会交往，本土民族文化极少受到外来因素的干预，民族文化传统维持着传统场域的生活自足。因此，村落与乡村集市等传统场域是基于生活逻辑而实现了民族文化的活态传承，其中传统惯习发挥了重要作用，成为建构文化传承传统场域的主导力量。

在传统场域中，国家权力、异质文化等外力因素干预较少，内生的自治秩序、道德伦理、乡村礼俗等传统惯习成为场域建构的主导力量，维持着传统场域的相对稳定。生活于其中的民众是传统场域的建构主体，受制于生产力的低下和教育的落后，谋生的需要决定了他们的生活逻辑，传统文化便在他们一代又一代人的生活继续中延传下去。此外，文化的资本价值没有被发觉，文化一直是民众日常生活方式的反映，一直服务于民众日常生活，故而文化在民众生活的继续中获得了继承，又在生活的改善中有了创新。基于生活需要，文化传承方式具体表现为群体性的族内传承和个性化的家族传承和师徒传承，如生计方式、饮食、节庆、礼俗、服饰、歌舞等关涉大众生活和统领民族认同的文化，都在民族内部获得了群体性生活传承；传统中医、工艺技术等文化的精细内容多限于家族内部或师徒之间进行传承。对于现代社会而言，传统社会时期文化传承的实践逻辑及其具体的传承机制，如同传统文化一样，成了一种文化传统。

如今，传统村落、乡村集市等传统社会共同体在现代化的"逼迫下"走向消解，人们的思想观念与生活方式也在现代化的"洗礼中"发生了重大变化，我们无法历史穿越，按照过去的生活逻辑传承中华传统文化。不过，城镇化发展与新农村建设运动又为我们重建了一个个理性化设计的新型社会共同体，即新型城市社区和新乡村聚落；生活仍在继续，生活方式及其蕴含的哲理依然是文化的表征与内涵。那么，传统社会时期文化传承的生活逻辑及其具体的传承机制，对于解决现代社会的文化传承难题也有可资借鉴的价值。"已经确立的传统包含着发展的潜力。新的环境有时会激发起人们的想象力,而那些思考着现行传统的逻辑头脑会发现至今受到忽视,而又适合于新环境的应用传统的路子。……于是,就有了传统的一种内在的延伸,以及在没有外界破坏的情况下对新环境的适应。"① 因此,借鉴历史经验,重构社会共同体,遵循生活逻辑规律,回应现代社会的文化传承命题。

仅以农村而言,针对中国新型工业化、城镇化和农业现代化的发展现状,有学者提出了乡村空间重构的设想,即依托土地整治的"自下而上"为主、"自上而下"为辅的策略,来实现乡村社会集约高效的生产空间、宜居适度的生活空间和山清水秀的生态空间的优化重构②。如今的新农村建设犹如一场农村空间改造,即以共生理论为指导,将零散的农村住户和村庄集中到交通便利的地段,按照统一规划的建筑模式,建立起新型农村居民点,使得农村居民生活舒适、出行方便,但很多附属生活设施都没有跟踪到位。笔者认为,对于已经建成的、在建的、待建的新农村居民点,不妨借鉴乡村空间重构模式进行优化,抓住新传统尚未确立、农民怀旧心理尚存的契机,植入优秀传统文化,引导确立积极、健康的新传统。在每个新农村居民点设立文化站,强化村级政府的文化职责,激励民间文化爱好者开展丰富多彩的群体性文化活动,如陈列、展演历史文化,开展文艺表演与竞赛,进行民族文化教育等,从思想观念到行为实践模塑有利于中华传统文化延传的民众生活模式。为了重归中华传统文化传承的生活逻辑,还要有赖于优化经济结构和区域经济布局,形成全国范围内均衡性的经济发展布局,并在此基础上挖掘区域特色资源,发展区域特色经济;引导消费转型,重振一些仍具有现代实用价值的传统手工制造行业。对于一些散失实用价值,但具有审美与收藏价值的民族文化精品,如民间工艺、地方戏曲等,借鉴家族传承与师徒传承的成功经验,采用灵活多样的"一对一"方式进行传习。当然,这种设想由理性设计到社会实践,还有赖于借助政府权力来建构制度化传承机制。

---

① [美]爱德华·希尔斯:《论传统》,傅铿、吕乐译,上海人民出版社1991年版,第346页。
② 龙花楼:《论土地整治与乡村空间重构》,《地理学报》2013年第8期。

## 2. 借力政府：建构中华优秀传统文化传承的制度化机制

哈耶克和诺思分别从行为假设和认知维度上揭示了制度演进的内在规律，一是不可掌控的自生自发的制度变迁，二是政府全权建构的制度演化。纵观传统社会中华传统文化的传承路径正是这种规律的写照，一是乡村自治秩序维系的乡村文化自主式传承，二是政治体制保障的儒学文化制度性传承。由此，现代化进程中的文化传承也不妨灵活运用这样两种路径，即"柔性的、非正式制度式的文化自由演进路径和刚性的、正式制度式的政府主导文化演进路径"①。

自清末以来，国家权力下沉乡村，逐渐取得了乡村社会的控制权，从而完成了对中国社会的全面控制。新中国成立后，国家强化了权力控制职能，政治、经济、教育、文化等所有领域无不处于国家权力的建构中。事实证明，国家在场发挥了前所未有的正向功能，中国成长为经济高速增长、教育全面发展的社会主义新型的民主、法治国家。由于国家权力无法面面俱到，致使疏忽的地方与社会的正向发展背道而驰。最典型的表征之一便是现代化进程中，侧重于经济发展而忽视文化建设，导致富含文化底蕴的传统村落、古老集市、历史街区等物质性的文化空间消解，传统的社会价值观倒退，社会的公序良俗被破坏，功利主义弥漫，中华传统文化陷入整体性衰退的传承危机。这些既是国家权力在文化传承上的缺位导致的后果，也从反面证明了国家在场的重要性。

国家在场正向功能的发挥要通过以政策和立法为核心的制度建设来实现，因为文化与制度合二为一，可以形成稳定的秩序性结构。"文化保护，立法先行"，是世界范围内其他国家保护、传承民族民间文化的成功经验。中国古代及新中国成立以来所取得的中华传统文化传承成果，也是得益于政策与法规的制度性保障。在这里，笔者探讨的中华传统文化传承法制环境的营造，实质上是要在现代化场域中由国家权力建构制度化文化传承机制。在传统社会时期，中华传统文化按照生活逻辑得以顺利传承，始终没有离开国家权力的制度性建构，也就是让"文化形成了法规、礼俗等规制，进入了社会治理的范围，由此使得文化以制度的方

---

① 蔡瑞林、陈万明：《城镇化进程中文化的断裂与传承》，《中州学刊》2014 年第 11 期。

式或得到政治的庇佑而得以传承"①。"文化进入制度层面，制度冠以文化之名，无疑是文化与制度的双赢，有效地主宰着社会的价值选择、支配着百姓的文化意识和生活世界。"② 如中国儒家文化传承，就是"通过孔子的圣人化、儒家文献的经学化和科举制度等一系列制度设计来保证儒家的独尊地位及其与权力之间的联系"③。与之相配套，统治者通过凝练儒家价值观，并以此作为治国方略来推动制度儒家化。因此，儒家文化获得了有效的制度化传承，成为汉代以来统治中国封建社会两千多年的主流文化。新中国成立后，国家也进行了持之以恒的文化传承制度设计，取得了丰富的成果。今后，强化中华优秀传统文化传承的制度设计，可从以下方面进行努力。一要使中华优秀传统文化意识形态化，树立社会核心价值观。中华优秀传统文化意识形态化就是给中国秩序一个文化或道德标识，确立统一的文化观念，正所谓"国民之魂，文以化之；国家之神，文以铸之"。针对"文化大革命"及现代化发展所引发的某些社会传统核心价值观倒退，党的十八大明确提出了"倡导富强、民主、文明、和谐；倡导自由、平等、公正、法治；倡导爱国、敬业、诚信、友善"的社会主义核心价值观，虽然语言表述不同，但精神内涵与儒学思想一脉相承。这就是国家权力以制度化权威确立了新时期的文化意识形态，还有待于一系列的制度设计将其模塑为中国现代社会场域惯习，内化到每一个中国公民的内心与行动中。二要把文化传承嵌入制度设计中。我国政府当前的公务员录用制度及廉政建设，正是将新时期确立的文化意识形态融于制度化设计的重要实践，取得了不小的成效。虽然反腐工作震慑了官场腐败懒政之风，但反腐不是治腐勤政的根本，要将新时期的社会主义核心价值观融入制度设计，用科学合理的制度来模塑文化意识形态，从而实现对人的规训，形成文化传承稳定的秩序性结构。

当前，中华优秀传统文化传承首先给予制度支持，即给予"优秀传统文化传承政策支持、经费保障、宣扬通道，使物质文化遗产得到保护、

---

① 解丽霞：《制度化传承·精英化传承·民间化传承：中国优秀传统文化传承体系的历史经验与当代建构》，《社会科学战线》2013年第10期。

② 解丽霞：《制度化传承·精英化传承·民间化传承：中国优秀传统文化传承体系的历史经验与当代建构》，《社会科学战线》2013年第10期。

③ 干春松：《制度化儒家及其解体》，中国人民大学出版社2003年版，第2页。

非物质文化遗产可以流传、精神文化注入生活"①。具体来说，可从立法和政策两大方面进行民族文化传承的制度化设计。

在立法上，建构完善的文化传承法律体系，做到民族文化的保护与传承有法可依。一要在宪法和国家基本大法上确立文化统一性，将文化传承工作上升到法律高度，突出其重要性。二要强化民族文化保护与传承的专项法律法规制定，完善现行法律法规操作性低和前瞻性不够的缺陷。民族文化复杂多样、形态各异，要按照类别制定专项法律法规，进行差别化传承，做到有的放矢、疏而不漏；还要发挥地方立法机构的立法职能，制定地方性的文化传承法规，因地制宜地做好文化传承工作。针对操作性不强的现有立法，可以"补充规定"或《实施细则》予以具体化，使之发挥应有的作用。三要从长远视角看，加强文化传承的教育立法，重塑教育的文化观，建构教育传承机制。人是文化的创造者，更是文化的传承者，只有实现人的发展才能从根本上实现文化的发展，教育则是实现人的发展的最完备、最有效的途径。要从立法上，纠正教育的功利思想，完善教育机制。通过完善法律体系，建构民族文化传承的系统工程，树立民族文化传承的长远目标，不断地完成短期或项目计划，最终实现中华文化可持续发展。

在政策制定上，基于政府主导对于助推文化事业发展的重要作用，要建构合理的政策体系，进行引导与激励，使文化传承落到实处。首先，国家要制定指导性的文化发展规划，为文化传承确定方向、树立目标。其次，地方各级政府积极配合，因地制宜地制定相应的激励政策。以传统手工艺品为例来说，虽然它们是民族文化的最好载体，但也因为散失了实用价值、成本高、技艺难学等因素而日渐消亡，成为现代社会民族文化濒危的最普遍现象，挽救并传承民族传统工艺成为当前民族文化传承命题的重要内容之一。笔者认为，完善民族传统工艺传承的政策体系，一是国家要在《传统工艺振兴计划》的基础上尽快制定《传统工艺发展规划》，地方各级政府制定区域性的发展规划，形成"大部制揽局、小规划落实"的传统工艺发展蓝图。二是建立专项基金，给予传统工艺品企

---

① 解丽霞：《制度化传承·精英化传承·民间化传承：中国优秀传统文化传承体系的历史经验与当代建构》，《社会科学战线》2013年第10期。

业和个人作坊（工作室）资金扶持和信贷、税收优惠。三是放缓设备折旧，降低生产成本，并以现代企业制度打造品牌企业，形成"羊群效应"。四是建立奖励机制，激励传统技艺进行现代性改良。

当然，中华传统文化传承的制度化设计不能以国家权力来架构一切，而要简政放权，给予民间机构和社会大众应有的自主权，即遵循自主式的文化传承规律。在传统社会时期，民族文化得以有效传承，也源于国家权力在乡村社会的缺位而没有抑制乡村社会的自由，乡民们在乡村自生的自治秩序中生活自主，基于生存的需要，能够最大限度地发挥创造性潜能，从而使中华传统文化获得了创造性继承。可见，传统惯习一边规训着民众的生活，一边发挥着创造功能，从而成为传统场域建构的主导力量。因此，国家权力在建构制度化传承机制时，不可泛化其垄断性，而应将民众的自由纳入制度化设计，或以无为之治留出应然空间，保证民众的文化主动权。如此一来，既能发挥国家在场的正向功能，又可以抑制国家权力的过度干预，从而形成"政府主导、民众自主"的上下贯通的中华传统文化传承的制度化机制。

3. 立足民众：夯实中华优秀传统文化传承的稳固根基

"文化是大众的，文化产生于大众，传播于大众，创新于大众，践行于大众。"[①] 可见，广大民众是中华传统文化得以生生不息发展的内在源泉和动力，大众化传承则是中华传统文化传承最接地气的方式。比照场域中主体建构的理论分析，广大民众则是文化场域的重要建构主体。在传统社会，乡村是受自生秩序控制的自治场域，生活于其中的广大民众受国家权力规训较少，发挥了文化建构的主体作用，成就了中华民族文化的丰富多彩和源远流长。在现代社会，国家权力严密控制了中国社会的每个角落，广大民众在国家权力规训下，缺乏现代场域主体建构权；不过，鉴于他们是中华传统文化的完全实践主体，仍然是现代场域中文化建构的主要力量。现代化进程中中华传统文化的快速衰退，未尝不是广大民众在国家权力的严格规训和西方文明的全面洗礼之下丧失其主体建构性所产生的后果。因此，在中华传统文化传承场域的现代性重构中，要从提升广大民众的文化建构主动性、文化建构能力、场域建构地位等

---

① 王凤玲：《传统文化传承大众化的三个重要环节》，《湖北社会科学》2012年第7期。

方面着手，固化民族文化传承的稳定根基。

如今，中华优秀传统文化传承困难，一个重要的影响因素便是社会大众思想上的文化认同危机及其影响下的文化自觉不够。一个民族的全体民众对其民族文化的认同是其民族生存与发展的基础，是民族文化发展的内在动力。在现代化进程中，国际敌对势力在意识形态上竭力蔑视、捧杀、攻击中国文化，并进行文化渗透；国内社会，"意识形态多元化"等反动论调严重挑衅着中华优秀传统文化的先进性及其社会主流价值，社会快速转型造成不少人心灵困惑，甚或精神错乱。正是这些国内外因素的综合作用，导致了中国现代社会文化认同危机，从根本上制约了中华优秀传统文化的传承实践。提升广大民众的文化认同与文化自觉，对于解决当前民族文化传承难题至关重要。一方面，要从本体论上增强中华传统文化认同，强化民族文化根基。即对于中华优秀传统文化，要准确把握其内涵，高度重视其现代价值；坚持"一元主导"，以社会主义核心价值体系教育全体公民；尊重并弘扬中华传统文化中的优秀传统，增强中华民族的整体意识，超越民族文化差异，增强中华民族的凝聚力和各民族的归属感；正确认识全球化时代中西文化差异导致的文化冲突，既不崇洋媚外，也不妄自菲薄，而是博采众长、兼容并蓄，丰富中华文化内容，完善中华传统文化体系。另一方面，要从发展论上增强中华文化认同，实现民族文化创新。就认同而言，它是"在现代性语境下各种力量互动的产物"[1]。就文化来说，"文化本身就是历时与共时、民族性与时代性的统一"[2]。可见，构建新的文化认同要"以融汇古今中西文化的综合创新文化观为引导，建立既具有感召力和凝聚力，同时又反映人类共同利益的新的文化价值体系"[3]。这就要借助于发展教育和媒体宣传手段，纠正传统文化与现代文明割裂、对立的错误认识，引导民众继承传统，与时俱进，拓展民族文化的现代内涵。文化认同与文化自觉总是如影随形，有了全体民众的文化认同与文化自觉，就在全体民众的脑海心田植入传承中华传统文化的历史使命感，从而建构了大众建构文化的主

---

[1] 范可：《全球化语境下的文化认同与文化自觉》，《世界民族》2008年第2期。
[2] 史炳军、马朝琦：《危机与回应：和谐社会的文化认同》，《社会科学家》2006年第3期。
[3] 黄纪针：《多元文化背景下的文化认同危机与对策》，《江西社会科学》2013年第5期。

动性，就为中华传统文化传承注入了不竭的内在动力。

当然，文化传承是以民众的文化实践来落实的，民众的文化实践能力决定了文化传承的效果呈现。因此，提升民众的文化传承能力至关重要。教育是促进人的社会化发展的重要途径，是提升人的文化建构能力的最有效手段。现代社会的教育体系日益完备，要充分利用并完善家庭教育、学校教育和大众传媒教育，来实现人的社会化发展，提升人的文化建构能力，为中华优秀传统文化的现代化发展储备人才资源。一是重振家庭教育，发挥家庭传承文化的基础作用。家庭教育是一种内生式教育，家长要以全程式学习观念、言传身教和活动熏陶等多样化方法，着力于孩子的传统礼仪和自理自立能力的培养。二是创新学校教育，发挥学校传承民族文化的阵地作用。鉴于当前家庭教育的消隐和传统场域的消解，而国家权力建构的学校教育具有系统性、专门化的优势，成为最有效的传承手段，学校则成为最便捷、最完备的文化传承场。因此，要将学校开辟为中华优秀传统文化传承的主阵地，最大限度地激活学校教育的文化品格。（1）坚持以社会主义核心价值体系来模塑学生秉性。（2）改进课程计划，从课程目标、课程结构、课程内容等方面确保显性课程中的中华传统文化内容，即在课程目标上，要"将民族文化传承的具体要求以知识与技能、过程与方法、情感态度与价值观三维的方式纳入具体学科领域"[1]；在课程结构上，调整并增加中华优秀传统文化的学科与课时比例；在课程内容与教材编写上，遴选优秀传统文化资源，开展民族文化"主题活动"，从而扩充民族文化素材。（3）提升教师人文素养，守护传统师道尊严。（4）激发学生对民族文化的好奇心，培养学生的文化创新能力。（5）优化校园文化环境，从校园布局、课余活动上打造校园传统文化氛围。三是发展大众传媒教育，重塑社会的文化价值取向。国家要以"大教育视野"将大众传媒纳入制度化教育系统，增强其主体教育意识，克服其唯"说教"与唯"营利"的不良倾向，提高大众传媒教育主体自律水平；从职业道德和行业自律上规范其日常文化传承行为，避免其过度媚俗化和娱乐化；要在任务、内容、措施上突出加强

---

[1] 容中逵：《传统文化传承论：全球化时代中国教育的文化责任》，广西师范大学出版社2011年版。

报刊、电视、网络三大传媒的治理整顿,净化其民族文化传承的教育环境,发挥其弘扬、传播民族优秀传统文化的正向功能;督促大众传媒以历史、家庭伦理为题材,创作文化精品,提高其信息传播的质量和精神养分。如此一来,就在家庭教育、学校教育、大众传媒教育中分别建构起民族文化传承的行为系统、智识系统和价值系统[①],从而不断完善民族文化传承的教育体系。在此教育体系模塑下,人的社会化发展才会更为充分,其文化建构能力的提升与主动性发挥自是水到渠成。

现代社会的快速发展,在决定性力量——生产力方面的突出表现就是"资本生产力"的发展。中华优秀传统文化是重要的资本资源,"文化生产力"也成为自上而下的社会共识。于是,在国际、国内社会掀起了一场"文化争夺战"。仅以国内社会来说,首先在旅游业中掀起了以开发民族文化资源为特色的文化旅游、民俗旅游和乡村旅游,接着便是"申遗"运动、文化产业兴起、"传承人评定"等轰轰烈烈的文化热潮。这些文化热潮进一步彰显了中华传统文化的资本价值,也带来了诸多不良影响。最突出的表现便是无视文化主体——大众的利益诉求,过度开发文化资源,甚至歪曲民族文化的本意和生活逻辑,从而伤害了大众的文化感情和建构文化的主动性。在现代场域中,围绕着民族文化资源,政府机构、文化企业、文化团体、社会精英等主体分别借助于国家权威、经济实力和社会资本力量,成为场域中有一席文化控制地位的对垒力量,作为文化持有者的普通民众则无立锥之地。殊不知,这些文化持有者的普通民众才是实际的文化控制者,尽管政府机构、文化企业、社会精英均以"发展民族文化"之名,竭尽全力地施展他们的文化建构能力,也不论他们以何种形式获利,最终都会因为民族文化传承困难而归于灭失。可见,只有注重文化传承的主体建构,即遵循文化演化的实践规律,尊重民众的主体地位,确保民众的利益诉求,发挥民众文化建构的主动性,才是现代场域中文化建设的根本保证。一方面,国家要加强并完善文化领域的政策制定和立法工作,确认民众文化主体的法律地位和法律权利,严格规范文化资源的开发、利用和再生产行为,形成文化传承的制度机

---

[①] 容中逵:《传统文化传承论:全球化时代中国教育的文化责任》,广西师范大学出版社2011年版。

制；另一方面，建构文化由资源向资本转化的文化再生产机制。鉴于广大民众与生俱来的文化持有者、实践者的主体地位，文化资本化赋予了他们应有的文化权利与社会竞争优势。除了健全的国家制度性保障，还应在文化产业化开发中建构利益分享机制，回应普通民众的主体性利益，让他们充分认识到文化的资本价值，从而激发他们文化建构的主动性和积极性。总之，在现代场域的复杂关系中，无论是轰轰烈烈的政治运动，还是热火朝天的经济建设，归根结底都是文化建构，而实现社会大众文化建构主体地位的理性回归则是至关重要的环节。

4. 文化创新：开辟中华优秀传统文化现代化发展之路

"中华优秀传统文化是中华民族的根，凝聚了中华民族世世代代的创造和智慧，是中华民族赖以生存的精神力量，是中国特色社会主义价值观的文化基础，也是构建社会主义新道德的思想渊源。"[1] 然而，在现代化建设过程中，由于过分强调经济发展而忽视文化传承，中华优秀传统文化便在长期的漠视中自敝凋零。因此，在理顺上述场域关系的同时，强化文化变量，提升其场域因子的分量与地位，是进行文化传承场域现代性重构的重要内容。更何况，无论中华优秀传统文化传承机制设计得多么完美，若没有文化本体的现代性发展，也是缘木求鱼。因此文化本体创新，恰恰是文化传承本质的回归。当然，突出现代场域中的文化变量，并不是多贴几个民族传统文化标签，而是要进行传统文化本体创新，使之适应现代社会的发展，服务于现代人的生活要求。在现代社会，人的发展更为充分，人的需求也空前地扩大了，从生存需要上升到怡情养性，从物质消费扩展到文化消费。因此，要从文化的适应性与人的需求之间寻找契合点，进行文化创新。不过，文化创新"不仅仅是'除旧立新'，而且是'推陈出新'"[2]。具体来说，要从文化表征和文化内容入手，对中华优秀传统文化进行大众化转型和现代性阐释，这是进行文化本体创新的主要途径。

当前，中华优秀传统文化呈现的衰退现象，主要在于它们日渐脱离了现代人的日常生活，而以文化遗产形式收存于经史子集、文化场馆，

---

[1] 张继梅：《文化自觉与文化传承》，《齐鲁学刊》2013年第4期。
[2] 费孝通：《关于"文化自觉"的一些自白》，《学术研究》2003年第7期。

或被凝练为抽象的文化精神和生活哲理而无人企及。尽管如此,我们不可否认它们对现代生活仍有指导意义和文化价值。中华优秀传统文化的千年传承,实质上是"文化之美"的流变过程,是中华优秀传统文化"美"的价值保留和繁衍过程。① 况且,"就人的行动所组成的惯例和制度而言,世代相传的并不是特定的、具体的行动;可以世代相传的部分是行动所隐含或外显的范型和关于行动的形象,以及要求、建议、控制、允许或者禁止重新确定这些行动范型的信仰"②。因此,可以说大众化传承是文化实践的传统范型,而将遗产化、抽象化了的民族传统文化进行现代性的大众化转型,是对文化传承传统范型的继承和改造,使其化解于现代的日常生活,从而让中华优秀传统文化传承又回归了生活逻辑的起点。一要将中华优秀传统文化的精神内涵转换成日常化的话语表达,使之易于为普通大众所认同、接受和使用。经史子集和文化遗产所保存的中华传统文化,其内容和形式都超出了普通大众的认知水平和理解能力。只有将丰富深奥的传统文化通俗化为普通民众易懂的语言、乐于接受的形式,才能最大限度地发挥中华传统文化娱乐、教化民众的社会功能。具体到实践上,则要依托文化科研机构和高校,培养文化高端人才,做好优秀传统文化经典的研究、挖掘工作,并以日常化、形象化的话语予以现代性阐释。再根据大众生活所需,寻找传统文化与大众生活相融合的切入点,解读和阐释传统文化精髓,使之回归现实的大众生活世界。鉴于现代社会文化传播渠道的多元化,运用电视、网络等现代传媒,鼓励民间艺术团体,将传统文化改编成喜闻乐见的大众艺术形式,让普通民众于娱乐中接受民族传统文化精神的濡化。二是将优秀传统文化转换成指导大众生活实践的物质力量。"实践是文化得以传承的优良品质,也只有与不断解决人类的实际问题相结合,传统文化的内涵才能不断地更新。"③ 文化对人的教化主要体现为引导人的思想意识和规训人的行为,并将二者落实到人的生活实践上。因此,要将中华优秀传统文化教化的

---

① 龙静云、杨民:《地缘、亲缘、家园、文化源——论白族文化传承的特点》,《中南民族大学学报》(人文社会科学版)2014 年第 6 期。

② [美]爱德华·希尔斯:《论传统》,傅铿、吕乐译,上海人民出版社 1991 年版,第 16 页。

③ 王凤玲:《传统文化传承大众化的三个重要环节》,《湖北社会科学》2012 年第 7 期。

思想内容植根于大众日常生活世界，化文成俗，用以指导大众的日常生活，并内化为大众自觉遵守的实践准则，引导大众生活实践由自在上升到自觉。对于那些正处于衰退状态的活态文化，要将其转换成为当代人所接受和欣赏的文化产品和文化服务，进行现代性生活领域的适应性开发，未尝不是延伸其价值的有益举措。

## 第三节　中华优秀传统文化传承保障机制建设

解决中华优秀传统文化的传承危机，除了建构科学、合理的传承体系，还需要建立完善的保障机制来保证传承体系的正常运转。当然，建立健全的保障机制，也是完善文化传承体系的重要内容，还是保证传承体系相关要素发挥作用的基础。因此，需要从提高国家综合国力、维护国家文化安全性、增强国家文化软实力、中华文化国际影响力的战略高度进行科学规划，建构出与我国政治、经济发展要求相适应、具有中国特色的优秀传统文化传承保障体系。

党和政府历来十分重视中华优秀传统文化的传承与发展。中华人民共和国成立以来，国家先后出台了许多关于保护、传承我国优秀传统物质文化、非物质文化遗产的法律、法规、文件及条例等，基本构建出我国保护优秀传统文化的法律体系，也基本构建出我国优秀传统文化传承发展的组织体系，为我国中华优秀传统文化的传承与发展奠定了坚实的基础。2011年10月18日，中国共产党在第十七届中央委员会第六次全体会议上通过了《关于深化文化体制改革，推动社会主义文化大发展大繁荣若干重大问题的决定》，指出"建设优秀传统文化传承体系"，必须"坚持保护利用、普及弘扬并重"，使之与当代社会相适应、与现代文明相协调，保持民族性，体现时代性。要想实现这一重大的文化建设目标，既要靠完善的法律体系，也要靠制定和完善文化管理、文化开发、文化创新等方面的政策，从而形成优秀传统文化传承体系建设和运行的保障机制。

## 一 政策保障机制

### (一) 政策保障现状

政策是"执政党为实现一定历史时期的任务,为处理政治事务而制定的路线、方针、原则和规范的总和"[①],其形式包括党的口号、纲领、章程、文件等。"我国的文化政策,也就是中国共产党作为执政党为进行政治领导、促进文化发展的需要而制定的路线、方式、原则和规范,是管理国家文化事业发展的重要措施和主要方式及手段。"[②] 在我国,党和政府在应对中华优秀传统文化保护、传承、发展实际工作中出现的具体情况,及时地制定了一些相应的政策,以确保其工作的实施与落实。一般情况下,政策往往是法律的先行,也是立法的实践。法律则是常态,是必须恪守和执行的。"政策的目标关系到传统文化的法律保护是否能够得到实现,直接影响到传统文化保护的实质性条款制订,对传统文化保护的模式、范围、权利主体、权利内容与限制、保护期限、法律救济及赔偿、保护管理与执行等问题都具有决定性的意义。"[③] 因此,在论及传统文化的法律保护时,政策性目标始终都是国内、国际社会以及学术界特别关注的一个重点课题。

新中国成立以后,国家工作重点尽管放在国民经济建设上,但文化建设也没有偏废。20世纪50年代,国家非常重视文物保护、民族事务和少数民族文化的抢救与保护。1950年5月,政务院发布"保护古迹"方面的政令,并建立起从中央到地方的文物保护层级制管理机构。1951年,政务院发布《关于民族事务的几项决定》,要求积极挖掘并保护少数民族的历史文化。根据这一决定,从中央到地方层级制的民族文化工作管理机构和研究机构建立起来,民族传统文化的调查研究和挖掘整理工作正式启动。为此,各级政府和文化部门相继组织大批民族工作者深入民族地区开展田野调查,对民族地区的社会、历史、民族文化、风俗习惯、人口状况等方面资料都做了详尽的收集、登记、记录和整理,这项历时

---

① 景小勇:《文化政策与文化法律概念的比较分析》,《艺术评论》2012年第4期。
② 景小勇:《文化政策与文化法律概念的比较分析》,《艺术评论》2012年第4期。
③ 黄玉烨:《保护传统文化的政策目标论纲》,《法商研究》2008年第1期。

较长的调查工作为后期的民族研究累积了大量弥足珍贵的资料,也为开展民族工作、进行民族地区社会建设提供了重要依据。1954 年,国家启动全国性的民族调查、识别工作,并于 1956 年由全国人大民族委员会和国务院民族事务委员会组织上千名民族工作者和专业人员,分成 10 多个调查组奔赴民族地区,对全国范围内各少数民族的历史和社会文化状况进行了深入的调查研究,为少数民族传统文化的保护和继承打下了坚实的基础。与此同时,国家先后发布《中央人民政府文化部对地方博物馆的方针、任务、性质及发展方向的意见》(1951)和《文化部文化局关于博物馆和文物工作的几点意见》(1962),明确了博物馆是文物保存和文化保护的重要形式,并就其保存方式进行了具体规定,较早地发挥了博物馆文化传承的重要功能。此外,国家还通过设立少数民族发展教育补助费(1951)、民族地区补助费(1955)、民族自治地方机动金(1964)等政策,在资金上为解决民族地区的特殊困难、支持民族地区文化保护工作给予特别资助。

"文化大革命"结束后,曾经遭受禁锢的文化保护工作重又恢复起来。1980 年,国家发布《关于做好当前民族文化工作的意见》,再度开启了传统文化保护的国家政策机制建设历程,随后便有了一系列政策相继出台。"1981 年 12 月,文化部、国家民委、教育部印发了《关于加强民族艺术教育工作的意见》,提出发展少数民族艺术教育,要保持并发展民族文艺特点、风格和独特的艺术品种。"[①] 1984 年 5 月,文化部、国家民委、中国民间文艺家协会联合颁发《关于编辑出版〈中国民间故事集成〉〈中国歌谣集成〉〈中国谚语集成〉的通知》,并随同印发《关于编辑出版民间文学三套"集成"的意见》,明确要求在全国范围内招集相关人员,组成专业队伍,进行民间文学三套"集成"的编辑出版工作。至 1986 年 5 月,在第三次全国民间文学集成工作会议上,编写完成的中国民间文学三套"集成"与其他七套"艺术集成"志书并列为"十套文艺集成"。这是中华人民共和国成立后系统抢救和全面普查文化遗产最壮观、最有成就的一项文化工程。1984 年,国务院下发通知,提出设立

---

① 金炳镐、陈丽明:《新中国民族文化政策 60 年——纪念新中国成立 60 周年民族政策研究系列之六》,《黑龙江民族丛刊》2009 年第 6 期。

"历史文化保护区",各地政府也据此设立了各地地方保护的"名城""名镇""名村""文化保护区"等,从而大大拓宽了文物保护的范围。1986年6月,国家文物局出台《1986年—1990年全国少数民族古籍整理出版规划》,就民族古籍专业人才的培养途径给予具体指导,并就经费问题提请由中央和各省、自治区、直辖市分别列入财政预算予以解决。1991年6月,《关于文化事业若干经济政策意见的报告》出台,规定各级财政部门和文化主管部门对民族民间艺术给予补助时,要给予一定的照顾。1996年10月,《中共中央关于加强社会主义精神文明建设若干重要问题的决议》发布,明确规定加大少数民族和民族地区文化的扶持力度,在经济、政策方面予以倾斜。

  进入21世纪以后,随着国家经济发展的进一步加快,国家在文化建设事业上也给予了更多的政策激励和引导。2004年4月,文化部和财政部联合发布《关于实施中国民族民间文化保护工程的通知》,并制订了详细的《中国民族民间文化保护工程实施方案》。同年8月,中国正式加入《保护非物质文化遗产公约》,从此在世界非遗政策保护框架下,开启了我国本土非遗保护的政策保障新篇章。2005年3月,国务院发布《关于加强我国非物质文化遗产保护工作的意见》,成为指导我国非遗保护工作的纲领性政策文件;又发布《国家级非物质文化遗产代表作申报评定暂行办法》,专门就国家级非物质文化遗产代表作的申报和评定工作做了更加明细的规范。2005年12月,国务院又下发了《关于加强文化遗产保护的通知》,对文化遗产保护工作做出了详细具体的规范,成为指导我国文化遗产保护事业健康发展的又一重要纲领性文件。在该项政策中,确立了文化遗产四级保护体系,提出了"保护为主、抢救第一、合理利用、传承发展"这一文化遗产保护工作的重要方针,确立了"文化遗产日"等,这些细化的政策规定有效地推动着我国文化遗产保护工作走上规范化、科学化、民主化的正确道路。在国家最高政策指导下,国务院各部委积极履行各自文化职责,就非遗保护方面的具体工作相继出台了若干政策。2005年,文化部下发《关于开展非物质文化遗产普查工作的通知》,随即组织了在全国范围内的非物质文化遗产普查工作。2005年6月,文化部、国家民族事务委员会等中央五部委联合下发《关于运用传统节日弘扬民族文化的优秀传统的意见》,为非遗保护与传承工作提供了方法论指导。2005年年底，文化部就年初部署的非遗普查工作，又发布《中国民族民间文化保护工程普查手册》，将我国非物质文化遗产细分为民族语言、民族文学、民间美术等16大类，为非遗的普查、收集、记录、整理等具体工作给予了明确指导。

2006年4月，《保护非物质文化遗产国际公约》正式生效，各国申报入选的非物质文化遗产都被列入《人类非物质文化遗产代表作名录》；此外，联合国教科文组织于2001年、2003年、2005年宣布的三批共计90项人类口头和非物质文化遗产代表作也被自动收入上述名录。这项世界非物质文化遗产名录制度发挥了积极的国际影响力，在世界范围内掀起了非遗保护高潮，激发了各国保护非遗的热情和自信。2006年9月，文化部成立专门机构"中国非物质文化遗产保护中心"，各地方政府的文化机构随后相继组建了"非物质文化遗产研究所"或"非遗中心"等，作为非遗保护具体事务的承办机构，使非遗保护与传承工作获得了实质性进展。2006年10月，财政部和文化部联合发布《国家级非物质文化遗产保护专项资金管理暂行办法》，确定设立中央财政专项基金，用于非物质文化遗产保护费，并对资金的开支范围、申报、审批、拨付、使用、管理、监督及政策倾斜等做了详细规定，有利于非遗保护专项资金的合理使用和效益最大化。2006年10月，党的十五届五中全会通过了《中共中央关于制定国民经济和社会发展第十一个五年规划的建议》，对"十一五"期间的非遗保护工作进行了全面部署，确定建立10个国家级民族民间文化生态保护区，对民间文学、民俗文化、民间音乐舞蹈、少数民族史诗等若干非物质文化遗产项目进行重点抢救。2006年11月，文化部出台《国家级非物质文化遗产保护与管理暂行办法》，再次强调了我国非遗保护工作的"十六字"方针，规定了非遗保护与传承的基本原则，提出了"建立国家级非物质文化遗产数据库"的具体措施。

2007年2月，商务部、文化部联合发布《关于加强老字号非物质文化遗产保护工作的通知》，"要求各地商务和文化主管部门通力合作，切实加强对老字号非物质文化遗产的传承与保护工作，积极争取财政、建设、工商等部门的支持，重点保护其专有品牌、传统技艺、经营理念和文化内涵"①。为了保障文化建设事业的持续稳定发展，国家先后制定了《文化建设"十一五"规划》（2006）、《文化标准中长期发展规划（2007—2020)》（2007），成为激励和规范文化建设事业的政策依据。2010年，文化部发布《关于加强国家级文化生态保护区建设的指导意见》，对文化生态保护区建设的方针和原则、设立条件、设立程序、基本建设措施和建设工作机制等方面的问题进行了详细规定，为民族传统文化保护与传承工作提供了"整体性"新视角。2009年，《国务院关于进一步繁荣发展少数民族文化事业的若干意见》颁布，该《意见》是繁荣少数民族文化事业的纲领性文件，提出了保护、传承和弘扬少数民族传统文化的具体目标。

鉴于文化演进的缓慢规律，民族传统文化的保护与传承是一项系统工程，"十二五"发展规划期间，国家开始注重传统文化保护政策保障的长效性，从长远规划的角度制定相关政策。如《文化部"十二五"文化科技发展规划》（2012）、《文化部"十二五"时期文化改革发展规划》（2012）、《中国杂技艺术振兴规划（2011—2015)》（2012）、《文化部关于印发〈文化部信息化发展纲要〉的通知》（2013）、《关于支持转企改制国有文艺院团改革发展的指导意见》（2013）、《全国公共图书馆事业发展"十二五"规划》（2013）、《全国文化信息资源共享工程"十二五"规划纲要》（2013）、《文化部"十二五"时期公共文化服务体系建设实施纲要》（2013）、《关于推动2014年度文化金融合作有关事项的通知》（2014）、《国务院办公厅印发关于支持戏曲传承发展若干政策的通知》（2015），这些发展规划从不同侧面为文化建设事业提供政策上的支持与激励，使民族传统文化的保护与传承有了政策保障。

在国家政策相继出台的同时，各地方政府给予了积极响应，纷纷根据国家政策精神和指导要求，制定了相应的地方性政策，用以激励和指导区域民族传统文化的保护与传承，国家政策也因此获得了较好的执行。贵州省文化厅于2005年出台了《贵州省民族民间文化保护工程规划纲要》（2005—2020）及其分类纲要，省属部分地市又以此为蓝本，制定了

---

① 凌照、周耀林：《我国非物质文化遗产保护政策的推进》，《忻州师范学院学报》2010年第3期。

相应的非遗发展规划，拟订了地方非遗保护工作具体计划和执行方案，从而形成了贵州省民族民间文化保护与传承工作的政策体系，使贵州的非遗保护与传承工作稳步推进，并取得了良好成效。湘西土家族苗族自治州也在这方面做出了表率。2011年4月，湘西土家族苗族自治州根据国家建设文化生态保护区的政策规定，建立"武陵山区（湘西）土家族苗族文化生态保护实验区"，并制定了"总体规划"，成为我国文化生态保护区建设的典型个案；并就湘西地区的苗族银饰、凤凰纸扎和凤凰蓝印花布等具有较高历史、文化和科学价值的典型民间艺术的保护与传承工作制定了五年规划和详细的抢救措施；还就非遗项目和传承保护问题制定了《十二五规划》，对"苗医药（癫痫症疗法）"非遗名录项目拟定了具体的"十二五"保护规划，不仅使其保护工作有了规范有序的长期指导，而且为其他非遗项目的保护工作提供了借鉴。内蒙古自治区各级文化行政部门也做出骄人的成绩，如巴林右旗文化局制定了《乌兰牧骑第十二个五年工作规划》，用以指导传统的乌兰牧骑非遗项目在新时期的保护与发展；又建立"格斯尔文化生态保护区"，并制定了详细规划和工作条例来保障它的各项建设工作顺利进行。

总之，新中国成立后，尤其是改革开放以来，从中央到地方，各级人民政府及其工作部门相继制定了一系列涉及民族文化保护与传承方面的方针政策，推动着国家文化建设事业的稳步发展。这些政策既有统筹全局的整体性部署，也有专项问题的具体规定，自上而下地建构起中华优秀民族传统文化保护与传承的政策保障体系。

鉴于我国幅员辽阔、民族众多，各地区、各民族差异较大，民族文化发展程度不尽相同，再加上社会发展而致的文化变迁，现有政策难以做到面面俱到，现有政策保障机制还有许多不足之处。一是政策供给不足。现有政策重点关注非物质文化遗产、文物等内容的保护，而对其他类别的民族传统文化则保障不够，致使诸如传统文化中的农民画、传统工艺、民间谚语等一直处于自生自灭状态，陷入非常严重的传承危机中。再者，传承优秀民族文化是一项耗资工程，需要大量资金来建设文化基础设施、培养传承人、建设文化传习基地、建立文化保护区、发展民族教育等，国家关于民族文化保护资金保障方面的政策很少，致使不少文化保护项目、文化品类在内部"造血"动能不足又无外援"输血"境况下不了了之。二是政策实践性不强。现有政策多是原则性的宏观指导，实验性特征明显，如在政策表述中，多用概括性表述替代详细的列举，不仅极易造成保护范围和保护措施的不当，而且大大降低了政策的执行力。又因为在政策制定过程中，轻调研较为普遍，导致政策出台后起不到实质性作用。如我国非物质文化遗产保护政策中的名录制度，受"名录"背后隐藏的巨大经济利益的驱使，不少地方政府将申报"代表作名录"当成了"寻租"工具，申报"代表作名录"成了政府行为，使得"名录"制度只是一种实践理性①，而不能充分发挥其保护非物质文化遗产的政策效益。三是部分政策强调开发利用，导致民族传统文化"生产性破坏"。"很多民族地区还将其纳入当地文化产业发展规划当中，认为'丰富的民族文化是发展文化产业的重要资源'，明确提出加大开发利用力度。"②故而不少文化政策都偏重于传统文化的开发利用。这类政策在实践中，常常被过度解读应用，从而有了传统文化资源大范围的商业化开发，虽然产生了不菲的经济利益，但因为背离了文化生存属性和传承逻辑，致使传统文化急速趋于没落。四是政策执行组织不健全，文化管理较为混乱。由于发布的文化政策多有交叉，常常是多项文化政策牵涉到一个文化事象，在没有专门组织机构管理情况下，极易产生"多头管理"的不良现象。若是有利可图，则有多个单位争相管理；若是无利可图，甚至会产生工作负担的，则有关联的组织相互"踢皮球"，从而导致相关政策成了一纸空文。

（二）政策保障机制建设

鉴于现有政策保障机制的局限性，要想使文化传承体系不断地完善并有效地保护和传承优秀传统文化，必须建构完善的政策机制为其保驾护航。

1. 弥补现有政策规定之不足，提高政策保障效益

首先，扭转政策供给不足的短板，加大传统文化保护的资金支持力度。在深化非遗、文物保护的同时，扩大文化政策保护对象，使中华优

---

① 柏贵喜：《名录制度与非物质文化遗产保护》，《贵州民族研究》2007 年第 4 期。
② 孟欣荣、杨文胜：《坚持和完善侗族地区非物质文化遗产保护政策研究——基于对通道侗族自治县的调查》，《设计》2015 年第 9 期。

秀传统文化普查常态化，将农民画、传统工艺、民间谚语、地方戏曲、民间游艺、民歌、传统民俗、民族节日等优秀传统文化纳入政策保护的范围，使其进入公众视野，直至重回大众生活世界。众所周知，优秀传统文化主要存于民间，需要发挥国家在场的正向功能，给予多种形式的资金鼓励，激发民间力量传承传统文化的积极性和主动性，如建设文化基础设施、建立文化传习基地、建立文化保护区、培养传承人、发展民族教育等，作为文化公益事业，要以财政资助和项目奖励等方式给予资金支持。

其次，对于操作性不强的政策，要及时细化或进行补充规定，提高政策执行效率。以我国非物质文化遗产"名录"制度来说，它移植于联合国教科文组织文化遗产"名录"制度，指导建立了中国非物质文化遗产"名录"体系，但它尚未成为我国社会各群体普遍的制度要求。针对非物质文化遗产"名录"制度设计的不合理，柏贵喜曾提出了四点完善措施，即"建立濒危代表作名录体系""建立分级保护责任制度""建立跟踪评估制度"和"完善名录申报制度"[①] 等，使非物质文化遗产"名录"制度能够培养全民的文化自觉意识，真正发挥保护非物质文化遗产的制度效应。再如我国文化传承人制度，在地方性文件相关条文规定的基础上，国务院于2008年通过了《国家级非物质文化遗产项目代表性传承人认定与管理暂行办法》，从而建立起我国的非遗传承人制度，使非物质文化遗产传承人保护归于名正言顺。尽管如此，我国非遗传承人制度还存在诸多不足，如传承人的权利构成、登记程序、职责等方面，都需要进行细化。从非遗保护的责任主体来看，一个代表性"继承人"周围往往聚集着许多传承人，以广义的群体传承人扶持替代狭义的个体传承人扶持更有利于形成非遗传承的社会合力。不妨借鉴日本经验，对非遗传承主体的身份、名望、人数不作严格限制，扩大非遗传承人"综合认定""团体认定""群体认定"等层面，从而激发更多的民间艺人传承传统文化，积极投身于民族传统文化的传承实践。在传承人培养方面，政府可以在税收、贷款、教育、管理等方面提供扶持与指导，以考核机制选送符合条件的传承人进入高等院校进修培训，设置学历认可和职称评

---

[①] 柏贵喜：《"名录"制度与非物质文化遗产保护》，《贵州民族研究》2007年第4期。

价系统，确立非遗保护的职业化晋升渠道。对于传承人中的特殊群体，如欠发达地区的文化遗产传承人、身体欠佳的高龄传承人、难以形成市场保护或生产性保护的遗产项目的传承人等，要给予特殊的政策关怀。此外，我国的历史名城、名村、名镇保护制度等，都需要及时修正，以发挥它们在城镇化发展中保留历史文脉，发挥文化载体延传文化传统的作用。

最后，建立专家库及研究成果数据库，鼓励以民族文化保护研究为主导的学者及地方研究机构，坚持理论研究与保护实践相结合的理念，深入田野调查，构建优秀传统文化保护与传承的学理支撑与实践制衡，避免文化管理部门标准化与集中化指导对优秀传统文化传承、创新的阉割化与碎片化。

2. 建立文化管理政策机制，引导传统文化传承体系的建设和运行

"管理出效益"是管理学的一项重要定律，广泛应用于企业生产和经济建设领域。鉴于文化传承是一项系统的实践工程，有必要建立科学的管理机制来保证文化传承体系有效运行，促使其最大效应地发挥文化传承功能，并在管理机制规约下不断地得到完善。在建构文化管理政策机制过程中，国家和地方政府应当担负起文化传承的主体职责，通力协作，制定上下协调一致的文化管理政策，确保文化传承体系的建构、运行与完善。

中华传统文化传承体系的建构与完善是一项长期性的、繁复的文化系统工程，文化管理政策机制应是"多方面、全方位的政策体系，既包括普查、整理、鉴定和研究政策，也包括继承、传播、利用和发展政策。这一系列管理政策必须做到举措周全、方法得当、管理规范，才能使政策具有执行力，从而促进优秀文化传承工程有条不紊地运行"[1]。

一要改革以专业分类和行业分工为基础的"小文化部"式行政管理体制，建立以党政分工、管理分流、企事分开为基础的"大文化部"式的国家文化管理职能体系，形成权威的政府行政管理制度。"大部制"可以规避传统体制下政府部门之间机构重叠、职能交叉、政出多门、多头管理的弊端，提高行政效率。那么，在具体实践中，按照大部制架构，

---

[1] 王征国：《论中华优秀传统文化传承体系建设》，《衡阳师范学院学报》2012年第1期。

"将性质相同、业务相近、职能相似的部门归并整合，建构一个超越传统专业化分工体系的综合管理部门，从而实现行业部门的业务重组、资源整合和权责分配"[①]。这里的文化管理部门也就是文化执行部门，其职能在于实施文化决策部门交付的各项最终决策，并付诸实践。鉴于文化传承的多元模式，要以文化传承理念为统领，将公益性文化事业与经营性文化产业管理区分开来，形成"两条腿走路"协调管理机制，从而有利于政府文化管理部门在总体目标下，按照文化事业和文化产业的各自发展规律进行管理，使文化传承管理政策执行到位。

二要建立优秀的专家学者管理制度。从历史视角来看，中华5000年的文明史是一部文化传承史，其中，历代文化精英做出了不可磨灭的重要贡献。如今，为了解决日益严重的文化传承危机而建构的中华优秀传统文化传承体系，则是一项没有专业标准而又难于掌控的系统工程，更有赖于富有理论知识与实践经验的专家的专业指导。因此，要以跨学科的视野建立起从中央到地方的专家库，主要是为政府文化决策和企业文化实践提供咨询和理论支持，并以他们的理论研究成果来推动文化发展，还能为国家培养出高素质、高层次、高学历的文化管理和文化研究人才。一方面，当政府进行文化总体规划时，可以借助专家库的学术成果，以获得相关的文化理论；当政府进行具体项目的文化建设时，可以借助于专家库人才优势来获得专业的文化咨询和具体的文化项目运行模式。另一方面，专家库可以对政府的宏观指导性意见发挥影响作用，促使政府加快文化管理职能的转变。基于此，国家不妨颁布一项综合性的文化专家学者管理政策，从跨学科视野出发，就专家库的组建、入库资格要求、评级、激励机制、职责规范等方面进行具体规定，为各级政府的文化决策和各类企业或个人的文化实践储备文化人才。

三要建立完备的知识产权管理机制。鉴于民族传统文化的"共有、公知"属性和经验主义，而知识产权法保护的是富有"创造性"和"新颖性"的"私权"性质的智力成果，那么教条地运用知识产权法保护传统文化显然不是合适的制度选择。因此，要基于知识产权制度设计的人本思想，来保障基层原文化持有者的财产利益，建立起惠益分享公平机

---

① 张良：《论文化体制改革的分析框架建构》，《理论与现代化》2014年第1期。

制，以激发他们的文化自觉与文化自信，从而积极履行文化传承实践的主人翁职责。

四要建立常态化的管理人才培训机制。在专业性要求不强的工作领域，管理人员非专业化是一种普遍现象，文化事业领域也是如此。造成这种现象的主要原因在于新中国成立后的相当长时期内，为了解决贫困问题，党和政府偏重于经济建设而对文化传承重视不够，文化行业的工作者多是不了解文化的基础理论和实践规则，在没有常规性培训机制保障情况下，他们难以突破自己的知识视野，不利于文化事业的发展。笔者调查发现，这种情况在基层文化站非常突出。基层文化管理工作缺失，将会使文化传承事业全盘皆输。鉴于当前文化竞争日益激烈的国际环境和传统文化衰退不止的现实危机，全面提升文化领域的管理能力刻不容缓。首先，聘请专家学者建构培训内容体系，从基础理论、实践常识到理论前沿、实践创新，建立起全面系统的文化知识、文化管理的培训内容体系。其次，管理人才培训要循序渐进，建立常态化培训机制，如新进人员上岗培训、在职人员技能培训，并使培训规范化，不走过场。再次，要将管理人才培训机制作为单位考核的重要指标和个人晋级考核的必备指标，以促进管理人员培训工作落到实处。另外，要在培训机制中，强化管理人员的职责担当意识。

3. 建立文化开发政策机制，拓展传承体系建设

"优秀传统文化的显著特点是它必须依附于个体的人、群体或特定区域、空间而存在，是一种'活态'文化，因此除了通过收集、整理、保存那些物质性的载体或通过记录、复制手段将其物质形态化以外，更重要的在于通过制定和落实开发政策，切实保障传承、教育等手段在个人、群体、区域或社会中得到现实的延续和发展。"[①] 当前，提升文化软实力成为国家和地区全面发展的重要目标之一。在此发展目标指引之下，以民族优秀传统文化为重要资源的文化产业和文化创意产业空前发展起来。为此，国家和地方政府分别发布了一系列的相关政策，用以引导、激励和规范文化产业和文化创意产业的发展。与之伴随的是，"重开发利用，轻传承保护"现象非常普遍，传统文化成了快餐式消费品，给传统文化

---

① 王征国：《建设优秀传统文化传承体系的保障机制》，《衡阳师范学院学报》2012年第1期。

造成严重的负面影响。针对当前传统文化所面临的传承危机，制定以促进传统文化传承为宗旨的文化开发政策更为必要。当然，在制定传统文化开发政策时，要充分结合管理学、经济学、政策学等领域的相关理论，来提高文化开发政策的科学性，即以公共政策学理论指导政策的制定、实施和调整，以管理学中的计划、组织、调节和控制理论指导政策目标的制定和实现，以经济学和政治学理论引导政策制定过程中的利益分配和规划。

一要重视民众参与，适度开发；分步实施，系统开发。在文化开发政策制定过程中，要将专家学者的意见与民众的广泛建议有机结合。专家学者意见和谋略的选择和利用，能够提高政策的专业化水平；尊重民众的建议权，接受民众的合理诉求，能够促进决策程序的合理化，增强政策文本的针对性。当然，文化开发要尊重文化演进规律，要做到适度开发。因此，中央和地方政府及其相应机构在制定文化开发项目规划时，先要组织专家学者进行文化研究和充分论证，确保文化开发与文化保护并行不悖，使优秀传统文化在合理开发中获得生产性传承。鉴于文化的多元化表征和丰富深刻的隐喻意义，文化开发不可一哄而上地搞成"短、平、快"的浅层模式，政策的落脚点应当是注重倡导灵活的文化开发模式和规范的文化开发梯度，形成文化开发的结构性规划。在具体实践中，要求文化开发政策引导区域文化开发规划和具体文化开发项目都要分步实施，系统开发，最大化地发掘文化的资本价值。

二要加强文化政策各个制定部门的沟通与协调。一项政策的制定会牵涉到多个参与主体，需要各个政策制定主体之间互相理解与配合，遵循文化整体观原则，要从有利于文化传承与发展的大局出发，运用系统论方法提高政策制定的科学性，将政策实施可能引发的各种问题消除在政策制定之前，从而实现文化开发政策的公平与高效，保证文化传承体系的有效运行和结构完善。

三要提升文化开发政策执行力。任何政策的执行都离不开执行主体与客体之间的配合与协作，那么文化开发政策发布后、文化资源开发前，要对政策大力宣传，提高政策的公众知晓度，调动民众的参与热情，培养民众的参与能力。因此，政府部门可以充分利用广播、电视、互联网、微信等现代媒体，及时地向公众发布政策信息和具体内容，同时收集民众参与的反馈信息。另外，组织宣讲团，开展文化开发政策宣讲活动，并通过社区信息公开栏或宣传墙上公布文化开发政策重要内容，从而强化政策执行的民众参与意识并实现政策执行的社会监督。再就是做好文化开发政策执行过程中的准备工作，可以通过设立文化开发政策实验区，总结并推广实验区的经验，由点到面，逐步提升政策的执行力度。同时，在文化开发的具体项目开发实践上，实行责任人制度，形成政策执行的督促机制。

4. 建立文化创新政策机制，支撑传承体系建设

"一个民族的传统文化如果不加以创新和变革，就没有生命力，也就无法与当代社会相适应。创新的目的是使传统文化恢复活力，创造性地转换为现代文明，生生不息，世代绵延。"[1] 可见，传统文化只有适应时代要求，吸收新思维、新概念，并对其进行新诠释，推陈出新，不断丰富文化内容，才能焕发出其应有的生命力，才能发挥文化服务民众生活的基本功能，才能促进传统文化的传承。党的十七大已明确提出"兴起社会主义文化建设新高潮"，那么，建立文化创新政策机制，促进传统文化在创新中传承，为文化传承体系提供政策引导和支撑是必不可少的。根据国家文化发展战略重点，我国文化政策创新的重点领域主要在三个方面。其一，用文化政策创新来推动社会主义核心价值体系建设。社会主义核心价值观与中华优秀传统文化的价值内涵是一脉相承的，建设社会主义核心价值体系，是传承中华优秀传统文化最基础、最重要的环节，必须得到政策多方面的强力支持。一方面，用政策激励理论工作者结合中国实际和时代特色，加强中华优秀传统文化核心精神、主要内容的现代化的理论探索，及其经史典籍等载体的通俗化、生活化转化，并予以广泛传播，使之深入人心，强化认同。另一方面，增强社会优良传统风尚的政策引导，即通过政策扩大奖惩社会中的善恶美丑，引导社会逐步树立起正确的是非观；"在尊重差异、包容多样的同时，逐步建立和完善各种社会思潮、流派合适的运行规则、表达方式和渠道。"[2] 借此实现多

---

[1] 何星亮：《在创新中传承》，《人民日报》2015年11月15日。
[2] 巫志南：《当前推动我国文化政策创新的思考》，《同济大学学报》（社会科学版）2009年第1期。

元文化的各美其美与美美与共。其二,"用政策弘扬中华优秀传统文化。用政策支持本民族文化的传承与发展,是国际社会高度认同和奉行的国际惯例"①。一方面,加强中华优秀传统文化遗产资源的挖掘、整理、保护、展示和合理利用,对《中华大典》《中华古籍全书》等弘扬中华文化的重大工程要给予重点支持,使文化遗产重现生机,激活其现代价值。另一方面,支持传统手工艺、武术、书画、中医药、民间音乐、民族舞蹈、民间游艺、厨艺等中华传统技艺的保护、传承和推广;挖掘优秀传统文化保护与开发的社会力量,扩大文化国际交流,提升中华优秀传统文化的国际影响力。其三,建立文化创新的政策激励机制。文化创新既是当代文化发展的时代要求,也是优秀传统文化传承实践的重要内容。从国家创新战略的宏观层面来说,文化创新旨在致力于促进社会文化形态的积极转变,具体目标在于建立和完善国家文化创新体系。从具体环境或要素的微观层面来看,文化创新涵盖观念创新、规划创新、机制改革、激励政策创新、环境创新、培育创新人才、资源整合创新、创新方向的引导和创新能力评估等内容。针对当前我国文化创新的战略重点,必须建构文化政策创新机制,形成支撑体系。

一是建构有利于传统文化创新性传承的政策环境。创新总是与风险同行,只有通过营造良好的政策环境以减轻或化解风险,才能有利于文化创新的逐步推进。具体措施体现如下:加强政策引导,营造全社会崇尚文化创新的良好氛围;加大公共财政投入,激励各类社会主体通过创新投入来促进个体发展;"制定专项政策,培育重点文化创新主体,有计划地实施一系列重大文化创新项目,突破文化发展的重点领域和关键环节"②。

二是强化优秀传统文化内容和形式创新的政策支持,增强文化创新能力。现代社会的不断发展使得有的传统文化内容与形式越来越不合时宜,有必要在内容和形式上进行创新以适应现代人的生活需求,而没有传统底蕴的现代文明是不长久的。借此,可见,文化政策需要支持的重

---

① 巫志南:《当前推动我国文化政策创新的思考》,《同济大学学报》(社会科学版)2009年第1期。

② 巫志南:《当前推动我国文化政策创新的思考》,《同济大学学报》(社会科学版)2009年第1期。

点在于引导传统文化内容与形式方面的创新。具体措施包括：加大传统文化内容创新过程的政策扶持，如扶持各类文创主体的原创作品向精品力作发展，再向经典传世之作发展；重点扶持大型文化创新主体与创新基地建设，形成规模化、集群化和系统性的创新项目；加强传统文化表现载体、表达方式、运行模式等方面创新的政策引导；注重现代数字技术的研发与应用，加快发展文化创意、动漫游戏、数字出版、网络视听传输等新兴文化产业，不断提升新兴文化业态在文化产业中的权重，重点将传统文化元素融入新兴文化产业。

三是加强文化体制改革和机制创新的政策激励。文化体制改革既是文化政策创新的重要内容，又是助推文化政策创新的重要手段。首先，要以立足国内实际、放眼世界的思想理念，激活社会大众的改革思想和创新动力。其次，革除弊端，彻底解决文化市场条块分割、区域壁垒和行政干预的现实问题，改变文化管理体制的行政主导、管理分散机制，就中华优秀传统文化保护问题设置从上而下的专项管理部门体系。再次，对公益性文化事业和经营性文化业务进行明确区分并实施分类管理。即以政府引导和财政投资的方式管理公益性文化事业，将传承传统文化作为公务文化服务事业的重点内容之一；以政府招标、项目承包、项目补贴等方式聚合社会力量，鼓励和扶持重大文化项目，使经营性文化企业逐步不再依赖政府，赋予它们主动权。最后，完善配套机制。在岗位设置、人才任用等方面缺乏竞争机制是我国文化事业单位长期存在的弊端，必须逐一进行针对性的改进。就公益性事业单位而言，通过聘用制度和绩效工资制度等手段拉开特殊专业人才与一般专业人才的工资待遇差距，杜绝"吃大锅饭"和人浮于事的消极现象。对于营利性文化单位来说，需要制定财政、税收等优惠政策，来建立后续保障机制，促进它们转企改制。此外，加强国际合作，做好文化安全，也是文化体制创新不容忽视的内容。

四是加强优秀传统文化传播手段创新的政策支持。文化传承不仅是纵向上的代际延传，更离不开横向上的文化传播。通过传播手段扩大文化传承的地域范围，使文化传承拥有更广泛的受众对象。可见，提升文化传承能力的着力点在于建立政策机制来促进文化传播创新。尽管高速发展的科学技术为文化的现代传播提供了多元化的渠道和模式，但也离不开国家和地方政府的政策扶持和鼓励。尤其要重点扶持基于优秀传统文化内容数字化的媒体和网络传播手段,创新传统文化的载体及其表达形式,促其便捷地走进当代人的日常生活,并得到当代人的广泛认同。鉴于众多大小媒体,特别是主流媒体文化传播基础设施落后的现实困境,要给予资金、技术上的政策支持,促进媒体设备改造,建立健全优秀传统文化跨媒体传播网络体系。同时,借助国际交流的日益频繁的机会平台,扩大对外宣传和对外交流,举办国际性文化会展,重点支持海外中国文化中心等重大文化工程,将优秀传统文化元素融入其中,从而扩大优秀传统文化传承的传播力度和传播范围。此外,支持非媒体传播,即将文化传播与重大国事活动、体育赛事、国际性会展、国际交流会、商务推介会、人际交流会等紧密结合起来,用优秀传统文化元素来提升各类活动的文化内涵,扩大中华优秀传统文化的影响力。

**二 法律保障机制**

(一) 法律保障现状

文化事业的发展有赖于国家法律赋予其"名正言顺"的地位,传承中华优秀传统文化需要完备的文化法律体系为其营造并维护良好的社会文化生境。"文化保护,立法先行",也是所有先进国家保护传统文化的成功经验。自中华人民共和国成立后,在中华优秀传统文化的立法保护方面也做了大量工作,并取得了良好效果。

1952年,《民族区域自治实施纲要》发布,旨在指导和规范民族自治地方发展文化事业。同时,在20世纪50年代开始的民族地区民间文化艺术及少数民族文化普查基础上,国家文物局先后发布《古遗址古墓葬调查发掘暂行管理办法》(1964)、《文物特许出口管理试行办法》(1979)、《中华人民共和国考古涉外工作管理办法》(1991) 等行政规章,逐步加强了文物专项保护力度。

1984年,国家颁布《民族区域自治法》,该法第38条规定:"民族自治地方的自治机关组织、支持有关单位和部门收集、整理、翻译和出版民族历史文化书籍,保护民族的名胜古迹、珍贵文物和其他重要历史文化遗产,继承和发展优秀的民族传统文化。""文化大革命"以后,一度中断的民族民间文化法律保护工作又得以恢复起来。1982年,《中华人民共和国文物保护法》颁布,明确规定了保护工作的原则和方针,从法律上解决了中华文化物质载体的保护问题,开创了我国传统文化立法保护的先河。随后,不少地方在该法指导下,纷纷制定了保护区域文物和民间文化的地方性法规,如内蒙古自治区结合北方游牧民族特点及其文化特色,制定出台了《内蒙古自治区文物保护条例》(1990);同时,各项保护传统文化的相关具体工作陆续开展起来。1990年,国家颁布并实施《中华人民共和国著作权法》,首次确认了民间文学艺术作品享受法律保护,这是国家法律第一次从保障民事权利的角度确认了民族民间传统文化的法律地位。

自20世纪90年代开始,伴随着文化建设事业的推进,国家逐步加大了文化保护方面的立法强度,陆续颁布实施了一系列新的法律法规,并对原有法律法规进行了修订。如国务院先后颁布了《传统工艺美术保护条例》(1997)、《中华人民共和国水下文物保护管理条例》(2005)、《长城保护条例》(2006),文化部先后发布了《文物藏品定级标准》(2001)、《艺术档案管理办法》(2001)、《中华人民共和国民族民间传统文化保护法(草案)》(2002)、《文物保护工程管理办法》(2003)、《文物行政处罚程序暂行规定》(2005)、《博物馆管理办法》(2005)、《国家级非物质文化遗产保护与管理暂行办法》(2006)、《世界文化遗产保护管理办法》(2006)、《国家级非物质文化遗产项目代表性传承人认定与管理暂行办法》(2008)、《文物认定管理暂行办法》(2009)、《博物馆条例》(2015);《中华人民共和国著作权法》《中华人民共和国文物保护法》经过重新修订,分别于2001年、2002年颁布实施。文化部、商务部联合下发《关于加强老字号非物质文化遗产保护工作的通知》(2007)等。

当然,在中华优秀传统文化体系中,非物质文化遗产不仅内容丰富、类型庞杂,而且是中华优秀传统文化的最好载体,全面反映了中华优秀传统文化的精神意蕴。联合国《保护非物质文化遗产公约》的颁布推动了世界范围内非物质文化遗产的保护。我国非物质文化遗产的保护工作在党和国家的高度关注下也迅速开展起来,最突出的表现是先后颁布了一系列相关的法律法规,使非物质文化遗产保护工作逐步走上了法制轨道。如全国人大教科文卫委员会制定了《中华人民共和国民族民间传统文化保护法草案》(2003),对非物质文化遗产保护作了原则性的规定和指导；文化部和财政部联合制订了《中国民族民间文化保护工程实施方案》（2004），并于2004年正式加入《保护非物质文化遗产公约》，从而开始了我国在世界非遗保护政策框架下的非物质文化遗产政策保护的历程。2011年，《中华人民共和国非物质文化遗产法》正式颁布实施，该法"将党中央关于非物质文化遗产保护的方针政策上升为国家意志，将非物质文化遗产保护的有效经验上升为法律制度，将各级政府部门保护非物质文化遗产的职责上升为法律责任，是我国履行非物质文化遗产国际公约义务的体现，为非物质文化遗产保护政策的长期实施和有效运行提供了坚实保障"[1]。

在国家法律法规颁布实施的同时，云南、贵州、福建、江苏、宁夏、广西、新疆等地的政府遵照国家法律法规的规定，结合地方实际情况，陆续以条例的形式制定了相关的地方性法规。地方性法规的颁布既推动了国家法律法规的有效实施，又提升了地方非物质文化遗产的保护力度，使非物质文化遗产的抢救和保护工作在法律轨道上走向层层深入的发展阶段。

尽管中华优秀传统文化的立法保护工作获得了显著的成就，但也存在诸多不足。一是立法保护体系尚不完善。从新中国成立以来的文化立法保护来看，主要集中于文物和非物质文化遗产方面。由于文物主要表现为历史文化的物态遗存，如遗址、遗迹、古藏、古旧图书等，立法保护重在保持原样，而在文物活态传承方面关注较少。对于非物质文化遗产，主要集中于代表作名录体系、代表性传承人、文化生态保护区及专项资金资助等几个方面，而对于文化空间、节庆保护、民间保护方式与方法、地域性保护、文化开发与保护的协调、专门项目等方面则缺乏立法保护，更少有涉及少数民族和民族地区的倾向性保护法规。可见，当前的立法保护体系多有疏漏之处，既没有出台专项部门法或综合性法律法规，也没有在保护实践中给予重视。二是现有立法保护缺乏操作性，难以发挥实践作用。"现有法律法规多是指导方针、基本原则、基本职能、权利义务的宏观部署，本身不具备操作性，又无相应的实施细则和

---

[1] 凌照、周耀林：《我国非物质文化遗产保护政策的推进》，《忻州师范学院学报》2011年第3期。

地方性法规与之相配套，使得国家关于保护和传承传统文化的立法举措和理想愿景都流于法律文本，在实践中难以得到较好的执行。"[1] 这也是当前传统文化传承流于形式、难见成效的主要原因之一。三是评估与问责制度不健全。"跟踪评估是检验各种政策是否得到贯彻和执行的重要依据，是判断传统文化是否真正得以传承、发展的验证机制。"[2] 现有法律法规多是指导性规定，即重点规定了普查、申报、认定和管理等方面的内容，而对法律法规实施后的绩效评估没有明确规范。传承人职责规定多是原则性的，对传承人的项目传承、授徒、开发利用等情况只是例行检查和指导上的法律规定，缺乏问责机制的设置，以至于很多传承人没有尽到传承职责而不受追究，更助长了他们的惰性，并引起了社会不良影响。四是过分强调开发利用，文化传承关注不够。对于优秀传统文化应当本着"保护为主，抢救第一，合理利用，传承发展"的指导方针，但在实践中，没有处理好开发利用与传承之间的辩证关系，将开发利用看作传承机制，过于强调搭建平台以开发利用非物质文化遗产的经济价值，经济寻租现象日益普遍，导致中华优秀传统文化在不当的商业化运作中趋向没落。可见，完善立法保护机制，助推中华优秀传统文化保护与传承事业发展，为这项巨大的文化工程保驾护航，使之"有法可依，有法必依，执法必严，违法必究"，已是当务之急。

（二）法律保障机制建设

鉴于法律保护的权威性和前瞻性，应在充分发挥现有法律保障机制的合理性和突破其局限性的基础上，以建构科学的法律保障体系来助推中华优秀传统文化传承体系的建设、运行和完善。

1. 执行和完善现有法律法规

上述设计的法律保障框架的建构尚需时日，但传统文化传承工作时不我待，因此，在现阶段，务必发挥现有立法机制的保障功能。法律具有稳定性，不适宜也不可能朝令夕改，对于现有立法中有利于中华优秀传统文化保护与传承的法律规定应认真贯彻执行，以发挥现有法律保护

---

[1] 姚磊：《广西少数民族传统手工艺发展调研报告》，《广西社会科学》2012年第5期。
[2] 柏贵喜、杨征：《坚持和完善少数民族非物质文化遗产保护政策研究——基于湘西土家族苗族自治州和内蒙古自治区的调查》，《中南民族大学学报》（人文社会科学版）2012年第3期。

中华优秀传统文化的最大效能。

现有立法体系中，多数单行法倾向于宏观部署性的顶层设计，缺少具体操作方法和规程的详细规定，故而操作性不强，使得"有法可依"的法理论难以在文化传承工作中发挥实践规范功能。对此，可以"实施条例"或"实施细则"的立法形式，进行细化作为上位法的补充；也可以鼓励地方政府出台地方性法规，将国家法律保障宗旨层层落实到地方文化传承的具体工作中。

2. 扩大立法保护范围

要制定综合性法律或专项性部门法，使中华优秀传统文化传承有法可依。尽管从目的和手段上来说，文化保护都是为了传承文化，但文化保护不可完全替代文化传承。因为，文化传承强调文化的活态性，即只有活态文化才有传承的价值，只有活态手段才能实现文化传承的目的。而文化保护则不受此限制，保护方式可以是静态的，如以博物馆或文化馆珍藏文物，储存文化历史记忆；也可以是动态的，如当前流行的生产性保护，即以产业化开发模式来实现文化再生产，从而实现文化保护目标。现有的法律保障机制多侧重于文化保护，所以我国关于文物保护方面的法律规制较为健全。在文化保护方面，尽管我国已经颁布了多部法律法规，但相对于民族传统文化类型的多样化和内容的丰富性来说，现有立法非常片面，主要集中于文化遗产领域，而对于尚存于大众日常生活中的传统文化和现代文明中的传统文化元素关注不够。在文化传承方面，目前尚未出台专门性的法律法规，多将文化传承的目标内含于文化保护法律规制中，从而导致"过保护现象"非常普遍，只保护，不传承。因此，扩大立法范围，使法律保障机制全面覆盖中华优秀传统文化。要实现这个立法目标，笔者认为可从两种思路建立中华优秀传统文化保护法律保障机制。

第一，建立公法保障机制。所谓公法保障机制，就是以国家义务为核心的法律保障制度。"中华优秀传统文化是一种高显的公共文化利益，其所包含的社会公益远大于个人私利。"[①] 国家作为社会建构的权力主体，

---

[①] 彭清燕：《论民族村寨文化保护的法本位进路与法制度建构》，《广西民族研究》2015年第3期。

有义务担负起公益义务管理职责,因此建立起国家主导的、以发挥国家所应履行的"尊重、保护和给付"义务为内容的公法保障机制,是必需的,也是可能的。一方面,突出国家尊重义务,即"国家不采取行动的消极义务"[①]。那么,可以在拟立新法中,基于对"优秀传统文化"概念和范畴的前置规定,进行权利确认和权利抑制。所谓权利确认,即国家充分尊重中华优秀传统文化的所有原主体的利益,维护他们传统文化固有权利的平等。所谓权力抑制,即将国家权力限定在法定范围内,并按照法定程序行使,任何借口经济建设、城镇发展或民生改善而实施的有同化或毁损传统文化的危险行为都予以禁止,以保护中华优秀传统文化的特色和活力。另一方面,强化国家保护义务,即国家预防、制止和惩罚侵犯行为的立法规范义务。通过这种积极作为义务,"建构翔实的客观法规范,使基本原则从空洞、抽象走向有序、现实"[②],具体可从四个方面着手。一是运用公法手段对中华优秀传统文化传承保护进行宏观的顶层设计,包括传承保护原则、方针、目标、任务、规划等内容。二是建立文化传承内部运行机制,即通过公法手段处理好传统文化传承的决策权、内部管理机制和内部运行机制三个核心问题。鉴于国家不是中华优秀传统文化的所有权主体,国家享有的只是公益管理权,故而应以法律明文规定中华优秀传统文化传承和发展的决策权及由此延展的经营权归属于文化原主体。由于我国文化体制多头管理的严重弊端,通过公法权威建立公益导向明确、责权明确的集中统一的国家管理制度至为重要。可以考虑设立从中央到地方的层级制传统文化管理机构,并由公法创设权力机关权责制约机制,严格规范公法主体的管理行为。至于内部运行机制的建设,包括项目申报机制、决策审查和论证机制、决策运行的沟通与监督机制、宏观战略的整体设计与组织责任机制、公私合作机制等内容,这些机制构成前后连贯的关键工作环节,缺一不可。可以考虑设立专门机构对应于具体环节,从而使文化传承工作步步落实到位,并形

---

① [挪威] A. 艾德等:《经济社会和文化的权利》,黄列译,中国社会科学出版社 2003 年版,第 201 页。

② 彭清燕:《论民族村寨文化保护的法本位进路与法制度建构》,《广西民族研究》2015 年第 3 期。

成内部督促机制。三是营造外部环境，主要包括规范的公权力运行环境、自由的文化主体自治环境及带给文化主体归属感和使命感的传统文化环境。通过公共治理和公共服务夯实公法外部环境基础，从而实现内部运行机制的公法协调。四是实现国家给付义务，即国家给予文化持有者的有限的社会资源分享权。新中国成立后，尤其是改革开放以来，国家工作重心放在经济建设上，对中华优秀传统文化的传承则关注不够、制度供给不足，是造成我国民族传统文化传承危机步步加深的主要原因之一。因此，要加强文化基础设施建设，增设文化传承专项基金，改变过去原封不动地保护模式，使文化持有者有信心、有能力延传民族传统文化。

第二，建立私法保障机制。所谓私法保障机制，就是以文化主体为核心内容的私法保障制度。在中华优秀传统文化保护政府主导模式下，传统文化原主体"被强大的权力话语湮没，呈现出'文化主体虚像'和'去主体化'倾向"[1]，逐渐导致文化主体缺失，从而呈现出传统文化传承危机日益加剧。文化主体包括民族内源性主体和政府、学界、商家、企业等外源性主体，鉴于外源性主体"输血"不能替代内源主体自我"造血"功能，故而内源主体的文化自觉和文化自为是解决传统文化传承危机的根本出路。可见，原主体是中华优秀传统文化传承法律机制建设的核心内容，只有建立以主体制度为轴心的私法保障体系，才能系统贯彻落实文化主体制度。

其一，建立文化主体制度。文化主体制度是以私法赋予文化原主体的个人、集体和社会组织，在公法规定的权利范围内享有文化决策权、经营权和惠益分享权的主体权益制度。从理论上说，文化主体制度包括物质文化涉及的物权保护制度和非物质文化涉及的知识产权保护制度。借此，可以在物权法和知识产权单行法中，增加规定国家、集体、个人所有权主体的民事资格，完善传统文化的确权登记和移转制度，细化所有权主体法上的具体措施，并基于传统文化客体特征的特殊性，新增权能规定，如规定直接对经济性文化遗产授予知识产权特别权利、完善非物质文化遗产代表作、持有人或传承人的评定制度等；同时，以民商法

---

[1] 彭清燕：《论民族村寨文化保护的法本位进路与法制度建构》，《广西民族研究》2015年第3期。

形式明确规定文化主体的权利义务及救济程序，或以地方自治规范规定集体和个人文化主体参与决策和经营的具体规则，从而避免个人利益的减损。这种立法体系，可以有效解决传统文化所有权归属问题，形成对国家公权力的法律限制，从而最大限度地保障各个主体在传统文化上的全面权能，并增强传统文化本源性的私权保护。

其二，建立惠益分享制度。惠益分享制度是将优秀传统文化商业化利用后产生的丰厚利润合理分配给各方文化主体分别享有，在传统文化商业利用与公益保护之间建立紧密的关系链，通过商业利益的有效回馈来建立文化传承的激励机制和资金保障制度。建立惠益分享制度，并使之产生制度效应，需要依次做好惠益分享运行模式、惠益分配机制和惠益分享实现方式三个环节的重要工作。在惠益分享运行模式上，适宜采用国家管制与利益相关者协作的运行模式，即国家在分享标准、合同范本等方面进行必要的立法管制，引导利益相关者等独立主体按照法定条件约定彼此间的惠益安排。在惠益分配机制上，先对中华优秀传统文化的过度使用或不当利用等行为，以"概括+列举"的方式予以法律明文禁止，接着进行惠益分享规划设计的原则性规定，最后进行货币和非货币的惠益安排。至于如何实现惠益均衡分享，可以合同方式对惠益分享做出明确细致的约定，从而发挥私法私权保护的最大化，并能有效限制公权力的滥用。

其三，建立利益补偿制度。民族传统文化商业化利用有一种外部经济性损害风险，这种损害在业已进行的商业化利用中产生了诸多不良后果，严重损害了利益相关者的合法权益，挫伤了他们传承文化的热情和信心。今后，应当在传统文化商业化利用过程中，对受益与受损之间存在直接因果关系的损害给予相应的利益补偿，要求损害者（受益者）给予文化原主体经济补偿，补偿标准不得低于实际利益损失额。

基于上述两种思路，笔者认为，可以选择三种模式建构传统文化传承法律保障框架。一是就传统文化传承专门制定一部集公法与私法性质于一体的综合性部门法。当然，部门法不宜太繁杂，可以"实施条例"或"实施细则"加上司法解释对部门法的顶层立法设计进行细化，从而确保法律制度的全面性和操作性。二是按照上述两种思路分别制定一部行政法规和一部传统文化私权保障法律，建立起相应的公法保障机制和私法保障机制。三是在现有法律体系下,修订物权法和知识产权法中的各个部门法,新增对相关的中华优秀传统文化传承所涉及的公权力和私权利的补充规定。当然,按照这样三种模式建立的法律框架,都要鼓励地方政府因地制宜地制定地方性法规,逐步建立起完备的法律保障体系。

3. 加快地方性法规立法进程

从法律位阶上来说,能够在全国范围内适用的法律法规主要有国家立法机关(全国人大及其常委会)制定的法律、国务院制定的行政法规、国务院各部委制定的行政规章属于上位法,各地方政府的权力机关与行政机关制定的地方性法规则是下位法,只能在立法主体所辖行政区域内适用。虽然上位法的适用范围和法律效力高于下位法,但上位法的施行通常有赖于下位法的颁布与执行。我国目前的文化保护立法多是上位法,地方性法规明显滞后。如《中华人民共和国非物质文化遗产法》颁布实施后,没有具体细化的"实施条例"或"实施细则"来推动它的执行,各个地方政府也没有相应地制定文化传承保护方面的地方条例,在一定程度上限制了《中华人民共和国非物质文化遗产法》保护与传承非物质文化遗产预期目标的实现。因此,上位法要赋予地方政权较多立法权,并以通知方式要求地方政府因地制宜地尽快出台地方性法规,以此督促地方政府积极履行传承民族传统文化的立法保障义务,进而建立起上下协调一致的立法保障体系。

我国少数民族传统文化存量巨大。相对于汉民族来说,鉴于地理环境的闭塞,少数民族传统文化保存较好。近年来,随着旅游业和文化产业的发展,少数民族特色传统文化成为民族地区脱贫致富的重要资源。由于在文化资源开发利用过程中普遍存在着"短平快"现象,再加上投资者欠缺文化保护的理论素养和专业知识,这种经济投资上的急于求成严重背离了文化累积过程漫长的演进逻辑,常常给本就脆弱的少数民族传统文化造成开发性破坏。然而,开发文化资源促进发展是民族地区社会发展的重要措施,其需求远远高过汉族发达地区,必然产生更大的文化保护压力。因此,国家可以就少数民族传统文化的保护、利用及传承,制定专门性的特别法,并在文化产业税收优惠,财政重点资助,代表作名录、代表性传承人、文化生态保护区申报等方面,多给予财政资助和税收优惠;同时,鼓励、引导民族地区根据当地实际情况,制定地方性法规，尽快在民族地区建立起少数民族传统文化保护与传承的立法保障机制。如此一来，在民族地区，既能发挥文化传承国家在场的正向功能，又能激励民族地区民众发挥传承族群传统文化的主人翁作用。

4. 完善跟踪评估和责任追究法律制度

跟踪评估和责任追究制度都是法律监督的重要环节，是鉴定设计规划和具体方案可行性的重要手段，也是检验规划项目建设进程和成效的重要方法。在实践中，中华优秀传统文化传承的法律法规执行情况如何？文化传承项目建设进展达到什么程度？文化传承的法律保障机制存在哪些误区和漏洞？需要作何补充？等等。这些问题都需要运用跟踪评估机制去考核发现和斧正，更需要责任追究制度来问责和防范。过去，在非物质文化遗产保护与开发工作中，国家鼓励并审批了多项地方申报的非遗建设项目，其中相当一部分项目都做得虎头蛇尾。如传统工艺传习所（馆）、非遗基地、文化生态保护区建设，受国家政策引导和激励，曾在全国各地建立了多个，文化传承人也按照四级机制评定了不少，但两三年后，大多数传习所、非遗传承基地都成了应付上级检查的摆设，平常没有手工艺培训和研习；多数传承人评定后，享受着政府授予的荣誉称号和给予的经济补贴，但很少履行传承文化的职责。虽然年轻人多不愿意学习是不可忽视的影响因素，但基层政府机构文化管理失职和传承人懈怠更助长了最初立法保护愿景的流产。究其根源，在于现有法律保障机制中缺乏评估和责任追究的硬性规定。针对此种情况，既要对前期立法空白予以补充，又要在后期立法中加强规范，从而建立起优秀传统文化保护与传承工作的及时考核机制。

因此，在跟踪评估制度建设方面，可以采用"概括性约束"和"标准量化"相结合的方法，进行立法规制。"概括性约束"可以对不便量化的文化传承工作进行原则性规范，以法律权威营造文化传承社会环境，实质上是将一切关涉传统文化传承的"作为""不作为""滥作为"的思想意识和行为实践纳入法律规范体系，做到疏而不漏，从而在全社会培育起保护与传承传统文化的社会自觉。"标准量化"针对可以量化的传统文化传承工作，如传承人授徒多少、参加了多少次宣传推广活动、有无基本的传习场地等，制定具体工作量化标准和责任追究程度，如以"列举"方式，在相关法律法规中和在新法制定中规定明确的执行标准，用以方便评估与考核，从而强化文化传承职责。

### 三 运行机制

建构中华优秀传统文化传承体系，使之发挥传承优秀传统文化的重要作用，除了建构完善的政策和法律保障机制，还要建立运行体系，来促进制度体系从文件层面落实到实践层面，实现并扩大法律与政策的执行力。

当然，中华优秀传统文化传承体系运行机制的建构要以系统科学的整体原理、有序原理和反馈原理为理论指导。"整体原理是指任何系统只有通过相互联系形成整体结构，才能发挥整体功能，它要求以整体观念和系统观点构建'非遗'生产性保护运行机制。"[1] "有序原理是指任何系统有开放、有涨落、远离平衡态，才有可能走向有序。"[2] 它要求构建中华优秀传统文化传承体系的运行机制必须是一个多元化主体、立体性层面的开放系统。"反馈原理是指任何系统只有通过信息反馈，才能实现有效的控制，从而达到目的。"[3] 它要求在构建中华优秀传统文化传承体系的运行机制时，必须关注运行机制各个阶段和重点工作的信息反馈。鉴于建构中华优秀传统文化传承体系是一项复杂的系统工程，要在国家政策法规的引导下，遵循"政府主导、社会参与、明确职责、形成合力"的原则，在文化传承实践中不断完善。从目前全国实际运行的机构来看，主要有国家行政主管部门、相关企事业单位、团体及协会。国家行政主管部门主要以各级政府为主导，文化、教育部门具体负责管理，分四个层级。即从文化部（文物局）、教育部→省、市、自治区层面的文化厅（文物局）、教育厅→州、市、区层面的文化体育局（文物局）、教育局→县、区层面的文化体育局、文物局、教育局。每一层级都可能吸附着本层级的一些相关企事业单位、协会、团体，如演艺团体、图书馆、博物馆、文化馆、美术馆、历史文化古迹、历史文化名城、历史文化街区、

---

[1] 罗眉、周祥生、银元：《非物质文化遗产生产性保护运行机制初探》，《四川行政学院学报》2015年第2期。

[2] 周和平：《职业教育运行机制初探》，《职教通讯》2003年第11期。

[3] 周和平：《职业教育运行机制初探》，《职教通讯》2003年第11期。

历史文化村镇和革命纪念馆（地）等。这些企事业单位、协会、团体一般都非常专业，各自在相关层级主管部门的领导下，用专业化的职业技术担负着保护、保存、传承、发展、宣传中华优秀传统文化的具体职责。各级管理机构按照法律和政策规定的职责和权力各司其职，实行下级对上级负责的层级领导体制。在层级领导体制下，文化部统一领导、部署中华优秀传统文化的保护、保存、宣传等，教育部负责传统文化的教育传承工作；地方各级文化部门、教育机构按照上级文化保护与传承的工作部署，积极发挥主动性和创造性，立足于地方实际，切实履行本层级的文化传承职责，既要做好上级布置的具体实践工作，又要对下级做好科学的工作指导。结合当前我国传统文化传承危机的实际情况，要想建构起科学的中华优秀传统文化传承体系并使之发挥预期的文化传承效果，应从"综合管理机制、准入机制、推广机制和退出机制"四个方面来建立合理有序的运行机制。

（一）综合管理机制

当代社会受国家权力充分建构，行使国家权力的各级政府及其工作部门理所当然地成为最重要的传承主体。众所周知，政府具有强大的整合力量，拥有运用全局性的宏观调控手段的能力，因此，应遵循"政府主导，社会参与，明确职责，形成合力"的原则，整合相关政府部门、社会组织、民间机构等众多市场化要素，形成目标一致、各尽其职、相互协调的综合管理机制，是中华优秀传统文化传承体系运行的核心环节和重要内容。就当前我国优秀传统文化传承现状而言，建立高效的综合管理机制，需要从三个方面进行努力。一是整合文化、教育、商务、民族、宗教、财政、税务、质监、农业、发改、工信、旅游等有关部门的行政资源，建立起包括国家、省（自治区、直辖市）、地市、县等层级制的文化传承工作联席会议制度，各级分工协作，讨论、研究并管理与其行政区划相一致的地域范围内文化传承工作，从而设立起常态化的文化保护管理协调机构。联席会议制度即"由一方或多方牵头，以召开会议的形式，在充分发扬民主的基础上，达成共识，形成具有约束力的规范性意见，用以指导实践、解决问题的一种工作制度"[①]。鉴于中华优秀传

---

① 周林：《试论行刑衔接制度之完善》，《法学杂志》2011年第11期。

统文化传承体系的建构是牵涉多个部门相互协作的复杂工程，那么建立联席会议制度，不仅可以避免各个部门或机构之间相互推诿或争相"寻租"的不良现象，而且能督促各个部门认真履行职责，提高相应的文化保护类法律、法规和政策的执行力。二是挖掘民间机构和社会组织，培育它们成为优秀传统文化的传承主体。通常情况下，民间社会团体能够有效承担中介、沟通、协调、实践等职能，有必要激励它们参与优秀传统文化传承，敦促它们为文化传承和保护项目的评估和价值认定提供优质服务等。三是建立一个集政府官员、专家、传承人、企业家、民间艺术家、传统文化推广爱好者等于一体的传统文化管理团队，来推动优秀传统文化的保护与创新，最终实现传承之目标。传统文化管理团队在做好专业研究与传承人培养的基础上，要注重挖掘优秀传统文化的经济效益与社会效益，充分激发文化传承人传承与推广优秀传统文化的积极性，加强与政府机构的沟通与联系，促进政府机构完善传统文化保护与传承机制，从而建立"学、产、民、官"四位一体的动作机制。同时，传统文化管理团队要负责传统文化普查登记，开展学术交流，组织传统文化对外文化交流，推动传统文化产业化发展，利用媒体、网络等先进科技扩大宣传优秀传统文化，为传统文化的传承提供人才保障、学术交流平台、宣传推广创意和产业化发展思路等。

（二）准入机制

文化实践主体是优秀传统文化传承体系建构与运行过程中至关重要的因素。按照文化传输路径，文化传承是文化客体由传者输出，通过一定的方法让受者掌握，如此循环往复。因此，在建构文化传承体系时，需要建构多层次的文化主体子系统，任何一个社会组织和个人既是文化的传者，也是文化的承者，担负着文化传承的双重角色，只是在不同阶段、不同场域角色侧重不同而已。当然，优秀传统文化传承体系建构成功后，要想发挥其传承文化之功能，更有赖于文化主体的文化实践行为来推动其运行，也就是吸纳一切文化实践主体，激发积极参与文化实践和文化创造，才能实现我们建构传承体系的目标。

文化再生产是优秀传统文化传承的有效方法之一，即通过产业化开发、生产性利用、项目建设等手段，使传统文化获得活态传承。当然，并非所有的传统文化类别都适合再生产性保护和传承，要综合考虑传文化的演进规律、本质属性及其生存现状等因素，把契合条件的优秀传统文化项目等引入生产性传承范畴。如今，我国以"非遗"、历史文物为代表的传统文化传承工作尚处于起步阶段，尚未摸索出较为普遍的成功模式，急需建立和完善优秀传统文化再生产性传承准入机制，来弥补相关标准及制度的空白。一是明确和制定优秀传统文化再生产传承的准入标准。当前，传统文化传承的项目要求和准入条件还没有统一的认定标准，制度保障多为理论引导和宏观部署，操作性不强，使得文化传承的实践命题停留于文本模式上。针对这种普遍现状，必须加紧研究和制定符合传统文化再生产性传承的项目标准，建立项目实施的准入机制，以准入机制吸纳一切有志于优秀传统文化传承与推广的爱好者参与文化传承项目。二是由文化部牵头，邀请专家、学者、行业代表、企业家、民间协会等组成传统文化生产性传承评估委员会，弥补单纯依靠文化保护项目归属单位（企业、机构）和属地主管部门推荐申报的不足，防止漏报和重复申报，扩大项目传承范围，把好优秀传统文化生产性传承入口关。三是开放文化市场，发挥社会参与正能量。优秀传统文化是发展文化产业的重要资源，保护和传承优秀传统文化则是文化产业创新与发展的新生活力。因此，合理开发与利用优秀传统文化，找到其与市场经济合适的对接口，不断挖掘其在产业化过程中的新价值和发展模式。产业化发展既为优秀传统文化走向市场提供了产业支撑，也是保护和传承传统文化的重要举措。如今，在旅游产业、文化产业中，开发优秀传统文化资源，打造文化旅游、民俗旅游、红色旅游、文化艺术品、文化产业园等成为文化产业化发展的主要模式，取得了一定的经济效益和社会效益，但也造成了一定程度的负面影响。今后，我们要借鉴日本、韩国、意大利等国家的成功经验，将一些优秀传统文化沉积地带打造成文化休闲胜地、制作文化商品等，将传统文化与时尚元素相结合，提升产品的文化附加值，形成多元化的文化产业链条，逐步形成具有市场价值和文化价值的传统文化产业。当然，开放文化市场，推进文化产业化传承，需要加强对文化企业类市场主体的培育，重点培养坐拥著名文化品牌和较强竞争力的大型文化经纪机构，通过它们实施的市场化运作和营销手段，实现传统文化产业化传承。

### (三) 推广机制

就文化传承而言，文化推广是文化传承的重要手段，因而文化推广机制是建构中华优秀传统文化传承体系的主要内容之一；就文化传承体系的运行来说，需要建立文化推广机制来培育文化传承的社会环境，宣传传统文化传承的社会意义、体系架构和核心内容。可见，建立文化推广机制既是建构中华优秀传统文化传承体系的重要内容，又是推动中华优秀传统文化传承体系高效运行的重要手段。

其一，国家和地方政府通力协作，共同营造崇尚传统文化的社会环境。当前，传统文化逐渐升温，出现了私塾热、祭祖热、读经热和《百家讲坛》《东方大讲坛》等经典文化电视节目，既有助于培养社会大众的文化内涵，也表明传统经典文化回归于大众日常生活。值此时机，国家及地方政府要高度重视中华优秀传统文化传承，并将其作为文化建设工作的重点内容，在切实担当文化传承职责的前提下，进一步加强传统文化保护与传承的法律法规和政策的制定，建构崇尚和传承传统文化的社会大环境，并为中华优秀传统文化推广的持续高效提供制度保障。

其二，利用一切平台推广优秀传统文化。目前，学校、图书馆、博物馆、文化广场、公共媒体、网络游戏、旅游、文化产业化发展等都为推广优秀传统文化提供了便利，要根据这些平台的各自特性，有分别地设计文化推广策略。学校作为一种最广泛的文化教育机构，其文化推广策略可以设计为：以课堂教学渗透为主导、以素质教育活动为载体、以现代信息技术为手段。图书馆作为大众文化阅读机构，要将传统文化阅读纳入图书馆所提供的常规服务项目，把传统文化阅读作为图书馆工作的常态，在充分发挥其专业优势基础上，联合并调动社会力量，培养公众的传统文化阅读意识，采用新技术加强组织传统文化作品的数字化资源，创新传统文化阅读方式，合理有序地推广传统文化阅读。省级卫视要积极创作和播出弘扬和传承优秀传统文化的原创文化节目，节目内容与国家主流价值观相符，设立官方微博、微信公众号及时与观众互动，并与视频网络联手打造优秀品牌文化栏目。网络游戏不但与中华传统文化具有内在联系，而且具有助力其推而广之的潜力。网络游戏特别受到年轻人追捧，那么以中华优秀传统文化为游戏开发资源，会收到文化传递的惊人效果，如在武侠类游戏设计中融入主流价值观情节，让玩家在游戏娱乐的同时提升了善恶辨析能力，体验传统文化的是非观；在传说类游戏中，将中华优秀传统文化意蕴融入游戏的场景、情节、语言中，让玩家在游戏推动中体验传统文化魅力；在战争策略类游戏中，以中国历史文化来设置游戏背景，让玩家在游戏角色中感知中国传统文化中的礼贤下士、爱民如子等具体内容及其深刻的精神内涵。在媒体融合背景下，网络新媒体对于传统文化的推广具有重要意义，即将传统文化特点和新媒体的传播特性进行有机融合，建立传统文化推广平台，将新的传播元素融入传统文化中，打造出特色传统文化精品；"充分利用全媒体传播优势，集成运用大数据时代的数字传媒技术手段，将非遗文化资源收录、存储、处理数字化进而推动非遗的传播。"① 如在旅游产业中，除了开发传统文化旅游产品，还可以利用传统文化的差异性来进行旅游形象设计、推广，从而在形象载体、特殊传者、实地受众三个层面对中国传统文化进行传承。当然，具体到一个类别的传统文化来说，可以采用一种方法或综合运用多种方法进行推广，并在推广过程中逐步建立最恰当的推广模式。以传统手工艺来说，它们丰富的内涵和表现形式凝聚了多元传统文化元素，是民族传统文化中的典型类别和代表。传统手工艺品制作周期长，投入精力大，成本高，有很高的审美意义、艺术功能和收藏价值，单纯依靠市场来推动其产业化传承是非常困难的，需要建立推广机制对传统手工技艺及其制品进行宣传、推介，促进其获得生产性传承的同时，实现经济效益与社会效益双丰收。在具体操作上，可以采用展览、基地建设、论坛和节庆活动来实现。

（四）退出机制

从国家到个人，每一个社会主体都是文化的实践主体，都负有不可推卸的文化传承职责。新中国成立以来，国家权力对中国社会的控制日益加剧，发展经济成为国家建设的重点，金钱至上日益成为社会的主流价值观，社会意识形态发生了严重偏离，民族优秀传统文化一度在自上而下的漠视中走向没落。近年来，文化资本价值日益受到社会关注，优秀传统文化是提升国家软实力、发展文化产业的重要资源已经成为社会共识；与此同时，传统文化衰退所带来的一系列社会问题阻碍国家可持

---

① 许鑫、孙亚薇：《非遗数字传播中的信息技术采纳研究》，《图书与情报》2017年第12期。

续发展的局限性日益凸显，优秀传统文化陷入严重的传承危机成为制约社会全面发展的深层次危机。于是，国务院和地方各级人民政府密集出台一系列文化保护、文化产业化发展等方面的政策和法律法规。然而，在文化保护制度建设过程中，国家权力建构存在着一定的不当之处，严重挫伤了社会大众文化实践的主动性和创造性，没有从根本上消除传统文化持续衰退的困境。因此，在优秀传统文化传承体系运行过程中，建立科学的退出机制是促进其正常运行的重要保障。

其一，国家权力要以退为进，以制度引导来激发社会公众参与文化传承实践。具体来说，政府要进行正确的职能定位，从资金引导和政策刺激转向制度引导。目前，在非物质文化遗产保护、文化产业开发中，"从中央到地方主要依赖财政资金和优惠政策来吸引非公有资本和外资进入文化产业，在短期内会取得明显效果，但从长期来看，政府财政投入是有限的，不能替代文化产业的市场化运作"[1]。社会主体在优惠政策刺激下的被动参与也难以持久，有必要引入市场化运作机制，并以先进文化理念教化来培育社会主体的文化担当。如在传统文化产业化开发中，"政府职能是完善文化产业市场准入制度，建立公平有序的文化产业市场秩序，加强社会主体文化合法权益保护"[2]。借此，我们要坚决杜绝地方政府机构在文化传承项目上的"寻租"行为，摆正自己的位置，做好文化传承项目的协调者和制度供给者。例如，针对当前文化产业园区亏损严重的现实情况，文化部应当会同相关权力部门建立文化产业资本退出市场机制，从上市退出、并购退出、清算退出三个层面进行制度设计。如此一来，政府脱身于文化实践的具体杂务，既避免了权力的过分干预，又能很好地放权于民，从而激发社会主体文化传承实践的积极性和创造性。

其二，制定考核标准和奖惩制度，以退出机制约束非官方社会主体严格履行文化传承职责。目前，在我国传统文化传承工作中，起步较早

---

[1] 李本美、刘宝：《我国文化产业投入保障机制存在的问题及其对策研究》，《湖北经济学院学报》（人文社会科学版）2012年第3期。

[2] 李本美、刘宝：《我国文化产业投入保障机制存在的问题及其对策研究》，《湖北经济学院学报》（人文社会科学版）2012年第3期。

的是非物质文化遗产的传承。在多年的传承实践中，我们摸索出一系列传承模式和方法，鉴于非物质文化遗产的活态性，生产性传承模式日渐受到社会的认同。为了更好地推进"非遗"的生产性传承，保持这一模式的运行活力，有必要建立退出机制。具体包括制定操作性强的考核标准，按年度考核"非遗"生产性传承工作成效，对在"非遗"传承工作做出突出贡献的代表性传承人和企业进行奖励表彰；对怠于实施"非遗"传承或过度开发的企、事业单位和社会团体提出批评并向社会公示，令其限期整改；对严重违规者，按程序清退出生产性传承范畴。同时，将这种退出机制推而广之，适用于所有非官方的文化传承主体。

### 四　监督评价机制

我国优秀传统文化保护主要集中于非物质文化遗产和文物的保护领域。从过去非物质文化遗产制度化保护来看，存在着监控机制严重缺失而导致保护、传承机制不完善的问题，如将"申遗"当作一种经济行为，以"保护"之名行"生财"之实；非遗保护责任主体不明确，对代表性传承人缺乏有效的契约化管理措施；文化主管部门督查范围太小，没有专门的监测机构、项目审批制度和评估机制等，导致非物质文化遗产保护一直停留在表层，甚至出现保护性破坏现象。这些非遗保护工作中的失误，是做好中华优秀传统文化传承工作必须借鉴的经验教训。中华优秀传统文化传承体系的建构与运行需要有各行各业的人员来共同实践，由于人之个体发展不平衡，认知水平、业务技能、文化素质、品德修养等方面存在着较大差异，对优秀传统文化的理解和实践不可能做到整齐划一。况且我们需要有创见的文化主体以创新思维和创新方法来实现优秀文化传承体系的运行，进而推动这一体系的逐步完善。故而，需要建立监督机制与评价机制以形成严密的监控体系，来保障优秀传统文化传承体系的运行与完善，促进优秀传统文化的可持续发展。

#### （一）监督机制

近年来，在文化保护和文化发展方面，国家出台了一系列规范性文件，逐步建立起文化建设的制度保障体系。不过，受文化多头管理的体制限制，没有建立起相应的约束机制，导致相关的制度没有得到较好的执行，文化传承危机进一步加重。为此，在建构中华优秀传统文化传承体系过程中,需要将建设文化传承监督机制纳入其中,作为重点内容和重要环节予以关注。

监督体系一般应该包括法律监督、内部监督、社会监督和专家监督等,它们相互联系、互为补充,形成严密的监督网络,从而形成规范化、常态化的监控机制,确保优秀民族传统文化传承体系的有效运行和不断完善。

一是法律监督。在上级人民政府及其文化主管部门的领导下,制定该层级自行监督其行政区域内的物质传统文化和非物质传统文化的保护、保存及管理和控制标准与条例,然后按此标准与条例监督本层级行政区域内各下一级人民政府及其文化主管部门对其辖区内的物质传统文化和非物质传统文化的保护、保存及管理和控制状况等,确保本行政区域所有下级行政区域内的所有物质传统文化和非物质传统文化能够得到有效的保护、保存和传承。从本质上来说,上级监督是通过法律法规的明文规定,赋予上一级职能部门享有监督权利和应当履行的监督义务,故而又可以称之为法律监督。优秀传统文化传承体系建构是一项庞杂的系统工程,涉及从中央到地方各个层级人民政府及其相应文化主管部门,它们不仅担当着文化传承的职责,是重要的文化传承实践主体,而且是文化企、事业单位、学校、社会团体和个人等众多文化主体的领导者与协调者。在这个层级系统内部,国务院及文化部对全国范围内的文化传承与文化保护工作负有全局职责,负责制定相应的政策与法规;上一层级的人民政府及其文化主管部门既要负责执行上一级的文化政策与文化法规,又要在其职权范围内制定用以规范本行政区域内文化主体的文化实践规范。如在我国丰富的宗教文化遗产中,武当山宫观建筑群是道教最重要的历史遗迹之一,已被列入联合国人类文化遗产目录。历史上,武当山宫观由朝廷投资、道教界协助修建,建成后,由朝廷派官员监督、教团使用并负责日常管理。这种官督民管体制使国家监督制度和教团丛林规制相结合,在保护宗教建筑上非常有效,既有效保护了宗教宫观建筑,又使这一空间中的宗教文化得到了传延。如今,武当山部分宫观及其文物收归国有,由地方政府和文物、旅游部门管理,上级监督又严重缺位,如此多头管理的混乱体制,不仅让武当山宫观建筑遭受多次损坏,而且导致宗教文化发展趋向商业化,不利于传统道教文化的保护与传承。

基于历史与现实的对比，我们可以借鉴历史经验，对于优秀传统文化的传承，建立国家监督机制，使文化传承实践制度化，当是重要举措。

又如少数民族传统手工技艺既是少数民族传统文化的重要内容，又是独具特色的非物质文化遗产，多存活于广大乡村。当前，就少数民族传统手工技艺保护而言，在理论上已经比较成熟，传承传统手工技艺也随之成为当代社会的热点命题。为此，诸如传承人评定制度、非遗名录制度、非遗保护法等一系列规范性文件相继出台，促使传统手工技艺的保护与传承进入制度化轨道。然而，由于缺乏严格的监督机制，使得制度设计流于形式，未能从根本上遏制传统手工技艺日益严重的传承危机。结合传统手工技艺的生存现状，其监督机制可以做如下设计。首先，对各个区域内已经被认定的传统手工艺非遗项目，按照层级进行记录、建档和保存，建立完整的目录体系，并按层级归类制定相应措施予以保护与传承。其次，建立自上而下的监督机制，即国家文化部及相关同级文化管理机构在法律规定的职责范围内，制定相应的传统文化保护与传承方面的政策与法规，用以指导全国范围内传统手工技艺的传承，并对省级文化职能机构的文化管理工作和国家级传统手工艺非遗项目的传承工作例行检查。省级人民政府文化厅与其同级文化职能部门负责制定相应的地方性法规和相关政策，用以规范本行政区域内传统手工艺的保护与传承，并督查市级文化职能机构的文化管理工作和省级传统手工技艺非遗项目的传承活动，同时接受上一级文化管理机构的督查。以此类推，建立起市、县级传统手工技艺传承的督查制度，从而形成从中央到地方的完整的督查机制。督查的内容包括：传统手工技艺的普查、记录、建档、保存、传承规划、传承措施等内容，各级各类传统手工技艺非遗项目的实施进展，对实行区域性整体保护的项目进行全面测评，传承人开展传承、传播活动以及传承人的权利、义务的落实状况，传统手工艺代表性非遗项目的展示、宣传状况，传统手工艺文化教育状况，传统手工艺文化的开发、利用与保护状况等。

二是内部监督。内部监督是在本层级人民政府及其相关行政部门的领导下，制定该层级自行监督本行政区域内优秀传统文化的保护、管理和控制标准与条例，并按此标准与条例监督本层级行政区域内优秀传统文化的保护、管理和控制状况等，确保本行政区域内优秀传统文化能够得到有效的保护与传承。由于优秀传统文化传承体系的建构、运行和完善涉及多个层级的行政主管部门，每级行政主管部门除了接受上一级主管部门监督，还要担当起本层级的监督职责。以一个历史文化名村及其村落文化的保护与传承为例来说，该历史文化名村所隶属的县级人民政府要按照国家相关法律的要求，划定该历史文化名村的保护范围，建立村落文化记录档案，编制村落保护规划和村落文化传承方案，将该历史文化名村纳入该县域建设的总体规划，设置专门的管理机构或指定专人负责管理；同时，依照国务院历史文化名城和历史文化街区、村镇保护办法，制定相应的保护办法等。这些具体工作需要落实到该县文体局来负责实施，并由民族局、教育局等相关行政机构协助实施，或者招标给某一个文化企业来具体实施。县级人民政府、文体局要围绕着三个方面做好监督工作：一是保护要求，即历史文化名村保护应当达到的目标和应当采取的保护措施、实施步骤及管理制度的建立等；二是保护经费的落实和使用，即保护经费的财政划拨、社会筹集、运营收入以及所有经费的使用状况等；三是历史文化名村保护现状，即该村落的文化传统保护、人员结构调查、村落建筑维护、景点建设、设施修建等。监督方式主要是自查自纠，即县人民政府、文体局要组织队伍进行自查自纠，并将自查与自纠的具体情况以书面的形式向上一级文化主管部门报告，上级文化主管部门要对该报告负责，并进行考核归档。自查自纠要制度化、常态化，每一年或每两年实施一次。通过自查自纠，发现问题，整改问题，如发现村落建筑、设施有破损或管理措施不落实等问题，就要组织人员进行及时修护，落实管理方案。

三是社会监督。社会监督是指由国家机关以外的社会组织和公民对各种文化保护与文化传承活动的合法性进行的不具有直接法律效力的监督。社会监督虽然不具有国家监督所具有的运用国家权力的性质，但在监督主体、客体、内容、范围和影响上具有广泛性和普遍性，在监督方式和途径上具有灵活性和多样性，并因此而引发和启动国家监督、专家监督机制的运行，故而成为文化传承监督机制中不可缺少的重要组成部分。社会监督主要包括专家监督、公民监督、社会团体监督和舆论监督几种方式，其中以公民监督最为普遍。鉴于普通公民是最广泛、最根本的文化传承实践主体，专家学者是专业的文化传承实践群体，在这里主要以公民监督和专家监督来探讨社会监督机制的建立。现阶段,保护和传承优秀传统文化在社会大众中的认同度较低,它还是普通民众感知陌生的领域,参与程度也不够。这并不是说公众参与可有可无,相反,"公众参与既可以克服行政过程的封闭性和主观随意性,又在很大程度上决定着行政行为的合法性"①。可见,如何设计公众参与是建构和完善优秀传统文化传承体系的重要环节。首先,基于现有规定,就文化传承人的认定、管理、退出机制、文化保护项目的设计与实施等一系列问题的具体内容与形式进行行政公开,确保社会公众知悉文化传承人的保护现状。其次,通过设计听证会、座谈会、论证会、意见箱、网络在线等多种形式,扩大公众参与讨论、表决文化传承人的认定与退出、文化保护项目的实施状况等与公众利益密切相关的重要事项。通过公民参与制度的合理设计与推行,既可以增强文化行政行为的亲民度,又能有效规范行政机关正确行使权力,从而提高公众参与文化传承的积极性,扩大公众参与的文化实践空间,有利于文化传承体系的运行与完善。

四是专家监督。专家监督是指在不同层级的人民政府及其文化主管部门的领导下,组织一批专门从事考古、文物、文物修复、教育及非物质文化遗产等方面研究的专家组成专家组,对文化遗产的保存、保护、传承以及对优秀传统思想、道德、经典、知识及行为规范的教育等方面进行全方位的考察和监控,并依据考察和监控情况提出整改意见并督促整改,以保障传统的物质文化遗产和非物质文化遗产能够得到有效保护和传承。专家监控最好能独立于当地地方政府以外进行监控工作,只对上一级人民政府和文化主管部门负责;或对物质文化遗产和非物质文化遗产的保护、保存、传承及发展负责,并签订相应的合约,实行一定期限的倒查机制。

上述监督机制的推行,还需要建立一支督查队伍。多年来,文化保护工作不见成效,文化传承危机日益加重,究其原因,一个很重要的症结在于受制于多头管理的混乱体制。因此,从中央到地方,建立一支专门的督查队伍,监督各项文化传承制度和具体措施的落实,是完善监督

---

① 文晓静:《非物质文化遗产传承人行政法保护的反思与发展》,《广西社会科学》2015年第5期。

机制的重要环节。基于文化传承实践的复杂性、专业性和社会性，要建立起与各级行政部门层级相平行的独立的督查机构，并形成从中央到地方层级制的督查队伍，上下级之间是一种监督、指导关系而非隶属。这支队伍要容纳行政官员、专家、民间艺人、文化传承人、文化传承志愿者和普通民众，以保证监督的广泛性、专业性、及时性和社会性，确保文化传承体系的正常运行，从而推动文化传承实践的顺利开展。

（二）评估与反馈机制

对一项工作的运行及其成果进行评估，是为了促进这项工作的进一步提升和完善。在中华优秀传统文化传承体系建构过程中，要将评估机制纳入其中，以促进这一系统工程的全面建构；在中华优秀传统文化传承体系运行过程中，要依赖并完善前期建构的评估机制，及时对这一系统工程中文化传承工作的各个环节及其效果进行评估，发现问题，找出差距，及时完善。重要的是，跟踪评估机制是检验文化传承体系中制度执行情况和传承工作成效的重要依据，为优秀传统文化传承体系的运行和完善提供保障，有利于促进中华优秀传统文化传承实践的顺利推进。

第一，要保证中华优秀传统文化传承体系的成功建构并发挥其传承传统文化的效能，必须解决长期以来考评机制缺失问题。这里以非物质文化遗产传承来说明这一问题。建设非物质文化遗产保护与传承的评估机制，需要从两个方面努力：一是对非物质文化遗产传承人的考评，尤其是代表性传承人的考评，考评的内容尽可能做到全面细致。这些考评工作具体包括传承人搜集、整理非遗项目的相关物件和资料的情况，传承人展演、传播非遗项目及其背景文化的情况，专项扶持资金的申请、使用和支配情况，非遗传承专项资金审计制度的执行状况，传承人传习活动开展情况等。对考评优秀的代表性传承人给予物质和精神上的奖励，对考评不达标的代表性传承人适当取消其资格并停止发放相关补助资金。对于在传承优秀传统文化方面做出特殊贡献的民间艺人，鼓励其参与代表性传承人评审，并授予荣誉称号，给予物质奖励和资金扶持。通过考评机制，严格要求代表性传承人履行职责，并以退出机制和评审制度，建立勇于担当、有作为的传承人队伍。二是对各级政府及其职能部门和具体项目保护单位的考评。为了提升政府机构、职能部门传承优秀传统文化的思想意识和担当职责，改革年终考评和绩效考核制度，将非遗传承人制度完善程度、执行效果满意度、执行过程公平度、保障性资金投入情况等内容纳入其中，作为重要的考核标准之一，监督传承补助资金正常、合法使用，杜绝行政干预和"权力寻租"，充分发挥传承人制度的积极意义。

第二，建立优秀传统文化传承体系运行反馈机制。在优秀传统文化传承体系的建构与运行过程中，文化行政部门是重要的文化实践主体，担当着传承优秀传统文化的重要使命。一方面，文化行政部门要设计文化传承的实践制度，引导文化传承工作走上制度化轨道；另一方面，文化行政部门负责督查文化传承相关制度和措施的落实情况，督促文化传承工作沿着正确的方向取得预期的良好效果。于是，文化行政部门又成了接收文化传承工作反馈信息的主要机构。为此，文化行政部门除了接收来自各方的反馈信息，还要深入基层，通过交流会、听证会、座谈会、研讨会等形式开展广泛调研，充分听取、收集社会各界特别是文化传承人和传承单位关于文化保护与传承制度执行情况和改进方案的意见和建议，并在网络、媒体等公众交流平台征集传统文化传承的相关信息和合理化建议，分享先进经验，曝光不良现象，促使优秀传统文化传承体系在建构与运行过程中不断地优化和完善。

第二章

# 中华优秀传统文化民间传承

民间传承是传统文化传承的重要方式。21世纪以来，随着我国非物质文化遗产保护的升温，关于传统文化民间传承的研究逐渐增多，大致可以分一般性研究、个案研究以及地域或少数民族文化的民间传承研究。民间传承探讨虽然比较丰富，但迄今未尚未见系统研究。本章力图就中华优秀传统文化民间传承进行较深入探析。

## 第一节 民间传承的形式、价值和困境

民间传承在漫长的历史长河中，能够有效发挥传承传统文化的作用，有赖于传承形式的选择和运用，有赖于传承机制的建立和运行。民间传承多种多样，以传承主体多少为标准，可分为群体传承、个体传承、家庭传承、社会传承；以传承主体是否在场为标准，分为在场传承和不在场传承；以传承的组织形态为标准，则可分为血缘传承、地缘传承、业缘传承和神授传承；以传承途径为标准，则有口头传承、行为传承、心理传承和书面传承。另外，按以人为载体进行分类，则可以归纳为"一对一""一对多"和"多对多"三种传承方式。"一对一"传承多体现于日常生活、生产技能和特殊技艺方面，"一对多"传承多属于精神文化范畴的内容，"多对多"传承则是通过民族风俗习惯、生活禁忌、人生礼仪、道德规范等对社会生活进行调控，客观上达到文化传承的效果，通常以社会舆论给社会成员施加影响来实现。不以人为载体的传承主要体

现为各民族通过规章制度和习惯法来进行的。①

当然，传统文化的民间传承不是一种方式的重复运用，也不是几种方式的简单叠加或交替使用，而是多种方式交叉并行、相互补充的，况且文化自身本就具备着某种传递和延续生命的内在机制。

民间传承其内涵主要包括传承形式和传承方法两大部分，也即民间传承是通过什么具体的传承途径，借用什么样的方法将文化在代与代之间进行保存和传递。前者是文化传承的外在表现形式，后者是文化传承的内在逻辑，二者统一结合于文化的民间传承实际行动之中。

## 一 民间传承的形式

文化的民间传承形式可分为民间传承方式与传承方法。民间传承方式主要指文化民间传承的载体；民间传承方法主要指文化的民间传承的途径。

### （一）民间传承的具体方式

#### 1. 物质传承方式

物质是指人类所不断创造的生产生活物品，小至针线、碗筷，大至民宅庭院，都是以物的形式而存在的物质文化产品，它们是文化传承的固态形式。收藏和保存传统物质生产生活用品，是物质形式传承的主要途径。

民间物质形式的传承主要体现在衣、食、用、住以及宗教用品等方面，其主要包括：服装配饰、饮食器皿、家庭用具、居室摆设、礼仪用具、宗教器物、建筑设施、民宅庭院、生产用具、狩猎工具、交通运输工具、商贾用品、工艺装饰、文图资料、文化用具、游艺术道具等方方面面的物质形式。

#### 2. 语言传承方式

民间语言传承主要是指民间文学的传承。民间文学是人民大众用口语创造并传承的口语艺术，通常称为"口承文学"。民间口承文学是人民大众的精神文化载体，也是人民大众的口头语言艺术。它是伴随着人们的日常民俗生产活动而产生的文学艺术，滋养着历代文人，促进其自创

---

① 姚磊：《国内民族文化传承研究述评》，《广西民族研究》2014年第5期。

作健康发展。

通常民间所称的"口承文学"包括神话、传说、故事、史诗、歌谣、叙事长诗、谚语、谜语、民间说唱、民间小戏等等。

3. 民俗传承方式

即通过民众生活习俗来传承文化的形式，包括生产习俗、生活习俗、人生礼仪习俗、社会组织习俗、节日习俗、信仰习俗、游戏竞技习俗等形式。

4. 民间文献传承方式

民间文献传承主要有家谱、碑文、乡规乡约账本、契约文书、诉讼文书、日记、书信、唱本、剧本、宗教仪式、经文、善书、药方、日用杂书等。民间文献传承形式不同于典籍传承形式，没有公开出版印刷，只在一定范围传播。民间文献是民众传承与收藏记录群体和个人在文化和知识等方面活动的文字或其他载体的材料。它亦有广义和狭义之分，广义上的民间文献，是指保存在民间的承载着历史文化信息的所有文献，其中既有产生于民间的文献，又有散失在民间的官方文献；狭义上的民间文献，则专指直接产生并保存在民间的文献。①

华夏五千年的文化，除了通过口耳相传外，更重要的是通过文献的形式进行传承。其间，民间文献的传承方式经历了漫长的发展过程，它经历了结绳记事、甲骨文、金石、竹木、缣帛、纸张等阶段，最终才定性为以纸质文档的传承形式。《周易·系辞下》中记载："上古结绳而治，后世圣人易之以书契。"上古无文字，结绳以记事。在还没有产生文字的上古时期，初民就以结绳记事作为记载生活之事的方式。之后出现的商代的甲骨文、金石类；战国到秦汉的竹木类、缣帛类，都曾经作为民间文献的传承载体而短暂存在于人类社会的发展过程之中。至东汉蔡伦造纸始，纸张开始作为我国民间文献传承的主要载体，传承华夏民族的文明发展史。

经由这些载体所承传下来的民间文献是民族文化中的宝贵财富，是民族精神传承的重要组成部分。就一个国家而言，其基本文化特质更多隐含在底层民众的传统之中，如民族性格、民间信仰等。只有真正认识民众的历史，我们才能对一个国家历史文化传承有更为深刻的体会。中

---

① 乔福锦：《挖掘民间文献的多重价值》，《人民日报》2009年7月17日。

华民族的发展史，归根结底是人民的历史。而民众的历史，除了正史中所记载的内容之外，还有很多内容需要民间文献来补充填空，这正是我们能从民间文献中汲取的财富。

民间文献是中华文明沉淀的结果，具有悠久的历史，并非一朝一夕之功。在现今的学术发展中，有很多学科都是基于民间文献的发现和整理而做出成果的，如"敦煌学""徽学"等等，这些学术成果都使民间文献重现于世人面前，对我们了解地方史和社会史都有重要的学术意义。

（二）民间传承方法

传统文化的传承方法，根据传承人身份的不同，所获取的民间文化途径的不同，职业素养的不同，可以分为家族传承、地缘传承和业缘传承三种。

1. 家族传承

家族传承是指在家族范围内进行的民间文化事象的传承活动。家族传承又可称为亲缘传承，即民间文化事象依赖于亲缘关系的家族成员一代代传承下来，家族传承可分为血缘传承和非血缘传承。

商周时期出现的宗法制确立了中国古代社会以宗祧继承制为核心的继承制度，因此在以宗族为基本单位的传统社会，宗法制度是维系家族、国家命运的纽带，宋代张载认为："宗法不立，既死遂族散，其家不传；宗法若立，人人各知来处，朝廷大有所益。"[①] 因此，在生产力和生活水平低下的传统农耕社会，生产工具、物质财富、权力、社会地位的获得较为不易，因此他们易于把自己所获得的外部条件传递给自己的子孙，一代代传递的结果就造成了"农恒为农，世不徙业"的现象。因此，在一些手工艺、中医以及其他一些专业性、技艺性比较强的行业中，为了生存和保存自己的独特技艺，其家族传承制度无疑成为首要的选择。[②]

首先，家族传承是一种耳濡目染的过程。在中国传统社会中，家族是最基本的社会单位，民间文化的传承首先发生在家族中。作为社会个体的人，家庭是其出生后接受社会化的第一个社会环境，家族的教育、生活环

---

[①] 张载：《经学理窟·宗法》，《张载集》，中华书局出版1978年版，第259页。
[②] 王林、赵彩红、黄继珍：《传统武术传承的社会人类学解析》，《武汉体育学院学报》2010年第12期。

境、生产劳动能在潜移默化之中向人传承自己群体的传统文化。如许多民间故事、歌谣、神话传说是在聆听长辈的讲述中无意识地传承下来的。

其次，家族传承是一种有意识的传承，"家族成员对于家族非常重要的责任之一就是对先人留下的遗产的继承和保护，包括在族中地位权力和财产的继承，其中当然也包括先人留下的精神遗产，如对前辈所掌握的技艺的承传"①，这种天生的使命使得家族的成员有义务以具体的传授行为将知识技术在后人身上递承相传，让后人得以学习前人的知识经验特别是维持生存的一些技艺手段，以确保家族后代的继续生存。

(1) 血缘传承

血缘传承是指有直接血缘关系的直系亲属间的民间文化的传承，它有严格的传承制度，这个制度就是"传内不传外"。所谓"传内不传外"，就是民间技艺只在本家族内部传承，只有本家族成员才能学习。在有些行业，还有"传男不传女"的说法。由于一些民间技艺具有某些特殊性，不适合女性学习，另一方面受重男轻女思想的影响，古代人认为女子出嫁就是别家的人，会将家族技艺外传他人，因而只将技艺传授给家族内部男性成员。这种传承方式使得技艺只能在极少数人之间进行传承，这样就使技艺与经济命脉被牢固地掌控在以家庭为核心的小范围之内。

河南禹州钧瓷传承发展史上，以家庭为单位的血缘传承是最古老、最主要的传承形式之一，其中以神垕卢家为代表。卢氏家族亲历并见证着钧瓷技艺的传承与发展，他们的家族谱系表从侧面反映了钧瓷技艺的百年发展史。卢氏家族传承谱系为：第一代卢振太（1825—1892）；第二代卢天福（1855—1900）、卢天增（1858—1918）、卢天恩（1862—1925）；第三代卢广同（1885—1950）、卢广文（1884—1962）、卢广东（1890—1977）、卢广华（1894—1953）；第四代卢正兴（1923—1987）（图 2-1）；第五代卢俊岭（1959— ）。在卢氏百年传承中，家族五代十几位的传承人，有多位在钧瓷发展史上留下了浓墨重彩的一笔。第一代的卢振太，他是首位出现在钧瓷史上的制瓷匠人。第二代卢氏三兄弟，其中，长子卢天福试烧出仿古钧瓷——雨过天晴器，并创制出抹红、飞

---

① 温力：《武术重视血缘关系的家族本位思想对武术继承和发展的影响》，《上海体育学院报》2002 年第 6 期。

红等加彩工艺；次子卢天增擅长制作匣钵与烧窑；三子卢天恩，擅长绘画，在造型、配釉和烧制上都有过人之处，其作品在1915年美国举办的万国商品博览会上引起了轰动。第三代传承人中，影响最大的当属卢广东；卢广东8岁就随父学艺，17岁就已经掌握了钧瓷制作技术，1955年在他的带领下烧出了新中国第一窑钧瓷。[1]

醉龙舞是流行于广东中山、珠海、澳门一带的汉族传统舞蹈，因起舞时要醉态蒙眬，故名，于2008年被国务院公布为"国家级非物质文化遗产项目"。舞醉龙起源于中山市，其中以长洲舞醉龙最为有名。长洲醉龙舞诞生于明末清初，第一代传承认为黄志昂，随后他通过家传的方式，将醉龙舞代代传承。黄焯根是醉龙舞第五代传人，他的祖父黄万英、父亲黄干南都是村中的武术醒狮师父，黄焯根自小跟随祖父黄万英学习龙狮武术，长大后又随父亲黄干南深入研习龙狮技艺。近年来，年逾八旬的黄悼根将醉龙舞主要套路、习俗仪式等传授给了自己的儿子黄金渐，再由儿子传授给孙子黄杜全等后辈。[2]

直系的血缘传承使得许多民间技艺呈现出与姓氏相契合的现象，如天津的"泥人张"和"风筝魏"、江苏的"面人许"和上海的"面人赵"、北京的"面人郎""风筝哈"和"王麻子"。如北京的"泥人张"，其创始人为张明山（1826—1906）自幼随父亲从事泥塑制作，其后泥塑技艺在张家世代传承，其第二代传人为张玉亭，第三代传人为张景祜，第四代传人为张铭，第五代传人为张乃英，第六代传人为张宇。又如"风筝魏"创始人为魏元泰（1872—1961）之后世代家族传承，第二代传人为魏慎行，第三代传人为魏永昌、魏永珍，第四代传人为魏国秋。

（2）非血缘传承

非血缘传承是指不具有直接血缘关系的旁系亲属之间的民间文化的传承，如婆媳、叔侄、表亲等的传承，这种传承没有严格的限制，只要是家族内部的成员都能够学习、获得家族的技艺。

---

[1] 参见谢一菡《禹州钧瓷传统制作技艺传承研究》，博士学位论文，中国艺术研究院，2014年。

[2] 林凤群：《醉龙舞的传承模式及其意义》，《文化遗产》2013年第6期。

如女红的传承就属于这种情况，女红，亦作"女工""女功"，或称"女事"，多指女子所做的针线活方面的工作，如纺织、编织、缝纫、刺绣、拼布、贴布绣、剪花、浆染等，是中国民间艺术重要的部分，它的技艺从过去到现在都是由母女、婆媳世代传袭而来，因此又可称为"母亲的艺术"①。在传统社会精通女红是女性重要的美德之一，代表着勤劳、节俭、细心、爱心，因而在女孩小时候，母亲就会教其做女红，出嫁后也会从婆婆那里学习，传统的中国女人崇尚的是内秀和手巧，任何一个家庭在生活中都少不了需要女主人动针动线的事情，所以女红是每个女孩子都要拥有的技术。在布贴画的流传地湖北阳新，当地的农村妇女就有婆媳、妯娌、母女间相互学习制作布贴画的传统。当地的农村妇女用缝衣时裁剪下来的边角，多在黑色或深蓝色的布料上，精心拼贴而成的各种五彩斑斓的图案，用于装饰衣服、鞋帽、披肩等穿戴物和帐沿、飘带、布枕及儿童玩具等。据韩家山村舒美竹女士介绍，其布贴画制作技艺就是源于其婆婆吴合意老人的教授②。

非血缘关系的传承便于所有家族成员掌握技艺，往往形成了许多有特色的民间文化村，如湖北大冶"石雕艺术之乡"尹解元村、河南焦作"太极拳发源地"陈家沟、河北藁城"中国民间故事第一村"耿村等。如大冶尹解元村，该村位于湖北省大冶市保安镇，是一个以尹氏家族聚居的自然村落。尹解元村的先人，从唐朝开始，便开山取石，依石而雕，从此石雕工艺在家族内世代传承，按其宗派石雕技艺传承辈分谱系为："国汤均立字日永光中兴文献本维章传家礼仪成"，其中，有记载的传承人有：尹献芬（光绪丙戌年）—尹兴廷（光绪戊戌年）—尹本喜（民国壬子年）—尹维松—尹维权—尹维清—尹章立—尹国安③。

再如名扬海外的陈式太极拳，源于陈家沟拳术，陈氏始祖陈卜精通拳械，为保卫家族不受地方匪盗危害，在村中设立武学社，传授子孙习拳练武。及陈氏第九世陈王廷（约1600—1680）依据自己祖传之一百单

---

① 吴文文：《高校手工艺术教学的启示》，《大众文艺》2013年第11期。
② 访谈对象：舒美竹，女，53岁，农民；访谈地点：舒美竹家；访谈时间：2014年5月1日；访谈人：洪浩源。
③ 参见中国文化产业艺术网，http://www.cnwhtv.cn/show-45830-1.html。

八式长拳，博采众家精化，结合易学上有关的阴阳五行之理，并参考传统中医学中有关经络学说及导引、吐纳之术，发明创造出了具有阴阳相合、刚柔相济的陈家沟拳术，此后世代相传（见图2-1）。陈家沟拳术有传子不传女之说，故而外人不得窥其貌，更难知其精髓。一直到陈长兴（1771—1853）传拳与河北广平府（今邯郸永年）杨露禅（1799—1872）后，"陈家沟拳术"才被世人所见①。

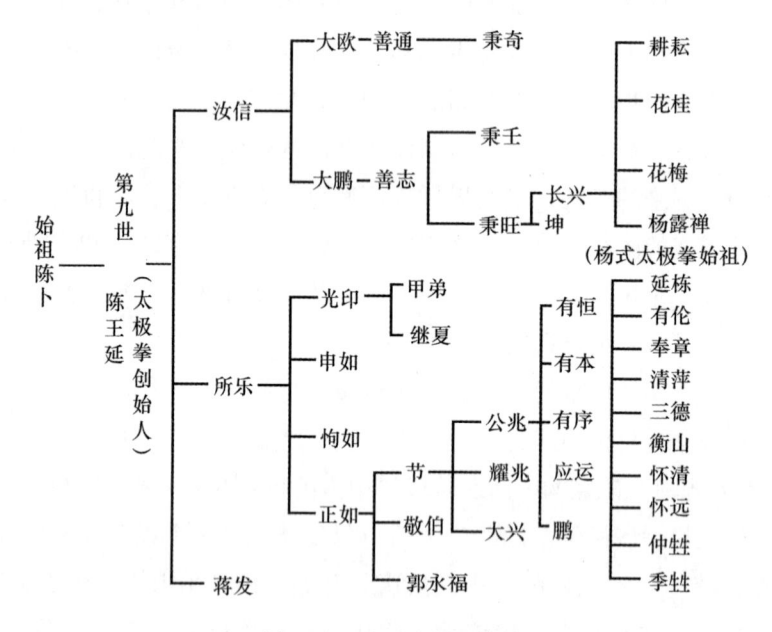

**图2-1 陈氏太极拳传承**

许多少数民族的口头文学都是依靠家族传承的方法流传下来的。如拉祜族创世史诗《牡帕密帕》的主要传承方式是家族传承，在云南省澜沧县酒井乡勐根村的老达保村，李扎八家族世代相传的《牡帕密帕》，其传承谱系为：第一代主要是李扎八和李娜努，第二代主要是李扎努和李娜谱，第三代主要是李扎药和李娜晓，第四代主要是李扎拉和李娜米，第五代主要是李扎戈和李扎倮，第六代主要是李扎莫、李娜努、李石开

---

① 陆小黑：《中国武术精神要义研究》，博士学位论文，苏州大学，2015年。

和李扎拉，第七代主要是李扎袜和李娜倮①。再如维吾尔族"达斯坦"的传承，"达斯坦"是维吾尔语表示"叙事诗、史诗"之意，其说唱着被称为"达斯坦奇"，夏赫买买提·库尔班是一名地方有名气的达斯坦奇，他从小聆听父亲和兄长演唱的叙事诗，深受极深的熏陶，学会了达斯坦演唱，其后他又教会了小儿子唱《阿布都热合满和卓》《司仪提好汉》《艾拜都拉汗》等叙事诗，他的两个姑娘都会唱一些口头达斯坦，并继承了父亲的事业。此外，新疆尉犁县95岁高龄故事讲述家、达斯坦说唱者买买提·塔伊尔从小跟随叔父一起放牧，受擅长讲述民间故事的叔父的熏陶，学会了说唱《塔伊尔与佐赫拉》《乌兰拜地汗》和《玫瑰花》等叙事诗。②

2. 地缘传承

人类的生存需要占有一定的空间或地理位置，因而必然要结成各种各样的地缘组织，如村落、部落、乡镇等，这就形成了地缘关系，如同乡关系、邻里关系等。③ 地缘传承是一种空间上的传承，是指传承人通过其所生活的特定地缘空间的文化氛围和民间文化持有者的活动中耳濡目染、潜移默化的传承民间文化。地缘传承包括内部传承与外部传承，内部传承是指在同一地缘范围内的人与人之间的文化传承，外部传承是指域外进入者带来外域文化而为本地域人们所接受的传承方式。

俗话说"远亲不如近邻"，邻里之间的相互感染、相互教授就是一种地缘传承，这种传承往往形成这一地域的人都能掌握同一民俗事象的现象。在湖北长阳土家族自治县都镇湾镇，分布有大批的民间故事讲述者，仅在十五溪村会讲故事的就有700人之多（在该县登记在册人数），这当中能讲50个以上故事的有200多人，能讲200个以上故事的有5人，而这个村仅是全镇26个村的一个代表。都镇湾故事内容涵盖了神话传说、生活故事、鬼狐精怪等多个领域，有征战兵谋、善恶恩仇等不同类型，当地村民从小听着民间故事长大，在这种浓烈的氛围中耳濡目染，几乎

---

① 崔明明：《家族传承机制下的〈牡帕密帕〉——以云南省普洱市澜沧拉祜族自治县酒井乡老认保村为例》，《传承》2014年第5期。

② 阿布都外力·克热木：《论维吾尔族民间口承达斯坦艺术的传承方式和传播方式》，《民族文学研究》2013年第2期。

③ 姜又春：《民俗传承论》，《青海民族研究》2012年第3期。

人人都会讲故事。都镇湾民间故事的主要传承人有孙家香、李国兴、刘青远、刘泽刚等。无独有偶，在山东菏泽的马岭岗镇有一个村庄叫穆李村，这里几乎家家户户都会捏面人，被人称为"面塑村"。据村中碑文记载，在19世纪中期来自江西的两位江米人艺人王清原和郭湘云游乡卖艺来到菏泽，他们看到这里交通便利，是小麦的产地，面粉充足，于是在村中定居，捏制面人，逐渐发家致富。后来，村里许多人看到这项手艺可以养家糊口，因此纷纷拜师学艺，这些人当中有本村的，也有外村的。随着众人的加入，慢慢就形成了一个远近闻名的"面塑村"。至今，当地的艺人还有闲暇时与手艺较好的邻居相互交流而共享面塑技艺的传统。

花鼓灯是一种为广大民众喜闻乐见的以舞蹈为主要内容的民间综合性艺术形式，经过宋、元、明、清、民国时期的发展，至20世纪三四十年代形成了以安徽蚌埠、淮南、阜阳等为中心，辐射淮河中游河南、安徽、山东、江苏四省二十多个县、市的播布区。在很长一段历史时间，淮河是我国重要的一条政治分界线，春秋战国时期，列国列强常以淮河相毗邻；其后，但凡历史上出现南北分治，也多以淮水为界，仅南北朝，南方的宋、齐、梁、陈，北方的北魏、北齐、北周诸国对峙170多年之久，就是划淮而治的，政治边界的特殊地位造成淮河流域人口频繁的迁徙与融合。在统一时期，随着运河的开通后，该地区的经济地位更加突出，商品经济取得迅猛发展，人口流动更加频繁。花鼓灯就是在人口的流动中被从一个地方带到另一个地方。[①]

地缘上的传承使得花鼓灯形成在长期的艺术实践中，形成了不同地区的风格。其中，蚌埠地区灯歌细腻感人、贴近生活、抒情意味浓，舞蹈动作幅度较大，变化多，调度较开阔，多"拐弯""斜塔"等动作；怀远地区舞蹈动作幅度大、风流洒脱、矫健轻捷、舞台调度开阔，灯歌唱腔朴实、韵味浓郁，讲究灯歌的字正腔圆，代表动作有不同的单拐弯、双拐弯、三拐弯及各种斜塔姿态等，基本步法有平足步，以鼓为领奏乐器；颍上地区灯歌质朴、简练，风格古朴、憨厚，舞蹈结构严谨、节奏较慢，舞蹈造型姿态多，具有古老淳朴的特点。代表动作有"猴子抖月"

---

① 张婧：《安徽蚌埠花鼓灯存在形态与传承方式》，硕士学位论文，中央民族大学，2012年，第1页。

"狮子摆头""白鹤亮翅""犀牛望月"等,基本步伐为"蛹子步";定远地区动作抒情柔美,媚而不俗,其中三人舞表演的"小伞子",是当地的代表舞蹈;凤阳地区重歌唱讲情节,舞姿雍容简洁,其曲调取材于当地农民所唱的秧歌,朴实委婉,而无北方民歌粗犷奔放之风格,不具有淮上花鼓灯打击节奏的阳刚之气,应为淮河中游民间艺术向皖中、江南过渡的艺术形式;凤台地区舞蹈风格小巧灵活、细腻活泼、扇花丰富,唱腔多变且音域较广,讲究男女角色的交流和思想感情的传达,代表动作有大起步、小起步、颤颠步、追步、扑蝴蝶等,基本步法"上山步",伴奏乐器以锣为领奏。[1]

井陉拉花是盛行于河北省井陉县全境的一种传统的民间舞蹈艺术,是河北省三大优秀民间舞种之一,距今已有数百年历史。有学者研究指出井陉拉花起源于山西省,是受地缘影响而传承的一种民间文化形式。张永、杨坤宇《井陉拉花的源流及其地缘关系》一文,明确指出井陉拉花与山西的地缘关系。首先,明洪武年间,政府的两次大规模移民,为井陉地区增添了一百多个晋籍村庄和数十个晋籍姓氏,他们将山西的传统民间舞蹈带到该地,是井陉拉花的原始形态。其次,由于井陉县与山西省接壤,井陉县有些拉花直接来源于山西省,该地区农民多往山西省孟县、平定县等部近村庄去种山地,久而久之他们学会了当地的歌舞,并将之带回家乡,传给子弟。如威河西村老艺人说,该村的《渔家乐》是他祖父在孟县给地主种山地时学回来的;北寨村老艺人说,该村的《模牌》是老辈人从山西省学回来的。正是基于与山西省的地缘传承,加之井陉拉花艺人对山西省的传统民间舞蹈加以吸收创新,并不断继承和传播,使得井陉拉花才得以流传到今天[2],成为流传于太行山一带的一朵民间传统艺术奇葩。

民间文化的地缘传承使得文化事象形成独特"区划空间",如分布于天津市"杨柳青年画"、苏州地区的"苏绣"、河南确山县"打铁花"等,此外,紫砂工艺品的艺术传承地主要在苏南的宜兴市,唐卡艺术主

---

[1] 张婧:《安徽蚌埠花鼓灯存在形态与传承方式》,硕士学位论文,中央民族大学,2012年,第1页。

[2] 张永、杨坤宇:《井陉拉花的源流及其地缘关系》,《河北学刊》2006年第1期。

要传承于青藏地区,二人转盛行于东北,花儿传承于宁夏、甘肃一带等①。这些民间文化事象因地缘传承的关系成为特定的区域性文化符号,如天津杨柳青的民间木版年画,元末明初时一名长于雕刻的民间艺人避难来到杨柳青镇,逢年过节就刻些门神、灶王出卖,镇上的人争相模仿。到了明永乐年间,大运河重新疏通,南方精致的纸张、水彩运到了杨柳青,使这里的绘画艺术得到发展,杨柳青年画的画样(粉本)有几千种。到了清代中期全盛时期,杨柳青全镇连同附近的村子形成"家家会点染,户户善丹青"的局面。②

3. 业缘传承

业缘就是以同业和同学而结合的人群,比如各种商会、行业协会、学会、研究会等。这种职业组织打破了家族、信仰、血缘、地域等界限,而纯粹以社会分工的不同组织起来,它的目的就是维护本行业的利益,壮大本行业的势力。与血缘关系和地缘关系不同,业缘关系不是人类社会俱来的,而是在血缘和地缘关系的基础之上由广泛的社会分工形成的复杂的社会关系。人类历史上几次大的社会分工,在促进了经济发展、生产力水平提高的同时,也促进了业缘关系的发展,使不同行业人们的业缘关系更趋复杂。业缘传承指在同一行业内部进行的具有行业特点的民间文化传承,是在技术转让、制度规范等制约下进行的创造性的劳动总结③。"师徒传承"是业缘传承最基本的形式,即民间艺人或民间各种行业通过收徒传艺的方式将民间文化传承下去,师徒传承可以是一对一的传承,也可以是一对多的传承。传统的师徒传承,从举行拜师仪式,到入师为徒、传授技艺,最后到举行出师仪式,各行各业都有自己固有的程式和严格的规范。老师在正式收徒前,一般要对学生经过严格的选拔和较长时间的考察,以决定是否择其为徒。考察过后就是举行拜师仪式,拜师仪式因各行业的不同而有所差异,但主要都包含祭拜祖师爷、跪拜老师、徒弟献礼、老师回礼等情节。拜师仪式后徒弟方能进入师门,

---

① 陶思炎:《论民俗艺术传承的要素》,《民族艺术》2013 年第 1 期。
② 张星:《把"故事"带回家》,《人民日报海外版》2008 年 10 月 25 日。
③ 王林、赵彩红、黄继珍:《传统武术传承的社会人类学解析》,《武汉体育学院学报》2010 年第 12 期。

成为师父的入门弟子。入门弟子又名嫡系弟子,最先进入师门的入门弟子,称为大师兄,亦称开山弟子;最后进入师门的入门弟子,称为小师弟,亦称关门弟子;同时入门的年长者为师兄,年小者为师弟。刚入师的小徒弟,先要在师傅家经过一两年的家务活训练和考核,只有达到师傅的要求才会教给他手艺。授艺时是由简入繁,先帮师傅打下手,渐渐地开始在师傅监督下干关键性的活,经过几年的勤学苦练,如果师傅觉得可以独当一面了,便可以出师了。一般师傅要为其举办出师仪式,徒弟要给师傅送上大礼,宴请行内知名人士,告知此徒弟已掌握了手艺。这种形式体现了师徒传承制度的严肃性。

业缘传承常常伴有神秘的行业神信仰(见图2-2),如建筑的各行业供奉鲁班、酿酒业供奉杜康、制茶业供奉陆羽、印染业供奉葛洪、制陶业供奉范蠡、制铁业供奉铁拐李等,因而业缘传承的过程中,不仅传承了行业的技艺,还传承了与行业相关的信仰、故事、传说、神话等民间文化。

**图2-2 行业神信仰**

师徒传承的过程是一种家长制的管理。古人有云"一日为师，终身为父"，显示了师傅的地位。徒弟在学艺的过程中融入师傅的家庭中，融入他的生活习性中，耳濡目染了师傅的价值观和思想观，徒弟和师傅既存在传道授业解惑的关系，又有父子般的关系，这种多重关系有利于感情的交流和技艺的传授，这样也能更好地感受这门技艺的内涵，对学习和掌握这门技艺有很大的帮助。业缘传承由于共同的技艺和信仰往往易形成民间行业帮会组织。

业缘传承是戏曲的基本传承方法。以京剧为例，京剧的师徒传承有演员个人收徒和集体培养的科班教育两种。演员以个人名义在家收授徒弟称为手把徒弟，如程砚秋是荣蝶仙的手把徒弟，张君秋是李凌枫的手把徒弟，其最大优点是以代代相传的方式保持了京剧的纯正原貌。拜师收徒需双方立字为契，一般规定学习期间学生与老师一起生活，生活学习费用由老师负担，人身关系完全属于老师。徒弟往往要先做实际上的童工奴仆两三年才能真正开始学艺。徒弟在学习期间的舞台收入全部归老师，即使学成后独立上台演出，老师也要提取学生前两三年演出收入的二成到三成作为回报。科班制度以清代戏曲繁荣特别是京剧兴起为大背景，依托成熟的民间戏曲运营模式，积累了丰富的传艺经验，形成了一套严格有效的集体教学方法。其中，清末民初的富连成（初名喜连成）是京剧史上延续时间最长、培养人才最多的科班，为京剧发展巅峰期典型代表。科班往往只收男生，8岁至9岁入学，吃住学均在科班之内，坐科7年，期满出科。入学后先从唱工、做工、腰工、腿工、毯子工等基本功练起，然后随科班统一组织参与实习演出。一般2年至3年后，老师根据学生自身条件再按照老生、旦行、净、丑等分科教授——这种分科是灵活的，如发现学生不适应本科学习，在老师的建议下也可以改行，如叶盛兰由旦行改小生，袁世海由老生改净行都取得了成功。①

中国的相声艺术的传承依靠师徒传承的方法（见图2-3）。张三禄是目前最早见于文字记载的相声艺人，其传师于朱绍文、阿彦涛、沈春和三人，其后朱绍文收春长隆、冯崑治、范长利（范有缘）、桂祯（富有根）、徐长福（徐有禄）、沈竹善等人为徒，阿彦涛收恩绪、高闻奎为徒，

---

① 张发颖：《中国戏班史》，学苑出版社2004年版，第373—396页。

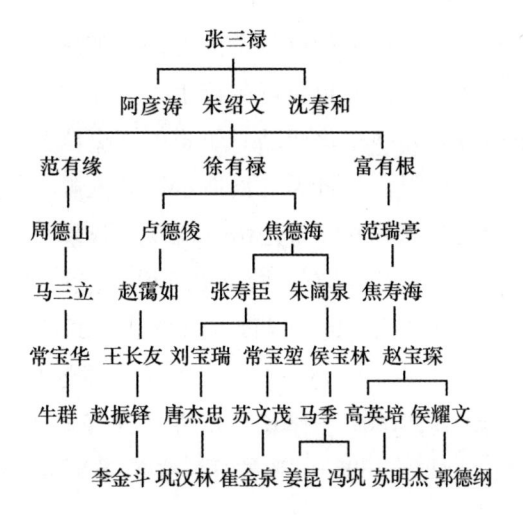

```
                        张三禄
                          |
            ┌─────────────┼─────────────┐
          阿彦涛         朱绍文         沈春和
                          |
            ┌─────────────┼─────────────┐
          范有缘         徐有禄         富有根
            |       ┌─────┴─────┐        |
          周德山   卢德俊       焦德海   范瑞亭
            |       |       ┌───┴───┐      |
          马三立   赵霭如   张寿臣  朱阔泉  焦寿海
            |       |       |       |      |
          常宝华   王长友   刘宝瑞  常宝堃  侯宝林   赵宝琛
            |       |       |       |      |        |
           牛群   赵振铎   唐杰忠  苏文茂  马季    高英培   侯耀文
            |       |       |       |      |        |
          李金斗   巩汉林   崔金泉  姜昆   冯巩    苏明杰   郭德纲
```

**图 2-3 相声艺术师承**

沈春和收魏昆治、王有道、李长春、高闻元、裕二福为徒。春长隆再传弟子为马德禄，冯崑治再传弟子有高德明、吉坪三、高德光、高德亮、常葆臣、郭伯山等人，范长利再传弟子有周德山（周蛤蟆）、郭瑞林、李瑞丰、张德俊、杜茂林、徐瑞海、朱凤山、马良臣等人，桂祯的再传弟子有裕德隆、玉来子等人，徐长福的再传弟子有焦德海、徐茂昌、刘德智等人，沈竹善再传弟子有冯振声、孙伯珍、卢德俊、张星武、范瑞亭等人；恩绪再传弟子为李德钖、李德祥、张德泉、华子元、来德如、王葆山、广阔泉、高玉峰、谢芮芝、骆采舞、戴致斋等；魏昆治再传弟子为张伯俊、丁伯品、阎伯山等人，高闻元再传弟子为唐玉福、李万兴、韩子康、张杰尧、刘月樵等人，李长春再传弟子为恒瑞丰。近代著名相声大师张寿臣（1899—1970）、常连安（1899—1966）均师承焦德海，郭启儒（1900—1969）25岁拜刘德智为师，相声泰斗马三立（1914—2003）师承周德山，他们为第五代相声传人中的佼佼者。第六代相声传人侯宝林（1917—1993）先后拜常葆臣、朱阔泉为师，赵佩茹师承焦寿海，马志明（马三立之子）师承朱阔泉，被誉为"单口相声之王"的刘宝瑞师承张寿臣。相声的世代师徒传承涌现了大批的优秀的艺术家。①

---

① 新京报编：《相声门》，中国广播电视出版社2006年版，第200—206页。

业缘传承还有一种被视为神秘传承的方法,如史诗的传承方法,被说成由于神秘事件的发生而导致史诗的传承,实际上这也属于业缘传承的范围,只不过是被人们神秘化而已。如蒙古族史诗艺人主要通过向前辈学习而掌握史诗的说唱,著名的《格斯尔》艺人帕杰的师傅是朝邦玉(1856—1958),金巴扎木苏的师傅是诺音扎布(1895—1951)[①]。哈萨克族的每一个阿吾勒(牧村),都有一两位史诗说唱艺人,这些说唱艺人都有培养接班人以防止其技艺失传,或传授给自己的子女,或传授给亲戚,或传授给门生。如哈萨克族19世纪的著名民间说唱艺人谢尔孜·贾里勒卡司(Šerniyaz Jarïlqas,1807-1867)培养了弟子玛拉拜·库乐佳拜(Marabay quljabay,1814-1898),玛拜演唱了《库布兰德》《勇士塔尔根》等英雄史诗。[②]

中国民间文化的三种传承方法并不是绝对区分的,许多文化事象传承往往是多种传承方法共同作用的结果,同一种文化事象既可以有家族传承,又可以有地缘传承,还可以有业缘传承。事实上,民间文化三种传承方法也没有绝对的界限,如在业缘传承中的师徒传承中,徒弟磕头拜师以后,师父和徒儿之间也就形成了一种"父与儿"的契约关系,他们的关系可以看作一种模拟血缘关系。师徒制采取的"亲师合一"教育模式使得其成为一种虚构血缘关系的家族团体,可以认为是一种扩大化的家族传承,在某种意义上是文化的同门聚族。

(三)民间传承特点

民间传承的特点是在其具体的传承过程中体现出来的,主要有集体性、口头性、变异性、表演性等几个方面。以历时的眼光来看,这些特点基本不会随着时代的变迁而有根本性的改变,只是在现代传媒技术发达的背景下,其传播的途径有了新的拓展,诸如网络、电视、移动终端等现代技术也逐渐被民间传承者所借用,以谋求传承实效的提升。

1. 集体性

集体性是指民间传承方式是由某个民族、地域或历史时期的广大民众共同运用的特性。传统社会的文化传承是"文化濡化"的过程,即人

---

[①] 刘守华、陈建宪:《民间文学教程》,华中师范大学出版社2009年版,第94页。

[②] 黄中祥:《哈萨克英雄史诗与草原文化》,中央编译出版社2007年版,第181页。

们学习和继承传统文化是在日常生活与生产的实践中受到整套的传统文化与习俗地熏陶、濡染而自然习得的。所以许多文化事项都不是个体或少数人所拥有,而是产生于群体性生活之中,为群体所共享共建的。

比如苗族的传统文化的形成是适应自然环境和社会生活而形成的一套具有生活指导意义的文化体系,包括习俗、制度、信仰、禁忌等。坚持和继承这一套文化传统,能够提供个人在社会生存的方便。反之,则会和整个社会文化发生冲突,影响个人生产生活的方方面面。因为人们得益于文化习俗,就会坚持文化与习俗。这种传承体现在人们坚持各种传统生活习惯和生活禁忌,如饮食、居住、劳作、社会交往等等,比如苗族众多的节日,这些节日不仅调节人们的生产生活节奏,提供人们社会交往的机会,而且还能够传递苗族传统文化的精神内核,这既促使社会的整合,又增加人们对苗族文化的认同。[①] 又比如哈萨克阿依特斯是在民间传承当中形成和发展并且"存活"下来的。尽管阿肯阿依特斯具有代表性,但是,阿依特斯首先不仅仅是阿肯阿依特斯,它还包括群众性的阿依特斯。而且阿肯阿依特斯是在群众性的阿依特斯基础上形成和发展起来的。谁都知道,那些真正的阿肯在他的成长过程里总要参加无数群众性的阿依特斯才能得到语言智慧和语言技巧的锻炼。阿肯阿依特斯不是任何可以歌唱的人就能参加的,但是参加群众性的阿依特斯却是阿肯成长的必需途径。[②]

另一类更具代表性的传统文化事象更能体现民间传承集体性这一特点,即传统节日,其传承小至一个村寨的共同节日,大至一个民族一个国家的共同庆典。节日具有强化民族认同,模塑民族文化认同的重要功能。民族节日的这一文化传承功能更为鲜活地体现在一些原生性的少数民族节日中。这类型的节日多在特定的宗教集团内部或族群中严格按传统的仪式程序举行。在云南双柏县者柯哨村彝族的"火把节"习俗中,"毕摩"总是在集体场面,按照彝经主持驱鬼、安魂、消灾避祸、占卜、神判等宗教活动。在纳西族的传统节庆中,东巴依据东巴经主持宗教祭

---

[①] 袁定基、张原:《苗族传统文化的保存、传承和利用》,《西南民族大学学报》2004 年第 4 期。

[②] 毕桪:《在民间传承中实现对阿依特斯的保护》,《伊犁师范学院学报》2009 年第 3 期。

祀活动，东巴经不仅记录宗教内容，还被用来记载历史、传递和传播纳西族的文化。此类节庆习俗中，祭司、长老、歌手传唱神话、史诗、歌谣，讲述民族历史、文化来源，传授知识技能，并通过祭祀、歌舞等形式将民族文化的范本、模式传递给下一代，担当着少数民族宗教信仰、根文化的传承功能，对各民族的精神世界、民族凝聚力、民族自尊心及共同心理素质与行为模式起到强烈的模塑作用。[1]

2. 口头性

文化的民间传承方式往往不见诸文字，多是由人们口头传播而延续下来的，形成了一种口耳相传的传承特点，也即人们所常说的口传心授。

比如黎族的传统织锦，因为黎族本身无文字，在发展的进程中，都采用口头传承、实物等形态来演绎，而黎锦的纹饰成了彰显文化属性的有效载体。根据不完全统计，黎族织锦的纹饰超过160多种，每一类图形按照方言的差异，也能展示不一样的形态。传统黎锦技艺的传授是依靠口传心授来完成的，这一形式的核心就是传承人。传承人本身承担黎族文化知识传承的重任，德艺双馨的黎锦传承人是保护黎族文化的重要举措中坚力量。[2]

又如伊犁木卡姆音乐的传承，作为伊犁维吾尔族传统音乐的典型，95%的木卡姆艺人非但不认识字，对乐谱也不认识！但节奏唱得是那么准，唱得那么有韵味。他们之所以能演唱木卡姆和演奏乐曲，全靠师傅当年一句句口传心授而成，学会之后便再也没有忘记。说明了口传心授在传统社会中的实际地位。这种传承方式也给予了木卡姆艺人更多的创造空间。[3]

又如苗族传统文化的口头传承。传统苗族社会没有自己的文字，也不存在学校教育，因而苗族文化的口头文学特别丰富。如大量民间传说和苗族古歌的存在，它们不仅具有娱乐功能，更是苗族传统文化传承的主要载体。如苗族的古歌既有解释天地万物的"开天辟地歌""枫木歌""洪水滔天歌"，也有反映民族悲壮迁徙历史的"跋山涉水"歌，有反映

---

[1] 迟燕琼：《少数民族传统节日的文化传承功能》，《民族艺术研究》2008年第3期。
[2] 常艳：《黎族传统织锦的文化价值及现代传承》，《贵州民族研究》2016年第8期。
[3] 张丽莉：《伊犁木卡姆民间传承研究》，硕士学位论文，新疆师范大学，2012年，第23页。

婚姻史的"开亲歌""哈梅",也有指导社区活动的"议榔词",有规范日常行为的"理词",还有各种用于仪式和节庆的"开路歌""鼓藏歌"等,以及指导生产技术和劳作的"酿酒歌""染布歌""造纸歌""季节歌""活路歌"等,还有增进社会交往的"酒歌"和表达男女之情的"情歌"。这些世代相传的古歌是苗族文化的全息图景,使得苗族传统文化的传承生动而具体。同样民间传说,也以浅显生动的方式传承着民族的智慧、精神特征与观念形态。[1]

3. 变异性

民间传承方式是人民大众集体口头传承的方法,所传承的文化始终处于变异的状态。但我们通过对各地传统文化的综合性考察发现,即使民间传承过程中出现了不同程度的变异,但是其文化核心是一致的,这些变异的产生,多是由于传承过程中,后来人不断地根据自身所处的时代和具体的生活境遇而加以调整的结果。

比如在石刻之乡大足流传甚广的望娘滩故事是一则典型的传统孝道叙事。作为民间文学类非物质文化遗产项目,望娘滩故事的叙事在大足特定文化背景下发生地方化变异,成为传达当地社会最重要的道德观念——"孝"的文化符号。与望娘滩故事相关的文献记载主要见于方志以及文人笔记,并且以地名传说的形式出现。乾隆《大足县志·卷之三·邮递》载:"化龙桥,治东三十五里,水源出巫林山。相传水中有珠浮水上,一聂姓者得而吞之,遂化龙而去,因以为名。"乾隆年间四川德阳文学家、戏剧家、翰林李调元在其《井蛙杂记·卷一》中也记载:"大足化龙桥,相传溪中有珠,浮水上,邑人聂姓,得而吞之,遂化为龙,因以为名。"上面所记,都较简约,只记化龙事,未记望娘滩。嘉庆《大足县志·杂记附续十景·古潭化龙》载:"乌云山下有化龙潭。相传溪中有珠浮水上,一聂姓者掬而吞之,遂化龙而去。龙去恋母,每步必回头,回头二十四次,今成二十四滩,俗呼望娘滩。甚幽邃。当暮春三月上方视之,隐隐犹生云气。"道光丙申重镌《大足县志·舆地·古迹》载:"化龙潭在县东南二十里乌云山下,俗呼黑水凼。旧志无。潭侧石岩上刻'古迹龙潭,所求灵感'八大字,后镌母子拜别像,依稀可辨。末刻诗云

---

[1] 定基、张原:《苗族传统文化的保存、传承和利用》,《西南民族大学学报》2004年第4期。

'龙潭古迹永流风，有母提篮在手中。望着好儿北海去，到头变化一场空'。又云'谁人不愿子成龙，望得成龙也是空'。末二句石刻驳落。"光绪续修、民国重修的大足县志中均延续了这一记载。由清代县志可见，至少到嘉庆时望娘滩故事在大足已经成形，并且在民间流传甚广。望娘滩故事由一个情节虚构的故事，转化成了有根有据的地方传说；由一个吞珠化龙的故事，衍生出了化龙桥的传说、化龙潭的传说和望娘滩的传说。文献中的记载扩展了故事的传承空间，并且大大增加了故事的可信度与生命力。有意思的是，嘉庆年间的化龙潭是个有动人传说的景点，为当时大足"十景"之一；到了道光年间就已经坐实为"古迹"了：有题刻、有画像，并且从"所求灵感"来看，这个传说故事的主人公已经具有了民间精神偶像的性质，为人所膜拜了。这些题刻、画像何时镌刻，无从可考。也有大足人认为，"古迹龙潭，所求灵感"是明人所刻，母子画像依稀可辨，至少镌于宋代，至于题诗，也许就更早了。从道光县志的记载来看，这些题刻显然大大增加了龙潭古迹的人文内涵，特别强调的"旧志无"三字显示了道光时大足官方对龙潭古迹的"发现权"，还颇有些景点开发的意思。无论龙潭题刻镌于何时，至少从那时起，望娘滩故事就不再是一个简单的地方传说，其中有关孝道的意蕴已经得到人们的关注与品评。"古迹龙潭，所求灵感"八个大字至今清晰可见，从重镌《大足县志》的道光丙申年（1836）至今，至少也有近180年历史了。化龙潭，倒真成为一个承载动人传说与寄托精神信仰的人文"古迹"了。[①]

4. 表演性

民间传承方式与典籍记载的文化不同，它是通过人民大众以声音、表情、动作在日常生活中作现场表演来传承文化的。此处的表演不完全等同艺术的表演，尽管与艺术表演有相通之处。美国著名民俗学家理查德·鲍曼对民俗的表演与艺术的表演做了很好的区分："第一种表演是把表演看成一种特殊的交流形式；第二种表演是把表演看成是一种特殊的

---

[①] 魏锦：《民间文学类非物质文化遗产项目的传承与演绎——以石刻之乡大足的传统孝道叙事为例》，《重庆广播电视大学学报》2014年第1期。

显著事件。"① 这里所述的表演便是属于第一种类别。

民间传承表演性特征的理论基础是表演理论。该理论以"表演"为理论中心，关注文化事象在特定文化空间的动态创造与传承过程，关注展演过程中展演者与参与者之间的交流互动。杨利慧总结了表演理论的主张与分析方法：（1）认为民间叙事是一种表演事件，表演是一种艺术性的展示与交流；（2）注重民间叙事发生的情景；（3）注重叙事交流的具体情境和文本的动态而复杂的形成过程；（4）从讲述人、听众和参与者之间的互动交流考察表演的即时性与创造性；（5）强调对社区的民族志考察和个人表演特色的关注。②

以土家族丧葬习俗为例，清江流域的土家族有跳丧的丧葬仪式，跳丧又称跳撒叶儿嗬或撒叶儿嗬，是典型的民间传承仪式。从表演理论视角考察，该仪式都是特定情境的一种展演。土家族老人去世，即燃放鞭炮或派人翻山越岭去告诉亲朋好友，叫作"报信"，人们得到报信后，便翻山越岭赶到丧家，即便是要走几十里甚至上百里路，也要打着火把连夜赶到，谓之奔丧。土家人有"一死众家丧，一打丧鼓二帮忙"的说法。这是跳丧仪式发生的背景，仪式举行的文化空间是在灵堂。灵堂设在堂屋里，堂屋正中摆放灵柩，灵柩前有四方桌，上供红色灵牌，灵柩上铺着红色的绣花绒毯。跳撒尔嗬所用的牛皮大鼓就置于灵柩前的桌子旁边，灵柩前的空地就是人们跳撒尔嗬的地方。入夜，跳丧活动开始，掌鼓歌师父走到灵柩旁，拿起鼓槌示意前来奔丧的客人，意思是愿意上来跳的可以开始跳了，随即擂响了牛皮大鼓，随着"咚咚咚"的鼓点节奏，掌鼓的歌师高声唱出了跳撒尔嗬开场的第一个曲目"待师"③。

"我打鼓来你出台，黄花引动白花开……"

伴随着鼓声和歌声，前来奔丧的土家汉子两人相邀上前，随着鼓点踏着节奏，自然地走到灵柩前起舞，边跳边与旁边观看的乡邻一起唱着应和："跳撒尔嗬哎！"一领众和，边唱边舞，现场气氛欢快热烈。舞者

---

① ［美］理查德·鲍曼：《作为表演的口头艺术》，杨利慧、安德明译，广西师范大学出版社 2008 年版，第 12 页。

② 杨利慧：《表演理论与民间叙事研究》，《民俗研究》2004 年第 1 期。

③ 《撒尔嗬：土家人告别人生的盛大仪式》，恩施土家族苗族自治州政府网站，http://www.enshi.gov.cn/。

受到热烈氛围的激励，表演更为开放、投入，其舞姿刚健、古朴、豪放、粗犷，尤其是跳"燕儿衔泥"，可谓绝招。只见一人丢一手帕在地下，另一人叉开双腿下大腰，随着鼓点的加快，双手后翘煽动双翅，嘴拢地面衔起帕子。"好"周围顿时响起一片喝彩声……在众人阵阵叫好声中，鼓者的鼓点更为激越，歌声更为悠扬豪放，舞者的舞姿更为刚劲洒脱。整个舞场均随掌鼓人的鼓点和唱腔随时变换曲牌、节拍和舞姿。通常的舞蹈动作有"凤凰展翅""犀牛望月""猛虎下山""虎抱头""猴子爬岩""狗撒尿""狗连裆""燕儿含泥""乡姑筛箩"等，舞者会选择其中的动作，这种选择有很大的随意性，完全视当时情形而定。鼓者唱到感情交融时，还会绕开鼓座加入舞者行列，时而用鼓槌在鼓上敲击节拍。众人也情不自禁加入舞者的行列。每一次举行的跳丧仪式都是在表演者与众人的交流交融过程中共同完成的，每一次跳丧都是一次新的创造。

民间传承的表演性特征表明，民间传承是一种群众参与性强的活态传承方式，这种传承方式有利于传统文化的创新性传承、转换性传承。

**二 民间传承的价值**

民间传承在文化传承中占据举足轻重的地位。文化是一个包含范围十分广泛的概念，可以说涉及了人类活动的各个方面。人类社会的产生，也就有了文化的产生。而人类社会在发展过程中，逐渐形成了分化，形成了不同的人类集团，有了阶级阶层的差异。而在这一个过程中，文化也就有了分化。加上不同等级的群体都要用文化来标榜自己的独特性和差异性，就这样，逐渐形成了所谓的上层文化与民间文化的分隔。文化在群体生产生活中逐渐积累起来，对于群体生存发展有着重要意义，不同群体的文化之间并没有贵贱之分。相反，二者之间有着紧密的关联性，在人类社会变迁的过程中，文化也随之变迁，民间文化也可能上升为上层文化，民间文化也为上层文化提供着不可或缺的养分。就传承方式而言，不仅民间文化需要民间传承方式来传承和发展，上层文化也需要依赖民间传承方式来传承。比如说中国五千年文明，最为核心的儒家文化在历朝历代都是上层文化的象征，除了统治者遵循一套严苛的程序去传承，维护其权威性。而为了能让更为广大的普通人民能够接受其思想观点，也就必须得依借民间传承的方式去获得人民大众的认可，从而进一步巩固其地位。再者,民间传承方式决定着一个民族的现实文化特征的传承与消亡。之所以有这样的判断,原因在于一个民族的现实文化特征主要是通过生活文化来体现的,而生活文化的传承主要是通过民间传承方式来传承的,一旦失去了民间传承方式,一个民族的生活文化也就失去了根基,成了无根之木、无源之水,也就谈不上传承与发展。传统文化民间传承的价值主要体现在以下几个方面。

(一)弘扬民族精神

中国作为一个多民族国家,需要借助优秀传统文化的传承来维系民族和国家的统一,通过弘扬民族精神而提升全民族成员对国家的认同,并以此凝聚起各族人民为中华民族的繁荣发展贡献力量。正如学者所说:"中华民族的一切美德、思想、精神,如自强不息、刚健有为、宽厚平和、注重和谐、爱国统一、勤劳勇敢、诚信友爱等都记载在民间文化里。"[1] 中华优秀传统文化的民间传承,就是借助最为广泛的民间力量去传承民族精神。民族精神的弘扬不是凭空而来,它必须有所依托,要附着在一定的载体上才能完成。而这种载体就是我们的传统文化,是围绕在每一个普通人身边所熟悉的生产生活环境。我们认为民族精神的传承,除了靠精英文化、主流文化,还必须在积淀千百年的民间文化中寻找我们的民族精神存在和发展的根基、力量,以此把我们的民族凝聚团结起来[2]。比如传统精英们所提倡的道法自然、厚德载物、舍生取义、宽大为怀等精神修养、爱国情怀、价值观念、人格信仰,都需要借助于民间传承方式,以在普通民众中得到认同和信奉。也就是说,正是因为有民间传承的存在,传统文化中优秀的部分才得以不断延续,并与国家和民族发展紧密关联。

(二)强化民族标识

2005年,联合国教科文组织颁布了《保护和促进文化表达多样性公约》,强调世界民族文化发展的多元性和差异性,鼓励各民族文化在世界范围内进行传播与交流。随着全球化的发展,世界各国各民族之间的交流越来越多,中华民族想要立足于世界民族之林,除了自身传统文化的

---

[1] 孙鸿:《收藏文化历史 留住文化根脉》,《安徽学院学报》2014年第1期。
[2] 白庚胜:《民间文化传承论》,《河南大学学报》(社会科学版)2007年第1期。

精髓要不断提炼和传播，还应当不断加强中华民族在世界范围内的影响。就如同西方文化在我国的传播一样，从随处可见的汉堡、可乐等饮食，到用户数量庞大的汽车、手机等商品，再到诸如情人节、圣诞节等节庆，处处都留下西方文化的烙印。从历史上看，中国文化对韩国、日本，对东南亚、南亚一些国家如菲律宾、新加坡、越南等国家和地区都产生了深远的影响，郑和七下西洋更是加深了这种影响。由此形成了世所公认的以中华文化为核心的东亚文化圈，特别是其中"亚洲四小龙"的经济腾飞和崛起引起了全世界的关注和思考，焦点是它们与中华文化的关系问题。在全球性的交流中，一个国家、一个民族要有一种标识，以张扬、表明主体的个性。当前，在国家努力去实现这一目标，并在全球范围内设立孔子学院，积极推进中华优秀文化走出去的同时，我们也必须重视民间文化的传播，因为民间文化是一种活态文化，是有代表性的文化事象，是最具活力的民族标识；而要传承民间文化，必须最大限度地发挥民间传承方式的作用。

　　中华民族民间文化是千百年来广大民众的集体创造，是群体生存技能、生活智慧的结晶，它与民众生活相伴相随，最鲜明地体现了我们民族的历史与现实文化的特点。诸如节日节令、民间文艺、民间工艺、民间医药、民间饮食等，都是魅力四射、历久弥新的文化遗产。二十四节令是我国先民在认识自然、从事农业生产的活动中，总结出来的关于天文、气象、物候的知识体系，它既是指导农业生产的历法，也是民众四时生活如何顺应节气的指南。2016年11月30日，中国二十四节气被正式列入联合国教科文组织《人类非物质文化遗产代表作名录》。端午节时间在每年农历五月初五，又称端阳节、五月节、五日节等。在春秋之前端午节是祛病防疫的节日，后因与爱国诗人屈原联系，演变成人们祭奠屈原以及缅怀华夏民族高洁情怀的节日，沿袭至今。各地端午节又带有鲜明的地方特色。吴越一带的端午节主要祭祀伍子胥，端午节有吃粽子，赛龙舟，挂菖蒲、蒿草、艾叶、熏苍术、白芷，喝雄黄酒的习俗。2006年5月，端午节列入国家级非物质文化遗产名录；2009年9月，端午节被正式列入联合国教科文组织《人类非物质文化遗产代表作名录》。中医学以阴阳五行作为理论基础，将人体看成气、形、神的统一体，通过望、闻、问、切，四诊合参的方法，探求病因、病性、病位、分析病机及人体内五脏六腑、经络关节、气血津液的变化、判断邪正消长，进而得出病名，归纳出证型，以辨证论治原则，制定"汗、吐、下、和、温、清、补、消"等治法，使用中药、针灸、推拿、按摩、拔罐、气功、食疗等多种治疗手段，使人体达到阴阳调和而康复。中医治疗的积极面在于希望可以协助恢复人体的阴阳平衡，而消极面则是希望当必须使用药物来减缓疾病的恶化时，还能兼顾生命与生活的品质①，充分显示了我们民族的智慧。传统工艺指采用天然材料制作，具有鲜明的民族风格和地方特色的工艺品种和技艺。一般具有百年以上历史以及完整工艺流程，传统工艺是历史和文化的载体，它包括：工具器械制作工艺、传统建筑营造工艺、雕塑工艺、织染工艺编织扎制工艺、折叠陶瓷制作工艺、金属冶煅加工工艺、折叠髹漆工艺、家具制作工艺、文房用品制作工艺、印刷术、刻绘工艺、特种工艺及其他。这些带有鲜明民族特色的民间文化，只有通过民间传承方式才能实行有效传播。

（三）发挥传承人的主体作用

中华民族几千年不断传承发展的民间文化，之所以能够实行代代相传，离不开广大民众的继承与传播，广大民众既是民间文化的创造者，也是民间文化忠实的继承者与延续者。

民间文化传人是民间文化的主体，但是在很长一段时间里，我们只关注了上层文化的传承与传播，或者说是对国家正式制度下的文化传承给予更多关注，而对于民间传承较为忽略，从而导致对民间文化传人的关注不够。但是，一个民族的民间文化要发扬下去，不仅要传承民间文化文本，而且要对那些具有特殊的创造能力的传人予以关注，尊重他们的创造，传承他们的创造方式、成功经验、创作技艺，并为他们培养后继者，改善他们的生活、创作环境。在我国，由于很多民间文化有秘传制度，往往只在家庭内部传承，还传男不传女，所以许多技艺仅仅保存在个别传人身上，容易人亡艺绝、人亡歌息；这些身怀绝技的传人倒下，就意味着一座座博物馆倒下，致使我们的文明与文化局部乃至整体断弦②。如今，随着民间传承逐渐被重视，这些传人也受到更多的关注，社

---

① 中医：百度百科，https://baike.baidu.com/item/中医/234039?fr=aladdin#2_3。
② 白庚胜：《民间文化传承论》，《河南大学学报》（社会科学版）2007年第1期。

会各界力量也在不断输入，使得他们的地位、待遇得到提升，肯定了他们在传统文化保护与传承中的重要作用，凸显了文化传人在现代社会的价值。

近些年来，从较为宏观的层面来看，民间传承取得了骄人的成效，对国家对民族的发展有着重要的意义。正如习近平总书记在五四重要讲话中所指出的那样："核心价值观，承载着一个民族、一个国家的精神追求，体现着一个社会评判是非曲直的价值标准。"① 社会主义社会的核心价值观，正是各民族文化传统中最为精华部分的现代提炼，发挥社会主义核心价值观的作用，真正让其深入民间得以广泛传承，必须使用民间传承方式，才能获得最佳效果。

### 三　民间传承的困境

民间传承对中华优秀传统文化传承的巨大贡献毋庸置疑，但并不是说这样的传承方式就是成功和一帆风顺的。在我国社会转型、经济转轨的特殊时期，民间传承面临着诸多问题。一方面是内部因素，包括传承人才匮乏、传承环境恶劣、大众接受程度低等的影响，另一方面是外部因素，主要是外来文化的冲击对民间传承的延续与发展造成的负面影响。究其原因，还是传统传承方式被现代传承方式所挤压，失去生存空间，现代传承方式成为提供大众文化生活的主渠道。特别是一些本来影响力不大、传播范围不广、对传统生产生活方式依赖较大的文化事象，其传统传承方式的运行机制几近崩溃。民间传承方式在当今面临的困境可大致归纳如下：

1. 现代生活方式的侵蚀

人们追求现代生活方式本身并没有错，国家的发展最终目标就是让所有人民都过上现代化舒适的生活。但很多人对现代生活的理解过于片面，只注重物质财富的积累和享受，而忽略了精神层面的慰藉。认为追随潮流，购置新式产品就是现代生活方式，甚至极端地认为与传统的割裂就是现代生活。但问题在于，千百年来我国都是一个基层社会变迁极

---

① 习近平：《做党和人民满意的好老师——同北京师范大学师生代表座谈时的讲话》，《人民日报》2014 年 9 月 10 日。

其缓慢的农耕社会,附着于这样一种社会发展进程上的传统文化十分依赖于人们的传统生活方式。一旦这样的生活方式有了急剧变迁,文化却没有办法跟上脚步立即转换,只能悄然退出历史舞台。在这个过程中,由于代际的差异,由于年轻人本身所具有的冒险精神和对新事物的好奇,使得他们极少去考虑并感受传统消失的后果。

比如茶在徽州民间传统日常生活中占据着重要的地位。古徽州居民在婚俗、寿诞、年俗、节俗、待客礼仪等民间传统习俗中建构了形式丰富的茶文化,其间包含着的茶道精神、茶礼仪等文化传统于今仍有着深刻的现实价值。随着现代社会的转型,中西文化的频繁接触与交流,简易、快捷和时尚的现代生活方式开始濡染着现代徽州人生活的方方面面。酒吧、休闲屋、咖啡馆逐渐取代茶楼、茶馆,新潮文化的入侵使得茶文化遗产传承前景黯淡。即便在农村地区,对传统风俗最为重视的也大多是老一辈。随着年青一代的外出务工,农村地区居民的日常生活习惯也逐渐改变。当代年轻人的婚礼举办形式一般都会选用西式或者韩式婚礼,追求激情与浪漫,而将传统婚俗中有关茶礼仪的形式与规范视为陈规陋习一并弃之如敝屣。一般新婚夫妇在婚礼仪式中只保留诸如新媳妇给公婆敬茶这极少部分的习俗,原先举行婚礼时的四道茶也被香槟酒或交杯酒所代替。大年初一时拜年客的"枣栗茶"也逐渐简化成了茶本身。事实上,这不是一种简单的形式更迭,而是意味着附着于形式之中的孝道、恭敬之情的迷失。旧时徽州人外出经商的非常多,因此很注重茶的礼仪,也希望口头上的谐音能够带来好运。但随着市场经济的飞速发展,当地居民对茶叶商业价值的重视已远远超过了它的文化、精神价值。现在热衷于茶文化、茶道精神的人越来越少,当代徽州人宣扬茶道、推广茶文化很大程度上是为拓宽茶叶的商品销售渠道和市场。因此,在非物质文化遗产保护视域下,如何对这些宝贵的茶文化资源进行挖掘、保护与传承是一个亟须解决的问题[①]。

2. 现代传承方式的挤压

现代传承方式主要是通过新的科技手段改变原来的传承途径,正如

---

① 赵自云、占辉斌、许玲敏:《徽州民间传统习俗中茶文化遗产的保护与传承策略》,《黄山学院学报》2015 年第 6 期。

前所述，民间传承一直依赖于面对面、手把手的长时段言传身教，无论是传承者还是传承接受者，都需要在特定的时空下去完成传承过程。但是现代的传媒技术突破了特定时空的限制，比如媒体传承以其强劲的力量挤占了传统民间传承方式的生存空间。特别是年青一代，更喜欢通过现代传媒网络的方式来获取信息，了解文化，而对于传统的民间传承方式缺乏兴趣。年青一代早已摆脱传统社会中地域和职业对人的约束，他们的流动性很强，大多数不愿意一辈子只待在一个地方，因此现代传承方式便捷、传播更广泛的特点就更为符合年轻人的口味，也更适应现代社会生活快节奏的特点。受此影响，民间传承所需要的固有地理空间让位于网络空间，民间传承所需要的人际关联稳定性让位于人际关联的流动性，民间传承所需要的时间连续性让位于传媒时间的碎片性。

此外，现代传媒还有一个重要的影响，就是他会引导人们去关注一些事情，同时又会淡忘一些事情。体现在文化传承上，则是会形成大众眼中的"主流"文化事象、"热点"文化事象，这些很可能会成为人们关注的焦点，而愿意去了解、去学习。但那些很少在媒体"露面"的文化事象则不断被边缘化，只能自行消亡被挤出历史舞台。比如蒙古族传统体育在民间的传承就是如此。"媒体是人们获得外界信息的最直接的来源，对一个运动项目的发展起着至关重要作用。纵观各种竞技赛事，诸如 NBA、足球世界杯、网球公开赛，可谓用火爆来形容。……而蒙古族舞蹈的报道却几乎被回避。蒙古族地区大多数人们对蒙古安代舞仅限于了解，而非蒙古族地区的人们对安代舞就更陌生，因为平时并不能接触该项运动。"[①]

3. 传承人断代

传承人断代就是指传承事业处于后继无人的困境。目前仍然存活的民间传承人大都年事已高，其后代子孙出于经济方面的考虑，也不愿意子承父业、女承母业。虽然各级主管部门制定一些保护传承人的政策，采取了一些积极的措施，但是并没有从根本上改变传承人青黄不接的状况。现代社会提供给人们的职业选择要远远比传统社会丰富，作为具有理性决策能力的人，自然有不少人会在未来发展方向的选择上通过综合

---

① 刘东萌：《蒙古族安代舞发展滞后原因之探究》，《赤峰学院学报》2010 年第 2 期。

判断而放弃对传统文化的继承。其中的原因很多,一方面因为很多的传统文化的习得,特别是许多技艺的掌握、精髓的领悟,不是一朝一夕所能完成的,需要投入大量的时间和精力,不少人缺乏耐心和毅力,只能避而不学。另一方面,在当下商品经济的冲击下,年轻人更倾向于寻找经济效益高的就业途径,而对各方面保障不明确的文化传承事业不感兴趣。

比如作为"晋鼓之秀"的绛州鼓乐,本是山西各类民间锣鼓乐中的佼佼者,但"当前绛州鼓乐在民间语境中的传承情况已不同于以往,传承人学艺动机正在逐渐消失或转变,以前对鼓乐那种热爱,在市场经济化的今天,大多已转变为以挣钱为目的。民间传承人的传承开始出现断层,培养传承人的土壤也开始消失,并且随着时间的流逝,许多优秀的民间锣鼓艺人大都年事已高或有的离开人世,他们许多独特的打法和技艺无法传承下去,这些都随着老艺人的离去不断消亡。在市场经济的浪潮中,许多男性传承人大都外出打工,年老的锣鼓艺人的技艺少有人学"[1]。虽然近年来不少拜师学艺的新闻都引起人们的关注,民间传承后继无人的局面正在改变,但类似于"在上海,起源于明代的上海独门绝技露香园顾绣从业者从明代的数百人萎缩到十多人,且平均年龄在40岁以上;在湖南,传统织锦艺术的从业者从20世纪80年代的2000人到现在的几十个人"[2]等信息,也充分证明了民间传承的断代问题十分严重,还没有根本性的转变。

4. 民间组织的消亡

传承方式的各类民间组织随着传统社会的转型而消亡或是失去活力,导致民间传承方式的消亡。如行业组织、宗族组织、民间宗教组织的消亡或削弱,使得民间文化活动失去了强有力的组织者,民间文化活动无法展开,文化的民间传承方式也就自然失去了依托。再者由于拜金主义思想的影响,受经济利益的驱使,一些地方民间自发组织的文化活动也

---

[1] 李立:《绛州鼓乐的民间传承人——在民间语境中的传承变迁研究》,《歌海》2009年第3期。

[2] 杨开颜、江丽瑜:《中国非物质文化遗产的传承——民俗民间艺术》,《中山大学学报论丛》2007年第5期。

成了牟利的工具,有的正在陷入低级庸俗的泥沼,使得民间传承方式的功能被扭曲、异化,从而失去传承优秀文化的作用。

比如宗族组织,除具有一定的政治功能,以维护宗族内社会秩序外,还具有更为重要的文化传承功能。许多民族文化都是依借宗族组织的平台而得以在族群内部展演和传递,比如在共同祭祀活动中,不仅使祭祀仪式文化不断得以重复传播,而且邻里和睦、团结友爱、扶贫济困等思想观点也得以传扬。所以说宗族具有文化传承功能,它是一种以传承乡间传统礼俗为特征,以形式多样的宗族活动为载体,唤起广大族众历史感、道德感和归属感的功能。在乡村社区,宗族活动都是传承村落家族文化的有效形式,如舞灯、赛龙舟、祭祖、唱族戏、修族谱祠堂、婚丧嫁娶等。在一系列宗族活动中,族众既满足了文化娱乐的精神需求,也受到了传统礼俗的熏陶,从而使宗族进一步增强了内聚力[1]。但是,我国民间宗族组织处于存废边缘,其文化传承功能难以体现。2015年1月至3月,华中师范大学中国农村研究院发布"中国农村社会组织发展报告",依托全国"百村观察"项目平台,对全国25个省303个村庄8054位农民进行了实证调查。结果显示,在300个有效样本村庄中,87.33%的村庄没有宗族组织,传统宗族组织在我国大部分村庄已消失。[2]

5. 功利主义的影响

功利主义对于民间传承的负面影响可以说是由来已久。大清帝国衰落后,西方文化开始侵入中国,其中对中国文化价值判断标准影响最深的要数西方的功利主义。在功利主义的驱动下,人们迫切渴望获得成功,导致伦理失范、失序,传统被批判,价值观被颠倒。早在1918年,钱智修在《功利主义与学术》一文中就曾指出:"吾国自与西洋文明相接触,其最占势力者,厥惟功利主义。功利主义之评判美恶以适于实用与否为标准,故国人于一切有形无形之事物,亦以适于实用与否为弃取。"[3] 钱智修指出对中国文明影响最深的要数西方的功利主义,对中国传统文明

---

[1] 王天意:《宗族的功能及其历史变迁》,《上饶师范学院学报》(社会科学版)2005年第2期。

[2] 刘琦撰文:《中国农村研究网》2015年5月19日。

[3] 李启彩:《保守与自由:钱智修思想论述——〈以东方杂志〉为中心的研究(1911—1924)》,硕士学位论文,上海大学,2007年,第23页。

形成极大的冲击,随着既有价值体系的崩溃,人们开始选择以功利主义作为价值判断的标准,而忽视了事物的多样性。功利主义的片面发展,致使人们衡量事物的标准往往以有用无用作为判断依据,而往往忽视事物的复杂性,使得人们只关注眼前的利益和功效,而忽视了长远的更为重要的东西,人们变得短视起来、浮躁起来,最后导致追悔莫及,从而引起价值判断的危机。而体现在传统文化的民间传承上就是不少人以金钱来衡量文化的价值,如果文化与金钱之间没有明显的交换可能,那么文化就可能遭受冷遇。

综上所述,民间传承面临的困境及其成因是较为复杂的,既有文化生存空间变化的影响,也有人们思想观念转变的影响,还有受到科学技术进步的挤压的因素。正如学者所说,民间传承的生活化、生存化、强制机制的改变,导致了民间传承的困境。比如,古代许多民族的妇女如果不学会织绣技术,不仅自己出嫁会受到很大影响,而且难以维持子女对衣装穿着的需求,这就是"生活化"强制机制。但近代以来,一个妇女若不会织绣技术,可在市场上购买到衣料甚至成品衣,并不必然影响全家人的生活,这种"生活化"的强制机制大大弱化了。再如过去土家族"南剧"的常年演出可以解决几十人的生存问题,能进入"南剧"班底,意味着衣食无忧,若能得到师傅真传,成为名旦名角,就会过上富足的生活。因此,在生活普遍贫困的社会,一个穷家子弟,若有机会学习南剧,意味着命运的改变,许多人不惜托亲戚、走朋友,想方设法进入南剧班底。学习、掌握一门技艺以解决生存问题,这种"生存化"强制机制在中国传统社会的普遍存在,才使得中国传统的技艺得以代代传承,有的技艺甚至传承几千年而不中断。然而在当代,由于现代文化的冲击,传统技艺的习得不再成为生存的可靠手段,加上年青一代生存方式的多样化选择,这种"生存化"的强调机制亦在弱化[①]。

---

① 柏贵喜:《民族传统文化传承体系及其建构——基于系统论、控制论的视角》,《西南民族大学学报》(人文社科版)2017年第5期。

## 第二节 民间传承建设

民间传承的发生是由三个方面的要素构成的,即传承人、传承组织、传承场域。文化传承的主导是文化的创造者、拥有者和使用者,也就是具有能动性的人,即传承人。民间传承以传承人为主体来实施文化的业缘传承、地缘传承、家族传承。但是,文化的传承并不仅仅是一种个体行为,它是一种有组织的运行过程,因此,文化民间传承方式的实施,需要有一定的组织机构,这些组织机构也都是非官方的民间团体,其性质既包括因业缘而相互关联的行业组织,也有因血缘关系而形成的宗族组织,还包括因共同信仰而形成的民间宗教组织等。这些组织机构在民间传承中形成了较为稳固的代际联系,且对传承过程有一定的约束性,确保了传承的连续性。同时,文化的传承都是在特定文化背景中进行的,这就是文化传承的场域。民间传承的三要素在传承中华优秀传统文化的过程中,都是不可或缺的,如果缺失一方或弱化一方,都会导致传承的中断或受阻。

### 一 传承人建设

文化民间传承的主体是人,因此,要保持中华民族优秀传统文化长久不衰的传承,必须做好传承人建设工作。

(一)传承人的含义

传承人是指整体的文化或某一具体文化事象在历史延续过程中的继承者或传递者。由于在文化的传承过程中,传承人发挥的作用有一般与突出之分,所以传承人又可分为一般性传承人与特殊性传承人。

一般性传承人就是指一般性的民众,他们在特定的文化空间遵循自己的民俗生活习惯,传承本民族的历史文化。特殊性的传承人是指在民间文化传承过程中具有专门的、职业性特征的传承人。特殊的传承人往往是群体仪式活动的主持者、表演者和组织者,其身份多为族长、巫师、歌师、故事家等。他们多才多艺、博闻强记、聪明智慧、心灵手巧、独特匠心、能力与个性突出,具备民间文化的系统知识,又具有较强的创新能力,为一方民众所认可,在民间文化的传承与创新中发挥着主体作用。民间文化大部分领域，如口头文学、民间绘画、表演艺术、手工技艺、民间知识等，一般是由特殊传承人的口传心授而得以代代传递、延续和发展的。他们以超人的才智、灵性，储存着、掌握着、承载着文化遗产相关类别的文化传统和精湛的技艺，他们既是传统文化遗产的活的宝库，又是传统文化遗产代代传承接力中的接棒者与领跑者。

（二）传承人面临的困境

民间文化传承的主体是传承人，民间文化的延续接力与创造传承，须臾离不开传承人的作用；但是，目前由于多方面的原因，传承人面临着一系列问题。

1. 传承人青黄不接，传承面临断代危险

由于市场经济的冲击，老一代传承人的老去，传统文化的民间传承人正面临青黄不接、难以为继的局面。例如，海南黎族传统工艺技艺大多是纯手工制作，工具简单，技艺性高，学习难度大，且费工费力，经济价值低，面临生存生活的压力，年轻人已经逐渐放弃甚至丢弃祖传的手工技艺。同时技艺持有者清贫的生活现状，严重地影响了年轻人学习、传承文化的积极性。尽管传承人拥有较高的积极性，但仍苦于无人问津，学习的人数仍然较少，难以找到愿意学习的生源；随着社会趋利化特征的凸显，年青一代不再固守自己的土地，而是通过读书、当兵、打工、婚姻等方式离开故土，到异地工作生活，传习者散失，极大地影响到了传承人对民族文化的传承，造成了传承人的断代。[①] 目前仍然存活的民间传人大都年事已高，其后代子孙出于经济方面的考虑，也不愿意子承父（母）业。海南黎族织锦艺人自 20 世纪 90 年代以来，喜欢传统技艺并掌握这些技艺的人越来越少，据海南省民族学会统计，20 世纪 50 年代掌握黎锦技艺的黎族妇女约有 5 万人，70 年代掌握黎锦技艺的黎族妇女数量减少了一半，到 21 世纪的今天，掌握传统黎锦技艺的黎族妇女人数已不足千人，这些人群中，以中老年居多，年轻人只占极少数。

2. 传承人的认定机制趋于政治化筛选，导致新的文化不平等

由于代表性传承人的推选、评定是自上而下的官方行为，带有浓厚

---

① 王文章：《形成广泛参与非物质文化遗产保护的文化自觉》，光明日报网：http://www.gmw.cn/01gmrb/2007-06/09/content_620490.htm，2007-06-09。

的官方色彩和行政色彩，这就导致官方认定的传承人与草根文化代表间的冲突在所难免。这样的推荐和认定方式，难免会使推选程序的公平性、公开性和严谨性受到很大的影响。黎族传统纺染织绣技艺属于公共持有的技艺，这就使得掌握这门技艺的人不只是一两个人的独家秘籍，但名额有限，加上被推选出的传承人有国家补贴，也给予很高的荣誉，这就使推选传承人带有了功利化的倾向。如何从手艺众多的妇女中挑选传承人，机制未健全。推选上来的传承人可能具有一定的代表性，但出现的某些现象不容忽视，如传承人有的是村长的丈母娘，有的是妇联主任，有的是管理部门的亲戚，等等。是巧合还是有意而为，不得而知。加上被推选上来的传承人有的由于身体等原因，无力承担传承的义务，使得未被推选上来的技术能手心理不平衡，这样，无形之中在传承人与织女之间造成了一道鸿沟。

另外，普查认定缺乏科学性和严谨性。普查的人员大多是文化馆（群艺馆）的业务人员，由于基层专业人才的匮乏和普查人员专业知识缺乏，加上对问题认识的片面性，导致普查认定的传承人不一定具有代表性和突出性，也就是说，在推选的第一步就缺乏科学的依据，可能会遗漏民间真正的代表性传承人，如有的是从事民间文学创作的人员抽调去做传统手工艺的普查，其认定结果可想而知。造成如此混乱的局面，从制度上来说，不能不归咎于推荐方法和认定机制存在问题[1]。

3. 传承活动趋于表演化，干扰传承人的传承主动性

我国政府构建了由国家级、省市级、地市级和区县级四级非物质文化遗产名录组成的保护体系，每一个名录项目都有相应的项目代表性传承人作为支撑。代表性传承人是传承人中的杰出者。虽然政府给了传承人无上的荣耀，但在实际的传承活动中，传承人还是"弱势群体"，只强调传承人应尽的义务，而忽视传承人应有的权益，要求传承人参与政府部门组织的各种表演和比赛等宣传活动，这种活动从某种意义上说有积极因素，可以扩大该技艺的社会影响力，但负面影响不可小觑。展演活动流于形式，内容单薄，使传承人近乎疲于奔命，干扰了传承人的自主

---

[1] 林毅红：《后申报时期民族传统工艺保护与传承的忧与思——以海南黎族纺染织绣技艺为例》，《中南民族大学学报》（人文社会科学版）2012年第6期。

传承活动，影响到传承效果。

4. 传承经费发放世俗化，挫伤传承人传承的积极性

传承人的国家补助时常未及时兑现，地方配套杯水车薪，挫伤传承人的积极性。国务院先后公布两批共1028项国家级非物质文化遗产名录项目，中央和省级财政已累计投入17.89亿元用于非物质文化遗产保护，其中，每个项目运作经费是10万元，传承人每年有1万元补贴。这些抢救性保护资金对于依靠自身传承的传统手工艺无疑是雪中送炭，但缓发、滞留非遗专项资金现象并不是个案，一些非遗的保护资金根本落不到艺人手上。这种现象大大挫伤了传承人的热情和积极性，再加上地方配套未及时跟进，仅有的一点传承经费很难支撑，这样使传承变成被动的、机械的表演，传承人并无心思真正传承。

5. 民间传承人指向单一

虽然被官方认定的"传承人"在现实传承活动中面临着诸多问题，但不可否认的是，在当下对非物质文化遗产保护与传承普遍关注的社会背景下，他们已受到的关注和待遇，以及可见的改善空间还是比较令人满意的，而且也正朝着更好的方向发展。可民间传承既然被冠以"民间"二字，就意味着这样的文化传承绝不是个别人或是少部分人能够完成的，他需要的是真正全部民间力量的参与。现实则是民间传承力量的指向过于单一，把中华大地如此异彩纷呈的民间文化传承重担压在"传承人"身上，既让"传承人"深感超载，也让潜在的广大传承人深感失望，显然是与民间文化传承的历史规律相违背的。因为，历来民间文化的传承，除了其中的佼佼者外，群众性的基础，即由群众构成的民间生活才是文化传承最富饶的土壤。因此，在讨论民间文化传承时，应该指出的是：传承人除了前述打上引号的"传承人"外，其他人员也不能被忽略。

（1）非代表性传承人的界定与认可被忽视

虽然一般性传承人没有被认定为支撑项目的代表性传承人，但在现实中往往同样在进行包括家族式传承在内的各种文化传承活动。据有关学者调查研究，最稳定的传承方式仍然是家族式传承，民众才是文化遗产的真正主人，而我们——无论是政府、商界还是专家学者，都应该以"局外人"的身份参与到文化遗产保护工作当中。因此，非代表性传承人及其家族式传承需要被重新认定和界定，只有区分这两个群体的传承，

才能通过群体力量延续其生命力。虽然说类似传统技艺等高水平的文化事项可能只掌握在少数人手中,但这些技艺的生成也是在由不同水平的技师相互取长补短的基础上形成的。如果只有"传承人"一家独大,文化事象即使能够传承,也不能传之久远,更难实行创新式发展。

(2) 乡土精英在民间传承中话语权减弱

近年来,不少关注中国农村社会发展的专家学者都讨论社会转型时期中国乡土社会中的精英人物在政治、经济方面所发挥的作用。研究表明:由于社会分化的加剧,与传统社会相比,这一群体的社会地位整体呈现下降的趋势,但其发挥的社会功能不容忽视,而且随着社会转型的稳定,他们在乡土社会中的影响力正在进一步增强。但在文化的民间传承活动中,我们发现这一群体其实没有多少话语权。在传统社会中,包括乡贤、族老等在内的精英群体,本身对民间文化的知晓程度就高于一般人。他们有着超出一般人的大局观和文化自觉(至少村庄和宗族等层面),比较重视文化的传承,甚至很多时候自身就充当起了民间文化活动的主要组织者和传承者。加上他们在乡村社会中具有较高的社会声望,有着较为扎实的民意基础,他们能够主导包括文化传承在内的诸多乡村事务。在当下,可以说乡土精英人物对传统文化同样抱有极大的热情,他们中的很多人也精通当地民间文化。但是文化保护与传承在很大层面上却是由政府主导,诸多文化事项的走向不由他们决定,他们只能被动的参与,或是仅仅以个人爱好的名义在小范围内研习,他们基本被排斥在话语权之外。正如前面所说,这些乡村精英具有较高的知识水平、较为开阔的眼界,对于地方社会、经济和文化发展有着较独立的判断和设想,即使他们不精通某项传统文化,但他们能够提供不少建设性意见和建议。而且,他们除了自身有着较强的活动能力外,依然在村民中有着较高的影响力和号召力,如果能够有适当的措施激励他们参与民间传承,给予他们一定话语权,他们必将是民间传承最具活力的人群。

(3) 普通民众在民间传承中成为临时观众

民间文化是集体的智慧,其根源是基层群众。优秀的文化既需要广泛范围内的人群去学习继承,需要广大人民群众的参与,又需要在人与人的互动中得到提炼、改进和升华。虽然在社会变迁的影响下,许多人远离了传统文化,但毕竟基层社会人口基数还有那么大,生活在传统文化赖以生存的乡村社会中的人口依然庞大。这些人热爱自己的家乡，热爱自己的传统文化，只是要么限于生活的压力、要么缺乏参与文化活动机会，才较少出现在传统文化活动之中。但是，现在较为普遍的现状是，许多民间文化的传承与保护有意无意地脱离了这部分群众，把文化从传统土壤中分割出来，使之成为超脱于群众基础的失去灵性的死物，好像只有这样才能保护好、传承好。只有在不得已的情况下，才会在展演时，把普通民众组织起来参与其中。活动结束他们仿佛又成了局外人，这样的一种"临时观众"身份，只能造成越来越多的人因反感这种临时性角色而抛弃传统文化。

（三）解决民间传承人面临困境的途径

要解决当前传统文化民间传承面临的困境，就要完善传统文化民间传承人的保护对策与建议，既要有自上而下的顶层设计，也要从有传承人自身利益出发的诉求，使传承人在传承传统文化的同时，既能获得社会荣誉，也能保持有尊严的物质生活水平，这是保护传承人有效传承的关键。对于许多"非遗"项目，传承人如果固守在"非遗"的传统生存时空，与现代社会的变迁相隔绝，则这种保护方式无异于"慢性自杀"；另外一种情况，传承人以"生产性方式保护"为借口，错误地理解其内涵，盲从市场需求，改变"非遗"的内容、材料、手工技艺、传承空间等核心要素，以此追求市场效应。此种"生产性方式保护"也无异于"杀鸡取卵"。[1] 基于上述原因，我们着眼于传承人本身，从传承人的生存状态及文化传承现状出发，探讨如何培育传承人的传承环境，如何维护他们的权益，使传承人能更好发挥传承功能，推动优秀传统文化传承的可持续发展。

1. 完善传承人推选认定机制

（1）代表性传承人的推选认定

传承人的推荐必须有科学的理论做指导，也就是说要有科学的依据，首先应该弄清个人在社区的身份、传承内容、传承谱系、传承方式、濒

---

[1] 刘晓春：《非物质文化遗产传承人的若干理论与实践问题》，《思想战线》2012年第6期。

危程度以及所传承文化的内涵等内容①，这是传承人推荐的基础工作，必须依赖于扎实的田野调查和学术研究才能够获得，也只有专业人员从专业的角度认定，如果只是基层政府为节约成本，组织所谓的调查组，很可能出现偏差，而如果只是凭借填写几张表格，是无法掌握真正切合传承人实际情形的资料的。但目前传承人的推荐和选定，如同长期以来制度化的评选程序一样，通常是由地方文化机构或政府部门填写相关材料，层层上报至评定机关进行评审。笔者认为，传承人的认定应该首先设立一个第三方的专家委员评定机构，由专家委员会进行具有专业水准的深入的田野调查（普查），在严谨和公正的学术研究成果基础上、依据大量翔实的资料得出的结论，再经过各级政府或相关部门的权威公布等来开展认定。同时，必须尊重当地社区和传承者当事人的意愿，包括尊重他们在守望传统技艺和各种人生选择之间的基本自由，而政府所能够做的主要是通过政策方面的引导，以解决诸如传承者后继乏人等各种具体的实际问题。简言之：前期调研—第三方评定—政府认定—当事人自愿的原则和程序。从制度框架上打破原有的通过填表—申报—批准的教条程序。

（2）非代表性传承群体的认定

激励措施不止针对代表性传承人，对于未被推选上的持有相关技艺的非代表性传承人，建议我国政府分两步实施，对于产业化的传承方式，在保持传统技艺不变味的前提下，政府从政策上给予倾斜，通过减税、免税等方式鼓励其通过开发利用传承和弘扬少数民族传统工艺文化；第二步是非代表性传承人的身份认定，借鉴日本对传承人团体的认定方法，对其身份加以界定，鼓励和扶持这些家族式的传承工作，避免影响到传承群体原有的和谐，带来负面效应。日本在工艺领域实施"个别认定"和"传承者团体认定"。"个别认定"和"综合认定"是对于传承人的认定，而"传承者团体认定"则是对于"保持团体"的认定。"个别认定"用来认定可以高水平展示被指定为"重要无形文化财"的艺能者和那些高水平掌握了被指定为"重要无

---

① 冯莉：《传承人调查认定看当前"非遗"保护工作中存在的问题》，《青海民族研究》2010年第4期。

形文化财"的工艺技术者。"综合认定"是在作为"重要无形文化财"的艺能只能"由两人以上一体共同进行高水平展示"的情况下，或作为"重要无形文化财"的工艺技术是由两人以上高水平掌握的情况下，认定这些人为该"重要无形文化财"构成团体的成员。"传承者团体认定"则限定于被指定为"重要无形文化财"的艺能或工艺技术在性质上缺乏个人特色，并且在该技能或工艺技术的保持者大量存在的情况下，对于那些成为主要构成成员的团体性认定。① 因此，对于非代表性传承者，且技艺是公有技艺，我国可考虑进行团体性认定，团体认定要区别于我国先前认定的民族生态文化村或民族艺术之乡，民族艺术之乡是以某一地域为认定范围，而这个团体认定是以人数多少为认定范围，目的是保护一批有相同技艺传承的群体。

2. 传习群的培养和文化创新

传习人既指单个人，也可指某一群体。传习人由接受者发展而来，接受者通过自己的习得、接受并掌握某项遗产的技术、技能，这时的接受者可能成为新的传承骨干，统称为"传习人"。今天的"传习人"有可能成为明天的"传承人"。在文化遗产的传承过程中，既重视"传承人"的抢救，更要加强"传习人"的培养，才有可能使非物质文化遗产"世代相传"下去②。代表性传承人要有计划地选拔、培养一代接一代的年轻传习人，让年老一代以老带新、言传身教地把自己所掌握的精华传给年青一代，年青一代将老一代传承人的精华承接下来，并进行再传承、再创造、再生产。这样一代接一代的努力，才有可能实现民族文化的永续传承与发展③。当传习人达到一定数量，形成了固定群体，传承人的蓄水池和人才库不断充盈，才能不使传统技艺存在断代的危险。

传习群的培育也包括我们前述乡土精英和普通群众文化参与机会与热情的培育。民间传承绝不能脱离民间社会、脱离群众基础，也不仅是

---

① 《日本"重要无形文化财"传承人认定制度复杂》，http://info.china.alibaba.com/detail/1011234869.html。
② 安学斌：《民族文化传承人的历史价值与当代生境》，《云南民族大学学报》2007年第6期。
③ 樊鸿雁：《民间文学艺术传承人的权利保护》，《中国民族》2007年第11期。

"传承人"自己的事,更不是仅依赖于官方力量的事。要充分激发乡土精英和普通群众对传统文化的热爱之情,通过文化的传承与发展进一步强化人们内心对家乡的归属感和荣誉感,从而反过来促进文化的民间传承。文化由人创造,人是群体性和社会性的,文化只有回归到社会中、回归到人的群体中才会有生命力和活力。特别要注重引导新时期乡土精英们对家乡发展的关注之情,引导他们把自身的学识、精力,甚至包括金钱有效地投入民间传承中去,要注重借助他们的号召力、影响力,吸引人们参与到文化活动中来。同时,要积极创造条件,为普通群众参与文化活动提供良好平台,要把民间传承的重心放在民间实实在在的生活场景中,激发人民群众的文化热情和创造力,为民间文化传承提供最有力的支持和保障。

文化传承人的培育还包括文化的创新。如果一个民族的文化只是简单地从上一代原封不动地照搬传给下一代,没有创新和发展,那么这个民族的文化终究只会在自我的循环圈内传递,无法实现真正意义上的传承。黄道婆将黎族传统的纺织技术进行革新,将单锭纺织机改成多锭纺织,大大提高纺织效率,推动了纺织业的发展,这就是创新的例证。因此,一个民族要实现文化的传承离不开传习人的创新意识,包括对自身文化的扬弃和对异质文化的吸收。作为非物质文化遗产,它的一个重要特色就在于其活态性,它表现为一个不断更新发展的动态过程,在这个过程中,创新活动是根本推动力,也是文化得以发展的动力。在传习的过程中,传承人应培养传习人的创新意识,鼓励和支持他们在扬弃地继承传统文化精髓的基础上,不断以新的成果充实其内容、丰富其内涵、增加其要素,使之与时代相适应,并进入新一轮的群体性(族群或社区)传播。从调查中得知,传承人的创新性多集中于较年轻的传承人,年轻人思维活跃,易于接受新事物,在传承的过程中,能够将传统工艺与现代实用需求结合,在材料和工艺上仍保留传统精髓,得到市场认可,获得经济效益,从而能反哺传统工艺生存窘况。

3. 建立传承人责任机制和退出机制

目前传承人的责任机制流于形式,未真正落到实处。传承人往往沦为地方管理部门应付专项检查的工具、各地展演的道具、充当门面的面具,至于传承人真正能带出多少技艺高超的徒弟(或称学生),出师的徒弟是否还在从事相关的工作，是否还在这一领域做出了贡献等，都无从考察。只追求带徒弟的数量，没有过多关注所带徒弟的质量，更较少去关注所带徒弟的出路。因此，对于传承人的责任机制的完善，不仅要详细规定传承人的传承记录，重点要检验传承人的传承效果，这样，有利于传承走向健康的轨道，而不是让传承人疲于奔命于各种表演和检查。因此，保护传承人的关键点在于落实传承责任。

另外，长期以来，传承人能"进"不能"出"，不好进也不好出，对于好不容易拼力挤进传承人队伍的人来说，"退出"对个人、对当地政府实在不是一件光彩的事情。这些都暴露出我国对传承人的监管缺失、制度设计的缺位。对于退出难、难退出的现状，文化部门也一直在不断完善具体操作，鉴于目前的情况，要尽快推出传承人"退出机制"的细则。传承人不是端铁饭碗，更不是终身职业，而是一种责任和荣耀，要能"进"，更能"出"。因此，要进一步让社会监督成为重要杠杆，使大家不仅在项目申报"种庄稼"的时候上心，更要在"秋收"时让文化传承颗粒归仓。

日本和韩国这方面的经验值得借鉴。例如：两国不仅有认定传承人称号机制，也有解除其称号的机制。日本遗产传承人经费使用上有较大的自主权，且发放到位，不存在截留等伤害传承权利的问题，保证了传承人的利益，使传承人全心全意履行自己的传承义务。但规定传承人也应及时履行义务，在3个月内公开自己的传承记录，以便管理部门核实。韩国则注重传承人传承的效果检验，包括要求传承人必须跟从传承人学习6个月以上，并在相关领域工作1年以上。同时对遗产传承现状进行质量检验，如果认定该项遗产已不符合国家级的要求，政府就会解除它的称号。从某种意义上讲，日韩两国以制度化的监管强化了传承人的责任心，从而减少了非物质文化遗产遭人为毁坏的可能。

4. 保障传承人权益

传承人的权益分为精神性权益和财产性权益，制度保障下的双重权益的合理获得，才能激发传承人传承文化的主动性和积极性。可借鉴联合国的《生物多样性公约》中的利益分享原则，依据此原则有两个基本目的：一是在非物质文化遗产的开发利用中维持人类的可持续发展；二是保护非物质文化遗产代表性传承人的利益。① 在非物质文化遗产的开发过程中，利益分享原则表现为：依据公平合理的理念在开发者和传承人之间合理分配开发和利用非物质文化遗产所获得利润，特别是在市场经济的条件下，传承人参与经济利益的分配，对于激励传承人不断创新传承方法、传承途径都会起到积极的作用。

作为常态的传习活动。虽然每年政府管理部门都要与所在地传承人签订工作责任状，明确传承人工作职责、传习时间、收徒传艺等系列管理办法，力图保证传承人正常开展传承活动。但从调查的结果来看，大部分传承人并未履行相应的职责，传承的对象数量有限，传习时间不足，实际传承的效果并不乐观，其中监督管理不力是其重要的一个方面，在具体监督管理上执行不严。因此，对传承人的传承效果的评估，首先是要落实传承人的工作职责、传承时间，更重要的是评估和考核传承效果，传承人是否有计划有步骤地培养了一批优秀的继承者，这是评估传承效果的落脚点，而重过程、走过场、轻结果只会本末倒置。

要建立传承人的长效激励机制。针我国具体实际情况，首先是保障国家的每年的补助资金能落到传承人口袋，这是保障传承人有义务传承的前提。其次，为了让传承人安心做好传承工作，仅国家的补贴对于依然贫困艰辛的民众来说，只是杯水车薪。政府要创造条件给传承人一些实质性帮助，比如地方政府的配套补贴要纳入政府的财政预算，只有彻底解决了他们的生计问题，才能确保他们有充裕的时间与精力用在传承工作上。再次，相关部门不能一补了事，还要对传承活动提供更好的发展平台。通过短期培训、职业技术教育，扩大传承人数量。同时，一旦掌握这项技能的人增多，产品的销路就又成问题，这就需要管理部门，提供更多销售平台和销售信息。如通过各种活动加大宣传力度，扩大此项工艺的影响力，或网络销售，扩大销售渠道。最后，要建立长效机制，为传承人建立知识产权保护机制。对于传承人不断创新的产品应通过知识产权加以保护，才能使传承人在参与产品开发过程中的获得合理的经济利益，避免市场的无序竞争，挫伤传承人不断创新的积极性。其中，

---

① 谭劲、刘心一：《浅谈非物质文化遗产传承人的保护与制度建设》，《旅游纵览》（行业版）2012年第3期。

"政府的定位是统筹管理,学术界是科学指导,而商界则是在科学保护基础之上进行适度参与,政府、学界、商界,任何一方的过度参与,都会对非物质文化遗产的自主传承造成不必要的伤害"①。

当前,来自民间而根植于民间的传承人在传承的实际过程中面临各种困境和危机,特别是代表性传承人,更承担了保护和传承民族文化的责任和义务。我们必须遵循文化的内在传承机理,理顺传承场域中客观存在的各种关系的角逐,包括处理好国家、地方政府、传承主体、民众四股力量的关系,各归其位,遵循民间传承的自身的逻辑和游戏规则,才能实现文化传承与现代经济之间的张力性共存,才能使优秀的传统文化有效传承。

## 二 传承组织建设

民间组织是一个有特定指向的概念,广义的民间组织是指除党政机关、企事业单位以外的社会中介性组织。我们通常所说的民间组织,是对社会团体、民办非企业单位和基金会的总称。而具体到我们所说的传统文化的民间传承组织,其包括的范围更为广泛,除了上述各种类型在国家民政部门登记在册的正式组织外,还包括活跃在民间,但没有正式注册的诸如行会、同乡会、宗族,甚至是较为松散的临时性组织,他们在民间传承中都各自发挥着重要的作用,而这也是本书中重点关注的对象。从功能上来说,有研究者认为民间组织可以划分为宗教组织、文化娱乐组织、经济互助性组织、互助性兼社会公益性民间组织、临时组织等。

当然,我们关注的肯定是民间组织在文化传承方面的价值,但实质上无论哪一种类型的民间组织,或多或少都与文化相关联。庄孔韶在《作为文化的组织:人类学组织研究反思》一文中说:"当我们思考那些非正规的民间组织的深度研究时,中国农业社会的宗族家族组织处在了重心的位置。此外,诸如汉族的青苗会、彝族的家支组织,以及黎族等

---

① 《冯骥才呼吁尊重"非遗"自主传承性,民众才是文化遗产的真正主人》,凤凰网,http://finance.ifeng.com/roll/20120313/5740079.shtml。

的年龄组，都在学院派的组织研究中得到文化的诠释。"① 庄孔韶的这段话说明了民间组织本身所具有的文化内涵。正如人类学大师马林诺夫斯基所说："社会组织是集团行为的标准规则。……在一切有组织的动作中，我们可以见到人类集团的结合是由于他们共同关联于有一定范围的环境，由于它们住在共同的居处，及由于他们进行着共同的事务。他们行为上的协力性质是出于社会规则或习惯的结果，这些规则或有明文规定，或是自动运行的。"②

（一）民间组织的功能

1. 编辑整理民间文化资料

民间文化传承基本工作是对民间文化整体有一个全面的把握，而这项工作除了政府文化部门的工作人员在实施外，还有更多的民间组织参与其中。民间传承组织重要的工作内容之一就是资料的收集、分类、整理、出版与传播。每一文化事象都承载着人类社会千百年来的发展信息，是人类智慧在历史长河中的积淀。而民间浩如烟海的文化事象，其中有很大一部分正是得益于这些民间组织有计划、有条理地加以收集整理才得以保存和流传。如关伟在研究锡伯族民间组织时，认为这些民间组织"充分发挥其独特鲜明的民族性、非营利公益性、广泛的联系性，通过著书立说、发行报刊、创立网站、创作文学艺术和影视作品、举办学术交流研讨会、协助政府保护非物质文化遗产等各种方式，积极展开了对本民族文化的调查、研究、抢救和保护的工作，有效地遏制了民族文化急速消失的势头，成为一支传承和发展民族文化不可或缺的力量"③。

2. 开展民间文化传承宣传教育

许多民间组织自身就是专业性的文化集体，他们一直身体力行保护与传承传统文化。同时，这些组织在组织集体外，还积极开展宣传教育工作，以此提升大众对传统的知晓程度，营造民间文化大众传承的氛围。在乡村社会中，这些组织借助自身的影响力，邀请村民们参与或是观看

---

① 庄孔韶、方静文：《作为文化的组织——人类学组织研究反思》，《思想战线》2012 年第 4 期。
② [俄] 马林诺夫斯基：《文化论》，费孝通等译，中国民间文艺出版社 1987 年版，第 7 页。
③ 关伟：《当代锡伯族社会民间组织传承民族文化之贡献》，《大连大学学报》2015 年第 5 期。

传统文化的展演，或是通过组织节日祭典或是庆典活动，向村民们普及和宣传传统文化知识。在城市社区中，他们除了展演外，还经常印刷相关宣传资料、摄影集等分发给社区居民，通过科普宣传使人们能够对自家的文化家底做到心中有数。"在苗族传统社会中，普遍存在一种名为'议榔'的社会组织，这种社会组织由氏族部落议事会发展而来。由'议榔'组织定期议定的经过公认的民间规约称为'榔规'，亦称'榔约'。它涉及苗民生产、生活的方方面面。在苗族社会中，议榔规约一经集体议定，就成了不成文的习惯法，人人必须遵守，否则就会受到集体的谴责和惩罚，这对维护当地的生产、生活及正常社会秩序等等，都起到了积极作用。由于苗族历史上没有本民族的文字，故'榔规''榔约'多系口口相传，历久不衰。近代以来，有的地方出现了以汉文写成的规约条文，有的写在纸上，形成文本；有的写在木牌上，挂在'议榔树'上；有的刻在石碑上，晓谕乡里。对于违反'榔规''榔约'的行为，既有经济上的处罚，也有肉体上的惩治，还有剥夺名誉乃至开除寨籍等的处分。"[1] 这充分表明民间组织蕴含着宣传教育功能，其自身是文化的组织，也担负着传承文化的责任。

3. 为民间文化传承提供指导

《保护非物质文化遗产公约》将"保护"定义为："采取措施，确保非物质文化遗产的生命力，包括这种遗产各方面的确认、立档、研究、保存、保护、宣传、弘扬和传承。"公约中所提到的每一项要求，完成起来都需要耗费大量的人力物力和时间。这些工作并不是一般大众所能完成的，仅仅依赖学术界和知识分子也没办法解决，而民间组织正好作为一支有效的力量补充进来，其中有文化爱好者，还有不少人就是文化专家，具备专业眼光，能更有效地提出方法和措施，避免工作的盲目性和重复性。比如一些民间文化协会，其成员多由学者、专家和文化工作者组成。他们不仅具有非凡的专业素养和综合知识能力，还应具有崇高的文化精神境界和职业道德，能够从非遗保护、社会发展和人类文明延续的层面和高度全面考察、研究民间文化。他们在民间文化事业发展中，

---

[1] 古开弼：《我国历代保护自然生态环境的民间规约及其文化传承》，《中国生物学史暨农学史学术讨论会论文集》，2003 年，第 199—224 页。

能给予专业性、持续性的指导，从而推动民间文化传承事业更好发展。

4. 为民间文化传承筹措资金

为了更好地发挥民间传承的作用，还必须组织开展各类型的文化活动，但这些活动的开展需要大量资金的支持。从现实来看，政府层面提供的资金保障非常有限，近年来虽然各级政府在公共文化服务和非物质文化遗产保护上投入不断增加，但苦于面太广、盘子太大，很多时候只能是抓重点，起到的多半是锦上添花的作用。但大量文化传承工作还急需雪中送炭，需要有基本的资金来保证传承工作的正常运转。这些钱从何而来，靠个人维持显然是不现实的，所以民间组织在这方面同样也可以起到关键性的作用。各地活跃的民间组织，依托组织内部成员的力量和组织本身的影响力，不断挖掘社会关系潜力，积极争取更多的筹款，比如向更多有社会责任感和文化意识的企业家寻求支持，往往能够获得更多的资金和技术支持。

5. 为文化传承提供平台

民间组织，特别是在乡村里的民间组织，为人们提供了一个文化交流及交往的平台，在交流中使文化得到流传和弘扬。随着社会流动的加剧，我国广大农村地区许多年轻人读书毕业后，都会选择外出打工。这些年轻人，从小在学校学习，接受国家正规教育，大部分时间都在学校度过。虽然生活在乡村之中，但他们并没有太多的传统乡村生活经验。从学校读书直接过渡到外出务工，导致了文化的传承在年轻人中断层现象的发生。民间组织在特定时段如过年过节举办的活动就成了最有效的文化交流平台。如神农架林区下谷坪土家族乡板桥河村，2011年由村民自发成立了一家名为宏缘民俗的文化服务公司，其12名主要成员都是民间文化的爱好者和传承人，根本的目的在于宣传和保护当地土家族传统文化，他们演出的主要内容是地方堂戏、皮影戏、鼓儿车、山歌、九字鞭等具有地方特色的文艺节目。近年来，他们每年春节期间都自发组织一次"板桥河村迎新春篝火晚会"。晚会上，返乡农民工可自由上台表演，当然最有吸引力的还是该公司职员（平时也都各自在家务农或是务工）表演的当地传统文化节目。也正是有了这样的平台，年轻人才慢慢知晓了自己从小生活的乡村之中有这么优秀的文化存在。在提供这样的平台同时，还能够有效地进行后备人才的选拔。因为地方传统文化大多来自民间，民间组织可对传承人队伍建设等方面进行挖掘。如研究者在关注安顺屯堡文化时认为："当地九溪民间组织对民俗骨干纳入相关民间组织活动中来，如地戏跳得好的当选为地戏队长，面具做得好可以成立相应协会等。在一定程度上能解决选好真正有技术或权威的人来作为传承人的问题，一定程度上为乡村治理权力格局及民间文化传承人的选拔奠定了基础。"①

民间组织在文化传承中所发挥的功能绝不只有上述几点，其实很多时候，民间组织的功能是一个复杂的综合体，包括文化研究、传统保护、对外宣传、人才培养、行业管理等等。如有研究者认为："在粤剧形成过程中，琼花会馆的建立是一个转折点，把粤剧带入了第一个兴盛期。……由此可见，粤剧的发展离不开行业组织的协调、指导和市场拓展以及对艺人的管理。行业组织促进了粤剧在新的区域空间的稳步发展，带领粤剧更规范更专业地传播，向更远更多地区的传播。粤剧在海外传播过程中，民间组织尤其有着不可替代的作用。"②

（二）民间组织文化传承的特点

如前所述，民间传承组织的建立本身是为了更好地对文化进行保护与传承，这就决定这些组织必须与某项或是某些文化事项的特质相适应。因此，面对如此丰富的传承组织，我们只能提炼出这些组织所具有的一些普遍性特点，对具体组织的特征并不做专门论述。

1. 民间组织文化传承的持续性

从现有的资料来看，许多承担文化传承功能的民间组织都有着较为悠久的存在历史，他们可能在某一文化事象被世人所熟识之前就已经存在。有时候民间传统组织其实与血缘、亲缘和业缘组织，比如说家庭、家族和行会等是密切关联的，甚至是重合的。这样的组织形式能够在很大程度上保证传承的持续性，而且是代际的持续传承。人们常常说某某为某种文化事象的第多少传人，说明代际传承之久远。这种长久的代际传承现象，其实就是一种民间传承组织连续性的体现。比如："加•朱乃

---

① 兰定松：《论屯堡文化传承与保护中民间组织的作用——以安顺九溪村为例》，《贵阳市委党校学报》2015年第4期。

② 孙丽霞：《民间组织在粤剧保护传承中的重要作用》，《南国红豆》2011年第6期。

的家庭是传统的'江格尔奇'世家,其父和祖父都是有名的'江格尔奇'。加·朱乃除了会说唱近30章《江格尔》外,还会演唱其他英雄史诗和叙事诗,讲述各种古老的神话、传说、民间故事和祝词等,并会唱许多具有历史意义和音乐价值的民间长调歌,边唱边弹陶布舒尔琴,是一位能歌善舞的杰出的民间艺术家。老人不仅能把长篇的《江格尔》演唱,而且还能把自己所知道《江格尔》的所有内容都记录下来,并培养多名弟子,被国际史诗学会主席、德国波恩大学教授卡尔·约瑟夫称为'当代传唱《江格尔》史诗的杰出代表,是大师级的民间艺人'。由于加·朱乃出生于'江格尔奇'世家,加上后天的努力与勤奋,所以他演唱的《江格尔》无论从章数还是字数上都大大超出同代'江格尔奇'们,且结构严谨,内容丰实,情节曲折,人物描绘亦细腻、生动,比较完整地保存了史诗《江格尔》的原始面貌。加·朱乃是一位名副其实的'江格尔奇',他所演唱的《江格尔》是一部能够代表《江格尔》形成与发展标志的经典《江格尔》。"[1]

诸如微博、微信这些现代科技产物的流行,在很大程度上也起到文化影响力扩展的作用,但目前来看这些技术的运用更多是一种碎片化、临时性的传承,很多都是单个的个体无计划、无规律的行为。与具有历史厚重感的民间传承组织相比较,其文化传承功效不可比拟。比如宗族组织的文化传承所具有的持续性,虽然在一段时间内,国内的宗族组织被强制性的解体,但其文化传承功能大多在民间社会通过各种较为隐秘的方式得以保存。如今宗族组织的复兴,最关键的点就在于其文化传承功能的复苏,得到社会较为普遍的认可。比如在民间家训传承上,宗族组织就担负着无可替代的角色,"通过一系列模式化言行将祖训族规融贯于传统节日、重要生命周期及特定的时空节庆制度中,使得家训文化内核得以绵延发展。纵观三洋鲍氏自始祖入闽、三洋开基至今600余年,家族仪式纷繁多样,内涵节庆、祭礼、表彰等。其中,诞庆婚庆、修谱家祭、晚辈入学训导、'旌奖义士'表彰仪式为家训传承较为直观镜像,家

---

[1] 布·孟克:《江格尔奇加·朱乃演唱特征》,《民间文化论坛》2011年第4期。

族意志、爱亲美德、尊师重道、从善精神在这里徜徉"①。

2. 民间组织文化传承的纯粹性

所谓的纯粹性是指民间传承组织在文化传承实践中的目标指向具有单一性。这些组织的运行没有掺杂过多的功利性目的。虽然公益性非营利性组织是现代社会的产物，但从历史的角度来看，我国民间传承组织大多都具有这样的特性。也就是说民间社会组织在传统文化传承方面是纯粹的，是为了传承文化而去传承文化。这种目的上的纯粹性，给予了其以传承观念方面的长远眼光和独到见解，这样就能够保持传统文化在去粗取精的基础上，独立于纷繁复杂的流行文化大潮，进行原汁原味的传承②。

比如 2014 年 7 月在广西南宁成立的广西歌圩协会，"广西歌圩协会的成立及其使命都离不开歌圩文化的影响，歌圩文化的公共性作用促使广西歌圩协会拥有着高度的使命感去保护和发展歌圩文化。歌圩文化的公共性体现在几个方面：其一，具有场所空间公共性，歌圩覆盖了广西大部分地区，如南宁、桂林、柳州、河池、百色、防城港、武鸣等多个市县；其二，具有少数民族公共性，它是壮、侗、苗、瑶等多个民族传统歌唱活动的特定形式；其三，具有文化底蕴公共性，歌圩文化拥有悠久的历史渊源和深厚的文化底蕴；其四，具有广泛的热爱歌圩文化的民间艺术家和非物质文化遗产保护机构、志愿者的拥护。因此，歌圩文化的公共性作用不仅促使了歌圩文化得到重视和保护，同时让歌圩文化的保护传承体系得到进一步完善"③。又如"作为洱海地区广泛存在的民族民间信仰组织，斋奶会以老年妇女共同体、信仰共同体等多个层面特征统合了地方的社会与文化，使地方性的文化在现代性的文化趋同中得以流传与保存。斋奶会是具有多重文化意义的民族民间信仰组织，很多会期活动与当地文化、民俗相交融。这种自发性的组织因为去除政治性而

---

① 李缀、陈桂蓉：《民间家训传承仪式及其现代生长点——以福建永泰三洋鲍氏为例》，《怀化学院学报》2016 年第 5 期。

② 巴音：《民间社会组织在地方文化传承方面的重要意义》，《鄂尔多斯学研究增刊》2014 年。

③ 彭正波、冯莎莎：《治理视角下民间组织参与民族文化传承的行动路径——以广西歌圩协会为例》，《广西民族研究》2016 年第 5 期。

以相对纯粹的样貌展示地方文化的特征"①。

3. 民间组织文化传承的灵活性

这里所指的民间传承的灵活性是指组织结构并不需要固定的模式，许多传统的民间传承组织经过历史的冲刷，基本形成了自己独有的发展模式，大多能够随着时代的变迁而自我调节，即使有些传承组织坚持着传统，那也是为了确保其传承的文化事项的完整与纯粹。但我们也一再强调，我国丰富的民间文化正随着时代的变迁而迅速变化，民间组织如果没有相应的组织结构调整，也难以完全适应文化事象传承的需要。比如说重庆市秀山花灯的传承，研究者观察到"花灯班的组织形式以往是以血缘为中心，以自然村落或姓氏家族组成，是一种聚族而居的组织模式。但是近年来随着城镇化速度的加快，大量青少年迁居城市或者在城市务工，他们的长辈便跟着进城，于是，秀山花灯也被花灯艺人带'进城'了。花灯班的组织模式也随即发生了变化，成了以地缘为中心的组织。花灯班成员不再是姓氏家族成员，而是因纯粹的地理关系，由几户相邻的花灯艺人相聚而成"②。这样的组织结构变化就是典型的灵活性体现。又如石阡木偶戏帮的木偶戏传承："石阡木偶戏班，在过去，通常以家族为单位，即以血缘、族亲关系为纽带而进行组合，如父子、兄弟、叔侄组成一个班。有班主、管班各1人，演员5人，伴奏4人。班主的选定通过原班主的认可最终由陈平宗师和法灵戏祖来决定，以借助宗师和戏祖的威慑力来强化新班主的自律行为。管班以接洽演出业务为主，负责戏班的外部事务。从这个意义而言，管班便是一个戏班的形象大使，对一个戏班生意的好坏起着重要的影响作用。因此，自然在能、德方面对管班亦有较高的要求。"③

（三）民间组织面临的问题及对策

民间传承组织在文化传承中肩负着重要的职责，在传承传统文化过程中已经或正在发挥重要作用。也正是因为如此，才使得我国诸多优秀

---

① 张艳飞：《斋奶会：文化传承组织与老年妇女共同体》，硕士学位论文，云南大学，2015年。
② 丁梦玲、杨林：《城镇化进程中秀山花灯传承群体组织方式变迁研究》，《美与时代（上）》2016年第5期。
③ 田永国：《石阡木偶戏的形态构成及其思考》，《吉首大学学报》2012年第3期。

的传统文化没有消亡在历史长河之中,还能够在民间社会中保持活力。有学者从自组织理论出发,对民间传承组织的功能进行了充分的论证,并借助中国故事第一村耿村的案例证明:"从长远来看,只有广大俗民的'自组织'保护局面的真正形成,非物质文化遗产保护才会是可持续性的。"并且还分析到"现代社会的组织系统主要划分为三大块:政府组织、市场组织、民间组织(西方称为非营利组织)。由于非物质文化遗产保护自身存在的特性,政府组织、市场组织在此往往会出现制度经济学意义上的'失灵':一是'市场失灵'……二是'政府失灵'……从总体上来看,对于大多数非物质文化遗产的保护而言,市场是'不为'的、政府是'不能'的,这项任务自然就落到了俗民及俗民组织身上。换言之,俗民及俗民组织才是非物质文化遗产保护的真正主体,没有俗民及俗民组织的广泛而有效的参与,非物质文化遗产要想得到完整、有效保护几乎是不可能的"[①]。

1. 民间组织面临的问题

民间传承组织的运行与发展并不是毫无障碍,从目前来看或多或少存在着一些困境,主要体现在:

一是组织影响力弱。传统的民间组织一般来说都具有极强的地域性或是行业性,其行动策略是力求影响周边的人群,而这种发展观念延续至今,明显的不足就是其参与民族文化传承的影响力相对较小,自身力量显得较为薄弱。受自身条件的限制,民间传承组织在文化保护、传播、宣传等方面,形式显得较为单一,时间也趋于周期化。

二是组织资金匮乏。民间传承组织所具有的公益性和非营利性,决定了其运作过程中资金必然是短板。在我们所调查的许多民间传承组织中,基本是靠组织成员个体的努力去筹措活动资金,很多时候不得已尽量简化活动流程。即使是一些类似行业协会的民间传承组织,仅靠从会员那里收取一些象征性的活动经费,也不足以有效地开展文化传承活动。总体来看,大多数民间传承组织因其公益性、非营利性决定了组织运作缺乏足够的资金,大大阻碍了民间组织参与民族文化传承作用的发挥。

---

① 李丽丹:《自组织理论视域中的非物质文化遗产保护——以耿村故事的传承与保护为例》,《河南教育学院学报》2006年第5期。

那些临时获取企业或政府赞助和支持的民间组织也难以具备持续性和长期性的传承能力，使文化传承活动受到极大的限制。

三是组织运行非独立性。在当今现实条件下，民间传承组织在实际运行中的非独立性是指：其一，组织思想的非独立性；其二，资金的非独立性。民间组织运行不可能处于真空之中，必然与周围环境有互动。特别是国家法律法规的日益完善，任何集体性的行动都会受到一定程度的管理。即使许多民间传承组织并没有在官方登记注册，但其日常活动还是会受到不同政府部门的干预。简单一点说，比如某个民间传承组织要举办一次活动，活动中必然涉及人的聚集，就成了公共性事情，为了保障安全政府部门必须要介入。所以说民间传承组织日常活动离不开当地政府部门、旅游文化企业的合作与支持，无疑也会受到当地政府部门的干预或旅游文化企业的影响。另外，民间传承组织在接受政府、广告商、旅游文化企业的赞助后，行动的开展有了资金的保障，但民间传承组织会受资助者价值观和行为的制约。

四是组织能力不足。民间组织的领导层及其工作人员的个人能力会影响到民间组织的发展。民间组织的发展离不开组织的领导层及其工作人员个人能力的支持。网络时代高速发展，民间组织的发展要适应时代的变化和新的社会环境，领导者能力及其团队缺乏创新和挑战会导致组织的缓慢发展甚至倒退[①]。

鉴于上述各种问题，我们认为民间传承组织应当从以下方向入手，以求破解困局，寻求发展。

2. 解决问题的对策

一是自身建设与政府扶持相辅相成，增强可持续发展力。加强组织内部精英人才的培养，有利于提升组织的治理能力、威望与社会影响力。建立产业实体，把传统技艺转化成生产力的产业化道路是民间传承组织可持续发展的重要途径之一。各级政府部门可通过官方路径协助民间传承组织营销推广，提升品牌影响力，将一定的公共服务项目转交给民间组织承担，完善对民间组织的考核评估指标，采用"以奖代补"等措施

---

[①] 彭正波、冯莎莎：《治理视角下民间组织参与民族文化传承的行动路径——以广西歌圩协会为例》，《广西民族研究》2016年第5期。

促进组织发展。

二是搭建政府与民间组织之间的合作互动平台。在互联网时代背景下，民族文化面临着多元文化的冲击。因此，由政府引导或民间自发形成的民间组织在参与民族文化传承过程中体现了重要性，是我国文化建设过程中重要的社会力量。它不仅弥补了政府参与民族文化传承保护上的不足，更拓宽了社会力量参与民族文化传承的渠道。民族文化传承体系的重要力量，同时为更多的社会力量参与提供了借鉴。政府应该积极行使文化职能，转换角色，把倡导者、引导者、监督者的职能履行好，适当地放手，从指挥到协作的指导，加强与民间组织的相互协作。

三是加强民间组织与民众的合作。注重找准各主体的角色定位，充分运用各自资源优势，构建一个共同参与、相互协作、功能互补的治理网络，从而实现资源的最优配置。传统文化拥有广泛的群众基础，其传承应该注重民众的需求和参与，将市场的激励机制和相关政府部门的管理手段引入民族文化传承过程中，主张有效率的深度合作。

四是制定与民间组织相关的法律、法规，提供制度性的保障。民间传承组织在参与民族文化传承过程中缺少相关法律、法规体系的支持，增加了民间组织参与民族文化传承的难度。政府应建立健全相关制度，加强对民间传承组织的管理力度，确保民间传承组织正常有序地运行。这些制度各地政府应当从当地实际情况出发制定，而不要全国"一刀切"。此外，政府在积极引导民间组织发展过程中要给予相应的政策性支持和物质保障。

五是民间组织应实现治理能力的现代化。民间传承组织应从管理、实践方面完善自身治理，实现能力的现代化。包括健全组织自身的管理，提升软、硬实力水平，提高组织内部成员的素质能力水平，为参与民族文化传承构建更好的平台。民间组织可以利用"互联网"平台、"信息化时代"参与民族文化的传承，丰富民间组织参与民族文化传承的途径。[①]

---

[①] 彭正波、冯莎莎：《治理视角下民间组织参与民族文化传承的行动路径——以广西歌圩协会为例》，《广西民族研究》2016年第5期。

**三 传承场域建设**

文化的民间传承离不开特定的地域及文化生态背景。民间传承人总是在特定的空间来进行文化的传承与传播，离开了特定的空间，传承就失去了依托。因此，研究传承空间的建设就显得十分重要。根据场域理论，我们将文化传承的特定地域与文化生态背景统称为文化传承场域。

**（一）文化传承场域界定**

何为文化传承场域？"场域"概念最早由法国社会学家布迪厄1975年在《科学场域的特殊性》一文中提出的。他认为"场域"，指环绕在行动者社会实践过程中的一个关系空间网络。[1] 场域是一个由各种客观的社会关系交织而成的相对独立自主的社会空间，遵循着自身的逻辑和游戏规则。文化传承场域又被称为民间文化传承的实体中介，是民间文化传承和发展的平台和通道[2]。所谓文化传承场域，是指民间传承的中介实体、空间和情境，既包括有形的实实在在的物质空间，也包括无形的隐喻空间。文化传承场域又可以称为文化空间。20世纪70年代，在西方，人们将空间的概念与社会文化相结合，提出了文化空间一词。亨利·列斐伏尔在1974年出版的《空间的生产》一书中，阐述了空间性与社会性、历史性相结合的"三元辩证法"。他将空间分成了多种类型，如绝对空间、抽象空间、具体空间，文化空间、共享空间等。应该说，由于列斐伏尔的提倡，文化空间的概念已被广泛使用。20世纪90年代以来，联合国教科文组织将文化空间一词引入非物质文化遗产学，并对其进行了一系列解释。1998年发布的《宣布人类口头和非物质遗产代表作条例》解释文化空间为："一个集中了民间和传统文化活动的地点，但也被确定为一般以某一周期或是某一事件为特点的一段时间。"在这个定义中，文化空间就包含了虚实两个方面。2003年，教科文组织在解释非物质文化遗产时也提到了文化空间这个概念："非物质文化遗产是指：被社区、群体、有时是个人，视其为文化遗产的各种实践、展现、表达、知识和技

---

[1] ［法］皮埃尔·布尔迪厄：《实践理性：关于行为理论》，谭立德译，三联书店2007年版，第16页。

[2] 张福三：《论民间文化传承场》，《民族艺术研究》2004年第4期页。

能，以及与之相关的工具、实物、手工制品和文化空间。"① 这个文件，已经将文化空间视为非物质文化遗产的一个类别。不少学者对文化空间发表了自己的见解。如向云驹认为：其一，文化空间是一个文化的物理空间或自然空间，即是一个文化物态的"场"；其二，文化空间是一个文化场，在这个文化场中，有人类活动的具有时令性、周期性、季节性的重复。乌丙安则将虚实两种文化空间作了统一性解释，他认为文化空间指按约定的时间和固定的场所举行的传统民族民间文化活动。总而言之，文化空间应该兼具虚与实或有形与无形两方面特性。

有形的文化空间是指物理空间，是由点、线、面构成的物质载体，如村落、丛林、草原、火塘、寺庙、蒙古包、集市、节日仪式的场地等。② 姜又春以火塘为例，说明了文化空间传承文化的过程。人们围绕火塘开展了生火做饭、取暖照明、分配食物等民俗行为与技艺的传承。人们围坐火塘，一边聚餐一边聆听代代相传的古老神话、传说、民间故事，吟诵民族的诗歌，颂扬先辈的英雄业绩，一种乡土归属感在人们的心灵中随熊熊火光一起涌动。人们还借助火塘开展各种社会活动，包括各种仪式、婚丧嫁娶以及歌舞娱乐等。如彝族摩梭人在火塘边举行女子的成年礼——穿裙礼。正是在这种类似的传承场域，展开了多姿多彩的传统文化的传承。在这些文化表象的背后，传承的是这个民族、这个区域的人生观、历史观、价值观、道德观和惯习的文化心理。③ 无形的文化空间是指一种由意义符号、价值载体所构成的体现意义。④ 是联系人们内心世界的纽带与精神血脉的交织，能够通过文化载体的生产进行扩张。⑤ 实际上，无形的文化空间是指一种宽泛的文化上的空间，着重指向文化空间的意义与符号、精神承载性、文化的象征性等。以祭祀山神为例，壮族、侗族、瑶族、傣族、彝族、纳西族、怒族、哈尼族等都有以树为山神加以祭祀的习俗。他们往往选择村寨中或山上某一棵树作为山神偶像，严

---

① 见于2003年10月在联合国教科文组织第32届大会上通过《保护非物质文化遗产公约》。
② 赵世林：《民族文化的传承场》，《云南民族学院学报》1994年第1期。
③ 邢莉等：《民俗学概论新编》，北京师范大学出版社2016年出版，第308—309页。
④ 苗伟：《文化事件与文化空间：文化环境的本体论维度》，《思想战线》2010年第1期。
⑤ 詹福瑞等：《转型时代文化空间的建构》，《学术月刊》2012年第11期。

禁砍伐与损伤，并常年祭祀。这种生态民俗有利于保护山林。而这种习俗传承源于两个无形的文化空间：其一，山神信仰及根深蒂固的风水观念，在其控制下，可防止山民对山林的破坏行为。其二，民俗礼仪制度和乡规民约，则可以阻止山民对山林的破坏行为。[①]

文化传承场域或文化空间的虚与实，在多数情况下是相互交织、相互交融的，二者形成一个有机的结合体，但在特殊的语境中，有时也只是偏指一方。文化空间可以小到一个村落，也可以大到一个民族，甚或一个国家。村落是传统民间文化产生与传承的最基本最重要的文化空间。几千年农耕文化的记忆都是在村落中产生并传承的，村落是文化空间或文化传承场域建设的基本对象。民族或国家类文化空间则涉及对一个民族、一个国家的传统文化的统一性、同一性的总体认识，是民族认同、国家认同的文化基础。有学者从非物质文化遗产的视角对民族或国家类文化空间提出了整体性保护的意见："一个具有悠久历史的民族（群体），他们所创造的非物质文化遗产是多种多样、丰富多彩的。虽然在具体内涵、形式、功能上有所不同，但它们都是该民族精神情感的衍生物，具有内在的同一性，是同源共生、声气相通的文化共同体。我们要保护的正是这样一个文化整体。整体固然可以是众多局部的有机整合，但任何局部（即使是最杰出的代表）都不能完全代替整体。"[②]

（二）民间传承场域建构方法

随着现代社会的发展，传统文化民间传承场域受到越来越大的冲击，相当大的一部分民间传承场域陷入濒危境地，这将极大影响到传统文化的民间传承。因此，要有效实施文化的民间传承，必须改变文化传承场域的濒危状况。根据这些年各地抢救性保护文化传承场域的实践活动，我们总结出一些建构文化传承场域的基本方法。

1. 传承场域的恢复与放大

原有文化传承场域已经基本消亡，经发掘研究，恢复原貌，使之复活，并加以扩大规模。此类行为，多有政府的参与。

恩施女儿会发展就经历了恢复与放大的历程。恩施土家族女儿会，

---

[①] 邢莉等：《民俗学概论新编》，北京师范大学出版社2016年出版，第309页。
[②] 张博：《非物质文化遗产的文化空间保护》，《青海社会科学》2007年第1期。

简称恩施女儿会，发端于恩施市的石灰窑和大山顶①。两地分别为恩施市东、西两个1800米的高寒山区，两地因分别出产名贵中药材（当归、党参）而成为享誉中外的"药王之乡"，同时两地也分别孕育了奇特婚俗"女儿会"，而成为女儿会的故乡。此俗一直承传不衰，迄今已近300年。女儿会原本是恩施市乡村石灰窑与大山顶仅存于当地村民记忆中的一种民俗。经过政府的发掘与推广，才成为今日恩施土家族的盛会。石灰窑又名十个棚。明末清初，这片土地还处于地远山荒，相传本无人耕种。时逢长江、洞庭湖、沅水、澧水一带发大水，人们苦于水灾，携家纷纷逃往高山。又值清政府对土司辖地实行"改土归流"政策，废止"汉不入峒，蛮不出境"，鼓励人们进山开荒，对开垦的土地可"永准为业"。因此，水灾地区的人们纷纷迁入石灰窑开拓田地、挽草为记，先后有张、薛、李、滕、杨、田、覃、曹、黄、王十姓人家在这里搭棚、落户、创业，故称"十个棚"。十个棚姓氏与当地居民世代相处，繁衍生息。当时薛家棚出任一乡士，称"薛乡士"。他经常外出做生意，下扬州，游洞庭，逛九州。有一年薛乡士远游，于敬"亡人"之前一天即农历七月十一归家，妻女设酒宴相待。乡士忽唤九女（第9个女儿，名珍珠）道："明晨（七月十二）你姐妹可理头善装，上街赶场，游玩一日，平时不可。"其妻当即表示不同意，说：女儿家赶场到商埠游玩，成何体统。乡士开导说："江湖一带女子，当老板，当掌柜，做店员，经商是里手，水上会划船，饭店会厨师，服装会缝纫，能歌善舞，杰女之多，令我钦佩。我要女儿们上街赶场，商埠游玩，增添友谊，见多识广，大有益也。"妻子再无言。于是珍珠等姐妹第二天一早便梳妆打扮一新，上街游玩，顿令街上行人个个惊奇艳羡。自此，每年七月十二，趁过月半节之机，"十个棚"的女儿们都学着薛氏女儿的做法，梳理打扮，穿着一新，相邀上街，游玩一日。久而久之，相沿成习。女儿家不可抛头露面，有伤风化的禁锢，便由此打破了。从此，当地青年男女，趁七月十二这天，相约上街，无拘无束，眉目传情，互吐爱意，以结良缘。自此，七月十二这天，青年男女趋之若鹜，上街赶场络绎不绝，经商贸易也从此兴旺起来，

---

① 《恩施女儿会历史由来》，长江云，湖北网台，http://news.hbtv.com.cn/p/211016.html。

众口皆碑，一时风传开来，七月十二的石灰窑集市便成了"十个棚女儿会"。

大山顶女儿会可以归结为三种说法。

一说大山顶盛产党参、天麻等名贵药材，过去为王、贺两大富豪垄断。因山大人稀、信息闭塞，商品往往积压，为改善经营条件，两家商定举行商品交易会。贺家定在五月初三，王家定在七月初九，这两天放宽男欢女爱的界限，以吸引各地客商前来交易。因赶场的人多为女人，故称女儿会。王家有个"王百万"，家大财大，他的药材销往上海等地，一路免检。田产也很多，他到恩施城不走别人田里过路。王、贺两家经营药材，商定场期，各路男女云集赶场，是为形成女儿会之一说。

一说大山顶肖、王、贺、李、赵五姓人家，为推销药材，商量建集，决定在响板溪兴修街坊，定于五月初三奠基，七月初九竣工。这两天大请宾客商贩前来祝贺，男女欢爱不禁，久之，则形成了这两个场期。为什么把集市建在响板溪？传说与这里的水和庙有关。街西头的石板路边有一股溪水，长年从长满百草药的山中流出，汇集于池，可治百病，尤其可治妇科病。因此，夏天的夜晚有不少妇女在池中裸浴。久之，响板溪女人裸浴治病就传开了。街的东头有一座庙，人称"娘娘庙"，或"傩娘庙"（已毁），是供奉女神的地方。丰富的女性文化，浸透着昔日繁华的响板溪女儿会，生意不好才怪呢？

一说响板溪街上肖、赵两家开有栈房，给恩施、宣恩、石灰窑等地入川背盐的行人提供食宿，方便附近过端午和月半节的人们购物，两家规定端午节前二天（五月初三）和月半节前三天（七月初九）为场期。场集的形成，为"女儿会"的产生创造了条件。20世纪三四十年代，赵家娶了一房媳妇，一直没有大名，小名叫夏大妹，现年已84岁。她说，16岁时她从四川安坪逃荒到大山顶，做了赵家的媳妇，帮着赵家开栈房，接待背力的、赶骡马的过往客人，特别是遇到两个节日，生意更好。退休教师蔡元亨说，50年代，他下放到大山顶劳动，就在夏大妹栈房吃过饭。她是女儿会上的忙人。

两地女儿会本是行将消亡的民俗文化。新中国成立以后，政府开始陆续参与并组织土家女儿会的举办，对女儿会的传承与创新起到了积极的推动作用。据统计，从20世纪50年代到90年代，女儿会一般都由当地区、乡政府举办，从1995年起女儿会开始由恩施人民政府主办。可以这样说，50多年来，这种并不好表现的习俗在政府和百姓的共同努力下，成功穿上了新衣裳。1995年农历七月十二，"中国湖北民俗风情游暨恩施土家族女儿会"活动在恩施市成功举行，土家女儿会首次从石灰窑、大山顶搬进了城，举办地点在恩施市民族路。此后，恩施市政府对女儿会投入了更多的人力物力，并积极思考土家女儿会的出路与推广问题，开创了将女儿会与恩施景区旅游相结合的举办模式。2000年以来，恩施女儿会规模越来越庞大，会上要表演大型歌舞。如2010年表演的节目《相约女儿会》《薅草锣鼓》《石工号子》《女儿梦》《女人不讲理》《太阳落土四山黄》等，其具有浓郁民族风情的大型歌舞表演让现场万名观众如痴如醉、大饱眼福。女儿会又有商品贸易、男女相会的活动，形成了大型商品洽谈会、万人相亲大会等。女儿会成为既具传统基因，又具现代色彩的盛会。

2. 传承场域移植

将文化传承场域由原生地移植至新的地域，其原因或是由于移民，或是由于原生地地处偏僻，不适应大规模传承等。

恩施芭蕉乡侗族风情文化场域，就是移植的成果。芭蕉乡人口2.4万人，其中侗族占46%。相关族谱资料显示，恩施州境内的侗族是清康熙、雍正、乾隆年间从湖南的沅州（即现在的新晃侗族自治县、芷江侗族自治县）、贵州的玉屏（现为玉屏侗族自治县）、广西的三江（现为三江侗族自治县）陆续迁徙而来，迄今已有180年至400多年的历史，有杨、吴、姚、龙、谢、黄等36姓氏。芭蕉乡的侗族由于迁徙时间久远，杂处于汉族与土家族之间，其传统文化的传承场域逐渐消弭。为了恢复传统文化、打造文化旅游品牌，在当地政府扶持下，芭蕉乡将侗族物质文化与非物质文化移入该区域，建立了芭蕉侗族文化传承场域，名为芭蕉枫香坡侗族风情寨，于2007年4月30日正式开寨迎客。寨内建有侗族特色的寨门、风雨桥、侗族鼓楼、侗族花桥、萨岁庙、茶园、农家小院、侗乡民寨。寨内还设有推磨、舂米、榨油、采茶、制茶、织布、垂钓、打铁、做瓦、水车汲水等农事体验活动。建有踩歌堂，可观看农民艺术团精彩的侗族歌舞。侗族文化走廊展现侗族的文化风情，农家小屋吃侗族的农家饭，品正宗油茶汤，畅饮侗乡米酒。

## 3. 传承场域的再造

在抢救、保护非物质文化遗产的背景下，为了传承传统优秀文化，全国各地建立了不少新的文化传承场域，如文化传承基地、文化之乡、文化礼堂、文化景观场域、文化生态保护区等，为传承传统优秀文化注入了强健的活力。

如湖北宜昌车溪土家族村寨文化场域的建设。车溪原本为以一条溪流为中心的山沟地带，20世纪80年代，开始建立车溪旅游风景区，其时，并无土家族村落及文化。21世纪初，车溪开始建构土家族特色村寨。建构从有形与无形文化两个方面入手。有形文化方面，主要是按土家族建筑特色改造旧有民居，同时建造一些新的民居。改造分期分批进行，由政府补贴一部分资金，改变当地民居外形，建成具有土家族特色的村落。当然，村落文化传承场域建设，仅仅有外在的形式是远远不够的，还必须赋予其内在的文化底蕴，即建立无形的文化场域。为此，车溪大量引进了土家族民俗文化，从生产、生活习俗到文艺表演、节庆仪式等，进行了全方位的引进，形成一个较为完整的土家族民间文化传承场域。车溪建有博物馆、土家吊脚楼、土家摆手堂、古作坊区、农家乐表演区、篝火台、土家祭神仪式、铁匠铺等40多个民俗观景点，形成了占地达300多亩的"土家族民俗村"。在车溪，常年演出收集创编的民俗歌舞节目200余个，其中包括大量来自土家族地区的歌舞、民俗表演。可以说，车溪已经被建成了集中传承土家族民间文化的场域。

### （三）村镇传承场域的建设

村落是民间文化重要的传承场域或文化空间，但是，随着城镇化步伐的加快，村民纷纷离开乡土，改变了村落的人员结构，出现了老人小孩村，甚至出现了空心村。村落人员结构的变化，使得村落这种传承传统文化的场域逐渐萎缩，甚至逐渐消亡。因此，考察村落文化传承场域的现状，分析存在的问题，提出解决的办法，就显得尤为重要。

### 1. 古村镇保护、发展面临的主要问题

近年来，国家和社会各界为推动古村镇的保护和发展做了大量工作。自2003年起，住建部和国家文物局开始共同组织评选"中国历史文化名村镇"，至今已公布了6批共528个历史文化名镇名村，分布范围覆盖了

全国31个省、自治区和直辖市。[①] 2012年，文化部、住房和城乡建设部、财政部实施了"传统村落保护发展"工程，迄今评选出1561个传统村落。[②] 2009年，国家民委与财政部推出"少数民族特色村寨"保护与发展项目，经过5年试点，2014年9月，国家民委公布了首批340个"中国少数民族特色村寨"。[③] 与国家的推动相呼应，建筑学、民族学、历史学、地理学等学术界也纷纷从学科特色出发建言献策古村镇的保护和发展。这些举措和研究反映了国家和社会各界保护和发展古村镇的决心，其中的倡议代表着古村镇未来的发展方向。但是毋庸讳言，古村镇的保护和发展仍然存在诸多问题，主要表现在如下几个方面。

(1) 一些古村镇已经消失或正在消失

古村镇是历史上形成的，形成原因多种多样。概言之，或是地处古代交通要道，或是古代区域政治经济中心，或是古代军事要塞等，因此能够繁荣一时，积淀了深厚的文化。但是随着交通改道、地区政治经济中心变迁，军事地位下降等，这些古村镇的发展也缓慢下来，又因所处位置比较偏僻，受社会变迁的影响较少，一些古村镇受到了较大冲击，甚至湮灭消失。

一是因为水利工程开发或大型企业建设而消失。如重庆龚滩古镇自三国蜀汉设县以来，迄今已有1700多年的历史，是国内保存完好且颇具规模的明清建筑群，集山、水、建筑、民族风情于一体。2004年7月，国家规划审议通过了建设乌江彭水水电站的项目，按照这个项目，龚滩古镇将沉入水中。龚滩古镇的消失并不是孤例，坐落在沅江边上的湖南省洪江市托口镇，民国时期形成了"九街十八巷，一巷一码头"的繁华局面，有"湘西小南京"之称。然而随着托口水电站的建设开发，这座保留完整的古镇也将成为历史。

二是因为年久失修损毁、坍塌而消失。在传统社会中，古镇居民日出而作、日落而息，自成一个文化单元，延续着辈辈相传的民族文化，

---

① 数据统计自《中国历史文化名镇村名单》，中华人民共和国国家文物局网站：http://www.sach.gov.cn/col/col1665/index.html。
② 仓铭：《古村镇研究》，中央民族大学出版社2014年版，第16页。
③ 《国家民委命名首批"中国少数民族特色村寨"》，国家民委门户网站：http://www.seac.gov.cn/art/2014/9/26/art_31_215257.html。

然而，在现今社会中，领略了现代文明的居民会觉得古村镇的各项设施陈旧，不适合现代生活，因此一旦攒够了足够的钱就有可能放弃旧居，自己另择地方修盖现代新房。古村镇中的建筑多为土木结构，在常年的风吹雨打中，本就需要经常维修保养，被舍弃后很快就会变成断垣残壁。那些没有搬离的居民在翻修旧房屋时，若无政府补贴支持，也往往更愿意使用便宜的现代材料，从而改变了原有建筑的民族风情。

三是因为火灾等原因而消失。古村镇文物建筑多数为土木结构，耐火等级普遍较低，易燃烧。一些历史文化名城名镇名村缺少消防规划，或者现有消防规划不符合实际需要，甚至缺乏市政消火栓、消防水池等消防水源；还有一些文物建筑管理、使用单位擅自在建筑内开办营业性场所，建筑消防设施设置不规范，用火用电量大，消防安全管理混乱，消防安全隐患比较突出。再加上内部通道狭窄，一旦发生火灾，大型消防车无法进入受灾核心区，也会影响救灾。2014年年初，云南省迪庆州香格里拉县独克宗古城、贵州省黔东南州镇远县报京侗寨相继发生火灾，两个古寨严重受损。

（2）非物质文化消解变异

古村镇作为一种"活态"的文化遗产，传统的生活方式、民风民俗、技巧工艺、价值观念等非物质文化也是重要的遗产内容。然而，随着现代文明的涌入，古村镇文化受到了较大的冲击：传统节日变成了单纯的聚会，寺庙里没有了敬仰之心，歌场对歌变成了套路表演，集市里的商品在全国其他地方也都可以买到，一切都虚有其表。出现这些情况，既和古村镇居民的生活变迁有关，同时也和一些部门领导或古村镇开发者对非物质文化重视不够有关。物质文化遗传与非物质文化遗产本是互为表里的关系。在保护、开发古村镇时，只注重保护有形的物质文化，而将非物质文化遗产的内容作为点缀，不去深入发掘古村镇的民族文化内涵，造成古村镇缺乏灵魂，非物质文化消解变异严重。

（3）古村镇空心化

所谓"空心化"是指古村镇仍然存在，但是出现了原居民人丁稀少的现象。出现这一情况有两种原因，一种是受社会发展的影响，村镇居民不愿继续居住在旧宅里，而选择异地安家。另一种是古村镇被公司承包开发后，公司劝离原居民，使古村镇向更适合商业赚钱的模式发展。

一般而言，能够被商业公司选中作为旅游开发的古村镇，往往是民族文化保存较为完整的地区。但是，若将古村镇与原住民分离，那么，没有了原居民的古村镇会变得冷冰冰，除了商业的喧闹外没有任何温度；而搬离了祖居地的原住民在传承村镇文化时也失去了物质载体，变得毫无说服力。在古村镇中，虽然开发公司会用各种方法临摹、演绎传统文化，但已经变成了纯粹的表演，既不是原真文化，也远离了保护古村镇的初衷。

（4）开发利用过度

在各种保护古村镇的方法中，保护性开发最常被提到。[①] 此举既可以促进当地经济发展，吸引原居民留在当地，维持文化的传承，同时又可以实现文化资本向经济资本的转移，实现古村镇的可持续性开发。自20世纪80年代以来，古村镇的旅游开发逐渐兴盛起来，但是随之也开始出现利用过度的新问题。一些地区片面追求GDP，重开发轻保护，新增景点不顾忌原有古村镇的民族风格，盲目修建大型的现代娱乐设施，经营上过度商业化，绝大多数空间都被用来当作卖场，而所卖的东西也缺少当地民族特色。显然，这种重开发、轻保护的做法破坏了古镇的历史文化面貌。

上述古村镇开发的种种错误做法，虽然对古村镇的破坏各不相同，但总结起来都可归为对古村镇文化场域的破坏，因此保护古村镇，必须从保护和构建文化场域着手。

2. 古村镇文化场域的保护和构建

保护和构建古村镇文化场域，需要具体问题具体分析。对于现存的文化场域，要着力保护，有损坏的进行科学修复。与此同时，也要结合实际情况，用发展的眼光建构新的文化场域。

（1）古村镇现存文化场域保护

保护古村镇的文化场域就是要爱护古村镇的自然环境和风土人情。对那些现状较好的街道、街区，以及古民居、古建筑，不能再盲目拆建、无序开发，其中遭受自然损坏的物质文化内容，要综合建筑学家、人类学家、历史学家的力量，按照修旧如旧的原则进行科学修复，尽可能地

---

[①] 刘德谦：《古镇保护与旅游利用的良性互动》，《旅游学刊》2005年第2期。

采用原材料、原工艺,使用原结构。同时,对物质文化的所有者加强环保和消防安全教育,防患于未然。云南大理剑川的沙溪古镇(寺登)对现有文化场域的保护就做得非常好。沙溪古镇是茶马古道上重要村镇,20世纪以前一直被人们忽略,2001年由瑞士专家推荐,沙溪古镇被世界纪念性建筑基金会列入世界100个濒危遗址名录。从2002年开始,由苏黎世瑞士联邦理工大学(ETHZ)空间与景观规划研究所(IRL)代表瑞士发展合作署(SDC)推动,剑川县人民政府支持,开展了沙溪古镇的研究与修复工程,该工程得到国际古迹遗址理事会和国际文物保护与修复研究中心等国际机构的支持。经过专家们4年的努力,古镇得到了较好的修复。2004年修复工程获得世界纪念性建筑基金会的杰出成就奖;2005年获联合国教科文组织亚太地区文化遗产保护奖的杰出贡献奖。[①]

当然,对现存文化场域的保护,不仅要注意到古村镇的物质文化内容,还应注意对非物质文化遗产的保护传承。村民们居住在独具特色的村寨中,日复一日、年复一年地传承着民族文化,其衣食住行、婚丧嫁娶、节日庆典无不是民族文化的展现,这些传统的生活方式,有很多还在继续,需要得到尊重和认同。

(2)古村镇文化场域建构方法

第一,根据历史记载建构场域。村镇大多具有数百年乃至上千年的历史。地方史志等史籍资料中对古村镇的形成、历史渊源、古镇的特点、古镇的文化都有较多的记载,可以以此为参照建构相关文化场域。但是要注意的是,根据历史记载建构场域,并不是简单地复原历史,而应选择古村镇文化最辉煌的时期,建构古村镇最独特的文化面貌。此外,还要善于利用历史教训,诱导社会反思。如在少数民族古镇历史中,总会有一些破坏民族文化、破坏民族团结的人或事情,给民族文化的传承造成了不可逆转的影响。在建构文化场域时,若能有针对性地揭露这些历史教训,也能达到教育大众珍惜文化的作用。

第二,围绕古村镇核心文化建构场域。古村镇作为民族文化的集中呈现地区,也应围绕核心文化构建场域。在古村镇中,核心文化往往会有一些物化的标志,如傣族的"寨心"、侗族的"鼓楼"等。这些标志不

---

[①] 仓铭等著:《古村镇研究》,中央民族大学出版社2014年版,第5页。

仅是地理坐标，也是少数民族村寨的标志。如侗族村寨中凡有特殊事情或有庆典，需要结合全寨人民时，首领"款首"就登楼击鼓，号召全寨民众齐聚鼓楼共同商议全寨大事。即使是现在，鼓楼因为位居侗族村寨中心位置，且地势较平坦，也成为村民日常休闲娱乐和节日聚会的场所。还有一些作为地区政治中心形成的古镇中保留有历史文化遗迹，也属于古镇核心文化内容。如王村古镇的土王宫，凤凰古镇的南方长城等。

第三，围绕现存传统文化事象、民众文化生活建构场域。世界上各个民族都是在特定的时空环境里，按照当时当地的地理环境和自己的文化特点修建自己的居住场所，从而形成了许许多多风格迥异的村镇。村镇居民的房屋建筑、语言文字、风俗习惯、生活方式、文化艺术以及宗教信仰等，是民族的文化特色，体现了民族文化既是民族的，也是世界的，因此，建构文化场域必须充分体现民族的文化事象特点。

民族文化继承传统，又向前发展。保护少数民族古村镇也应与时俱进，不能盲目排斥现代文明。因此，在建构文化场域时也要考量便利民众文化生活的因素，如增加公共设施，完善基础设施等。只有这样才能留得住人，进而调动居民的积极性，使古村镇的保护和发展进入良性循环。

第四，围绕传统文化活态传承建构场域，将古村镇与民众生活融为一体。古村镇文化蕴含在民众的日常生活之中，尤其是文化场的构建离不开原居民，不能将民俗、宗教从民众生活中剥离开来，而应培养原居民的文化自豪感和文化自觉，使原居民成为传统文化的传承人，从而实现传统文化的活态传承。当然，对于某些已经不适应现代社会的文化内容，也要积极改造。如土家族的"女儿会"的形成是因为在传统社会中，男女交往不便，故而设置了特定时空为男女交往提供条件。时至今日，自由恋爱已成社会风尚，男女交往没有了阻碍，开展"女儿会"的初衷已经不复存在，但是这个已经流传了300多年的民俗不应该被丢弃。近些年，恩施市做了许多有益的思考与实践。如今，已把"女儿会"与相亲相结合，将"女儿会"办成了一个集节庆、文化、经贸、旅游于一体的综合性民族盛会。

第五，古村镇现代街区与传统街区并存。古村镇既要保护又要发展，有人认为这是两难的矛盾，因为保护就是要尽可能地保留原有文化内容，而发展就是改变，势必要破坏原有文化。其实，保护和发展的矛盾并不是不可避免。法国、希腊等国家就很好地处理了保护与发展的矛盾。如可以在不改变整体格局、建筑外观等的前提下，改造内部使用功能；还可以像巴黎和沙溪古镇一样，让新增人口另建新街区，使现代街区和传统街区并存。

第六，加强古村镇四周的生态建设。中国古代选址修寨建镇对环境有很高的要求，特别是少数民族生产、生活对自然环境的依赖程度更高，因而古村镇的选址与布局都有特别的讲究。如西双版纳傣族人通常选择近水田的丘陵地带或依山修建村寨。民间有"寨前渔，寨后猎，依山傍水把寨立""泡沫跟着波浪走，傣家跟着水流走"等谚语[①]。哈尼族也有族训"种田要在山下，生娃娃要在山腰"[②]。从今天人居环境学的角度来看，这种对自然环境的要求就是强调生态环境与人居的相互协调，这些理念也已成为古村镇文化的重要组成部分。因此，建构新文化场域也要重视古村镇四周的生态建设，不仅追求自然环境的优良，也要追求人工环境的自然化。

3. 保护建构古村镇文化场域要注意的问题

（1）总体布局，分步实施

保护建构古村镇文化场域，涉及的利益主体多，需要解决的问题多。因此应该总体布局，分步实施。具体来说，首先要树立正确理念，制订构建文化场域的具体方案。要充分认识到文化场域在保护发展古村镇中的巨大指导意义，懂得保护建构文化场域的方式方法，并聘请相关学者、专家，根据古村镇的具体情况制订科学合理的构建方案。其次，根据方案，从自然场和文化场全面实施文化场域的构建。如优化生态环境；确定出核心文化和文化核心区；把有价值的民族建筑定为各级"文物保护单位"，重点保护；发展公共设施；实现居民生活建筑内部现代化等。最后，要制定法律法规，加强管理，引导文化场域的持续保护和构建，制止破坏文化场域的行为，保证古村镇的可持续发展。

---

① 仓铭：《古村镇研究》，中央民族大学出版社2014年版，第77页。
② 仓铭：《古村镇研究》，中央民族大学出版社2014年版，第80页。

(2) 彰显场域特色

建构场域需要大手笔，整改古镇的面貌，使之体现传统与现代、保护与发展、城市与乡村的协调统一，但同时也要从细节着手，要能够使建构的文化场域发挥"春雨落入夜，润物细无声"的效用。建构文化场域最忌千村一面、万镇同貌。每一个古村镇都历经有成百上千年的风霜，有自己的沧桑，但同时也都孕育着奔向明天的梦想。因此，构建古村镇的文化场域一定要抓住民族特点和文化特点。如寺登村南北古宗巷路面被分成三部分，中心是规整的石板路供有身份的人行走，两侧是碎石路面供普通老百姓使用。寺登村大户人家房屋建筑多有木雕格子门、木雕窗花和对联，"既是剑川白族木雕技艺和文化发达的最好注解，也充分体现了儒家'耕读文化'对白族地区的深远影响"[1]。修复后的寺登村古巷道和民居建筑，基本保持了这样的建筑形式和文化特点。

(3) 加强不同场域间的联动

千百年发展以来，古村镇中遗存的文化可能属于多个民族、多个时期。因此，在建构文化场域中要注意区分，并展示不同文化之间的有机联系。以湖南里耶镇为例，里耶是一个以土家族为主的少数民族聚居区，土家族人口占75%，其余还有汉、苗、白、侗、回等民族。[2] 因此，里耶古镇有丰富的土家族文化，如吊脚楼、八部庙、婆婆庙、土王祠等，土家织锦、土家歌舞、土家饮食也是随处可见。但与此同时，里耶也有汉族兴修的文昌阁、万寿宫、关帝宫、龙吟寺等。从年代上看，现代的里耶古街形成于清代，街道古香古色，商铺鳞次栉比。但在2002年，考古学家在里耶发现了战国古城和3万多枚秦简，这批秦简属于官署档案，共20多万字，非常珍贵。此外，里耶镇附近还发现了西汉古城址和数以千计的汉墓群、战国古墓群，更加丰富了里耶的文化内容。建构里耶古镇的文化场域，不能不考虑不同文化之间的互动。

再以德宏州、西双版纳州等地的建筑为例。当地大多数傣族（傣泐）、景颇族、德昂族普遍用干阑式建筑，同时又各有特点。汉族民居用

---

[1] 仓铭：《古村镇研究》，中央民族大学出版社2014年版，第175页。
[2] 《龙山县里耶古镇综合简介》，里耶人民政府网站，http://lslyz.xxls.gov.cn/zjly/201401/55886.html。

木构架平房，还影响到阿昌族、傣族的住房，拉祜族也用汉族的木构架平房，并设床、桌等家具。而滇西大理、丽江和保山地区，白族、纳西族和汉族建筑虽同样是采用汉族的木构架，但在建筑布局和风格上有很大的不同。白族民居建筑屋顶为歇山（少数悬山），纳西族建筑是悬山屋顶，保山汉族民居三间一耳，悬山屋顶，简朴无华，装饰甚少。[①] 可见，同一地，文化拥有者不同，文化面貌也不相同。

（4）征求文化拥有者的意见

古村镇文化的拥有者是世代居住在古村镇里的原居民，他们创造了当地文化，是非物质文化的传承人，同时还是文化保护的主体。构建文化场域需要古村镇居民的充分参加，尊重他们的意见，鼓励他们共同参与保护古镇传统文化。古村镇的文化传承特别强调"活态传承"，即在当地人民群众的生产生活当中进行保护传承。既然古村镇文化和民众生活息息相关，是民众生活的一部分，因此在进行构建时一定要征求村民的意见。

（5）发挥内生动力与外生（市场）动力的共同作用

古村镇的保护发展需要社会各方面的共同推动，不仅需要国家的投资、当地政府民众的参与，也需要市场的推动力。近年来，国家加大了保护发展古村镇的力度，但是中国古村镇众多，国家的力量有限。因此，在国家提供政策支持，基础设施建设和公共服务建设的基础上，也有必要引进社会力量，利用市场提供发展资金和动力。以旅游业为例，古村镇丰富的文化内涵很容易就可以转化为旅游资源，吸引中外游客，带动当地经济的发展。经济发展了就可以为古村镇的进一步保护发展提供保证。当然，在引进市场力量时，要加强监督，避免过度商业化的现象。

通过上述研究，我们能够得出一些基本的结论：一是民间传承场域在传统文化传承活动中有着重要的地位；二是传统的传承场域正面临着现代社会的冲击，亟待重构；三是传承场域的建构是一个系统化的工程，涉及人与人的关系、人与自然环境的关系等多个方面。结合古村镇的研究，考虑到现实中民间传承所涉及的具体场域类型，设计了如图2-4所示的传承场域构建图。

---

① 云南省设计院《云南民居》编写组：《云南民居》，中国建筑工业出版社1986版，第10页。

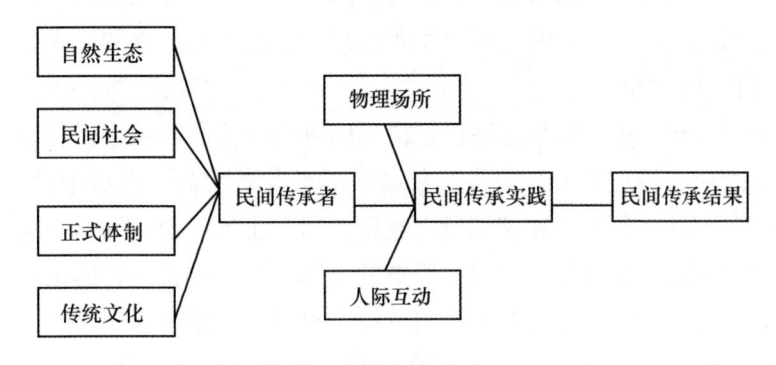

图 2-4　民间传承场域构建

由图 2-4 可知，一个有效的民间传承场域必须满足以下各个条件，或者说是由下述各个部件共同构建成一个整体，从而完成民间传承活动：

第一，作为传承主体的人。从我们对民间传承的论述可以知道，这里所说的民间传承主体既包括单个的人，比如说官方认定的传承人，也包括群体组织，比如说宗族组织、行会组织等，还包括一般民众。但无论是个体还是群体，他们都是民间传承实践的行动者，传承文化正是经由他们得以世代延续和发展。

第二，作为传承基础的条件。我们把自然生态环境、民间社会环境、官方正式体制系统、传统文化事项等作为民间传承的基础条件。所谓的基础条件其实也就是影响具体民间传承的外部环境，这些条件是在传承活动正式开始之前就已经存在，它们之间又相互有着关联。自然生态决定了各民族各地区的文化形态，正如常说的农耕文化、草原文化、西北地区的宗教文化、南方民族的巫傩文化等，也造成了诸如我国西南山区民歌与北方草原民歌本质上的差别。民间社会是传统文化生存的社会空间，是文化生存与发展的根本性土壤，决定了民间文化是否能够存在、是否能够传承。正如当前我国社会大变革，民间社会正从传统走向现代，造成了许多民间文化不断消失一样，其原因就是民间社会这一土壤被铲除了。官方正式体制系统具有引导和指导性作用，依靠完整的从上至下的行政系统，能够刺激或者抑制民间传承活动。比如说近年来，国家以立法的形式确立了端午节、中秋节、春节等民间节庆，这无疑能够极大地推动民间传承事业的发展。传统文化则是在上述各种先决条件的基础上，以时间为轴，在历史长河中积累而成，它是民间传承的对象，是民间一切传承活动的中心点。

第三，作为传承实践的过程。在我们所说的传承场域中，具备了前述条件之后，最重要的环节之一就是传承活动的实施。在这个过程中，必须具备的外在条件是物理场所，也即传承发生的场地。另一个就是在传承过程中对传承效果产生重要影响的人际互动。前者包含的范围十分广泛，上文所说的少数民族古村镇就属于典型的传承场所，而且是最为珍贵的场所之一。其他更为具体的物理空间包括宗族活动开展的祠堂、宗教活动的庙宇、传统手工艺品制作的工坊、包括山歌传唱的河流高山和草原等等。可以说传统上，只要有民间文化存在的地方都可被视为传承的物理场所。而现在，随着网络技术的发展，部分传承活动更是借助网络空间来实现，应当说这不属于传统意义上的物理空间范畴，但也应当归于场所这一类中。人际互动则是涉及传承者与其他人员的关系，正是传承这一事件的关联下，不同的人产生了联系，形成了互动的网络，比如说传承者与传承接受者之间的互动、传承者与传承活动组织者的互动。这种互动既包括面对面，也包括远程的不见面的互动，比如说我们在前面曾经列举过的一对一传承、一对多传承、多对多传承、家族传承、师徒传承等都属于互动类型。有着良好的人际互动，则传承效果会朝向更好的方向发展，如果互动失败，则意味着传承的失败。

第四，传承结果的成效。在完成传承活动之后，一般来说能够观察到传承的成效。当然，有许多民间传承并不是短时间完成的，可能需要传承接受者长时间，甚至是耗费一生的时间来接受。不过其效果却是可以体现的，比如是不是把制造技艺完全掌握，是不是能够把一段舞蹈表演出来，是不是能把一首歌谣吟唱出来等。这种效果的体现其实就是传承事业是否得以继续的判断标准，也是传承文化事项是否流传的判断标准。还必须注意的事，传承效果可能会以另一种更为有效的方式体现出来，即在传承过程中有新的创新，促进了文化向更高形态或是更适应于社会发展需要的方向发展，比如新工艺的利用、新唱词的谱写等。

综上所述，传承场域的构建我们必须以一种全局的眼光来对待，回到布迪厄的定义上来看，也就是必须注意"关系"的构建，要把传承活动中涉及的人、物以及各种关系囊括在内。同时，还要以动态的眼光去审视场域的构建，场域所指代的绝不是固定的场所，也不是超然于现实社会的神秘活动，即使以神秘传承著称的史诗传承，也是建立在现实的基础之上。因此，要依据传承活动所实际涉及的内外因素，动态地构建传承场域。除此之外，我们要把上述四个方面当成一个整体来看待，可以说任何一个传承场域的搭建必然会包括这四个方面，各部分之间有良好的衔接则是民间传承实践成功的保障。

## 第三节　民间传承案例剖析

本节选取端午节、湖北宜昌下堡坪民间故事、广西壮族山歌作为个案，就传统文化民间传承进行具体剖析。之所以选取以上文化事象作为剖析对象，是因为它们在同类文化遗产中具有代表性。端午节是国家级非物质文化遗产，在中华传统节日中具有代表性；下堡坪民间故事是第一批国家级非物质文化遗产，在民间故事中具有代表性；广西壮族山歌誉满中华，在传统音乐中具有代表性。

### 一　中国端午节传承剖析

端午节是中国重要传统节日之一，时在农历五月初五，现为国家法定节日。端午节又称端五、重五、蒲五、端阳、夏节、小孩节、地腊（道教节庆）、天中节、天长节、沐兰节、解粽节、女儿节、娃娃节、五月节、龙船节、粽包节等。

端五指五月第一个五日，古代"五"与"午"通用，所以端五又常称端午。古往今来，端午节形成了丰富多彩的民俗事象，可以概括为几大类型。其一，举行一系列辟邪、厌疫活动。如缠五色丝于臂，佩香囊，门户悬艾、菖蒲，挂雄黄袋，穿五毒衣、老虎肚兜，贴朱符、张天师像和钟馗像，贴五毒图，挂桃印，饮菖蒲、雄黄或朱砂酒，沐浴兰汤等。其二，竞技娱乐：踏百草，斗百草，拔河，决射，斗力，打石仗。其三，采艾、采药活动。其四，龙舟竞渡。其五，祭粽、食粽、尝新等。

端午节发端于先秦，定型于魏晋南北朝，至唐宋则蔚为大观。端午节由先秦单一的针对恶月恶日的避邪活动发展成为一种内涵深厚、节俗丰富、自成系统的大型节日，得力于端午节的传承方式。端午节的传承方式，不仅延续了传统习俗，而且起到了推动传统习俗发展的作用。端午节作为一个影响广泛的文化事象，其传承发展具有典型性，因此，剖析端午节的传承发展方式，能为当今推动优秀传统文化的传承发展提供有益借鉴。

（一）引申传承

引申传承是由原有民俗派生出新民俗的传承方式，这是端午节的主要传承方式之一。

端午节最初的民俗是建立在五月五日为恶月恶日基础上的辟邪习俗。先秦时期，人们相信五月五日为恶月恶日，所以这一天要用兰汤沐浴或采药来辟邪。《风俗通》佚文："俗说五月五日生子，男害父，女害母。"[①]《论衡·四纬》载："讳举正月、五月子，以正月、五月子杀父母，不得举也。已举之，父母祸死。"[②] 所举文献虽然晚于先秦，但是五月五日为恶月恶日的观念应该在先秦时期就已经存在了，因为先秦已有针对五月五日为恶月恶日观念的驱邪习俗，即沐浴兰汤以驱邪。《大戴礼》："（五月五日）蓄兰，为沐浴也。"[③] 屈原《楚辞》也载："浴兰汤兮沐芳华。"沐浴兰汤正是针对恶月恶日所采取的辟邪仪式之一。

采药也是端午节早期产生的辟邪习俗之一。《夏小正》载："此日蓄药，以蠲除毒气。"可见，先秦时期已经有了端午节采药避毒祛病习俗。《岁时广记》卷二十二"采杂药"引《荆楚岁时记》佚文："五月五日，竞采杂药，可治百病。"[④] "杂药"说明古人在端午这一天采集的药物很多，反映出古人相信这天采集的药物特别灵验。《荆楚岁时记》所记端午采药还有时间上的要求："宗测字文度，尝以五月五日鸡未鸣时采艾，见似人处，揽而取之，用灸有验。"[⑤] 采药不仅要选择端午，还要选择天未亮之时，如此方有奇效。唐韩鄂《四时纂要》载："午日，日未出时，采百草头，唯药苗多尤佳，不限多少。捣取浓汁，又取石灰三五升，以草

---

[①]（东汉）应劭著，吴树平校释：《风俗通义校释》，天津人民出版社1980年版，第434页。
[②]（东汉）王充著，黄晖校释：《论衡校释（第三册）》，中华书局1980年版，第977页。
[③]（清）王聘珍：《大戴礼记解诂》，中华书局1983年版，第39页。
[④]（宋）陈元靓：《岁时广记（一）》，商务印书馆1939年版，第263页。
[⑤]（梁）宗懔著，宋金龙校注：《荆楚岁时记》，山西人民出版社1987年版，第105页。

汁相和，捣，脱作饼子，曝干。治一切金刃疮伤，血即止，兼治小儿恶疮。"① 唐朝端午以天未亮时采集到的药草嫩尖为上品，而且种类越多越好。将采集到的药草嫩尖捣烂，挤出药汁，用三五升石灰与药汁混合，制成药饼，晒干。这种药饼可以治疗一切刀伤、恶疮，兼具止血功效，而且还可以治疗小孩恶疾。强调端午草药的灵验，与这一天用药物辟邪有关。南宋吴自牧的《梦粱录》记端午采药习俗："采百药或修制药品，以为避瘟疫之用。藏之，果有灵验。"② 因辟邪有用，即导致人们认为此日采集到的药物特别灵验。由此又派生出端午制药习俗。宋·陈元靓《岁时广记》记载了端午众多的采药、制药、用药习俗，可见此日为古代药日。《岁时广记》引《提要录》："五月五日晴，人曝药，岁无灾，雨则鬼曝药，人多病，此闽中谚语。"③ 端午天晴，则为人暴晒药草，终岁无灾祸；天雨，则人多病。还一种药俗是将以前所采之药悉数烧掉以为辟邪。《岁时广记》引《岁时杂记》："端午午时，聚先所蓄时药，悉当庭焚之，辟疫气，或止烧术。"可见，端午采药，本为辟邪。明清之际，端午采药之风仍十分盛行。

先秦五月五日沐浴与采药辟邪是端午节原初民俗，至两汉魏晋南北朝，在采药基础上直接引申出了以种种草药辟邪的习俗，这其实是采药驱邪的一种引申应用，最典型的是用艾草辟邪。《荆楚岁时记》："采艾以为人，悬门户上，以攘毒气。"周密《武林旧事》："与艾人并悬门楣，以为禳禬。"④ 将艾草扎成人形，饰于门，是为了禳除毒气。这种带有巫术性质的习俗源于艾草的药用价值。战国时期，人们对艾草的药用价值已有充分认识。《孟子·离娄上》："今欲王者，犹七年之病求三年之艾也。苟为不蓄，终生不得。"⑤ 生长期长的艾草，竟可以治疑难病症，足见时人对艾草疗效的推崇。正是基于长期以来人们对于艾草药用价值的认识，才派生出了挂艾驱邪之俗。挂于门户的艾草，既有扎成人形的，也有扎成虎形的。宋·陈元靓的《岁时广记》引《岁时杂记》："端午以

---

① （唐）韩鄂编，缪启愉校释：《四时纂要》，农业出版社1981年版，第127页。
② （宋）吴自牧：《梦粱录》，商务印书馆1938年版，第20页。
③ （宋）陈元靓：《岁时广记》，商务印书馆1939年版，第264页。
④ （宋）周密著，钱之江校注：《武林旧事》，浙江古籍出版社2011年版，第55页。
⑤ 万丽华著，蓝旭译注：《孟子》，中华书局2009年版，第154页。

艾为虎形,至有如黑豆大者,或剪绫为小虎,粘艾叶以戴之。王沂公《端午帖子》诗:'钗头艾虎辟群邪,晓驾祥云七宝车'。"将艾剪编成虎形,或者剪彩为虎,粘上艾叶,佩戴于发际或身上,用于辟邪。这是因为百姓视虎为阳物、百兽之长,所以艾草要编制成虎形,用来辟邪。《风俗通》:"虎者阳物,百兽之长也。能噬食鬼魅……亦辟恶。"戴艾虎习俗有上千年历史。清·富察敦崇《燕京岁时记》:"每至端阳,闺阁中之巧者,用绫罗制成小虎及粽子……以绥线穿之,悬于钗头,或系于小儿之臂,古诗云:'玉燕钗头虎艾轻',即此意也。"① 艾虎或彩虎,既可以戴在头上,也可以佩挂在衣服上。艾草又用于浸制药酒驱邪。宋·陈元靓《岁时广记》引《金门岁时》:"洛阳人家端午作术羹艾酒。"用艾草泡制的酒来驱邪,应该与艾草的药用功能有关。宋·陆佃《坤雅》:"艾,草可以乂病者也。"艾性温、味苦,其叶内服有和营血,暖子宫,祛寒温药效。艾草入酒,有一定的治疗功效,所以借此辟邪。

菖蒲作为一种草药也被用作辟邪。菖蒲为多年生草木,根状茎粗壮,叶基生,剑形,中脉明显突出,基部叶鞘套折,有膜质边缘。生于沼泽地、溪流或水田边。菖蒲可以提取芳香油,有香气。菖蒲为有毒植物,其毒性为全株有毒,根茎毒性最大,口服多量时产生强烈的幻视。端午节用菖蒲辟邪,与其毒性有关,也与其剑形有关,菖蒲又称剑蒲。唐·李咸用《和殷衙推春霖即事诗》:"柳眉低带泣,蒲剑锐初抽。"端午节常将蒲剑插于门旁以辟邪。清·富察敦崇《燕京岁时记》:"端午日,用菖蒲、艾子插于门旁,以禳不祥。"清·顾禄《清嘉录》:"裁蒲为剑,割蓬为鞭,副于桃梗蒜头,悬于床户,皆以却鬼。"② 在门户悬挂蒲剑,还佐以桃梗、蒜头等驱邪之物,都是为防备了鬼魅入室。菖蒲也被做成人形或其他形体用于驱邪。宋·陈元靓《岁时广记》引《岁时杂记》:"端午刻蒲剑为小人子,或葫芦形,带之辟邪。"又引王沂公《端午帖子》:"明朝知是天中节,旋刻菖蒲要辟邪。"这是将菖蒲剪成小人形或葫芦形,佩戴在身上来辟邪。菖蒲又可以浸制成药酒,称为"菖蒲酒""菖华酒""蒲觞"等,在端午期间制作饮用,以驱瘟气。《荆楚岁时记》:"端午,

---

① (清)富察敦崇:《燕京岁时记》,北京古籍出版社1981年版,第66页。
② (清)顾禄著,来新夏点校:《清嘉录》,中华书局2008年版,第116页。

以菖蒲生山洞中一寸九节者，或镂或屑，泛酒以辟瘟气。"《帝京景物略》也载："五月五日，渍酒以菖蒲，插门以艾，涂耳鼻以雄黄，曰辟毒虫。"① 菖蒲制酒用以饮用驱邪也与其药价值有关。《本草经》："菖蒲主治风寒温痹，咳逆上气，开心孔，补五脏，通九窍，明耳目，出声音。……久服轻身，不忘不迷惑，延年、益心智，高志不老。"② 菖蒲酒的药用功能延伸出了驱邪功能。

端午节辟邪习俗的引申传承，导致了端午节辟邪习俗的扩张发展，形成了渊源相承、丰富多彩的辟邪习俗系统。

(二) 融合传承

融合传承是指将两种或两种以上的民俗事象融合在一起进行传承的方式，经此传承方式往往形成新的民俗。端午节恶月恶日驱邪习俗在魏晋时期与夏至习俗、楚文化因子相融合，形成了端午节新的传承民俗，即端午节食粽、祭祀水神习俗。

端午节在形成过程中，融入了夏至节俗。夏至为二十四节气之一，时间与端午节十分接近，所以容易与端午节相融合。夏至日日照最长至终极，北半球白昼从此渐短。农历夏至是白天最长的一天，所以称为中天节。端午节也称中天节，就是融合了夏至习俗的缘故。夏至主要节俗之一是祭神仪式。周代，夏至已有祭神仪式。《周礼·春官》："以夏日至，致地方物魈。以禬国之凶荒、民之札丧。"③ 周代夏至祭神，意为清除疫疠、荒年与饥饿死亡。可见，夏至与端午习俗有性质相同之处。所以能够发生融合。夏至还有食粽习俗。《荆楚岁时记》记载："夏至节日，食粽。"端午节主要吸纳夏至日的祭祀习俗与夏至食粽习俗，而且把祭祀与食粽习俗有机结合起来，将粽子作为祭祀历史人物的祭品，于是就有了龙舟竞渡抛粽于水中祭祀水死历史人物的活动。

食粽原本与屈原无关，它是一种夏令食品。粽子早期也被称为角黍。《太平御览》卷三十一引晋周处《风土记》："仲夏端午，端，初也。俗重五日与夏至同。先节一日又以菰叶裹黏米、粟、枣，以灰汁煮令熟。节日

---

① （明）刘侗、于奕正：《帝京景物略》，北京古籍出版社1983年版，第68页。
② 尚志钧校注：《神农本草经校注》，学苑出版社2008年版，第40页。
③ （汉）郑玄注，[唐] 贾公彦疏：《周礼注疏》，北京大学出版社1999年版，第740页。

又煮肥龟，令极熟，去骨加盐豉秋蓼，名曰俎龟黏米，一名粽，一曰角黍。盖取阴阳包裹未（分）之象也。龟，甲表肉里、阳内阴外之形，所以赞时也。"晋代，端午与夏至都有食粽习俗。从粽子所代表的阴阳包裹之象而言，其中包含了夏至阳气至极、阴气之始至的意义，夏至食粽暗含调和阴阳、促成和谐、护佑平安之意，这说明粽子最初是夏至的节令食品，魏晋时期才移植到端午，以至于形成两节都食粽子的状况。《尔雅·翼》卷一注引《荆楚岁时记》佚文："其菰叶，荆楚俗以夏至日要用裹黏米煮烂，二节日所尚，一名粽，一名角黍。"后来，夏至节令习俗逐渐淡出，粽子成为端午节标志性食品，但也有的地方仍保留了夏至食粽习俗，如宋·范成大《吴郡志》所言："夏至复作角黍以祭，以束粽之草，系手足而祀之，名'健粽'，云令人健壮。"[①] 粽子习俗移入端午节，一是因为端午节与夏至在时间上相隔很近，易发生借用；二是因为更重要的是粽子有调和阴阳意义，适合作为端午节辟邪祭祀用品。粽子的原型是筒粽，即在竹筒中贮黏米煮熟而成，是南方居民的一种饮食习俗，后来改为用菰叶包裹黏米或糯米，并用五色细绳捆缚而成；由于包裹成角状，所以称为角黍。由筒粽改为角黍，最初应是一种饮食方法的改进，因为用菰叶之类的叶子包裹黏米，煮熟后不会发生粘黏，减少了不必要的浪费。后来食粽子习俗与祭祀屈原联系起来，所以就将由筒粽到角黍的改变说成是为了屈原。从传说学角度而言，传说对于事物的释源，往往是有了既定的事物，人们才为其附会上一种解释的，粽子形成于屈原说也不例外。梁·吴均《续齐谐记》曰："屈原五月五日投汨罗而死，楚人哀之，每至此日，竹筒贮米，投水祭之。汉建武中，长沙欧回见人，自称'三闾大夫'，谓回曰：'尝见祭，甚善，但常患蛟龙所窃，今若有惠，楝树叶塞其上，以五彩丝约之，此二物蛟龙所惮也。'回依言，后乃复见，感之。今人五日作粽子，带五色丝及楝叶，皆是汨罗之遗风也。"粽子因附会在屈原传说之上，而深受人们欢迎，以至于能够广泛传播、流传久远。

端午节在形成过程中，楚文化因子的参与聚合起到了重要的作用。可以说，魏晋南北朝时，正是在楚文化与道教文化两种具有某种潜在同质性的文化的合力推动下，端午节才最终定型。崇巫重卜是楚文化的精

---

[①] （宋）范成大著，陆振岳校点：《吴郡志》，江苏古籍出版社1999年版，第1页。

神特质，这种精神特质正好与先秦五月五日驱邪仪式相契合。秦及秦以后，崇尚理性的精神在北方逐渐占据主导地位，先秦关于恶月恶日的观念及习俗只有在南方这块楚文化的土壤中才能够生存、发育、壮大。楚文化对端午节形成的推动作用主要表现在两个方面：其一，楚地重淫祀的风气促成了恶月恶日观念的蔓延，从而滋生出更为丰富多样的辟邪习俗。首先，先秦沐浴兰汤的习俗在楚地演化为五月五日节日重要活动，以至于以这种沐浴习俗来命名节日名称。五月五日被称为"沐兰节"。《荆楚岁时记》说："五月五日，谓之沐兰节。"其次，插艾、挂艾、戴艾习俗的兴起。艾草很早就已用作草药。《孟子》："七年之病，求三年之艾。"在魏晋南北朝时期的楚地，艾草被用作了驱邪之物。《荆楚岁时记》："五月五日……采艾以人，悬门以禳毒气。"又云："以艾为虎形，或剪彩为小虎，帖以叶，内人争相戴之。"再次，由先秦时期采草药习俗衍生出踏草、斗草。《荆楚岁时记》："四人并踏草，今人又有斗百草之戏。"其二，楚地划龙舟招魂习俗与祭祀历史人物相结合，构成端午节重大习俗。先秦时期已有划龙舟活动，或用于天子巡游，或用于祭祀水神，楚地的龙舟则主要用于招魂续魄，送亡灵升天。1973年在湖南长沙子弹库楚墓出土的人物御龙帛画，图中一男子侧身立，高冠长袍，腰佩长剑，手执缰绳，御一龙。龙尾翘，龙身呈舟形，似在空中，又似在水中，船下有游鱼。所绘当为巫师人物乘龙舟上天入地招魂续魄或送亡灵升天情景。这说明，楚地有划龙舟迎送亡魂并祭祀的习俗。在魏晋南北朝时期，楚地划龙舟招魂续魄习俗与恶月恶日观念酝酿的死亡型故事相结合，楚人划龙舟活动就成为祭祀水死或非正常死亡人物的仪式。《隋书·地理志》载："大抵荆州率敬鬼，尤重祠祀之事，昔者屈原为制九歌，盖由此也。……因而鼓棹争归，竞会亭上，习以相传，为竞渡之戏。其迅楫乱响，喧振水陆，观者如云。诸郡率然，而南郡、襄阳尤甚。"龙舟竞渡祭祀历史人物仪式源于楚文化，后成为竞技活动，其狂欢精神与楚人狂放不羁性格一脉相承。

（三）采借传承

采借概念，源自文化学概念中的文化采借。文化采借是一种文化吸收另一种文化的某些元素或文化集丛而融入本文化的过程，两种文化接触后发生传播，在传播过程中互相采借对方的文化，是文化发展的普遍现象。端午节的传承过程也采用了文化采借，我们称之为采借传承。端午节的采借传承主要是借用了历史上先秦至汉代的历史人物故事，将其与五月五日为恶月恶日观念相结合，形成了一系列故事，为龙舟竞渡祭祀注入了丰富多彩的文化内涵。

一说端午节龙舟竞渡是为了祭祀伍子胥。南·梁宗懔《荆楚岁时记》："邯郸淳《曹娥碑》云'五月五日，时迎伍君。逆涛而上，为水所淹。'斯又东吴之俗，事在子胥，不关屈原也。"伍子胥名员，楚国人。父兄均被楚平王所冤杀，伍子胥逃到吴国，帮助吴王阖闾治国强兵伐楚，攻入楚国首都郢城。伍子胥掘楚平王之墓，鞭尸三百，以报父兄之仇。吴王阖闾死后，其子夫差继位，伍子胥辅佐夫差，攻打越国，一举成功。越王勾践求和，夫差许之。伍子胥建议他彻底消灭越国，以绝后患，夫差刚愎自用、骄横轻敌，非但不听伍子胥劝谏，反而听信陷害伍子胥的谗言，逼迫伍子胥自尽。伍子胥临死前说："我死后，将我眼睛挖出悬挂在吴京之东门上，以看越国军队入城灭吴。"随后便拔剑自刎。夫差闻此言大怒，令人将伍子胥的尸体装在皮革里，于五月五日投入江中。因伍子胥的尸骨被抛入江中，所以吴越地方的人们奉伍子胥为涛神，于端午节划龙舟来祭祀他。直到近现代，端午节祭祀屈原之风占据主导地位之后，江浙一带仍有祭祀伍子胥者。

一说端午节龙舟竞渡是为了祭祀曹娥。《后汉书》卷八四《列女传》："孝女曹娥者，会稽上虞人也。父盱，能弦歌，为巫祝。汉安二年五月五日，于县江溯涛婆娑迎神，溺死，不得尸骸。娥年十四，乃沿江号哭，昼夜不绝声，旬有七日，遂投江而死。至元嘉元年，县长度尚改葬娥于江南道傍，为立碑焉。"[①] 孝女曹娥是东汉上虞人，父亲是个巫师，汉安二年五月五日在江上举行迎涛神伍子胥活动时溺水而亡，尸骸打捞不到。曹娥当时年仅十四岁，悲痛欲绝，昼夜沿江号哭。过了十七天，仍然没有找到父亲的尸骸，于是投入江中而亡。五日后曹娥鬼魂抱着父亲的尸体，浮出水面。曹娥的孝行感天动地，历代民众广为传颂，不少文人墨客作诔辞予以颂扬。曹娥之墓在今天浙江绍兴，墓前有曹娥碑，相传这块碑就是有名的邯郸淳所撰《曹娥碑》。后人为纪念曹娥的孝行，在曹娥

---

[①] （宋）范晔撰，（唐）李贤等注：《后汉书（第十册）》，中华书局1965年版，第2794页。

投江之处兴建曹娥庙，她所居住的村镇改名为曹娥镇，曹娥殉父之江更名为曹娥江，而人们也就在曹娥之父五月五日溺亡这一天来划龙舟祭奠曹娥。

最为流行的说法是祭祀爱国主义诗人屈原。南·梁宗懔《荆楚岁时记》端午条载："是日竞渡。"其下注谓："按五月五日竞渡，俗为屈原投汨罗日，伤其死所，故命舟楫以拯之。舟舸取其轻利，谓之'飞凫'，一自以为'水车'，一自以为'水马'。""飞凫""水车""水马"都是龙舟早期的别称。当然，晚近，有些地方仍用古称。清·乾隆六十年《石首县志》："（五月）五日……河滨具舴艋舟，渡水夺标，取其轻利，谓之'飞凫'。"①飞凫，即为轻便之舟。荆楚端午以龙舟竞渡，是为了拯救屈原的魂魄，即为招魂续魄，实为祭祀精魂。此说也见同时期的文献。南朝·梁吴均《续齐谐记》云："屈原五月五日投汨罗而死，楚人哀之。每至此日，以竹筒贮米，投水祭之。汉建武中，长沙区回白日忽见一人，自称三闾大夫。谓曰：'君当见祭，甚善。但常所遗苦蛟龙所窃，今若有惠，可以楝树叶塞其上，以五采丝缚之。此二物蛟龙所惮也。'回依其言。世人作粽，并带五色丝及楝叶，皆汨罗之遗风也。"爱国诗人屈原因楚王昏庸、奸佞当道，心中郁愤难平，写下绝笔之作《怀沙》之后投汨罗江而亡。屈原品格高洁，具有强烈的爱国主义精神，深受百姓爱戴。两湖地区的人民为了纪念屈原，就将屈原的溺亡说成是五月初五，并在这一天划龙舟为屈原招魂，在江上掷饭团、咸蛋等物，以为屈原精魂所享，后来发展成为端午龙舟竞渡、食粽子的习俗。纪念屈原之说在隋唐以后为人们普遍接受。《隋书·地理志》记载："大抵荆州率敬鬼，尤重祠祀之事，昔屈原为制《九歌》，盖由此也。屈原以五月望日赴汨罗，土人追至洞庭不见，湖大船小，莫得济者，乃歌曰：'何由得渡湖！'因而鼓棹争归，竞会亭上，习以相传，为竞渡之戏。"唐·刘禹锡《竞渡曲》自注："竞渡始于武陵，及今举楫而相和之，其音咸呼云：'何在'，斯沼屈之义。"唐·文秀《端午》诗："节分端午自谁言，万古传闻为屈原。堪笑楚江空渺渺，不能洗得直臣冤。"隋唐又一次实行中国大一统后，端

---

① 丁世良、赵放编：《中国地方志民俗资料汇编·中南卷》，书目文献出版社 1992 年版，第 398 页。

午节祭祀屈原的习俗就不仅限于两湖地区，而是成为全国性的节日风俗，一直流传到现在。

随着端午节辟邪习俗的发展，一些传统的镇物、吉祥物也被采借作为端午辟邪活动，如门户所用辟邪之物有桃木、门神、符箓等。汉代就已经有了端午挂桃木的习俗。《后汉书·礼仪志》："仲夏之月，万物方盛，曰夏至。阳气萌作，恐物不茂……故以五月五日朱索和五色桃印为门户饰，以止恶气。"五色桃印，即桃符。一般长六寸、宽三寸，刻有文字图符，涂成五色。桃符与红绳一起饰于门户，以为辟邪。挂五彩桃符后来演化为贴天师符习俗。天师为道教五斗米道创始人张道陵，又俗传张道陵善于捉妖降鬼，所以道教的符箓又常常称为天师符。端午节期间，道教宫观都要出售天师符，天师符系用朱砂笔在黄表纸上画成。民众买此符贴于门户以避邪，所以又称门符。清·富察敦崇《燕京岁时记》："每至端午，市肆间用尺幅黄纸，盖以朱印，或绘天师、钟馗之像，或绘五毒符咒之形，粘之中门，以辟祟恶。"贴天师符后来又演化为贴门神习俗，比如贴钟馗或张天师画像。《清嘉录》："朔日，人家以道院所贻天师符，贴厅事以镇恶，肃拜烧香，至六月朔，始焚而送之。"用天师像驱邪，是道教对端午习俗渗入的结果。端午节还用到了道教的符箓。晋·葛洪《抱朴子》："或问避五兵之道，答以五月五日作赤灵符著心前。"道教的咒符或佩或贴，广泛用于端午节驱邪活动。

身上也用到了辟邪之物，意在保护生命平安。佩戴彩色的丝织物最为常见，这些丝织品被称为长命缕、续命缕、五色丝、五彩缯等，或系于门上，或佩戴身上。汉代已有端午戴五色丝习俗。东汉·应劭《风俗通》："五月五日，集五色缯避兵。余问服君，服君曰：'青赤白黑以为四方，黄为中央，襞方缀于胸前，以示妇人蚕功也。织麦䴵悬于门，以示农工成，传声以襞为避兵耳'。"《太平御览》卷三一引）用五色小块缯帛缝于胸前，原本为表示蚕丝收获，后来才演化为避兵之俗。《风俗通义》说得很明白："夏至著五彩避兵，题曰'游光'，厉鬼知其名者无瘟疾。五彩，避五兵也。按人取新断织系户，亦此类也。谨按织取始断二三寸帛，缀著衣衿，以已织维告成于诸姑也。后世弥久，易以五彩。又永建中，京师大疫，云厉鬼字野重游光。亦但流言，无指见者。其后岁岁有病，人情愁怖，复增题之，冀以脱祸。今家家织新缣，皆取织缣绢二寸许系户上，此其验也。"可见，由于东汉永建年间由于大疫，人们才将表示丝织收获的五色丝制品用于辟邪。五色丝既可缠臂，也可系于项上。汉代已有此俗。《风俗通义》："五月五日以五彩丝系臂者，避兵及鬼，令人不病瘟，亦因屈原。"用新织成的五色丝辟邪，与古人五行与新丝织品信仰观念有关。唐·徐坚《初学记》卷四引晋周处《风土记》："仲夏端午……造百索至臂。"端午节以五色丝系臂习俗代有传承。南北朝时，荆楚盛行此俗。南朝梁·宗懔《荆楚岁时记》："以五彩丝系臂，名曰辟兵，令人不病瘟。又有条达组织杂物，以相馈赠。"还将彩丝织成条纹清晰的物品，相互馈赠。北方也盛行此俗。唐·段成式《酉阳杂俎》："北朝妇人……是日，又进长命缕，宛转绳，皆结为人像带之。"《辽史·礼制》："五月重五日午时……以无色彩丝索缠臂，谓之'合欢结'。"① 唐代此风更盛。唐·韩鄂《岁时华丽记》引裴玄《新语》："五月五日集五彩缯，谓之辟兵缯。"唐代皇帝甚至在端午节赐给大臣彩色丝索，以为辟邪。李商隐《为荥阳公谢端午赐物状》："右中使某至，奉宣恩旨赐臣端午紫衣一副、百索一轴、银器二事、大将衣三副……况又将以彩丝，萦诸画轴，用禳故气，兼续修龄。"《岁时广记》卷二一引五代《提要录》："端午日，集杂色茸丝作延年缕，云避恶延龄。"说明五代仍承旧俗。宋代有"百丝纽"。宋·高承《事物纪原》卷八《百索》："今有百索，即朱索之遗事也，盖始以汉，本以饰门户，而今以约臂，相承之说也。又以彩丝织纽而成者，为百索纽，以作股者五丝云。"明清仍承此俗。明·刘侗、于奕正《帝京景物略》："（五月）五日之午前……项各彩系，垂金锡，若钱者，若锁者，曰端午索。"

  端午节的配饰还有香包，香包又称香囊、香包、荷包等，用彩布或丝绸等缝制而成小袋，有多种形体：正方形、长方形、菱形、桃形、锁形等；也有各种动物形，如金鱼、小白兔、小老虎、小猫等。内装香草、香料或其他物品，有辟邪、装饰、洁净空气之用。香囊在多种岁时节日使用，如正月间佩戴香囊，内装辟瘟丹；九月九重阳节所佩香囊内装茱萸。端午节所用香囊则多装雄黄、艾草、大蒜等物，也用辟瘟丹。香囊有多绣有各种图案，多辟邪有关，如钟馗、关公、五毒图纹以及各种花

---

① （元）脱脱等：《辽史》，中华书局1974年版，第878页。

鸟。香囊多为妇女儿童佩饰。吴曼云《江乡节物词》小序："（端午）杭俗，妇女制绣袋绝小，贮雄黄，系之衣上，可辟秽。"《清嘉录》也载："制绣囊绝小，类荷包之形，中盛雄黄，谓之雄黄包。彩绒裹铜钱为五色符，谓之裹绒铜钱。皆系襟带间以辟邪。"端午节所带香囊常常装有雄黄，同时又有一种用彩线铜钱的五色符，也用于端午节佩戴。有一种荷包形似鸡心，称为鸡心袋，内装茶叶、米、雄黄，端午节挂在小孩胸前用以辟邪祈福。又因"鸡心"谐音"记性"，又引申出小孩挂鸡心袋，能够读书时记性好，长大有出息。陕西一些地方有在端午节抢香包习俗。少女们用花布彩线缝制成精致香包，形状多样，有粽子、老虎、金鹿、蝴蝶、燕子、孔雀、金瓜、寿桃、梅花等，下坠五光十色的丝线缨穗，内装中草药配制而成的香料。端午节，少女们佩戴自制的香包上街，青年男子可乘其不备抢走香包，少女被抢，不但不恼，反而很高兴，因为这说明自己的手艺收到了人们的青睐。如果香包始终无人来抢，少女就会感到很丧气，因为这说明自己的香包甚至包括人没有被人看中。端午节还有一种专门用于妇女头饰的辟邪物。江浙一带旧时端午节妇女要头戴健人。健人一般用金丝或铜丝金箔做成，为小人骑虎形状，还有在上加钟、铃、缨、蒜、粽子等，插在妇女发髻上以辟邪。《清嘉录》："（端午）市人以金银丝制为繁缨、钟、铃诸状，骑人于虎，极精细，缀小钗、贯为串，或有用铜丝金箔者，供妇女插鬓。又互相献贲，名曰健人。"健人又称豆娘，为江南端午节妇女头饰。《清嘉录》引《唐宋遗纪》："江淮南北，五日钗头彩胜之制，备极奇巧。凡以缯销剪制艾叶，或攒绣仙佛、禽鸟、虫鱼、百兽之形，八宝鲜花之类。绉纱蜘蛛，绮縠凤麟茧虎绒蛇，排草蜥蜴，又螳螂蝉蝉蝎，又葫芦瓜果，色色逼真。加以幡幢宝盖，绣球繁缨，钟铃百状，或贯以串，名曰豆娘，不可胜纪。"江南妇女端午头饰，围绕艾草人形为中心，点缀有多种小巧玲珑的动植物造型物品，可谓琳琅满目、美不胜收。

  端午节辟邪还用到扇子。端午节辟邪的扇子又称五毒扇，一种画有五毒图纹的小纸扇，在端午节有赠送扇子的习俗。扇子为五月仲夏常用之物，绘上五毒图以辟邪，是应时令而形成的节俗，唐代已有端午赠扇习俗。唐·冯贽《云仙杂记》："端午，术羹、艾酒，以花丝楼阁插鬓，赠遗辟瘟扇。"称五月端午所赠之扇为辟瘟扇，可见赠扇辟邪之意。端午赠扇习俗一直延续后世。《续资治通鉴长编》卷一九六宋仁宗嘉祐七年五月："己酉，龙图阁直学士、吏部员外郎兼侍讲、知谏院杨畋卒，赠右谏议大夫。畋素谨畏，每奏事，必发封数四而后上之。及卒，家无余资。特赐黄金二百两。及端午赐讲读官御飞白书扇，亦遣使特赐，置其柩所。"① 所记为宋代赠扇习俗。明代朝廷仍有端午赐京官扇子的习俗。《明宪宗实录·卷十六》载，成化元年夏四月甲辰："赐大臣扇。旧例，端阳赐扇均及百官，景泰中始命工别制扇赐经筵侍班大臣，虽不与经筵者亦与，而学士或有不得者，失初意矣。"万历本《大明会典》卷一百《时节给赐》："凡每岁端午节，文武百官俱赐扇，并五彩寿缕。若大臣及经筵官，或别赐扇并彩缕、艾虎等物，各以品级为等。"明代赐给大臣的扇子上还有彩缕、艾虎等辟邪装饰物，并且以装饰物标明官员等级。清代端午节有民间端午赠扇习俗。清同治十一年《广济县志》："'端午'，插艾叶辟邪，绘张真人像除五毒，糕饴、画扇相饷。"端午节，出了互赠糕饴，还要赠画扇。清光绪元年《兴宁县志》："'端午'，户悬蒲艾……戚里多以蒲扇、角黍、鸡酒相馈遗。"蒲扇，系蒲叶编制而成，端午用扇辟邪习俗，或也可能与扇子的蒲叶质地有关。清同治四年《郏县县志》："'端午'，亲党馈角黍，送扇。"清同治五年《崇阳县志》："'午日'……亲故相馈角黍、馒头、烟卵、香扇等物。"清宣统二年《诸暨县志》："'端午'……女子出嫁之明年，母家买蒲扇、羽扇、罗扇、聚头扇数十柄，多者至千余柄送婿家，谓之'望端午'。"② 端午节赠扇习俗可谓五花八门、花样翻新。

端午节辟邪常用到五毒符。五毒符由蛇、蝎、蜈蚣、蟾蜍、壁虎等组成，也有用其他物种代替其中之一的，如蜘蛛、蜂等，或绣织于服饰，或绘于纸上，或做成小物件用于装饰，用法不一。《言鲭·谷雨五毒》："古者秦齐风俗，于谷雨日画五毒符，图蝎子、蜈蚣、蛇虺、蜂、蛾之状，各画一针刺，宣布家户贴之，以禳五毒。"端午用五毒符是由谷雨转借而来。五毒，原本是祛除的对象，后来才用作驱邪之物。端午期间人

---

① （宋）李焘：《续资治通鉴长编（第十四册）》，中华书局1979年版，第4761页。
② 丁世良、赵放编：《中国地方志民俗资料汇编·华东卷》，书目文献出版社1995年版，第832页。

们在屋角及阴暗处撒石灰、喷雄黄酒、烧药烟等来祛除五毒。最初并没有明确驱五毒，只是指一般的毒气。《大戴礼记·夏小正》："此日（五月五日）蓄采众药，以蠲除毒气。"后来才特指五毒。《岁时广记·插艾花》引《岁时杂记》："端五，京都士女簪戴，皆剪缯楮之类为艾，或以真艾，其上装以蜈蚣、蚰蜒、蛇蝎、草虫之类，及天师形像，并造石榴、萱草、踯躅假花，或以香药为花。"妇女的发簪以艾叶或人造艾叶为饰，上面点缀蜈蚣、蚰蜒、蛇蝎、草虫之类，以为端午驱邪。妇女端午插五毒钗头习俗至明清仍有传承。明《苑署杂记》卷一七："妇女画蜈蚣、蛇、蝎、虎、蟾为五毒符，插钗头。"五毒符也有绣织于小孩背心、鞋面上的，儿童在端午节这一天要穿五毒背心、五毒鞋，以为驱邪保平安。五毒符还被人们画在纸上，用于家中张贴。清《清嘉录》："尼庵剪五色彩笺，状蟾蜍、蜥蜴、蜘蛛、蛇虺之形，分贻檀越，贴门楣、寝次，能厌毒虫，谓之五毒符。"五毒符在端午节有多种用途，是端午节标志性的镇物，民间的彩图、版画、用丝织等做成的饰品，是既具实用价值，又具欣赏价值的艺术品。

端午节辟邪还涉及饮食，如饮雄黄酒、菖蒲酒。雄黄酒，是在白酒或自酿的黄酒里加入微量雄黄而成，有的同时加入晒干切细的蒲根。雄黄是一种矿物质，俗称"鸡冠石"，其主要成分是硫化砷，并含有汞，有毒。民间经常用作驱毒除病，所以民众相信饮雄黄酒可以禳瘟祛毒，形成端午节饮雄黄酒风俗。端午饮雄黄酒时，还要以雄黄酒涂抹儿童面颊耳鼻，或在额角写一"王"字，借用猛虎之威，以震邪魔。人们还用雄黄酒喷洒屋内壁角与屋外沟壑处以消毒，或者贮存平时所用，若遇蚊虫叮咬，用来涂抹红肿之处以解毒。也有人家，以丝绵包裹雄黄，投放水井，以祛水中之毒。

菖蒲酒，亦称"蒲酒""蒲华酒""蒲觞"等，系用菖蒲浸制的一种药酒。民间在端午节饮菖蒲酒，认为可以避瘟气。菖蒲本味中草药。《本草经》："菖蒲主治风寒温痹，咳逆上气，开心孔，补五脏，通九窍，明耳目，出声音。……久服轻身，不忘不迷惑，延年。益心智，高志不老。"可见，饮菖蒲酒避瘟气信仰是建立在其药用价值基础上的。南北朝时，就有了端午节饮菖蒲习俗。《荆楚岁时记》："端午，以菖蒲生山涧中一寸九节者，或镂或屑，泛酒以避瘟气。"明清仍承此俗。《帝京景物略》:"五月五日,渍酒以菖蒲,插门以艾,涂鼻耳以雄黄,曰避毒虫。"

艾酒,是用艾草浸制的药酒,亦称艾叶酒,民间俗信端午节饮艾酒可以辟邪祛病。宋·陈元靓《岁时广记》:"艾叶酒"条引《金门岁节》:"洛阳人家端午作黍羹艾酒。"艾酒的辟邪信仰也是来自艾的药用价值,前已述及,不赘述。

(四)置换传承

置换传承是指一种习俗替换另一种习俗而传承的传播方式。置换的两种习俗要具有某种关联,或形式相似,或者内容上有某种同一性。魏晋南北朝时期,端午节已经形成龙舟竞渡习俗,龙舟竞渡包含了祭祀、辟邪、祈雨等多种含义,但是龙舟竞渡只能够在水乡举行,我国不少无水域的地方就无法举行龙舟竞渡活动;但是无水域的地方往往有跑旱船习俗,跑旱船习俗也有祈求风调雨顺、吉祥如意之意,与端午节龙舟竞渡的意义有相通之处,于是,人们就用跑旱船习俗代替龙舟竞渡,使其成为端午节的一种习俗,在此,龙舟习俗为旱船习俗所置换,由此端午节辟邪、祭祀习俗却得以广为传承。

跑旱船是模仿水上划船动作的一种表演活动。表演时,一名"艄公"在纸篾扎成的彩船前划桨引船,做出各种各样的划船动作。船中为一女子,作碎步快走动作,船在平稳状态中徐徐前行,形象地表现出船在水面上划行的情景。跑旱船原本多在春节、二月二龙抬头节时举行,用于祈年、辟邪。不知从什么时候开始,划旱船成为端午节习俗,我国东南部地区多有端午节划旱龙船的习俗。节日期间,人们象征性地划着"旱龙舟",在街道、舞台、平坝上游走,俗称"迎鬼船",带有巫术驱邪性质。《南昌府志》载:"五月五日为旱龙舟,令数下人异(共同拾东西)之,传葩代鼓,填溢通衢,士女施钱祈福,竞以爆竹辟除不祥。"《徽州府志》载:"五月五日,迎神船逐疫,船用竹为之,袭画状似鳅,以十二人为神,载而游绪市。"在湖北黄石市西塞山,将端午节分为大端午与小端午,以五月初五为"小端午",五月十八为"大端午",当地人更重视"大端午"。至今,过"大端午",当地民众都会聚集在道士袱村的江边,头上或脖颈处系上祈福的红丝带,迎送由大船牵引的"神舟"入江。"神舟"用木材、竹子、彩纸等制作而成。龙头高昂,两个眼睛特别突出,龙身设置亭台楼阁,花团锦簇,彩旗飘飘,龙尾摇摆自如。舟内摆放着用彩纸扎成的屈原、女娲等108个人物像，以及鸡、鸭、鹅、猪、牛等家禽的形态。"神舟"于五月十五扎成，当天午夜开光安放，此后方称其为"神舟"；五月十六，由八名青壮年将"神舟"从龙宫内抬出，在村里挨家挨户游行，乡亲们早已摆好香案，备好祈福用的些许大米和茶叶，恭迎"神舟"到来；五月十八为送舟日，让"神舟"顺江而下流入大海。该节日既是为了纪念爱国诗人屈原，弘扬爱国主义精神，也是为了表达了当地民众对无病无灾、健康长寿、风调雨顺、五谷丰登的祈望。湖北其他地区也曾有端午送船驱邪纳福习俗。清·道光二十年《云梦县志略》："'端午'……四城以五彩绫绢作龙舟迎赛，设层楼飞阁，于其脊中塑忠臣屈原、孝女曹娥及瘟神、水神各像，旁列水手十余，装束整齐，金鼓箫板，旗帜导龙而游，曰'迎船'。好事者取传奇中古事扮肖人物，及铸铜镜其诡丽。数日后，以茶米、楮币实仓中，如前仪，导送河干焚之，曰'送船'。"所记与黄石西塞山送"神舟"大同小异，抬船游街时，家家祭祀，抛米、茶于船上，既有祭祀之意，也有驱邪之意。所不同者，云梦所送纸船，最终是在河边烧掉，而不是进入江心。

划龙船时，又常常伴随音乐民歌。湖北秭归划龙船时，就伴随着民歌及伴奏，系采自当地川江号子与山歌。歌声激情洋溢，悦耳动听，即"举楫而相和之"流风余韵。湖北利川声名远播的龙船调，也与端午划龙舟有关。广东南雄县的龙船歌，从四月龙船下水开唱，到端午方止，是当地多种民歌的汇集。在广西北部桂林、临桂等地端午节龙舟竞渡时，由一人领唱，众划桨手合唱龙船歌，既能起到鼓舞桨手斗志，协调动作的功用。

中国自古有龙凤呈祥之说，所以和龙舟相配又出现了凤舟，凤舟也是对龙舟的置换。有些地方，端午节又有划凤舟之俗，凤舟与上古的鸟舟、乌舟、鹢舟有渊源关系。旧时，在广东沿海过端午节，有划凤舟祭祀妈祖之俗。清·檀萃《粤囊》："龙舟以吊大夫，凤船以奉天后，皆与五日为胜会。庚午之夏，番禺石桥村入聚万金，制凤船，长十丈，阔丈三，首尾高举，两舷重翼为舒敛，背负殿宇，以奉天后，游各水乡。"有的地方还有龙凤船。《顺德县志》载："大良之龙凤船妙极华丽。"湖南汨罗县的龙舟，前装龙头，后置凤尾，凤尾是用包有红纸的竹篾成扇形插于船尾，如矩尾一般，也可称为龙凤船。

传统龙舟竞渡一般不允许妇女参加，认为妇女接触龙舟不洁，会带来晦气。近年不少地方出现了女子龙舟竞渡活动，女子竞渡，英姿飒爽，更显风采。端午节龙舟竞渡与划旱船、划凤舟、女子龙舟的置换，使得端午节大型聚会节俗传播范围更为广泛，形式更为多样。

（五）变异传承

端午节在历史发展过程中，在辟邪习俗基础上又衍生出了一些游戏、竞技习俗。这些可谓端午节的变异传承，因为这些习俗与端午节的辟邪习俗虽有藕断丝连的关系，但是毕竟其游戏娱乐色彩更为鲜明，辟邪的意义则仅剩遗存。

射柳，又称"剪柳""踏柳"等，流行于北方地区，为契丹族、女真族和以后的八旗子弟端午节习俗。射柳在端午节早晨举行，采柳树干若干，在每根柳树干中上部削去青皮一段，露出白底，作为靶心，然后将做好靶心的柳树干插在操场上。比赛开始，参赛者依次驰马开弓射击柳树干靶心，射断柳干后，还要驰马接住断柳，以接住者为全胜，射断柳树干而不能接住者次之。《金史·礼志》："金因辽俗，重五日插柳去地约数寸，削其皮而白之。先以一人驰马前导，后驰马以无羽横簇箭射之。既断柳，又以手接而弛去者为上。断而不能接去者次之。每射必发鼓以助其气。"[1] 清代，北京端午节仍有此俗。清·潘荣陛《帝京岁时纪胜》："（端午）仍修射柳故事，于天坛长垣之下，骋骑走马。"

打马球，也是北方端午节的主要竞技娱乐活动之一。打马球，即人骑在马上持棍打球，古称击鞠。最初打马球并非端午习俗，而是一种宫廷活动。魏晋已有打马球活动。曹植《名都篇》："连翩击鞠壤"诗句记录了当时打马球活动。唐朝皇帝玄宗、敬宗等均爱好打马球活动。章怀太子墓中《马球图》描写了唐代宫廷打马球的情形：宽阔的场地上一群骏马奔驰，骑在马上的打球者头戴幞巾，足蹬长靴，手持球杖逐球相击。辽代，打马球被列入端午、重九节日活动，见《析津志》的记载。金代于端午节打马球，见《金史·礼志》记载。明代，端午节仍有打马球活动。《续文献通考·乐考》记载明成祖曾数次往东苑击球、射柳。明人王直有端午节观打马球诗："玉勒千金马，雕文七宝球。鞚飞惊电掣，伏奋

---

[1] （元）脱脱等：《金史》，中华书局1975年版，第826页。

觉星流。炎页过成三捷，欢传第一筹。庆云随逸足，缭绕殿东头。"清代中叶，打马球运动逐渐消失，端午节遂无打马球活动，近年，打马球运动又有复生之势，但与端午节已没有联系。

踏百草，属于端午节驱邪习俗之一。端午日，民众出游到郊外，践踏百草，以为禳灾或为游戏。《荆楚岁时记》："五月五日，四民并踏百草，又有斗百草之戏。"清代仍有此俗。清康熙十三年湖南营田《李氏族谱》："端午日晨，田夫赤足于草中行，尽沾露水，谓踏草露水，以祛泥中湿热之气，去夏秋疖痛之苦。"俗信以为草露水有祛毒气、去湿热的功能，所以赤脚下田的农夫要在端午节踏露水草，是由踏草演化而来的习俗。由踏百草活动又衍生出斗草习俗。一般是在踏百草之时，采草相斗，或斗草之韧性，或斗花草之名，或斗草之种类多寡，等等。此俗南北朝时已经盛行，唐朝极盛。韩鄂《岁华纪丽》："端午，结庐蓄药，斗百草。"清代，端午斗百草之俗仍然盛行。《红楼梦》第六十二回叙述斗草情景："大家采了一些草来，兜着坐在花草堆里斗草。这个说：'我有观音柳。'那一个说：'我有罗汉松。'那一个又说：'我有君子竹。'这一个又说：'我有美人蕉。'这个又说：'我有星星翠。'那个又说：'我有月月红。'这个又说：'我有《牡丹亭》上的牡丹花。'那个又说：'我有《琵琶记》里的枇杷果。'豆官便说：'我有姊妹花。'众人没了，香菱便说：'我有夫妻蕙。'"此处描写的斗草是众人以各自的花草名目相对，当多为女子端午之戏。

端午节除上述游戏竞技活动外，尚有击球、拔河、决射、斗力、端午景等。这些游戏竞技习俗或多或少，或直接或间接地与端午节辟邪主题存在联系，但其娱乐色彩则更为浓郁。

（六）展演传承

展演是以展示民俗事象为目的的民俗仪式表演，多为政府或相关部门组织，是当今颇为盛行又颇有争议的一种民俗传承方式。在当今非遗保护的大背景中，端午节的展演传承为不少地方采用。

在屈原的家乡秭归，每年都要举行龙舟赛事展演活动。1985年7月，第二届屈原杯龙舟赛在葛洲坝三江航道举行，观众多达十余万人。龙舟竞渡至今已举行了几十届，规模也越来越大，观看的人数也越来越多。每年龙舟竞渡前，都要先祭屈子庙。来自四面八方的男女老幼，一批一批地会聚在屈原像下叩拜、吊唁并以粽子、包子、酒水等供奉。人们抬着龙头,来到江边,然后由主祭人将一条红绸系到头龙上,由"头桡"将龙头扛到江边洗澡,洗完后将龙头安于船首,开光,即为龙点睛,然后龙舟竞渡正式开始。

在屈原的第二故乡中国湖南岳阳市,从1991年起每年都要举办国际龙舟节。在竞渡前,要举行"龙头祭"仪式,该仪式既具有传统元素,又具有现代元素。参赛者将龙头抬进屈子祠安放,然后为龙头"上红"(披红带),主祭人宣读祭文,并为龙头"开光"(即点睛)。然后,参加祭龙的全体人员三鞠躬,龙头即被抬去汨罗江,安放于龙舟上,赛事开始。1991年龙舟展演赛,参加观赏与贸易活动的多达60余万人,可谓盛况空前。

秦皇岛每年端午节要举行逛码头活动。逛码头,又称望海大会,过去民间称为逛码头,是秦皇岛的传统古俗,现在是人们过端午的重要活动之一,胜似庙会。它的形成与秦始皇拜海求仙的历史传说有密切的关系,也与其生活环境——秦皇岛靠海并且后来成为重要的海港有关。大会举办的地点一般是在秦皇求仙入海处。经过岁月的积淀以及人们社会生活的不断变化,如今的望海大会已经发展成为一种长生文化与祈福文化的综合民俗事项,并逐渐形成了固定的模式。"祈福"成为大会重要的主题,是民众心中所愿,"福"是人们对美好未来的向往。大会期间,有一系列文化活动,包括逛码头、求仙大典、摆摊易货、民俗表演等主要传统活动。近几年,祈福大会期间还安排有世界非物质文化遗产展、歌舞表演、行为艺术表演、端午节快乐测试等活动。当地人积极参加望海大会,是希望借此能给自己带来福气、好运,保佑自己及家人平安。

在黑龙江五大连池地区,每年农历五月五日,要过"五大连池火山圣水节",这是一种大型的端午节展演传承形式。该形式将节日活动展演与群众参与相结合,使其传承更具有生命活力。每逢节日,各族牧民一家家男女老少赶着勒勒车,跋山涉水,喜气洋洋地从四面八方聚集在药泉山下。寂静的草地上顿时热闹非凡,一座座草搭的窝棚架了起来,人们在暖融融的初春的阳光下杀牛宰羊,祭祀天地,载歌载舞欢庆一年一度的圣水佳节。从初四清晨开始,他们就在泉边,举行传统的圣水祭祀大典,庄严肃穆、仪式隆重。之后是民族歌舞演出活动。到了傍晚,各族民众就围在篝火旁载歌载舞，其间穿插着饶有风趣的抹黑祈福活动。子夜时分，"抢零点水"是节日活动的高潮。达斡尔人、鄂温克人、鄂伦春人坚信"端午"的一切东西都是最好的，汉人、满人也视"端午"的许多物品为吉祥之物。各族民众普遍相信这一天的药泉水最具有驱邪祛病的功效，因此歌舞至初四子夜，大家纷纷涌向泉边，抢饮零点圣水。初五凌晨，人们开始三三两两地结伴游园踏青，折柳采蒿，露水洗脸。龙舟大赛把节日的气氛推向高潮，各民族健儿聚集在火山堰塞湖上，举行龙舟竞渡，你追我赶，欢声笑语荡漾在山水之间。"射猎饮水"也是这一日活动的主要内容，许多达斡尔族、鄂伦春族、蒙古族猎人都在这一日进山打猎，据说能获得更多的猎物。回来后痛饮佳节圣水，以求祛除百病，身体健康。初五的晚上，人们又聚拢在药泉湖边，举行"泉湖灯会"。人们烧纸钱或放河灯，寄托对先人的哀思，祝福活着的人们珍惜每一天。到了初六早晨，人们第一件事就是来到二龙眼泉边"洗眼明目"，然后就陆陆续续地登上药泉山，拉开了"钟灵庙会"的序幕。人们进殿烧香拜佛，参加洒净法会，然后，有的拜山，有的祭神。山上庙门外和山下山门内，买卖小摊、风味小吃、地方戏、杂耍，热热闹闹一直持续到傍晚。寺内还备有素斋供信众食用。"弃石丢病"是节日活动的最后项目，人们白天进山打猎时，捡到拳头大小的火山石块，回来后扔到泉边，表示病魔已除，一年内无灾无病，然后各自分散，收拾行囊，踏上归途。

端午节的展演，参加者甚众，影响广泛，震撼力强，促进了端午节传承。

端午节发端于先秦时期的五月五日为恶月恶日的观念与采药、沐浴兰汤等辟邪习俗，历经两汉、魏晋多种习俗、文化因子的碰撞、置换、聚合，至南朝梁代基本定型，其基本定型的表征即是一系列避邪习俗与龙舟竞渡、食粽、祭祀历史人物等习俗的整合。端午节定型的标志，即是《荆楚岁时记》的相关记载。梁代以后，端午节习俗进一步发展，即向娱乐性、竞技性、实用性方向发展，向提升节日思想境界方向发展。如辟邪习俗向娱乐性方向发展，就形成了比粽叶长短、戴石榴花等习俗；向竞技性方向发展，划龙舟习俗就演变成了龙舟竞渡习俗，并衍生出了打石仗、射柳等习俗；向实用性方向发展，就形成了药市、汲圣水、改善民众卫生等习俗，有人甚至说，端午节的活动就是全民卫生运动。向提升节日内在意义方向发展，就形成全民祭祀屈原、弘扬爱国主义精神的习俗。端午节的传承发展是中国传统文化传承发展的缩影。

**二 湖北宜昌市下堡坪民间故事传承剖析**

民间故事传承体系主要包括传承主体、传承客体（内容）、传承场域、传承方式和传承保障机制。随着2002年启动"抢救和保护中国人类口头和非物质文化遗产工程"和2011年颁布《中华人民共和国非物质文化遗产法》，民间故事正式纳入非遗保护名录。民间故事讲述者逐渐被"民间故事传承人"所取代。1980年开始，民间文学搜集者和研究者们认识到，民间故事讲述人是一个民族和地区民间故事的主要负载者和传承者。从此，民间故事搜集和研究的重点，开始由分散搜集、普查思维和记录文本文学化整理，向寻找优秀故事讲述家转移[1]。随着鲍曼的表演理论的引进和应用，优秀的民间故事家和传承人进入研究者的视野。

下堡坪乡位于湖北省宜昌市夷陵区西北部，其历史可追溯到三国时期。乡土面积320平方千米，拥有8个自然村、2.4万余人。下堡坪乡享有湖北省"天麻之乡""民间故事之乡"的美誉。2006年5月，国务院将"下堡坪民间故事"列入全国第一批非物质文化遗产保护名录。

下堡坪民间故事数量多、种类全，目前流传的2000多则民间故事，有神话、传说、笑话和故事等十多个类型，独具特色的有地名传说、传奇类故事、红色经典故事和机智人物类故事（长工董国天系列和艺人陈瓦匠系列各90则），民间故事讲述地域特色鲜明。

（一）下堡坪民间故事传承现状

1. 下堡坪民间故事传承的主力军：四级传承人

下堡坪乡拥有完整的民间故事四级非遗传承人体系：国家级传承人1人，省级传承人2人，市级传承人14人和区县级传承人30余人。他们传承故事数量多、类型相对集中、传讲谱系鲜明、传讲活动特色鲜明且影响力大、所获荣誉多。

他们的传承方式为民间自在传承与多元化自为传承相结合。传承人

---

[1] 刘锡诚：《故事家及其研究的文化史地位》，《民俗研究》2012年第2期。

幼年时大多有听祖辈讲故事的共同记忆，成长经历中的浸润激发了成年后主动搜集和传讲故事的动力。家庭成员之间的口传心授以及亲友师长之间的切磋交流是主要方式。除口传之外，传承人注重通过故事媒介化的方式延展传播渠道，出书刻碟是其首选。目前，刘德方作品已结集出版；12位省市级传承人的同名故事集也由乡政府出资影印待版。国家认定的各级传承人认真履职且多乐在其中。

> 王传胜（男，1963—，市级传承人，下堡坪乡九山村支部书记，农民）：我经常参加各种故事大赛，带头讲故事，带动气氛也让他们（村民）跟我一起讲。我喜欢编段子，老百姓好多读书不多。国家的政策法规、好些常识，我都编成段子、顺口溜，让他们（村的宣传员和村干部）给老百姓讲。他们欢喜听，一下子就记住了。

作为传承人，他们要接受夷陵区非遗抢保中心的考核。目前只针对省级以上传承人进行。2012年以来，每年考核一次，考核具体指标包括："熟练掌握其所传承的非物质文化遗产；在该领域具有代表性并有一定影响力；开展传承活动，培养后继人才；妥善保管相关材料和实物；配合文化部门和其他有关部门进行非遗调查；参与非遗公益性宣传；在本区域内有一定影响力，德艺双馨。"

> 陈代金（男，1944—，省级传承人，下堡坪乡马宗岭村农民）：像我前几年走乡串户，虚心拜访本乡本土有名的十几位高龄老人，搜集了100多个有价值的经典故事，30多首民间歌谣。为了更好传承民间文化，我利用人多广众的机会，例如婚葬喜事、走亲会友、宴席，我先出头露面讲些得当的民间故事，唱些民间歌谣，启发邀请别的客人唱、讲，通过这样的形式启发传教青壮年约几千人次。

除了传讲外，创作新作品以及带徒弟是很好的传承举措。民间故事的生成与流传主要在于互动交流、教学相长。乡民在听与讲的互动过程中完成技巧习得和对故事精神的掌握。

刘德方（男，1938—，国家级传承人，中国民间故事家，夷陵区政协委员）：从 2004 年以来我收的徒弟起码有 80 个以上。正式拜师的有 8 个。我教他们的：第一，要先学会做人。这个人，你不正直，歪风邪气，你搞这个事是肯定搞不好的；第二，要有决心。要坚决把这个事项搞好，能够走得出去。再一个就是，讲故事的技巧。语言方面要不能拖泥带水，这个闲言闲语要少说。再一个就是，上台哒，这个舞台形象；表演节奏，当快我要快，当慢我要慢。当重我要重一点，当轻我要轻一点。这个包袱一定要甩得响当。

"民间故事很大的程度上是以一种散漫的状态流传的，只有极少的有好记忆、生动的想象力和叙述能力的积极的传统携带者们才传播故事。"从刘德方口中可知民间故事的传承人一般拥有超强的记忆力和创作能力。

2. 下堡坪民间故事传承的群众基础：普通乡民

山野乡民是民间故事传承的主要参与者。根据夷陵区非遗抢保中心的名册信息，下堡坪乡会讲 2—5 则民间故事者占总人口的 90%，会讲 10 则以上的共计 1065 名，传承群众基础好。故事传讲主体成员基本是"40 后""50 后"和"60 后"，三者占登记总数的 78%。民间故事传讲人小学和初中文凭占登记总数的 87%，高中以上学历较少。全乡有六个村在 2007 年被命名为区级故事村，每个村都拥有区级民间故事家，故事传讲氛围浓厚，参与面广泛。

乡民在红事上讲笑话增添喜庆色彩，在白事期间讲故事缅怀亲人、激励后辈；在田间地头、茶余饭后、年节集庆活动期间讲故事自娱自乐，在集体文艺赛事和各种活动中讲故事娱人娱己。他们利用故事或打发漫长的乡村寒夜，或忆苦思念、教育子侄：

刘桂英（女，1968—，下堡坪乡诚意酒店厨娘）：我平时喜欢听故事，像我们村上杀年猪的时候啊，摘茶叶的时候啊，就有大老爷们一起日白。像我娃娃小时候，我也给他们讲故事哒，大灰狼啊，反正小娃娃们喜欢听这些。

3. 下堡坪民间故事传承的保障主体：职能部门、研究机构和新闻传媒

文化局、广电局、非遗抢救保护中心等职能部门为民间故事的传承提供政策、资金支持。下堡坪乡文体服务中心及各村委会为传承活动提供普查备档服务。刘德方艺术研究会和当地文联、民间艺术家协会等文艺组织则相互配合，为其提供理论指引、功能定位及品牌设计等服务。

> 彭明吉（男，1956—，刘德方艺术研究会会长）：我们研究会主要是围绕刘德方的民间故事来打造夷陵区民间文化的文化品牌。2006 年至今，我们举办了三次大型的刘德方艺术研讨会①。研究会还出资 2 万多元修复刘德方故居，还搞了正式挂牌仪式②。我们还为刘德方搞了个正式收徒仪式。他七十大寿的时候，我们搞了个庆祝活动，老人很高兴③。我们现在打算干这样几件事情：第一，投资 20 万元左右的经费在夷陵楼建成刘德方民间故事专门展厅；第二，将刘德方民间故事精品搬上舞台，搞个专场演出；第三，筹资拍摄刘德方传奇人生故事④。

宜昌媒体及全国其他媒体对"下堡坪民间故事"及其传承活动的报道推动了民间故事的传承。从 1993 年 11 月《宜昌文化报》的通讯《刘德培的弟弟出山了》至今，媒体对下堡坪民间故事的关注从未中断。报

---

① 2010 年 6 月 12 日，在宜昌三峡大学举办"中国民间故事家刘德方学术研讨会"。来自中央民族大学、华东师范大学、华中师范大学、三峡大学及宜昌市文联、宜昌日报社等单位的 50 多位代表参加了会议；2011 年 10 月在中央民族大学举办"中国民间叙事与民间故事讲述人学术研讨会"，来自台湾与大陆的诸多学者与会探讨。

② 2008 年 1 月 10 日，刘德方故居举行挂牌仪式，时任宜昌市夷陵区区委副书记向洪星、副区长饶玉梅、区宣传部长杨燕等人出席活动。

③ 2007 年 9 月 25 日，在夷陵区小溪塔中大饭店为刘德方老人举办七十大寿暨庆祝刘德方老人从艺五十周年活动，会聚政界（时任夷陵区副区长饶玉梅、夷陵区党委副书记刘洪福、区委办公室主任董诗国）、学界（民间文学家、华中师大文学院教授刘守华、陈建宪及其弟子）、民间文艺界（夷陵区民间故事家、区文联以及民间文艺家协会领导）等人士为老人庆生并借此举行民间故事探讨活动。

④ 程万海：《真情演绎国宝级民间故事大王刘德方的传奇人生》，搜狐网：http://roll.sohu.com/20140409/n397950592.shtml。

道的媒体既有纸媒（如《人民日报》）又有电子媒体（如凤凰卫视）和网络媒体（如人民网）；既有地方性媒体（如《三峡晚报》）又有全国性媒体（如 CCTV）；既有新闻消息又有长篇通讯报道；既有总体介绍又有重点推介。

（二）下堡坪民间故事传承举措

1. 民间故事进校园，开展学校传承

西陵区民间故事传承基地——下堡坪中小学，对基础教育阶段学生（3—8 年级）普及民间故事，传承讲述技巧；为民间故事的后续发展储备接班人，解决传承人老龄化的问题。其主要做法为：

（1）将故事传讲活动编入校本课程教学计划内。组织全校语文教师开展教学活动，自编教材，每周 1 课时，形成教学活动的常态化、规范化。

（2）聘请各级传承人为校民间故事课外辅导老师，对师生进行辅导工作。

（3）开展"星级故事家"评选活动，形成浓厚的校园传承氛围。截至 2014 年年底，全校接受民间故事校本课程的学生达 400 多人。其中，能讲 50 个故事的有 2 人，能讲 20 个故事的有 46 人，能讲 10 个故事的 153 人。宋方文、陈怡菲两名同学还被刘德方收为徒弟。

（4）成立以校长为首的领导小组，建立"一把手"负总责，并在人力、物力、财力及制度上给予充分保证。

（5）对学校教师进行集中培训，并通过以老代新的方式，使全校 80% 以上的教师能对学生进行民间故事的相关指导。

2. 政府牵头组织各种活动，以奖励促传承

宜昌市、夷陵区、下堡坪乡和各个村多次举办民间故事演讲大赛，以奖励增加传承人的荣誉感，扩大下堡坪民间故事的影响，推介新的传承人。宜昌市故事演讲大赛已举办五届，该赛事使得区和乡的民间故事演讲大赛成为常态化。作为市级比赛，有企业冠名和各级媒体关注，不仅为故事传承者提供物质奖励，也扩大了比赛的影响力。

夷陵区自 2002 年起每三年举办一次民间艺术大赛。以民间故事传讲、民歌传唱等为主题的民间艺术大赛，推出了 1 个国家级民间故事家刘德方。大赛成为下堡坪民间故事展演的新平台，如根据民间故事改编的小

品《皮匠驸马》《三姨姥赶情》等节目都在这里获奖，实现了"民间故事舞台化、戏剧化"传承。

3. 全面摸排建档，厘清传承格局

夷陵区对民间故事传承人的基本信息、故事基本信息（数量、内容、类型、特色）、传承活动基本信息（传承谱系、传承场合、参加的活动及所获荣誉）进行了全面摸排。目前登记人数达到 1065 人，重点传承人 728 名，国家四级传承人有详细的个人小传。通过摸排工作，加深了对各村落民间故事类型的认知。如秀水村故事侧重于董国天系列、机智人物类故事；中柳坪、谭家坪侧重刘德方故事系列；蛟龙寺村侧重传说、传奇故事，尤其是地名传说；下堡坪村侧重童话、幻想、神话故事；白竹坪侧重陈瓦匠故事系列；九山村侧重革命历史故事；马宗岭村侧重三国故事系列。摸排工作不仅关注"个人"，也关注"群体"。从 1983 年到 1993 年，主要是对刘德方的故事、生平以及活动资料进行追踪搜集。1996 年之后，普查中心转向故事传讲群体，摸清了整个乡的故事传承体系。

4. 加大资金投入

夷陵区区乡两级政府投入大量资金，采取多种形式鼓励传承活动。一是对考核合格的传承人给予财政经费补贴。如国家级传承人，国家财政一年 1 万元，区财政补贴一年 2 万元；省级国家财政一年 3000 元，区补贴一年 1000 元；市级一次性奖励 400 元。二是投资 60 多万元，建成下堡坪民间故事传讲基地，对师资进行培训，编印民间故事读本等教材。三是投资出版民间故事相关书籍。如已投资 25 万元，编印出版了刘德方三书一碟。21 世纪又出版了《诸家评说刘德方》《远山笑林续集》等书籍，如出版内部刊物《赵勉河》杂志，开辟"民间故事"专版。四是资助民间故事传承活动，乡镇府每年投入十几万元举办各级"故事大会"等活动。

（三）下堡坪民间故事传承困境

1. 传承走向的定位困境

随着城镇化建设和交通条件改善，下堡坪与外界交往交流越来越频繁，现代生活方式对乡村生活的冲击不可避免，许多乡民在宜昌市区购房居住，民间故事传承的原生场域已被打破。因此，民间故事传承面临艰难的抉择：是扎根乡土，固守原生态传承；还是走出乡村，进入城镇等新的文化空间传承？

2. 传承人身份认同困境

非遗名录的四级传承人身份具有多重性，角色冲突和角色不清等身份认同上的混乱也影响了传承活动。尤其是如刘德方这样从农村底层进入城市的故事家，一方面他承担了许多社会角色，如各级故事大赛评委、区政协委员、文联会员等。不同社会角色的扮演让其故事演说及创作语境发生了变化，出现了如刘守华教授所言的"迎合性"的特征；另一方面，他住在城乡接合部，农民根性让他难以完全融入城市生活。民间故事传统的封闭空间中的纯粹农民身份在大多数市级以上传承人身上都发生了变化。像王传胜既是农民，也是茶厂老板，除了走村串巷外，也在城市中长期穿行。身份的转变以及随之带来的民间故事传承内容的转变让"民间故事"逐渐丧失了"民间性""原生态"等特征，也让传承主体迷失了自己的角色定位及权责归属。

3. 传承机制不健全

（1）传承人体系构建不完善

传承人体系构建包括传承人的确立、更替、奖惩、考核以及传承活动的渠道、内容、场域的确定等。目前，市级以上传承人有严格的确立标准，区县一级的标准则比较弹性；较高等级传承人的申报数量有限制，且缺乏更替机制。国家级传承人为终身制，其他等级也只能采取单向顺位补缺更替制度，即低等级向高等级流动，能上不能下；高一级有空缺，低等级才有机会补位。对传承人只有奖励而无惩处制度；对传承人的考核，量化标准缺失，可操作性规范较少；民间故事活态传承的跟踪考核体系缺乏等。

（2）保障机制不健全

健全的非物质文化遗产保障机制应该具有专职、专岗和专项资金。目前，非遗保护传承缺乏专人专岗，工作效率大打折扣。专项资金缺失，传承活动各环节的资金投入不足，影响整体传承效果。比如，目前对省级以上传承人每年有固定经费补贴，而市级和区县级则基本上没有物质奖励。另外，传承人逐渐老龄化，疾病增多，而文化部门的关怀也远远达不到他们的心理预期。

杜远菊（女，1955—，刘德方老伴）：他的基本工资只有千把块钱，哪么做得到啊！去年他不好了半年，两服药就是一百多块，一害病就是十几服药，前前后后花了大几千块钱。他又冇得医保，冇得报销。他们（区文体局等）让我们写个困难申请。我们都写好了，文体局也签字了，报上去却没批下来，不晓得他们（区政府撒）哪么想的。

（3）宣传推介力度不够

民间故事传承相关的宣传传播活动呈现出以下问题：对整体传承活动的报道居多，深描内容较少；对刘德方的报道多，对传承人群体的报道少；参与报道的地方性媒体较多，全国性、全球性媒体较少；参与写稿或者供稿的人以研究者、保护者居多，故事讲述人少，即传承者的自我宣传意识严重匮乏。

4. 传承思路不开阔

（1）资源整合思路欠缺

宜昌市夷陵区拥有民间故事、丝竹、剪纸、山歌、皮影戏等多个非遗项目，但都各自为政，并未互相借力，形成互相促进、共同传承的局面。当地曾尝试将《皮匠驸马》改编成小品、《五媳拜寿》改编成女生小合唱，也提出了"剪纸故事化、故事戏剧化"思路，但这种互相借力、合力传承的思路还没有得到重视，更没有广泛应用。

（2）多元结合的传承思路欠缺

目前的传承思路是将民间的自在传承（家庭传承、生活化传承及师徒传承）与教育传承（民间故事进校园）、赛事等动态传承以及建档静态保存（如设立刘德方专门陈列馆、出版影印民间故事书刊资料）等自觉传承方式相结合。但如何将民间故事产业化传承、数字化传承等方式与前述方式相结合，尚未纳入相关部门的视野。

5. 对传承内容的深度开掘不够

一是缺乏对传承故事的质量评价标准。下堡坪乡的民间故事除了群众基础好、数量多外，特色不鲜明，辨识度不高。民间故事流变轨迹未纳入普查范围。二是对不同故事类型的传承方式缺乏深入研究，如民间故事的传承形式、传承场所、传承内容基本上取决于讲述人和研究者的自主判断。

(四) 完善民间故事传承的思考

民间故事赖以生存的农耕、游牧或渔猎的文化生态发生了变化,传统社会向现代社会转型时期的文化变迁,使得民间故事在当代社会的生存、发展和传承仅仅依靠其原有的传承方式难以为继。当前,应从如下几个方面入手,促进民间故事传承。

1. 重新审思并定义民间故事,破解传承困境

传统的民间故事是指劳动人民创作并传播的、具有虚构内容的散文形式的口头文学作品。但是,现在的民间故事无论是传承人的身份还是内容都和传统定义有所区别。传承人城乡双重身份的趋势越来越明显,民间故事的受众也在发生变化。民间故事的传者与受众由原来的"农民故事家—农民受众"转变为"民间故事家—城乡受众","传统民间故事"也转变为"新的民间故事"。

针对上述变化,应根据传承场域及对象的变化进行传承内容及方式革新。第一,主要活动范围在农村的农民故事家和农民受众,尤其是中老年群体,以红白事年节活动、农村故事会、采茶收割等集体活动为场域,鼓励民间故事的自在传承。在内容上保留乡土特色,以"原汁原味"民间故事为主进行传承。第二,城镇生活的民间故事家和城乡受众,通过故事演讲大赛、民间文艺大赛、民间故事进校园、进企业、进社区等多种形式传承为主。鼓励传承人针对新的时代精神新风尚创作新故事,拓展民间故事的主题或对传统故事内核进行新的延伸(比如将传统的讽刺官员贪得无厌的故事母题和中央"八项规定"尤其是反腐倡廉相嫁接);另外,通过民间故事展演方式多样化(如故事剪纸化、戏剧化、版画化、影像化、游戏化、动漫化)等丰富民间故事传承的渠道与载体,让更多年轻人认同并喜欢民间故事。

2. 建立健全多元立体动态民间故事传承体系

(1) 建立多元传承体系

所谓"多元"是指参与传承民间故事的个人、团体和机构多样,传承的方式多样;"立体"是指参与者在传承活动中所处地位和层次不同、功能不同;"动态"是指传承体系在保证整体结构完整和稳定前提下注重

与时俱进，自我更新完善。就下堡坪民间故事而言，这个传承体系是：以非遗保护机构为领导层（主要功能是政策制定、资金扶持、项目审批等），以下堡坪乡文体服务中心为执行层（主要功能是采录传承资料、执行传承政策、上传下达等），以刘德方艺术研究会等机构为协调层（主要功能是协调各部门开展传承活动），以各大研究团体及学者群为辅助层（主要功能是挖掘民间故事的文化内涵及传承价值、开展学理性研究），以各级宣传部门和媒体群为传播层（主要功能是持续关注和报道传承活动，扩大其社会影响力），以全体传承人为主体（以四级传承人为传承领袖，以传承基地成员及普通民众为参与者；主要功能是开展传讲活动），以新旧民间故事为主要内容，以民间传承为主要方式的互助动态体系。

（2）健全多元传承保障体系

为使这一体系高效运转，第一，应建立多层次故事传承机构网络。以下堡坪乡文体服务中心为起点，向下每个村建立专门的故事传承机构，向上建立与国家非遗中心、省市区各级非遗中心相互联结的专门机构，形成垂直领导执行层。同时，与长阳都镇湾、河北耿村、重庆走马河等民间故事村建立横向联结机制。第二，设立专门的管理—执行—宣传—审核部门，各司其职，相互配合。第三，设置专项资金及使用标准，保障传承人利益及传承活动常态化。第四，设立各级民间故事宣传专员，形成村—乡—区—市—省各级宣传专员网络，保证民间故事在媒体议程设置中的持续性常态化。另外，培养民间故事传承人的自我宣传意识，乡村可以对积极供稿的农民给予一定物质奖励。第五，加强民间故事保护者的数字化培训。第六，建立传承人实时追踪机制。对民间故事内容的流变与创新、传承人梯队的变动以及传承活动的变化等内容进行规范性记录与关注，保证实时动态客观地呈现下堡坪民间故事的传承轨迹。

3. 规范与推进多种传承方式

（1）强化民间故事的教育传承

加强少数民族对本民族语言文化的教育和宣传，激起他们的热情，有利于形成一个自下而上的学习和传承氛围。如赫哲族民间故事的传承，因为赫哲族有语言没文字，他们千百年来通过口头形式传承着民族历史与文化。当语言面临濒危时，使用本民族语言的人越来越少，民间故事的传承必然受到严重影响。加之生计方式的变化，民间故事离人们越来越远，不少人逐渐失去对民间故事的兴趣，转而学习其他文化事项。①

（2）逐步实行民间故事商业化传承

将当地的地名故事传说与特色旅游相结合，让"旅游景点故事化，故事情境旅游化"。依托周边地域特色景点和农家乐项目，打造民间故事茶馆、民间故事大舞台等旅游体验类项目。用现代营销手段将民间故事与旅游等产业有机结合，不但可以丰富旅游产业的文化内涵，也能扩展民间故事的传承传播渠道与范围。

（3）推进民间故事的数字化传承

首先，现有档案全部数字化录入，建立开放互动数字档案平台。其次，推进民间故事深度化数字式传承。如建立下堡坪民间故事网站，将民间故事经典作品制作成影像或者动漫等，并设置专门观赏平台；开发民间故事扮演、体验讲述 App 客户端，吸引更多的年轻人参与其中。

当前民间故事传承最主要问题是传承人老龄化现象严重，传承机制尤其是宣传机制不健全；传承方式比较单一且效果有待提升。民间故事作为一种信息消费产品，在多媒体时代所面临的挑战主要在于，可替代产品太多，民间故事内容本身的历史性、传统性以及通俗性受到新的信息产品的时代性、时尚型、多元性冲击较大；民间故事传承人对普通受者的影响力日渐降低，尤其是对城镇居民受众和青年受众的吸引力大打折扣。在国家大力保护非遗以及大兴文化产业的时代背景下，政府、传承人、群众和社会各界力量积极参与，建立健全多元立体动态民间故事传承体系，推进民间故事传承方式革新，也可为自我发展寻找新的思路和路径。

### 三 广西"刘三姐"山歌传承剖析

广西有着"歌海"的美誉，是"歌仙"刘三姐的故乡，以丰富多彩的山歌文化为基础构建的"南宁国际民歌艺术节"和"印象·刘三姐"实景演出成为广西与世界各地文化交流的重要平台。当下广西山歌传承的现状如何？"文化持有者"在传承过程中又遭遇了哪些传承的瓶颈？国家的相关政策落实得如何？回答这些问题，有利于我们从中探索出民间

---

① 韩慧光：《赫哲族民间故事的传承研究》，《佳木斯大学社会科学学报》2014 年第 6 期。

歌谣的传承现状。

（一）"刘三姐"山歌"传唱"的现状

广西"山歌"传承有着良好的社会氛围，无论是政府文化建设层面还是民间自觉自为层面，都开展了不少活动，丰富了民众的文化生活。

1. "刘三姐"山歌传承的社会氛围

一是获授"山歌之乡"。2002年，宜州市被广西文化厅授予"广西民族民间文化（山歌）之乡"。2004年，宜州市的流河乡改名为"刘三姐乡"。2006年，"刘三姐歌谣"申报国家级"非遗"成功，列入首批保护名录。2014年12月，刘三姐乡撤乡建镇，即今天的刘三姐镇。

二是成立"传承研究中心"。2013年，宜州市文化局成立"刘三姐文化传承研究中心"。中心以壮歌收集、整理工作为主，本着"突出重点、先急后缓"的原则，重点普查了《刘三姐歌谣》，并对这些资料运用数字化多媒体等方式进行全面系统的记录。目前已搜集各类歌谣13750首，各类山歌书籍、手抄本72本。中心在下枧河流域除了征集有价值的古壮歌古本（手抄本）外，还对古本和口头传唱的歌谣进行翻译、整理。

三是建设生态博物馆。"刘三姐"生态博物馆包括下枧河流域修建的10处对歌台和刘三姐歌谣文化展示中心，建筑总面积5000平方米。展示中心建设将刘三姐书院扩建成一座三层仿古式建筑，馆前建有历史名人雕像和刘三姐风情表演区的文化广场，占地2000平方米。一层集中展示刘三姐歌谣文化资源，陈列相关文字、图片资料、书籍、壮民族传统工艺品和制作工艺品的工具等；二层为宜州历史名人和历史文物精品展览；三层为临时性展览场地。附楼为办公用房和山歌传习馆，场馆建筑面积为1500平方米。

四是命名一批"特色乡"和"传承培训基地"。2005年，国务院办公厅《关于加强我国非物质文化遗产保护工作的意见》和广西壮族自治区人民政府《关于加强我区非物质文化遗产保护工作的意见》的颁发，积极引导了宜州市政府对"非遗"保护。宜州市《关于加强我区非物质文化遗产保护工作的通知》提出对刘三姐文化进行分层保护发展，《关于公布第一批宜州市级非物质文化遗产名录的通知》公布了8个乡镇为

"民间文化艺术特色乡",12个单位为"刘三姐文化艺术传承培训基地"①。这一举措为地方非物质文化遗产保护和传承工作起到示范作用,营造了良好的传承氛围。

2. "刘三姐"山歌传唱的日常场域

宜州市的中山公园是"山歌"传承人在民间自觉传唱的一个重要场域,是"老有所乐"的娱乐场地,也是自发传唱"山歌"在民间形成的一种日常生活状态。以下是笔者2015年5月在中山公园访谈山歌传唱群体时的观察摘录:

中山公园唱山歌区域主要在大榕树下、小河边和公园围墙下。13时,唱"山歌"的人陆陆续续到来,公园里没响起山歌时,他们到处走走,围观下棋、打牌。14时,公园里传出阵阵歌声,有男女合唱和对唱。唱山歌共44人,女28人,男16人,年长的82岁,最小的49岁,分布8处,大榕树下3处对唱汉歌,公园围墙边2处对唱汉歌,小河边3处对唱壮歌。他们是宜州市内居民,也有较近乡村的村民,主要来自刘三姐镇的下枧村、马山塘壮古佬景区、清远镇的太平村、祥贝乡的小龙村等。15时,整个公园歌声阵阵,壮歌、汉歌、百姓歌的"传唱"歌手与对唱歌手一问一答进行对唱,互不干扰,乐在其中。对唱的过程大多是低着头,不时与同伴交流回答的歌词,没有大笑,好像在平和地交谈。每个唱歌的老人都觉得来公园唱唱歌,心情很愉快。16时,他们陆续回家。

3. "刘三姐"山歌的民间传承群体

"刘三姐"山歌传承方式主要是家族传承、师徒传承。如广西歌王黄月香、黄月霜、黄学超、蒙启业、磨海英、覃艳芳、覃一妹等,均为家族式的父女传承、夫妻传承和姐妹传承。从实地调查来看,"刘三姐"山歌传承人的特点主要包括六个方面:一是传承人多是国家级、省级、州级"非遗"传承人。二是传承群体主要分布于壮族、汉族、仫佬族、毛南族、侗族等民族主要聚居区域,如宜州、罗城等县市。三是传承人在

---

① 即民间文化艺术特色乡:庆远镇——彩调、渔鼓之乡;怀远镇——龙舟之乡;德胜镇——红兰酒之乡;洛西镇——山歌之乡;刘三姐乡——山歌之乡;祥贝乡——山歌之乡;洛东乡——彩调之乡;北牙乡——民间绝技之乡。刘三姐文化艺术传承培训基地:市文化馆、市文工团、市保育院、市幼儿园、市实验小学、市一小、市二小、怀远镇小学、刘三姐乡小学、祥贝乡小学、英华学校、市职业教育中心。

性别比例上女性略多于男性,女性在山歌传承中占有重要的地位。四是传承人年龄多在 50 岁以上,男性山歌传承人整体年龄略大于女性传承人。五是具有国家级、省级、县级的传承人在授徒和山歌培训方面的现状不容乐观,特别是"广西歌王"的接替上已出现断层。六是相对于"歌师""歌王"级别,民间"歌手"级别的传承人在日常生活中参加相关演出活动的机会非常少。山歌传承人经济收入普遍微薄,难以维持日常生活中各类开销,无法在山歌传承上做更多工作。

(二)"刘三姐"山歌"传唱"面临的困境

1. 生产生活方式变迁导致山歌传承渐失传统基础①

近年来,宜州在各乡镇推广桑蚕业,刘三姐镇流河社区的生产方式已从稻作型农耕类型转变成科学种植、乡村旅游的半农耕类型。青壮年养蚕和外出打工在流河社区很普遍。一般情况下,种桑养蚕可为一户人家带来一两万元的年收入,在外打工能为家里带来三五万元的年纯收入,与传统的农耕生活比较有巨大的收益。下枧屯是刘三姐故乡所在地,也是宜州市重点建设的新农村,致力于打造"生态旅游示范屯"的旅游胜地。全村 63 户,人口 253 人,其中劳动力 147 人。耕地面积 337 亩,全屯种植甘蔗 167 亩,年产原料蔗 900 吨,桑园面积 195 亩,年产鲜茧 48 吨。农民人均纯收入 5200 多元。流河社区的马山塘屯,全屯人均纯收入 8600 元,桑蚕、甘蔗、旅游为主要经济来源。村里整合了 40 多亩集体土地,筹集近千万元资金,改建 30 户农家旅馆,修建了游乐园、垂钓区、民俗广场和停车场,大力发展旅游业。借助旅游业蓬勃发展的有利时机,村里把旅游业和种植业有机结合起来,提高全村采摘旅游业的发展空间。以新农村参观、下地采摘、欣赏刘三姐故里文化、吃农家饭、体验农家生活为主导,利用桑秆大规模种植食用菌,因地制宜种植双季葡萄等特色瓜果,通过扩大农副业生产,利用科学种植来发展旅游经济,着力打造一个集民俗接待、风情娱乐、观光采摘、餐饮住宿、休闲度假于一体的多功能的乡村旅游胜地。

---

① 本节目数据源于宜州市刘三姐镇政府办提供的《宜州市刘三姐乡流河社区下枧屯简介》和《马山唐新农村建设简介》中的部分内容。课题组成员冉红芳 2015 年 5 月 16 日上午在刘三姐镇镇政府办收集。

过去村民靠水稻、甘蔗、打鱼等生产方式来生存，过着"日出而作，日夕而归"的生活。人们的交往也局限于村寨之间，大榕树下"对唱山歌"就是"说话"，成了歇凉、歇气的主要方式，而当下刘三姐镇打造旅游胜地，大力建设新农村，农业科学化改变了村民过去集体劳动的传统劳作生产方式，思想观念逐渐发生变化，从而导致民间传承传统"村落生活常景"的改变。①

2. 传承群体老龄化和新生代歌王断层

歌作、歌者、歌艺与歌圩是山歌文化系统的组成部分。歌者是山歌文化传承的根本。据宜州市文联主席佐丹介绍，"目前，宜州市是整个广西歌王最多的一个县，共14位，每位歌王都是文联的副主席，他们有的是国家级非物质文化遗产传承人如谢庆良，也有省级非物质文化遗产传承人如黄月香、黄月霜"。

笔者根据宜州市文联提供的《广西歌王花名册》《广西千村万户文艺惠民工程文艺户申报表》和市文化局"刘三姐文化传承中心"提供的《刘三姐文化传承人登记表》进行统计发现，"广西歌王"14人，文艺户11人，民间音乐传人24人。从民间音乐传人的年龄层面分析，41—50岁占12.6%，51—60岁占33.3%，61—70岁占33.3%，71—80岁占20.8%，年长者79岁，年轻的传人45岁。惠民工程文艺户的筛选登记是从"广西歌王"中产生的，通过户的形式登记促进山歌以"家庭传唱"的方式传承。从14位"广西歌王"年龄段来看，41—50岁占21.4%，51—60岁占42.9%，61—70岁占21.4%，71—80岁占14.3%，最年长"歌王"78岁，最年轻的"歌王"45岁。从获奖时间看，20世纪90年代获得"广西歌王"的占42.9%，2008年之后再无省级"歌王"传承人，导致新生代省级的"广西歌王"断层。

3. 传承场域的变化

近几年，广西半官方半民间的"歌会"活动丰富多彩，民众的参与也逐渐活跃。广西文化厅对入选国家级非物质文化遗产名录进行统一部署，联合各部门在民歌传承保护上开展了一系列活动，通过各地歌圩音

---

① 张士闪：《乡民艺术的文化解读——鲁中四村考察》，山东人民出版社2006年版，第180页。

乐节来促进"山歌"的传承。如"平果歌圩音乐节""美在广西——广西青年歌手演唱会""河池铜鼓山歌艺术节"等。

宜州市政府与乡镇结合举办的"歌圩"歌节活动也是丰富多彩。2014年4月，由宜州市宣传部主办，市文化旅游体育局、祥贝乡人民政府承办，市刘三姐文化传习中心、市文化馆、祥贝乡文化站协办，举行了"古龙村'三月三'歌节传统歌圩（壮歌）山歌会"。同月，小龙村也举办了"小龙村'三月三'歌节传统歌圩（汉歌）山歌会"。这些"歌会"活动主要是民间歌王、歌手进行对歌比赛并评奖。"歌会"的名称每年会有所变化，但民间唱歌活动的开展依然按照圩日规律进行。2015年5月，宜州市委市政府组织的"2015年宜州市文明旅游宣传活动"每周末在"市民文化公园"举行。"壮族三月三·刘三姐故里民族风"歌圩歌会为"活动"的重要内容。

实际上，我们无法有效地区分这些活动究竟属于"节日性歌会"还是传统乡民社会的"赶圩歌会"。当地的歌唱之风并未因"歌会"的停止而停止，而是仍旧依据其自身的惯例继续进行着。但随着时间的推移，山歌在民间传承的传统场域"歌圩"有可能越来越多地被"节"的形式取代，加速民歌乡村传统社会基础的丧失。

（三）完善"刘三姐"山歌民间传承的策略

山歌的生命力来自民间，来自热爱它的各阶层民众。然而，当代山歌的民间传承日渐式微，影响力也在下降，这是不争的事实，但是并不代表民间传承方式已经退出现实生活。有些学者提出"还需不需要这种方式"？笔者通过对"刘三姐"山歌的深入调研，认为不能因为社会的转型使得原有"村落生活场景"发生了变化，就轻率地否定民间传承的生命力，"在不同时代都需要民间传承的方式"。在中国南方仍有许多乡村处在农耕生产为主的社会，民间传承的传统基础仍然存在，只是传承的内容和方式在发生"渐变式变迁"。因此，在民间寻找新的适合于当下社会的山歌文化内容和传承载体应该是学者、政府、"文化持有者"共同努力的方向。比如如何扩大传承群体和受众群体，如何让受众群体在当下的文化背景下转化成传唱群体？如何让传承场域在高科技和新传媒大数据时代下创造出新型的民间传承场域？政府机构如何在民间传承的引导和建设方面发挥作用？在现有的制度和政策下如何专注于传承氛围的营造和专项资金的监督管理？这些问题的解决才是完善广西山歌民间传承的有效路径。

1. 加强政府对民间山歌的保护与引导

近十几年来，地方政府在推动非遗保护中所做的一切，使非遗文化的民间传承得到加强。当然，政府的过度主导也有导致民间文化的"国家化"的隐忧。因此，强化动力应遵循"政府主导、市场主体、民众本体相结合"的原则。

（1）营造传承氛围

"刘三姐"山歌在民间的发展仅靠推选出的14个"广西歌王"的呼吁是不够的，它需要社会和民众普遍的"文化自觉"，需要地方政府相关部门决策上的引导和经济上的支持，采取具体措施来营造广西山歌良好的传承氛围，积极为广西山歌的振兴提供更多、更广阔的平台。一是从机构层面成立"××流域歌谣文化生态保护区""山歌文化传承中心""歌谣文化研究基地"、歌谣展示培训基地、文化艺术传承培训基地等。二是在资金上大力支持，由"山歌"协会联合国内外学术科研机构召开全国"山歌"文化研讨会，整理出版歌谣集成，推出山歌专辑，拍摄系列专题片，编制乡土教材进校园。三是引导乡村民众开展丰富多彩的歌圩歌节活动。鼓励支持当地定期举办"××杯"全国山歌邀请赛、各乡屯举行"三月三"歌节歌圩山歌会、"三月三"山歌擂台赛、山歌知识竞答等活动，让更多的受众对"刘三姐"山歌文化产生认同，并加入到"传唱"群体中来，这些实践对传承和发展"刘三姐"山歌将会起到很好的推动作用。

（2）设立专项资金补贴和建立有效的监督机制

民间艺术的传承与发展同样需要物质条件作为基础。目前，由中央和地方认定的非遗"代表性传承人"的保护体系基本形成。根据"政府主导"的工作原则，自上而下有一系列相关政策及规定。但是这些《方案》和《暂行办法》也还有遗漏，如传承人的社会福利保障等问题并未涉及。目前，地方政府应加强配备相应的专项资金支持，设置有效的监督管理机制，为山歌传承提供更完备的物质保障与精神动力。

政府目前对山歌"传唱"群体的保护，只是对"广西歌王"有资金补贴，而散落在民间的大量"歌手"还缺乏生活资助。在民间，由于

"非遗"传承人的补贴和山歌传承的经济价值在当前情况下普遍偏低,山歌传承群体的生活状况不容乐观,这也是导致民间艺术传承群体难以为继的一个关键因素。政府和相关部门需要更加关注传承人的生产生活,了解他们的收入情况和传承所需,制定更加有利于民间艺术传承人的政策,增加他们的补助,保障他们的经济权益。

传承人资金上的投入方面,地方政府主管部门首先要设立保护专项基金"专款专用",保证各级传承人的每年补助到位,增设传承群体的生活补贴、保障传唱比赛的奖励经费,同时构建相应的资金管理和监督机制。其次,要建立长期有效的监督机制,确保专项资金使用公开透明,避免政府专项资金投入时"利益寻租",最终专款资金并未落实到民间艺术的保护使用上。

2. 解决"谁来传""传给谁"的问题

宜州市政府已经扶持了不少民间歌王评选和歌圩歌节文化活动,但从山歌传承人的数量与质量、山歌文化的氛围以及民众尤其是年轻人参与状况来看,山歌文化传承前景令人担忧。激活主体可以避免歌圩中"有圩无歌"、歌节上"有观众无歌手"的尴尬局面。传承主体包括"谁来传""传给谁",而与之密切相关的就是"在哪里传",因此,激活主体就是解决"谁"和"哪里"的问题。

(1) 传承者

山歌传承者既包括个体传承人,也包括传承群体。就个体传承人而言,应认真考量国家级、省级、县市级非遗传承人的认定、筛选、保护的标准。目前对山歌非遗传承人的认定选拔标准是具有"广西歌王"称号,他们是多次参加歌圩歌节比赛,通过层层选拔产生的。但是散落在民间的"歌手"没有资格选入非遗传承人,激起少数"歌手"对"歌王"的不服。如有的民间歌手在访谈时说:"我们去做寿礼、建新房,结婚酒唱山歌一直唱到天亮,都有唱的。那些'歌王'唱到后半夜就没得唱的啦。"当然,非遗名录的认定、筛选过程中,对于像山歌这种口头"传唱"类型的评估时,不能单纯以传承人能唱多少首山歌这种数量的多少来决定,也应同时考虑到其他一些方面,如传承人所传唱的内容是否有利于社会进步、社会和谐等。不过,如何进一步完善标准,值得进一步思考。另外,应积极探索传承人的职业化培养。山歌传承"张口就唱"

的创造性决定了在遭遇工业化时代巨大冲击时仍具有与时俱进的特质。在旅游开发、文化生态整体保护、非遗开发利用的大背景下，民间"歌王""歌手"职业化的培养，即"传承人职业化"这种认定形式，是一种可行的方案。师徒传承职业化，静下心来"传唱"，这是众多传承人的心声。这种职业化传承人的认定会为文化产业传承形式的传承人注入新鲜血液。"去年，我到流河寨景区的山歌擂台上'唱山歌'，专职工作。每天9时打卡上班，下午5时下班。我夫人磨海英（广西歌王之一）要照顾家里，我就出来唱山歌挣钱养家。挺好的。"这是"广西歌王"蒙启业对职业化现状满意度的回答，也证明"职业化"可以促使从民间传承方式转化成文化产业传承方式。传承人"职业化"培养应从多个层面来考虑，如就培养对象来说，年龄在三四十岁以上，从小受过民间文化熏陶又有"传唱"热情的传承人是首选。

山歌传承主体有着突出的群体性特征，从非遗传承保护政策实践来看，对"传承群体"的关注缺失是其中一个缺陷。传统文化民间传承的重要根基就是群众参与性。在中山公园、传统的歌圩、当下的歌节比赛中，"刘三姐"山歌的传唱都是团队形式，少则两男两女对唱，多则8人组成对唱队伍，都属于群体性传承。这种群体式传承目前处于活跃状态，但他们共同的特征是老龄化。"唱山歌都是老头老太的事"，这是四十岁以下的民众对于"唱山歌"的印象。国家和地方未就"传承群体"提出相应的措施，甚至对此还没有明确的意识。因此，需要地方政府在制定方案和暂行办法时根据具体的文化事项，切合实际地扩大"代表性传承人"内涵及范围，不仅包括传承人个体，也应将传承群体纳入名单。

（2）受众

山歌曾是民众生活方式的一部分，在传统社会传者与受者之间的界限并不明显：从小耳濡目染，跟着"赶歌圩"，自然而然地从受者成为传者。受众是传承主体中的"传给谁"的"谁"。山歌传承是自上而下的"传"，自下而上"承"，是上代人"传"和下代人"唱"的互动循环过程。本书中所说的受众，既包括了学习接受者，也包括了像游客这样的消费者。笔者认为，可以从三个传承场域来扩大受众群体。

一是家庭传承场。家族式传承是最稳定的传承方式。如2013年，黄熊娜（女，壮族，13岁）和黄熊河（女，壮族，11岁）姐妹俩双双获得宜州市"小小歌王"奖。他们的获奖就源于"家庭传唱"的方式，两姐妹的父亲（黄学超）和两个姑姑（黄月香和黄月霜）都是"广西歌王"。家族传承除了上代传给下代，还有平辈之间的传承，如姐妹传承、夫妻传承。传者和受者这两个群体在家庭这个依赖于亲缘关系的传承场域中各司其职，让广西山歌通过家族力量延续"传唱"的生命力。

二是公园、对歌台传承场。传统社会中，"村落"是山歌在民间传承的重要阵地。当下每个村能唱山歌的人数越来越少，爱唱山歌的"老头老太"们已无法就近在村落这个"彼此最相熟悉而不感陌生的社会"[①]找到相同爱好的歌友。中山公园和对歌台成为山歌爱好者最流连忘返的地方。近几年，在古龙村、龙舟岛、下枧村等村寨共建了10个对歌台，各种彩调、山歌专场文艺演出、民族民间绝技表演常常在这些歌台轮番上演，年均表演近百场。此外，每天都能听到山歌的地方就是宜州市内的中山公园，这里的壮歌、汉歌、百姓歌都同源于"刘三姐"山歌"文化圈"，"生于斯而长于斯"，有着共同的属性和相似的文化内涵，周边乡村来的山歌歌手因为地缘关系而结成传承群体。

传统中的村落传承场为何逐步转移到公园传承场？从刘三姐乡下枧屯的现状可窥见一斑。下枧屯村民主要是陈、覃、李、韦、吴、周、陆、冉、谢九姓人家。除两户韦家户籍上是"仫佬族"以外，其余全是汉族，其中包括不少因20世纪70年代特殊历史时期民族歧视背景而由"壮改汉"的。村里的覃姓从覃红光开始约上溯四代，是从邻乡祥贝乡迁来。在覃红光看来，他的父辈以及父辈以上都是"老壮族"。然而他和本村其他"壮改汉"的人们一样，语言、生活习惯受城镇化的影响，大体上已经接受自己的汉族身份。下枧村的口头传统也经历了变迁中的"丢失"和改变，这一点也体现在下枧屯"歌手"身上。覃红光虽出身于"老壮族"家庭，年轻时候却受下枧处于壮汉杂居环境的影响，学的是汉歌。如今一直延续到20世纪80年代在河边、田地上聚众唱山歌的情景在下枧屯一带不复出现。现在屯里唯一还喜欢唱山歌的歌手覃红光，只要不下河打鱼，每天都会坐公交车到中山公园唱山歌。

三是旅游景区传承场。扩大景区受众群体，需要政府、企业、民间

---

[①] 费孝通：《乡土中国》，中华书局2013年版，第23页。

组织共同努力定期举行山歌"传唱"活动，保留传统生活的一些内核。2015年4月18—20日，由宜州市旅游委员会、市文化广电新闻出版体育局、刘三姐镇人民政府主办，宜州市二牛哥旅游开发有限责任公司歌仙桥景区承办，刘三姐镇文化站协办了"2015年'三月三'歌仙桥景区山歌擂台赛"。据歌仙桥景区经理韦唯介绍，参赛的歌手共140对，壮歌80对，汉歌40对，百姓歌20对，比赛组织很成功，观众就有上千人。

通过半官方半民间的形式举行的各种山歌比赛促进了山歌在民间的传承。其一，可以不断发现和培养新的山歌爱好者和传承人。如不同民族或背景的"歌手"，本民族文化的"持有者"、本地热爱山歌的中小学生和文化素养较高的院校师生。其二，景区的游客也是"有效受众"。旅游业的发展，游客既是其他民族传统文化的消费者，也是接受者。他们是用欣赏的目光来参与当地的文化，并成为他们旅游之后的谈资而让他民族传统文化的传播圈不断扩大，提升影响力。将山歌渗透到旅游中，既能够活跃氛围，又能让旅途充满欢歌笑语。

（四）传统歌谣民间传承的思考

通过对广西"刘三姐"山歌当代民间传承的剖析，我们认为，民间歌谣民间传承应当注重做好以下工作。

1. 提供更多群众参与机会

从本质上来说，歌谣的展现更需要的是听众，独自高歌也能抒发情怀，但很多民间歌谣本身就产生于人们劳作之间，是人与人互动中的情感宣泄，能够引起别人的共鸣是最愉悦的事情。"在第一次'歌王''歌手'选拔赛上，我们采访了一位快50岁的中年歌手，他一开口就说：'都快憋死了，好多年都没有这样痛痛快快地唱歌了。'他参赛的目的不是为了拿奖，目的就是唱歌，把装在肚子里的歌全唱出来，很感谢政府给他们搭建这么一个平台，提供这么一个机会。"[①] 这是研究者调研黔西县五里布依族苗族乡布依族民歌传承情况时所了解的情况。类似这样的情形在各地也普遍存在，因为很多人在日常生活中都爱传唱民间歌谣，其中不乏技艺高超之人，但其水平难以正式体现。生活中的随意随性歌

---

[①] 罗剑：《布依族民歌传承发展的前景及走向——布依族西部民歌文化生态调查》，《贵州民族学院学报》2010年第2期。

唱，比较起与同是歌谣爱好者一同表现还是有很明显的差别。所以，歌谣的民间传承必须注重群众参与机会的提供，参与平台的搭建，让更多的人更多的歌谣发出声音，引起群众的回应。

2. 协调"凸显"与"萎缩"的矛盾

所谓的凸显是指在各地传统文化保护与传承过程中，被官方指定的"传承人"，其身份地位得到凸显。而另一方面，由于文化生态环境的变化，诸多传统文化事项潜在的传承者，即广大的人民群众却在远离传统，文化事项的群众基础在"萎缩"。"凸显"与"萎缩"两者之间的矛盾在绝大多数的民间文化传承上都有所体现。如"呜哇山歌在政府行政部门主导下的非物质文化遗产申报制度下，逐渐脱离了山歌的生存环境与地方民众，传承场面日渐局促，渠道日益狭窄"。而且，传承人将"文化遗产当作以亲属性传承为谱系的小范围、既定、契约性'私有财产'"，从而使"传承人的凸显与传承受众的萎缩，背离了《非物质文化遗产公约》中文化遗产保护平等性传承的伦理道德"[①]。民间歌谣类的文化传承对乡土社会，对群众性文化生态环境特别依赖。在非遗传承人"凸显"的时候，必须对"萎缩"民众群体加以关照，地方政府应当在国家保护非物质文化遗产法律法规的指导下，充分发挥自己的能动性，适度调整保护策略，让隐藏在传统文化背后的利益和权益公平分配，以化解"萎缩"，促进繁荣。

3. 在创新中寻求传承

民间歌谣的创新是要深入挖掘各地歌谣的特质来创新，是在民族传统基础上的创新，不能脱离本体，不能脱离民族文化传统，以避免庸俗化、商业化。创新才能使民间歌谣回归生活文化，将民间歌谣重新置于原生性的文化空间的特定环境中。我们要在提炼出民间歌谣原汁原味的"汁和味"上下功夫，因为这是民间歌谣的根本。我们还要在这个基础上去拓展，以新的内容充实其中。正如针对科尔沁地区蒙古族长调民歌的研究所说，"中国的阶级压迫以及民族压迫已不复存在，再加上当代蒙古族的婚姻观念和婚姻制度已发生翻天覆地的变化，姑娘被迫远嫁的习俗

---

① 谢菲：《非物质文化遗产传承场域的再生产——基于花瑶民歌·呜哇山歌的保护实践所引发的思考》，《湖南社会科学》2011年第5期。

早已被新时代的自由婚姻制度所代替。新的历史条件下,科尔沁蒙古族的社会状况以及人们观念的改变,需要以新的内容和形式来反映当代蒙古民族的心声。"[1] 因此,"我们的民歌创新必须是有价值的创新和有生命力的创新"[2]。

---

[1] 王兴斌:《科尔沁地区蒙古族长调民歌保护与传承研究》,硕士学位论文,中央民族大学,2009年,第42页。

[2] 吴巧:《论广西瑶族民歌的传承与创新》,《广西民族大学学报》(哲学社会科学版)2008年第3期。

# 第三章

# 中华优秀传统文化学校传承

学校是"传承社会文化、传递生产经验和社会生活经验的基本途径"[①]。《世界文化多样性宣言》指出："通过教育，培养对文化多样性的积极意义的意识，并为此改进教学计划的制订和师资队伍的培训……在必要时，将传统的教学方法纳入教学工作中，以保存和充分利用有关文化所特有的交流和传授知识的方法。"[②]

本章对中小学文化传承、大学文化传承、职业院校文化传承的现状、存在的主要问题进行深入分析，就当前如何进一步增强学校在中华优秀传统文化传承中的作用，提出对策和建议。

## 第一节 学校在优秀传统文化传承中的地位

### 一 优秀传统文化学校传承的价值

《中华人民共和国教育法》第七条明确指出："教育应当继承和弘扬中华民族优秀的历史文化传统，吸收人类文明发展的一切优秀成果。"2004年1月1日，部分高等院校在会议研讨的基础上，发表的《非物质文化遗产教育宣言》也指出："教育是人类历史发展的重要文化方式，也是人类文化记忆传承的重要方式……"该《宣言》认为，教育在提高民

---

[①] 袁振国：《当代教育学》，教育科学出版社1999年版，第3页。
[②] 范俊军编：《联合国教科文组织关于保护语言和文化多样性文件汇编》，民族出版社2006年版，第103页。

族文化素质，推动民族文化创新方面，具有不可替代的作用。① 2005 年《国务院关于加强文化遗产保护的通知》中指出，随着经济全球化趋势和现代化进程的加快，我国的文化遗产及其生存环境受到严重威胁。各有关部门要充分认识保护文化遗产的重要性，要求教育部门将优秀传统文化的内容纳入教学活动当中，进一步细致规定了教育部门传承优秀文化的具体思路。

在社会教育系统中，当代学校教育具有职能的专门性、组织的严密性、作用的全面性、内容的系统性、手段的有效性和形式的稳定性等特征。学校教育的这些特征，决定了它具有其他场域不可比拟的优势，是传承中华优秀传统文化的理想阵地，是中华优秀传统文化传承走向科学化、规范化的必由之路。

当代学校教育的传承主要由四种方式组成：专业化的人才培养、渗透性的素质养成、业余性的爱好培育和氛围性的校园文化建设。专业化的人才培养主要是通过在现代学校中设置相关的专业，通过系统的专业化课程设置，有目的、有意识地将学生培养成为某一种中华优秀传统文化的继承者和弘扬者。如通过大学、中专、职业技术院校、职业高中等不同层次的专业教育，来培养具有各方面中华优秀传统文化的人才。渗透性的素质养成是在现代学校教育体系中，针对不同层面的学生在中华优秀传统文化方面进行的一种素质教育，它主要是通过课程设置，在人才培养的教育体系中或者在课程内容中去贯穿中华优秀传统文化的内容，达到"润物细无声"的效果。比如中小学中的德育课、音乐课、美术课等设置，大学中通识课的设置，以及在不同的课程内容中去贯穿伦理道德、音乐舞蹈、曲艺工艺、美术服饰、节日习俗等内容。业余性的爱好培育是指学生通过学校社团、兴趣小组等方式自发地组织起来，在一起学习、训练、交流的传承方式。比如大中小学中的笛箫协会、武术协会、书法社团、制陶协会等。氛围性的校园文化建设是指在学校的建筑设计、园林美化、校训提炼、标语图画、音乐播放、仪式典礼等方面，对中华优秀传统文化的灵活运用和适时体现。

---

① 《非物质文化遗产教育宣言》，http：//tech.163.com/04/1031/00/13VVLDA80009rt_mobile.html。

学校教育是实现中华优秀传统文化传承的重要渠道。中华优秀传统文化的学校教育传承也是党和国家文化与教育事业中的一项重要工作。早在 2006 年《国家"十一五"时期文化发展规划纲要》中就提出，要"重视文化教育和传统经典、技艺的传承。……中小学各学科课程都要结合学科特点融入中华优秀传统文化内容。高等学校要创造条件，面向全体大学生开设中国语文课。加强中华优秀传统文化教学与研究基地建设，推动相关学科发展"①，并将社会主义荣辱观的内容和要求体现到大中小学的思想政治理论课和思想品德课教材中，贯穿到德育课程和相关学科的课堂教学中。2011 年，中共中央十七届六中全会《关于深化文化体制改革推动社会主义文化大发展大繁荣若干重大问题的决定》中又提出，要"发挥国民教育在文化传承创新中的基础性作用，增加中华优秀传统文化课程内容，加强中华优秀传统文化教学研究基地建设"。

我国教育部对中华优秀传统文化教育传承工作也十分重视。2004 年，出台《中小学开展弘扬和培育民族精神教育实施纲要》，要求把弘扬和培育民族精神教育纳入中小学教育全过程；组织开展学生诗词诵读和文艺演出等活动。2010 年，教育部下发《关于在中小学开展创建文化艺术传承学校活动的通知》，要求通过开展此项活动，在全国中小学范围内创建一批文化艺术传承学校，传承优秀民族文化，弘扬民族精神，优化艺术教育环境；2014 年，为加强新形势下中华优秀传统文化教育，教育部又下发《完善中华优秀传统文化教育指导纲要》，再次强调加强中华优秀传统文化教育的重要性，认为加强中华优秀传统文化教育是深化中国特色社会主义教育和中国梦宣传教育的重要组成部分，是构建中华优秀传统文化传承体系的重要途径，是培育社会主义核心价值观，落实立德树人根本任务的重要基础，并要求着力完善青少年学生的道德品质。

2017 年，中共中央办公厅、国务院办公厅印发的《关于实施中华优秀传统文化传承发展工程的意见》也要求中华优秀传统文化要贯穿国民教育始终。该意见指出，要"把中华优秀传统文化全方位融入思想道德教育、文化知识教育、艺术体育教育、社会实践教育各环节，贯穿于启

---

① 《国家"十一五"时期文化发展规划纲要》，http://www.gov.cn/jrzg/2006-09/13/content_388046_9.htm

蒙教育、基础教育、职业教育、高等教育、继续教育各领域"①。为了更好承担起中华优秀文化传承的功能，该意见对学校教育的主要课程设置、教学内容、学科建设等方面做出了详细规定。总之，这些政策和文件的出台及其实施要求，充分体现了党和国家对学校教育传承中华优秀传统文化的高度重视和宏观指导。

**二 优秀传统文化学校传承的历史进程**

在中华优秀传统文化学校教育传承的历史进程中，也曾遭遇到了无数坎坷和阻力，使中华优秀传统文化的学校教育传承受到过挫折。

我国现代教育始于20世纪初的"废科举、建新学"历史时期。在新文化运动的背景下，1922年民国政府开始对学制进行修改和调整，初步构建了比较完备的现代教育体系。20世纪30年代，中国的现代教育制度得以基本定型。然而，列强入侵、军阀混战，使得中华优秀传统文化学校传承受到较大冲击。

新中国成立以后，党和国家十分重视我国教育事业发展，对我国教育目标和方向进行调整，要努力"提高人民文化水平，培养国家建设人才"。然而，在"文化大革命"中，正常的学校教育体制被打乱，我国传统文化被当作"四旧"，无数优秀的文化典籍被损毁，中华优秀传统文化的学校传承受到一定影响。

改革开放以来，我们在经济上取得了巨大的成就，但是在文化领域则面临一系列挑战。市场经济观念的冲击，各种良莠不齐的文化思潮的涌入以及信息环境信息获取方式的改变，对中华优秀传统文化学校传承提出了巨大的挑战。

当前，我国正处于现代化、国际化进程当中，社会不断变革、观念越来越多元化，信息渠道越来越多样化，全球经济、多元文化、信息时代对中国未来的发展产生巨大的影响。学校教育对中华优秀传统文化的传承还存在着很多薄弱环节，例如：中华优秀传统文化学校教育课程体系不完善；学校教育的方法以死记硬背和应试考试为主，使得学生对中

---

① 中共中央办公厅、国务院办公厅印发《关于实施中华优秀传统文化传承发展工程的意见》，http://news.xinhuanet.com/politics/2017-01/25/c_1120383155.htm。

国优秀传统文化精髓认识少，缺乏学习兴趣，等等。

因此，对我国当代学校教育传承中华优秀传统文化的研究也应该立足于这样的历史背景之下，对我国当代学校教育传承中华优秀传统文化的现状进行深入分析，发现其中存在的问题，分析产生这些问题的原因及其影响，为我国当代学校教育更好地传承中华优秀传统文化提供建议和对策，推动当代学校教育传承中华优秀传统文化方式方法的改革和发展，完善学校教育功能，促进中华优秀传统文化传承体系建设，在保护中传承，在发展中创新，重新认识中华优秀传统文化的现实价值，取其精华，去其糟粕，通过当代学校教育，使中华优秀传统文化成果能够得以继承和弘扬。

## 第二节 中小学校优秀传统文化传承

学校是中华优秀传统文化走向普及化、科学化、规范化的必由之路，具有系统进行中华优秀传统文化传承的功能。[1] 中小学是中华优秀传统文化传承的主阵地。中小学生正处于身心成长的关键时期，他们的知识体系、人生观、价值观都还在形成过程中。当前，随着现代网络技术迅猛发展，以及我国经济社会结构的深刻变革，青少年的思想观念变得日益活跃，他们"思想意识更加自主，价值追求更加多样，个性特点更加鲜明，社会上一些不良思想倾向和道德行为，对青少年学生健康成长产生了不容忽视的影响"[2]。若在这一阶段接触并吸收优秀的传统文化，对于引导青少年学生增强民族文化自信和价值观自信，对我国社会主义现代化建设有着深远的意义。因此，加强青少年中华优秀传统文化教育，是一项关系到国家前途和民族命运的大事，是我国教育事业中一项刻不容缓的任务。

我国特别重视中小学教育中的文化传承工作，教育部也多次出台政策、文件，要求中小学教育中要传承中华优秀传统文化。如前所述，

---

[1] 钟志勇：《学校教育视野中的民族传统文化传承》，《民族教育研究》2008年第1期。

[2] 教育部：2014年《完善中华优秀传统文化教育指导纲要》，http://www.moe.gov.cn/srcsite/A13/s7061/201403/t20140328_166543.html。

2004年《中小学开展弘扬和培育民族精神教育实施纲要》、2010年《关于在中小学开展创建文化艺术传承学校活动的通知》、2013年《中小学书法教育指导纲要》、2014年《完善中华优秀传统文化教育指导纲要》以及2017年《关于实施中华优秀传统文化传承发展工程的意见》等文件,均要求加强中小学中华优秀传统文化教育,引导青少年学生更加全面、准确地认识中华民族的历史传统和基本国情,促使中华优秀传统文化薪火相传。

**一　主要做法**

（一）将优秀传统文化教育纳入学校课程体系

中小学课程肩负有传承中华优秀传统文化的重要使命。2006年《国家"十一五"时期文化发展规划纲要》、2014年教育部印发的《完善中华优秀传统文化教育指导纲要》以及2017年教育部下发的《关于实施中华优秀传统文化传承发展工程的意见》等文件,均要求重新修订中小学教材,以课程设置来传承中华文化,提高中小学生的中华优秀传统文化修养。这些政策文件成为各地课程设置的主要依据。

在当前中小学课程设置中,中华优秀传统文化传承的内容得到了突出而充分的体现。例如,小学《语文》教材（2001年人教版,由课程教材研究所和小学语文课程教材研究开发中心共同编写,是目前全国小学使用最广泛的一套教材）中所呈现出来的传统文化内容极为丰富,体系结构非常完整。一至六年级的12册小学《语文》教材以传统文化为主题独立成篇的有116篇；在课文后、语文园地和回顾·拓展部分出现的传统文化内容的有83处。具体情况如下：

1. 汉语言文字。汉语言文字蕴含了中华民族的思维模式、价值观念等方面的特征,是传统文化的核心内容。[①] 小学《语文》教材中汉语言文字的教学内容十分丰富,主要包括：认识汉字及其构字规律；运用成语、寓言、短语等汉语言文字。为体现该教材的主要特点,本书着重对以下内容进行了分析。

---

① 彭菊花：《完善中华优秀传统文化教育浅探——以人教版小学〈语文〉教材为例》,《理论月刊》2015年第1期。

（1）成语。成语是小学语文教学的重要内容。在小学《语文》教材中，共收录成语1149个。教材中成语方面的教学主要是通过以下三种方式来进行：

一是在课文中体现。每篇课文中几乎都安排有成语，而且在部分课文后或"语文园地"中的"读读写写""读读记记""读读背背"等板块，将课文中出现的成语进行了集中归纳，要求学生掌握。

二是在课文、"语文园地"（2—4年级）、"回顾·拓展"（5—6年级）中，以成语故事和寓言故事的形式出现。具体情况见表3–1。

表3–1　　小学《语文》教材中成语、寓言故事分布

| 类别册别 | 出　　处 | 成语故事 | 寓言故事 |
| --- | --- | --- | --- |
| 二上 | 课13 | | 坐井观天 |
| 二下 | 课27 | | 揠苗助长　守株待兔 |
| 三上 | 语文园地二 | 闻鸡起舞 | |
| | 语文园地七 | 刻舟求剑 | |
| 三下 | 课9 | | 亡羊补牢　南辕北辙 |
| | 课10 | 惊弓之鸟 | |
| | 语文园地三 | 买椟还珠 | |
| | 语文园地八 | 画龙点睛 | |
| 四上 | 语文园地二 | 胸有成竹 | |
| | 语文园地六 | 杏林春满 | |
| 四下 | 语文园地五 | 手不释卷 | |
| | 语文园地七 | 鹏程万里 | |
| | 课29 | | 纪昌学射　扁鹊治病 |
| 五上 | 回顾·拓展四 | 水滴石穿 | |
| | 回顾·拓展八 | 大公无私 | |
| 五下 | 回顾·拓展四 | 程门立雪 | |
| | 回顾·拓展七 | 入木三分 | |
| 六上 | 回顾·拓展四 | 竭泽而渔 | |
| 六下 | 回顾·拓展一 | 邯郸学步 | |
| | 回顾·拓展五 | 舍本逐末 | |

通过讲述故事的形式将成语的由来交代清楚了,该形式生动有趣,学生记忆深刻,是传统文化传承的有效方式。

三是在"语文园地"或"回顾·拓展"的"我的发现"或"日积月累"板块中,新增一批课本上未出现的"成语丛"。具体情况见表3-2。

表3-2　　　　小学《语文》教材中"成语丛"分布

| 成语册别 | 出处 | 类型 | 成语 |
| --- | --- | --- | --- |
| 二上 | 语文园地四"日积月累" | 数字式 | 一本正经　二话不说　三心二意　四面八方<br>五颜六色　六神无主　七嘴八舌　八仙过海<br>九牛一毛　十全十美 |
| 二下 | 语文园地六"我的发现" | AABB式 | 大大小小　多多少少　深深浅浅　高高低低<br>长长短短　粗粗细细 |
| 三上 | 语文园地五"我的发现" | 含反义词式 | 远近闻名　黑白相间　轻重倒置　舍近求远<br>头重脚轻　积少成多　异口同声　左邻右舍<br>里应外合 |
| 三下 | 语文园地七"我的发现" | AABC式 | 栩栩如生　翩翩起舞　念念不忘　历历在目<br>面面俱到　头头是道　源源不断　彬彬有礼<br>息息相关　蒸蒸日上　津津有味　滔滔不绝 |
| 三下 | 语文园地八"日积月累" | 联合式 | 四面八方　七嘴八舌　成千上万　人山人海<br>诚心诚意　惟妙惟肖　零零星星　结结实实<br>郁郁葱葱　异口同声　大惊小怪　南辕北辙 |
| 四上 | 语文园地四"日积月累" | 含动物式 | 望子成龙　来龙去脉　群龙无首　龙飞凤舞<br>如虎添翼　调虎离山　骑虎难下　照猫画虎<br>天马行空　汗马功劳　马到成功　老马识途<br>牛刀小试　笨鸟先飞　呆若木鸡　胆小如鼠 |

续表

| 成语册别 | 出处 | 类型 | 成语 | | | |
|---|---|---|---|---|---|---|
| 四下 | 语文园地四"日积月累" | 战争主题 | 知己知彼 出其不意 四面楚歌 兵贵神速 | 百战百胜 攻其不备 腹背受敌 突然袭击 | 运筹帷幄 围魏救赵 草木皆兵 神出鬼没 | 决胜千里 声东击西 风声鹤唳 所向无敌 |
| | 语文园地七"日积月累" | 进取或退守品质 | 雄心壮志 聚沙成塔 知难而进 一曝十寒 | 坚定不移 集腋成裘 无坚不摧 寸进尺退 | 坚忍不拔 持之以恒 知难而退 有始无终 | 自强不息 全力以赴 碌碌无为 半途而废 |
| 五上 | 回顾·拓展七"日积月累" | 民族精神与爱国热情 | 同仇敌忾 力挽狂澜 不屈不挠 众志成城 | 临危不惧 中流砥柱 披荆斩棘 舍生取义 | 勇往直前 大义凛然 奋发图强 任重道远 | 前仆后继 豪情壮志 励精图治 再接再厉 |
| 五下 | 回顾·拓展四"日积月累" | 令人敬佩的人物精神 | 精卫填海 艰苦卓绝 风趣无阻 鞠躬尽瘁 | 愚公移山 百折不挠 坚贞不屈 扶危济困 | 含辛茹苦 千里迢迢 赤胆忠心 赴汤蹈火 | 任劳任怨 肝胆相照 全心全意 冲锋陷阵 |
| | 回顾·拓展七"日积月累" | 人物描写 | 文质彬彬 神采奕奕 健步如飞 低声细语 | 仪表堂堂 满面春风 活蹦乱跳 巧舌如簧 | 虎背熊腰 垂头丧气 大摇大摆 娓娓动听 | 身强力壮 目瞪口呆 点头哈腰 语重心长 |
| 六上 | 回顾·拓展八"日积月累" | 艺术欣赏 | 雕梁画栋 古色古香 美不胜收 阳春白雪 | 巧夺天工 余音绕梁 脍炙人口 笔走龙蛇 | 独具匠心 不落窠臼 曲高和寡 不同凡响 | 引人入胜 雅俗共赏 妙笔生花 别具一格 |
| 六下 | 回顾·拓展五"日积月累" | 科学精神 | 百炼成钢 集思广益 独出心裁 不耻下问 | 发愤图强 群策群力 举一反三 触类旁通 | 坚持不懈 革故鼎新 实事求是 精益求精 | 迎难而上 标新立异 各抒己见 古为今用 |

这 177 个成语不是随意编排，而是体现出一定的规律。

第一，根据学生的理解能力安排。在一年级阶段，没有安排这类成语；二、三年级列出的成语都是极其简单且有趣的成语，如数字成语、叠词成语，让学生初步认识成语的常见结构特征，积累一定量的简单成语；到了高年级阶段，随着学生接收能力和理解能力的提升，开始安排结构复杂且含义抽象的成语。从数量上，也是从少逐渐增多的总体趋势。这种安排充分尊重学生的认知能力和规律。

第二，与课文的内容有紧密的相关性。以主题形式出现的"成语丛"，都是与课文主题相关的（见表 3-3）。

表 3-3　小学《语文》教材中"成语丛"与课文的相关性

| 课文册别 | 成语主题 | 课文题目及内容简介 |
| --- | --- | --- |
| 四上 | 含动物式 | 13 白鹅　14 白公鸡　15 猫　16 母鸡 |
| 四下 | 战争类 | 13 夜莺的歌声（第二次世界大战中苏联儿童与入侵者作斗争）　14 小英雄雨来　15 一个中国孩子的呼声（一个中国孩子给联合国写信呼唤和平）　16 和我们一样享受春天（反对战争、呼唤和平） |
| 四下 | 进取或退守品质 | 25 两个铁球同时着地（伽利略用实验探示真理）　26 全神贯注（雕塑家罗丹全身心投入工作）　27 鱼游到了纸上（聋哑青年传神画鱼）　28 父亲的菜园（父亲开荒种菜） |
| 五上 | 民族精神与爱国热情 | 21 圆明园的毁灭　22 狼牙山五壮士　23 难忘的一课（台湾"光复"后台湾教师教"我是中国人，我爱中国"）24 最后一分钟（香港回归） |
| 五下 | 令人敬佩的人物精神 | 14 再见了，亲人（志愿军战士与朝鲜人民的深厚友谊）15 金色的鱼钩（红军过草地时"老班长"忠于革命、舍己为人的崇高品质）　16 桥（山洪暴发时老党员组织村民疏散而牺牲）　17 梦想的力量（小学生瑞恩为非洲孩子打井） |
| 五下 | 人物描写 | 22 人物描写一组　23 刷子李　24 金钱的魔力（描述一个凭外貌对待他人的势利小人的故事） |

续表

| 课文册别 | 成语主题 | 课文题目及内容简介 |
| --- | --- | --- |
| 六上 | 艺术欣赏 | 25 伯牙绝弦  26 月光曲  27 蒙娜丽莎之约  28 我的舞台 |
| 六下 | 科学精神 | 18 跨越百年的美丽（居里夫人）19 千年梦圆在今朝（中国的航天事业发展史）20 真理诞生于一百个问号之后  21 我最好的老师（科学课老师） |

由于与课文主题有着紧密的联系，学生能够在课文所提供的背景知识中理解"成语丛"中的成语，降低了学习这些成语的难度。

通过以上三种方式，小学《语文》教材让学生接触和了解到了1000多个成语，较好地锻炼了学生运用成语表达思想的能力，也增强了学生对汉语言学习的自信心。

（2）熟语。汉语中常用的固定短语。小学《语文》教材在语文园地或回顾·拓展中对这些熟语进行了集中呈现。

第一类，格言（见表3-4）。

表3-4　　　　　　　　小学《语文》教材中格言分布

| 内容册别 | 条　文 |
| --- | --- |
| 一下 | 取人之长，补人之短。<br>虚心使人进步，骄傲使人落后。 |
| 三上 | 世上无难事，只要肯登攀。　毛泽东<br>为中华之崛起而读书。　周恩来<br>千里之行，始于足下。<br>百尺竿头，更进一步。<br>耳听为虚，眼见为实。<br>金无足赤，人无完人。 |
| 三下 | 绳在细处断，冰在薄处裂。<br>亲身下河知深浅，亲口尝梨知酸甜。<br>莫看江面平如镜，要看水底万丈深。<br>花盆里长不出苍松，鸟笼里飞不出雄鹰。<br>日日行，不怕千万里；常常做，不怕千万事。 |

续表

| 内容册别 | 条　文 |
|---|---|
| 三下 | 少壮不努力，老大徒伤悲。<br>花有重开日，人无再少年。<br>一日之计在于晨，一年之计在于春。<br>黑发不知勤学早，白首方悔读书迟。 |
| 四上 | 有志者事竟成。　《后汉书》<br>莫以善小而不为，莫以恶小而为之。　刘备<br>业精于勤，荒于嬉；行成于思，毁于随。　韩愈<br>盛年不重来，一日难再晨。及时当勉励，岁月不待人。　陶渊明 |
| 四下 | 言必信，行必果。　《论语·子路》<br>与朋友交，言而有信。　《论语·学而》<br>己所不欲，勿施于人。　《论语·颜渊》<br>精诚所至，金石为开。　《后汉书·广陵思王荆传》<br>爱人者，人恒爱之；敬人者，人恒敬之。　《孟子·离娄下》<br>老吾老，以及人之老；幼吾幼，以及人之幼。　《孟子·梁惠王上》 |
| 五上 | 一日无书，百事荒芜。　　陈寿<br>读书破万卷，下笔如有神。　　杜甫<br>书犹药也，善读之可以医愚。　　刘向<br>黑发不知勤学早，白首方悔读书迟。　　颜真卿<br>读书有三到，谓心到、眼到、口到。　　朱熹 |
| | 世上无难事，只怕有心人。<br>欲要看究竟，处处细留心。<br>虚心万事能成，自满十事九空。<br>滴水能把石穿透，万事功到自然成。<br>宝剑锋从磨砺出，梅花香自苦寒来。<br>兄弟敦和睦，朋友笃诚信。　陈子昂<br>孝在于质实，不在于饰貌。　桓宽<br>爱亲者，不敢恶于人；敬亲者，不敢慢于人。　《孝经》<br>非淡泊无以明志，非宁静无以致远。　诸葛亮 |

续表

| 内容册别 | 条文 |
| --- | --- |
| 五下 | 天行健,君子以自强不息。 《周易》<br>有志不在年高,无志空长百岁。 《传家宝》<br>莫等闲,白了少年头,空悲切! 《满江红》<br>少年易老学难成,一寸光阴不可轻。 《偶成》<br>路漫漫其修远兮,吾将上下而求索。 《离骚》<br>不积跬步,无以至千里;不积小流,无以成江海。 《荀子》 |

第二类,谚语(见表3-5)。

表3-5　　　　小学《语文》教材中谚语分布

| 内容册别 | 条文 |
| --- | --- |
| 三下 | 日落胭脂红,无雨必有风。<br>夜里星光明,明朝依旧晴。<br>今夜露水重,明天太阳红。<br>有雨山戴帽,无雨山没腰。<br>久晴大雾必阴,久雨大雾必晴。 |
| 四上 | 正月梅花香又香,二月兰花盆里装,<br>三月桃花连十里,四月蔷薇靠短墙,<br>五月石榴红似火,六月荷花满池塘,<br>七月栀子头上戴,八月丹桂满枝黄,<br>九月菊花初开放,十月芙蓉正上妆,<br>十一月水仙供上案,十二月蜡梅雪里藏。 |
| 四下 | 清明前后,种瓜点豆。<br>朝霞不出门,晚霞行千里。<br>天上鱼鳞斑,晒谷不用翻。<br>鸡迟宿,鸭欢叫,风雨不久到。<br>蚂蚁搬家蛇过道,明日必有大雨到。<br>春雾风,夏雾晴,秋雾阴,冬雾雪。 |

第三类，歇后语（见表3-6）。

表3-6　　　　　　　　小学《语文》教材中歇后语分布

| 内容出处 | 条　文 |
| --- | --- |
| 三下 | 八仙过海——各显神通<br>孙悟空大闹天宫——慌了神<br>韩信点兵——多多益善<br>张飞穿针——粗中有细<br>包公断案——铁面无私<br>姜太公钓鱼——愿者上钩 |
| 四下 | 水滴石穿——非一日之功<br>早开的红梅——一枝独秀<br>砌墙的石头——后来居上<br>关羽失荆州——骄兵必败<br>王羲之写字——入木三分<br>周瑜打黄盖——一个愿打，一个愿挨 |

由表3-4、表3-5、表3-6可见，教材所收入的熟语、歇后语，幽默风趣，俏皮诙谐，其精练的语言反映出丰厚的历史情境和古人深邃的生存智慧。这些熟语的呈现，既增添了汉语言的精致性和趣味性，又传承了传统文化。

（3）文言文。小学《语文》教材在高年级阶段引入了文言文（见表3-7）。

表3-7　　　　　　　　小学《语文》教材中文言文分布

| 篇名出处册别 | 出　处 | 篇　名 |
| --- | --- | --- |
| 五下 | 世说新语 | 杨氏之子 |
| 六上 | 吕氏春秋 | 伯牙绝弦 |
| 六下 | 孟子 | 学弈 |
| 六下 | 列子 | 两小儿辩日 |

教材所选择的4篇文言文都较为简单,以便于小学生理解,初步积累相关知识,为以后深入学习打下基础。

2. 爱国主义传统和革命战争传统教育

爱国主义传统和革命传统教育是我国优秀传统文化的重要组成部分。小学《语文》教材中共有26篇相关课文,根据其内容可分为以下三部分。

(1) 近现代革命传统。小学《语文》教材选取了10篇相关课文(见表3-8)。

表3-8　　小学《语文》教材中近现代革命战争传统的课文

| 篇名内容册别 | 篇　名 | 内　　容 |
| --- | --- | --- |
| 一下 | 王二小 | 王二小把敌人带进了八路军的埋伏圈 |
| 四上 | 延安,我把你追寻 | 歌颂延安精神 |
| 四下 | 小英雄雨来 | 雨来为保护革命者而受到敌人凌虐,在被枪杀时机智跳入河中逃脱 |
| 四下 | 黄继光 | 朝鲜战争中黄继光用身体堵枪口 |
| 五上 | 狼牙山五壮士 | 抗战时期五位战士为掩护主力把敌人引向狼牙山绝壁壮烈牺牲 |
| 五下 | 金色的鱼钩 | 长征途中一位炊事班班长忠于革命、舍己为人、英勇牺牲 |
| 五下 | 丰碑 | 红军长征途中一位军需处长把自己的棉衣让给了战友,自己被严寒冻死 |
| 六下 | 十六年前的回忆 | 李大钊的女儿回忆父亲忠于革命事业、在敌人面前坚贞不屈的故事 |
| 六下 | 灯光 | 解放战争时期郝副营长在战斗中舍身为后续部队引路 |
| 六下 | 狱中联欢 | 全国解放前夕,狱中的革命者借欢度新春之机,巧妙地表达对战争必胜的信念 |

(2) 现当代国家领导人物的事迹。小学《语文》教材编排了大量新中国的第一、第二代党和国家领导人的故事(见表3-9)。

表3－9　　　　小学《语文》教材中国家领导人物事迹的课文

| 篇名主题册别 | 篇名 | 主题 |
| --- | --- | --- |
| 一下 | 邓小平爷爷植树 | 1985年邓小平在天坛公园植树 |
|  | 吃水不忘挖井人 | 毛泽东在瑞金一村子里挖了一口井 |
| 二上 | 难忘的一天 | 1984年邓小平视察工业展览馆 |
| 二下 | 难忘的泼水节 | 1961年周恩来参加傣族泼水节 |
| 三上 | 我不能失信 | 宋庆龄小时候恪守信用的故事 |
| 四上 | 为中华之崛起而读书 | 周恩来小时候树立了为中华之崛起而读书的人生目标 |
| 四下 | 到期归还 | 毛泽东到期归还黄炎培的书 |
| 五上 | 七律·长征 | 毛泽东以诗歌形式概括了红军长征的战斗历程 |
|  | 开国大典 | 新中国成立的仪式 |
|  | 青山处处埋忠骨 | 长子毛岸英在朝鲜战场牺牲，毛泽东强忍悲痛，指示埋葬在朝鲜 |
|  | 毛主席在花山 | 毛泽东热爱群众，关心群众，和群众打成一片 |
| 五下 | 我们一起消灭法西斯 | 周恩来机智地化解一道惹争议的菜 |
| 六下 | 为人民服务 | 毛泽东在张思德追悼会上号召大家学习他为人民服务的精神，团结起来，打败日本侵略者 |
|  | 一夜的工作 | 周恩来不辞劳苦的工作精神和简朴的生活作风 |

（3）爱国主义传统。维护祖国统一始终是中华民族的爱国主义传统。小学《语文》教材选取了2篇课文，培养学生对祖国统一的认识（见表3－10）。

表3-10　　　小学《语文》教材中爱国主义传统的篇目

| 篇名主题册别 | 篇　名 | 主　题 |
| --- | --- | --- |
| 五上 | 难忘的一课 | 抗战胜利后，台湾老师教学生汉语"我是中国人，我爱中国" |
| | 最后一分钟 | 香港回归前对沧桑历史的回顾 |

此外，在六年级上学期课本"回顾·拓展二"中，集中列出了近现代史上几位著名人物关于爱国的名言，包括"我们爱我们的民族，这是我们自信心的泉源"（周恩来）；"我是中国人民的儿子，我深情地爱着我的祖国"（邓小平）；"惟有民魂是值得宝贵的，惟有他发扬起来，中国才有真进步"（鲁迅）；"我爱我的祖国，爱我的人民，离开了她，离开了他们，我就无法生存，更无法写作"（巴金）。在其后的"展示台"，要求学生搜集一些有关爱国的格言和古诗词，让学生在此过程中感受爱国主义传统的熏陶。

3. 古典文学和艺术

中国古典文学有诗歌、赋、散文、词、曲、小说等多种表现形式。小学《语文》教材选择了最有代表性的古典文学和艺术。

(1) 古诗词。小学《语文》教材共收入65首诗词，35个诗句（见表3-11）。

表3-11　　　小学《语文》教材中古诗词的分布

| 出处册别 | 课文（诗名） | 课后（诗名或句数） |
| --- | --- | --- |
| 一上 | 一去二三里　画　静夜思 | 咏鹅　画鸡　悯农 |
| 一下 | 春晓　村居　所见　小池 | |
| 二上 | 赠刘景文　山行　回乡偶书　赠汪伦 | |
| 二下 | 草　宿新市徐公店　望庐山瀑布　绝句 | 敕勒歌 |
| 三上 | 夜书所见　九月九日忆山东兄弟　望天门山　饮湖上初晴后雨 | 小儿垂钓　景物描写5句 |

续表

| 出处册别 | 课文（诗名） | 课后（诗名或句数） |
| --- | --- | --- |
| 三下 | 咏柳　春日　乞巧　嫦娥 | 关于动物5句　游子吟<br>关于月亮4句　关于友情5句 |
| 四上 | 题西林壁　游山西村　黄鹤楼送孟浩然之广陵　送元二使安西 | 过故人庄 |
| 四下 | 独坐敬亭山　望洞庭　忆江南<br>乡村四月　四时田园杂兴　渔歌子 | 景物描写5句　田园生活5句 |
| 五上 | 泊船瓜洲　秋思　长相思 | 思乡6句　卜算子·咏梅 |
| 五下 | 牧童　舟过安仁　清平乐·村居 | 浪淘沙 |
| 六上 | 诗经·采薇　春夜喜雨　西江月　天净沙·秋 | 马诗 |
| 六下 | 七步诗　鸟鸣涧　芙蓉楼送辛渐　江畔独步寻花　石灰吟　竹石　闻官军收河南河北　已亥杂诗　浣溪沙　卜算子·送鲍浩然之浙东 | 明日歌　元日　天竺寺八月十五日夜桂子 |

可见，教材中以唐诗、宋词为主体，反映了唐诗、宋词在古典诗词中的符号性地位，同时也兼收了《诗经》、龚自珍、毛泽东等的诗，让学生对中国诗歌传统有一个总体了解。对于在课文中出现的这些诗词，明确要求学生背诵或默写，而其他的文学表现形式则未作此要求，这一方面反映了诗词学习本身的要求，另一方面也反映了诗词在中国古典文学传承中的重要性。

（2）古典小说。古典小说主要安排在四、五年级的课本当中。如在四年级下学期"语文园地八"就简单介绍了我国的古典名著《西游记》《水浒传》。在五年级上学期第2课《小苗与大树的对话》中，以季羡林回忆录为线索，向学生介绍了《三国演义》《水浒传》《济公传》《彭公传》《施工案》《三侠五义》等小说。[①] 在五年级下学期的教材中，节选有四大名著及《儒林外史》的部分章节（见表3－12）。

---

[①] 彭菊花：《完善中华优秀传统文化教育浅探——以人教版小学〈语文〉教材为例》，《理论月刊》2015年第1期。

表 3 – 12　　　　　小学《语文》教材中古典小说的分布

| 题名出处 | 题　　名 |
| --- | --- |
| 三国演义 | 草船借箭 |
| 水浒传 | 景阳冈 |
| 西游记 | 猴王出世 |
| 儒林外史 | 临死前的严监生 |
| 红楼梦 | "凤辣子"初见林黛玉 |
| 三国演义 | 孔明智退司马懿 |

教材所节选的古典小说，让学生领略了古典小说的独特魅力，激发了学生对古典小说的热爱，也提高了他们的古典文学修养。①

（3）神话传说。教材共安排了 6 则神话传说（见表 3 – 13）。

表 3 – 13　　　　　小学《语文》教材中的神话传说

| 题名册别 | 题　　名 |
| --- | --- |
| 三上 | 盘古开天地 |
|  | 神笔马良 |
| 三下 | 女娲补天 |
|  | 夸父追日 |
|  | 除三害 |
| 四下 | 武夷山和阿里山的传说 |

此外，在三年级下学期"语文园地八"中，教材还开辟了一个栏目——"神话传说故事会"，以引导学生编写或讲述神话传说故事，加深对这一文学类型的了解。

（4）古代艺术、科技。小学《语文》教材通过各种形式对传统艺术和科技进行了呈现（见表 3 – 14）。

---

① 彭菊花：《完善中华优秀传统文化教育浅探——以人教版小学〈语文〉教材为例》，《理论月刊》2015 年第 1 期。

表3-14　　　　　小学《语文》教材中"成语丛"分布

| 题名册别 | 出处 | 题名 | 内容 |
|---|---|---|---|
| 二上 | 语文园地二 | 展示台 | 在班级才艺展示活动中，一位女生说"我唱段京戏"（配图） |
| 二下 | 课文21 | 画家和牧童 | 牧童纠正唐朝画家戴嵩画的"斗牛图" |
| 二下 | 课文21后 | 我知道 | 以配图的形式呈现了戴嵩的两幅名画《三牛图》《归牧图》，介绍了以画动物闻名的画家齐白石、徐悲鸿、李苦禅 |
| 二下 | 语文园地八 | 宽带网 | 我国古代四大发明 |
| 三上 | 课文10后 | 资料袋 | 风筝在中国的历史，山东潍坊是"风筝之都" |
| 三上 | 课文17后 | 综合性学习 | 中国的剪纸、陶瓷、戏剧、国画等传统技艺文化 |
| 三上 | 课文20 | 一幅名扬中外的画 | 《清明上河图》 |
| 三上 | 语文园地五 | 口语交际 | 以图片形式展示了剪纸和舞龙灯两种艺术形式 |
| 五上 | 第五组 | 书法作品赏析 | 王羲之的《兰亭序》（局部），柳公权《玄秘塔碑》（局部） |
| 六上 | 课文28 | 我的舞台 | 评剧演员新凤霞的女儿讲述在母亲的熏陶下学习评剧的过程 |
| 六下 | 课7 | 藏戏 | 藏戏（在课文前的导语中，还介绍了黄梅戏、豫剧、川剧） |
| 六下 | 综合复习 | 名碑荟萃 | 西安碑林收集的名碑，特别介绍了王羲之、欧阳询、颜真卿和柳公权四位书法家的书法特点 |

教材中有5篇课文以传统艺术为主题，在其他8处或介绍了传统艺术，或延伸性地拓展了传统艺术的知识。

4. 历史人物和故事

小学《语文》教材收入了较多的有关中国历史人物和故事的篇目（见表3-15）。通过这些历史人物和故事来展现传统文化，生动而丰富，特别适合小学生的认知特点和能力。

表3-15　　　　小学《语文》教材中历史人物和故事的内容

| 出处题目册别 | 出　　处 | 题　　目 |
|---|---|---|
| 一下 | 课20 | 司马光 |
| | 课21 | 曹冲称象 |
| 二上 | 语文园地八 | 聪明的韩愈 |
| 二下 | 语文园地四 | 鲁班造伞 |
| | 课29 | 数星星的孩子（张衡） |
| | 课17 | 孔子拜师 |
| | 课17后"资料袋" | 孔子介绍 |
| | 语文园地八 | 不懂就要问（孙中山） |
| 三下 | 课30 | 西门豹 |
| 四下 | 课30 | 文成公主进藏 |
| 五下 | 课2 | 丝绸之路（张骞出使西域及当时中国与安息国的交流） |
| | 课11 | 晏子使楚 |
| | 课18 | 将相和（蔺相如的故事） |
| | 课18"资料袋" | 介绍《史记》 |
| | 综合性学习：走进信息世界 | 烽火戏诸侯（周幽王） |
| 六上 | 综合性学习：轻叩诗歌的大门 | 给诗加"腰"（传说苏东坡之妹的故事） |

教材用9篇课文展现了9位著名人物和故事，用其他的方式讲述了5位著名历史人物和《史记》。通过历史人物和故事，引导学生进入一个活生生的传统文化世界，形成对传统文化的细腻感知，从而产生对传统文化的浓厚兴趣。①

---

① 彭菊花：《完善中华优秀传统文化教育浅探——以人教版小学〈语文〉教材为例》，《理论月刊》2015年第1期。

5. 物质文化遗产

物质文化遗产既是传统文化的实物载体，也是中华优秀传统文化的重要内容，小学《语文》教材通过5篇课文和3处课后的练习来呈现物质文化遗产（见表3-16）。

表3-16　　　　小学《语文》教材中物质文化遗产的内容

| 题目或内容册别 | 出处 | 题目或内容 |
| --- | --- | --- |
| 三上 | 课19 | 赵州桥 |
| 四上 | 课17 | 长城 |
|  | 课17后"资料袋" | 列举了截至2003年被列入《世界遗产名录》中的21处文化遗产（配图） |
|  | 课18 | 颐和园 |
|  | 课19 | 秦兵马俑 |
|  | 语文园地五 | "口语交际"要求学生提出保护文物的建议；"习作"要求学生以导游的身份写一处我国"文化遗产"的导游词；"宽带网"部分要求学生收集我国"文化遗产"的资料 |
| 五上 | 课21 | 圆明园的毁灭 |
| 六下 | 课8 | 各具特色的民居（客家民居、傣家竹楼） |
|  | 综合复习 | "中华第一龙"的出土证明龙是中华民族远古时期的图腾 |

由表3-16可见，虽然教材专门围绕物质文化遗产的内容并不多，但通过几个有代表性的"点"的介绍，让学生领略中国物质文化遗产的悠远、神奇与壮观。同时，通过"资料袋"的介绍，让学生知道中国物质文化遗产广阔、多样的"面"；通过"口语交际""习作""宽带网"，培养学生保护物质文化遗产的自觉性，更多地了解相关的知识和信息。

6. 历法与习俗

十二生肖、二十四节气是我国特有的农历纪年方法和农事历法，与我国老百姓的民俗生活联系紧密。2006年5月20日，国务院批准"二十四节气"列入第一批国家级非物质文化遗产名录；2014年4月，中国文化部启动了将"二十四节气"列入联合国教科文组织"人类非物质文化遗产名录"的申报工作。

小学《语文》教材对上述历法进行了较为详细的介绍和展现。在二年级下学期《语文》课本上设置有"节气歌",要求二年级学生阅读并背诵"春雨惊春清谷天,夏满芒夏暑相连,秋处露秋寒霜降,冬雪雪冬小大寒",并以两个学生对话的形式解释了"暑相连"的意思,提出了"秋处露秋"指哪四个节气的问题,使学生对二十四节气有大致的了解。在三年级上学期课本"语文园地五"中,列举了子鼠、丑牛、寅虎、卯兔、辰龙、巳蛇、午马、未羊、申猴、酉鸡、戌狗和亥猪十二生肖。

传统习俗在传统文化传承中具有十分重要的意义。由于中国地域的广阔性和民族的丰富性,形成了多样化的习俗,教材介绍了6个民族或地区的习俗(见表3-17)。

表3-17　　　　　　小学《语文》教材中传统习俗的内容

| 题目内容册别 | 题目 | 内容 |
| --- | --- | --- |
| 二上 | 日记两则 | 苗族以舞迎客(插图) |
| 二下 | 葡萄沟 | 维吾尔族的服饰、饮食和礼节,制作葡萄干的方法(插图) |
| | 难忘的泼水节 | 傣族的泼水节及服饰(插图) |
| 五下 | 草原 | 蒙古族的饮食、服饰、民俗、民族体育和歌舞(插图) |
| | 拉萨古城 | 藏族的宗教建筑和信仰 |
| 六下 | 北京的春节 | 北京春节的习俗 |
| | 和田的维吾尔 | 和田的维吾尔人的饮食、生活习俗 |

小学《语文》教材选择少数民族的传统习俗主题,既实现了传统文化传承的要求,也实现了渗透民族团结内容的要求。[①]

---

① 彭菊花:《完善中华优秀传统文化教育浅探——以人教版小学〈语文〉教材为例》,《理论月刊》2015年第1期。

此外，我国各地中小学还根据自身实际情况，针对各学段特点，通过编写教材及相关读物等方式，将中华优秀传统文化教育纳入课程体系。

（1）开发实验教材。2011年，人民教育出版社出版《中国中华优秀传统文化教育全国中小学实验教材》，并在"十二五"规划课题"中国中华优秀传统文化与当代教育"实验区、实验校开展课程实验，包括北京市通州区、大兴区，浙江省嘉兴市，河北省滦县、鹿泉市，江西省上饶市，山东省桓台县，辽宁省沈阳市，青海省湟中县等在内的全国16个实验区、30所实验校使用了该教材。在教程内容编排方面，选取了《弟子规》《三字经》《千字文》《声律启蒙》《中国古典诗词欣赏》以及《论语》《孟子》《孙子兵法》《大学·中庸》《道德经》《古文观止》等经典读物，并在每册书中加入了"民俗文化与艺术"教学模块。在《中国中华优秀传统文化教育全国中小学实验教材》的基础上，2015年，中国国学文化艺术中心开发出省级版中小学中华优秀传统文化实验教材。该系列教材在北京、上海、安徽、江苏、浙江、广东、山东、广西等省、市、自治区使用，基本覆盖华北、华中、华南、华东等地区。这套实验教材的出版，使中华优秀传统文化进课堂"有本可依"。此外，该套教材还充分尊重各省的域情，设置了地域文化的内容。

（2）各地开发校本课程。如北京海淀区实验二小在原有国学教育的基础上细化养成教育的目标，组织精选摘抄经典语句，撰写出版了校本教材《国学启蒙与习惯养成》。上海市长宁区组织编写《中华经典诵读》教材共4册。上海市新古北中学组织编写了一整套有关中国传统戏剧的教材，如《京昆艺术欣赏入门》《京剧与文史知识》《初中音乐与京昆艺术》等，坚持开展京剧、昆曲教育。从2008年开始，山东省已在义务教育阶段开设了《中华优秀传统文化》必修课程。广东省云浮市设立了"中小学中华优秀传统文化德育校本课程用书编写组"，参与编写了《立德树人》《蒙以养正》等中华优秀传统文化读本丛书。该书图文并茂，以传统美德和民俗为专题来展开讲解，培养学生纯正善良的人格。山东省汶上县把中华优秀传统文化纳入学校德育教学计划，开设校本课程，积极鼓励中小学校开设国学、书法、绘画、戏曲、传统工艺课，积极推进中华优秀传统文化进学校活动制度化、规范化建设。新疆乌鲁木齐八一中学在高中阶段，开设了《中文演讲》《国学——君子之道》《朗读课》等校本课程，并根据不同篇目和内容，把中华优秀传统文化融入其中，提升中学生的中华优秀传统文化素养。

从 2005 年起，武汉市教育部门组织专家编写《走进中华传统文化学生读本》系列丛书。丛书共分 5 册，每册读本分为诗词吟咏、经典诵读、格言铭记、常识概览 4 个部分，其中前 3 册适用于小学生。读本对诗词、经典、部分格言都做了注释、翻译和解读；"常识概览"包括成语故事、谜语故事、文学知识等。例如，《走进中华传统文化》（初中卷）内容主要分为四部分，其具体目录见表 3-18。

表 3-18　《走进中华传统文化学生读本》（初中卷）的主要内容

| 内容分类 | 具体篇目 |
| --- | --- |
| "诗词吟咏"部分 | 《闻王昌龄左迁龙标遥有此寄》、刘禹锡《秋词》、张祜《赠内人》、杜牧《赤壁》《泊秦淮》、李商隐《夜雨寄北》、王安石《登飞来峰》、纳兰性德《秣陵怀古》、龚自珍《己亥杂诗》等诗、词、曲作品共计 51 首。 |
| "经典诵读"部分 | 《孟子》选读："爱人不亲反其仁""尽信书不如无书""居仁由义，大人之事备矣""君子引而不发"等，共 16 则。<br>《庄子》选读："庄周梦蝶""薪尽火传""北冥有鱼""浑沌之死"等，共 18 则。<br>《大学》选读："大学之道""知止而后有定""君子必慎其独""诚于中形于外"等，共 15 则。<br>《中庸》选读："民鲜能久矣""中庸不可能也""回之为人也，择乎中庸""返古之道，灾及其身"等，共 14 则。 |
| "格言铭记"部分 | 《格言联璧》选读："读书贵能疑""欲如水，不遏则滔天""观操存，在利害时""听其言，必观其行""勤俭，持家之本"等，共 10 则。<br>《菜根谭》选读："人生只百年，应怀虚生之忧""德者才之主""耳中常闻逆耳之言""面前的田地要放得宽""真味只是淡，至人只是常"等，共 28 则。 |

续表

| 内容分类 | 具体篇目 |
| --- | --- |
| "常识概览"部分 | "六书";"歇后语";"中国书法"(包括"行书与王羲之""草圣'"等4则);"中国古代科技发明"(包括"指南针""火药""纸""印刷术"等12则);"中国历史文化名城与宏伟工程"(包括"古都长安""古都洛阳""京杭运河""都江堰"等12则);"中国古代服饰"(包括"古代的衣与裳""历代服装的颜色"等3则);"中国古代音乐"(包括"中国民族音乐""辉煌的地下音乐宫殿"等5则)、"中国围棋"、"中国兵法"、"中国教育"(包括"稷下学宫""科举制度"等3则)。 |

《走进中华传统文化》(高中卷)的内容构成与初中卷类似。"诗词歌咏"部分包括诗、词、曲作品46首;"经典诵读"部分包括《老子》选读18则、《墨子》选读13则、《荀子》选读10则、《韩非子》选读14则;"格言铭记"部分包括《古代圣贤家训》选读7则,《小窗幽记》选读9则,《围炉夜话》选读20则;"常识概览"部分包括"中国饮食"8则,"中国绘画"4则,"中国戏剧"2则,"中国体育"4则,"中华医学"5则,"中国建筑"8则,"中国宗教"4则。

该丛书以图文并茂的方式介绍了中华传统文化的精髓,注重语言的趣味性和可读性,成为中小学生了解和亲近优秀传统文化的一扇窗口。2007年秋季,武汉市江岸区率先将丛书作为各小学统一使用的校本教材。随后,武汉市统一要求各学校将此套丛书纳入学校教育体系中。此外,武汉市各中学还根据自己师资特长,开设了相关课程,如育才高中开设的戏曲欣赏课、荆楚文化名人介绍课,武大附中开设的剪窗花课,珞珈山中学开设的茶艺课,华师一附中开设的文言文写作课,积玉桥中学开设的书法课,武珞路中学开设的围棋课等。在地方开发的教材中,不少地方也大力挖掘本土文化参与教材编写,将地方中华优秀传统文化融入中小学教育。如四川省开发的小学中华优秀传统文化读物中,三星堆文物、羌绣、苗族蜡染技艺、绵竹年画等四川的文物古迹和非遗技艺都在这本教材中以独立课文的形式出现。

(二) 组织开展中华优秀传统文化专题的教育活动

为了激发学生对中华优秀传统文化传承的兴趣，增强学生对中小学优秀文化的感性认识，各地以"中华优秀传统文化进校园"为主题，推出了丰富多彩的教育传承活动。例如：北京海淀区实验二小组织学生诵读《弟子规》《三字经》《论语》中的经典语句，让学生在诵读经典中品读和学习中华优秀传统文化精髓。上海市于2005年颁布《上海市学生民族精神教育指导纲要》，要求将民族语言、民族历史、革命传统和人文传统作为中小学教育的重点内容；在清明、端午、中秋、重阳等传统节日开展活动，引导学生了解、体验中华民族的传统民俗。

在山东，枣庄市薛城区中小学自2005年开始便坚持组织"非物质文化遗产进校园"活动，将优秀的非物质文化遗产引入课堂，把奚仲造车、洛房泥玩具、张范剪纸、邹坞面塑、鲁南大鼓等薛城非物质文化遗产项目编进校本课程，聘请民间艺人、非遗项目传承人举办讲座、开展传统工艺和制作技艺授课活动等。从2006年开始，薛城区各中小学又开展了经典诵读活动。目前，经典诵读在全区的中小学、幼儿园的覆盖面已达90%，在义务教育阶段学校覆盖面达到100%。各中小学还充分利用走廊文化、班级文化、宣传栏、黑板报等形式，引导学生把经典诵读、古诗吟诵与语文教学结合起来。[①] 山东省邹城市中小学开展书法家进校园、中华诗文诵读活动，组织学生参加开笔礼、成童礼、成年礼活动，亲身体验中华优秀传统文化的魅力。成立书法、国画、戏剧、民乐、剪纸、泥塑等特色中华优秀传统文化社团，举办中华优秀传统文化主题校园艺术节、文艺会演活动。汶上县制定目标，广泛开展"诵中华经典、学道德模范、做有德之人"活动，目标的量化管理，使该县中小学中华优秀传统文化教育工作推进得较为扎实，成效显著。

在陕西，近年来，延安市安塞县着力构建"书香校园"，组织剪纸、农民画、陕北民歌、陕北曲艺、安塞腰鼓"五进校园"活动，打造具有安塞地域特色的校园文化。

在湖北，武汉市通过举办中华优秀传统文化欣赏活动，激发学生对

---

① 王叶蓁：《把传统文化"种"进孩子心灵——薛城区"传统文化进校园"活动侧记》，http://www.632news.com/zzwww/qsxw/xcxw/2015/05/324440.shtml。

中华优秀传统文化的兴趣。如2008年3月,江岸区教育局在汉口江滩举办了"中华传统文化节"活动。主会场展演的是中华经典诵读以及民族音乐、舞蹈、戏曲等,四个分会场展示的是书法、国画、民族体育活动、民间工艺制作、猜灯谜猜歇后语、象棋围棋擂台赛等,展演阵容庞大,观众反响热烈,较好地体现了中华优秀传统文化的魅力。

武汉市的中小学在优秀文化传承的活动上可谓是异彩纷呈,表现突出。例如:

2006年,武汉市教育局确定9月28日是武汉市"中小学弘扬和培育民族精神月"校园开放日。教育局开展了主题班会评比、征文竞赛、演讲比赛等活动,展示中小学校民族精神教育的成果,推动校际经验交流,并向家长和媒体开放,推动全市"中小学弘扬和培育民族精神月"活动向纵深发展。2006年,硚口区跃进村小学首推选修制和学分制,要求一至六年级的学生学习《百家姓》《三字经》《千字文》《弟子规》《论语》和《大学》等必修课。此外,还要学习《成语故事》《对联》《中国茶道》《京剧脸谱》等选修课,选修课时间安排在每周二下午第1节课。学生修满600学分后,即可获得结业证书。武汉市将2007—2008学年定为"走进中华传统文化教育活动年",要求小学在新学年将中华优秀传统文化的内容融入各学科课程。2007年9月3日,武汉市"走进中华传统文化教育活动年"启动仪式在育才小学隆重举行。育才小学在校园内长廊、教室等位置,悬挂了古典诗词、名言警句等中国优秀传统文化。在启动仪式上,育才小学学生身着古代汉服,诵读中华传统古诗词,演奏古筝、编钟等古典乐器。与会领导向学生赠送了《走进中华传统文化学生读本》。启动仪式后,按照教育部统一部署,全市小学高年级学生通过中国教育电视台一频道、农村中小学现代远程教育平台、互联网等信息传输方式,集中收看全国中小学第四届"中小学弘扬和培育民族精神月"活动启动仪式,开始了新学期的第一节传统文化课。

武汉市许多中学也通过各种方式来开展传统文化活动。(1)通过举办传统文化欣赏活动,让学生直观感受传统文化的魅力,从而激发学生对优秀传统文化的兴趣。如武钢实验学校邀请武汉汉剧院走进校园，表演汉剧武打集萃《粉墨舞春秋》和《柜中缘》等名段，著名表演艺术家陈伯华的嫡传弟子、"梅花奖"得主胡和颜等名家的精彩唱腔与表演打动了观众，给师生们留下了深刻的印象。（2）参与和体验是学习传承传统文化的重要方式，也易于激发学生对传统文化的兴趣。如向警予中学组织学生体验学习水墨画，用一次性白色纸盘作为画纸，寥寥数笔勾勒出淡雅优美的画面，这种漂亮的工艺盘绘吸引了很多同学参与中国传统文化的学习中来。（3）开展在教师指导下，学生选择自己感兴趣的课题进行研究的活动。如2010年育才高中研究小组的课题"中华汉字文化与楔形文字""武汉美食的历史发展"，都是属于传统文化范畴的选题，学生在搜集资料、分析论证的过程中，自然而然地会对传统文化的某个问题形成比较系统的看法。在武汉市的中学里，类似的做法还有不少。如武汉二十一中学组织各班编写十二生肖内容的校本教材，在搜集整理相关知识和传说的过程中，同学们对传统民风民俗有了更深入的了解，也培育了对传统文化的兴趣。（4）开展竞赛类活动。在武汉市面向中学生的各类竞赛中，涉及传统文化方面的主要是书法比赛、诗词朗诵比赛等。组织竞赛活动，不仅可以吸引有相关专长的学生参加，对其他学生来说也有一定的示范和激励作用，有利于扩大传统文化的影响。这两类比赛尤其是书法比赛在武汉市中学里非常普遍，很多都是由中学自己主动组织的，一个重要原因是书法、诗词跟语文课及语文考试密切相关。此外，武汉市中学生参加的围棋比赛也比较多，主要赛事有武汉中小学生围棋联赛、楚天杯青少年围棋赛等。2013年8月，武汉六中还受邀参加了在河北省秦皇岛市举行的全国少年儿童围棋赛。（5）开展传统文化展演活动展演。通过展示或表演传统文化方面的特长，可以进一步激发中学生学习继承传统文化精华的主动性和自觉性，也可以营造重视传统文化教育传承的良好社会氛围。武汉市近年举办了不少这方面的展演活动，既有以学校为单位组织的，也有以城区为单位组织的。江岸区教育局2008年3月在汉口江滩举办的"中华传统文化节"活动，是其中规模最大的一次，有上千名中小学生参加。主会场展演的是中华经典诵读以及民族音乐、舞蹈、戏曲等，四个分会场展示的是书法、国画、民族体育活动、民间工艺制作、猜灯谜猜歇后语、象棋围棋擂台赛等，展演阵容庞大，观众反响热烈，较好地体现了中华传统文化的魅力。

在湖南，张家界武陵源区天子山镇中心学校，自2012年以来坚持让学生学习桑植民歌、杖鼓舞、摆手舞、围鼓、唢呐等优秀传统文化，促进了民间文化与学校教育的结合。

新疆教育厅和中国出版集团联合启动"新疆书法教育援疆工程"，加强专业书法师资力量，在新疆全面、深入地开展中小学书法教育。例如，乌鲁木齐八一中学附小，每周都开设一节书法课，以书法课带动中华优秀传统文化教育。

总之，各中小学组织开展了中华优秀传统文化专题的教育活动，使中小学生在活动中受到了中华优秀传统文化的滋养和培育，提升他们的民族自豪感和民族归属感。

（三）将优秀传统文化融入校园文化建设中

校园文化是指学校通过校园硬、软件设施建设，打造出的具有鲜明特色的人文环境。打造校园文化是促进中华优秀传统文化传承的重要方式，不少中小学通过展室、橱窗、黑板报等宣传介绍中华优秀传统文化，营造中华优秀传统文化氛围，潜移默化地对中学生产生影响。

北京海淀区注重校园文化建设。截至2015年，海淀区有校园文化墙、校园雕塑和校史馆（厅、角）的学校与2012年相比，分别从24%、17%、13%提高到了100%、81%、74%，校园文化建设水平整体提升。[①]一批具有鲜明特色的校园文化品牌不断涌现，如"农大"附中以办内地新疆高中班为平台，宣传民族文化；"北外"附小打造"竹文化"校园文化特色。此外，海淀区还树立了一批校园文化建设品牌。如海淀区实验小学的"长征精神"教育、玉泉小学的"德如玉智如泉"、清华附小的"为学生聪慧与高尚的幸福人生奠基"等，为传承历史传统发挥了良好的示范作用。

山东临沂北十小学利用走廊墙壁，打造浓郁的校园文化。在该校教

---

[①] 《北京海淀：中小学校园文化墙实现全覆盖校园文化美丽绽放》，http://bj.wenming.cn/hd/hdwmbb/201511/t20151118_2967843.htm。

学楼的每一楼层都有主题鲜明的宣传壁画；办公楼楼梯的两侧分别设置了《弟子规》《三字经》《千字文》的内容；走廊墙壁上设置有生动活泼的标语、警示语等。学生随时都可以与中华优秀传统文化对话，与国学经典同行。

四川成都市龙江路小学分校在校园文化建设中突出"三国文化"主题。在去往小学的卧龙巷里，两侧墙上画着"草船借箭""三顾茅庐"等故事图案，散发着浓郁的三国文化气息。

武汉市在"走进中华优秀传统文化教育活动年"中，为营造学习中华优秀传统文化的氛围，每所小学充分利用墙壁、走廊、教室、橱窗等空间，将中国诗词歌赋、传统绘画、戏剧等中华优秀传统文化经典以浓缩的方式进行展示。武昌区的武汉中学在校园文化建设中突出"厚德载物、大气沉静"的主题，精心设计宣传栏，传播传统美德；武汉市外国语学校（初中部）利用盥洗室墙上的展板张贴各类信息资料，其中也包括汉字字体演变等传统文化方面的知识；洪山区关山中学在橱窗里展示学生的毛笔书法作品；江岸区各学校建成"一校一廊一室"中华优秀传统文化教育基地，要求每一所学校都用中华优秀传统文化打造走廊、教室，营造出浓郁的中华优秀传统文化传承环境。其中育才高中的戏曲展室非常典型，同学们可以在里面自由自在地欣赏和学习戏曲，充分感受传统戏曲的魅力。

## 二 存在的主要问题

如上所述，在我国教育行政部门和全国各地中小学共同推动下，我国中小学教育中的优秀文化传承工作取得了有目共睹的成效。但是，由于中华优秀传统文化在当代社会的教育传承还处在探索阶段，因此，不可避免地暴露出一些突出问题。

**（一）教育主体的认识和能力存在不足**

在现代教育理念中，中小学教育的主体包括教育行政部门、学校、教师、家长和学生等众多方面。这些相关主体对中华优秀传统文化传承的认识和能力，直接决定了中小学中华优秀传统文化传承的效果。在当前中小学教育中的中华优秀传统文化的传承中，教育主体存在着以下问题：

一是一些教育部门和学校对中华优秀传统文化传承不够重视，态度不积极，开展优秀传统文化教育缺少积极性，学校传授优秀传统文化知识较少，文化传承活动开展不多。一方面，由于在现行应试教育体制下，教育各方仍然看重分数和升学率，都将重心放在语文、数学、英语、物理、化学等主科的应试成绩上。教育目标上价值引领的缺失，导致中华优秀传统文化教育在中小学课程体系中的地位边缘化。一些学校的校本课程仅仅是"课表上的课程"，只是为了对付检查，并未真正开设相关课程。老师的素养、能力以及对待中华优秀传统文化传承的态度也存在差异。例如，有的老师对中华优秀传统文化感兴趣，为了增加学生传统人文知识，可能会认真讲解传授，而有的老师对传统文化缺少兴趣，就有可能在表现方面较为马虎；另外，一些老师虽然对开设中华优秀传统文化方面的课程有兴趣，但学校无任何政策方面的支持，也会使这些老师将传统文化当作"可讲可不讲"的内容。因此，在"主科至上"的价值取向中，传统文化犹如"味精"，"加点可提味，不加也能行"，没有得到教育各方足够的重视。

另一方面，传统文化的人文价值由于受急功近利思想的强烈冲击，得不到充分体现和认同。在现代化浪潮冲击下，人们对教育产出的希望是获得科学精神，以适应科技时代，实现功利价值，而传统文化传承教育的产出恰恰是人文精神和终极关怀，无法满足公众现实需求，难以调动多元主体的参与，传承效果因此受到较大影响。加之社会上不少反面案例的存在，导致中小学生对传统文化中倡导的观念不一定发自内心地认同。总之，教育功利化倾向，严重限制了传统文化教育作用的发挥，也使得传统文化教育缺失了自身的生机与活力。[①]

二是师资力量较为匮乏。在学校教育中，要实现中华优秀传统文化的传承与发展，师资发挥着关键性的引导作用，但是，目前我国传统文化教育师资力量较为缺乏。在对全国近 500 所学校的抽样调查后发现，有传统文化课程的学校约为 13%，而有专职传统文化教师的学校不到 2%，其中兼职传统文化教师中语文老师所占比例为 93%。而兼职必然带来老师的繁重负担，也会影响传统文化的教学质量。全国传统文化教师

--------

① 刘文军：《中小学中华优秀传统文化教育存在许多问题》，《中国教育报》2014 年 10 月 1 日。

的缺口至少在 200 万。① 传统文化教师素质缺失。传统文化从教者的素养、能力对于中华优秀传统文化在教育中传承的有效性有着至关重要的作用。对于晦涩难懂的文言文以及古诗词中常见的离愁别恨、报国无门等特定主题，老师的讲解是否能做到生动、准确，成为影响中学生学习效果的重要因素，而且如何将这些传统价值观念与现代社会更好地对接，对老师的综合素质和能力提出了更高的要求。有调查显示，部分学校63%的教师无法正确回答出"四书五经"的具体名称，74%的教师没有完整读过《论语》。② 因此，教师自身传统文化水平有限，必然会造成许多学校中华优秀传统文化教育无法深入展开。

（二）缺乏科学规划和顶层设计

科学规划和顶层设计是做好中小学中华优秀传统文化传承工作的前提和保证，但目前我国中小学中华优秀传统文化教育制度存在诸多不足之处。

一是缺乏相应的责任奖惩措施。教育部下发的系列规范性文件由于没有相应的责任、惩罚或奖励规定，导致执行不力。奖惩机制的缺乏，无法有效激发起教学主体的积极性和主动性，导致各教学主体在"可有可无"的状态下，随意决定中华优秀传统文化教学的分量和方式。是否开设相关课程，开设多少，由学校是否对此感兴趣而定。

二是没有考查学生学习程度的标准和制度。国家出台的规范性文件并未充分考虑中国应试教育的现实国情，也未将中华优秀传统文化传承纳入考试制度，导致小学教育相关主体在思想认识上对中华优秀传统文化传承缺乏重视。由于没有明确的教育指导标准，没有完善的教育组织形式，部分学校中华优秀传统文化教育普遍存在随意性、盲目性和形式主义的倾向，在实践中往往表现为"运动"的形式，形成了活动来时"一哄而上"，活动结束"一哄而散"的局面，未形成长效机制。

（三）传承内容缺乏系统性、整体性和科学性

一些学校对中华优秀传统文化教育缺少统筹规划，对教学环节缺乏整体设计，造成部分学校各自为政，各学科各行其是，缺少教育内容的

---

① 顾青、吴魏：《中小学中华优秀传统文化教育的问题与思考》，《语文建设》2015 年第 1 期。
② 顾青、吴魏：《中小学中华优秀传统文化教育的问题与思考》，《语文建设》2015 年第 1 期。

系统性；一些学校组织的中华优秀传统文化主题活动或校本课程虽然涉及中华优秀传统文化的很多层面，但在实际教学过程中，各校往往只注重某些方面的内容，且多作装点门面之用。一些学校只就传统文化的两三个方面知识向学生传授，碎片化特征十分明显。一些学校在德育方面存在较大差距。有的学校在德育实践方面积极探索，编写德育校本教材、尝试各种教育方式，形成了包括优秀传统文化传承在内的德育特色，如武汉中学"人格教育"、南湖中学"自省教育"、育才高中的"励志、（明）礼（诚）信、心理健康教育"等，但也有一些中学并未对德育工作给予足够的重视，有的甚至存在"走过场"的情况。在传统文化内容选择上也有偏差，选择传统戏曲、国画、剪纸、民乐、舞蹈、武术者较多，而民族精神和优秀传统道德方面的内容偏少。一些学校开展中华优秀传统文化传承活动虽然有声有色，甚至成为学校的"品牌"，但除了这几项特色内容之外，就没有其他传承活动。

另外，在课程安排上也存在较多问题。中华优秀传统文化内容十分丰富，如何取舍？如何与现有分科制度协调？采取何种教学方法？如何融入现在的教育体系之中？是在教材编排中必须思考的首要问题。一套高质量的中华优秀传统文化读本，需要精通中华优秀传统文化体系，同时又有丰富的中小学教育经验的专家才能开发出来。而在现实中，不少学校仅凭一己之力，低水平重复地开发读本，浪费了有限的教学资源。仅以武汉市的传统文化读本开发为例，2007年，武汉市教育局组织编写了《走进中华传统文化学生读本》系列丛书，但在其后的几年，汉铁小学开发了《亲近优秀传统文化》，中南路小学开发了《中国传统文化》，江汉区教育局又组织编写了《中华传统文化简易读本》。另外，课程之间的协同方面也存在一定的问题，如诵读经典与语文课、思想品德课中的传统文化有重合之处。但是，许多小学从未进行过整体设计，如汉铁小学的教师就反映，各课程的老师之间"各搞各的，相互不沟通"，"融四岁，能让梨"这一句话出现在这三门课程中，三位老师都进行了大致相同的解释，虽然能够达到强化理解的教学效果，却挤占了讲解其他知识的时间，同时也未能将这句话升华到一个新的高度，让学生去理解和思考。

### (四) 传承方式和手段单一、落后

中华优秀传统文化传承在网络信息技术的冲击下受到挑战，需要寻求新的传承途径。目前绝大多数中小学中华优秀传统文化的课堂教学，仍然沿用读诵纸质媒介的传统方式进行。由于中华优秀传统文化的时代背景久远、文字晦涩难懂，对于习惯了声、光、电、形等高科技含量的文化产品的中小学生来说，互联网技术和数字技术的欠缺，不能寓教于乐，无法与中小学生的需求有效对接，不仅严重影响了中华优秀传统文化的生命力。而且以传统的说教灌输方式为主的讲解，已难以激起学生主动学习的热情，影响了中华优秀传统文化传承的效果。

### (五) 部分教师传统文化知识和素养有待进一步提高

如何将保存至今的传统文化典籍传承下去，是一个教育学的问题。在学校教育中，师资起着关键性的引导作用。目前，中小学不少教师传统文化知识薄弱，甚至不能准确把握相关传统文化内涵，能够用现代话语清晰阐述传统文化含义和当代价值者不多。例如，在课题组所调查的66所小学中，配有传统文化专业教师的学校仅11所，绝大多数学校的教师都是由其他科目教师兼任，而兼任教师中受到过传统文化课程培训的仅9所。现在的小学教师队伍的主体是20世纪80年代以后各级师范院校中培养出来的，而在师范教育中，除历史专业外，未开设中华传统文化方面的基础课或必修课，至多在某些院校开设一些公共选修课。由于没有受过相关的教育，在引导学生学习传统文化时力不从心。在武汉市的部分中学也面临类似情况。就语文课程而言，中学生对古诗文的畏惧心理十分普遍，尤其是理科生，不少中学校园学生中流传着这样的顺口溜："一怕文言文，二怕写作文，三怕周树人。"文言文的主要问题是艰涩，如一位老师所说："学生们将文言文视为现代汉语和英语之外的第三种语言，学习的目的主要是应付考试，考完试常常就什么都没有留下了。"对古诗词来说，虽然不像文言文那样让学生望而生畏，但同样存在时代的隔膜。一方面是习惯于直白热烈情感表达方式的现代中学生，对古诗词含蓄蕴藉的表达方式不太理解，另一方面，古诗词常见的离愁别恨、报国无门等特定主题也与中学生的生活体验差别太大。在这种情况下，老师的讲解是否能做到生动、准确，就成为影响中学生学习效果的重要因素，这与老师自身的传统文化素养与教学能力直接相关，而不同老师在

这些方面的差异，也是一个客观存在的现实。

（六）学校传承与社会传承缺乏联动

如前所述，学校教育在中华优秀传统文化传承事业中发挥着不可替代的重要作用，但是，在全球化、信息化以及终身学习的新时代，传统文化传承的责任和义务也不能仅仅局限于学校教育的层面，社区、企业、媒体、家庭、公共文化机构等都是中华优秀传统文化传承的重要场域。因此，文化传承事业的振兴与发展，需要依靠学校教育传承与社会教育传承的合作与联动，而不能仅仅依靠学校。而且，从长远看，只有贯通校内和校外的时空资源，实现学校教育和社会教育对接融通、协同传承，传统文化的社会价值才能得到更充分、全面的体现。目前中小学优秀传统文化教育传承工作主要在教育系统中进行，缺少与其他部门联动的意愿和渠道，故步自封，文化传承方式单一，缺少传承影响力。

（七）保障体系不健全，政策指导不明细

当前中小学传统文化教育传承的保障体系不很完善，出台的政策指导性和目的性不是很明确。每一次中央重大报告中对传统文化传承提出要求后，教育部和中宣部都会出台新的文件跟进，如《关于在中小学开展创建中华优秀文化艺术传承学校活动的通知》就是为了落实党的十七大提出的"加强中华优秀文化传统教育"的要求；党的十七届六中全会提出要"建设优秀传统文化传承体系"，十八大提出"建设优秀传统文化传承体系"的要求，十八届三中全会强调"完善中华优秀传统文化教育"，《完善中华优秀传统文化教育指导纲要》便应运而生。教育部应该密切关注并贯彻落实中央精神，但教育有着自身的规律，它要求教育的内容具有相对的稳定性和持续性，并且教育的效果也需要一个持续的过程才能显现。但是，关于传统文化教育传承的文件频繁变化，牵动着各地也不停地变换内容和方式，难以形成稳定的教师队伍和教学内容，影响教育的效果。同时，这些文件在内容上存在着重叠和矛盾之处，如《完善中华优秀传统文化教育指导纲要》就包含了《关于在中小学开展创建中华优秀文化艺术传承学校活动的通知》和《中小学书法教育指导纲要》的内容，且各文件在有些方面的规定并不一致，如《中小学书法教育指导纲要》要求小学3—4年级的学生"学习用毛笔临摹楷书字帖，掌握临摹的基本方法"，而《完善中华优秀传统文化教育指导纲要》则是要求初中生"临摹名家书法，体会书法的美感和意境"。文件变化频繁且内容不统一，让教育工作者感到无所适从，对文件的严谨性产生疑惑，从而影响了文件的效力发挥。

### 三　促进传承的对策

我国中小学普遍以各种形式开展了中华优秀传统文化教育传承工作，学生的传统文化素养正在不断提高。当然，当前中小学中华优秀传统文化教育传承中也存在一些突出问题，为此，本书提出以下建议和对策。

（一）进一步提高对传承优秀传统文化重要性的认识

中华优秀传统文化的教育传承，对于整个国家和民族的发展具有深远意义。因此，思想上重视、认识上到位，是做好中小学中华优秀传统文化传承工作的前提。

一是教育管理部门要统一认识。为保证中华优秀传统文化教育传承的顺利有效实施，各地教育部门要深刻认识传承中华优秀传统文化的重要意义，认真贯彻落实习近平总书记关于传承优秀传统文化讲话精神和中央《关于实施中华优秀传统文化传承发展工程的意见》精神。要充分认识做好这项工作对于传承中华文明、立德树人的重要意义，将其作为一项重要的工作来抓，并在中小学贯彻"从基础教育抓起，发挥第一课堂主渠道作用"的思想，在教学、研究中坚守中华民族的文化基因和精神命脉[1]，坚决杜绝应付任务的心态，要从国家教育政策和战略的高度，将中小学优秀传统文化传承工作抓好抓实。对于工作做得好的学校要表彰，对工作不力的学校要批评。

二是构建政府、学校、社会、家庭四位一体的促进机制，明确各主体的责任。政府承担政策、制度的制定和宣传；学校具体落实相关政策和制度，积极开展中华优秀传统文化的传承活动；媒体要营造中华优秀传统文化的知识背景，并通过宣传，在全社会树立起重视传统文化、学用传统文化的浓厚氛围；通过家校联动，形成家长支持中小学生学习、传承中华优秀传统文化的态度和热情。各主体在各司其职的同时，更要

---

[1] 井琪、崔宪涛：《传承和弘扬中华优秀传统文化——学习习近平总书记系列重要讲话体会之九十》，http://theory.people.com.cn/n/2015/0722/c83859-27343299.html。

互为补足、相得益彰，共同促进中小学的中华优秀传统文化传承。

三是大力培养中华优秀传统文化教育师资。增加中华优秀传统文化的培训课程，培养具备基本的中华优秀传统文化修养的中小学教师；在中小学教师资格考试中增加中华优秀传统文化的内容；分期分批对中小学教师进行针对性的专题培训，提高他们执教中华优秀传统文化的水平和能力。

(二) 做好顶层设计

完善的制度是中小学中华优秀传统文化传承的前提和保证。当前需要我们破除体制障碍，做好顶层设计，全面推进中小学教育中华优秀传统文化传承需要完善政策措施，建立科学的长效机制。

一是教育部应该出台新的规范性文件，将中华优秀传统文化教育纳入教育监测评价指标体系当中，以引起教育部门、各级学校的高度重视，激发教师的积极性，提高文件的执行力。对于消极对待甚至弄虚作假的行为，应出台必要的惩罚措施；对于积极从事中华优秀传统文化教育传承并取得一定成绩的学校和个人，则应制定相应的奖励措施。

二是强化中华优秀传统文化教育的课程意识，提高学生学习的积极性和规范性。在校本教材的开发上，各地区学校要合力开发教材，共享优秀的师资，定期交流经验。强调符合学生的学习特点和接受能力的教学原则，强调诵读经典在学习国学中的重要作用，各中小学定期举办中华优秀传统文化活动周，开展中华优秀传统文化知识竞赛、文艺表演等相关活动；聘请中华优秀传统文化的专家来校进行演讲和授课。

三是积极推广成功经验，共同提高传承水平。在优秀传统文化的传承方面，由于不同中小学客观上存在良莠不齐的现象，有必要取长补短。对做得较好的学校认真总结其经验，并积极加以推广。如不少学校都编写了德育校本教材，但这些教材质量可能存在一定的差距，有必要请相关专家结合教材内容及学生反馈情况进行筛选，并将其中编得较好的教材进行完善后，作为示范教材进行推广。再如一些学校有意识地利用网站、橱窗、展板、典礼等各种场合和平台宣传本校校训的来历及深刻内涵，使校训深入人心，成为校园文化建设的重要部分，既可以充分激发学生对学校的自豪感和认同感，又在无形之中受到了传统文化熏陶，这种做法也值得大力推广。

（三）突出传承重点

中华优秀传统文化内容丰富，优秀传统文化的传承涉及传统文化的很多领域，在这种情况下，如果不对其具体内容加以辨析拣择，教育传承工作势必难以下手，即令下手也是各行其是。因此，在传承内容选择上既要统筹兼顾，又要突出重点。

一是处理好推进优秀传统文化传承与社会主义核心价值观培养的关系，实现二者的有机结合。用社会主义核心价值观引领传统文化传承方向，在传统文化传承中体现社会主义核心价值观的丰富内涵，用优秀传统文化来为社会主义核心价值观传播创造良好氛围和土壤。将社会主义核心价值观细化为学生发展核心素养和学业质量标准，纳入各学校教学体系当中，推动社会主义核心价值观"进教材、进课堂、进头脑"。

二是应将优秀的中华民族精神和传统美德作为核心内容。传统文化中关于修身立德、爱国爱家、自强不息、厚德载物等方面的内容，本身既蕴含历久弥新的人文价值，又可与社会主义核心价值观"对接"，为其提供思想理论支撑，应作为教育传承的核心与重点内容。

三是进一步加大优秀传统文化在中学德育中的比例。鉴于目前中小学德育内容中传统文化的内容普遍不算丰富，应进一步加大优秀传统文化在中学德育中的比例。为避免给中学生造成负担，德育工作应化整为零，制定规划，充分利用主题班会、人生礼仪、读书会、升旗仪式、开学典礼、楷模评选、演讲征文比赛、社团活动等多种生动活泼的形式，将优秀传统文化内容与中学生的学习生活有机结合起来，营造良好的校园氛围，潜移默化提升学生的人格素养。此外，生活中的很多细节也都是传统文化的活生生体现，与传统文化精神有着血肉联系，能够拉近传统经典与学生的联系，如自强不息、厚德载物等优秀传统文化精神在现实生活中都能找到鲜活的事例，通过对这些事例的挖掘宣传，能够有效起到激励人感染人的作用。

四是充分尊重师生的特长与兴趣，作为各个学校的个性化特色选修内容，丰富校园文化，提升个人修养。要在全国共有内容基础上，将各地区具有鲜明地方特点的优秀传统文化纳入中小学教育传承内容。例如荆楚地区的筚路蓝缕，湖湘地区的经世致用，吴越地区的卧薪尝胆，以及各地区特色非物质文化遗产等。中华优秀传统文化的教育传承，还应根据小学、初中、高中学生不同年龄段的特点及课业紧张程度，由浅入深，确立不同阶段的教育传承重点。对于传统工艺美术、歌舞戏曲等非物质文化遗产内容，要统筹安排。

五是优化中小学优秀传统文化的考核制度。根据教育部2014年《纲要》，在中考、高考升学考试中，中华优秀传统文化内容将会增加，此举无疑将进一步提升学校对语文教材中传统文化内容的重视程度。这也要求在完善考核方面进行更多思考，能真正通过试卷如实考查出学生对传统文化的实际掌握情况。这方面我国台湾的做法有值得参考之处。例如，我国台湾国文高考在出题方式上比较灵活，注重传统文化与生活的联系，其中就有这样一道赢得广泛称道的选择题：

"请名人代言是提高广告说服力的好方法。有四则广告标题，如寻找背景相契合的古代名人来代言，最不恰当的组合是？"选项分别是：A 庄子代言"自然就是美"；B 子路代言"心动不如马上行动"；C 苏秦、张仪代言"做个不可思议的沟通高手"；D 司马光、王安石代言"好东西要和好朋友分享"。

这样的考题不仅新颖有趣，而且能考查多个知识点，其命题思路、方式值得学习借鉴。对于德育层面上优秀传统文化传承的考核，教育主管部门要对各中学的具体实施情况进行定期不定期的专项检查。不仅要听学校的汇报，还要深入学生了解实际情况，既要了解具体的做法，还要调查学生的反馈，避免形式化、走过场。

（四）改进传承的技术手段

网络是中华优秀传统文化传承的新平台，是中华优秀传统文化实现转型创新的新助力。各校应大胆创新、积极实践，充分利用互联网和多媒体新技术，以数字化作为载体，用新的传播方式、精湛的艺术手段，制作成中小学生喜欢的动画、电影、视频等形式，还可以开通"手机中华优秀传统文化教育云"同步教学增值服务，通过"移动通信教育云"，深度助力中华优秀传统文化教育进课堂；开展经典品读活动，精心设计、推出极具现代感的"有声笔记本"，可以与新媒体联动，每首诗文后都配有二维码，师生只要扫一扫二维码，就能即时收看、收听诗文朗诵的视频。

（五）提高教师传统文化知识和素养

教师直接面对学生传道授业解惑，在中小学中华优秀传统文化教育传承过程中起着至关重要的作用，其自身的传统文化素养决定着教育传承的效果。在目前的情况下，片面要求每位老师（主要是语文老师）都拥有深厚的传统文化素养是不切实际的。因此，各中小学可因校制宜，采取灵活多样的培训方式。如在时间安排上，可做出长期和短期规划，根据每所学校、每个教师的不同情况，以3—5年为一个周期，将具体的培训计划落实到每年、每月、每周，实现长短结合；在培训类型上，可以针对老师的专业、兴趣特点，分为通识性培训与专业性培训。既可以通过组织传统文化领域的专家，结合现行语文教材，有针对性地对中学老师进行集中培训，加深他们对传统经典的理解，进一步提升教学的质量，又可以对传统技艺感兴趣或有特长的老师，请相关领域的专家对他们专题培训。不同的培训类型，有着不同的培训特点和目的，以争取更好的培训效果。

此外，培训方式还可以采取教学互促的方式，注重老师在教学中增长传统文化知识和素质，边教边学，以教带学，实现教学互动，充分发挥教师学习的主动性。

（六）加强学校与社会联动

中小学教育传承活动要"走出校门"，充分调动全社会的积极性、创造性，推进学校教育与社会教育的衔接与协同，建立传承发展中华优秀传统文化的全社会共同责任和共同利益机制，构建学校与社会相互合作的中华优秀传统文化的中小学教育传承格局。各地中小学应与当地的博物馆、纪念馆、科技馆、图书馆、物质文化遗产管理处等形成良好的协作关系，充分挖掘和发挥这些社会公共文化服务设施的传承作用，建立中小学生定期、免费参观的长效机制；出版部门要与教育部门合作，出版适合中小学生的优秀传统文化读本；与广播、电视、报纸、出版社等新闻媒介部门建立合作关系，将中小学中华优秀传统文化教育传承的实践通过媒体宣传，形成倡导和弘扬中华优秀传统文化的舆论环境，不断推出如同"中国诗词大会"的优秀节目；宣传部门要加强对优秀传统文化产品的宣传推介；社区文化建设要强化优秀传统文化内容。这样就为中小学生学习传承优秀传统文化营造了良好环境，形成"无时无刻""无所不在"中华优秀传统文化的综合传承体系。

（七）建立健全文化传承的保障体系

教育部应该出台新的规范性文件，加强对中小学中华优秀传统文化传承工作的具体部署，更要明确责任主体、考核评估和奖惩机制，激发教师的积极性，提高文件的执行力，并注重文件的稳定性和长远性，避免因文件的频繁更替而导致的短期行为。根据当前存在的主要问题，建议教育部制定《促进中小学优秀传统文化教育传承实施办法》，对省、市、自治区教育部门提出明确要求，并进行工作检查。各省、市、自治区教育部门也要制定推进中小学优秀传统文化教育传承的具体方案，每年要对辖区中小学优秀传统教育传承工作进行检查，每一所学校也应根据自身情况，制定自己促进优秀传统文化传承教育的具体方案，提供人力物力保障，完善中小学传统文化教育传承保障体系。

## 第三节　大学优秀传统文化传承

高等教育是国民教育的最高层次，是构建中华优秀传统文化传承体系，推动文化传承创新的重要途径，肩负着继承和发扬中华优秀传统文化的特殊责任。大学不仅是高校学生的世界观、人生观、价值观凝练和确立的地方，而且"自近代以来，人类文化发展的中心在大学，人类文明传承的中心在大学，人类文化创新的中心在大学"[1]。

改革开放以来，我国与西方国家的经济文化交流日益加深，西方社会优秀的文化观念促进了我国改革开放事业的发展，然而，西方文明并非全是精华，其拜金主义、消费主义、个人主义等价值观念对部分高校大学生也产生了较大的负面影响。因此，大学生的人生追求需要优秀文化的指引和感召。"中国传统文化是中华民族在几千年的文明发展中所创造的宝贵财富，历经时代变迁、人间沧桑，始终活在一代又一代中国人

---

[1] 李立国：《文化自塑与文化自信——我国大学文化传承创新的当代使命》，《清华大学教育研究》2011年第3期。

的心中，并以不同的方式在不同的程度上影响着人们的思想和行为。"①中国传统文化所倡导的知行合一、自强不息、厚德载物等思想，都具有超越时代的魅力。因此，开展中华优秀传统文化传承工作，向大学生传授中华优秀传统文化知识，有助于大学生形成正确的思想观念，以自信、包容的态度对待自己和国家在发展中遇到的各种问题，推动社会进步和民族伟大复兴的进程。

大学是进行跨学科人才培养和科学技术合作研究的核心阵地，具备培养知识型、创新型的中华优秀传统文化保护和传承的专业人才的优势，应该承担起时代使命，使中华优秀传统文化传承与发展工作后继有人、薪火相传。大学在各领域研究中获得的新理论、新方法和新思路可持续地运用到中华优秀传统文化的挖掘、抢救、保护、开发、展示、传播、利用的整个过程，有助推动中华优秀传统文化保护与传承工作的发展与创新。

大学是产学研互联互通的合作平台，有助于利用理论与科技优势，通过与企业等社会组织的紧密合作，积极推动中华优秀传统文化相关研究成果的转化，促进中华优秀传统文化的产业化，持续不断地为社会提供优秀的文化产品和文化服务，满足人民群众日益扩大的精神文化需求。

因此，在经济全球化和文化多样化的当下，大学在传承、发展中华优秀传统文化方面具有不可推卸的历史责任。如何以优秀的文化精神濡染和塑造青年学子的人格，加强文化自塑，建立文化自信，应当成为中国大学教育思考的重大问题。

党和国家十分重视大学教育中的文化传承工作。教育部将中华优秀传统文化教育列入"新世纪高等教育教学改革工程"项目，先后编写出版了《中国中华优秀传统文化概论》《中国中华优秀传统文化教程》《中国中华优秀传统文化精神》《中国文化历程》等著作，为大学中华优秀传统文化课教材建设奠定了坚实的基础。2014年，教育部下发《完善中华优秀传统文化教育指导纲要》，特别强调大学教育学习中华优秀传统文化的重要性及主要目标，要求"培养学生的文化创新意识，增强学生传承

---

① 林慧博、孟庆祥、白崇立：《继承中国优秀传统文化加强大学生文化素质教育》，《辽宁高等教育研究》1998年第2期。

弘扬中华优秀传统文化的责任感和使命感","理解中华优秀传统文化的精髓,强化学生文化主体意识和文化创新意识"。2017年,中共中央办公厅、国务院办公厅印发的《关于实施中华优秀传统文化传承发展工程的意见》也强调,中华优秀传统文化传承要贯穿国民教育始终。该意见对大学教育中的文化传承工作进行了指导,要求在高校开设相关必修课,增加中华优秀传统文化的内容。……重视保护和发展具有重要文化价值和传承意义的"绝学"、冷门学科。①

**一 主要做法**

国家的政策和号召得到了各高校的积极响应。2014年在南开大学举行的"传统文化与大学教育"高层论坛上,来自北京大学、复旦大学、中国人民大学、浙江大学以及南开大学等41所高校的教育工作者向全国高校发出倡议:在大学教育中弘扬中华优秀传统文化。2014年,在贵阳孔学堂召开的"中华传统文化教育的大学校长责任"座谈会上,北京大学、清华大学、复旦大学、上海交通大学等45所高校的校长、党委书记共同签署了《中华传统文化教育之大学校长责任共识》,誓言担当中华优秀传统文化传承的使命。2016年福建省教育厅还印发《福建省高校传承和弘扬中华优秀传统文化行动计划》,将重点培育建设10个福建省高校中华优秀传统文化教育研究基地。不仅如此,各高校还从课程设置、培养模式、科研、教学活动等方面,深化教育改革,对大学教育的目标和内容进行重新审视、重新调整,深化中华优秀传统文化教育。

一是充分发挥课堂教学的主渠道作用。例如,武汉大学每学期开设的公共选修课,课程涵盖范围较为广泛,如中国古代人学思想、中国古代文化概论、宋词名篇赏析、元曲赏析、明清小说名篇赏析、中国陶瓷艺术等,供全校本科生自主选择,深受学生喜爱,并且取得了良好的效果。本课题组通过校园随机访谈120名学生,有73%的受访学生表示,在学习了相关中华传统课程以后,对提升自己的传统文化素养有效果。部分课程还得到了学生的高度肯定,如中国文化概论,被学生认为是富

---

① 中共中央办公厅、国务院办公厅印发《关于实施中华优秀传统文化传承发展工程的意见》,http://news.xinhuanet.com/politics/2017-01/25/c_1120383155.htm。

有激情的一门课。华中科技大学较早认识到提升学生的人文素养对学生发展的重要意义，其相关课程开设范围广泛、内容丰富。既面向汉语言文学、中国历史、国学等专业学生开设了相关的专业课程，如中国文化概论、中国古代文学、中国古代史、中国古代哲学等课程；也面向全校学生开设了大量涉及中国传统文化的公共选修核心课程，如中国文化系列专题、中国佛教学、中国宗教史、中国哲学经典导读、中华文明史、中国科技史、唐诗宋词赏析等课程，涉及人文、社科、艺术、自然科学等方面。除开设必要的课程之外，学校还要求所有的硕士研究生和博士研究生都必须选修大学语文课程，若考试不通过，不能毕业。

浙江大学开设的课程也十分丰富，有"四书"、《史记》《周易》与《中国文化》《敦煌历史》《禅宗历史》等多门课程，从不同层面展示中华文化的魅力，不断增强师生的文化自信。南开大学开设《国学经典导读》《中国民歌鉴赏与演唱》《古典诗词格律与创作》等中华优秀传统文化公选课。上海师范大学开设有"闻道中国"系列讲座，在通识教育课程中设置经典研读、文化比较等模块，引导学生自主学习中华文化，深刻理解中华传统美德和人文精神，坚定"四个自信"。

黑龙江大学也较为重视国学教育，要求开设古文字学、国学经典、中国哲学史、文学史等课程，2014年在全校通识选修课中增加了"国学教育与立德修身"选修课模块，为全校学生增设了33门国学通识课程。为了保证教学质量，黑龙江大学还专门成立了国学课程组，按专题组成教研小组，共同备课。在福建省教育厅出台的《福建省高校传承和弘扬中华优秀传统文化行动计划》中，也要求该省有条件的高校应统一开设中华优秀传统文化必修课，增设国学经典、书法鉴赏等选修课程；支持地方高校利用地域优秀传统文化的教育资源，编写出版《福建历史文化简明读本》《朱子读本》《林纾读本》《陈嘉庚精神读本》《客家文化读本》《闽台文化读本》《福建文化名人读本》等系列文化读本，开设专题地方课程和校本课程。上海同济大学开设70多门中华优秀传统文化类课程，主要包括中国儒学经典、道家经典导读、佛教经典导读、中国民族音乐欣赏、中国美术史、中华礼仪文化、中国通史等，大学生可根据自己的兴趣进行广泛的课程选择。西藏大学将抱石头、古朵、押架、吉韧、登山和藏舞等民族传统体育项目作为学生公共选修课的教学内容，不但使学生了解本民族的传统体育文化,掌握简便的体育健身方法,而且对传承西藏民族的优秀文化起到了积极的作用。①

二是充分利用网络资源,广泛传播中华优秀传统文化。在互联网已步入千家万户的时代背景下,"互联网+传统文化"已成为网络时代实现中华优秀传统文化传承的主要手段。我国教育部积极鼓励各高校大力进行教学方式改革,探索教育资源建设与共享新模式和新机制。因此,在大学教育中,有必要通过现代化传播手段,如影视传媒、微电影、App等,将其转化成为新颖别致、耐人寻味的"现代化记忆"。

各高校在中华优秀传统文化教育中充分使用了这一手段,由于方式新颖、讲授精彩,不仅扩大了文化受众,而且还取得了良好的教学效果。例如,2011年,我国利用高校资源开设了首批20门"中国大学视频公开课",其中以中华优秀传统文化课程为主。南开大学、浙江大学、北京师范大学、四川大学等高校所制作的视频公开课,通过"爱课程"网、中国网络电视台、"网易"向社会公众开放,深受好评。2015年,黑龙江大学制作了《论语》人生课堂慕课,校内外上万人在线进行了观看,并在网络社区中形成了广泛讨论。宽松的学习环境,使大学生的学习自主性、创造性得到了充分的发挥。目前,《论语》人生课堂已入选全国地方高校UOOC(优课)联盟,作为国学通识选修课向全国其他高校和社会开放,实现了优质教学资源与社会共享。福建省组织实施"互联网+中华优秀传统文化共享行动",要求该省高校采用"学校组织、网络搭台、学生唱戏"的模式,以文字、图片、音频、视频、动漫等形式,开展中华优秀传统文化网络传播活动。在校园网、微信公众号、微博上设立中华优秀传统文化教育专栏,评选一批名站名栏。②中国戏曲学院"雅音新赏乐团",相继推出微博"雅音新赏昆曲在线"及微信公众号,发布昆曲常识及最新演出资讯,丰富的知识信息和精美的图片,将大学生带进了昆曲的绮丽天地。2009年,北京大学文化产业研究院启动"白先勇昆曲传承计划",在北京大学开设昆曲公选课,通过举办演出、展览、讲座等活动

---

① 佘静芳:《教育在西藏民族传统体育文化传承中的作用》,《中国藏学》2010年第2期。
② 《福建省高校传承和弘扬中华优秀传统文化行动计划》,http://www.huaue.com/fg/2016419153054.htm。

来推动昆曲文化的复兴。"白先勇昆曲传承计划"设有官方网站、官方博客、官方微博、微信公众账号，促进了大学生与昆曲专家、昆曲表演艺术家的互动，实现了昆曲的有效传承。

三是各高校结合自身优势和特点，因地制宜，开展了形式多样的文化传承活动。主要有：

1. 组织优秀传统文化主题的校园活动

深入推进高校校园文化建设，加强中华优秀传统文化教育，是各高校凝练大学精神，提升大学品质，增强中华优秀传统文化传承的影响力和感召力的重要手段。

第一，开展"礼敬中华优秀传统文化"活动。2014年，我国教育部办公厅发布《关于开展"礼敬中华优秀传统文化"系列活动的通知》，要求"充分利用各高校教学优势和学科特色，充分利用校内博物馆、校史馆、图书馆、档案馆、展览馆、纪念馆、美术馆等载体，深入挖掘校内的故居旧址、历史遗迹、文化遗产、景观景点和校史、学科史、人物史等丰富的教育资源，通过形式多样、载体多样、内容多样的活动来体现'家国情怀、社会关爱、人格修养'等教育内容，切实发挥其独特的文化育人和精神陶冶作用"。该通知下发后，各高校开展了一系列活动，深入挖掘中华优秀传统文化资源，申报项目126项，内容包括传统节日、传统美德、戏曲艺术、诗词书画等门类。该活动取得了丰硕成果，北京交通大学的"翰墨精神"润校园、南开大学的"学向经典，行在当下"、浙江大学的"人文经典·四季歌行"、上海交通大学的"全球华语短诗大赛"等一批文化品牌逐渐形成。2015年4月，首届"礼敬中华优秀传统文化"活动成果展示交流会在武汉大学举行，对10个示范项目、50个特色展示项目进行了表彰。2017年6月，教育部再次号召全国各高校开展第四届"礼敬中华优秀传统文化"系列活动。

第二，开展有关中华优秀传统文化知识的比赛活动。如：上海师范大学积极举办"唐宋诗词大赛"等中华优秀传统文化活动，吸引了一大批古诗词爱好者参加。黑龙江大学每年定期举办"汉字书写大赛"，唤起大学生对汉字文化遗产的关注与保护。黑龙江大学2014年举办"爱上古诗词——端午汉服吟诵晚会"，通过古乐唱诗、师生诵诗等环节，让中国古诗词文化重返校园、重现生机。武汉大学举办全国大学生樱花笔会、樱花诗赛、龙舟友谊赛,邀请京剧、越剧、楚剧等传统戏曲名流与大学生进行艺术交流,为学生体验中华优秀传统文化搭建平台。同时,该校还充分发挥学生社团优势,组织周末戏苑、国学知识竞赛、古典诗词吟诵会、元宵灯会等传统文化活动。华中科技大学自20世纪90年代以来,坚持开设人文素质教育讲座,产生了很好的影响。本课题组对该校120名学生进行的访谈结果显示:65%的受访学生认为,本校的传统文化课程和讲座对提升自己的传统文化素养有明显效果。

第三,以传统节日保护为主题,开展文化传承活动。如:2014年,江西财经大学举办"中华优秀传统文化节"体验活动。该活动以春节、元宵节、寒食节、清明节、七夕节、重阳节等传统节日为主题,内容包括中华传统节日庙会、中华传统服饰文化展、中华传统书法绘画展等,同时开展中华诗词朗诵大赛、中华文学经典诵读等活动。该活动让大学生传统节日知识有了更加深入的了解。福建省要求各高校利用春节、元宵、清明、端午、中秋等传统节日,开展"我们的节日"主题活动,传承传统节日中的文化内涵,重温乡愁。

第四,组织开展中华优秀传统文化宣传展示活动。湖北民族大学将土家族舞蹈"肉连响"引入校园,特聘非物质文化遗产"肉连响"传承人为该校师生授课和表演,让师生亲密接触"肉连响"文化,提高师生们传承土家族传统文化的积极性和创造性。上海交通大学每年11月都会组织全校20多个民族学生进行传统美食、服装、手工艺展示,表演文艺节目。民族文化节活动展现了民族风采,增进了民族情谊,成为上海交通大学传承中华文化、开展民族工作的重要抓手。该校社团总会还联合校内书画篆刻协会、笛箫协会等中华优秀传统文化类社团共同举办"汉唐风·华夏韵"中华优秀传统文化艺术节,展现华丽辉煌的汉唐文化,增进了民族自豪感,提高了大学生的文化品位与艺术修养。山东聊城大学校团委积极组织开展书法艺术、传统歌舞等系列活动,继承和弘扬中华优秀传统文化,提高大学生的审美修养和人文素养。浙江大学组织开展各类弘扬中华优秀传统文化的活动,如"人文经典·四季歌行""三月风吟"诗会、"礼韵成人"国学成人礼、非物质文化遗产进校园、中国名校龙舟竞渡赛等,让大学生在活动中接受中华优秀传统文化的熏陶和涵养。福建省要求各高校开展"品读经典""读书节"等活动,培养学生阅读中华优秀传统文化经典的习惯。① 中南民族大学民族学博物馆，馆内陈列着各民族的服饰、生产生活工具，全校学生均可免费参观，该馆还经常组织民族文化活动，为参观者了解各民族的历史和文化提供了便利。

第五，开展中华优秀传统文化保护、传承的实践活动。福建省教委要求大学生积极开展"三下乡"社会实践活动，为推进非物质文化遗产、历史遗址遗迹、地方戏曲、民间故事等保护工作献言献策；要求各高校持续举办全省大学生文化创意大赛，积极引入具有中华优秀传统文化元素的大学生创新创业项目。② 中南民族大学积极同企业合作，推动传统文化成果的产业化，不仅有效地促进国民经济的发展，满足人民群众的需求，而且有效地传承和创新民族传统文化。近年来，该校承担了与民族医药相关的科研课题，包括"973"项目、国家科技支撑计划和国家自然科学基金在内的国家及省部级课题70余项，完成了包括藏药、维药、壮药、傣药、土家药等民族药在内的药物研究与开发项目60余项，完成我国首批壮药医院制剂的注册申请。不仅如此，中南民族大学还积极与湖北、云南、湖南、广西等省区多家民族地区制药企业联手，积极推动民族医药科研成果的产业化，开发出民族医药产品40余种，创造了巨大的经济价值。

2. 培育、扶持优秀传统文化社团

中华优秀传统文化社团是提高大学生自身素质、弘扬中华优秀传统文化的主阵地。上海师范大学"秋石印社"经常组织文化活动，每年吸引超过5000人次的学生参加，被共青团中央、教育部、全国学联授予"全国优秀学生社团"称号。上海同济大学成立了多个文化社团，如东篱剧社、金音笛艺社、民乐团、昆曲研习社、武术协会、舞狮协会、陈氏太极社等，1000多名在校学生参加了这些社团。浙江大学积极发展"学生书画社""婉云京剧社""学生无极棋社"等文化类社团，培养大学生中华优秀传统文化素质和自觉传承、主动创新的能力。武汉大学积极依

---

① 《福建省高校传承和弘扬中华优秀传统文化行动计划》，http://www.huaue.com/fg/2016419153054.htm。

② 《福建省高校传承和弘扬中华优秀传统文化行动计划》，http://www.huaue.com/fg/2016419153054.htm。

托学生社团开展中华优秀传统文化教育活动，取得了较好的效果。武汉大学现有春英诗社、中华传统武术协会、大学生书画协会等中华优秀传统文化类社团将近 20 个，内容涉及国学、书画、音乐、戏曲等多个方面，为开展中华优秀传统文化教育提供了丰富的资源。学校给予社团多方面的指导和帮助，形成了一批具有广泛社会影响力的品牌。例如，春英诗社的栏目"红楼论坛"被《联合早报》（新加坡）、《东方日报》（香港）、《羊城晚报》以及中新网、人民网、央视国际等国内外多家媒体相继报道，引起广泛的社会影响。华中师范大学非物质文化遗产传承协会提出"弘扬中华优秀传统文化，守护精神家园"的口号，经常开展非遗保护活动，培养大学生"非遗"保护的素质和能力。中南民族大学成立了剪纸协会、国学社、民乐队、民族歌舞队等社团，为在校大学生提供了一个了解和体验中华优秀传统文化的园地，提升了中华优秀传统文化在广大学生中的影响力。因此，各社团的建立和发展，激发了大学生对于中华优秀传统文化的兴趣和追求。

3. 开展对外交流活动，扩大优秀传统文化的海外影响

在当前国际教育工作交流日益深化的情况下，我国应吸纳百家优长、兼采八方精华，推动不同文明的对话和交流，提升我国大学的国际话语权和文化软实力。[1] 各高校将中华优秀传统文化作为外国留学生来我国学习深造的主要内容，积极向海外传播中华优秀传统文化，努力"讲好中国故事，传播好中国声音"。如上海师范大学定期开展"穿汉服、习汉礼"等优秀传统文化活动，来自 67 个国家的 2500 余名留学生在参与中体验了中华优秀传统文化的智慧和精髓；在美国、日本、博茨瓦纳推广汉语教学，组织艺术团赴海外孔子学院巡演，通过民乐、书法、民族舞蹈等形式来传递中华文化的魅力。浙江大学 2010 年在全国首设"中国学"专业，向国内外青少年汉语学习者以及旅居海外的华裔子女等，传授、传播当代中国的政治经济文化生活，培养一大批"知华友华"的国际学生。在美国罗德岛大学、日本立命馆亚洲太平洋大学等学校开设孔子学院，开展各种形式的对外文化交流活动，传播中华优秀传统文化。武汉大学积极开展学生社团国际交流营活动，2015 年 11 月，哈佛大学、

---

[1] 朱庆葆：《大学要自觉承担文化传承创新使命》，《中国高等教育》2011 年第 10 期。

耶鲁大学、普林斯顿大学等来自全球39个国家和地区的63所高校215名学生共聚一堂，开展了国际大学生邀请赛、中华优秀传统文化研习营、学生社团发展国际论坛以及荆楚文化游等活动。武汉大学还在宾夕法尼亚州、俄亥俄州等地开设孔子学院，组织开展多项文化交流和宣传活动。上海交通大学2014年通过官方微博，发起"全球华语大学生短诗大赛"，激励海内外学子"引领诗歌新风，礼敬中华优秀传统文化"。此次活动共收到哈佛大学、斯坦福大学、香港大学等高校学生投来的6000多份稿件，最终评选出52部优秀作品。中华文化广泛的海外传播，不仅展示中华文化之美，也充分证明了中华优秀传统文化在新的时代进程中强大的生命力，增强了大学生的文化自信。

**二 面临的主要问题**

我国高校虽在传承中华优秀传统文化工作中取得较大的成绩，有些做法和经验也值得推广。但是，我国高校在传承中华优秀传统文化的理念、方法、制度保障等方面还有提升发展的空间。本书认为，当前大学中华优秀传统文化传承工作中存在的主要问题有：

（一）部分高校对中华优秀传统文化传承工作重视不够

当前，部分高校受现实功利的种种羁绊，对高校中华优秀传统文化传承的重要意义认识不够，在大学的四大职能中，优秀文化传承体现得最为欠缺，与中小学、职业院校相比，高校优秀传统文化传承工作总体滞后，没有很好地担当起文化传承的重要使命。

在不少高校工作中，没有制定出中华优秀传统文化传承方案，不能将中华优秀传统文化传承贯穿于高校教育工作的始终，找不到现代文明与传统文化融合的有效模式，缺乏传统文化教育平台，不能将传统文化传承与发展具体落实。在科研、教学工作中，偏重于以学生就业市场为导向，注重专业知识及其技能培养，有重要影响的研究成果不多，有较大社会影响的文化传承工作做得不多。同时，忽略学生人文素质的培养，指导社会文化传承的作用没有充分体现出来，其文化传承功能渐渐被单纯的知识传授所替代，不能激发起大学生对祖国历史和传统文化的浓厚兴趣，缺少升华大学生精神意趣、提高人文修养的文化氛围，大学生所掌握的传统文化知识偏少。

## (二) 部分大学生学习中华优秀传统文化兴趣不浓

改革开放以来,西方文化在我国得到了传播,促进了中外文化交流与互动,但不可否认的是,西方的许多思想和观点对我国大学生的价值取向和思想意识产生了负面影响。享乐主义、实用主义、物质主义等价值观念受到部分大学生的追捧,大学生的文化认同出现困境,历史虚无主义和民族虚无主义在大学校园有所抬头。有调查显示,部分高校近50%的大学生对中华优秀传统文化没有兴趣;仅有10%的大学生对中华优秀传统文化感到自豪;[①] 仅有12.12%的大学生表示读过中国四大名著;有13%的大学生从来没有阅读过古典著作;主动参加中华传统节日的大学生只有25%。[②] 课题组也对武汉大学学生进行了访谈调查,受访对象中有47%的学生表示对传统文化的学习兴趣不浓。部分大学生对唐诗宋词知之甚少,对经典国学鲜有问津,却对日本动漫、美国大片津津乐道。受现实功利主义思想的影响,"是否有用"已成为部分大学生衡量事物价值的指导思想和学习精力投入的重要标准。

同时,中华优秀传统文化的学习是一个耗时长、见效慢的过程,传统文化知识对大学生就业帮助也不明显,所以也造成部分大学生在课程学习上的投入精力不足,学习效果不理想的状况。

总之,我国传统的价值观和民族精神正在受到泥沙俱下的西方文化的强烈冲击,部分大学生辨别能力弱化,价值观偏移,对我国优秀传统文化的传承和发展产生了不利影响。

## (三) 教学活动存在薄弱环节

一是中华优秀传统文化教学内容不够丰富。目前的教育传承内容只涉及中华优秀传统文化很小部分,要把握中华优秀传统文化,既要研究文献当中思想家们的思想精华,又要重视蕴含了人们普遍接纳与认同的生活方式、道德规范、审美标准、价值取向的艺术作品和文化遗产,二者不可偏废。

二是教学方式较为单一。我国大学传统文化教学改革较为滞后,课堂教学多采用讲授为主的方式,老师扮演着支配者的角色,课堂互动少,

---

[①] 饶品良:《当代大学生对中国传统文化的认知现状分析》,《教育探索》2014年第6期。
[②] 朱萌、张立成:《大学生中国传统文化教育探析》,《思想教育研究》2011年第11期。

师生对话少，专题讨论少。这种模式虽然可以让大学生了解到一些传统文化知识，但是由于缺少有效的教学互动形式，学习氛围较为沉闷，缺少学生主动参与的机会，枯燥乏味的学习方式容易消磨学生的兴趣，甚至对传统文化产生抵触情绪。

三是课程设置中传统文化教育内容安排不合理。一方面，大学教育在汲取西方先进教育理念、举措时，忽视了本土文化特征，忽视了自身文化的教育意义，"种了别人的田，荒了自己的地"，导致我国教育学科体系及教育思想几乎全是西方教育体制在中国的翻版。① 另一方面，目前，我国高校普遍重视理工科方面的教育，过分注重学生知识和技能的增长，而对人文社会科学教育有所忽视，不关注中国传统人文精神、信仰和理想追求的诠释和灌输。大部分高校的传统文化教育是以选修课的形式进行的，一般为36课时。课时较少，学生很难系统了解传统文化知识，且选修课的受众学生人数有限，不利于传统文化的广泛传承。部分高校虽然开设了中华优秀传统文化课程，但课程内容不仅偏少而且缺少整合。② 例如，2015年，山东大学、山东师范大学、济南大学各开设3门传统文化相关课程，中国海洋大学则仅开设1门相关课程。这四所高校传统文化课程设置所占比例都比较小，分别为2.56%、3.61%、3.26%和1.61%。③

从体系上来看，各课程之间缺乏整体和宏观设计，课程设置呈现"碎片化"状态。例如，西藏一些大专院校虽然已经将传统体育项目列入了学校体育教育，但由于西藏民族传统体育项目具有区域性特征，不同学校对于传统体育项目所选择的重点也不一致，从而导致部分民族传统体育项目出现萎缩和消亡的迹象。④ 优质的课程数量也较为有限，学生能选到满意课程的可能性不高。例如，本课题组在武汉大学进行了实地调

---

① 容中逵：《论当前我国传统文化传承中的宏观教育决策因素》，《湖南师范大学教育科学学报》2009年第2期。
② 李文凤：《大学生传统文化教育现状及对策研究》，硕士学位论文，山东师范大学，2016年，第15页。
③ 李文凤：《大学生传统文化教育现状及对策研究》，硕士学位论文，山东师范大学，2016年，第15页。
④ 佘静芳：《教育在西藏民族传统体育文化传承中的作用》，《中国藏学》2010年第2期。

查，在对120名学生的访谈中发现，只有17%的学生表示有关中华优秀传统文化的优质课程数量比较多，有38%的学生认为，本校中华优秀传统文化优质课程数量比较少和非常少。另外，从内容上看，传承的重点基本上是以汉族优秀传统文化为主，少数民族优秀传统文化方面的内容涉及较少。

（四）文化传承与学校工作联系不紧密

一是部分高校中华优秀传统文化教育与理想信念教育结合不紧。当代高校学生是实现中华民族伟大复兴的中坚力量，需要把中华民族优秀的传统文化精神和社会主义核心价值观结合起来。这样，既有利于指导自己的人生选择，也有利于在中华民族伟大复兴的历史进程中勇担重担，乐于奉献。然而，在当前部分高校在教育工作中，没有将中华优秀传统文化教育与理想信念教育结合起来，不能找到两者的有机联系，导致理论与实践相脱离，人生理想与现实追求相脱离，以至于大学生在思想道德修养方面，难以在中华优秀传统文化中找到信念支撑。事实上，中华优秀传统文化的传承与社会主义核心价值观的倡导是密不可分、相得益彰的关系，高校在中华优秀传统文化传承中，应努力寻找更好的渠道和平台，加强中华优秀传统文化传承与大学生思想教育的紧密结合。如何把中华优秀传统文化与学生生活、与时代使命相融合是一个需要思考并解决的问题。

二是部分高校中华优秀传统文化教育与专业知识教育联系不紧。部分高校存在狭隘的学科"门户之见"，强调中华优秀传统文化教育与专业知识教育两者之间对立性和差异性，认为两者泾渭分明、难以统合，缺少对两者之间联系和共性的认识和理解，最终导致老师知识面狭窄，专业教学方法枯燥，学生融会贯通能力差，对专业知识理解不深刻、不灵活。

三是中华优秀传统文化教育与增长智慧教育联系不紧。中华优秀传统文化中包含了修己慎独、自强不息、诚实守信、仁爱孝悌等许多优秀品德。加强中华优秀传统文化教育，有利于培养大学生不断进取的奋斗精神，坦然面对挫折的意志品格，正视挑战和勇于创新的工作作风，也有利于培养大学生团结协作的处事修养以及激发他们的社会责任感和使命感等。然而，一些教师对民族精神、积极思想和优秀伦理讲解不够深刻，只注重完成传统文化知识的传授，要求学生了解或背诵，完成学分成绩，而在联系生活实际，以此引导学生树立正确的人生观、价值观方面做得不够，不能为大学生增长生活阅历提供良方和思路，优秀传统文化的"育人"功能没有充分体现出来。

四是部分高校向社会传播中华优秀传统文化的方式比较单一。向社会传播中华优秀传统文化知识是高校教育工作的重要组成部分，高校在中华优秀传统文化的知识信息储备方面有着其他社会组织不可取代的优势，高校利用自身的学术资源优势向社会传播中华优秀传统文化既有现实的可能性，也有弘扬中华优秀传统文化义不容辞的责任。例如，武汉大学的哲学院、历史学院、文学院、国学院以及中国传统文化研究中心都建立了各自的网站，并且在网站上展示了各自的基本状况、学术动态、科研成果，为公众了解科研成果提供了便利的途径。但是，这些学院在如何更好地向社会普及和传播中国传统文化方面考虑较少。一是传播途径较为单一。传统的途径包括发表期刊论文、出版专著和研讨会等，但这些途径更多的是面向相关研究领域的专业人士，普通大众接触的可能性很小。对普通大众影响力更为广泛的新媒体，比如微信、微博等媒介采用的较少，这就限制了相关成果传播的范围；二是科研成果转化滞后，影响传承广度。相关的科研成果虽然有着较高的学术价值，但对于普通受众而言，理解力有限，从而导致"曲高和寡"，不利于优秀传统文化思想在社会中的广泛传承。因此，在面向社会传播的过程中，如何将学术语言转换为通俗易懂的、便于大众理解和接受的生活语言是一个需要研究的问题。

（五）优秀传统文化研究成果的转化滞后

开发文化产品是传承与发展中华优秀传统文化的重要途径。我国高校在中华优秀传统文化研究方面取得了不少成果，但科研成果大多停留在学术研究层面，并未有效地转化为社会需要的文化产品和文化服务。

影响文化成果转化的主要原因在于：（1）缺乏产学研协作意识。由于高校的评价导向和思维存在的惯性，综合类高校普遍看重的仍然是学术成果的产出，而对学术成果的产业转化重视不够。（2）缺乏成果转化平台。高校传统文化科研成果大多为基础研究和应用研究，产业转化需要校企合作开发设计，而目前高校和企业之间联系不够，缺乏必要的合作平台，导致高校的传统文化科研成果无法进入企业研发推广的视野。（3）产学研合作的利益分配机制严重滞后。产学协作是一项非常复杂的工作，涉及多方面的利益，需要协调多方面的关系，但目前客观、公平的利益分配制度缺失，知识产权得不到有效保护，从而影响了产学研合作的深入开展。

（六）理工农医类高校文化传承工作较为薄弱

部分理工农医类高校长期以来重理轻文的思想较为严重，学科建设只注重自然科学，而对学生人文精神的教育不太重视。在教学课程上，除了专业课以及必须开设的思想政治教育课外，传统文化课程被看作可有可无的"附属品"。传统文化授课老师长期不受重视，身份地位边缘化，缺乏传统文化科研动力和信心，学科发展空间受限，教学水平也难以提高。由于部分高校不重视传统文化教育工作，造成在校大学生对传统文化知识了解较少。有调查显示，在某理工大学，对于经、史、子、集，75.40%的学生不知道经、史、子、集的分类标准，且仅偶尔翻阅，16.81%的学生只翻阅自己喜欢的内容，3.30%的学生不知道、不喜欢、不翻阅，只有4.49%的学生知道经、史、子、集的分类标准并经常阅读；对于四大名著，5.18%的学生选择多次看过，12.85%的学生选择都看过，71.44%的学生选择部分看过，6.22%的学生选择没有看过，4.31%的学生选择不打算看；对于唐诗宋词的认知，29.47%的学生选择超过100首，52.28%的学生选择低于100首，18.25%的学生选择很少；对于戏曲表演的认可度，有8.20%的学生表示很喜欢，44.54%的学生表示一般，47.26%的学生表示不喜欢。对于中国戏曲的发展空间，12.27%的学生认为发展空间很大，55.38%的学生认为发展空间不是很大，25.45%的学生认为其发展空间很小，6.90%的学生认为没有发展空间。[①] 华中科技大学虽然开设了20多门相关课程，满足了一部分学生的需求，但是每门课的容纳量有限，同5万多在校学生相比，还存在相当大的缺口。例如，华中科技大学在2014—2015年度第二学期公选课方面，总共开设了50门涉及中华优秀传统文化的课程，总量为8730人，而同期在校的本科生有

---

① 陈曦：《理工科大学生对中国传统文化的认知现状及对策分析——以桂林理工大学为例》，《大学教育》2016年第5期。

32449 人。据课题组抽样调查得知，有 85% 的学生表示愿意选择中华文化相关课程，课程容量缺口为 18851 人。有 49% 的受访学生认为，本校有关中华优秀传统文化的优质课程数量比较少或非常少，仅有 8% 的学生认为相关课程数量比较多。此外，部分理工类高校面向在校生虽然开设了中华优秀传统文化的课程，但是多偏重于非物质文化和汉族传统文化，物质文化和少数民族文化的课程偏少。

因此，从总体看，理工类高校所开设的课程（含讲座）还无法形成科学的体系，中华优秀传统文化课程的开设缺乏整体规划和设计。

（七）教师优秀传统文化知识不够，参与文化传承工作不多

一是我国传统文化体系众多，内容丰富，思想深邃，要想有所成就，就必须付出长期的艰苦努力。然而，当前各高校从事中华优秀传统文化研究的学者总量不多，具有深厚学术功底的教师数量更少。一些教师只是为了应付传统文化课程，仅在备课时了解、掌握部分内容，处于浅尝辄止的状态，还不能深刻理解中华优秀传统文化的真正内涵。

二是当前传统文化教育的授课教师大部分都是中青年教师，整体上缺乏系统的传统文化教育，而且这个年龄阶段的教师正面临着教学、职称、家庭等各种事务，缺少学习传统文化知识的时间和精力，因此，不利于年轻教师传统文化素质的提高。

三是从教师传承传统文化的责任意识看，部分教师受高校对教师评价机制的影响和制约，只对本专业领域有关注、有研究，但并没有真正把中华优秀传统文化的传承教育作为自己的学术责任，不重视自身在传统文化素养方面的提升。

（八）文化传承缺乏制度保障

部分高校缺乏有效的政策制度来保障、推进高校中华优秀传统文化传承教育工作。

一是中华优秀传统文化传承教育组织工作机制缺乏。部分高校没有建立领导负责制，缺少宏观指导，缺少实施规划，缺少宣传工作，各部门在传统文化传承教育所要承担的职责和任务不明确，导致无法整合、协调各部门力量，共同有效推进优秀传统文化传承教育工作。

二是科研、教学经费保障机制缺乏。部分高校对传统文化传承科研、教学活动经费投入少，也缺乏相应的奖励和机制，导致部分教师只是被

动地按照学校安排进行相关教学活动,缺少工作积极性和主动性。

三是传统文化教师队伍建设机制缺乏。中华优秀传统文化传承事业的成败与兴衰,教师队伍建设是关键。然而,当前部分高校领导对从事传统文化教育工作的教师重视不够,缺乏对从事传统文化传承工作的教师队伍长期培养规划,在人才引进、师资培训、工作考核等方面也没有相应的规定。优秀传统文化教育人才队伍建设滞后,使得优秀传统文化传承教育的后续发展受到很大影响。

### 三 加强传承工作的对策

本书认为,上述诸多问题制约了大学中华优秀传统文化传承的顺利进行及其功能的有效发挥。为了让大学更好地担当起传承中华优秀传统文化的历史使命,明确传承目标,针对大学在中华优秀传统文化传承工作中出现的突出问题,提出以下对策。

（一）进一步提高对传统文化传承工作重要性的认识

文化传承与创新是高等学校的核心功能之一,是高校新时代发展中的重要使命和责任。各高校应全面落实中办、国办《关于实施中华优秀传统文化传承发展工程的意见》要求,高度重视大学所肩负的文化传承创新使命,充分认识传承中华文明、"立德树人"中的重要作用。只有在思想上引起重视,并以积极的姿态参与到中华优秀传统文化的传承行列中,才能形成合力,实现传承中华优秀传统文化的目标。

1. 学校要高度重视

各高校党委应当始终以社会主义核心价值观为引领,将大学传统文化传承当作一项基础性、战略性的工作来开展。各高校应建立和完善各种推进中华优秀传统文化教育的保障机制,广泛开展中华优秀传统文化传承工作,通过文化育人的实践,"传扬中华精神,传承中华基因,铸造中华人格",自觉维护国家文化安全,真正担负起中华传统文化传承、创新的历史重任。

高校领导者对中华优秀传统文化的重视程度及传承责任,在很大程度上对开展中华优秀传统文化的传承工作发挥着导向作用。因此,高校注重加强领导者对中华优秀传统文化工作的重视。国家以及地方政府可以组织相关高校的领导进行中华优秀传统文化的学习和培训,提高高校领导者对中华优秀传统文化知识的认识,确保传承工作的执行更加坚定、工作效率更高。

2. 提高专家学者的责任意识

高校专家、学者是中华优秀传统文化传承体系建设的智库力量,可为中华优秀传统文化的传承提供政策理论咨询,引领传统文化的科学发展。因此,高校可以充分利用自己的资源和优势,促进专家学者身体力行,广泛参与申报课题,主持学术讲座,开展校园文化建设等活动,使他们在中华优秀传统文化传承活动中,深切感受到传统文化的无穷魅力,充分认识到传承中华优秀传统文化的责任,激发其文化传承的主动性和积极性。

3. 做好整体规划和顶层设计

各高校要制定《中华优秀传统文化传承规划》,内容包括传承目标、教育内容、课程设置、实践载体、考试考核、科学研究、成果转化、组织领导、制度保障等。要贯彻优秀传统文化传承和当代大学生思想教育相结合的原则。在课程设置中,既要有体现中华优秀传统文化整体的综合课,也要有反映中华文化某一领域的专业课;既要有专业必修课,也要有公共选修课。

(二)培养大学生学习中华优秀传统文化的意识

大学生是发展中华优秀传统文化传承事业的生力军。各高校应创造条件,引导大学生通过阅读书籍、参与活动,不断积累传统文化知识,提升大学生传统文化素养[1],增强大学生"文化自觉"意识,促进大学生传承和创新传统文化的积极性。

1. 培养学生传承中华优秀传统文化的责任意识

需要加强中华优秀传统文化的宣传和教育,要"以经典原著为依托,大力推进经典作品的整理、翻译、改编、诵读等,让经典在传承发展中华优秀传统文化中发挥根本性、支撑性作用"。[2] 通过教师的不断教诲,启发学生对中华优秀传统文化的价值认识,激发学生的责任担当意识和忧患意识,使之自觉保护和传承中华优秀传统文化。

---

[1] 李文凤:《大学生传统文化教育现状及对策研究》,硕士学位论文,山东师范大学,2016年。
[2] 李明泉:《中华优秀传统文化的传承之道》,《光明日报》2017年2月23日。

2. 提高大学生中华优秀传统文化学习的自觉性

各高校应以培养综合型人才为目标，引导大学生在学习专业技术知识的同时，还应当主动接受中华优秀传统文化的熏陶，提升自身的人文修养，增强社会竞争力。要提高大学生对传统文化的认识能力，引导大学生以辩证、理性的态度来接纳传统文化，既不能妄自尊大，也不能妄自菲薄，要坚持去伪存真、去粗取精，"对历史文化特别是先人传承下来的价值理念和道德规范，要坚持古为今用、推陈出新，有鉴别地加以对待，有扬弃地予以继承"①。

3. 增强大学生中华优秀传统文化的践行能力

各高校一方面要引导大学生充分认识中华优秀传统文化现代价值，通过课堂、讲座、网络互动、实地考察、校园文化活动等方式，使学生系统学习相关知识，掌握传统文化的基本理论。另一方面，引导大学生积极参与中华优秀传统文化的实践活动。各高校应在中华优秀传统文化教育教学计划中布置大学生实践任务，建立大学生中华优秀传统文化教育的实践基地，规定实践学分；高校可与博物馆、文化馆、艺术馆、非物质文化传承所等场馆建立联系，定期组织大学生进行实践活动。通过实地体验和调查，促进大学生做到知行合一，在日常生活中积累、体会中华优秀传统文化精髓，在学习积累中得到文化品位的修炼和提升。

（三）精心组织教学活动

1. 树立科学先进的教育教学理念

"高校立身之本在于立德树人。"我国各高校应从中华优秀传统文化中寻找智慧的源泉，加强教师队伍的传统文化修养，将"立德树人"摆在开展教学活动的首要目标，将培养德才兼备的大学生作为大学教育义不容辞的责任，努力建构具有中国特色的传统文化教育的话语体系。

2. 合理设置中华优秀传统文化教育课程

一是因校制宜，均衡安排高校中华优秀传统文化相关课程。各类高校由于历史背景、学科优势、研究特点各不相同，为有效推进各类高校传承中华优秀传统文化的工作，各高校必须根据各学校的实际情况，设

---

① 2014年2月17日习近平总书记在省部级主要领导干部学习贯彻十八届三中全会精神全面深化改革专题研讨班开班式上的讲话。

定不同的具体传承目标。例如，综合类高校的中华优秀传统文化教育要积极采用新技术新手段，整合不同传播方式形成合力，推动中华优秀传统文化的社会传播和普及，为党和政府的科学、民主决策提供智力支持；对于人文类和社科类的学生而言，传统文化教育目标应该订得更高一些，除了要求学生必须掌握优秀传统文化的相关知识，提高传统文化的相关素养以外，还要求他们能够具备调查和研究传统文化的技能，促进传统文化的发扬光大。理工类高校的传统文化教育，要发挥学科优势，开发在中华优秀传统文化传承过程中所需要的相关采集、储存、展示等技术设备，促进文化产业化，推动文化产业发展；积极采用新媒体技术，整合中华优秀传统文化的社会传播，打造中华优秀传统文化方面的新型高校智库，为中华优秀传统文化的传承提供物质支撑和科学的技术方案。课程的开设也应该结合学生的专业，比如文学专业、艺术专业和体育专业在选择课程和教学内容时应体现出差异。对于地方民族院校来说，学校应该将地方区域文化作为通识教育课程纳入人才培养方案，要求全校学生把地方文化课程作为必修课或者限选课进行建设，组织力量编写地方教材供学生研读。学校可将民族传统文化引入课堂，这样既能使课堂更具特色，又为传统文化传承提供了渠道。例如，贵州民族大学将珍珠球、抢花炮、毽球、打陀螺、板鞋竞技、蹴球等民族传统体育课程引入大学课堂，形成了独具民族特色的教学、科研、竞赛、表演一体的新模式。

二是在课程设置中，增加中华优秀传统文化教育的内容。目前，我国高校教育教学计划中，有关中华优秀传统文化的课程安排整体偏少，特别是理工科院校，不仅课程设置少，而且学校师生也普遍不太重视这些课程。因此，各类高校需要重视和增加中华优秀传统文化教育课程的开设，并将传统媒体和新媒体结合起来，促进高校中华优秀传统文化的传播和弘扬。

三是加强中华优秀传统文化传承内容的整合。文化并不是一成不变的，随着时代的发展，以及不同文化之间的互动交流日益加深，中华优秀传统文化的内容也在不断地发生变化，因此，理解中华优秀传统文化，必须坚持辩证发展的观念和态度。当前，为更好地传承中华民族的优秀传统文化，须加强以下内容的整合。（1）加强多民族传统文化的交融和整合。"各民族共同开发了祖国的锦绣河山、广袤疆域，共同创造了悠久的中国历史、灿烂的中华文化。"[1] 各民族的传统文化影响力虽有大小之分，但都是中华传统文化大家庭中不可缺少的组成部分。各民族的传统文化虽有其存在不同的特点，但各民族在数千年的共同交往中形成了共同的文化心理。因此，高校在开设中华优秀传统文化相关课程的时候，要注意把各民族优秀传统文化全面展示给学生。要通过优秀传统文化教育传承，增强大学生对中华文化多样性的理解，增强对中华文化的认同，铸牢中华民族共同体意识。（2）加强中华优秀传统文化与社会主义核心价值观的整合。社会主义核心价值观是中华民族在继承中华民族优秀传统的基础上，在同世界各民族交往的过程中，逐渐形成的具有中国特色的价值观，是对中华传统文化的发展和创新。因此，高校在开展中华优秀传统文化教育的过程中，要注意中华优秀传统文化与社会主义核心价值观内在逻辑的一致性。（3）加强中华优秀传统文化与当代大学生的心理特点的整合。当代大学生成长在互联网信息技术高度发达、物质生活更为富裕的现代社会，他们热情、开放，善于接纳新生事物，深受现代性文化的影响。因此，高校在开展中华优秀传统文化教育时，应在准确把握当代大学生心理特点的基础上，善于采用新媒体、新技术，用当代大学生喜闻乐见的形式去表达和传播，在潜移默化中实现中华优秀传统文化的传承。

四是加强中华优秀传统文化实践教育。学校要积极开展社会实践活动，加强与社会的联系，不能"关起门来搞文化传承"。应邀请非物质文化遗产代表性传承人进校园，展演传统文化；定期组织大学生到博物馆、艺术馆等文化场馆参观；开展中华优秀传统文化社会调查，让其在参与过程中亲身感受优秀传统文化的魅力，增强学习兴趣和传承意识。

### 3. 营造良好的优秀传统文化氛围

创设出与中华优秀传统文化相互包容的环境，可以使学校中的中华优秀传统文化传承形式更加鲜活，从而在根本上为学校中华优秀传统文

---

[1] 中共中央文献研究室编：《习近平关于社会主义政治建设论述摘编》，中央文献出版社2017年版，第149页。

化的高效传承扫清障碍。① 因此,各高校应当加强中华优秀传统文化氛围的建设。一是营造具有优秀传统文化气息的校园环境。利用学校的电子屏幕、宣传展板、宣传栏等,向大学生展示诗词中的名言警句、优秀的传统字画;在学校图书馆、教学楼、宿舍楼等基础设施建设中采取中华优秀传统文化元素;设置励志名篇、名言警句等,建立起"优秀传统文化长廊",让学生在举手投足间感受到优秀传统文化的滋养,接受中华优秀传统文化的熏陶,提高大学生自身的传统文化素质。二是加强师生互动,注重言传身教。在高校大学生的学习生活中,最主要的交往对象是高校教师和高校管理人员,这就要求高校做好以下几个方面工作。(1) 教职工应把中华优秀传统文化的教育传承当作自己的任务,在交往过程中,为人师表,平等对待大学生,尊重大学生的权利。(2) 师生交往应倡导以中华传统文化知识为交流中介。交往依赖中介客体。为促进传统文化的活态传承,营建良好的校园文化氛围,大学师生交往的中介客体应侧重选择中华优秀传统文化知识。而没有传统文化知识的积累,就缺少语言符号系统,传统文化教育就无法完成。因此,教师和高校管理人员要积极学习传统文化知识,重构话语体系。(3) 在与高校学生的交往中,注重遵循交往的规范性,争取做到:使用普通话,使语言符号系统具有可领会性;要真诚相待,向学生传授传统文化知识不应敷衍;保持知识的原真性,不能随意解读和歪曲传统文化,要符合社会的规范和时代的要求,既让学生能够接受,也能够得到社会的认可。

(四) 加强高校有关工作的联系

1. 加强中华优秀传统文化教育与思想信念教育的联系

中华优秀传统文化教育与思想信念教育是相辅相成、相互促进的关系。例如,在立德树人方面,中华优秀传统文化进课堂与思想政治理论教育,虽然内容各有侧重,但殊途同归,有着共同的培养目的。思想政治教育的根本任务是帮助大学生树立正确的政治方向和奋斗目标,为中国特色社会主义事业培养合格的建设者和接班人;中华优秀传统文化教育可提升大学生的人文素养和爱国情怀,与思想政治理论课的导向功能

---

① 余清臣:《现代学校与中国传统文化传承———一种文化生态学的视角》,《浙江社会科学》2008 年第 7 期。

形成一致。如果思想政治理论课不能与中华优秀传统文化教育相结合，成为无血无肉无情无感，完全非中国化的普遍的抽象的原理阐述，就会失去它的感染力和吸引力。[①] 因此，在高校教育中要准确把握中华优秀传统文化教育与思想信念教育之间的密切联系，中华优秀传统文化中的为人处世哲理、诗词歌赋，可以成为大学生思想信念教育的有价值的理论和事实资源。同时，在中华优秀传统文化的核心理念和人文精神中，也能找到和发现与马克思主义的信仰和理想、与辩证唯物主义和历史唯物主义原则相契合的思想。大学教师应当提高中国传统文化素养，提高灵活运用中华优秀文化资源的能力。

2. 优秀传统文化教育与各专业教育的联系

在各专业教育中设置中华优秀传统文化课程，引导各专业学生学习传统文化知识；通过学术讲座、举办主题活动、传统文化知识比赛等各种方式，扩大各专业学生视野，激发各专业学生对传统文化学习的兴趣；制订和完善相关制度、措施，鼓励各专业教师学习传统文化，提高传统文化修养；在教学过程中，有意识地建立各专业与中华优秀传统文化之间的学科联系，做到"文理互通""文理相长"，用优秀传统文化影响学生价值观的塑造，培养和提高各专业学生的人文涵养。

3. 加强优秀传统文化教育与智慧增长的联系

中华优秀传统文化是安身立命之学，是人生智慧之学，对化解人类面临的矛盾冲突及人生面临的困难、困惑，能够提供强大而有益的精神滋养和价值影响。[②] 如儒家倡导的仁义礼信、正心修身；道家提倡的顺乎自然、返璞归真；法家主张的锐意进取、以法治国等，都能帮助高校大学生乐观向上地去面对生活、面对社会。因此，高校中华优秀传统文化传承教育，应当注重挖掘、汲取中华优秀传统文化中的思想和智慧，并结合实际，积极向大学生传播中华优秀传统文化"讲仁爱、守诚信、崇正义"的价值观，培养大学生奋发图强、自强不息的人格精神和担当道义、不屈不挠的社会责任，以及止于至善的崇高追求，从而萃取思想精华，增长人生智慧。

---

① 陈先达：《文化传承的自觉性和制度化》，《光明日报》2017 年 4 月 17 日。
② 翟博：《加强中华优秀传统文化教育》，《中国教育报》2017 年 8 月 31 日。

### (五) 推动产学研合作

高校同企事业单位加强合作，把在传统文化方面的学术成果转化成文化产品和文化服务，不仅可以满足人民群众日益增长的文化需求，还可以弘扬传播中华优秀传统文化，增强民族自信心，维护国家文化安全。为了更好地向社会提供优秀的传统文化产品和服务，推动产学研深度合作，必须建立产学研合作共同体，要着重做好以下工作。

1. 建立制度信任，奠定深度合作的基础

在科研的价值取向上，各高校应在提高科研成果质量的同时，要更加注重科研服务能力的培养，加强高校与企业的科研合作，提高科研成果的社会效益。为了加强企业和高校的合作和联系，双方都应加强制度建设，在双方平等协商的基础上，形成契约诚信机制，在资金投入、科研开发、产品生产以及利益分配等方面，共同承担责任和义务，利益共享，风险共担，为产研深度合作发展奠定基础。

2. 加强团队协作，夯实深度合作的基石

团队协作有助于克服视野狭窄、精力不足、缺乏持续创新动力等问题。因此，要进一步调整高校的评价方式，要围绕推进产学研合作发展，明确合作目标，加强团队建设和协作，注重团队绩效，处理好个人利益与学校利益的关系，改变以往的"单兵作战"模式。

3. 因校制宜提供文化产品和服务

各类高校在与企事业单位加强合作，向社会提供文化产品和文化服务时，应因校制宜，量力而行。比如，综合类高校在与企事业单位合作的时候，应充分利用其学术优势，推出更加优秀的文化产品和文化服务。民族类高校应加强对少数民族优秀传统文化进行现代性转化和创新，扩大少数民族传统文化产品的活力，以创新求传承。

### (六) 加强理工农医类高校文化传承工作

理工农医类高校应针对学生及专业的特点，推进中华优秀传统文化传承工作。一是调整思路，做好教学工作。要精选中华优秀传统文化的基本内容，通过各种教学方式对学生进行介绍和呈现，努力激发大学生对中华优秀传统文化的兴趣和情感，增进不同民族之间的理解和团结；利用理工科领域的优势，为传承中华优秀传统文化培养、培训技能型高级专门人才，在传统文化现代性转型及其产业创新方面探寻有效途径。

二是要发挥学科优势。加强在中华优秀传统文化传承过程中所需要的相关采集、储存、展示等技术设备；加强对中华优秀传统文化中的物质文化，如传统医药转化为产品的研究，促进文化产业化，推动文化产业发展。三是加强服务社会。要积极采用新媒体技术，整合传统文化的社会传播；积极打造中华优秀传统文化方面的新型高校智库，为中华优秀传统文化的传承提供物质支撑和科学的技术方案。

（七）增强教师传统文化素质，促进教师参与中华优秀传统文化传承

高校要担负起中华优秀传统文化传承的历史使命，完成立德树人的根本任务，最关键的就是建设和打造一批"懂传统文化、懂传统文化教育"的教师队伍。

一是促进高校教师热爱、学习中华优秀传统文化，提高他们的传统文化素质。教师是知识的传播者和创造者，需要不断地用新的知识充实自己，只有学而不厌，才能诲人不倦。一方面，高校教师在"传道"的同时，要做"生活的典范"，除了专业知识方面外，还应在仪表穿着、行为举止等方面进行提升，成为学生的学习典范；另一方面，高校教师在"授业"的同时，应做"解惑的典范"，不仅要深刻了解中国传统文化的丰富内涵和精神实质，还要不断汲取新的知识，跟上时代的脉动，在文化引领中，增强社会主义核心价值观对当代大学生的感召力和亲和力。

二是要出台相关激励政策，将中华优秀传统文化传承的内容纳入教师考核体系，促进高校教师传统文化学习的实效性，避免形式主义。鼓励老师"边教学、边学习、边研究"，不断加强老师传统文化素养和传道授业解惑的能力，要求老师在教学活动中，有目的地将中华优秀传统文化教育与学生的专业、人格培养相融入。

三是加强教师传统文化培训工作。2017年1月，由中共中央办公厅、国务院办公厅联合发布的《关于实施中华优秀传统文化传承发展工程的意见》中特别提出要"加强面向全体教师的中华文化教育培训，全面提升师资队伍水平"。为此，各高校应贯彻该意见要求，定期组织开展培训活动，组织教师参加学习，并将培训情况纳入教师考核体系当中。中华经典是建立教师合乎道义的教育观与人生观的重要基础。因此，培训内容要从中华经典入手，倡导阅读原典、感悟经典，与圣贤对话、与圣贤同行，提高教师对传统文化教育的正确认知，帮助他们树立崇高的信念，

激发对传统文化教育的热爱，把中华优秀传统文化的精髓融入教师的生命成长，强化责任担当。

四是鼓励和组织高校教师参与中华优秀传统文化活动。定期举办中华优秀传统文化主题活动，丰富活动载体，创新活动内容，通过经典诵读、知识竞赛、文艺展演等形式，鼓励老师参与，加深老师对中华优秀传统文化的感性认识，也为教师的生活和工作提供精神动力和道德滋养，进而率先垂范，更加自觉地传承弘扬中华优秀传统文化。

（八）建立健全传承机制

各高校应全面落实《关于实施中华优秀传统文化传承发展工程的意见》中"各有关部门和群团组织要按照责任分工，制定实施方案"的要求，将优秀传统文化教育传承工作纳入高校评价体系，作为考核学校工作的重要内容。教育部和各省市自治区教育厅应出台《加强高校中华优秀传统文化传承工作实施方案》，对全国高校和辖区高校优秀传统文化传承工作提出要求，并定期进行检查。对成绩突出者进行表彰，对工作不力者提出批评，责令整改。

一是完善高校中华优秀传统文化教育的协调组织工作机制。各高校应建立和完善中华优秀传统文化教育的领导机制。努力做好推进传统文化传承工作的顶层设计，加强规划指导，推动形成学校党委统一领导，整合各类资源，促进各部门相互协调、各部门共同参与的工作机制和格局。

二是建立和完善传统文化传承工作考核机制。明确各部门工作责任，将文化传承纳入教学单位及相关部门的工作考核体系当中，在传统文化的教学、活动、比赛等方面设置量化指标，严格优秀传统文化教育教学考试考核，增强刚性约束，提升学生学习效果，确保传统文化传承的扎实开展。

三是建立和完善鼓励奖励机制。设立优秀传统文化传承专项课题基金，激励广大教师积极申报；对在传统文化保护和传承工作中有突出贡献的单位和个人给予表彰奖励。

四是建立和完善人才培养政策措施。加强师资队伍建设，建设一支在优秀传统文化方面学识丰厚、教学能力强的教师队伍，推动传统文化科研、教学工作。要努力提高从事传统文化传承教师的各方面待遇，关心他们的生活和工作，形成良好的舆论导向和社会氛围，充分发挥他们文化传承主力军的作用；建立和完善人才培养培训制度和岗位锻炼与流动制度，为人才的成长和发展提供较高的平台和通道。

## 第四节　职业院校优秀传统文化传承

职业教育是中华优秀传统文化传承创新的重要途径，其中，在各民族优秀传统文化传承中，职业院校所发挥的作用尤为突出。① 我国教育部门对职业教育中的文化传承工作十分重视，2013 年 4 月，教育部、文化部、国家民族事务委员会决定选择在 100 个全国职业院校中，建设民族文化传承与创新示范专业，其目的是将职业院校建设成为传承创新民族文化、推进文化强国建设的人才基地和产业支撑平台。2013 年 5 月，三部委又联合下发《关于推进职业学校民族文化传承与创新工作的意见》指出，职业院校在文化育人和文化传承创新中具有基础性作用，应当将民族文化的传承融入国民教育，不断增强广大师生的文化自觉和文化自信。

2017 年在中共中央办公厅、国务院办公厅印发的《关于实施中华优秀传统文化传承发展工程的意见》中，就如何开展中华优秀传统文化传承提出了具体要求和主要任务。要求"丰富拓展校园文化。……研究制定国民语言教育大纲，开展好国民语言教育。加强面向全体教师的中华文化教育培训……"

各省、直辖市、自治区也相继出台文件和政策，积极推动职业教育中的民族文化传承工作。如贵州省民宗委、省教育厅、省文化厅 2014 年联合下发《贵州省推进职业院校民族民间文化传承创新工作实施办法》，推进建立职业教育与多民族文化保护、产业开发相结合的有效机制。云南省教育厅、文化厅、民宗委也制定出《关于推进云南职业院校民族文化传承与创新工作的实施意见》，要求各职业院校创新教学模式，设立一

---

① 中华优秀传统文化与各民族优秀传统文化存在密不可分的关系。各民族优秀传统文化是中华优秀传统文化的有机组成部分；中华优秀传统文化是各民族优秀传统文化的汇合交融而形成的，是各民族文化精华的集中体现。鉴于此，此部分根据职业院校文化传承的具体情况及主要内容，分别使用了传统文化与民族文化的概念。

批与民族文化传承创新相适应的专业和课程，培养民族文化传承与创新的人才队伍，创建云南民族文化优势资源与文化产业相对接的交融平台。

**一 传承成效**

**（一）建立了各具特色的传承基地**

各职业院校根据各自学科优势和专业特长，建立了文化工作室、非遗传承人培养基地等，并以此为平台，持久、有效地推动中华优秀传统文化的传承。例如，武汉职业技术学院以学生社团为主阵地来开展传统文化传承活动。目前全校有学生社团70多个，每年参加活动的学生有6000多人次。其中，体现传统文化弘扬与传承的协会主要有笛箫、舞蹈、象棋、书法、武术、话剧、礼仪、插花、手工等协会。此外，学校围绕重大"年、月、日、节"等开展纪念活动，以学生竞技、大型文艺晚会、社团交流等形式，展现节庆文化教育，诸如中国书画、古典舞、少数民族舞蹈、民歌等民族文化的展示无所不在。湖北艺术职业学院舞蹈系以实际工作任务为载体，形成了"课堂与舞台、实训与演出"产学一体的工学结合的新人才培养模式，在湖北省歌舞团、深圳世界之窗、湖北邮政歌舞团、长江三峡旅游发展有限责任公司、富士康科技集团、长江三峡旅游发展有限责任公司和深圳中海艺术团等单位建立了一批校外实训基地，为学生艺术实践提供了良好的条件。通过校内、校外实践，进一步提高了学生的专业素养。

黑龙江民族职业学院将10个世居少数民族的文化产品进行整合，建立10个世居少数民族手工艺者工作室、民间艺人创作室等，并聘请少数民族非遗传承人在校园内开办手工艺坊，进行民族工艺品的创作。同时，这些作坊还为学生提供实习和就业机会，成为学生实习实训基地，实现了社会效益与经济效益的双赢。广东省为扩大岭南文化的知名度和影响力，2010年评选了一批学校、历史名胜、文化团体为"中华文化传承基地"。广西2013年对职校专业设置进行调整，优化专业结构，认定了广西理工职业技术学校等17所学校为首批民族文化人才培养基地；广西银行学校相继建立了苗族蜡染扎染实训室、壮族"中华巧女"黄肖琴、朱素品绣球工作室、瑶族油茶实训室；广西华侨学校将学校实训室改建为"企业工作室"，联合校企开展"项目教学"，将广西民族文化转化为动漫项目，促进文化创意产业发展。贵州省六盘水市着力打造六盘水师范学院、六盘水职业技术学院、六盘水市民族职业技术学校等民族民间文化人才培养基地。山东济南工程职业技术学院成立"明伦堂""齐鲁轩""书画斋"三个工作室，努力培养学生对中华优秀传统文化的兴趣。上海市教育委员会2016年开展民族文化传承教育基地评选活动，上海市商贸旅游学校、上海戏剧学院附属舞蹈学校等10所中等职业学校为上海市中等职业学校民族文化传承教育基地。江苏南通职业大学建立了"非遗文化传承基地""学生创意影视工作室"等，鼓励大学生参与非遗传承及其开发利用。山东淄博职业学院共有各类大学生社团组织140多个，其中文化艺术类40多个。其中"稷下学社"以传承齐文化为目的，现吸纳成员100余人；2010年建立了4个大师工作室，学生可向80多名民间文化大师学习，传承淄博陶瓷琉璃艺术文化。

（二）组织了形式多样的教学活动

各职院通过课程设置、教材编写以及组织课堂教学等方式来实施中华优秀传统文化教育，完善中华优秀传统文化教育教学体系。例如，湖北艺术职业学院立足当地优势，开发出具有湖北文化特色的民族民间舞课程体系。2012年该学院对湖北民族民间舞课程进行了整理、编创工作，出版了《湖北民间舞》教材。与此同时，在"以剧促功"理念指导下，该学院倡导舞蹈剧目教学，加强课堂与舞蹈的结合，缩短从学生到演员转换的过程。为丰富湖北民间舞课程体系，该学院根据湖北省的地域特色与资源优势，采取移植和创作等方式，创建了一批舞蹈教学剧目，完成了《湖北地域舞蹈文化舞蹈剧目》教材的编写工作。《湖北民间舞》与《湖北地域文化舞蹈剧目》作为院本教材已成为学校两门优质专业核心课程，并建设精品课程网站，这对湖北民族民间舞蹈的弘扬与传承意义重大。此外，近年来，湖北艺术职业学院还开发了许多经典的基础专业技能教材，如《中国古典舞中职女班翻身技术技巧》《中国古典舞高职女班翻身技术技巧》《中国古典舞中职男班基本技术技巧》《中国古典舞高职男班复合性技术技巧》院本教材以及正在组建编写的《张宗英中国古典舞传统刚武身韵训练组合》《中国民族民间舞高职女班教材》等。此外，该校通过校团合作，加强"双师型"师资建设，让艺术院团一线演员到学校授课以及聘请行业专家担任兼职教师，邀请北京舞蹈学院、上海戏剧学院的专家对青年教师进行教学培训；聘请北京舞蹈学院编导系、古典舞系的教师向舞蹈系师生讲授古典舞声韵、即兴编舞等方面知识。

恩施职业技术学院针对旅游系中的旅游管理、酒店管理、旅行社经营管理、航空服务四个专业，人文社科系中的教育和文秘两个专业，分别开设了选修课《恩施民俗文化》和《民族文化欣赏》。两门课程主要是介绍恩施土家族苗族自治州的州情以及土家族、苗族的各种风俗习惯。该院旅游系还为航空服务专业开设了《民族歌舞》课程，帮助学生了解和表演恩施山歌（如黄四姐、六口茶、哈格咂等）和土家族传统舞蹈（如摆手舞、肉连响、撒尔嗬等）。这些课程独具特色，较好地激发了学生学习土家族文化的兴趣。

山东济宁职业技术学院组织编印了《弟子规与职业素质培养》《儒商文化与经营策略》等校本教材，在公共选修课程中开设了《〈论语〉心读》，倡导学习儒家文化精华，培养学生诚实守信、"仁者爱人"君子人格。山东青岛职业技术学院要求加强课程建设，积极挖掘专业课程的中华优秀传统文化元素，开设中华优秀传统文化选修课，编印中华优秀传统文化手册，并根据学生的层次、基础、学情进行有针对性的教学。山东临沂职业学院开设木旋玩具、剪纸技艺、陶艺、柳编、面塑等非遗大师工作室课程，以非遗传承人名字命名成立5个非遗大师工作室，聘请非遗传承人为学院兼职教授，开设非遗选修课，对学生实行学分制考核，有效推进了"非遗文化"的教学活动。山东淄博职业学院专门开展了中国古代职业教育思想研究，并在动漫制作技术、文化创意与策划等专业中，将齐文化作为该校教学的主要内容，开设了《齐国人的学习智慧》《齐文化与大学生创业》《齐文化旅游》等选修课程。同时还实施了"三会三刊"工程，开展"齐文化学术沙龙""稷下故事汇""齐文化研究学术年会"，编辑出版《齐文化论丛》《齐文化茶座》《淄博市中华文化促进会会刊》，利用报纸、网站等开设专栏，向师生推介齐文化，取得了显著成效。兵团教育局2015年发布《关于开展兵团职业院校传承中华优秀传统文化活动的通知》，要求职业院校加大中华优秀传统文化在课堂教学中所占的比重，并将《古诗百首赏析》《名曲百首赏析》《名画百幅赏析》纳入选修课，向学生灌输历史文物、书法碑刻、民族文化、历史事件等知识，培养广大学生中华优秀传统文化气质。内蒙古锡林郭勒职业学院不仅积极向在校学生传授蒙古特色民族音乐，还免费提供培训学习场地设施、食宿、师资及管理等，为牧民举办非物质文化遗产"阿斯尔"音乐培训班，扩大蒙古族优秀传统文化的影响力。湖南江华县职业中专学校将瑶族服饰与专业教学结合起来，在服装专业编写了校本教材，开设了《瑶族特色饰品制作》课程。此外，该校还结合当地瑶族文化特色开发出"瑶族织锦——八宝被"课程，并且聘请瑶族织锦专家授课指导，对学生进行技能培训，让学生在学习中传承民族文化。贵州省在2014年出台《贵州省推进职业院校民族民间文化传承创新工作实施办法》，鼓励绣娘、木匠、歌师、银匠等非物质文化遗产传承人参与职业教育教学，支持学术团体、科研机构、企业和职业院校定期举办多种形式的民族民间文化教育研讨交流和专题培训活动。大力建设民族民间文化传承创新团队，重点培养一批在文化创意设计、民族手工艺品开发等领域表现突出的优秀人才。

（三）开展了丰富多彩的传承实践活动

各职业院校通过举办艺术表演活动、中华优秀传统文化知识比赛、校园文化建设等方式，来推进中华优秀传统文化传承教育事业。例如，2015年10月，石河子职业技术学院等4所兵团职业院校联合举办了"兵团职业院校传承中华优秀传统文化素养大赛"，大赛设有经典名篇诵读、规范汉字听写、传统艺术赏析、传统技能才艺等比赛项目，1000余名学生参加了竞赛。2017年5月，全国职业院校"中华优秀传统文化艺术表演赛"在天津举行，有来自全国16所艺术职业院校的500余名师生同台表演，充分展现了中华优秀传统文化的韵味。安徽亳州职业技术学院多次开展建设书香校园系列活动，举办了"国学经典"诵读、汉字听写大赛、读书月等活动，并定期开展《中医药优秀传统文化与大学生人文素养》《美育立德树人》等系列讲座。山东临沂职业学院通过举办非物质文化保护宣传活动，唤起学生文化保护与传承的意识。如2017年6月，该院举办临沂市第三届优秀传统文化进校园暨非物质文化遗产博览会。210个各类非遗项目（包括国家、省、市级传统美术、传统音乐、传统舞蹈、传统戏曲和民间文学等）得到了展示，400多名师生共同参与了此次盛会。山东济宁职业技术学院除举办"国学达人"挑战赛外，还开展了其他各种与中华优秀传统文化相关的活动。如"儒风雅韵——品味《论语》

诵读会",通过合唱、舞蹈、吟诵、舞台剧等形式,让学生感受国学经典的魅力和中华优秀传统文化的博大精深。山东青岛职业技术学院坚持将"立德树人"作为学校的"固本工程""铸魂工程"和"底色工程",并开展了各种各样的文化传承实践活动。该校出台了《中共青岛职业技术学院委员会关于进一步加强大学生德育工作的实施意见》,要求将德育与教学工作相渗透、相融合,营建浓厚的校园人文环境;精心修建孔子文化广场、老子文化广场和墨子文化广场;邀请百家讲坛专家鲍鹏山、中国墨子学会副会长王凯等学者进行学术讲座。内蒙古锡林郭勒职业学院举办了"锡林郭勒职业学院师生蒙汉语言文字诵读/书写中华经典选拔赛",推进了蒙汉语言的学习、普及和民族团结教育。广东罗定职业技术学院通过中华优秀传统文化长廊、学习园地、宣传栏等多种方式,营造学习中华优秀传统文化的氛围,广泛弘扬中华优秀传统文化。湖北恩施中等职业技术学校开展了"忠、孝、雅、诚"主题教育系列活动,包括:积极参与"忠、孝、雅、诚"主题书画作品、名言佳句、道德故事及歌词等征集活动;组织"忠、孝、雅、诚"知识竞赛,并推选优秀者参加全市的竞赛活动;征集"忠、孝、雅、诚"主题教育叙事文章,推选教师和学生的作品到州、市参评;推选"忠、孝、雅、诚"主题教育先进教师及"百佳学生"候选人。①

　　演出是学生专业素养锻炼的良好平台,也是民族传统文化弘扬与传承的重要形式。湖北艺术职业学院舞蹈系参与编排大型地域风情舞蹈诗《家住长江边》。此剧是新中国成立以来第一部以长江文化为背景的大型舞台作品,是湖北一张亮丽的文化名片,曾获得第8届、第12届中国艺术节"文华大奖"和文化部2009—2010年"十大精品资助剧目奖"。该剧以"流水欢歌的'丝线'串联起长江两岸多姿多彩的民族风情、民间风俗和人文风韵",充分展示了湖北"精彩绝伦的荆楚文化、天人和谐的道家文化、乐天达观的巴土文化、湿润柔美的水乡文化"②。《家住长江边》已演出280余场,演出足迹从我国大江南北到新加坡、澳大利亚等

---

① 摘抄恩施中等职业技术学校《2009年校园文化建设实施方案》部分内容。
② 《第十二届文华奖文华大奖、文华音乐创作奖:〈家住长江边〉》,http://www.hbwh.gov.cn/whys/whjp/wsjp/hbsljwhb/15090.htm。

国,广受好评。近年来,湖北艺术职业学院舞蹈系还多次参加由湖北省政府、省文化厅组织的各项演出活动,如作为湖北省舞台艺术精品赴台湾省进行的湖北文化周演出活动;湖北省报业集团周年庆祝、湖北省文化厅慰问下乡等演出活动。此外,该学院舞蹈系发挥自身优势,为本地舞台表演、社会舞蹈指导与培训进行了大量服务工作。近年来,湖北艺术职业学院开展舞蹈培训及职业技能鉴定达到700人次,为湖北省及西部地区的职业技术学校和院校提供师资培训3人及学员培训25人,充分体现优质资源共享、共同搭建社会文化传承平台的理念。

（四）立足各自优势,突出特色

各地区职业院校对于特色地域或民族传统文化保护和传承的力度较大,如齐文化、瑶族织锦文化、苗族蜡染扎染、蒙古民族音乐等,有力地推进了各地区非物质文化保护。其中,湖北省的一些职业院校在文化传承工作中坚持突出文化特色、打造文化品牌,取得了良好成效。

例如,湖北艺术职院音乐系立足地域文化,将潜江民歌、薅草锣鼓、利川灯歌、长阳山歌、土家族打溜子、吕家河民歌等音乐资料进行了收集、排查、整理,编著《湖北民歌》,该书充分体现湖北文化"东西交集、南北融合"多样性特征,也为提高民族文化人才专业理论知识和良好职业素质提供了可靠的培养方案。武汉市第二轻工业学校成立了汉绣工作室,从2008年开始每学期开设"汉绣"课程,聘请非物质文化遗产汉绣传承人向学生传授汉绣技法。近年来,汉绣成果丰硕。在2011年7月的全国技能大赛上,学校的汉绣与上海顾绣和龙绣、苏绣等同台竞技,16个学生以楚文化为题材的汉绣技艺最终拿到一等奖。2013年5月23日至5月25日,"第一届湘赣鄂皖非物质文化遗产联展"在湖北美术馆举行,该校师生进行现场展示,获得游客及专家的一致好评。湖北恩施州民族艺术职业学校将优秀的民族民间艺术作为一项重要的教学内容,长期开办"恩施州原生态民俗课程",挖掘、学习恩施州珍贵的民族民间艺术,传承"撒尔嗬""摆手舞""肉莲响""耍耍"等非物质文化遗产。恩施职业技术学院旅游系开设《民族歌舞》课程,主要内容包括恩施山民歌（如黄四姐、六口茶、哈格咂等）和土家族传统舞蹈（如"摆手舞""肉连响""撒尔嗬"等）,积极参加学校或当地政府组织的各类文艺活动。该学院还提出了民族文化素质教育"十个一工程":（1）唱会一组民族歌曲（旅游专业组织学生每周学习一首民歌，每个学生会唱10首以上民歌）；（2）跳会一组民族舞蹈（摆手舞、清江舞等）；（3）组建一支礼仪队（选拔训练一支高素质的大学生民族礼仪队）；（4）组建一支民族歌舞队（选拔训练一支民族歌舞队，参与社会、企业旅游节庆、迎宾等演出活动）；（5）办好一台民族歌舞节目；（6）办好一个学生社团（比兹卡民族风情社）；（7）组织一系列民族文化与旅游讲座；（8）建立一个民族文化素质教育基地；（9）撰写一份民族文化与旅游调查报告；（10）组织一次民族文化知识竞赛（每年组织一次民族文化知识竞赛）[1]，并将其贯穿于人才培养的全过程。

总之，各职业院校能突出区域民族文化特色，结合区域文化产业优势，加强传统手工技艺、民间美术工艺、民族表演艺术等民族文化相关专业的开发与建设，将优势文化发展成为特色文化产业，为各民族优秀传统文化传承搭建了有效的平台。

**二　存在的主要问题**

（一）部分院校忽视优秀传统文化传承工作

当前，实用主义与急功近利正不断侵蚀着我国教育体系。教育价值和功能选择上的"实利"取向成为教育不重视文化传承的一个重要诱因。[2] 我国部分职业院校为了在市场经济条件下获得更好的生存机会，急功近利的价值取向表现得也更为突出。因此，在传统教育理念的影响与功利心态的诱导下，职业院校普遍重视学生的专业技能培训，对学生人文素质的培养有所忽略，致使传统文化传承在部分职业院校中不断被边缘化，缺乏评价考核机制，没有完善的传承目标体系，最终传统文化"传而不承"，流于形式。

（二）部分院校教学活动较为薄弱

教育理念的偏差或错误直接影响了部分职业院校的教育规划，也导

---

[1] 恩施职业技术学院旅游系《学生民族文化素质教育"十个一工程"实施方案》中的部分内容。

[2] 容中逵：《论当前我国传统文化传承中的宏观教育决策因素》，《湖南师范大学教育科学学报》2009年第2期。

致在其教学工作中缺少中华优秀传统文化教育的内容。

在课程安排上，目前我国职业教育的课程设计缺少自身特色。这主要是受普通高校相关课程及其教学计划的影响，造成课堂教学理论性较强，同时又受社会功利主义思潮限制，遵循"是否有用"的原则，重视理工专业、技能培训，轻视人文学科的现象较为普遍。例如，在湖北恩施职业技术学院，课题组就"教师日常教学中利用传统文化课程资源的情况"进行过调查，调查结果显示，有56.2%的教师在日常教学中从未利用过民族文化课程资源，能做到经常用的占21.1%，有时用的占10.4%，能大量使用的仅占12.4%。[①]

而对于实用性强的专业与课程，各职业院校则会投入更多的精力和更大的财力加以重点扶持，而对于传统文化课程，由于其"用处"看不见、摸不着，功效也不突出，学校对其投入就明显不足。有的职业院校将传统文化类课程随意地开设成选修课，开课情况既不稳定系统，也不正规深入；有的院校传统文化素质课程体系建设几乎是一片空白；有的院校虽然在教学计划中设有传统文化课程，但实际上没有真正得到组织实施，仅为"装点门面"而已。例如，课题组对湖北恩施职业技术学院进行调查时发现，有超过60%的教师都认为，学校"以主流文化课学习为重，对恩施少数民族文化无暇顾及""学校办学理念影响着学校民族文化传承"。[②] 该校三分之一的老师是外聘兼职的，老师的教学和班主任工作任务繁重，认为实施"民族文化进校园"的工程，会冲淡教学主体内容，增加了学生管理工作的难度。该校《2013年秋季学期开课计划及教师定位表》安排的218门课程中，涉及民族文化内容的课程只有《恩施民俗文化》《民族文化欣赏》2门选修课。[③]

在教学活动中，部分职业院校以说教灌输方式为主，不能寓教于

---

① 冉红芳：《教育传承场域下少数民族文化传承机制研究——基于鄂西南职业技术学校的调查分析》，《湖北民族学院学报》2015年第3期。

② 冉红芳：《教育传承场域下少数民族文化传承机制研究——基于鄂西南职业技术学校的调查分析》，《湖北民族学院学报》2015年第3期。

③ 冉红芳：《教育传承场域下少数民族文化传承机制研究——基于鄂西南职业技术学校的调查分析》，《湖北民族学院学报》2015年第3期。

乐，无法与学生的需求有效对接，难以调动学生参与中华优秀传统文化传承的积极性和主动性，影响了传承的质量。部分职业院校受到学生培养模式和企业用人需求的制约，多强调学生对专业技能的掌握，而对学生人文素质的培养不够重视。这种简单、偏执的教育模式，不仅直接将知识技能与中华优秀传统文化、自然科学与人文科学分离开来，让学生只感受到两者的区别，而对两者之间互通、互促的密切联系缺乏认识。

在职业院校学生的考评体系方面，由于缺少职业院校中华优秀传统文化教育评价体系建设，使得部分职业院校放松学生培养质量要求，片面追求招生数量和学生的毕业率，只强调学生的技能水平，忽略学生文化素质的培养，导致学生人格发展不健全，其言行修养缺少文化品位。

（三）部分学生对中华优秀传统文化教育缺少认同

在网络时代，西方文化和流行文化对学生产生了重要影响，而对中华优秀传统文化的学习和传承缺少兴趣，在思想和行动上对中华优秀传统文化产生了排斥和抗拒情绪。有调查显示，在高职院校旅游管理专业的学生中，有60.3%的人自认为在传统文化教育方面接受性不强，有77.2%的人认为传统文化教育是不重要的。[①] 可见，高职院校的部分学生对中华优秀传统文化缺少认同和信心。然而，如果一个民族……听任其他文化超越其限定来解读来剪裁时，必定产生对自身生活世界的误读与误导，引发出民族生存的危机。[②]

### 三 加强传承工作的措施

（一）正确认识优秀传统文化在职业院校教育中的重要价值

将中华优秀传统文化纳入职业院校教育体系是国家教育发展战略需求，它既有利于培养技能型人才的目标实现，又能够切实推进中华优秀传统文化传承事业发展。因此，"推进职业院校民族文化传承与创新是发

---

[①] 曾红艳：《高职旅游管理专业传统文化教育实践中存在的问题》，《青年时代》2016年第20期。

[②] 鲁洁：《道德教育的当代论域》，人民出版社2005年版，第214—215页。

挥职业教育基础性作用,发展壮大中华文化的基本要求"①。

在中国传统文化被全球化浪潮冲击的严峻时代,职业院校更应当重视,并担当起中华优秀传统文化教育和传承的责任。应着眼于提高学生的人文素质和道德修养,制定相关制度和考核机制,大力发展中华优秀传统文化教育,引导学生树立正确的道德观、人生观、价值观,弘扬正气,追求真善美,抵制社会不良影响。此外,职业院校要充分体现其社会服务性,实现专业人才培养与服务文化产业的链接,实现专业教育与非遗传承的对接,为文化传承长效机制的建立奠定坚实基础。

(二)科学组织优秀传统文化教学活动

1. 以非物质文化遗产传承为教学工作重点

目前,民族文化传承与创新示范专业的建设正处于探索阶段,非遗传承与职业教育能否有效对接,是关系非遗保护与传承能否长效的关键问题。非物质文化遗产保护与传承是我国职业教育工作的重要内容,《教育部文化部国家民委关于推进职业院校民族文化传承与创新工作的意见》明确提出:"推进相关专业人才培养与非物质文化遗产传承对接。……鼓励学校开发特色课程、精品课程和校本教材,实现非物质文化遗产的科学传承。"

因此,各职业院校在组织教学活动时,要抓住时机,以非物质文化传承为教育中心,加强非遗文化的理论研究,大力培养专业人才,为民族文化传承提供动力支持。首先,各类职业院校应尽快制定非遗传承人聘任制度,确定非遗传承的主要内容,促进非遗传承人参与教学活动中,达到非遗真正有传有承。其次,职业院校应与高等院校加强民族文化专业建设,创新人才培养模式,要从培养目标设定、培养过程实施上服务民族文化的传承。

此外,上述意见中还明确提出,要围绕区域特色产业、民族文化产业,优化专业结构与布局,建设具有鲜明特色的优势专业,为民族地区的社会发展提供人才保障,是职业教育的重点任务之一。对此,职业院校要结合区域文化产业优势,联合社会优势资源,加强相关专业的开发

---

① 2013年《教育部 文化部 国家民委关于推进职业学校民族文化传承与创新工作的意见》。

与建设。因此，各职业院校要挖掘区域民族民间传统文化的市场，发挥技能培训优势，将职业院校专业建设与文化产业相链接。

2. 提高职业院校教师的传统文化素质

职业院校的教师是中华优秀传统文化传承工作的主力军，他们优秀的职业表现是学生增强学习主动性、提高传统文化修养的强大动力。教师队伍传统文化素养水平的高低，直接决定了学生传统文化教育质量的好坏。课题组调查发现，恩施职业技术学院有83%的教师表示没有参加过民族传统文化知识方面的培训，传统文化基础薄弱。因此，作为教师，应当通过各种渠道培养自己对传统文化的兴趣，提高自己的传统文化修炼水平。一方面，教师要通过备课阅读相关书籍，提高自己的知识储备，促进专业知识和中华优秀传统文化的融合，只有这样，老师才可能游刃有余地向学生传授传统文化知识，在学生中赢得威望；另一方面，学校可通过讲座、成立社团和参加培训等方式来组织教师培训，有针对性地提高教师传统文化素质。除此之外，职业院校还应打开思路，根据职业院校的专业建设和发展方向，鼓励民间艺人、技艺大师、非物质文化遗产传承人参与职业教育教学。

3. 进行教学改革，提高教学质量

教学活动应坚守中华优秀传统文化的基因和精神命脉，立足课堂，与专业理论文化课、技能实训等教育形式相结合，通过各种教学形式渗透到学生的学习、生活当中，真正成为学生培养计划中不可或缺的一部分。

第一，课堂教学与课余活动相结合。在进行中华优秀传统文化教育过程中，要充分重视课堂教学的重要作用。教师要努力提高自己的教学水平，用鲜活的实践来证明和支撑理论，同时要充分发挥学生在课堂上的主体地位，引导学生更加积极、主动地获取中华优秀传统文化知识，让学生真懂、真信、真用，将中华优秀传统文化教育贯彻到专业课教学中，贯穿于人才培养全过程，体现在学生综合素质评价体系中。

例如，自2009年以来，湖北恩施职业技术学院多次开展"民族文化进校园"活动，并出台《恩施职业技术学院学生综合素质考核评分细则》，要求学生对恩施民歌民舞学习效果进行考核。这一规定促进了全校师生积极参加民族文化活动，增强了学生对传承恩施少数民族文化的自觉意识。

与此同时，各职业院校要积极引导学生开展多种形式课外主题实践活动，建设传承中华优秀传统文化的学生社团，支持学生举办话剧表演、经典名篇诵读比赛，并可采取学分制，将各种课外实践活动纳入课程体系，促进学生对中华优秀传统文化的热爱。

第二，建立有利于中华优秀传统文化传承的课程体系。课程是培养职校人才的重要依托，要想在职业院校真正实现中华优秀传统文化传承，必须将之融入课程体系中。

一是课程体系建设应贯穿于学生培养全过程。应打破不同学科专业间的界限，在相近的学科中共同开设课程，统一增加代表中华优秀传统文化的内容，以中华优秀传统文化事项作为核心单元而推进教学。中华优秀传统文化教育课程体系应当涵盖必修课、选修课以及各种社会实践，并建立相应的评价体系，与学生综合素质测评、评奖评优、就业推荐等结合起来。

二是在职业院校的课程设计中，可将中华优秀传统文化教育纳入职业院校马克思主义理论课程当中。中华优秀传统文化是马克思主义中国化的基础，也为马克思主义教育提供了丰富的教学资源。充分利用好这些资源，促进马克思主义理论课程和传统文化教学相结合，可以更好地向学生传授中华优秀传统文化。

三是职业院校应主动适应互联网，深入研究如何在媒体时代背景下有效传承中华优秀传统文化。现代网络对青年学生的学习与生活产生了重要影响，形成了密不可分的关系。因此，能否运用好现代网络技术手段，占领这一宣传教育阵地，对于在青年学生中有效开展中华优秀传统文化教育与传承工作至关重要。部分职业院校学生之所以对中华优秀传统文化不感兴趣，很重要的原因就在于我们的教学方式、传承手段不能与时俱进，对年轻人的吸引力较差。因此，职业院校要充分利用网络资源，组织好学校的教学活动：改进课堂教学方法，在中华优秀传统文化课程中充分运用现代多媒体技术，营造生动、活泼的课堂教学气氛，增强教学的吸引力；积极利用微博、微信等信息渠道，以图片、漫画、故事的形式，来介绍传统文化精粹和历史故事，让学生在轻松时尚的氛围中接受中华优秀传统文化的熏陶和启迪；利用学校官方网站，开辟出中华优秀传统文化专栏,供广大师生学习,品味中华优秀传统文化的独特魅力。

(三)增进学生对中华优秀传统文化的认同

在职业院校开展中华优秀传统文化传承工作时,不仅要向学生传授中华优秀传统文化知识,还要从情感上来引导学生对中华优秀传统文化的认同和自信,从而增强学生尊重、守护、学习中华优秀传统文化的主动性。

1. 培养学生对中华优秀传统文化的情感

我国优秀传统文化富含对生命价值、人生价值以及人生意义的思考,其所蕴含的生存智慧是人类共同的精神财富。习近平总书记曾指出,优秀传统文化是中华民族永远不能离别的精神家园。古代思想家"其智慧光芒穿透历史,思想价值跨越时空,历久弥新,成为人类共有的精神财富"①。因此,在职业院校教育中,要通过鲜活多样的教学方式,向学生展现我国传统文化的魅力,进一步激发学生对我国传统文化的珍视和热爱。在校学习期间,努力培养学生"天人合一"的和谐思想、"天下兴亡、匹夫有责"的担当精神以及"自强不息"的进取意识,使之成为学生为人行事的价值取向和精神旗帜,激励学生担当起传承、弘扬的历史责任。

2. 培养学生对待传统文化的正确态度

一方面,职业院校要通过各种渠道,以课堂教学、组织优秀传统文化活动以及校园环境建设,来增强学生的文化自信。通过向学生讲清楚我国传统文化的历史渊源、发展脉络和独特优势,增强文化自信。另一方面,要注意引导学生辩证看待中国传统文化。中国传统文化中玉石与泥沙俱存,要引导学生在新的发展时期,有鉴别地看待传统文化,在扬弃中传承优秀传统文化。同质化倾向的"全盘西化论"和异质化倾向的"东方文化中心论"都不可能成为中国文化在全球化时代的建设性逻辑。②

---

① 井琪、崔宪涛:《传承和弘扬中华优秀传统文化——学习习近平总书记系列重要讲话体会之九十》,http://theory.people.com.cn/n/2015/0722/c83859-27343299.html。

② 李立国:《文化自塑与文化自信——我国大学文化传承创新的当代使命》,《清华大学教育研究》2011年第3期。

因此，对待传统文化既不能全盘否定，也不能不加甄别地全盘接纳，历史虚无主义或文化保守主义均不利于我国传统文化发展。要自觉坚持"取其精华、去其糟粕"的科学态度，坚持古为今用、推陈出新，对不符合当今时代要求的内容予以扬弃，坚决剔除其过时落后的因素，积极继承吸收其合理优秀的成分，真正找准我国传统文化的精神根脉，发掘其当代价值，促进中华优秀传统文化的创新性发展。

从以上对中小学、大学、职业院校文化传承剖析中可以看出，当代学校是传承中华优秀传统文化不可或缺的重要阵地。为了更好地推进中华优秀传统文化的教育传承，促进中华优秀传统文化体系建设，当前应做好以下工作。

第一，提高各类学校对中华优秀传统文化传承体系建设的重要性认识。中华优秀传统文化传承体系建设是我国各民族安身立命，铸牢中华民族共同体意识的重要基础。习近平总书记指出："中华优秀传统文化是中华民族的精神命脉，是涵养社会主义核心价值观的重要源泉，也是我们在世界文化激荡中站稳脚跟的坚实根基。"[1] 因此，各级各类学校应明确职责所在，采取各种切实可行的措施，鼓励学生学习中华优秀传统文化的思想精华，发扬中华优秀传统文化的时代价值，全面提高学生的人文素质，使之成为中华优秀传统文化的"忠实继承者和弘扬者"。

第二，做好顶层设计，建立健全中华优秀传统文化传承机制。党和国家要充分利用并发挥学校教育的作用，在政策指导、体制保证、制度落实、管理控制等多个方面予以宏观掌控，切实改进当前学校教育工作的思路、模式、方法和载体等方面存在的问题，努力营造校园文化环境，统筹规划中华优秀传统文化传承的长效机制。

第三，根据学校教育的不同情况，选择相应的传承方式。当代学校教育体制分不同的层次，需要根据学生的身心特点和不同的教育目标，"选择与之相适应的传承内容和传承方式方法，确立不同的传承任务"[2]。当代学校教育传承中华优秀传统文化面临着复杂的社会政治、经济、文

---

[1] 2014年10月15日习近平总书记在文艺工作座谈会的讲话，中国人民网，http://cpc.people.com.cn/n/2014/1016/c164113-25845591.html。

[2] 段超：《中华优秀传统文化当代传承体系建构研究》，《中南民族大学学报》2012年第2期。

化环境；我国各地区的经济发展也不平衡，民族地区与非民族地区之间、城乡之间存在较大的差异，当代学校教育又有着幼儿园、小学、中学、大学、职业院校等不同的层次；传承方式又分专业化的人才培养、渗透性的素质养成、业余性的爱好培育和氛围性的校园文化建设等不同类型。因此，要在不同层次、不同传承类型的学校教育中，针对不同特点和问题，选择相应的传承方式。

第四，文化传承的内容应与时俱进。目前，在学校教育中，中华优秀传统文化传承内容主要体现在传统伦理道德、文学、音乐、艺术、武术等方面。然而，时代在不断地前进，中国的社会结构、教育环境也在发生着巨大变迁。因此，中华优秀传统文化的传承内容也应当与时俱进，根据时代的需要有所选择。各类学校要坚持在保护中传承、在发展中创新的原则，"取其精华，去其糟粕"成为创新和发展社会主义先进文化的坚实基础。

第五，要正确认识我国"多元一体"的文化格局。中国地域辽阔，地方传统文化各有特色，56个民族"共同创造了悠久的中国历史、灿烂的中华文化"，各民族文化兼收并蓄、相互影响、相互交织，在长期的历史发展过程中融合、形成、发展，最终成为中华优秀传统文化有机组织部分。"独特的文化传统，独特的历史命运，独特的基本国情，注定了我们必然要走适合自己特点的发展道路。"[1] 因此，各类学校要正确认识中华民族"多元一体"的文化格局，处理好"多元"与"一体"的关系。一方面要根据我国"多元"文化特点，因地制宜选择不同的传承方式，"将学校教育的传承功能进行合理发掘，构建民族传统文化在学校教育中传承的科学体系"；[2]另一方面，当代学校教育也要围绕"一体"这一主线和方向，促进各民族交往、交流、交融，增强中华民族的凝聚力，实现中华文化的创新与发展。

---

[1] 2013年8月19日习近平总书记在全国宣传思想工作会议上的讲话。
[2] 钟志勇：《民族传统文化传承与教育现代化》，《湖北民族学院学报》2008年第4期。

# 第四章

# 中华优秀传统文化开发利用传承

中华优秀传统文化是当下经济建设、政治建设、文化建设、社会建设和生态文明建设的重要资源。"如果人类社会能很好地利用自己的传统文化或非物质文化遗产，就可以发展出一条属于自己地方性的现代文化之路与现代社会运行模式。"① 开发利用中华优秀传统文化正在成为推动我国经济发展和社会进步的重要手段。传统文化兼具历史性和现实性，传统文化的合理开发利用，遵循了传统文化"活态传承"的基本准则，实现了传统文化生命的历史延续和"活态流变性"②。在开发利用过程中，中华优秀传统文化的活力不断增强，传承群体逐渐扩大，传承方式不断创新，传承环境持续改善，传承能力得到提升，开发利用正成为中华优秀传统文化传承体系的重要组成部分。

## 第一节 开发利用传承概貌

开发利用是我国传统文化保护、传承与发展的重要工作方针。《中华人民共和国文物保护法》与国务院办公厅《关于加强我国非物质文化遗产保护工作的意见》，都强调文化遗产保护要"合理利用"。非物质文化遗产的"生产性保护"政策，就是在以生产带动保护、以生产带动传承的理念的基础上发展而来的。老字号"非遗"是我国传统商业文明在现

---

① 方李莉：《论"非遗"传承与当代社会的多样性发展——以景德镇传统手工艺复兴为例》，《民族艺术》2015年第1期。

② 祁庆富：《存续"活态传承"是衡量非物质文化遗产保护方式合理性的基本准则》，《中南民族大学学报》2009年第3期。

代的传承，与生产性保护有着先天的联系。2007年，文化部、商务部联合发布的《关于加强老字号非物质文化遗产保护工作的通知》，从政策上推动了"非遗"生产性保护。2011年的《中华人民共和国非物质文化遗产法》进一步提出："在有效保护的基础上，合理利用非物质文化遗产代表性项目，开发具有地方、民族特色和市场潜力的文化产品和文化服务。"① 2012年的《中共中央关于深化文化体制改革，推动社会主义文化大发展大繁荣若干重大问题的决定》要求："积极发展文化旅游，促进非物质文化遗产保护传承与旅游相结合，发挥旅游对文化消费的促进作用。"② 2017年，中共中央办公厅的《关于实施中华优秀传统文化传承发展工程的意见》提出，各类企业和社会组织要积极参与文化资源的开发、保护与利用，生产丰富多样、社会价值和市场价值相统一、人民喜闻乐见的优质文化产品，扩大中高端文化产品和服务的供给。因此，开发利用成为中华优秀传统文化传承与发展的重要方式之一。

文化传承实质上是一种文化的再生产，是民族群体的自我完善，是社会中权利和义务的传递，是民族意识的深层次积累，是纵向的"文化基因"复制③。中华优秀传统文化的开发利用传承，就是通过科学合理的开发利用，将优秀的传统文化资源转化为文化商品或文化服务，在大众的接受、参与、消费和传播的过程中自觉地传承文化的一种传承方式。

法国社会学家布迪厄认为，当代社会有五种重要资本：经济资本、社会资本、文化资本、象征资本和国家资本。文化资本是处于经济资本和社会资本之间的一种资本，它可以转化为经济资本和社会资本。因此，文化资本已成为现代社会的一种重要资本形式。④ 中华优秀传统文化正是在开发与利用过程中，在国家资本的推动下，从文化资本向经济资本、社会资本、象征资本和国家资本的转化，在新的场域里，拓展生存与发

---

① 转引自王元、刘素华等《长三角地区非遗与文创产业的协同发展研究》，《文化产业研究》2017年第6期。
② 本书编写组：《中共中央关于深化文化体制改革，推动社会主义文化大发展大繁荣若干重大问题的决定》，人民出版社2011年版。
③ 赵世林：《论民族文化传承的本质》，《北京大学学报》2002年第3期。
④ ［法］布迪厄：《文化资本与社会资本》，包亚明译，上海人民出版社1997年版。

展的空间，重构新的文化生态，其物化形态、结构体系和精神内涵得以延续。

**一 传承形式及成效**

传统文化的产业化开发、非物质文化遗产生产性传承、发展文化旅游业、利用优秀传统文化进行社会治理等，是当前中华优秀传统文化开发利用传承的主要形式。

（一）产业化传承

1. 现代文化产业开发中的传统文化传承

大规模的现代化产业开发是开发利用传统文化的重点和核心形式，也是传承传统文化的主要形式之一。随着全球性的生产型社会向消费性社会的转型，文化逐渐商品化，并创造出一个巨大的文化生产和消费市场，各种文化产品以不同的形式和内容满足了人们的文化需求。文化产业逐渐成为世界各国的新兴支柱产业和文化发展的重大战略。

中华优秀传统文化的开发利用传承，包括生产性开发和文化创意产业开发。中华优秀传统文化内涵宽广，资源丰富，形式多样，是可资产业化开发的商品化资源。文化及相关产业是"为社会公众提供文化产品和文化相关产品的生产活动的集合"[1]。中华优秀传统文化中的传统工艺的产业化生产、民俗文化的商品化包装、民族歌舞的商业化运作等等，都是进行产业化开发的典型模式。

第一，现代文化产业的发展，培育出中华优秀传统文化新型市场化传承主体。在市场经济条件下，文化资源转化为文化资本是文化产业发展的内在要求，也是文化向经济渗透的必然结果，它在很大程度上改变着文化在现代社会的存在方式，影响着文化的发展和演变。"文化经济的兴起，使文化对社会生活的影响不再局限于传统意义上的意识形态范畴，而是可以以资本的形式为社会带来直接的经济利益和价值。"[2] 以现代文

---

[1] 国家统计局：《文化及相关产业分类（2012）》，http://www.stats.gov.cn/tjsj/tjbz/201207/t20120731_8672.html。

[2] 姚伟钧：《文化资源与文化产业——历史文化资源的保护与开发》，华中师范大学出版社2012年版，第18页。

化产业发展来促进中华优秀传统文化的传承,充分发挥了政府的主导作用和市场积极作用,吸引社会力量广泛参与,有利于中华优秀传统文化传承发展的体制机制和社会环境正在形成。

近些年来,从事传统文化开发利用的市场主体得到了政府的培育,初步形成了门类齐全、体系完整的新型市场化文化传承主体。自2004年以来,我国已审批国家级文化产业示范基地285家,以传统文化为资源和内容进行产业化开发的就有226家,占79.3%。这些企业涵盖了工艺美术、文化旅游、乐器制造、演艺业、特色餐饮、动漫、文化创意等文化产业的各个门类。如在第四批70家文化产业示范基地中,有52家从事传统文化经营和开发的文化产业示范企业。在这些企业中,中华各民族、各地域的传统服饰、饮食、建筑、雕刻、纺织、医药、文房四宝、戏曲、节日等都得到了开发利用。

表4-1　　　　　第四批国家级文化产业示范基地名单
（传统文化产业开发利用类）[①]

| 序号 | 基地名称 | 经营性质 | 行业 | 经营内容 |
| --- | --- | --- | --- | --- |
| 1 | 北京京都文化投资管理公司 | 国有 | 产业集聚类 | 工艺品交易、文化旅游、艺术品研发/制作及展示 |
| 2 | 北京钧天坊古琴文化艺术传播有限公司 | 民营 | 乐器制造 | 古琴制作、销售及古琴文化传播 |
| 3 | 天津神界漫画有限公司 | 民营 | 动漫 | 原创漫画/动画片制作 |
| 4 | 天津市津宝乐器有限公司 | 民营 | 乐器制造 | 打击乐/管乐器生产 |
| 5 | 河北廊坊大厂评剧歌舞团演艺有限责任公司 | 国有 | 演艺业 | 评剧、歌舞演出 |

---

① 本章有关文化产业示范基地、生产性保护基地等表格为笔者根据文化部网站公布历年文化产业示范基地名单整理而成。

续表

| 序号 | 基地名称 | 经营性质 | 行业 | 经营内容 |
| --- | --- | --- | --- | --- |
| 6 | 河北金音乐器集团有限公司 | 民营 | 乐器制造 | 管弦乐器制造 |
| 7 | 张家口市蔚县圆通文化创意有限责任公司 | 国有 | 工艺美术 | 剪纸产品经营、剪纸文化开发 |
| 8 | 阳城县皇城相府集团实业有限公司 | 集体制 | 文化旅游 | 皇城相府景区经营 |
| 9 | 山西晋阳嫦娥文化艺术有限公司 | 民营 | 演艺业 | 晋剧表演院团 |
| 10 | 内蒙古鄂尔多斯市达拉特旗响沙湾旅游有限公司（文化旅游） | 民营 | 文化旅游 | 景区经营 |
| 11 | 内蒙古力王工艺美术有限公司 | 民营 | 工艺美术 | 蒙古手工挂毯等 |
| 12 | 沈阳三农博览园有限公司 | 国有 | 文化旅游 | 农业旅游、民俗文化旅游 |
| 13 | 大连圣亚旅游控股股份有限公司 | 国有 | 文化旅游 | 旅游演出、海洋馆经营，海洋动物表演 |
| 14 | 吉林省宇平工艺品制造有限公司 | 民营 | 工艺美术 | 设计制造人形玩具、家具饰品、装饰画、航海模型等 |
| 15 | 黑龙江冰尚杂技舞蹈演艺制作有限公司 | 民营 | 演艺业 | 冰上杂技演出 |
| 16 | 哈尔滨太阳岛风景区资产经营有限公司 | 国有 | 文化旅游 | 太阳岛风景区经营 |
| 17 | 上海今日动画影视文化有限公司 | 民营 | 动漫 | 动画片制作/发行；版权经营；图书及衍生品销售 |
| 18 | 江苏周庄文化创意产业投资发展有限公司 | 国有 | 产业集聚类 | 文化旅游、艺术品生产、演艺 |
| 19 | 江苏金一文化发展有限公司 | 民营 | 工艺美术 | 高端收藏品设计/销售 |

续表

| 序号 | 基地名称 | 经营性质 | 行业 | 经营内容 |
| --- | --- | --- | --- | --- |
| 20 | 衢州醉根艺品有限公司 | 民营 | 工艺美术 | 生产销售根雕工艺品、休闲旅游开发、城雕创作、民间艺术研究 |
| 21 | 桐城市佛光铜质工艺品有限公司 | 民营 | 工艺美术 | 工艺美术品设计/生产/销售 |
| 22 | 蚌埠光彩投资有限责任公司 | 民营 | 文化市场经营类 | 玉器制作、销售 |
| 23 | 中国宣纸集团 | 国有 | 工艺美术 | 工艺品生产/销售、文化旅游 |
| 24 | 艾派集团（中国）有限公司 | 港澳台资 | 文化创意 | 文化创意、艺术品收藏、产业集聚区经营 |
| 25 | 福安市珍华工艺品有限公司 | 民营 | 工艺美术 | 畲族银饰研发/生产 |
| 26 | 萍乡市升华实业有限公司 | 民营 | 文化旅游 | 安源锦绣城经营 |
| 27 | 山东周村古商城旅游发展有限公司 | 国有 | 文化旅游 | 古城镇旅游、工艺品销售 |
| 28 | 威海刘公岛实业发展有限公司 | 国有 | 文化旅游 | 刘公岛景区经营、动漫等文化产品生产经营 |
| 29 | 潍坊杨家埠民俗艺术有限公司 | 民营 | 工艺美术 | 工艺美术品生产/销售、特色民俗旅游 |
| 30 | 开封清明上河园股份有限公司 | 民营 | 文化旅游 | 主题公园、实景演出 |
| 31 | 镇平石佛寺珠宝玉雕有限公司 | 国有 | 工艺美术 | 玉石雕刻、珠宝生产 |
| 32 | 项城市汝阳刘笔业有限公司 | 民营 | 工艺美术 | 毛笔生产销售 |
| 33 | 湖南大剧院 | 国有 | 演艺业 | 剧场经营/电影放映 |
| 34 | 广东中凯文化传媒有限公司 | 民营 | 综合 | 文化创意、新媒体开发运营、影视制作、音像发行、动漫教育 |

续表

| 序号 | 基地名称 | 经营性质 | 行业 | 经营内容 |
| --- | --- | --- | --- | --- |
| 35 | 羊城创意产业园 | 国有 | 文化创意 | 引进研发、设计、展示等创意企业，提供信息、咨询、融资等服务 |
| 36 | 深圳华强文化科技集团股份有限公司 | 民营 | 综合 | 主题公园、影视等 |
| 37 | 深圳市永丰源实业有限公司 | 民营 | 工艺美术 | 陶瓷生产/销售 |
| 38 | 深圳市同源南岭文化创意园有限公司 | 民营 | 产业集聚区类 | 以弘扬四大名绣、丝绸文化为特色的时尚创意园区 |
| 39 | 钦州坭兴陶艺有限公司 | 民营 | 工艺美术 | 陶产品生产 |
| 40 | 重庆商界传媒有限公司 | 民营 | 文化创意 | 动画片和影视制作、动漫产品经营 |
| 41 | 凉山文化广播电影电视传媒有限公司 | 国有 | 综合 | 文艺表演、电影院线、商业演出 |
| 42 | 贵州平坝县天龙旅游投资开发有限公司 | 民营 | 文化旅游 | 以"屯堡文化"为特色的乡村旅游项目开发 |
| 43 | 大理风花雪月文化传播有限公司 | 国有 | 演艺业 | 风情歌舞《蝴蝶之梦》 |
| 44 | 拉萨市城关区古艺建筑美术公司 | 民营 | 工艺美术 | 古建筑维修、工艺品生产 |
| 45 | 宝鸡市文化旅游产业开发建设有限公司 | 国有 | 文化旅游 | 周秦主题文化旅游区建设 |
| 46 | 西安大唐西市文化产业投资有限公司 | 民营 | 文化旅游 | 文化旅游、文化艺术品市场经营 |
| 47 | 陕西富平陶艺村有限责任公司 | 民营 | 文化旅游 | 陶艺博览旅游、陶制品经营 |
| 48 | 敦煌飞天文化产业发展有限责任公司 | 国有 | 演艺业 | 杂技演出、电影放映、文化休闲 |

续表

| 序号 | 基地名称 | 经营性质 | 行业 | 经营内容 |
|---|---|---|---|---|
| 49 | 青海藏羊地毯集团有限公司 | 民营 | 工艺美术 | 藏毯生产 |
| 50 | 青海工艺美术厂有限责任公司 | 国有 | 工艺美术 | 玉石雕加工、艺术雕塑、装饰会展 |
| 51 | 宁夏华夏西部影视城有限公司（文化旅游） | 民营 | 文化旅游 | 文化旅游、影视城 |
| 52 | 新疆国际大巴扎开发有限公司 | 民营 | 文化市场经营类 | 新疆民族文化产品展示交易市场 |

各级各类文化产业示范基地，充分利用传统文化资源，采用现代企业组织形式，规模化地进行传统文化产品和服务的生产，成为传统技艺和文化内涵传承的重要主体。比如河北易水砚有限公司为砚雕行业唯一被命名为国家文化产业示范基地、国家级非物质文化遗产传承单位。公司所生产的易水牌石砚先后荣获国之宝——中国十大名砚、联合国教科文组织杰出手工艺品徽章、中国民族文化优秀品牌等数十项荣誉，受到海内外社会名流、工商业企业家的赞赏和珍爱。产品被人民大会堂、中华世纪坛、北京园博园、军事博物馆等国家机关、大型公共场所、重点大学、大型企业、著名风景旅游区等场所收藏，并多次作为国礼赠送外国元首和友人。[①] 公司还建设了占地1000亩、总投资26亿元的中华砚文化博览城项目，成为中国文房四宝行业最大的产业聚集区，吸引全国各地一大批高素质、高智慧的复合型专业人才来易水创业，在带动当地文化产业发展的同时，也推动了中华传统书法文化的传承。

云南省从2006年开始实施"文化产业建设工程"，组建十大文化产业集团，建设25个文化产业基地，推介和实施60个大型文化产业项目，扶持和发展上百个民营文化企业，打造30个知名文化品牌。云南省"文化产业办"遴选出文化产业项目72个、文化基地38个、文化产业集团

---

① 张欣予：《河北易水砚有限公司风采》，《商品与质量》2013年第5期。

13个、民营文化企业85个，作为省级示范的文化产业集团、文化产业基地、文化产业项目、民营文化企业，从政策优惠、资金奖励、人才培养、宣传推介等方面给予扶持，促进了文化产业市场主体和新型传承主体发展。

第二，文化产业示范园区的兴建，提升了中华优秀传统文化传承的规模化效应和集成效应。为适应现代文化产业的发展，一些省市组建了适应现代市场经营与管理的集群化文化产业区。截至2015年年末，全国共有10个国家级文化产业示范园区、10个国家级文化产业试验园区。如第四批国家级文化产业示范园区有：湖南省长沙天心文化产业园区、四川省成都青羊绿舟文化产业园区；国家级文化产业试验园区有：福建省闽台文化产业园、山东省台儿庄古城文化产业园、吉林省东北亚文化创意科技园、宁夏回族自治区石嘴山市星海湖文化产业园区。第五批国家级文化产业示范园区有：安徽省蚌埠大禹文化产业示范园区、甘肃省敦煌文化产业园；国家级文化产业试验园区有：江苏省南京秦淮特色文化产业园、浙江省衢州儒学文化产业园、湖北省武昌长江文化创意设计产业园、西藏自治区西藏文化旅游创意园。

这些文化产业示范园区以传统文化资源为依托，汇集了传统文化产业各个门类企业、工匠和经营人才，将传统文化产品与服务的生产与城镇化建设相结合，与文化旅游发展相结合，与文化创意产业相结合，充分发挥了文化传承的集成效应。如湘西乾州古城"湘西坊"创业园、鄂西"恩施土家女儿城"、渝东南的"秀山花灯寨"等。新疆建立了工艺品集散营销中心，大力发展民族特色手工艺，主要销售新疆当地极富民俗风情的手工艺品。这里有"弥郎"维吾尔手工艺品、"塔西瓦依"乐器、民族刺绣品民族服饰、金属工艺品（如英吉沙小刀），等等。

第三，振兴中华老字号，实现老字号文化传承的功能性恢复。中华老字号历史悠久，拥有世代传承的产品、技艺或服务，具有鲜明的中华民族传统文化背景和深厚的文化底蕴，被社会广泛认同，品牌信誉良好。2006年以来，商务部开始实施中华老字号保护发展工程，与文化部共同推动老字号的传承和保护，促进商业文明建设，保护非物质文化遗产，弘扬民族优秀文化。老字号的保护与发展，有利于保护和传承中华民族优秀传统文化，发展民族商业、弘扬民族品牌、振兴民族经济、增强国家核心竞争力和"软实力"。

自商务部和文化部实施中华老字号保护发展工程以来，一批文化特色浓、品牌信誉高、有市场竞争力的中华老字号逐渐复兴，成为自觉传承中华优秀传统文化的重要力量。2006年10月以来，商务部共公布了779家中华老字号名单。其中北京市117家，安徽省25家，福建省34家，甘肃省14家，广东省57家，广西壮族自治区9家，贵州省9家，海南省1家，河北省27家，河南省22家，黑龙江省332家，湖北省26家，湖南省20家，吉林省20家，江苏省96家，江西省22家，辽宁省34家，内蒙古自治区7家，宁夏回族自治区2家，青海省1家，山东省66家，山西省27家，陕西省27家，上海市180家，四川省48家，天津市66家，新疆维吾尔自治区3家，云南省26家，浙江省91家，重庆市19家[①]。

老字号作为我国传统商业文化遗产的重要载体，广泛分布在餐饮、零售、食品、医药、居民服务等众多行业，其拥有的专有品牌、传统技艺、经营理念和文化内涵，是中华优秀商业文化的集中体现。[②] 随着国家保护政策的实施，一大批中华老字号开始逐渐复兴，在现代市场中焕发了新的生机。在老字号的保护工作中，老字号的代表性传承人成为保护和扶持的重要对象。各地开展了认定掌握主要传统手工技艺的老字号代表性传承人，资助代表性传承人授徒传艺，并为其提供必要的传习活动场所，以及开展展示、研讨和宣传活动的条件等工作。通过保护政策实施，老字号企业的知识产权保护意识逐渐增强，对传承人和传统技艺保护重视程度得到了进一步提高，珍贵的传统技艺和经营理念得到有效传承。

比如，在全球化背景下，拥有百年历史的中华老字号"盛锡福"在风云变幻的市场竞争中，已经逐渐摸索出一条以文兴商的独特发展道路。老字号商品的价值通过赋予商品以文化价值得以实现。目前，"盛锡福"的产品涉及时装帽、针织帽、皮帽、皮革帽、便帽、孩童帽、草帽七大

---

① 上述数据根据商务部网站统计。
② 李任：《保护与振兴：武汉老字号的发展路径——基于汉正街老字号的研究》，《湖北科技学院学报》2018年第3期。

类三千多个品种。皮帽是北京"盛锡福"的主打产品，海龙皮帽曾被誉为王府井的镇街之宝。这些老字号还通过建立专题博物馆来彰显自身的文化价值，保护传承传统文化，如"内联陞"的中国鞋文化博物馆，"瑞蚨祥"的中国纺织文化展示，"盛锡福"的帽文化博物馆。老字号还通过申报非物质文化遗产，确立技术传承的谱系。① 北京"盛锡福"的传承人谱系如下：

表4-2　　　　　　　　北京"盛锡福"的传承人谱系

| 代数 | 姓名 | 性别 | 出生年份 | 传承方式 |
| --- | --- | --- | --- | --- |
| 第一代 | 李荣春 | 男 | 不详 | 不详 |
| 第二代 | 李馨轩 | 男 | 不详 | 父子相传 |
| 第三代 | 李文耕 | 男 | 1911年 | 父子相传 |
| | 贾宝珍 | 男 | 1923年 | 不详 |
| 第四代 | 李金善 | 男 | 1958年 | 师徒相传 |
| | 马启斌 | 男 | 1962年 | 师徒相传 |
| 第五代 | 陈军 | 男 | 1968年 | 师徒相传 |
| | 马万兰 | 女 | 1967年 | 师徒相传 |

第四，中华优秀传统文化在市场场域中得以延续，保持了"活态流变性"② 特性。活态流变性是非物质文化遗产区别于物质文化遗产的一种特殊属性③。活态性是指非遗的存续不能脱离从事实践行为活动的个人、群体与社区，流变性是指人在与自然和历史的互动中，非遗被不断再创造，在某些方面发生变化。

伴随着中国由生产型社会向消费性社会的转型，传统工艺品通过产业化生产成为人们收藏与消费的热点，获得了较高的发展平台和较大的

---

① 舒瑜：《老字号的技艺传承——以北京"盛锡福"皮帽制作为例》，《西北民族研究》2013年第2期。
② 祁庆富：《存续"活态传承"是衡量非物质文化遗产保护方式合理性的基本准则》，《中南民族大学学报》2009年第3期。
③ 《科学保护非物质文化遗产——访中国艺术研究院院长、中国非物质文化保护中心主任王文章研究员》，《中国社会科学院院报》2007年6月12日。

市场空间。如云南民族民间工艺品产业销售额年均递增12%—15%，年产值超过百亿元①。湘西州直接或间接从事工艺品生产加工的定点企业达400余家，从业人员达1.3万人（工艺品生产销售收入超500万元的企业达23家）；工艺品生产企业在开发传统产品的同时，还不断注意创新，成为重要创汇单位。龙山县有60余家绣花鞋垫工艺厂，每年生产绣花鞋垫2743万双，产值达3936万元，产品畅销全国；吉首市民族五金厂专门加工生产苗族银饰品、银餐具，年销售收入超600万元。②

在传统工艺品的产业化开发过程中，传统工艺品被赋予新的内容和意义，逐步开始由个人、家庭物品走向社会，从区域走向全国和全球，成为商品、礼物和吉祥物。如绣球本来是广西壮族的民俗活动用品、青年男女的定情信物，乃至壮族的文化符号，其中凝聚了壮族民间编制工艺的精髓和对爱情、幸福等美好生活的向往和祝愿的情感和情操。改革开放后，绣球被开发成为民族手工艺品，逐渐走向产业化道路。自20世纪80年代中期以来，广西旧州逐渐形成"绣球一条街"。20世纪90年代，靖西旧州开始大量生产绣球，至今，该地530户2283人中有400多户1000多人制作绣球，年产绣球约10万个，产值约100万元，约占旧州社会总产值的25%③。旧州街还成立了旧州刺绣协会，由协会进行集体销售，绣球生产能力和生产水平有了很大提高，国内外订单源源不断。在民族文化资源开发的过程中，靖西县政府将绣球作为地方文化形象进行打造，旧州的绣球已从原先壮家青年男女的定情信物变为当地民众脱贫致富的一项产业。④ 在文化产业开发的进程中，绣球虽然出现了功能转换和形式变迁，但其制作工艺和精神内涵却得到了传承和传播。

开发利用传统特色歌舞艺术，各地打造出一系列文艺演出品牌剧目，取得了良好的经济效益和社会效益。1982年，西安推出了我国第一个旅

---

① 李炎、王佳等：《空间、布局与特色：云南文化产业现状与对策》，云南大学出版社2011年版，第16页。
② 《"湘西坊"创业园：文化生态和旅游产业共谋双赢——专访中共湘西州委副书记、州委统战部部长郭建群》，《民族论坛》2010年第4期。
③ 李富强：《民族文化的资本化运营：西部大开发中弘扬民族文化的重要途径》，《桂海论丛》2003年第2期。
④ 吕屏、彭家威：《传统工艺与现代商品——文化产业进程汇总壮族绣球的传承与变迁》，《广西民族研究》2008年第1期。

游演艺项目——《仿唐乐舞》，曾经风靡一时。2004年，桂林阳朔推出的大型山水实景演出《印象·刘三姐》，开创了大型山水实景演出先河，掀起了我国旅游演艺热潮。该节目先后荣获第三届中国十大演出盛事奖、中国乡土艺术文化特别贡献奖和文化部首届创新奖，成为世界旅游组织目的地、会议、最佳休闲度假推荐项目。此后，西安的《长恨歌》、云南的《丽水金沙》、杭州的《宋城千古情》《印象·西湖》等结合当地特色、与景区紧密结合的旅游演艺先后诞生。其中，《宋城千古情》获得国家"五个一"工程奖，推出至今累计演出11000余场，接待观众2500万人次，是目前世界上年演出场次最多和观众接待量最大的剧场演出①。

　　随着文化产业和民族旅游的兴盛，各民族地区开发出了一系列优秀的演艺节目。云南省已打造出《云南映象》《丽水金沙》《蝴蝶之梦》《吉鑫宴舞》《映象·丽江》《勐巴拉娜西》一批演艺精品。贵州倾力打造出大型民族歌舞诗《多彩贵州风》精品剧目。新疆充分发挥"歌舞之乡"的优势，推进演艺与旅游、传媒、科技的结合，依托乌鲁木齐、吐鲁番、喀什、天池、那拉提、喀纳斯等重点旅游城市和景区平台，打造一批富有新疆特色的"新疆宴艺""大型实景演艺"等项目；整合文化系统现有资源，以新疆艺术剧院人民剧场为核心，联合乌鲁木齐及地、州、市具备商业演出条件的剧场，形成覆盖全疆的新疆演出院线联盟；打造"新疆歌舞"门户网站，成为充分反映新疆和全国歌舞艺术发展情况、歌舞艺术营销推介的平台；组建新疆歌舞股份有限公司，积极运作演出院线联盟和歌舞网站，推动其在创业板上市。②

　　旅游演艺剧目的内容和形式，大多取材于当地非物质文化遗产。在政治精英、资本精英和文化精英的共谋下，传统民俗和文化遗产在旅游场域中进行着再生产。投资者作为经济资本的拥有者，在旅游演艺场域中，围绕着文化资本的运作进而获得经济利益最大化。在文化再生产场域中，走向市场的非物质文化遗产必然要遵循市场的逻辑，离开原有的

---

① 顾军：《从一位南京企业家的"转行"，看文化演出市场的前景与潜力》，http://roll.sohu.com/20120801/n349509233.shtml。

② 闫炜炜：《新疆文化事业、文化产业发展探析》，《新疆社科论坛》2013年第1期。

文化生存空间，被仪式化、舞台化，成为被观赏的对象。①

部分浓郁民族特色和地域特征的节日庆典经过包装和商业化运作，成为各种民俗文化的集中展示，推动了我国文博会展业快速发展。如湖南湘西的"四月八""六月六""赶秋节"，内蒙古的国际那达慕、鄂尔多斯成吉思汗国际文化节、呼和浩特市昭君文化节、第三届中国西部文化产业博览会、内蒙古国际草原文化节、红山文化节、胡杨生态旅游文化节等会展项目的举办，均取得了良好的社会和经济效益，已经成为全国知名会展品牌。广西南宁国际民歌艺术节，被中国节庆协会评为最具影响力的十大节庆活动。云南省形成了中国国际旅游交易会、中国昆明国际花卉展、昆明国际农业博览会、中国云南普洱茶国际博览会、石林国际火把节、昆明国际美食节等一批有影响力、竞争力的品牌会展。

联合国教科文组织《非物质文化遗产保护公约》在第一章的第二条中提出："这种非物质文化遗产世代相传，在各社区和群体适应周围环境以及与自然和历史的互动中，被不断地再创造，为这些社区和群体提供认同感和持续感，从而增强对文化多样性和人类创造力的尊重。"② 因此，非物质文化遗产活态流变性的基本特性，也决定了我们今天的保护不应是静止的凝固的保护，而是为了发展的保护。③ 而正是在传统文化的产业化开发过程中，传统文化的相关工具与技艺流程，造型、表现形式与功能，以及手工实践等都发生了相应的改变，以适应新的文化生态。

第五，以传统文化为内容的文化创意开发，为传统文化的传承与传播拓展了新的空间。文化创意产业开发是以传统文化资源为原点，运用现代的科技手段，结合现代的创意与思维来开展文化开发活动。

国家鼓励文化文物单位发挥文化资源优势，积极开发文化创意活动，促进中华优秀传统文化传承。根据2016年国务院办公厅的《文化

---

① 姚小云：《旅游演艺场域中非物质文化遗产的文化再生产——以〈张家界魅力湘西为例〉》，《怀化学院学报》2013年第6期。

② 文化部对外联络局：《联合国教科文组织〈非物质文化遗产保护公约〉基础文件汇编》，外文出版社2012年版。

③ 《科学保护非物质文化遗产——访中国艺术研究院院长、中国非物质文化保护中心主任王文章研究员》，《中国社会科学院院报》2007年6月12日。

部等部门关于推动文化文物单位文化创意产品开发若干意见的通知》，文化部、国家文物局确定、备案了154家各类博物馆、美术馆、图书馆、文化馆、群众艺术馆、纪念馆、非物质文化遗产保护中心及其他文博单位试点单位，依托文化文物单位馆藏文化资源，开发各类文化创意产品。

动漫产业属于典型的文化创意产业。国家级文化产业示范基地中，从事创意开发的著名企业有：雅昌企业（集团）公司（艺术产品数字化）、三辰卡通集团、浙江中南集团卡通影视有限公司、天津神界漫画有限公司等。新疆7坊街创意产业集聚区利用新疆独有的民族、地域特色优势，大力发展具有新疆特色的文化创意产业。目前，园区已发展成为拥有90余间艺术工作室，近1万平方米艺术创作空间的集合型艺术产业基地，并参加了"深圳文博会""首届中国—亚欧博览会"等大型展会，2011年获中国创意产业"最佳园区奖"。新疆充分挖掘新疆文化资源传奇性、独特性等特质，开发一批以数字化生产、网络化传播为主要特征的文化数字内容项目，鼓励扶持对舞台剧目、文物景点、非物质文化遗产等进行数字化转化和开发，培育发展具有新疆民族特色和区域特色的文化创意产业。新疆动漫产业联谊会参与单位有新疆卡尔罗媒体科技有限公司、新疆达雅风尚文化传播有限公司、乌鲁木齐龙喜汇动漫有限公司、新漫人文化传媒有限公司、漫龙数字技术有限公司及新疆艺术学院、新疆教育学院美术分院、乌鲁木齐职业大学信息分院等十余家动漫企业和动漫教育院校。

2. 非产业化开发中的传统文化传承

非产业化开发是指乡村文化产业形态。这种对传统文化的开发利用虽进入经济领域，但未形成规模产业，如民间小作坊、家庭自产自销式的开发，这种形式是大规模商业开发利用的有益补充，也是需要国家大力扶持的脆弱和边缘行业[①]。

非生产性的传统文化开发利用既具有盈利的商业特征，也带有一定的公益性。在这种开发利用中，传统文化大多保持着原生形态，且深受人民喜爱和认同。湖北恩施土家族苗族自治州为了抢救性开展民族民间

---

① 段超：《中华优秀传统文化当代传承体系建构研究》，《中南民族大学学报》2012年第2期。

文化活动，为建设民族文化大州、建设社会主义新农村服务，从2006年开始，州文联和州民间文艺家协会宣布成立2批32支民间艺术表演队。湖北建始县长梁乡活跃着60多支民间文艺表演队。农户红白喜事时，便会请上民间文化艺人，进行民间文艺节目表演。喜庆之时，艺人表演自然会增加喜庆气氛；长者仙逝，民间艺人便用传统的丝弦锣鼓、撒叶儿嗬等形式，以示对死者表示祭奠。民间艺人表演队到家表演，不仅为左右邻居带来了文化享受，更为了一些从事民间文化活动的农民带来了从业机会。如时下随着农村经济和基础设施条件的改善，农民对文化的渴求与日俱增，民间文化再次回到老百姓中间，不仅满足了人们对喜闻乐见的文化生活需求，而且促进了民间文化向市场化、产业化方向发展。

民间文艺社团是非产业化开发的重要参与者，他们深入乡村与社区，通过群众喜闻乐见的文艺表演方式娱己娱人，为传统文化传承营造了浓厚的社会氛围。鄂西南恩施市六角亭街道办事处辖区，常年活跃着十多个民间演艺团体（队），如高桥坝村雄狮队、谭家坝村舞龙队、恩施市久久农民艺术团、恩施市星光剧社、恩施市乐老艺术团等。这些民间文艺演出团体（队）都是群众自发组织、民主管理的社会团体。他们自编自导自演文艺节目，长期深入恩施城镇社区与土家村寨，在百姓家的红白喜事中开展各种丰富多彩的文艺表演活动。部分民间演艺团体一个月的演出场次多达20多场。正是这些活跃于城乡的民间演出团体的传承实践活动，使得京剧、舞蹈、小品、恩施当地的民族民间文艺活动重新回归人民生活，既满足了人民群众日益增长的文化娱乐需求，也确保了上述传统文化的生命力。

非产业化开发中的传统文化的传承精髓在于维持了传统习俗、文艺等传统文化的社区性和民间性。通过民间演艺团体的传承实践活动，传统文化的大众文化生态得到保护和培育，使传统文化深刻融入所在区域、社区民众的社会生活和情感表达。持有优秀传统文化的社区、群体或个人，其传承、弘扬和振兴的传统文化的主体地位得到了尊重，必然会增强传承传统文化的积极性与主动性。

（二）非物质文化遗产生产性保护传承

非物质文化遗产生产性保护，是指在具有生产性质的实践过程中，以保持非物质文化遗产的真实性、整体性和传承性为核心，借助生产、流通、销售等手段，将非物质文化遗产及其资源转化为文化产品的保护方式。生产性保护基地是非物质文化遗产传承的主阵地。2011年以来，国家先后批准建设了两批共计98家国家级非物质文化遗产生产性保护基地。中国宣纸集团公司、东阿阿胶股份有限公司和北京珐琅厂等单位，成为中国首批非遗生产性保护示范基地，随后各省、市、县也相继建立各级各类"非遗"生产性保护示范基地。

一些商业企业也加入生产性保护的行列。典型性的代表企业以开发生产传统技艺制作类手工艺品为主，如壮族织锦类纺织业、广东佛山冶铁和制陶业、广东香山县咀香园杏仁饼传统饮食业、河北保定的刘伶醉酿酒业，以及凭借非物质文化资源发展的旅游公司，等等。

地方社团及民间组织也开展了生产性保护传承工作。民众自发成立各种协会，如剪纸协会、地方艺术家协会等，并定期组织会员进入村镇开展表演和创办展览等，不仅传播了非物质文化遗产资源，扩大了非遗的影响力，提高了人们保护非遗的意识，还实现了地方非物质文化遗产保护工作的规范化、组织化，极大地促进了非遗传承工作的开展。例如，20世纪50年代成立的"佛山民间艺术研究社"，既是经济组织，又是社会单元的民间组织，在佛山民间艺术的传承方面发挥了重要作用。它将散落的民间手工艺人集合起来，组成剪纸、灯色和秋色三个车间。将民间手工艺家庭纳入了合作化生产道路，开办了剪纸店，开创了招工学徒、培训授艺、集中生产的保护路径，有效地保护和传承了非物质文化遗产。

(三) 文化旅游开发传承

文化旅游开发传承，指利用传统文化作为主要资源来发展旅游业。在文化旅游中，东道主社会向游客展示、呈现和销售其独特的生产生活方式、节日庆典、恋爱婚姻习俗、历史传说、信仰与禁忌，已成为其主要的生计方式。[①] 非物质文化遗产和物质文化遗产部分是在社区建立自己的集体社会价值的过程中，随着社区的发展而逐渐积累和再生产出来的文化资本。通过旅游，这种文化遗产被转变为用于交换的商品。文化遗产是持续上涨的全球旅游经济不断增长的主要吸引力，如果规划和管理

---

① 李然：《民族传统文化的生态重构与传承发展体系再造——以土家织锦为例》，《广西民族大学学报》2017年第3期。

得当,地方文化会成为社区最有价值的资本!"在将非物质文化遗产用于旅游的过程中,非物质文化遗产所具有的特定的观念、价值可能在一定的情境中通过自觉的活动被传递下去。"①

为了更好地吸引游客,各地纷纷以具有地方文化特色的节庆活动为载体,着力挖掘和整合本地的文化旅游资源。内蒙古自治区初步形成了以领略草原风光和民族风情为特征的特色旅游,以内蒙古博物院和内蒙古乌兰恰特为代表的一批规模大、功能全的标志性文化设施已经建成。贵州省传统文化保护传承与旅游发展结合更加紧密。贵州省设立文化产业发展专项资金大力扶持多彩贵州城、贵州文化产业广场、民族歌舞诗剧、工艺品加工制造园区、旅游商品会展中心等各类文化旅游项目60多个,扶持资金2300余万元;规划、打造了一批富有民族特色的苗、侗、布依等民族村寨;通过举办"两赛一会"活动,评选出一批"贵州名匠"和"贵州名创",推出一批具有民族民间特色的银饰、刺绣、蜡染、面具等工艺精品;规划建成了一批名镇、古镇。围绕景区景点建设,挖掘当地民族演艺节目,打造、推出了苗族飞歌、侗族大歌、布依族"八音坐唱"等系列演艺剧目。

(四)社会治理领域的传统文化开发利用传承

优秀传统文化凝聚着中华民族自强不息的精神追求和历久弥新的精神财富,是发展社会主义先进文化的深厚基础,是建设中华民族共有精神家园的重要支撑。习近平总书记指出:"中华优秀传统文化的丰富哲学思想、人文精神、教化思想、道德理念等,可以为人们认识和改造世界提供有益启迪,可以为治国理政提供有益启示,也可以为道德建设提供有益启发。"② 传统文化作为文化资本,除了为传统文化的实践主体带来经济利益,挖掘和阐发优秀传统文化思想价值,发挥其认同功能、规范功能、整合功能和濡化功能,还能成为新时代鼓舞人民前进的精神力量,成为社会治理的有效工具和手段。

---

① 路芳:《非物质文化遗产在旅游中的再生产》,《西南民族大学学报》2015年第1期。
② 习近平:《在纪念孔子诞辰2565周年国际学术研讨会暨国际儒学联合会第五届会员大会开幕会上的讲话》,《人民日报》2014年9月25日,第2版。

1. 开发利用传统文化促进公共文化服务体系建设

公共文化服务体系中的传统文化开发利用,是一种公益性文化产业的开发,是文化事业发展模式,是当前构建和谐社会的重要举措。

第一,利用传统文化进行社会教育。如通过传统文化的展演,增强民众对中华文化、伟大祖国的认同。2009年元宵节期间,文化部等部门举办了"中国非物质文化遗产传统技艺大展"系列活动,隆重推出传统美术、手工技艺、传统饮食和传统医药类的众多传统技艺项目,持续半个月的大展吸引了众多的观众与收藏爱好者,广大群众对博大精深的传统技艺表现出极大的热情与价值认同。

将传统文化打造成法制宣传、知识普及等新平台和新载体。湘西苗族的"赶秋节""四月八""六月六"等民族节日在传承民族传统文化元素的基础上,融入了物资交流、体育竞技、法制宣传、知识普及等现代文化内容。

第二,改造利用传统文化,促进公共文化服务,满足人民文化娱乐需求。鄂西长阳的"巴山舞"就是通过开发利用土家族传统文化,改造出的现代健身舞蹈。20世纪70年代,长阳县文化工作者便对跳丧舞进行发掘整理、加工改造,在保持原音乐基调和基本舞步基础上,加上了一些摇滚音乐和现代舞的轻快步伐。改编后的跳丧舞,活泼明快,人们称之为"巴山舞",由于较好地体现了现实生活的需要,巴山舞深受群众喜爱,很快在机关、学校、厂矿中推广普及。2000年,覃发池等文化工作者对巴山舞做了进一步改造,使之成为广场健身舞蹈。经过20多年的改造和探索,跳丧舞由最初的丧葬舞蹈变成今日的健身舞蹈,成为国家体育总局向全社会推荐的全民健身运动舞蹈。[①]

2. 利用民族传统文化开展民族团结进步创建工作

传统文化在与现实生活相融相通的过程中,以文化人、服务社会的重要功能得以彰显,促进社会善治。如民族地区以民族节日和墟场为阵地,开展民族团结进步教育。湘西州以重要纪念日如民族传统节日,特别是土家族、苗族节日为契机,采取文艺表演、体育竞赛等多种形式,

---

[①] 段超:《关于民族传统文化创新发展问题的调查与思考——湖北民族地区传统文化创新调研报告》,《江汉论坛》2005年第6期。

开展民族团结进步创建活动，促进各民族的交往交流交融。如古丈县利用土家族的"社巴节""跳马节"和苗族的"三月三""四月八"等民俗节庆，在断龙山乡和默戎镇进行民族宗教法律法规的宣传教育。吉首市马颈坳镇民族团结示范点以民族文化交流的方式，化解了两地多年的矛盾。马颈坳镇与毗邻乡镇共同举办民族文化活动和群众性体育活动，促进文化交流，提升各民族之间的文化认同感。凤凰县民委在落潮井乡与交界县市民委多次举办"龙舟友谊赛""苗族服装银饰文化节""苗族花鼓节""六月六""四月八"等民族文化交流活动，既促进了各族群众的交往交流交融，又带动了旅游业的发展。① 在政府组织运作民族节庆过程中，社区和各民族群众广泛参与，民族节日所包含的众多文化元素重新回归社区生活，实现了传统文化的活态化传承。

**二　传承机理②**

传统文化在开发利用中，之所以得以传承，并形成自身的传承体系，得益于文化资本与社会资本、经济资本、象征资本和国家资本的相互转化。正是在这些文化资本的转换过程中，从历史上延续下来的传统文化的现代价值得到发掘和彰显，并被赋予新的内容和形式，开始融入人民群众的生产生活。文化资本有三种存在形态：身体化的形态、客观化的形态和制度化的形态。传统文化在开发利用中的传承，就是实现传统文化从身体化的形态向客观化的形态和制度化的形态的转变过程中，实现了文化资本向经济资本、社会资本和符号资本的转变，从而使文化传承走向了一种制度化和规范化的传承。经济效益和社会效益双重导向的开发利用传承不仅赋予优秀传统文化新的时代内涵和现代表达形式，增强其在民众中的重点影响力和感召力，传承群体和受众的参与感、获得感和自豪感也得到提升。

（一）修复与重构传统文化生态

中华优秀传统文化根植于中国传统乡土社会，在当下中国由"乡土

---

① 李然：《多民族联合自治地方民族团结进步创建工作探析——以湘西土家族苗族自治州为例》，《中南民族大学学报》2013年第4期。

② 李然：《民族传统文化的生态重构与传承发展体系再造——以土家织锦为例》，《广西民族大学学报》2017年第3期。

中国"向"市场中国"①的转型中，中华优秀传统文化的存续、传承与发展的生态也逐渐由"乡土生态"向"市场生态"转型。这种"市场生态"的重构生发于文化产业开发、文化旅游业发展、利用优秀传统文化进行社会治理等文化实践中。传统文化的开发利用，实际上是一种恢复和再造文化生态的实践。由于现代科学技术的发展与普及，及其伴随的文化变迁与社会转型，传统文化的部分功能逐渐消失，生存空间逐渐萎缩。②而当下传统文化的开发和利用，就是通过发掘和利用传统文化的现代价值和意蕴，使其能在现代化的工业社会中，不同程度地满足人民群众的生产生活需要而获得新的生命。

文化持有者重拾文化自信和文化自觉，积极参与到传统文化的生产和再生产过程中。在国家政策、市场资本和村民发展诉求的共谋下，传统文化的传承实践成为个人、群体和社区的新日常生活形态，一种新的适应于传统文化生存与发展的文化生态正在生成，从而使优秀传统文化真正传承和存续下去。如在"民间艺术之乡"云南大理州鹤庆县新华村从事民族手工艺品加工的有878户，占总户数的80.5%，从事手工艺生产与经营的2650人③。由于传统工艺品的制作已演化为村民的生计方式，越来越多的青年人开始转变观念，愿意拜师学习手工技艺。寸发标、洪金标等一批优秀的民间艺人，在积极推进传统手工艺传承的同时，面对日新月异的市场，不断进行艺术创新、技术共享。有的借助新技术，拓展了传统文化传承的新空间、新场域。再如新疆德威龙文化传播有限公司的"新疆歌舞网项目"，通过100万元的资金支持，将原来上网运营的新疆音乐榜升级扩容成一个集歌舞文化展示、资讯发布、电子商务于一体的网络平台，向全国和亚洲地区展示和营销新疆歌舞艺术及衍生产品。

（二）再造新的传承体系

传统文化的开发利用传承作为一种文化的生产与再生产，其传承体系是一个复杂的系统。相对于传统的传承方式，它的主要构成要素，从

---

① 贺雪峰：《新乡土中国》，北京大学出版社2013年版。
② 李然：《民族传统文化的生态重构与传承发展体系再造——以土家织锦为例》，《广西民族大学学报》2017年第3期。
③ 李晓华：《鹤庆新华村：千年"银都"如何玩转电商成为淘宝村》，http://www.imaijia.com/xyct/8a04288d56121818015625fbc17b01ed.shtml。

传者与受者、传承场域、传承内容、传承方式等都发生了显著的变化，从而构成了一个新的传承体系。

1. 传者与受者身份与关系的演变

在我国传统文化的传承体系中，除却经典儒家思想通过学校传承，大多通过父子相传、母女相传的家庭传承模式，以及师徒相传、同伴学习的社会传承模式传承。传者与受者的身份较为固定和熟悉，双方关系也具有极强的私人性、情感性和稳定性。

但是在产业开发的过程中，传者与受者的身份则具有匿名性和符号化。传者通常是国家赋予的权威身份，如非物质文化遗产传承人、艺术大师、教师等头衔；或现代化企业里的厂长、剧团的团长，等等。受者则以工人、演员、学生等身份参与学习。传者与受者的关系被置于一种接近于科层制的内部结构中，双方的关系大多为老板与员工、上级与下级的关系。这种关系的演变，是为了适应商品性的传统文化在市场经济中标准化、精准化生产需求。传者与受者的关系也具有相当大的开放性。在青海黄南藏族自治州的热贡文化生态保护区，唐卡、泥塑、堆绣、木雕等热贡艺术传习中心面向全国招收学徒和画工。在广西旧州，绣球本来只是女性在闺房中绣制，而现在绣制绣球甚至成为一种旅游观赏景观，成为一种普遍的生计方式。由于销量好，越来越多的男性加入到绣制的行列中。

知识精英的参与，也使传统的传者与受者关系结构中增添了新的媒介。在传统文化的再生产过程中，学者是一个关键性因素。他们不仅使传统文化从民间走向市场，而且带动民众、政府参与到再生产的过程中来，共同进行传统文化的再生产。学者的参与，使传统文化从民间形态走向知识形态和资本形态。

学者作为知识生产者，一般不是非物质文化遗产资本的拥有者，但在文化资本向经济资本转化过程中，担当了非物质文化遗产真实性和旅游演艺观赏性融合的协调者。知识精英的参与，改变了传统文化民间自发传承的态势。在土家族地区，学者们参与了土家织锦搜集整理、图案设计、旅游商品的打造等，使织锦文化从民间形态走向知识形态和资本形态。学者的专业权威和技能确保了文化产品及其服务的"真实性"与市场竞争力。在土家织锦专业委员会努力下，土家织锦在设计、研发、营销等环节的资源得到整合，对维护民族文化知识产权、创立土家族民族品牌、实现民族传统技艺由学术研究领域向经济领域拓展等起到积极作用。①

促成传者与受者的结合，更离不开经济资本对文化资本的征用。吐鲁番欢乐盛典文化投资有限公司获得150万元资金扶持的"大型民族歌舞音画《吐鲁番盛典》项目"，使大型民族歌舞音画《吐鲁番盛典》全面走上文化旅游常态化商业演出。

"在全球化发展的今天，不再存在封闭的文化系统，每个地方性的非物质文化遗产的传承人和传播者未必只是当地民众，其可以是来自不同地区不同国家的人们共同传承与传播。"② 在开发利用的过程中，一种新的传者与受者的关系也开始出现，即文化的实践者、表演者与文化商品或服务的消费者的关系。

2. 传承场域的转换与再造

开发利用过程中，传统文化的传承场域由学校场域、家庭场域、社区社会场域逐渐向市场社会场域转向。"文化再生产理论指出，文化是动态的、不断发展变化的，是一个处于不断再生产中的过程。"③传统文化的开发利用，也是一个文化再生产的过程。传统文化产品及其服务的文化再生产过程中所形成的各种社会互动与竞争的关系，建构了传统文化再生产场域——商业市场场域和旅游演艺场域。"在旅游演艺场域中，各级政府、市场与投资者、专家学者、非遗传承人与地方民众等文化再生产主体拥有不同质或量的资本，代表不同的力量，彼此间存在竞争，而决定竞争的逻辑就是资本的逻辑。"④ 在因开发利用而形构的传统文化场域中，国家资本、文化资本、社会资本和象征资本各有其自在的行为逻辑，文化的实践者也形成了新的惯习。

---

① 李然：《民族传统文化的生态重构与传承发展体系再造——以土家织锦为例》，《广西民族大学学报》2017年第3期。

② 方李莉：《论"非遗"传承与当代社会的多样性发展——以景德镇传统手工艺复兴为例》，《民族艺术》2015年第1期。

③ 宗晓莲：《布迪厄文化再生产理论对文化变迁研究的意义——以旅游开发背景下的民族文化变迁研究为例》，《广西民族学院学报》2002年第2期。

④ 谢菲：《非物质文化遗产传承场域的再生产》，《湖南社会科学》2011年第5期。

传统文化的保护、传承是当前我国文化发展战略的一项重要内容,而依托传统文化的文化产业发展不仅事关传承文化的保护与传承,更是国家重点打造的新兴战略产业,承载着文化强国建设和区域经济发展突破口的重要使命。所以,作为传统文化的元场域,国家通过自身权力话语体系的影响与支配,利用意识形态的渗透、政策法规的执行、资金的扶持等形式推动传统文化的再生产。《中华人民共和国非物质文化遗产法》第三十七条规定:国家鼓励和支持发挥非物质文化遗产资源的特殊优势,在有效保护的基础上,合理利用非物质文化遗产代表性项目开发具有地方、民族特色和市场潜力的文化产品和文化服务。

商业市场场域和旅游演艺场域中,传统文化再生产的价值主要是传播文化遗产,扩大文化遗产的影响力;以及激发传承人、当地民众和整个社会对传统文化的自豪感,促进他们保护和传承传统文化自觉意识的形成。

作为文化生产的倡导者,政府看重的传统文化不仅是地方形象展示与地方文化象征的资本,也是带动地方经济发展的重要资本。同时,对非物质文化遗产的保护与传承,又体现地方政府自身的政绩所在,传统文化从中再次获得了"政治资本"。所以,众多文化市场品牌,特别是旅游演艺场域中非物质文化遗产的再生产,使我们看到了传统文化在文化资本、经济资本、象征资本(符号资本)和政治资本之间的转换。

内蒙古东联集团作为鄂尔多斯主导发展文化产业的民营企业,从开发成吉思汗陵墓之始,就受到市委市政府的特别重视和大力支持,成功消解了民族文化之间以及旅游文化和祭祀文化之间的冲突,创造了成吉思汗陵墓全新的生态环境和文化内涵。东联集团成吉思汗陵旅游景区的开发建设,确立了以成吉思汗文化为主题的大型文化旅游项目,经过近十年的经营管理,成吉思汗陵旅游景区已经成为国家5级旅游景区、国家文化产业示范基地、内蒙古龙头旅游景区。后期经济效益和社会效益的凸显,已经使成吉思汗陵墓成为促进内蒙古自治区民族团结、边疆稳定、文化保护、经济发展的重要窗口,成为自治区先行并坚持发展文化旅游产业的典范与标杆。在鄂尔多斯市和伊金霍洛旗两级政府实行结构调整、城乡统筹、生态保护、弘扬和传承民族文化的大背景和思路之下,由东联控股集团打造的苏泊罕大草原旅游景区以"激情苏泊罕,浪漫大草原"为主题定位,以鲜明的草原文化、游牧文化为特征,已创造出具有独特的文化意义与旅游表现形式的景观建筑,展现鄂尔多斯草原的全新特色。①

传统文化产品和服务、旅游演艺是适应市场需求的产物,在市场中产生和发展,因此,经济资本在其中表现出很强大的力量。市场与投资者拥有经济资本,在非物质文化遗产的再生产过程中占据主导和支配地位,追求经济效益的最大化。其他力量一方面寻求自身资本的最大化,另一方面又受制于市场和投资者,服从于经济效益这个核心。在市场与投资者为主导的多种力量的综合作用下,传统文化在文化商品生产与服务、旅游演艺这个新场域中上演的并非传承人原真性的"文化再生产",而是一种工业化、市场化、舞台化、场景化"文化再生产",有其自身的文化理性与经济理性。

商业资本介入传统文化的再生产过程,改变了传统文化由社区内部举办与共享的传统格局。如内蒙古鄂尔多斯东联集团投资2.3亿元建设了成吉思汗旅游区,包头神华集团投资2000余万元兴建了阿尔丁会堂。湖北省民族歌舞团与恩施市华硒生态农牧业有限责任公司开展战略合作,由华硒集团以资金入股,湖北省民族歌舞团以品牌(含技术及人力资源)形式入股,注册成立湖北省盛铭戈文化传媒有限责任公司(隶属湖北省民族歌舞团),2011年正式运行之后,演出场次与收入实现了翻番。华硒集团还投资8000万元,和该团合作打造了湖北恩施·土家女儿城大型奇幻歌舞剧《西兰卡普》。

布迪厄认为:"文化产品有其自主的存在法则,不能完全归结为被主体占有的状态,然而,它只有被占有并被作为一种投资参与到文化生产的斗争之中,才能够作为一种有效的资本而存在,才能获取一定比例的物质或象征的利润。"② 所以,在开发利用场域中,无论是个体经营者还是中小型企业或民众个体,在推动文化产品开发经营、文化产业链构建、文化管理制度创新等方面都将呈现积极主动的态度,以有助于形成文化

---

① 郝诚之:《东联控股:草原文化的传承者》,《西部大开发》2011年第6期。
② [法]皮埃尔·布迪厄:《文化资本与社会炼金术》,包亚明译,上海人民出版社1997年版,第198页。

资源向具体文化资本和制度文化资本转化的再生产机制。

在全球化背景下，文化产业已成为众多国家、地区经济增长的重要驱动力。因此，传统文化的开发利用传承是由国家元场域①激发、推动的"文化再生产"。传统文化资本获得了前所未有的合理性和合法性，民众也积极以自身的文化资本进行置换、创新或重组，行将衰落和消失的传统文化随着文化产业的兴起，又获得了复兴和发展的契机。

产业化的开发利用也促进了文化资本向社会资本的转化。在产业化开发中，传统文化的经营与开发开始成为一种新的社会生活实践。社会资本存在于个体、群体、各类社会组织的关系网络中，其表现形式有信息网络、社会规范、信任、期望、权威、行动的共识及社会道德等方面。族群、社区与民众的公共利益、社会声誉、社会地位的提升，是文化资本向社会资本转型的基础。所以，当传统文化的开发利用成为民族、群体社会生产经营活动时，如果能够为一个民族、区域获取更多经济利益，促进社会治理，增进文化自信与民族认同感，改善族群关系，文化的社会资本功能才得以真正发挥，才能成功突破因生态失衡而造成的文化传承困境。

（三）推进了优秀传统文化的创造性转化和创新性发展

在开发利用传统文化过程中，传统文化已经脱离了原有的家庭内部、社区内部，乃至本民族内部相对封闭的区域，进入一个新的"公共空间"。在传统的文化传承场域中，传统文化的传承是一种整体式传承，传统文化的生产和再生产，是一个人、一个家庭、一个社区、一个民族的整体性文化呈现。而在开发利用场域中，只有当传统文化作为一种民族文化资源的价值被激活后，才能成为可用于生产、交换、消费的商品，在特定的受众和市场面前，才能显示其经济功能和盈利能力。因此，或借助其形，或借助其神，传统文化在商业社会里以不同的面目呈现。

土家族织锦西兰卡普的市场化就是一个典型的案例。湖北省来凤县土家织锦村坚持"古为今用，土为洋用"原则，以增加花色品种，拓宽营销渠道，打造民族精品，弘扬土家文化的经营理念，不断使土家锦健

---

① 国家元场域由皮埃尔·布迪厄提出。他认为，生产政策等权威形式的国家是诸场域的聚合体，就是元场域。任何一个社会场域都会受到国家元场域的支配和限制。

康地发展。首先是改进工艺流程，增加花色品种。按西兰卡普传统工艺，一般以小条幅为主，宽不过2尺，长不过6尺，他们针对市场需求和人们的生活变化要求，进行小机改大机、窄幅改宽幅、化纤改棉质、单一改多种等措施，不断把西兰卡普推陈出新。除"土家女儿会"外，他们还推出了"土家风光""土家月明""月是故乡明""土家摆手舞""茅古斯""寿星""招财进宝""姐妹情""土家女"等数十个品种。

土家织锦村还对历史悠久的传统图案进行"移植""拼接""一花多用"等办法，把图案广泛用于床上用品、装饰物品、生活用品等多个门类，使广大消费者能"以用造物""以物选用"紧贴日常生活。如对各式"勾花"图案，按顾客的需求，织成了床罩、床被、枕巾、坐垫、桌布、门帘、地毯、挎包、壁画、服饰等数十种土家锦，可以说按顾客的需求是"各取所需，应有尽有"。

当今，商品化的西兰卡普、绣球等分离了民族工艺品与民俗生活的密切关系，民族工艺中所承载的丰厚民俗文化被忽略了。这些艺术形式背后与民众们的宇宙观、生命观乃至生产方式紧密相连的传统文化，似乎被碎片化甚至空间化。但这种形与神的分离，虽然对于传统文化产品中所蕴含的情感有所削弱，但并不妨碍企业对其生产工艺提出更高的要求。他们除在挑织上下功夫外，还在造型、色彩上做到古香古色又美观实用。如生产传统的"勾"花系列品种，为来凤县土家织锦村的名牌产品，大量用在被罩、垫毯、服饰、装饰和收藏上。来凤县土家织锦村"勾"花土家锦品牌曾在第八届全国工艺美术大师作品暨工艺美术精品博览会上荣获国家工艺美术品金奖、银奖，在国内外市场上十分畅销。

开发利用中的文化传承实践及其价值内涵也发生了改变。以往的观念认为，文化是神圣的、独立的，是对客观规律的表达和描述，是知识和真理。布迪厄则认为文化知识是人们日常生活中的一种现象和资源，它与人们的生活、生产紧密相连。因此，文化的再生产实际上是人类文化的一种生存策略。

文化产业语境下的壮族绣球，其传承与变迁的主体不仅是工艺的风格、图案特点，更重要的是作为一个社群活动的文化内涵也正在悄然发生改变。如在旧州壮族绣球产业化的发展中，绣球被注入了更为丰富的文化内涵，呈现了崭新的文化面貌，其功能也被赋予了新的内容，式样、工艺也发生了变化。一方面，作为定情信物的绣球，其原形是由不同深浅不同颜色布块组成，填充物是栗豆、棉籽、棉花、碎纸、绿豆。绣球成为现代旅游商品后，被确定为十二瓣，每四瓣用一种底色，即红、绿、粉红，其填充物也随之变化了，有的加上中药如樟脑，用得更多的是樟木屑。绣球的衬底由易旧的粉红色，换成了光鲜的黄色，黄色把绣球表面的其他颜色衬托得更抢眼，甚至红色、蓝色、紫色及黑色作为绣球的主色。根据市场的需求，商品化的绣球图案开始吸收其他民族工艺文化特色，图案趋向多样化发展。绣球叶瓣不仅绣上了一些花鸟和祝词，甚至还增加外国人喜爱的圣诞树、圣诞老人等图案。自中国—东盟博览会在南宁举办以后，绣球成为赠送外宾的礼品，因而在绣球图案设计中出现了东盟十国的国旗、国徽等纹样。[1]

产业化的发展使古老的绣球成为一种文化符号，这种符号的能指与所指不断丰富。绣球原本象征爱情的纯洁、守信，但在市场化的浪潮中，现已被赋予了友谊、吉祥、美丽等内涵，它由男女之间的信物变成了城市之间、国家之间的礼物。对于壮族人民，绣球的文化功能由增加审美趣味性、沟通情感，转变成为一种能换取经济利益的现代商品，成为地方政府谋求经济发展的文化象征资源。

（四）促成了传承方式的革新

开发利用场域中传统文化的习得，已经具有从布迪厄所谓文化资本的第一种形态阶段的"身体化形态"[2]，向第二种形态"客观化的形态"[3]和第三种形态"制度化的文化资本"[4]过渡的特征。在对传统文化的开发利用当中，人们就是在建立一种文化再生产制度。"正是在制度化的运作过程中，民族文化中的物质、制度、观念文化才获得了一个能够继续发展的场所，否则，仅凭情感上的热爱与惋惜都不能起什么真正的作用。"[5]

---

[1] 吕屏、彭家威：《传统工艺与现代商品：文化产业进程中壮族绣球的传承与变迁》，《广西民族研究》2008 年第 1 期。

[2] ［法］皮埃尔·布迪厄：《文化资本与社会炼金术》，包亚明译，上海人民出版社 1997 年版，第 90 页。

[3] 薛晓源、曹荣湘：《文化资本、文化产品与文化制度——布尔迪厄之后的文化资本理论》，《马克思主义与现实》2004 年第 1 期。

[4] 马翀炜：《民族文化的资本化运用》，《民族研究》2001 年第 1 期。

[5] 马翀炜：《民族文化的资本化运用》，《民族研究》2001 年第 1 期。

传统文化的开发利用使其价值得到充分的展现，从而使民众重拾文化自觉与文化自信。在开发利用场域，文化资本的拥有者必须将自己客观化的文化资本与经济资本或社会资本结合，才能发挥文化资本的作用，以便为自己带来经济利润或其他利润，满足行动者生存和发展的需要。为适应工业化、市场化的生产与再生产，在开发利用场域，文化传承是以较为正式、规范的培训、学习等方式传承。如针对西兰卡普面临后继乏人、老龄化的困境，近几年来，来凤县满妹工艺品公司和土家织锦村通过公司加基地加农户的模式，通过企业集中培训把来凤、龙山2000多名家庭妇女培训成了编织能手，并把织机等机械让她们带回家中，利用每天的空闲时间为公司编织西兰卡普或者手工鞋垫等手工制品。不仅免费培训，包教包会，还给20多位困难学徒每人免费提供1台织锦机，供她们长期在家里使用。几年来，有50多人成了较熟练的西兰卡普技工。目前，她们生产的产品远销比利时、瑞士、法国等国家，深受外国朋友青睐，产品供不应求，出口汇额300多万美元[1]。

传统文化在产业化过程中，作为旅游工艺品、礼品或文化娱乐服务项目，已逐渐脱离人民的传统生活，其制作内容与样式必须符合市场需求。壮族绣球在产业化的发展中，涌现出一批技艺精湛、商品意识强、接受新生事物快的能人，他们在绣球的传承与变迁过程中起着重要的作用。作为手工艺精英，他们对本民族文化有着深厚的眷恋，同时受外来文化的濡化也很深，是本民族与外界沟通者。他们往往在本民族文化的开发中充当了设计者的角色。"中华巧女"黄肖琴，从小自学刺绣，20世纪七八十年代曾在县文化馆进行过绘画的培训，她能画善绣，制作绣球已近20年。1995年参加全国妇女工艺比赛，被全国妇联授予"中华巧女"称号，近年来在参赛中又获"中华技艺传承人"的荣誉。她平时组织本村手艺较好的姑娘在家传艺，自发形成黄肖琴绣球协会。2000年美国商人向她定制10万个圣诞题材的绣球，配色、图案均由她设计。她还自行设计制作了30瓣的绣球，对绣球进行了改革创新。而"绣球王"朱祖线最早在旧州成立刺绣协会，他善于吸收外界文化，创新出各种具有

---

[1] 沈鸿俊：《来凤县二千"织女"坐在家中织"金山"》，http://news.cnhubei.com/gdxw/201006/t1265790.shtml。

吉祥寓意的祝词，并将自己的技术传授给会员。

绣球工艺精英使原有的学艺方式发生改变，从传统向母亲或祖母学艺的传承方式，逐步走向参加协会、培训班或向师父学艺的方式。绣球作为被再生产出来的一种可供消费的文化商品后，富有个性、独具特色的民族文化逐渐成为一种同质化的时尚文化，但市场为绣球工艺的传承、发展提供了经济支撑。正是在产业化发展的进程中，近乎消失的传统绣球又被发掘、开发了出来，显示出了新的生机和活力。①

### 三　存在的问题[②]

在开发利用的场域中，传统文化重新回归"日常生活形态"。在新的场域里，实践这种文化成为众多工匠、演员和民众的生计方式和生活方式。把日常生活变成表演，把民俗活动变成更加盛大的表演。在市场经济中，传统文化开发利用传承已经成为一种消费型的动态传承方式，产业化的传统文化以一种符号化的手段和新的形式对受者产生教育。但是，这种传统文化的传承与复兴，已经不是原有意义上传统文化的再现，而是由经济资本、国家，以及知识分子和乡土文化精英的合作与共谋而形成的传统文化再生产。作为人文资源的传统文化与遗产，成为国家和区域社会的文化和经济发展的新的建构方式，也被赋予了多重的发展诉求。所以，这种文化传承也不得不遵循复杂的经济理性与文化理性，这终将会对传统文化的发展变化产生深远影响，既有可能迎来创新性发展和创造性转化的契机，也面临着过度商业化和异化的巨大风险。

（一）传统文化资源消失、衰退严重

随着我国现代化建设的步伐日益加快，人们的生计方式、消费观念和价值观念的急剧变迁，冲击了传统文化的保护与传承。

---

①　吕屏、彭家威：《传统工艺与现代商品：文化产业进程中壮族绣球的传承与变迁》，《广西民族研究》2008年第1期。

②　崔榕：《新时期少数民族传统文化的开发利用与传承研究——以贵州省为例》，《中南民族大学学报》2015年第5期。

1. 城镇化和外出务工破坏了传统文化"传承场"的完整性

随着工业化、城镇化和农业现代化建设的深入推进，农业文明和农村文化正遭受到城市文化前所未有的冲击：城市文化中的一些价值观念消解农民长期以来形成的传统价值观；古村、古镇正在被快速拓展的城市吞噬，最终成为历史的记忆。急功近利的城镇建设，往往忽略城镇文化特色。我国的城镇化一度片面强调基础设施建设和发展经济，忽视文化的传承和发展，使已生存维艰的农村传统文化雪上加霜。同时，在劳务经济的大潮中，大量的中青年劳动力离乡，乡村空心化和农村文化精英的离走，导致了民族文化主体严重流失。如据中国侗族文学会副秘书长田均权调查，湖南三个侗族县20岁到45岁的中青年长年与短期外出打工，芷江53%、新晃51%、通道49%，靖州、绥宁两个侗族青年外出打工的也分别在30%—40%，个别县的侗族乡村青年外出打工的占到60%还多[1]。而这些人正是侗族中、青年中文化相对较高、思想较活跃的人群，他们离开了侗寨，离开了学习和继承传统民族文化的环境，接受了现代文化，很多的年轻人对本民族的文化了解自然就不如他们父辈、祖辈那么深，有些人甚至反过来瞧不起带着"土味"的本民族传统文化。离开了传统文化场域，年轻人的传统文化记忆模糊、零散，难以形成乡土传统文化认同感，优秀传统文化失去了后继发展的根基，文化传承的传统机制被斩断。

2. 现代文化对传统文化形成冲击

一方面，外出务工群体返乡携带的大量都市现代文化因子，影响和冲击着乡村的民族传统文化。另一方面，电视、手机和电脑等现代传媒在少数民族乡村的普及，现代性文化形态强烈吸引着年青一代村民。年轻村民丢弃了传统文化，自愿向现代文化靠拢。年轻人迷恋于影视明星、流行歌曲和网络文化，对传统歌舞、民间艺术的兴趣日渐冷淡，挑花、刺绣、蜡染等民族工艺逐渐退出日常生活。与20世纪80年代相比，贵州六盘水市境内民族语言的使用率急剧下降，彝语、苗语、布依语下降率

---

[1] 田均权：《侗族传统文化发展现状与保护和开发》，http://blog.sina.com.cn/s/blog_608bf1e70101e7vu.html。

达 8 个百分点①。青少年的装束已基本融入社会大流，汉装、西装已成为侗族日常的主要服装。湖南通道是侗族聚居县，平常穿侗装的人已不到10%。贵州凯里市凯棠乡由于受现代影像传媒方式的影响，多数村民对芦笙已失去兴趣，"听不懂芦笙词，不理解吹奏意义"，"芦笙之乡"已名存实亡。②龙里的传统手工造纸、沿河的土家族乐器、盘县的雕版印刷、贵阳的雄精雕等也濒临失传。总之，当前人们新的文化选择导致民族传统文化迅速走向没落，失去传统文化开发利用的信心。

（二）开发利用与传承关系失衡

我国民族文化产业发展正处于探索阶段，既没有成熟的制度作保障，也缺乏成功的经验作引导，在产业实践中出现了重民族传统文化的开发利用、轻民族传统文化传承的现象。

1. 随意更改或杜撰传统文化内容

民族文化舞台化实现了文化展演的目的，为民族文化传承搭建了广阔的平台。但是，文化展演不仅包括戏剧、音乐会和演说，以及祷告中的民众、教义的颂诵、仪式典礼和节日，还包括我们经常以宗教、仪式，而不是以文化和艺术为标准来划分的所有事象③。晚会、演出很难实现民族传统或民俗生活的完整表达。舞台化呈现过程中，也出现了为迎合市场，将某些文化片段从其文化生态中剥离出来，进行加工和改造，破坏了民族文化的整体性。例如，《多彩贵州风》的"剧场演出模式"失去了民族歌舞与大自然结合的原生态，其展演的民族风情与大自然形态中的少数民族及其丰富的社会生活失去了天然联系。④一些地区侗族大歌或被篡改歌词，或播放录音"对口型"假唱，形神分离。

2. 传统文化保护性开发中，不能很好地规划和取舍文化

一方面，新村建设、旧村改造、道路动迁等等工程中，历史建筑保

---

① 《六盘水市民族传统文化保护传承及开发利用情况调查报告》，《六盘水市经济社会发展研究》2011年第4期。

② 李孝梅：《现代化冲击下的农耕文明传承研究——以贵州苗族芦笙文化传承为例》，《安徽农业科学》2012年第5期。

③ Singer, Milton B. 1972. When a Great Tradition Modernizes: An Anthropological Approach to Indian Civilization. New York: Praeger Publishers. p. 71.

④ 王颖泰：《贵州文化产业发展解析》，《贵州师范大学学报》2012年第1期。

护性规划较难落实。在旧村改造和新农村建设中,有的地方政府以牺牲古村落为代价,随意推倒重建或盲目"大拆大建";有的一味追求高起点、高标准,贪大求洋,按照城市模式大搞村庄建设城市化;有的置乡村特色、地方特色于不顾,搞"千村一面"的形象工程;村落旧有的场所、节点、街巷空间正逐步缺失,部分体现传统特色的历史空间被侵占,出现了水体污染、河被填埋、新建建筑与传统建筑不协调等诸多问题。如在贵州部分民族村寨、文化生态保护区的开发中,学校、医院、超市等公共服务设施的设计和建设,照搬城镇固定的建筑模式;贵阳青岩古镇、黎平肇兴古镇等,大量的砖混结构建筑充斥于街巷之间;镇远古城拆除传统民居吊脚楼,代之以青瓦飞檐的徽派建筑。

另一方面,不顾民族文化差异,将其他民族文化中的内容简单"嵌入"本民族文化当中。如贵州刺绣、蜡染作品借用"阿诗玛""西双版纳风光""西安城楼""傣族少女"等图案,致使外域文化的熠烁光华遮掩了贵州少数民族的文化色彩。这种生搬硬套的移植和拼凑,破坏了本民族文化的原有结构。

(三)文化资源的抢夺扰乱了传统文化保护传承的秩序

在传统文化开发过程中,各地特色文化资源的争抢愈演愈烈,有些地方为能争取到心仪的文化资源,不惜假托历史、谬说史料,甚至新造"遗迹"。其中,"故里"之争甚为明显。山东梁山、东平、郓城、阳谷等县引经据典,证明自己是水浒故事的发生地;山东的惠民和广饶两地都主张自己是孙子故里,都在办孙子文化节;因为"舜耕于历山"之说,全国四五个名为历山的地方在争抢大舜故里;梁祝故里刚刚由6个地区联合申报为国家级非物质文化遗产,牛郎织女传说也遭到激烈争抢,山东沂源、河南南阳以及湖北、河北等地都主张自己是牛郎织女传说的发源地。这些"名人"既有历史上真实存在的名人,也有宗教、小说、神话故事中出现的名人。"文化搭台,经济唱戏",名人故里之争的背后,是利益驱动下"遗产经济学"的精细打算,各地争夺名人故里,最终是为了依靠旅游,带动当地经济发展,拉动当地GDP增长。

### 四 促进传承的对策①

（一）建立科学的传统文化开发利用传承机制

一是完善专家指导机制，科学规划开发利用。在传统文化产业项目选择和开发上，建立保护工作领导小组和专家咨询小组，广泛吸纳有关学术研究机构、大专院校、企事业单位和社会团体等各方面力量参与，积极听取他们的意见和建议，开展基础研究，提供总体技术指导和战略决策咨询，开展现场指导和培训。保证在实施开发之前，对传统文化做到了然于胸，避免开发伤及其文化结构和文化生态。

二是健全民间参与机制。在传统文化开发利用传承上，必须充分尊重民众的文化权利和意愿，接受他们的监督。在制定保护传承发展规划、实施开发利用项目时，在征用民族技艺、民间歌舞、民间仪式时，应当创建民间参与机制，加强与民间文化精英、各民族群众的沟通，聆听并尊重他们对自身生活的表述和解释，共同设计开发方案。另外，要注重政府主导和社会参与的结合，明确政府、社团组织和社区民众主体三者的职责和义务，处理好三者的关系。充分发挥政府在传统文化遗产保护工作中的主导作用，把文化遗产保护工作纳入政府重要议事日程，同时为社会各界尤其是有条件、有资质的团体、企业与个人，积极投身传统文化遗产保护与开发利用创造条件。充分运用市场机制，加强文化开发利用与旅游业、商贸业、会展业的结合力度，鼓励社会力量参与传统文化遗产的保护和合理开发利用。

（二）文化产业差异化发展

一是大力发展创新型文化产业。在新的技术变革下，亟须寻求传统文化产业商业模式的创新和转型，要认识科技创新驱动对产业生产力释放的全部作用机制，谋求推动产业链基础上的产品内容创新、传播技术创新和商业模式创新的一体化整合。积极推动扶持文化科技融合园区基地和骨干企业发展，实施包括数字文化产业工程在内的一些重大项目，支持文化产业关键技术研发、推广和应用，加强文化科技创新体系建设

---

① 崔榕：《新时期少数民族传统文化的开发利用与传承研究——以贵州省为例》，《中南民族大学学报》2015 年第 5 期。

和人才培养等方面的工作。

二是促进特色文化产业发展。中国文化产业应该根植于自己的土壤，主动追求中国特色、中国风格、中国气派，体现中国文化产业的自信和成熟。因此，各地应依托独特的传统文化资源，通过创意转化、科技提升和市场运作，提供具有鲜明区域特点和民族特色的文化产品和服务的产业形态。推动特色文化产业发展，要从优秀传统文化符号中提取有价值的素材，将优秀传统文化特质融入文化产品，开发出人民群众喜闻乐见的产品，丰富群众的精神文化生活，扩大文化消费，增强中华民族凝聚力，在潜移默化中实现社会主义核心价值观的培育和弘扬。在产业发展尤其是园区基地、项目建设中，注重保护原始风貌、文化特色和自然生态，突出传统特点，不搞大拆大建，不拆真建假，不毁坏古迹和历史记忆。

三是东、中、西部文化产业协调发展。由于我国地域广大，文化创意产业和文化创造活力的区域不平衡现象比较明显。东部沿海地区文化市场较发达，中西部地区较不发达，而传统文化资源则是中西部地区较丰富，东部沿海地区较匮乏。我国东部沿海地区的消费水平较高、高技术人才较多，可以发展高技术含量和资本密集型的文化创意产业，比如软件游戏产业。中部地区民间文化艺术资源较丰富，可发展传统技能含量高的文化创意产业项目，比如山西可立足晋文化特色，将区内的神话、耕读、边塞、佛教、道教、晋商文化整合打造为休闲文化创意产业。西部地区的民族文化资源较丰富，可注重民族和自然文化遗产的市场开发，青海、宁夏、西藏等西部省、自治区都对文化产业倾注了极高的热情。[①] 近几年文化产业的影响力增速，青海、新疆也分别跃居第三、第四位，折射出西部地区发展文化产业的潜力。在东、中、西部文化产业发展差异基础上，我国要构建多层次的合理架构和错位发展的产业生态平衡系统，使其相互沟通、相辅相成、相需为用。

(三) 加强法律制度建设

通过制定政策和法律，来保障民族文化在开发利用中实现传承，是世界各国的通行做法和成功经验。我国传统文化保护、传承与开发利用

---

① 厉无畏、蒋莉莉:《发展文化创意产业，增强文化创造活力》《文汇报》2013年5月20日。

的制度化工作起步较晚，制度化建设还很不完善，缺乏监督和执法机制，部分法律文件如一纸空文。借鉴国外先进经验，正确认识开发利用与民族文化传承的相互关系，科学设置传统文化开发利用传承的保障机制，应着重完善加强以下法律和政策。

一是重点要加大传统文化传承人的法律和政策保护力度。应该改善具有特殊传统技艺的非物质文化遗产传承人的生活条件，组织人力对其技艺的记录、整理和传承；对珍贵、濒临灭失的非物质文化遗产实物、资料进行征集、收藏和保存。政府为支持、帮助传承人从事传承活动所提供的保障措施，包括为传承活动提供必要场所，提供财政资助，授予荣誉称号，利用公共传媒、公共文化机构宣传、展示和交流，开展学校教育传承，促进国际国内交流等。对传承人来说，在被确认为传承人或团体并享受到国家法律、政策保护包括财政支持的同时，法律也必须确认其担负起保护和传承自己所持有非物质文化遗产的义务，即有效地履行保护职责，并将其传承给后人，贡献给社会。

二是探索传统文化知识产权法律保护的制度与路径。借鉴和利用著作权法、专利法、商标法、商业秘密和反不正当竞争法等现有知识产权制度中有关适合非物质文化遗产保护的内容，确定非物质文化遗产权是一项新的民事权利；在权利内容方面，非物质文化遗产权利人享有的权利应当包括人身权和财产权。

## 第二节　产业化传承案例：黔东南苗族银饰产业化开发传承[①]

文化产业是实现传统文化传承与创新的重要路径。文化产业在传统文化传承中具有"有助于重建传统文化的社会根基、能够为传统文化提供新媒体传播平台、可以实现传统文化的创造性转化等优势"[②]。文化产

---

① 黄雅薇：《黔东南苗族银饰文化的开发传承研究——以凯里市××银饰厂为例》，硕士学位论文，中南民族大学，2015年。

② 栾淳钰：《论文化产业发展与传统文化传承互促机制的构建》，《云南社会科学》2016年第2期。

业正成为世界各国竞相发展的新型战略性产业。党的十九大报告提出："健全现代文化产业体系和市场体系，创新生产经营机制，完善文化经济政策，培育新型文化业态。"作为当代文化产业发展的重要资源与内容，将传统文化"融入生产生活"是中华优秀传统文化传承发展工程的重要内容。

中华优秀传统文化的产业化，有利于充分发挥政府的主导作用和市场的积极作用，为传承发展中华优秀传统文化创造良好的体制机制和社会环境。因此，国家大力提倡和鼓励各类企业积极参与文化资源的开发、保护与利用，生产丰富多样、社会价值和市场价值相统一、人民喜闻乐见的优质文化产品，扩大中高端文化产品和服务的供给，使具有中国特色、中国风格、中国气派的文化产品更加丰富；鼓励发展对外文化贸易，让更多体现中华文化特色、具有较强竞争力的文化产品走向国际市场，借以增强中华民族的文化自信和文化自觉。在产业化的过程中，中华优秀传统文化不断被赋予新的时代内涵和现代表达形式，不断补充、拓展、完善，使得中华民族最基本的文化基因与当代文化相适应、与现代社会相协调。

苗族银饰是中华优秀传统文化的重要组成部分，被列入中国非物质文化遗产代表性名录。苗族银饰因其独特的民族风情、锻造艺术和文化内涵，在民族文化产业和旅游发展过程中，经济价值日益彰显。随着旅游产业的快速发展和苗族人民经济收入的提高，银饰产品的需求量也随之增加，苗族银饰文化产生经营的经济效益也不断提升。目前，黔东南地区是我国银饰文化产业化传承发展最具代表性的地区。苗族银饰生产厂家和工匠不断增多，银饰的图案设计和银匠的制作工艺也顺应市场需求在不断创新，苗族银饰的传承环境持续改善。因此，笔者通过黔东南苗族银饰产业化开发的案例，来探讨现代化、市场化、工业化和城镇化背景下，传统文化如何借助商品化的形态和商业渠道，生成新的文化生态，形成新的传承实践，提升传承能力，改善传承环境，确保在时代变迁和环境变化中的生命力和可持续发展。

## 一 苗族银饰文化及其传统传承方式

### (一) 苗族银饰文化

黔东南苗族银饰文化源远流长,内涵丰富。苗族民歌《娘阿莎》和《换嫁歌》记载了银饰在母系社会时期已作为物物交换的媒介和婚嫁的重要陪嫁物品[1]。苗族银饰与巫文化息息相关[2],苗族人认为银饰是最好的驱邪避凶之物,在婚丧嫁娶以及迁徙生活中,人们都是随身佩戴银饰。清代,苗族无论男女老少,身上皆配有银饰,银饰不仅用于装饰和服装搭配,更是社会地位和财富的象征[3]。

黔东南苗族银饰种类繁多,形式多样。苗族银饰产品的图案丰富,其中以百花、植物和昆虫类深受人们喜爱。银饰种类主要包括头饰品、胸部饰品、颈部饰品、手部饰品、搭配衣服饰品、吊坠饰品和脚部饰品等[4]。

黔东南苗族银饰造型唯美,做工精细。苗族的图腾崇拜在苗族银饰中表现得淋漓尽致。水牛的牛角造型多用于银饰中的银角,枫叶图案一般用在吊花上,银燕雀多用作于银簪上。在苗族的民间传说中,蝴蝶妈妈被塑造成苗族的母亲,所以蝴蝶是被广泛应用于银饰上的图案[5]。苗族银饰追求体积大、质量重、数量多,项圈是银饰中单件质量最重的,一般为1—8千克,耳饰、手脚饰一般少则带三四组,多则6—8组,其他银饰更是最大限度地佩戴在身上,部件繁多,组合复杂,展现出苗族银饰文化独有的艺术魅力。

黔东南苗族银饰锻造工艺是苗族最具特色的文化之一。传统苗族银饰都是手工制作完成的,锻造工序非常复杂,从绘图创作到雕刻锻造,一共有30道工序,主要有铸炼、捶打、拉丝、搓丝、掐丝、镶嵌固定和

---

[1] 王荣菊、王克松:《苗族银饰源流考》,《黔南民族师范学院学报》2005年第5期。
[2] 赵雄贵:《论贵州黔东南苗族银饰的文化内涵》,《大众文艺》2013年第9期。
[3] 龙昌海:《黔东南苗族银饰》,《凯里学院学报》2008年第1期。
[4] 沈晓:《苗族银饰传统图案中的生殖崇拜文化研究》,硕士学位论文,广西艺术学院,2014年。
[5] 汤建容:《苗族银饰锻造技艺刍议》,《黑龙江史志》2014年第3期。

洗涤七个工序。①

（二）苗族银饰文化的传统传承方式

1. 家庭手工作坊传承

家庭手工作坊传承一般是指以一个家庭为单位，传承制作苗族银饰。家庭是苗族银饰文化传承最基本的组织。银饰最早通过家庭手工制作，以家庭为生产单位制作银饰是苗族银饰文化最初的传承形式②，家庭手工作坊是苗族银饰文化代代传承的重要载体。

黔东南苗族银饰文化的家庭传承，一般是长辈传授晚辈如何选择白银、银饰的锻造程序、银饰造型的内涵寓意和锻造的技巧等一系列的事项，晚辈再进行银饰制作。贵州地区的苗族因其独特的生存环境，农业生产和经济发展相对比较缓慢，长期生活在自给自足的社会环境中，生产方式单一，所以家庭教育在这种传统生活环境下具有举足轻重的地位。对苗族家庭而言，父母或长辈对后辈的教育，可以直接影响到个人的成长和兴趣爱好等各个方面，这也是苗族银饰锻造技艺得以广泛传承的根本原因。由于从小受到家庭环境的影响，晚辈对银饰的锻造工序都会有大体上的了解，家庭里的长辈再对其进行手把手的教育指导，随时随地对其存在的问题进行指出和更正，这样的传承方式不会受到时间和场所的限制。苗族银饰锻造技艺学习是需要时间慢慢累积出来的，学习过程需要循序渐进，周期较长。家庭传承正好符合了这些需求，所以苗族银饰的家庭传承，有利于苗族银饰锻造技艺的继承和苗族银饰文化的传承。

在传统农业社会中，苗族人民一般是在满足了家庭需求后，才把多余的银饰带到集市上出售。近几年，旅游的发展使苗族银饰的需求量大幅增加，苗族银饰的家庭锻造方式成了很多家庭的副业。苗族银饰的锻造不仅是日常生活所需，更多的是作为旅游纪念品进行出售，这使得苗族银饰文化在传承的同时也带动了当地经济的发展，提高了当地苗族人民的生活水平。家庭传承方式是苗族银饰文化传承最主要的方式之一，

---

① 尹浩英：《苗族银饰制作工艺初探》，《广西民族大学学报》（哲学社会科学版）2007年第2期。

② 尹浩英：《苗族银饰制作工艺初探》，《广西民族大学学报》（哲学社会科学版）2007年第2期。

也是属于自然传承的一种。

2. 师徒传承

拜师授业，徒弟承袭师父的传统手艺的传承方式自古有之。贵州苗族所聚居的区域相对比较封闭，苗族人民以传统的农耕种植为主要生产方式，经济发展缓慢，导致传统手工艺制作技艺发展速度也相对较慢。苗族银饰文化只能以师徒传承方式进行传承。苗族没有本民族的文字，关于苗族的历史和文化都是以口头相传的方式进行传播，师徒传承的方式也是以口头传述制作流程的方式进行，所以师徒关系的亲疏直接影响银饰锻造技艺的传授。徒弟的人生观、价值观和世界观会受到师父的影响，师徒传承的方式在民族文化的传承中是不可或缺的①。在黔东南地区，拜师程序相对简单，学徒中有一部分是因个人兴趣爱好开始接触并学习银饰锻造技艺，有的则是继承家族祖业，从小就开始学习银饰锻造技艺。

师徒传承和家庭手工作坊传承都是通过言传身教的方式来学习。师徒传承方式需要徒弟有一定的基础和领悟力，师父一般亲自示范来完成教导工作。不同的师父锻造出来的银饰都有自己的独特之处，他们会给徒弟做详细的解释和示范，这种传承有助于苗族银饰锻造工艺的传承。

但是，随着社会经济的发展，苗族文化面临着大量的外来文化的冲击，传统的家庭传承方式和师徒传承方式难以为继。在民族旅游和文化产业大发展的背景下，苗族银饰文化逐渐卷入现代市场体系，产业化传承逐渐成为苗族银饰文化现代传承的主要方式。

## 二 苗族银饰文化产业化传承

黔东南苗族银饰文化的产业化开发及其产业化传承始于20世纪80年代的文化旅游业。20世纪80年代，黔东南州各县的特色民族村寨纷纷开始发展乡村旅游，之后逐步形成全方位、多层次的文化旅游产业。2005年，在贵州省黔东南州西南部的雷山县开始借助文化旅游，发展苗族银饰文化产业。该县因有著名的银匠人村控拜村、乌高村等，成为贵州省

---

① 陈剑、焦成根、唐慧等：《德榜苗族银饰锻制技艺的现状调查》，《内蒙古大学学报》2012年第4期。

内最早开始发展苗族银饰的县区。2007年至2008年，雷山县先后成立了民族银饰制作有限公司，建成了以对苗族银饰刺绣的研发制作、经营销售和对苗族民族文化的研究保护为主的苗族银饰刺绣一条街。从2010年开始，凯里市先后投资约20亿元，建成了民族文化园和民族文化风情园，投入3000万元左右成立以苗族银饰产业经营发展为主的贵州银秀传奇文化投资公司。黔东南州鼓励旅行社、银饰加工厂及企业进入凯里民族风情园经营发展。苗族银饰文化产业得到了巨大的发展，成为黔东南地区新的支柱性产业。如雷山县已经成立了20余家苗族银饰公司，银饰加工的从业人员就有将近2000人，银饰的年总产量高达约50万件，银饰的总产值达8000余万元。众多的银饰厂、公司等成为文化传承的新型基础设施，并培育了新型的传承群体。

(一) 凯里市Z银饰厂银饰文化产业发展

1. 凯里市Z银饰厂概况

该银饰厂是黔东南州以银饰为主，兼营蜡染、刺绣、竹木、民画等的设计、生产、经营的民族旅游商品龙头企业。公司位于凯里市，占地面积约4000平方米，其中生产厂房将近2000平方米，固定资产150余万元，年生产总值达200余万元，员工38人，其中银饰设计大师2人，编花大师3人，贵州名匠2人，能工巧匠技师5人，技工20人。

银饰厂以传承民族文化为己任，通过银饰打造民族工艺品牌。纯手工制作的银饰工艺品需要经过设计、锤打、錾花、整形、焊接、煮银、洗银等几十道工序，银辉闪烁，精巧美观，具有观赏实用价值，更是收藏之珍品、精品。

银饰厂主导的产品有银画：《走进黔东南》《腾飞黔东南》《侗乡风雨桥》《侗寨鼓楼》；银手镯：《喜庆的节日》《欢庆丰年》；银项链：《花团富贵》《平安锁》；银耳环：《花好月圆》；银器：《九龙杯》《银壶》等系列产品已远销省内外。该厂是与8个国家、地区保持贸易伙伴和长期定点旅游购物的民族工艺品生产企业。

2. Z厂产业化发展模式

第一，设计及生产方式。该厂的银饰产品设计，融合了传统手工和现代工艺设计的特点。该厂设计师熟悉手工艺饰品的工艺构成，对工艺有感性思考，同时也能针对材料进行理性的设计，将设计的产品和工艺完美融合。设计的造型、饰品样式、工艺都表现了苗族特有的民族特色，在满足苗族人民喜爱的同时，也受到广大游客的喜爱。具有苗族民族特色的产品设计是该厂发展的关键，该厂的设计不是简单将银子做成各种形状，而是将苗族传统银饰和现代风格相结合，使其产品在市场大受欢迎。

第二，企业品牌打造。银饰厂根据自身特点进行了品牌定位。在充分分析市场和了解产品的基础上，银饰厂对产品的价格、形象、销售对象与渠道等方面进行合理定位，为该品牌确定一个适当的市场位置。银饰厂进行了品牌命名，为企业起一个有意义的名字，其寓意代表着企业的文化和信仰，象征着一种美好，更是产品品质的最好诠释，因此受到人们的青睐。

银饰厂注重广告效应，凯里市街道随处可见该厂的各种宣传画。该厂也利用网络资源进行积极宣传，建立了自己的门户网站，方便顾客和商家详细了解该厂的建设规模、产品信息和企业文化等方面情况。厂里还进行了合理的品牌延伸，把延伸的产品定位到苗族文化相关产业，主要包括蜡染、刺绣、竹木、民画等，从多维度实现对品牌的提升。

第三，销售模式。银饰厂经过多年的研究和探索，形成了自己特点的集自营零售、加盟、批发等于一体的销售模式。在自营零售方面，该厂采取的是开专卖店的销售形式，根据不同的时令节气和旅游旺季与淡季，制定不同的打折幅度来吸引消费者。在旅游产业发达的凯里市，该厂对每件出售的商品进行直接鉴定，并根据质量鉴定书的承诺给予消费者品质保障。每个零售员工也必须经过系统培训，在顾客购买的过程中能为顾客详细介绍每件银饰所代表的寓意及其功能和作用，在零售模式上也采取多买多打折并送贵宾卡等活动。该厂还从事网络零售业务，在网络上积极推广该厂的产品，并提供与零售一样的服务和质量保证，并在网络上附图说明每件银饰的材质所代表的意义及其具备的功效，为该厂的零售业渠道扩宽发展道路，让消费者更加放心地选购该厂的商品。

在批发方面，从2008年开始，该厂制定了一套详细的批发商管理制度。首先是对批发商的个人信息进行收集和评估；其次在签单批发合同时，根据批发商的综合情况来签订批发数量及后期服务，信誉度高的批发商提供退换货服务，对于零散的批发商则针对具体情况给予一定的服务承诺；最后对批发商给予一定的销售奖励或惩罚，以此提高批发商的积极性。这样对于新加入的批发商也有一定的保障，带动了该厂的发展。

加盟销售方式始于2009年。该银饰厂形成了自己的一套加盟规章制度，对加盟的企业有明确的资金要求和信誉鉴定，并且对加盟的企业进行系统的培训，对销售商的销售数据进行及时采集，通过销售商反馈的数据对市场的情况进行分析，了解消费者的喜好，发现自身产品存在的优势和不足，不断改进自己的产品，使得加盟商能有更好的销售业绩。

（二）苗族银饰文化产业化传承成效

1. 生产与消费市场的不断扩大，巩固了银饰文化传承的基础

经过政府的扶持和众多苗族银饰生产企业的产业化开发，黔东南苗族银饰文化品牌初见规模。苗族银饰因其特有的民族文化和图腾崇拜而备受大众欢迎，其良好艺术形象也广受追捧。银饰成为外界对苗族认知的窗口，是苗族最具代表性的民族符号。随着经济的发展，人们开始大力开发民族文化产业，黔东南的苗族银饰文化也走上了产业化发展的道路。2014年，黔东南苗族银饰生产总值高达1亿元左右，银饰产业外销出口额6000万元左右。银饰产业已经成为黔东南州最有开发动力和发展潜力的产业之一，也是黔东南民族文化产业发展中最具代表性的产业之一。

庞大的银饰消费市场培育了大量银饰生产企业，这些银饰企业汇聚了黔东南地区最好的银饰设计者和银饰匠人，银饰厂的设计师和工人成为当代银饰文化传承的主力军。凯里市工艺品公司是贵州黔东南地区为数不多的具有相对完整经营模式的银饰加工厂。该公司是一家以苗族银饰的生产销售为主，同时兼顾刺绣、蜡染等其他苗族特色文化饰品的生产经营的民营企业。从2005年创设起到2006年年底，短短一年时间就完成了100万元的银饰销售额。到2008年年底，平均每年苗族纯银饰品的生产值达到300万元左右，是行业中的领头羊。2016年，该公司生产厂房和相应的办公区域共占地约3000平方米，公司固定资产达500多万元，平均每年的生产总值将近700万元。公司主要经营首饰、饰品、日常生活

用品、工艺画和工艺纪念品等六大种类近400个品种的民族银饰产品。该公司拥有十余名当地顶级的银饰制作工艺技师，60多名有丰富从业经验的银匠，这使该公司成为民族银饰生产经营企业中的佼佼者。

银饰生产企业通过多种营销方式和技艺革新，不仅为银饰文化的传承与发展营造了良好氛围，也扩大了银饰的影响力，增加了银饰文化的受众。在正式成立的2006年，该公司参加贵州省举办的第一届"两赛一会"，即旅游商品设计大赛、旅游商品能工巧匠大赛黔东南赛区选拔赛和黔东南州民族民间工艺品文化产品博览会中，参赛的银质饰品就获得了特等奖。2008年，黔东南州和凯里市举办了能工巧匠大赛，该公司分别获得个人项目和团体项目的第一名。该公司的快速发展也引起了许多民族艺术方面专家学者和国家领导人的关注。2005年，被誉为中国当代极具影响力的造型艺术家韩美林先生受邀到该公司参观交流，对该公司所生产设计出来的银饰给予极大的肯定，并称赞所生产的银饰作品是民族银饰中屈指可数的上乘之作。国内的多家航空公司也不约而同地选择该公司的银饰作为回馈旅客和对外交流的纪念品。2006年，该公司接待了时任国务院总理朱镕基和韩国前总理李寿成一行人的工作视察，朱总理对其银饰产生了浓厚的兴趣，并为李寿成选购作为私人的收藏。2008年，该公司为北京奥运会专门设计制作的奥运纪念工艺品也受到了组委会和社会大众的广泛好评。

苗族银饰传统文化为银饰产业的发展打下了坚固的基础，好的企业品牌形象也为苗族银饰文化的发展起到了推波助澜的作用。苗族银饰文化随着企业的不断壮大，正在慢慢走上市场化、国际化。

2. 政府主导与市场参与，为银饰文化传承创造良好的体制机制和传承环境

政府扶持和企业自主开发相结合，是产业化传承苗族银饰文化的关键。政府以社会效益和经济效益为导向，大力扶持文化产业和民族旅游业，培育出大量银饰文化生产、经营企业及其银饰产业工人、设计人员等群体。政府的主导作用是对银饰文化产业的培育，形成新的传承主体。如雷山县自2005年开始就利用该县一些著名银匠村如控拜村、乌高村等发展银饰品制作。2007年又陆续扶持成立该县第一家以苗族银饰为主的公司——雷山县民族银饰制作有限公司。尔后，又建成以对苗族银饰刺

绣的研发制作、经营销售和对苗族民族文化的研究保护为主的苗族银饰刺绣一条街。到 2012 年，雷山县已经成立了 20 余家苗族银饰公司，银饰加工的从业人员就有将近 2000 人，银饰的年总产量高达约 50 万件，银饰的总产值达 8000 余万元。凯里市从 2010 年至今，先后投资约 20 亿元，建成了民族文化园和民族文化风情园；投入 3000 万元左右成立了以苗族银饰产业经营发展为主的贵州银秀传奇文化投资公司。政府将以银饰为重点的民族文化产业作为地区经济发展的主要产业，使银饰走出家庭作坊、村寨，从个人和本地饰品成为一种区域内外共享的商品。而公司或产业园的兴建及其资本化运作，使得银饰的生产进入规模化、专业化的生产。这种商业化、规模化、制度化、专业化的生产、销售使银饰这种传统工艺再次与人民的生产生活息息相关，乃至成为部分人的生计方式。因此政府规划的引导、经济资本的投入、民众文化资本和人力资本的参与，成为传统工艺的活态化传承的重要保证机制。

一是为苗族银饰产业化传承能力提升创造条件。为确保银饰产业健康发展，政府加大了对银饰文化研究、宣传展示的支持力度。2007 年，雷山县政府建立了以研究苗族银饰刺绣文化、宣传和保护苗族民族文化为主中国雷山银饰刺绣博物馆。2008 年，雷山县积极申报"中国苗族银饰之乡"并获得成功。同时，通过贵州省举办的"两赛一会"活动，苗族银饰得到了大力推广，逐步走出贵州，走向全国，乃至走向世界。

二是政府通过举办银饰及其相关文化的文化会展，为银饰的开发利用和传承创造了良好的传承环境。凯里市从 20 世纪 80 年代开始发展苗族文化产业，从最初特色民族村寨发展乡村旅游，逐步形成全方位、多层次的文化旅游产业。为提升文化旅游产业的产品竞争力，黔东南州通过举办"中国·凯里原生态民族文化艺术节"打造原生态文化品牌。贵州省为促进凯里民族文化产业的发展，每年都举办凯里国际芦笙节、银饰刺绣博览会、贵州民族文化旅游发展大会等一系列以展会和节庆为主的各种活动。展会成功提升了苗族民族文化旅游知名度，使其受到了国内外的更广泛关注。此外，凯里市还打造了展现苗族侗族民俗风情文化的大型舞台秀《银秀》，在将内隐于银饰背后的丰富文化内涵通过演艺的形式呈现出来的同时，无形中也赋予作为旅游商品的银饰更多的文化意蕴。

在政府的扶持下，民族文化产业和民族旅游市场的繁荣，也吸引大量的商业精英和文化精英投入银饰的设计、生产与销售。在凯里民族风情园，大量旅行社、银饰加工厂及企业进入经营。随着银饰产业化发展，银饰生产企业成为民族文化保护传承的重要载体和平台，银饰生产从业人员得以脱贫致富。在这个过程中，银饰的产业化发展与地方文化精品、民族文化活动等文化事业发展开始形成良性的互动，银饰文化作为经济资本和文化资本的双重价值得以彰显。

### 三　产业化传承中存在的问题及对策

（一）存在的问题

1. 传承能力不足

传统的银饰进入市场后，面临着激烈的市场竞争，专业人才短缺的短板日益凸显。第一，银饰设计、加工和经营人才培养力度不够。如凯里市Z厂人才的培养主要集中于银饰加工技能等生产技能的掌握，对员工的传统文化素养和现代科学文化知识培养比较少，很多员工具有高超的技能，但是缺乏创新性和现代企业员工的敬业精神。第二，企业后备力量不足。凯里市Z厂现在从事银饰工艺设计和研发的人员年龄普遍偏大，缺少工艺好的年轻人。目前，该厂虽然建立了"一帮一"的方式，即一个老员工带一个新员工做学徒，但核心工作还是由老员工承担，学徒在一定程度上也是跟着师傅的思维机械地去制作银饰。

传承能力的弱化和对市场的迎合，生产者和消费者缺乏对银饰基本文化内涵应有的尊重，导致银饰的民族文化内涵减弱。苗族先人最初使用银饰，一方面是苗族银饰刻画了苗族的历史经历，承载了苗族人的原始宗教文化信仰，另一方面则是苗族人认为银饰有加速创伤愈合、防治感染、净化水质和防腐保鲜的作用。它能防止细菌生长，安五脏，定心神，止惊悸，除邪气，所以在漫长的迁徙历程中，银饰是苗族人民重要的生活工具。银饰是与苗族人民的生活息息相关的，也是苗族人民通过生活的历练创造出来的。

到了当今社会，旅游给苗族银饰市场带来了更大的发展空间，银饰的需求量也是节节上升。银饰厂为了迎合广大消费者，特别是游客的爱好，生产的银饰缺少传统银饰的文化内涵。该厂虽然进行了设计和工艺上面的改进，产量和附加值得到了提高，但产品逐步远离了苗族银饰应有的风格，且产品的样式、种类也与其他厂比较雷同。游客大多都是以购买纪念品或追求物美价廉的心态来购买苗族银饰，对其深层的文化内涵和实用价值都不了解。为了满足消费者的需求，在样式的选择上，放弃了苗族传统银饰的图腾装饰，而选择了更受大众喜爱的时尚元素。同质化的产品和文化内涵的削弱，给产业化开发传承苗族银饰文化带来挑战。

2. 传承环境尚需进一步改善

第一，现代主流文化对苗族传统银饰文化带来巨大冲击。随着社会的变迁，特别是苗族银饰文化消费市场和受众逐步由民族内部扩展到民族外部，苗族银饰文化在外来文化的冲击下，不得不跟上时代文化和主流价值观的变迁。

第二，政府对产业化传承的扶持力度还有待加强。类似于凯里市 Z 银饰厂这种中小企业，政府给予的优惠政策很少，没有给予该厂专项资金（无偿、贴息），无法带动该厂的发展，使得企业创新和保护传承传统文化的积极性不高。该厂也因为资金问题，招录的员工有限，带动少数民族地区就业效果不佳。政府给予的优惠政策扶持，减免增值税等方面倾斜比较少，企业的生存压力比较大。

政府对苗族银饰文化传承人补助较低。该厂的老师傅中有的是银饰文化传承人，但由于政府没有给予适当的补助，他们在进行工艺生产时更加注重的是是否迎合市场、是否能提高销量，较少考虑苗族银饰文化传承问题。随着时间推移，他们的制作工艺会更加重视经济效益，而忽视自己的文化保护的社会责任问题，最终会影响苗族银饰文化的传承。

3. 传统工艺的基本实践方式难以保持

第一，工业机械化制作逐步取代传统手工业制作。银饰的锻造工艺，是经过苗族漫长的发展和社会变迁而积淀出来的，其固定的锻造制作程序被苗族人民世代相传。苗族认为每一个制作过程都是有神灵庇佑的，是神圣庄重的，也是不能随意更改的，这也是苗族传统锻造工艺能够保留至今的根本原因。随着旅游市场的开发，银饰的需求量大幅度增加，传统的手工锻造技术已经满足不了银饰市场的需求，于是工业化、机械化的生产逐步取代了人工锻造，苗族银饰传统锻造工艺也随之流失。

第二，苗族银饰生产方式和传承方式单一化、模式化。传统的苗族银饰工艺，是以"传内不传外，传男不传女"的方式一代一代继承的，制作苗族银饰靠的不是教学，而是通过常年的经验积累和对锻造艺术的领悟，从而总结出自己的一套方式方法。为适应产业化的发展和订单式的大规模生产，从事银饰制作的工匠一般都要接受专业系统的学习，掌握一套流程化、系统化和模式化的操作方法，降低了苗族银饰的创新性和独特性。

4. 苗族银饰的社会功能弱化

苗族大部分聚居在我国西南部山区，拥有独特的地理位置和生存环境，形成了大小不同的聚居区，进而发展成苗族分支。每一个苗族分支的银饰都不一样，人们可以从佩戴银饰饰品的不同来区分苗族支系。随着汉文化和苗族文化的融合发展，苗族银饰为满足现代化的审美需求，慢慢淡化了这一功能。游客们在选择苗族银饰时，追求的是它的精美造型和精细做工，而银饰销售者则关注的是它的市场价值和销售空间。

（二）促进苗族银饰文化产业化传承的对策

现代企业是当下传统文化存续和发展的新型传承场域。产业化传承已成为苗族银饰文化不可回避的传承方式，如何协调苗族银饰产业发展和苗族传统银饰文化传承，是目前亟待解决的问题。顺应新时代文化生产、文化消费和文化审美方式的特点，不断完善中华优秀传统文化产业化传承体系，使民众受益于民族文化产业，增加民族文化持有者参与民族文化保护传承与开发利用的参与感和获得感，增强对传统文化的认同感和自豪感，有利于中华优秀传统文化传承体系建设。

1. 加强国家、市场和社会相结合的传承能力建设

民族文化产业化发展是保护、传承少数民族优秀传统文化的众多形式之一，也是主要形式之一。苗族银饰文化产业发展，使苗族银饰及其相关传统文化进入大众视野中，使苗族银饰文化日益受到关注和重视，有助于拓展银饰文化的生产空间和传承群体。但是，银饰产业带来的巨大的市场空间和良好的发展前景，也会导致为了追求利益、迎合市场，

将传统的苗族银饰文化进行歪曲改变,甚至捏造的现象,从而导致苗族银饰文化受到破坏,甚至走向衰亡。

开发苗族银饰文化,最重要的是找准苗族银饰的市场定位,要凸显出苗族银饰文化的独特之处,这样才能使其在市场竞争中占据优势。苗族银饰文化是非常珍贵的文化资源,在开发文化产业中,不仅要根据产业发展的要求对苗族银饰文化有整体性的把握,也要依据市场需求和先进科技来进行有效合理科学的配置,将苗族文化资源转化成苗族银饰产业发展优势。要着眼于研究分析苗族银饰文化的产品特点、市场价值、商业优势以及未来前景,致力于创新规划发展苗族银饰产业,促进苗族银饰产业保持良好的发展,从而推进民族文化产业的全面协调发展。

与此同时,要以苗族银饰的传统文化资源为根本立足点,以现代化的科学技术为辅助工具,打造苗族银饰文化品牌,创作锻制多样化的、不同层次的苗族银饰,使其能适应现代化的市场竞争,满足人们的消费需求,从而促进苗族传统银饰文化和现代化文化的发展融合。当今社会,信息经济在国民经济中占据主导地位,打造民族文化品牌就显得尤为重要,良好的苗族银饰品牌不仅代表了苗族银饰文化的形象,更是传播苗族银饰文化的广告,彰显出苗族民族文化的内涵。因此,要充分开发利用苗族独有的银饰文化资源,重视苗族银饰文化产业化发展和打造苗族银饰文化品牌,建立小型生产加工厂,集中银匠生产高品质的银饰,建立规范的银饰旅游商品市场,推动苗族优秀传统文化的开发传承。

2. 政府加大鼓励扶持力度,改善传承环境

黔东南苗族地区的银饰民族特色显著,工艺精细,观赏性强,有很高的开发利用价值。但是,目前银饰的销售市场主要集中在黔东南当地,传统手工锻造工艺也面临着后继无人的危险。笔者认为,政府可以邀请行业专家进行交流学习,并开设专门的培训班对银匠进行培训,提高银饰的科技含量和文化品位,同时加大宣传力度,将银饰市场开拓至全国,乃至国外市场,鼓励当地村民参与银饰锻造工作或宣传工作,使苗族银饰成为文化产业开发中的重要组成部分,同时成为农民创收的重要渠道。

在苗族银饰文化开发中，资金匮乏是影响苗族银饰文化产业发展的重要原因。苗族银饰文化产业的发展，不仅需要以民族文化资源为后盾，也需要专业锻造银饰工艺品的银匠。由于苗族地处我国西南部，交通不发达，经济发展相对落后，资金严重匮乏。政府可以吸引外资，成立股份制或合伙制的经营企业，政府应当在解决资金问题上起主导作用，创新融资机制，开拓融资渠道。

完善健全产业发展的相关法律法规，也是保证苗族银饰文化产业良好开发传承的重要措施。黔东南州应该根据苗族银饰自身特点研究制定与之相匹配的开发规划方案，使其与经济发展相协调。建立健全文化产业发展的法律法规，科学合理地开发苗族银饰资源，避免过度开发对其造成的破坏，保证民族文化市场的良好运行，促进苗族银饰文化产业开发传承的可持续发展。

3. 加强深层次开发利用，确保银饰文化整体性传承

因应当前旅游模式从观光旅游向深度文化旅游的转型，开发多样的银饰商品和购物体验等服务项目，促进银饰的器物、工艺和文化内涵的整体性传承。除了开发物美价廉的银饰旅游纪念品外，还要开发更高文化附加值的精品银饰，使之成为收藏品。改变银饰工厂化生产的单一模式，建设个性化博物馆或者手工作坊，让游客可以观赏、学习和体验苗族银饰的历史、文化和锻造工艺。在苗寨等旅游景点设计一些银饰加工程序，如捶打、拉丝、镶嵌加固等环节，让游客可以参与其中，也可以组织比赛活动，使游客可以亲自动手体验。开发银饰相关文学、演艺产品或文创产品，使其传统文化蕴含的文化内涵得以彰显和传播。

## 第三节　生产性传承

### 一　生产性传承理念和政策

（一）生产性传承的理念及其内涵

生产性传承概念来源于非物质文化遗产生产性保护理念。生产性保护理念终极目标就是传统文化的传承发展，所以传统文化的生产性传承概念的内涵与外延等同于生产性保护。

生产性保护是继非物质文化遗产代表性名录体系建设之后，非物质

文化遗产保护与传承的新理念和新政策。王文章最早提出传统手工艺生产性保护的理念。他认为，除了行政保护、法律保护、经济保护、社会保护，还有可以"转化为经济效益和经济资源，以生产性方式保护。比如剪纸、年画以及其他很多手工艺制作项目，都可以作为艺人生产、生活方式延续传承。甚至可以通过资源重组，以产业运作扩大生产规模，扩展销售市场，从而使这些项目得以弘扬和传播"[1]。传统文化的生产性保护会促成"生活性保护"，"推动传统文化生活样式的传承、延续乃至创新的同时，寻求民族国家现代文化发展的精神内核，要在文化意义的生产层面推动传统向现代的转型与变迁。这不仅是我们构建社会公众在非物质文化遗产保护'社会性参与'机制方面的重要举措，更是华夏民族对待自身文化的一种积极态度与价值追求"[2]。生产性保护或者生活性保护其核心在于让传统文化重新回归于民众与社区，使传统文化的生产融入现代生产生活。

文化部2012年出台的《关于加强非物质文化遗产生产性保护的指导意见》正式提出"生产性保护"的理念和政策。所谓"生产性保护"是指："在具有生产性质的实践过程中，以保持非物质文化遗产的真实性、整体性和传承性为核心，以有效传承非物质文化遗产技艺为前提，借助生产、流通、销售等手段，将非物质文化遗产及其资源转化为文化产品的保护方式。"当时所提出的生产性保护主要指传统技艺、传统美术和传统药物炮制技艺。

文化传承发展是生产性保护的终极目的。非物质文化遗产生产性保护工作坚持保护为主，合理利用，在生产、经营、流通等环节中使非物质文化遗产代表性项目得到有效、健康的保护，最终得以传承发展。因此，生产性保护也与抢救式保护和整体性保护一起，成为我国文化生态保护区保护与建设的主要方式。

生产性传承体现了传统文化传承的以人为本、整体性、活态化等传承理念。生产性传承也是传统文化实现创造性转化和创新性发展的重要

---

[1] 王文章：《非物质文化遗产概论》，文化艺术出版社2006年版，第31页。
[2] 胡惠林、王媛：《非物质文化遗产保护：从"生产性保护"转向"生活性保护"》，《艺术百家》2013年第3期。

路径。生产性保护基地大多设立于非物质文化遗产所在的社区，基地负责人一般为非物质文化遗产传承人。生产性传承符合非物质文化遗产自身传承发展的特定规律，不仅可以增强非物质文化遗产自身的生命力和活力，也能够帮助各地的传承人和群众获得收益，提高传承的积极性，培养更多的后继人才，修复断裂的传承链，为非物质文化遗产保护和传承奠定深厚的、持久的基础。

（二）生产性保护政策

为推进传统文化生产性保护传承，2012年以来，国家先后命名了2批98家国家级非物质文化遗产生产性保护基地。与此同时，各省、市、自治区也建立了与非物质文化遗产四级名录体系相对应的四级非物质文化遗产生产性保护基地。

表4-3　　　　第一批国家级非物质文化遗产生产性保护基地

| 序号 | 省份 | 对象名称 | 项目类别 | 国家级名录项目名称 |
| --- | --- | --- | --- | --- |
| 1 | 北京 | 北京市珐琅厂有限责任公司 | 传统技艺 | 景泰蓝制作技艺 |
| 2 | 北京 | 内联陞鞋业有限公司 | 传统技艺 | 内联陞千层底布鞋制作技艺 |
| 3 | 北京 | 北京市荣宝斋 | 传统技艺 | 木版水印技艺、装裱修复技艺 |
| 4 | 河北 | 衡水习三内画艺术有限公司 | 传统美术 | 衡水内画 |
| 5 | 河北 | 曲阳宏州石业集团有限公司 | 传统美术 | 曲阳石雕 |
| 6 | 山西 | 山西老陈醋集团有限公司 | 传统技艺 | 老陈醋酿制技艺（美和居老陈醋酿制技艺） |
| 7 | 江苏 | 扬州玉器厂 | 传统美术 | 扬州玉雕 |
| 8 | 江苏 | 宜兴紫砂工艺厂 | 传统技艺 | 宜兴紫砂陶制作技艺 |
| 9 | 江苏 | 南京云锦研究所有限公司 | 传统技艺 | 南京云锦木机妆花手工织造技艺 |
| 10 | 浙江 | 东阳市陆光正创作室 | 传统美术 | 东阳木雕 |
| 11 | 浙江 | 青田县二轻工业总公司 | 传统美术 | 青田石雕 |
| 12 | 安徽 | 绩溪胡开文墨业有限公司 | 传统技艺 | 徽墨制作技艺 |
| 13 | 安徽 | 中国宣纸集团 | 传统技艺 | 宣纸制作技艺 |

续表

| 序号 | 省份 | 对象名称 | 项目类别 | 国家级名录项目名称 |
|---|---|---|---|---|
| 14 | 福建 | 福建海峡寿山石文化研究院 | 传统美术 | 寿山石雕 |
| 15 | 江西 | 景德镇佳洋陶瓷有限公司 | 传统技艺 | 景德镇手工制瓷技艺 |
| 16 | 江西 | 景德镇古窑瓷厂 | 传统技艺 | 景德镇手工制瓷技艺 |
| 17 | 江西 | 含珠实业有限公司 | 传统技艺 | 铅山连四纸制作技艺 |
| 18 | 山东 | 东阿阿胶股份有限公司 | 传统医药 | 中医传统制剂方法（东阿阿胶制作技艺） |
| 19 | 河南 | 禹州市杨志钧窑有限公司 | 传统技艺 | 钧瓷烧制技艺 |
| 20 | 河南 | 禹州市星航钧窑有限公司 | 传统技艺 | 钧瓷烧制技艺 |
| 21 | 湖南 | 龙山县苗儿滩镇捞车河村 土家织锦技艺传习所 | 传统技艺 | 土家族织锦技艺 |
| 22 | 湖南 | 湖南省怀化市通道侗族自治县啰耶侗锦织艺发展有限公司 | 传统技艺 | 侗锦织造技艺 |
| 23 | 广东 | 潮州市艺葩木雕厂 | 传统美术 | 潮州木雕 |
| 24 | 广东 | 佛山市新石湾美术陶瓷厂有限公司 | 传统技艺 | 石湾陶塑技艺 |
| 25 | 广西 | 靖西县壮锦厂 | 传统技艺 | 壮族织锦技艺 |
| 26 | 四川 | 成都蜀锦织绣有限责任公司 | 传统技艺 | 蜀锦织造技艺 |
| 27 | 四川 | 绵竹年画社 | 传统美术 | 绵竹木版年画 |
| 28 | 四川 | 雅安市友谊茶业有限公司 | 传统技艺 | 黑茶制作技艺（南路边茶制作技艺） |
| 29 | 贵州 | 丹寨县石桥黔山古法造纸专业合作社 | 传统技艺 | 皮纸制作技艺 |
| 30 | 云南 | 红河哈尼族彝族自治州建水县贝山陶庄文化产业有限公司 | 传统技艺 | 陶器烧制技艺（建水紫陶烧制技艺） |
| 31 | 云南 | 普洱市宁洱县困鹿山贡技茶场 | 传统技艺 | 普洱茶制作技艺（贡茶制作技艺） |
| 32 | 西藏 | 西藏自治区江孜地毯厂 | 传统技艺 | 藏族卡垫织造技艺 |

续表

| 序号 | 省份 | 对象名称 | 项目类别 | 国家级名录项目名称 |
|---|---|---|---|---|
| 33 | 西藏 | 西藏自治区藏药厂 | 传统医药 | 藏医药（藏药七十味珍珠丸配伍技艺） |
| 34 | 陕西 | 凤翔新明民俗文化传承有限公司 | 传统美术 | 泥塑（凤翔泥塑） |
| 35 | 陕西 | 西安大唐西市文化发展有限公司 | 传统美术 | 民间绣活（西秦刺绣） |
| 36 | 甘肃 | 环县道情皮影保护中心（皮影雕刻） | 传统美术 | 皮影戏（环县道情皮影戏） |
| 37 | 甘肃 | 庆阳祁黄文化传播有限公司 | 传统美术 | 庆阳香包绣制 |
| 38 | 青海 | 青海黄南州热贡画院 | 传统美术 | 热贡艺术 |
| 39 | 青海 | 互助土族文化传播有限公司 | 传统美术 | 土族盘绣 |
| 40 | 青海 | 青海省海湖藏毯有限公司 | 传统技艺 | 加牙藏族织毯技艺 |
| 41 | 新疆 | 新疆维吾尔自治区疏附县吾库萨克乡热合曼·阿布都拉传习所 | 传统技艺 | 民族乐器制作技艺（维吾尔族乐器制作技艺） |

表4-4　第二批国家级非物质文化遗产生产性保护基地

| 序号 | 省份 | 对象名称 | 项目类别 | 国家级名录项目名称 |
|---|---|---|---|---|
| 1 | 北京 | 北京同仁堂（集团）有限责任公司 | 传统医药 | 同仁堂中医药文化（传统中药材炮制技艺） |
| 2 | 天津 | 天津杨柳青画社 | 传统美术 | 杨柳青木版年画 |
| 3 | 河北 | 峰峰矿区大家陶艺有限责任公司 | 传统技艺 | 磁州窑烧制技艺 |
| 4 | 河北 | 衡水一壶斋工艺品有限公司 | 传统美术 | 衡水内画 |
| 5 | 河北 | 大厂回族自治县良盛达花丝镶嵌特艺有限公司 | 传统技艺 | 花丝镶嵌制作技艺 |
| 6 | 山西 | 山西广誉远国药有限公司 | 传统医药 | 中医传统制剂方法（龟龄集传统制作技艺、定坤丹制作技艺） |

续表

| 序号 | 省份 | 对象名称 | 项目类别 | 国家级名录项目名称 |
| --- | --- | --- | --- | --- |
| 7 | 山西 | 稷山赵氏四味坊传统面点传习中心 | 传统技艺 | 传统面食制作技艺（稷山传统面点制作技艺） |
| 8 | 内蒙古 | 阿拉善左旗恒瑞翔地毯有限责任公司 | 传统技艺 | 地毯织造技艺（阿拉善地毯织造技艺） |
| 9 | 辽宁 | 阜新市细河区珏艺轩玛瑙素活制品厂 | 传统美术 | 阜新玛瑙雕 |
| 10 | 吉林 | 延吉市民族乐器研究所 | 传统技艺 | 民族乐器制作技艺（朝鲜族民族乐器制作技艺） |
| 11 | 黑龙江 | 哈尔滨市群力新区文化产业发展中心 | 传统美术 | 剪纸（方正剪纸） |
| 12 | 上海 | 上海周虎臣曹素功笔墨有限公司 | 传统技艺 | 毛笔制作技艺（周虎臣毛笔制作技艺）、徽墨制作技艺（曹素功墨锭制作技艺） |
| 13 | 上海 | 朵云轩艺术发展有限公司 | 传统技艺 | 木版水印技艺 |
| 14 | 江苏 | 苏州镇湖刺绣艺术馆有限公司 | 传统美术 | 苏绣 |
| 15 | 江苏 | 扬州广陵古籍刻印社 | 传统技艺 | 雕版印刷技艺 |
| 16 | 浙江 | 杭州王星记扇业有限公司 | 传统技艺 | 制扇技艺（王星记扇） |
| 17 | 浙江 | 湖州市善琏湖笔厂 | 传统技艺 | 湖笔制作技艺 |
| 18 | 浙江 | 金星铜集团有限公司 | 传统技艺 | 铜雕技艺 |
| 19 | 安徽 | 黄山徽州竹艺轩雕刻有限公司 | 传统美术 | 徽州三雕 |
| 20 | 福建 | 德化县宏益陶瓷雕塑研究所 | 传统技艺 | 德化瓷烧制技艺 |
| 21 | 福建 | 厦门惟艺漆线雕艺术有限公司 | 传统技艺 | 厦门漆线雕技艺 |
| 22 | 福建 | 莆田市善艺李氏工艺有限公司 | 传统美术 | 木雕（莆田木雕） |
| 23 | 江西 | 江西婺源朱子实业有限公司 | 传统技艺 | 歙砚制作技艺 |

续表

| 序号 | 省份 | 对象名称 | 项目类别 | 国家级名录项目名称 |
|---|---|---|---|---|
| 24 | 山东 | 鄄城县鲁锦工艺品有限责任公司 | 传统技艺 | 鲁锦织造技艺 |
| 25 | 山东 | 潍坊杨家埠民俗艺术有限公司 | 传统技艺、传统美术 | 风筝制作技艺（潍坊风筝）、杨家埠木版年画 |
| 26 | 河南 | 洛阳九朝文物复制品有限公司 | 传统技艺 | 唐三彩烧制技艺 |
| 27 | 河南 | 开封市素花宋绣工艺有限公司 | 传统美术 | 汴绣 |
| 28 | 河南 | 汝州市朱文立汝瓷艺术有限公司 | 传统技艺 | 汝瓷烧制技艺 |
| 29 | 湖北 | 武汉高龙城投资管理有限公司 | 传统美术 | 木雕（武汉木雕船模） |
| 30 | 湖北 | 孝感天仙雕花剪纸有限公司 | 传统美术 | 剪纸（孝感雕花剪纸） |
| 31 | 湖北 | 夏氏丹药制作基地（夏大中） | 传统医药 | 中医传统制剂方法（夏氏丹药制作技艺） |
| 32 | 湖北 | 荆州市唯楚木艺有限公司 | 传统技艺 | 漆器髹饰技艺（楚式漆器髹饰技艺） |
| 33 | 湖北 | 黄梅巾帼挑花工艺有限公司 | 传统美术 | 挑花（黄梅挑花） |
| 34 | 湖南 | 湖南省湘绣研究所 | 传统美术 | 湘绣 |
| 35 | 湖南 | 醴陵陈扬龙釉下五彩瓷艺术中心 | 传统技艺 | 醴陵釉下五彩瓷烧制技艺 |
| 36 | 广东 | 潮州市潮绣研究所 | 传统美术 | 粤绣（潮绣） |
| 37 | 广东 | 肇庆市端州区华兴端砚厂 | 传统技艺 | 端砚制作技艺 |
| 38 | 海南 | 海南合田旅业有限公司 | 传统技艺 | 黎族传统纺染织绣技艺 |
| 39 | 海南 | 海南锦绣织贝实业有限公司 | 传统技艺 | 黎族传统纺染织绣技艺 |
| 40 | 广西 | 广西钦州坭兴陶艺有限公司 | 传统技艺 | 陶器烧制技艺（钦州坭兴陶烧制技艺） |
| 41 | 重庆 | 重庆市永川豆豉食品有限公司 | 传统技艺 | 豆豉酿制技艺（永川豆豉酿制技艺） |

续表

| 序号 | 省份 | 对象名称 | 项目类别 | 国家级名录项目名称 |
|---|---|---|---|---|
| 42 | 四川 | 康定大吉香巴拉文化发展有限公司 | 传统美术 | 藏族唐卡（噶玛嘎孜画派） |
| 43 | 四川 | 凉山彝族自治州民政民族工艺厂 | 传统技艺 | 彝族漆器髹饰技艺 |
| 44 | 四川 | 青神县云华竹旅有限公司 | 传统美术 | 竹编（青神竹编） |
| 45 | 贵州 | 台江芳佤银饰刺绣有限公司 | 传统美术 | 苗绣 |
| 46 | 贵州 | 贵州丹寨宁航蜡染有限公司 | 传统技艺 | 苗族蜡染技艺 |
| 47 | 云南 | 剑川县兴艺古典木雕家具厂 | 传统美术 | 木雕（剑川木雕） |
| 48 | 云南 | 大理市周城璞真综艺染坊 | 传统技艺 | 白族扎染技艺 |
| 49 | 西藏 | 拉萨市城关区古艺建筑美术公司 | 传统技艺 | 藏族矿植物颜料制作技艺 |
| 50 | 西藏 | 西藏唐卡画院 | 传统美术 | 藏族唐卡（勉萨画派） |
| 51 | 青海 | 金诃藏药药业股份有限公司 | 传统医药 | 藏医药（七十味珍珠丸赛太炮制技艺） |
| 52 | 青海 | 囊谦藏族民间黑陶工艺有限责任公司 | 传统技艺 | 陶器烧制技艺（藏族黑陶烧制技艺） |
| 53 | 甘肃 | 夏河县拉扑楞摩尼宝藏族文化艺术有限公司 | 传统美术 | 藏族唐卡（甘南藏族唐卡） |
| 54 | 宁夏 | 宁夏隆德杨氏彩塑文物艺术有限公司 | 传统美术 | 泥塑（杨氏家庭泥塑） |
| 55 | 新疆 | 和田托提瓦柯桑皮纸国家贸易有限公司 | 传统技艺 | 维吾尔族桑皮纸制作技艺 |
| 56 | 新疆 | 洛浦县时代地毯厂 | 传统技艺 | 地毯织造技艺（维吾尔族地毯织造技艺） |
| 57 | 新疆 | 新疆生产建设兵团农业建设第六师红旗农场 | 传统美术 | 哈萨克毡绣和布绣 |

《关于实施中华优秀传统文化传承发展工程的意见》的提出，让中华优秀传统文化"融入生产生活"和"充分调动全社会积极性创造性"传

承发展中华优秀传统文化，也是对生产性保护传承的进一步强调。文化部、工业和信息化部、财政部推出的《中国传统工艺振兴计划》，就是基于生产性传承理念，促进中国传统工艺传承的重要举措。该计划提出，发掘和运用传统工艺所包含的文化元素和工艺理念，丰富传统工艺的题材和产品品种，提升设计与制作水平，提高产品品质，培育中国工匠和知名品牌，使传统工艺在现代生活中得到新的应用，更好满足人民群众消费升级的需要。到2020年，传统工艺的传承和再创造能力、行业管理水平和市场竞争力、从业者收入以及对城乡就业的促进作用得到明显提升。①

生产性保护传承实行十余年来，有效地促进了中华优秀传统文化的传承，但也存在若干问题，如："作为民间艺术的手工技艺，多数已经不能作为民俗文化的载体继续在日常生活中发挥作用，而是趋向专业化和艺术化。"② "繁荣的背后，却隐藏着危机，过度产业化、后继乏人、贵族化、创新不足等等问题。"③ 如贵州苗族乡村中蜡染生产与流通中的包买现象，虽在一定程度上解决了生产性保护在真实性、整体性和传承性原则下如何组织生产和销售的问题，但对非物质文化遗产的保护与传承也有潜在的风险性影响。④

传统文化的生命力来源于时代需要，中华优秀传统文化传承的根本目的在于促使传统文化得以存续和活态传承。因此，在传统文化的生产性传承中，如何既保持传统文化的流变性，又保护其核心技术和人文蕴含；如何与时俱进并切合当代社会需要，迫切需要通过对当前中华优秀传统文化生产性传承实践活动进行全面的考察，总结其成功的经验，发现问题，进一步优化生产性传承政策，丰富传统文化生产性传承方式，完善中华优秀传统文化开发利用传承体系。

---

① 文化部、工业和信息化部、财政部：《中国传统工艺振兴计划》，《中国文化报》2017年3月27日第1版。
② 徐赣丽：《手工技艺的生产性保护：回归生活还是走向艺术》，《民族艺术》2017年第4期。
③ 崔衡：《"生产性保护"的实施与困境——以花丝镶嵌工艺为例》，《艺术评论》2016年第1期。
④ 许江红：《包买制路径下的非物质文化遗产生产性保护——以贵州丹寨苗族蜡染为例》，《贵州社会科学》2016年第6期。

## 二 生产性传承的成效

（一）以人为本，扩大了传承群体

1. 尊重传承人的主体性，强化了对传承人的保护

生产性传承坚持以人为本的社会传承原则，强调社会公众、社区、社群的文化主体地位和实践能动性，鼓励非物质文化遗产传承人在遗产所属的社区传承传统文化。如青海热贡文化生态保护区通过热贡文化生产传习所建设，提升传承人的传承能力。针对原来的家庭作坊规模小、场地不足，难以满足热贡艺术生产、传承发展需要的实际，鼓励、引导和支持社会力量投资兴办各类传习馆所。政府从资金补助、土地划拨、手续办理等方面，对国家级、省级代表性传承人、知名热贡艺人开办的综合传习中心、生产基地、作坊予以优先支持提供帮助和支持。热贡文化保护区核心区域涌现出了以国家级代表性传承人娘本热贡画院、国家级代表性传承人夏吾角仁俊热贡艺术传习院、省级代表性传承人扎西尖措龙树画苑等为代表的一批综合传习中心和生产性基地。这些中心和基地集教学培训、创作生产、展示收藏、宣传研究等多功能于一体，已成为传承、传播弘扬热贡艺术的重要基地。热贡画院组织绘制近千幅佛像的线描、彩绘图，对热贡唐卡传承意义深远，在热贡学术研究、标准规范、传习支持等方面发挥了重要作用。目前，由民间艺人兴办的热贡艺术各类传习中心多达 28 个，涵盖唐卡、泥塑、堆绣、木雕等多个门类。近千名学员在传习中心学习，近百名传承人、工艺美术大师担任教学任务。热贡文化生态保护试验区管委会加大对综合传习中心的管理和监督，制定出台了《热贡文化生态保护实验区非遗综合传习中心认定与管理办法》，从传习活动开展、学徒数量、教学等方面量化指标，年终对综合传习中心进行考核验收。管委会组织国家级代表性传承人主持编写高质量的热贡唐卡教材，改变各传习中心教材不规范、不统一的问题。[①]

传承人是传统文化的重要载体，重视传承人的保护和培养，鼓励传统文化的社会传承和传播，能促进传统文化在人们的生产生活中传承发

---

① 文化部非物质文化遗产司：《国家级文化生态保护实验区建设工作座谈会交流材料》2017 年 7 月，第 54—55 页。

展。湖南省湘西土家族苗族自治州将大师工作室与传习所结对发展，定期组织国家级代表性传承人刘代娥、田隆信、叶水云、梁德颂等赴传习所开展传承活动，组织学员赴大师工作室跟班学习。对于与传习所结对的国家级代表性传承人，给予每人60万元的传习资金补助。贵州省黔东南州通过建设一批传统工艺工作站，带动生产性保护传承。2016年，黔东南州探索建立"苏州工艺美术职业技术学院＋深圳非遗生活有限公司＋优秀银饰、刺绣、蜡染学员""苏州工艺美术职业技术学院/凯里学院/黔东南民族职业技术学院＋贵州苗妹银饰工艺品有限公司＋优秀银饰、刺绣学员"等一批"高校＋企业＋学员"传统工艺工作站，以此推动"传承人＋合作社＋农民"连心同技共富工程。此外，还建成了一批民族文化创意产业园区，为文化传承人和文化持有者提供生产、展示和展销平台。随着生产性传承的开展，传承主体的保护意识和文化自觉意识有所增强，相关企业获得了较明显的经济效益，其生存条件也得到改善，传承人的保护和培养受到进一步重视，参与者的转型和创新意识不断提高，市场开拓有新进展。

2. 重视对传统文化知识产权的保护

中华优秀传统文化凝聚了特定民族群体或者社区长期以来的生产经验和生活智慧。很多传统的建筑、服饰、传统工艺、饮食等产品兼具实用性与艺术性，在市场上享有较高的声誉，可以为持有人在市场竞争中赢得竞争优势，具有较好的商业价值。但是，"在商品经济和市场经济不断发展的大潮中，外部社会市场主体以各种方式对传统设计进行盗用或者不正当利用。外部社会市场主体盗用或者不合理利用我国少数民族传统设计，严重损害了有关少数民族对其传统文化资源享有的正当利益，也对有关少数民族传统文化的生产性保护及其可持续发展构成了不容忽视的威胁"[①]。但是我国目前对传统文化的知识产权保护意识不强，注册保护的项目不多，部分项目被盗用、滥用，对传统文化的保护传承和传承人也造成极大的伤害。

生产性传承是市场经济的一部分，为促进传统文化知识产权的保护，

---

① 严永和：《论我国少数民族传统设计知识产权保护的法律模式》，《民族研究》2016年第3期。

维护非遗传承人文化权益，国家和非遗传承人在生产性的传承过程，加强了对传统文化的知识产权保护。"医圣"张仲景的故乡河南南阳的宛西制药公司，从张仲景的"金匮肾气丸"配方衍化出"仲景"牌六味地黄丸等产品。为保护这一珍贵的传统医药资源，先后在英国、澳大利亚、俄罗斯等十多个国家注册了"仲景"商标。从 2016 年起，贵州省黔东南州开展非物质文化遗产项目知识产权保护统计，积极引导非遗持有个人、企业、社区加强版权登记、商标注册、专利申请、地理标志等非遗知识产权保护工作，保障相关非遗项目生产性保护健康发展，截至 2017 年 6 月黔东南州完成非遗作品登记 100 余件[①]，极大地提升了他们对传统技艺的保护、传承和创新的积极性。

3. 增强了传承群体的文化自信

刘魁立提出，要重新确立传统技艺的价值观，其目的是使传统技艺所体现的人性受到关注和彰显，激发传承人传承民族传统技艺的持久积极性，以及整个社会对优秀文化遗产的尊崇和珍爱。[②] 青海热贡文化等的生产性传承，给群众带来了实实在在的好处，让民众共享了传承的效益。热贡艺术采用"公司＋艺人＋基地"的发展模式，使其在与产业和市场的结合中实现了文化传承与经济发展互动双赢的目标。热贡艺术品销售收入由 2011 年 2.4 亿元增长到 2016 年 6.5 亿元，年收入超过 1000 万元的非遗企业多达 5 家。唐卡、堆绣、泥塑产品销售已成为当地群众主要的家庭收入来源。吾屯村从艺户数占全村总户数的 98%，人均年收入从 5 年前的 5000 余元增长到 3 万余元；年都乎村从艺户数占全村总户数的 70%，人均年收入从 5 年前的 3000 余元增长到 1.5 万元。同仁刻板印刷技艺传承点卓龙村，共有户数 50 户，从事刻板印刷的学徒 46 名，因这一非遗项目的传承发展，农闲季节人均年收入提高了 4000 元以上。泽库县和日镇和日村共有 257 户居民，其中有 270 户是从事石刻技艺的民间艺人。2016 年，该村石刻收入达 600 万元[③]。热贡艺术的生产及其展销所带

---

① 文化部非物质文化遗产司：《国家级文化生态保护实验区建设工作座谈会交流材料》2017 年 7 月，第 250—251 页。

② 刘魁立：《民间传统技艺的人性光辉》，《中南民族大学学报》2009 年第 4 期。

③ 文化部非物质文化遗产司：《国家级文化生态保护试验区建设工作座谈会交流材料》2017 年 7 月，第 60 页。

来的经济效益、传统文化价值的彰显,是生产性传承得以延续的内生动力。

4. 扩大了传承群体

富有活力的传承人和传承人群、广泛的公众参与,是文化传承的基础。在青海热贡文化生态保护区内,热贡艺术传承打破了"传内不传外、传僧不传俗、传男不传女"的旧有思维,从家族封闭式传承走向了开放式传承,传承基地增多,传承渠道多元化,传承区域拓宽,形成了寺院、村落、家庭、企业、学校共同传承热贡艺术、培养热贡艺人的局面。在热贡艺术集中的吾屯村,"人人作画、家家从艺"。热贡唐卡传习活动从同仁县辐射扩大到尖扎、河南、泽库三县,省内海西、海南、海东乃至甘肃、四川、山东等地慕名而来学习的艺人也在不断增多。目前,热贡艺术从业人员多达3万人,比2011年翻了近两倍。堆绣、泥塑艺人数量从8年前的百余名增加到上千名。黄南藏戏重新焕发了活力,形成了村落、寺院、学校、文化部门共同兴办藏戏团队的喜人局面。藏戏团体由20世纪末的5家恢复至16家,藏戏艺人多达500余名。热贡文化协会会员多达700余名、非遗示范户300余家。热贡堆绣之乡同仁县年都乎乡年都乎村的桓贡堆绣传习中心由省级代表性传承人、省级工艺美术大师担任教师,每年培养堆绣艺人20名以上,年创收入200万元以上,目前已累计培养堆绣艺人500名以上。①

河北潍坊依托国际风筝会、文展会、鲁台会、菜博会、花博会等大型节会,设立潍坊民间工艺产品展销区;通过山东聚匠网、中国印象商城潍坊店、好品潍坊等推广销售平台,向世界各地推销具有潍坊地域特色的非遗产品和非遗衍生品。该市现已有传统工艺类企业和家庭作坊1847个。其中,国家级非遗生产性保护基地1个,省级5个。年产值达到210多亿元,安排就业近5万人,其中妇女近2万人,残疾人和其他困难群众近3000人。②

---

① 文化部非物质文化遗产司:《国家级文化生态保护试验区建设工作座谈会交流材料》2017年7月,第59—60页。

② 文化部非物质文化遗产司:《国家级文化生态保护试验区建设工作座谈会交流材料》2017年7月,第166页。

(二) 见人见物见生活

1. 激活了传统文化的生命力，实现了活态化传承

生产性传承以有效传承非物质文化遗产技艺为前提，借助生产、流通、销售等手段，将非物质文化遗产及其资源转化为文化产品，体现了文化传承的活态性。生产性保护基地既是传习中心和传承人的培训培养基地，也是文化产业经营人才的学校；既是鲜活的旅游景点，也是继承优秀文化、塑造社会主义核心价值观的重要载体。生产性保护传承基地的运作，就是在整体的文化生态之中保护、宣传、弘扬、传承和振兴传统文化，发掘传统文化的历史价值与在当代社会的生命力和创造力。

如湘西州凤凰县德榜村苗族银饰锻制技艺生产性保护基地设立于凤凰乡禾库镇德榜村。该村银饰加工生产传统历史悠久、渊源深厚，且技艺独特、工艺精美，整个生产流程保持手工锻制，是凤凰县乃至整个湘西地区最具影响力的银饰加工基地。目前，村内约有11户54人专门从事银饰加工生产，以家族式传承方式延续至今，并不定期地相互进行技艺交流和培训。该村拥有州级银饰技艺传承人1人，县级银饰技艺传承人7人。村内浓厚的银饰制作氛围为建立苗族银饰生产性保护基地提供了良好的历史条件和文化空间。

德榜村苗族银饰锻制技艺生产性保护基地11户年均销售额300多万元。其中，以该村7组龙先虎在家中创办的吉虎手工银饰厂为例，该厂成立于2015年2月，注册资金为80万元，企业合伙人共6名，现有固定工人12名、临时工4名，银饰年销售约150万元，纯收入约50万元。该厂主要采用传统银饰锻制工艺生产各类苗族银饰品，含银凤冠、银项圈、银链、银手镯、银耳环等，银饰品精致美观、工艺独特，广受禾库镇乃至周边乡镇民众的喜爱。

凤凰县民族宗教和文化等部门通过3年的生产性保护基地建设工作，不仅提升了当地银饰工匠的积极性，还带动其他农户进行银饰生产加工制作，培养出更多的银饰技艺传承人，缓解了"后继乏人"的局面。随着银饰销路的扩大和越来越多的群众参与，实现苗族银饰锻制技艺的生产性保护与活态传承，进一步扩大了凤凰县"苗族银饰锻制技艺"的知名度，也带动乡村旅游发展，进一步提高了家庭作坊和传承人的收入。

## 2. 激活了传统工艺的生命

传统文化及其生产是文化持有者的一种生活方式，是人们的实践，是人、物、生活的整体。生产性传承就是使传统文化的保护与开发利用等文化实践，成为民族的生计方式和生活方式。

闽南文化生态保护实验区内，拥有德化县宏益陶瓷雕塑研究所和厦门惟艺漆线雕艺术有限公司2个国家级非遗生产性保护示范基地，德化县蕴玉陶瓷雕塑国家级非遗生产性保护示范基地，德化县蕴玉陶瓷雕塑研究所等9个省级非遗生产性保护示范基地。厦门市积极引导和扶持上述非遗生产性保护企业做强做大，提升产业层级，成长为在业内具有引领、带动作用和较强竞争力的骨干企业。漆线雕、漆艺、惠和影雕等项目，已形成从生产到营销的完整产业链，成为特色传统文化品牌。漳州市积极指导片仔癀、八宝印泥、水仙花雕刻等有良好市场前景的非遗项目"以生产促保护促传承"，鼓励他们与市场接轨，走生产性保护与传承，在保护传统工艺的基础上，开发符合时代精神和市场需求的相关文化产品。泉州市积极推动传统工艺美术业的生产性传承，以陶瓷、石雕、木雕、藤铁竹编非遗为主要经营项目的企业2000余家，从业人员近20万人，年实现产值160多亿元；承载铁观音技艺的安溪乌龙茶产量目前居福建省首位，占全国总产量的近1/2，年产值70亿元[①]。

### （三）实现了传统文化的整体性传承

1. 整合了非遗传承人与社区资源，有利于传承环境的改善

生产性保护基地大多设立于非物质文化遗产所在的社区，基地负责人一般为非物质文化遗产传承人。这种方式可以有效整合非遗传承人和社区的各种资源，有利于维护促进文化传承的良好文化生态。在青海黄南藏族自治州热贡艺术生产集中的几个村落，社区民众共同守护精神家园，弘扬民族文化的意识强烈，传承氛围浓厚，呈现出村庄之间、艺人之间竞相传承、创新发展的良好态势。唐卡市场秩序进一步规范，以次充好、以假乱真的现象得到改善，在唐卡大师们的引领下，严格遵循传统工艺流程，严格执行矿物质颜料规范使用标准，创作精美唐卡已成为

---

[①] 文化部非物质文化遗产司：《国家级文化生态保护试验区建设工作座谈会交流材料》2017年7月，第8—9页。

唐卡艺人们的普遍共识，绘制的唐卡越来越精细，唐卡品质不断提升。几年前，热贡"六月会"参与村庄覆盖面不广、群众数量较少，主要靠组织者的强行摊派和硬性罚款，才能勉强维持活动，如今彻底改变了这一尴尬境地，从"让我参与"变成了"我要参与"，许多村庄陆续恢复了"六月会"的传统习俗，由过去的 8 个村落发展至 24 个村落，每年吸引游客数万人次。黄南藏戏得到了村委会、寺院的大力支持，老中青艺人相结合，每个民间藏戏团对演出器材的管理井然有序，自筹经费添置演出器材，自发开展村庄之间的交流演出[①]。

2. 有助于材质、工艺和文化内涵的整体性传承

生产性传承要保持可持续发展，有赖于传统工艺、传统饮食、传统医药等从原材料、工艺和文化内涵的"原真性"。这样的传统文化产品才能得到文化消费者的青睐。

青海黄南藏族自治州针对唐卡生产中绘画技艺流程不完整、矿物质颜料标准不规范的状况，制定颁布了《热贡唐卡青海省地方标准》及《热贡唐卡矿物颜料——绿松石》《热贡唐卡矿物颜料——蓝铜矿》等六种矿物颜料企业联合标准。在全国率先建立唐卡艺术品等级鉴定、质量检验检测工作，确保了唐卡的品质。还制定颁布了《热贡艺术堆绣鉴定标准和方法》《热贡艺术（唐卡绘画工）职业技能鉴定标准》。

湖南省龙山县捞车河村土家织锦技艺传习所是湘西州第一批州级非遗传习所，也是国家级非遗生产性保护基地。近年来在国家级代表性传承人刘代娥的带领下，培训传承人群 6 万多人次，培养了 100 多名熟练的织女；开辟了传统染料种植基地并翻修了老染房，配齐了染制工具；整理、恢复了部分传统织锦技艺。传习所的织锦虽然产量不大，却件件都是精品，手工附加值高，多次参加国家非遗展出并远销中东及港台等地。

（四）传统文化品质提升，培育出文化品牌

1. 传统文化品质得到提升

生产性保护传承者间的竞争关系，使得地方政府和文化传承人、生产经营者努力提升文化产品品质，以取得经济利益和社会效益的最大化。

---

① 文化部非物质文化遗产司：《国家级文化生态保护试验区建设工作座谈会交流材料》2017 年 7 月，第 60 页。

通过生产性保护传承，热贡地区各类非遗项目的品质得到全面提升。唐卡创作通过政府引导与唐卡大师引领，艺人们的精品意识、创新意识明显增强，绘制的唐卡线条更加精细，构图更加严谨，题材更加丰富，矿物质颜料使用更加规范，唐卡品质在热贡地区实现了整体性提升，市场认可度越来越高，在唐卡界的影响力越来越大。堆绣、泥塑、石刻、银器等艺术门类，呈现题材多样化、产品个性化的特点，融入现代生活取得新突破。以祭祀二郎神、诸山神为主要内容的热贡六月会，民俗活动仪式更加规范完整，演出服装艳丽整齐，"拉什则""勒什则"等舞蹈的表演性、观赏性更强了。民间藏剧团从传承场地、服装道具、艺人队伍到演出质量都发生了新变化，各团都有了多功能的小型舞台，所演剧目的艺术水准明显提高。

2. 培育了文化品牌

生产性传承者为了与市场机制接轨，不再把传统文化的生产视为个人兴趣或爱好，而是通过塑造品牌来提高文化产品或服务的市场竞争力以及社会声望。随着热贡文化市场的繁荣，"热贡文化生态保护实验区"的热贡文化、热贡艺术、唐卡之都的品牌基本形成，热贡艺术逐渐走出省门，走进国内，走向世界，热贡艺术在海内外的知名度、美誉度不断提升，已成为对外传播青海优秀传统文化的一张金名片。同仁县隆务镇（热贡唐卡）、年都乎乡（热贡堆绣）、同仁县（热贡艺术）、尖扎县（五彩神箭）被文化部命名为"中国民间文化艺术之乡"。同仁县被中国工艺美术协会命名为"中国唐卡之乡"。2016 年 12 月，国家质检总局授予热贡文化生态保护区"热贡文化知名品牌创建示范区"称号，成为全国唯一的文化知名品牌创建示范区。调查发现，很多非遗传承人不仅非常注重对生产作坊、画院及其产品的装潢和宣传，而且非常善于利用网络、手机等各种媒体扩大自己产品的影响力。

一些政府部门出于对地方文化建设的需要和文化产业发展的需求，也参与了生产性传承中文化品牌的塑造。湖南省湘西州现有 1 个国家级非遗生产性保护基地，12 个州级非遗生产性保护基地。2016 年，全州各类文化企业达 3000 多家，从业人员 6 万余人，实现文化产业产值 35.13 亿元。湘西州以落实传统工艺振兴计划为契机，重点扶持土家族织锦技艺、苗族银饰锻制技艺和湘西苗绣进行非遗产品的提质升级，打造了龙山刘氏三姐妹土家织锦有限公司、凤凰叶水云土家族织锦技艺传习所、凤凰县传承民族工艺有限公司、吉首市山谷居民文化传播有限公司等一批非遗生产性保护龙头企业，打响了"小红鼠""山谷居民""金毕果""太阳树"等一批民族文化品牌。2016年，在文化部的倡导下，建立了湘西非遗传统工艺工作站，与北京木真了服饰公司深入合作，加强非遗调查研发，创立了"一善荷音"湘西非遗品牌。以踏虎凿花为设计元素的服装系列，在上海首届非遗展中获得金奖，并代表湘西州参加了山东非遗博览会。为实现苗绣振兴，组织了15名绣娘赴北京参加木真了公司研习，短短20天内，绣娘与设计师共同合作完成26件（套）精美的苗绣作品，得到文化部领导的肯定。

（五）促进扶贫，帮助农民脱贫致富

生产性传承的实施，有利于文化持有者发挥自身文化资本，将文化资源转化为经济资源。四川省国家级羌族文化生态保护区引导羌区群众广泛参与非遗生产性保护，推进非遗与文化旅游的融合，发展文化产业，助力精准扶贫。阿坝州成立了"阿坝州妇女羌绣就业帮扶中心""阿坝州藏族编织挑花刺绣协会"，推动以羌绣为代表的羌民族文化的保护与发展，赢得了社会资金的广泛支持，采取企业+合作社+农户的方式带动3000余名受灾失地的妇女居家灵活就业，既实现了传统技艺的"活态"传承、生产性保护，也实现了羌族群众的增收。茂县古羌城以打造羌文化核心旅游目的地为目标，除春节期间以外，每天坚持各类20多场活态展演，在保护、传承和弘扬民族文化的同时让海内外游客充分感受和体验到羌族文化的独特魅力。2016年，羌城共接待海内外游客90余万人次，实现产值1856万元，通过羌城解决了1200余人就业，同时带动了羌城周边乡村旅游发展。绵阳市成立了市文化产业促进会，依托全市文化产业资源平台，带动羌绣产业发展。目前绵阳有绣娘绣郎2000多人，已成为当地群众脱贫致富的生力军。北川草编传承人不仅在当地义务教授了200多位残疾人和近千名留守妇女学习草编技术，并在各个乡镇建立了17个传承培训和生产回收基地，解决了1000名人员的就业问题[①]。

---

① 文化部非物质文化遗产司：《国家级文化生态保护试验区建设工作座谈会交流材料》2017年7月，第73页。

在乡村地区，生产性传承使农民不离乡不离土，既提高了收入，又传承了文化，同时还保持了与家庭和社区的联系。湘西花垣县的双龙镇石栏苗绣传习所，依托本地区苗绣、苗族服饰资源，先是成立了苗族服饰专业合作社，率先采用规模化、标准化的方式手工生产苗绣。两年来，传习所共培训绣娘130余名；专门针对贫困妇女、留守妇女开展苗绣培训班，培训人数79名，其中建档立卡贫困户35人；为绣娘们争取到苗绣半成品订单累计达300多万元。花垣县十八洞村的贫困苗族山寨，同样大力传承苗绣，直接带动全村225户村民930余人人均年增收1万元以上，成为农民致富脱贫的重要收入渠道。

### 三 存在的问题与对策

（一）存在的问题

1. 过度产业化

生产性传承的初衷本身兼具公益性和经济性的双重特征，但当前社会对非遗生产性保护及其传承存在一定程度的误读。生产性保护并非以生产为手段对非遗经济效益的单纯追逐，而是对特定非遗类别通过生产和流通，实现非遗与现代社会需求的有效对接。人文关怀是非遗生产性保护的逻辑起点，市场思维是非遗生产性保护的现实应对，传承创新是非遗生产性保护的活力之源[1]。生产性保护并不等同于产业化，并且需要妥善处理本真性、整体性、传承与创新等问题[2]。但是，进入市场场域的文化持有者受到经济利益的驱使，遵循着经济理性，忘却文化理性、社会理性和人文关怀，盲目追求市场规模和经济效益。近年来，在我国生产性传承实践过程中，非物质文化遗产借生产性保护和传承之名，与产业开发、经济开发过度结合，不仅原有的手工生产技艺完全被机器生产工艺所取代，而且传统文化的文化意蕴逐渐淡化。如花丝镶嵌工艺存在着盲目产业化，以降低成本为宗旨，简化工艺，固定设计款式，市场批

---

[1] 李梦晓：《人文关怀与市场思维："非遗"生产性保护的逻辑起点与现实应对》，《云南社会科学》2015年第2期。

[2] 刘晓春、冷剑波：《"非遗"生产性保护的实践与思考》，《广西民族大学学报》2016年第4期。

量生产,但销路不畅,产业化并没有解决传承人和从业者"人亡艺绝"的现象。最终也只能沦为精致高雅,供人观赏的"新文物"[1]。

2. 艺术化和贵族化

部分传统文化的生产、传承,呈现贵族化、精英化趋势明显。作为民间艺术的手工技艺、歌舞艺术多数已经不能作为民俗文化的载体继续在日常生活中发挥作用,而是趋向专业化和艺术化[2]。脱离了传统功能的手工技艺,主要面向退休官员和文化精英、学者、城市新的中产阶级进行生产,而在社区民众中缺少人问津。如来凤县漆筷、西兰卡普等的生产与销售,完全依靠礼品和旅游商品市场来支撑。

3. 传统工艺生产可持续性不强

第一,传统工艺面临着现代工艺的冲击。传统手工艺者面临传统手工与现代机械化生产的选择性困境。纯手工制作是传统工艺生产者引以为傲的资本,但无论是在社区内部销售市场,还是在旅游市场,传统文化生产都面临着机械化生产的快速、精细工艺的冲击。如在湘西凤凰县德榜村的银饰生产户迫于压力,大多引入了拉丝机、冲压机床、压片机等现代化机械,不再坚持传统的纯手工生产。

第二,快速发展的工艺品市场和旅游商品市场,也引起了原材料的短缺,原材料危机开始显现。如湘西凤凰德榜村的银饰加工户过去的银饰原料为银圆,现在需要到贵州凯里进货,其成色自然难以保证。

第三,优秀人才断层严重,政府缺乏具体有效措施,支持力度不够。作为非物质文化遗产,传统手工艺是古代造物技术、手工技艺、社会文化的集中载体,然而传统艺人、工匠普遍以中老年为主,"文化能力的不足成为民族传统手工技艺生产性保护中的制约因素"[3]。

(二)促进生产性传承的对策

1. 政府加大对生产性保护基地的扶持力度

首先,政府应加大对生产性保护基地的资金、设备支持力度,将生

---

[1] 崔衡:《"生产性保护"的实施与困境——以花丝镶嵌工艺为例》,《艺术评论》2016年第1期。
[2] 徐赣丽:《手工技艺的生产性保护:回归生活还是走向艺术》,《民族艺术》2017年第4期。
[3] 吴文浩、王永桂:《文化资本视角下民族传统手工技艺生产性保护》,《贵州民族研究》2015年第7期。

产性保护基地建设成为文化传承人展示、展销、交流、合作的平台。安徽省在多渠道支持生产性保护与传承等方面做出了许多有益的探索，值得借鉴。黄山市政府设立总规模7500万元的黄山徽文化基金。从2010年起，该市在黄山经济开发区建设徽文化产业园，引导以发展徽州四雕、文房四宝等为代表的传统技艺类徽文化产业企业入驻园区、集群发展，制定优惠政策邀请传统技艺类项目相关企业和传承人进驻。与中国银行合作开办"非物质文化遗产贷""手艺保""徽艺贷"等个人循环贷款，重点支持万安罗盘、歙砚、徽墨、徽州三雕的生产和经营，使非遗传承人享受贷款优惠政策，为其进一步发展解决后顾之忧。安徽省文化厅公布划拨地块建设现代服务业产业园和非遗创意园等，为传承人搭建传承平台，开展传习活动。屯溪黎阳老街出台优惠政策，吸引传承人进驻，打造以徽派古民居为依托、以非遗为特色的一条街。徽州漆器髹饰技艺国家级代表性传承人甘而可、歙砚制作技艺省级代表性传承人蔡永江等多位省级以上非遗代表性传承人已在此专设博物馆和工作室[①]。

其次，政府应加大生产技术培训、市场环境营造、文化创意与创新方面的扶持工作力度。政府部门应组织专家学者，加大对生产性保护基地负责人和工匠的生产、经营等方面的培训力度，培养懂技术、会经营、有创意的生产性保护基地负责人和工匠。

再次，加强民族传统手工技艺文化的建设，共同发挥政府、家庭、社会及市场的作用，以促进相关文化能力的传承、积累和提高，使民众不仅成为文化遗产的持有者，更成为保护者和传承者。

最后，倡导工匠精神和人文关怀，加大对生产性传承者的表彰宣传力度，注重社会效益和经济效益的有机统一。

2. 传承者应处理好传统工艺与现代工艺，保护传承与创新的关系

第一，适度引入现代机械辅助传统工艺的基础生产程序，引入数字化技术保护传统技艺和样式图案设计和质量检测，以及培训和教学。

第二，要适应现代文化消费和文化审美的变化，推动传统文化的创

---

① 文化部非物质文化遗产司：《国家级文化生态保护试验区建设工作座谈会交流材料》2017年7月，第26页。

造性转化和创新性发展。如文化产品应该走个性化、多品种、小批量产业化道路。重拾工匠精神,提升技艺水平,加强创意,开发文创产品,增加产品文化附加值。

3. 注重传统文化空间的保护与新型文化空间再造

第一,保护好传统的文化空间。在传统文化的生产性传承过程中,不仅是传统文化物的生产与流通,还有文化持有者的历史记忆、价值观念以及文化心理结构的延续。藏族热贡文化生产性传承的成功案例说明,设立于藏族社区,承载着藏传佛教的精神寄托,寄予着藏族人的社会与文化理想,是保证唐卡、堆绣、泥塑等物品及其生产技艺被世代传承的关键。因此,应保护好传统文化空间的完整性,将生产性保护基地设立于村落、社区、集市、庙宇等传统文化空间。建设立足于传统文化空间的生产性传承基地,使民众保持与传统文化的密切接触与自由参与,避免传统文化生产性传承与传统文化空间的时空分割,使生产性传承场域成为传统文化和文化持有者的"生活场"。

第二,适应城镇化和市场化的变革,塑造企业、文化产业园、历史文化街区等新型文化空间。随着城乡人口流动和乡村社会的空心化,传统文化及其传承人随之"进城",生产性传承的产业属性也有资源聚集和规模效应的需求。因此,人们应以文化自觉和文化自信的心态,主动对文化在时间性与空间性上进行自发调适与调整,将传统文化与现代科技、现代生产经营理念相结合,将企业、文化产业园、历史文化街区等传统文化产业基地或产业园打造成新的传统文化空间,确保传统文化的器物、技艺与文化内涵,得以在城镇化、工业化和市场化的浪潮中延续。

## 第四节 旅游传承[①]

随着旅游业的兴起,大量的中华优秀传统文化资源进入旅游行业,

---

[①] 马振:《旅游对手工艺类非物质文化遗产传承的影响——以土家族西兰卡普为例》,《中南民族大学学报》2014年第3期。马振:《旅游对节庆类非物质文化遗产传承的影响——以恩施女儿会为例》,《三峡论坛》2015年第1期。马振:《旅游与土家族的非物质文化遗产传承》,博士学位论文,中南民族大学,2014年。

以旅游商品、旅游演艺产品、节事旅游产品等形式参与旅游发展。当前学界对传统文化在旅游场域中的商业化开发忧心忡忡，认为传统文化的"原真性""真实性""原生态"遭到破坏，出现各种"伪民俗"。如格林伍德认为，"将文化作为商品展示只需要几分钟的时间，而几百年的历史却毁于一旦"（Greenwood, 1989）。但是"传统文化是不能被处于'客位'（etic）的人的'理性'行动保护下来的，文化传承的内源性动力只能源于居于该种传统文化'主位'的它的持有者群体的'文化自觉'，而这种'文化自觉'正是对其传统文化有用性的一种界定和回应"[1]。在深刻影响旅游目的地旅游发展、改变游客旅游体验的同时，这些传统文化本身也因参与旅游发展而得到传承与发展。如王三北、高亚芳等通过对两个典型民族社区文化主体在旅游开发前后，对民族文化的态度和行为方式的变化轨迹的考察，揭示了"社区旅游不仅对民族传统文化具有较强的传承功能，并且这种功能随旅游业的发展能够自行升级演进"[2]。旅游业发展中的传统文化的传承主体、传承内容、传承空间、传承方式和传承场域都发生了巨大的变化，催生传统文化的旅游生产性传承方式和旅游传承场域的形成。

## 一　传承主体的变化

### （一）传承人社会角色的变化

在旅游收益的诱惑下，传统文化传承人或持有者成为手工艺品作坊、民族歌舞演艺的组织者。如在土家族地区，拥有精湛技艺的织锦传承人，利用自己的技艺优势和传承人的名声相继开办作坊、工厂、贸易公司等，扩大自己的生产和销售，获取旅游收益。湘西龙山县苗儿滩镇叶家寨"中国织锦工艺大师"叶菊秀在2006年组建了"龙山土家织锦工艺坊"。同镇捞车河村国家级非物质文化遗产代表性传承人刘代娥于1987年就开办了"龙山县捞车河土家织锦厂"，2003年又重新开办了"捞车河土家织锦作坊"。2006年，中国优秀土家织锦技艺传承人、湘西州工艺美术大

---

[1] 郭山：《旅游开发对民族传统文化的本质性影响》，《旅游学刊》2007年第4期。
[2] 王三北、高亚芳：《价值理性的回归：民族社区旅游发展中文化传承功能的升级演进——以红柳湾和官鹅沟为例》，《民族研究》2008年第3期。

师黎成凤在苗儿滩叶家寨的家中开办了"黎成凤土家织锦工艺厂"。2000年,湖北省"土家织锦工艺美术大师"唐宏祥在来凤桂花树村开办"土家织锦村"。2005年,省级非物质文化遗产传承人彭远芳在来凤县翔凤镇创办"满妹贸易有限公司"。各个土家织锦工厂大多都是"公司+农户"的模式,订单化生产,在接到订单后,再组织散居各户的织锦工人,计件生产。

这种模式下,刘代娥、叶菊秀、唐宏祥、彭远芳这些土家织锦传承人,在旅游手工艺品行业中已经成为作坊主、工厂厂长、公司董事长等。他们的日常工作内容发生了变化,不再仅仅是土家织锦织造者,他们的新工作包括场地准备、织机采购、原材料采购、招聘员工、营销、签订单、组织生产、质量监控、销售、内部管理、与外部各个管理部门沟通交流等。部分传承人已经不再继续织造土家织锦。据笔者了解,彭远芳、唐宏祥基本上已经不再织造织锦,刘代娥、刘代英姐妹除非重要客户点名购买她们的作品才进行织造外,平常的织锦产品都由公司的织锦女工完成。

(二)传统文化持有者成为旅游产业从业人员

传统文化持有者因其掌握传统技能或技艺,受雇于旅游企业,成为职业的旅游业工人、演员,或者在农闲时间生产手工艺品,进入旅游行业。

旅游手工艺品增加了文化持有者的收入,有助于他们摆脱贫困。在旅游区,文化持有者可以给本地人创立的手工艺品作坊提供商品与服务,或者直接给游客销售手工艺品产品,也可以自己建立以社区为基础的微小规模、中等规模的手工作坊或企业。比如,作为湖北来凤县非物质文化遗产保护基地的满妹贸易有限公司,成立于2005年1月,注册资金450万元,不仅是全国少数民族特需商品定点生产企业,也是一家集土家工艺品研究、收集、生产、销售于一体的专业独资民营企业。据笔者了解,在满妹公司的织锦工人、唐宏祥的土家织锦村的织锦工人以及刘代娥的捞车河土家织锦作坊的织锦工人基本上是40岁左右的农村女性,高级技工多为60岁左右的女性,属于传统农业经济中的非主要劳动力。员工工资大多在每月2500元左右,2010年,来凤县农民的年人均纯收入为2798元,龙山县农民的年人均纯收入为3077元,织锦女工的年收入超过两县农民年平均纯收入十倍以上。

（三）出现新型传承主体——旅游生产企业

原有的家庭（家族）传承方式，传承主体只有一种形式——自然人，而在旅游生产性传承中，土家织锦企业作为"法人"，成为文化遗产的传承主体。我国《非物质文化遗产法》第三十六条规定：国家鼓励和支持公民、法人和其他组织依法设立非物质文化遗产展示场所和传承场所，展示和传承非物质文化遗产代表性项目。根据"西兰卡普"现实传承中的情况，土家族地区各个土家织锦的生产企业符合上述条例中的"传承单位（团体）"的规定，旅游生产企业已成为土家织锦的传承单位。

（四）经济理性成为文化传承者的行动指南

从事传统文化旅游开发的商人和组织者，除了要承担原有非遗传承人、工艺大师等社会角色赋予的文化传承社会责任外，主要寻求经济利益的最大化。进入旅游工艺品市场后，因为身份发生了变化，传承人的关注点是工艺的保护、传承、振兴。而作为企业法人，他们的关注点永远都是利润第一，这就是市场的法则。湖北省土家织锦工艺美术大师来凤县人唐宏祥于2000年成立了来凤县土家织锦村。在与笔者的交谈过程中，唐宏祥先生直接称呼他的织锦为"产品"，并且说："我现在所有的产品除了政府的礼品，主要是旅游市场，就是生产旅游工艺品。我要将我的产品搞得更实用一些。"作为来凤县非物质文化遗产传承保护基地的来凤县满妹贸易有限公司生产的主要产品也是土家织锦，年贸易额达1500万元左右。手工加工的土家织锦，在建立作坊进入旅游手工艺品市场后，必然面对大规模的市场需求，这与传承人建立作坊或公司的初衷是相吻合的。

## 二 传承内容的变化

旅游业发展过程中，传统文化作为旅游产品或服务，在保持自身民族特色和文化内涵的前提下，为了迎合游客的需求，其工艺、材质、形式、内容乃至文化意蕴都会发生改变。

（一）传统生产工艺变化

土家族织锦在旅游业发展过程中，其生产工艺出现了窄幅改宽幅的工艺革新。传统的西兰卡普由于受传统的织机的限制，织造出来的西兰卡普幅面都很窄。随着织机的改进，1991年，由湖南省工艺美术研究所负责设计，龙山县织锦厂承担制作的特大型艺术壁挂《武陵胜境——张家界》，以190平方米的巨幅悬挂于长沙火车站。2006年，苗儿滩镇的中国织锦工艺大师叶菊秀创建了"龙山土家织锦工艺坊"，并在同年主持织造了50米长卷的《魅力湘西》土家织锦。2013年，在恩施土家族苗族自治州成立30周年之时，唐宏祥在土家织锦村主持织造了长达30米的土家织锦。

（二）材质变化

传统"西兰卡普"的材质以棉、麻为主，蚕丝较少。在参与旅游发展的初期，曾经出现过用腈纶毛线来织造"西兰卡普"，质地粗糙，现已基本上被淘汰。随着人们生活水平的不断提高，现在织造的土家织锦，棉线成为最主要的材质，丝质的织锦也越来越多。比如在服装、拖鞋等产品中，丝织品已经占到50%以上。各种材质的原材料的上色技术，也随着游客的要求不断变化，织物上色已经成为发展的方向。

（三）传统文化的品种增多

女儿会本是湖北恩施市的石灰窑和大山顶集市男女借赶场相亲恋爱的习俗。参与旅游发展后，恩施女儿会作为土家族文化符号的意义在政府的推动下不断放大，除了每年作为节庆旅游而存在外，还以歌舞诗剧《嗯嘎·女儿会》、歌舞《女儿会》、土家族文化建筑群"女儿城"、女儿会网站"中国·恩施土家女儿会"（www.nuerhui.com）等各种形式出现于土家族民众的生活中。传统的土家织锦只是局限于被面、少量的女性服装、儿童用品等，参与旅游发展多年来，挖掘开发了床套、壁挂、沙发靠垫、挂包、服饰等八大系列数百个土家织锦的花色新品种和旅游产品。民族民间的工艺文化，自然本源的织造材料，新颖实用的生活用品，越来越受到现代人们的青睐。

（四）传统文化产品样式革新

旅游市场的土家织锦图案出现了巨大的变化。土家织锦传统图案包括动物、植物、生活器物、宗教信仰、几何勾纹、吉祥等六大类400多种纹样。旅游市场的织锦已经有了不同程度的变化。如湖北省土家织锦工艺美术大师唐宏祥创作的《新四十八勾》，在原有的四十八勾的基础上，改变了图案的各线段的比例和配色，使其更加符合现代人的审美观，获国家发改委"全国工艺美术优秀创作奖"。在原有图案的基础上,还增加了四大类上百种新的图案。四大类包括:旅游风光类,如《武陵胜境——张家界》《魅力湘西》;民俗类,如《土家女儿会》《摆手舞》《舍巴节》等;吉祥字画类,如《百寿图》《福字图》等;时尚类,如国家级非物质文化遗产传承人、"中国工艺美术大师"叶水云创作的,在2000年湖南省首届民间工艺美术大奖赛荣获金奖的《人类和平进步》。北京奥运会期间,满妹贸易公司推出了奥运吉祥物《贝贝》《晶晶》《欢欢》《迎迎》《妮妮》等土家织锦。

(五)传统文化内涵变化

如摆手舞、土家族女儿会等传统文化事象转向旅游产品后,其文化内涵发生了一系列变化。第一,文化内涵的减少。张家界土家风情园景区所展演的大摆手仅包括纪念八部、迁徙定居、自卫抗敌三部分,时间持续共20分钟,舞蹈形式保留了群舞,舞蹈动作简化到了只有不到5种。女儿会成为恩施市节事旅游的一部分后,文化内涵减少,文化表现形式简单,出现"文化片段化、表演庸俗化"问题。传统社会的女儿会,所包含的文化内涵有中元节文化、土家族婚恋文化、土家族价值观文化等。而在恩施市的女儿会节事旅游活动中,所选用的文化是更有市场号召力、更具娱乐特点的土家族婚恋文化,且婚恋文化中也只有自由相亲这一部分。女儿会原有的中元节文化从弱化到消失。作为节事旅游出现后的女儿会,初期还有部分的节目展现女儿会祭祀亡灵的习俗。2000年以后,在节事旅游强大的娱乐需求面前,祭祀文化因过于肃穆、不够娱乐而逐渐退出女儿会旅游节庆的舞台。第二,增加新的文化内涵。如倡导符合当代社会主义的婚恋观。作为节事旅游的女儿会,在原有的自由婚恋的基础上,还增加了重视知识、爱护环境、重视婚前体检等新时期的婚恋文化内涵。

### 三 传承空间的变化

关于文化空间,按照联合国教科文组织的定义,实际上是一种"定期举行传统文化活动或相对集中展现文化表现形式的场所,兼具空间性和实践性",在这个场所内生产出文化符号、价值观、集体记忆等文化要素,同时为这些要素之间发生关系提供场所、条件和背景。旅游开发过程中,众多的传统文化从家庭、社区等相对私密的传统文化空间走向企业、都市等公共空间。

恩施女儿会民俗节日的文化空间,应该是恩施石灰窑、大山顶等地的自然生态环境及乡镇集市文化空间。而参与旅游发展后,女儿会传承的文化空间发生了巨大变化。

(一)传承空间从乡村转移到都市

首先,从地理空间来看,女儿会进入旅游以前,传承的文化空间是在远离城市的乡村集市:石灰窑和大山顶。参与旅游后,传承的地理空间进入城市(见表4-5)。

表4-5　　　　　　　　女儿会文化传承空间

| 女儿会举办地 | | 距离市区 | 表演舞台 | 交通状况 | 收费情况 | 周边活动 |
| --- | --- | --- | --- | --- | --- | --- |
| 石灰窑集镇 | | 145千米 | 无 | 客车(票价35元),自驾 | 无 | 乡村自然风光 |
| 梭布娅石林风景区 | | 54千米 | 有 | 自驾 | 门票50元 | 石林风景区 |
| 恩施城区 | 民族路 | 市区 | 有 | 市内公交 | 无 | 市区风光、周边景点、购物 |
| | 民族广场 | 市区 | 有 | 市内公交 | 无 | 同上 |
| | 凤凰广场 | 市区 | 有 | 市内公交 | 无 | 同上 |

资料来源:根据笔者2012年、2013年两次调研资料整理而成。

由表4-5可见,石灰窑集镇举办女儿会进行旅游开发,在地理空间上没有优势。石灰窑没有专门的展演广场,离市区距离遥远(单程需要5个小时),坐客车不能当天往返。集镇周边也没有其他的旅游景点吸引游客。女儿会参与旅游发展的第二个阶段,恩施州曾长期将女儿会举办地放在梭布娅石林风景区,想借助女儿会推动景区发展。但该景区没有客车到达,市民参与困难,且在女儿会走出大山之初,恩施市区居民并不是非常了解女儿会,女儿会面对的只是外地游客,本地参与者寥寥无几。相比而言,恩施市区在举办女儿会节庆方面优势明显:游客没有旅途的劳累，便捷的城市交通能让游客迅速到达，还有比较丰富的其他文娱活动，市区大量本地人口的参与也是吸引游客的重要因素。恩施市区众多具有民族特色的文化广场，有利于各种民族文化的集中展演，营造节庆气氛。

（二）都市新型传承空间的塑造

都市的文化空间虽然不是女儿会文化事象的原生场域，但相同的民族、相近的习俗等文化基因，可以有条件地跨越地理空间进行重塑。"女儿会乡村的文化空间，是在坚守传统女儿会文化空间，进入恩施市以后的文化空间，更多的是承继女儿会文化基因的空间"。[1] 恩施市作为恩施土家族苗族自治州的州府所在地，很容易就获得了土家族文化的代表权，女儿会成为恩施旅游重点打造的"三张名片"之一。恩施市区的民众，虽然原来本没有参与女儿会的习俗，但在政府的宣传鼓励、经济利益诱惑、本地文化受人欣赏而带来的自豪感、其他大型文化娱乐活动相对缺乏等因素的刺激下，纷纷参与其中，使得城市女儿会参与的人数远远多于石灰窑女儿会。

更富进取精神、创造精神、规模优势的城市空间，在举办节事旅游方面具有乡村空间不可比拟的优势。城市本身所生产的城市文化，为女儿会的进一步发展提供了新的可能。城市所拥有的人力、物力、财力等方面的优势都有利于展示更多土家族文化、本地其他民族文化、外来文化等，为女儿会的成功举办、节日文化的丰富等提供了基础。

### 四 传承方式的形成及特点

（一）旅游开发传承方式的形成

旅游业发展过程中，传统文化的全部或主要传承要素全面与旅游要素相结合。"传承的全部要素"包括：传承主体、传承客体、传承过程、传承目的、传承场域、传承主体利益等。"旅游要素"包括：旅游产品的组织、生产、销售（消费）等。这些传统文化传承的过程与旅游发生的过程高度重合，某种程度上说，这些文化遗产项目就只"活"在旅游行业中，催生出了"旅游产业传承"的传承方式。

---

[1] 林继富：《女儿会的四个问题》，《女儿会》2009 年第 3 期。

在我国旅游业高速发展过程中，从各民族的服饰、建筑、饮食、工艺、歌舞艺术、节庆、宗教信仰等，无不成为旅游开发的对象，成为东道主社会向游客展演、贩卖的商品或服务。在旅游场域中，在经济资本与文化资本联手与共谋中，东道主社会的文化持有者与游客共同完成传统文化的生产与再生产。如土家族"西兰卡普"参与旅游发展后，"西兰卡普"的传承已经从传统的家庭（家族）传承转变成为旅游生产性传承。土家织锦代表性传承人几乎都已转变成为旅游手工艺品生产企业的企业主或者主要技术骨干。传承客体以各种方式转变成了旅游手工艺品；传承过程同时就是旅游手工艺品的生产和消费过程，生产目的是满足旅游工艺品市场的需要；传承地点也由家庭转移到旅游手工艺品企业，传承对象是工厂员工，不再局限于家庭（家族）内部成员。旅游收入已经成为传承人的主要经济来源。

（二）旅游开发传承方式的特点

第一，市场性强。旅游介入"西兰卡普"的传承后，传承主体身份的变化，传承客体形制、内容、文化内涵的变化，社会功能的变化，保障措施的变化，等等，无不体现了市场性的特点。旅游从产业的角度来看，就是一个经济产业。市场机制已经在旅游经济的资源配置中起到基础性作用。表现在"西兰卡普"传承中的市场性是：传承主体选择是否进入这个行业，有多少资金、人才、原材料进入这个行业，选择生产什么、生产多少、以什么方式生产，选择何种销售方式，等等，各个生产性要素都由市场来决定。20世纪80年代初期，大批土家织锦企业出现，20世纪90年代后期集体衰退，到21世纪又悄然兴起，与中国的市场经济发展过程一致，体现了市场在资源配置中的基础地位。

传承主体的市场经济意识大大增强。从前述刘代娥的例子可以看出，在坚持原有的文化传统的基础上，他们可以从市场的角度思考自己的文化遗产：已经学会申请专利保护自己的产品。她们已经从游客消费心理来思考产品，了解游客在购买婴幼儿产品时的心理。用植物上色代替化学工艺染色，体现了她们对于现代健康消费时尚的把握。产品图案受到市场影响比较极端的例子，有国人喜欢的财神、迎合外宾的基督教耶稣图等。

第二，创造性突出。在传统的家庭（家族）传承时期，主要以口传心授、临摹老作品的方式传承文化遗产，受经济、社会发展大环境的影响，以及传承主体教育程度的影响，作品在保持原有图纹方面较好，但创造性略显不够。进入市场经济后，各种力量投入其中，加上旅游大环境的影响，"西兰卡普"传承中的创造性非常突出：从形制、内容、色彩、产品种类、多样性的艺术形式等等各方面都体现了旅游生产性传承的创造性。国家级非物质文化遗产代表性传承人刘代娥，正在筹划研制的新产品，在保留"西兰卡普"经典图纹"虎头纹"辟邪的传统之时，与小孩的贴身之物肚兜相结合，在产品形式上已经是创新；与健康理念相结合，采用植物上色技术，要求整件产品所有的棉线都由她自己研制的植物颜料来上色；与土家族医药相结合，在肚兜中间设计夹层，把防治肠胃的药放在肚兜中间，属于实用功能的创新。从产品形式、实用功能到消费理念都有创新。

第三，传承主体文化自信心增强。在旅游工艺品市场搏击过之后，各位参与的土家织锦代表性传承人经历了市场的残酷，也认清了自己所拥有的文化产品的价值。各个企业在20世纪90年代后期经历了大规模的破产，但在21世纪初又纷纷重新开办土家织锦企业，这已经充分说明了各位企业创办者的自信心，这里有对旅游工艺品市场的自信，也有对自身旅游产品的自信，更有对自己文化的自信心。

第四，传统文化产品民族性与时代性并存。民族性是"西兰卡普"区别于其他旅游手工艺品的核心特征，也是其所拥有的核心竞争力之所在，各个土家织锦的生产企业在生产时仍然把民族性放在了首位，即使在进行创新产品时，民族性元素也必须参与其中。比如，在土家织锦图纹运用最广泛的仍然是最具民族特色的图纹："四十八勾""阳雀花""岩墙花""台台花"等。旅游工艺品生产的产品是给当代人消费的，当然应当符合当代人的审美和满足当代人的需求，时代性是商品经济的必然要求，也是文化"活态""流变"的体现。比如，植物上色所体现的健康消费的理念，就是时代性的表现，既是旅游工艺品市场的需求，也是土家文化对当代经济社会环境做出的回应。湖北省非物质文化遗产代表性传承人彭远芳创办的满妹贸易有限公司生产的织锦产品，既有保持民族传统的"阳雀花"图纹，也有与时代结合的"阳雀花"旅游工艺品阳雀花围巾。为了紧跟时代要求，满妹贸易公司还有很多民族性与时代性相结合的产品：如福娃信插。信插本身是一种居家用品，用土家织锦来做已经体现了时代性与民族性。福娃是北京奥运会的吉祥物，在产品中，变身为土家族儿童形象，进一步强调民族性与时代性。

由于转变成了旅游工艺品，"西兰卡普"受外来文化影响的机会更多，更显时代性。比如上述的"福"字，基本造型是汉字"福"，但运用了土家男女青年的造型和土家织锦的工艺，既表达了人们祈求幸福的美好愿望，也体现了土家族的特点，同时还具有较高的艺术性。

第五，传统文化生产与科技联系紧密。因为有经济利益的诱因，大量实用科学技术进入旅游工艺品行业。以织机为例，"西兰卡普"从织一床被面就需要三块单幅的拼接，发展到能够织出 50 米的长卷《魅力湘西》、190 平方米的特大型艺术壁挂《武陵胜境——张家界》，这为织锦传承人技艺提高提供了技术上的保证。在旅游工艺品的发展过程中，从原材料的种植、印染、加工到织机的改进，从市场信息的获得到新的销售渠道的建立，无不体现着科技的力量，各个土家织锦企业都从中获益匪浅。刘代娥创建的"捞车河土家织锦作坊"能够在捞车河村这么偏远的地点生存，现代化的信息沟通技术和便利的物流都是基本条件。刘代英就经常用 QQ 与客户交流，既进行原材料的采购，也完成产品的销售。在植物上色方面，信息技术给了刘代娥极大的便利，除了口授心传的原有上色的经验外，刘代英告诉笔者：她们姐妹经过研究，现在已经能够染五六种颜色，大部分染色知识都来自电视和网络。

（三）旅游开发传承的法规保障变化

"西兰卡普"在参与旅游发展后已经成为旅游商品，受到民事法律的保护。《消费者权益保护法》《合同法》《知识产权保护法》《商标法》等规范着土家织锦的生产与销售。根据《旅游法》，"西兰卡普"作为旅游工艺品应当在旅游规划中的旅游产品开发、旅游服务质量提升、旅游文化建设、旅游形象推广等多方面得到发展机会，并且作为土家族地区重点旅游资源，可以编制专项的发展规划。

新的《旅游法》对旅游购物有了更加严格的规定，旅行社在选择购物点时更加谨慎。根据法规，旅游者在旅游景点购买到虚假的旅游商品，旅行社应当先行赔付，这对旅游手工艺品以更好的质量、服务参与旅游业提出了更高的要求。同时，也会使大量质量低劣的产品难以在旅游手工艺品中立足，这对于手工艺品的质量保证、知识产权保护、商标保护都大有益处，从长远来看，有利于旅游手工艺品的可持续发展。

**五　传承场域的形成与结构**

（一）旅游场域的形成及组成

传统文化旅游生产性传承过程，是各个参与者利用自己所拥有的各种资本，通过争夺非物质文化遗产旅游商品化权利，来扩大自己资本量的文化再生产过程。各个参与者在竞争过程中，形成了以非物质文化遗产旅游商品化权利为争夺核心的网络，或者说是一种构型，即非物质文化遗产的旅游传承场域。传统文化就是在这个场域里、在各方力量的角逐中完成基于文化遗产的旅游产品真实性建构，并实现文化遗产内部纵向的交接过程——文化传承。

我们以为，在传统文化旅游生产性传承场域中，政府、旅游生产企业、当地民众、游客依据各自拥有的资本，参与传统文化旅游商品化权利的争夺，希望在此过程中获得资本增量的回报，保持或提高自己在场域中的位置。他们在争夺传统文化旅游商品化的权利过程中，形成了复杂的关系，这些关系构成了非物质文化遗产的旅游生产性传承场域（见图4-1）。

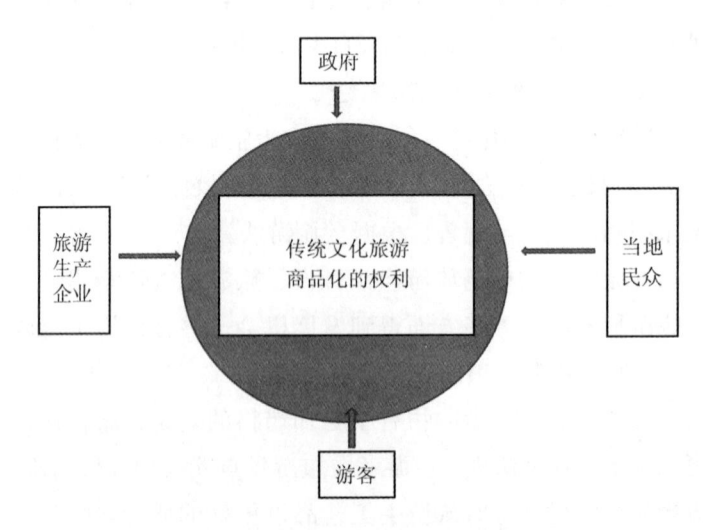

图4-1　旅游生产性传承权利场域

(二) 旅游传承场域的权利关系

1. 政府处于绝对主导地位

第一，政府的主导地位主要表现为投入经济资本。政府掌握着旅游发展所需要的土地资源的绝对支配权，决定了非物质文化遗产的旅游生产性传承能否发生、发生地点，显示了政府的主导地位。在传统文化旅游生产性传承的初期没有更多的旅游生产商介入的情况下，大多数政府都会选择自己作为投资主体，直接投入资金，启动旅游市场的发展。政府可以将税收的一部分作为财政支出投入这个领域，比如，20世纪90年代的"南宁国际民歌节""恩施女儿会"，等等，政府的直接资金注入是这一类非物质文化遗产旅游生产性传承的启动动力。政府还可以用土地转让优惠、税收优惠等经济手段参吸引更多的投资主体参与非物质文化遗产的旅游生产性传承。

第二，政府投入制度文化资本。政府通过非物质文化遗产四级代表性项目名录制度和非遗项目传承人名录制度、非遗生产性保护示范基地项目、中国民间文化艺术之乡制度、国家级生态文化保护区制度等各种形式投入制度文化资本，对文化能力进行授权，形成体制化的文化资本。这种制度资本有官方承认的保障，使非遗项目处于持续的证明之中。首先，能够通过对文化能力的官方认定，使非遗项目成为一种社会存在。比如土家族摆手舞、西兰卡普等被列入国家级非遗项目名录，成为土家族文化能力官方认定的社会存在，已经脱离了具体化个人的生物性限制。另外，上述各种制度确认了文化能力的差别性，使得文化能力的比较成为可能。这就造成了各地区、文化拥有者为了在相互比较的差别性中占据有利位置，争夺有限的制度文化资本。还有，这些制度文化资本的确立，使得在场域内的景区级别的确定上、旅游产品的定价方面都有了文化价值的差异性标准。

第三，政府投入社会资本。政府利用身份优势，直接介入传统文化的旅游生产性传承：一是政府成为旅游活动的组织者。以"恩施女儿会"为例，政府投入自身的地方资源组织的网络优势，在女儿会的旅游生产性传承中处于主导地位。另一种方式如南宁国际民歌节。2002年，南宁市委、市政府决定成立国有的南宁大地飞歌文化传播有限公司，用市场化的手段主导非遗项目的旅游生产性传承。其国有公司的背景，决定了主导方仍是当地政府，政府只是借用国有公司的名义投入政府管理当地资源。

2. 企业是旅游开发的执行人、投资人、债权人

首先，在旅游企业与政府的关系中，政府为了利用旅游企业手中的"资本"来推动地方经济的发展，不得不让渡一部分主导权，而旅游企业由于经济资本的强大力量，获得了场域中部分的主导权。旅游生产商因付出经济资本而受地方政府的青睐，被奉为上宾。

其次，在旅游文化产品的生产与销售中，作为经济资本代言人的旅游企业处于主导地位。为了争夺相对稀缺的经济资本，各国、各地区、各民族等文化遗产项目的代言人，处于相互竞争的关系中。由于被争夺，经济资本可以处于相对主导的地位。经济资本的被追逐、可流动性，使得经济资本在非遗项目的旅游生产性传承场域中处于主导地位。

再次，经济资本决定了传统文化旅游生产性传承规模、程度。如在非遗的旅游生产性传承场域中，非遗项目作为旅游产品的形式在市场上出现，市场定位可以是地区性、全国范围的和国际性的，其中决定性因素就是经济资本量的多少。同样，在一个非遗项目的旅游生产性传承过程中，有多少参与者、表现形式是什么、表现到什么程度等等，也由投入的经济资本的大小来决定。

最后，在场域中，一旦出现利益纠纷，旅游企业也是强势主导方。企业实力雄厚，利益诉求渠道全面通畅，其财力、物力可以在相当程度上影响政府官员、社会组织、新闻媒体以至社会舆论。它们又直接掌握着非物质文化遗产的经营管理权与分配权，所以属于场域体系中的强势方，几乎足以主宰非物质文化遗产的开发与保护。

3. 旅游目的地居民处于被支配地位

按照国外的经验，在非遗项目的旅游生产性传承场域中，实现社区参与旅游发展是关键因素。我国通行的社区参与旅游发展的概念为：社区参与旅游发展是指在旅游的决策、开发、规划、管理、监督等旅游发展过程中，充分考虑社区的意见和需要，并将其作为开发主体和社区主体，以保证旅游可持续发展和社区发展[①]。然而，在现实的旅游开发中传

---

① 保继刚、孙九霞：《社区参与旅游发展的中西差异》，《地理学报》2006 年第 4 期。

承实践中,社区参与旅游明显不足。

首先,居民旅游参与能力不足。社区参与旅游发展是基于现代教育体系而提出的概念,需要参与者掌握诸如决策、策划、经营管理、营销、产品生产、游客服务、反馈处理等一系列现代科学知识与技能,还要处理社区与各种相关者之间复杂的关系,对参与者的素质要求很高。西方发达国家提出社区参与旅游发展的概念,是以西方较为成熟的教育体系、国民普遍受教育程度较高为前提的。如在土家族地区,由于乡村社区居民的受教育程度不足,现代经营管理知识欠缺,难以支撑社区参与旅游发展。

其次,居民的意见不受场域中强势方重视。在中国社会向现代社会转型的今天,民主政治建设还任重道远。加上民族社区居民的素质局限,希望社区居民自下而上地自觉完成社区参与旅游发展是不现实的。我国的现状是:政府在做旅游决策、规划等重要工作时,社区居民不知道、不参与,很多时候在做民族文化展演时,社区居民才是"被展演""被参与"。政府对社区参与旅游发展的重视程度,影响着今天民族社区参与旅游发展。

最后,当地居民参与旅游发展缺乏制度、法律保障。现阶段,民族社区居民几乎没有机构、没有途径自由的、有决定意义的表达自己的意愿。对于社区重大发展决策,社区居民在制度上是被排除在外的,使得社区参与得不到实质性的进展,社区参与传统文化旅游开发成为奢谈。即使2011年6月《非物质文化遗产法》颁布实施,仍然没有确定当地居民在非遗项目的旅游生产性传承中的主体地位,社区居民在商业利用本民族文化遗产方面没有得到主体上的法律保证。

4. 游客成为被动接受者

旅游者是一种社会身份、一种符号化的社会资本,这种社会资本是由其他类型的资本转换而来,主要包括旅游者的经济资本以及具体形式的文化资本。

政府和旅游生产商进行传统文化的旅游展演,目的是吸引旅游者。在中国旅游市场由卖方市场转化为买方市场后,旅游者的需求是旅游产品生产的推动力。比较成熟的旅游者,在满足自身基本需求的同时,关注对旅游资源的保护状况,支持对旅游资源的适度开发。现阶段,我国大部分旅游者属于不成熟的旅游者,对目的地的文化遗产内涵没有较深的了解，只是为满足自身舒适而过分要求旅游产品的娱乐性、刺激性、新奇性、神秘性，对传统文化的真实意义并没有探寻的要求。这种需求导向致使旅游生产商在生产旅游产品时，偏重于对旅游产品的外在表现形式的强调，而忽视旅游文化产品中文化意义的传递。旅游者应该并且可以在传统文化的旅游生产性传承中扮演更具有积极意义的角色，但现实中旅游者却成了"劣质"传统文化旅游产品的追捧者。

在传统文化旅游生产性传承场域中，处于优势地位的政府与旅游生产商，利用各种传媒机构以及制度规范来维护自己已有的权力。处于弱势地位的旅游者因为远离旅游目的地，觉得自己的旅游体验感受难以直接对目的地的非遗项目旅游生产性传承产生影响，再加上没有畅通、便捷的渠道让他们表达意见，大多数旅游者的选择只能是不参与，只让自身处于参观、体验的一方，即在场域中处于被动接受的一方。

（三）旅游发展与文化传承的关系

1. 旅游发展和传统文化传承形成共同发展的伙伴关系

根据 McKercher, B. 和 H. du Cros 的研究，旅游发展与非物质文化遗产传承之间的关系，存在着从合作到对抗的一个连续谱（见表4-6）。双方要形成合作的伙伴关系，必须充分理解对方的利益和价值。传统文化通过旅游生产，既达到旅游发展的目的，又实现文化传承的目标，也必须建立在上述伙伴关系成功建立的基础上。即旅游经营、管理、参与者必须对传统文化保护传承的概念、方法和实践有较深的了解，同时，文化遗产传承的管理者、参与者也应该清楚文化旅游是什么，以及怎样操作。只有这样，传统文化的旅游生产性传承才能成功。

2. 旅游发展、传统文化的"和平共存阶段"与利益冲突

第一，旅游参与者与传统文化传承参与者分享共同的资源。面对丰富的传统文化，在旅游参与者对歌舞、民俗、节庆、手工艺品等非遗项目进行旅游生产的同时，传统文化传承的主要参与者政府和当地民众以各种方式传承着这些文化遗产。一方面，民众在自己生活中通过民间传承的方式，继承先祖们遗留下来的优秀遗产。他们或者通过家庭，或者通过师徒，或者通过群体传承方式，让本民族的各门类非物质文化遗产活在民间。另一方面，以政府为主导的官方传承中，传承方式包括学校

表4-6　　　旅游发展与非物质文化遗产传承之间的关系程度

| 完全合作 | 工作关系 | 和平共存 | 平行存在、满足于忽视 | 温和的讨厌 | 刚出现的冲突 | 完全对抗 |
|---|---|---|---|---|---|---|
| 双方真正形成互利的伙伴关系 | 互相认识到共同的需求和利益 | 分享同一资源 | 保持分离、独立 | 可归因于对方的目标干涉 | 不能轻易解决的问题出现 | 不同利益相关者之间公开的对抗 |
| 有意义的、经常性的对话 | 开始对话 | 有一些对话，很少有合作。很少认识到合作的需要 | 极少接触 | 不满 | 改变权利关系的一个主要利益相关者出现，他能损害其他利益相关者的利益 | |
| 利益分配平衡 | 朝着双方都满意的利益分配形式努力 | 在使用资源时有共同的利益，但双方保持分离和独立 | 看不到、想不到共同的利益 | 一方表达相反的影响效果，缺少互相理解，但没有真正的冲突 | | |

资料来源：McKercher, B. and H. du Cros (2002), Cultural Tourism - The Partnership between Tourism and Cultural Heritage Management。

教育传承、场馆传承、数字化技术传承等。土家族摆手舞、西兰卡普、土家语、丝弦锣鼓、莲厢等优秀非物质文化遗产，已经通过教材、教学活动等进入学校教学环节，为非遗项目的顺利传承准备好接班人。在张家界、湘西土家族苗族自治州、恩施土家族苗族自治州等土家族聚居地区，各级文化管理部门制作了大量的非遗项目的数字化影像资料，为非遗项目的传承提供原始资料和技术支持。各地还在博物馆、图书馆、艺术馆、文化馆等场馆内收集、整理和展出了非遗的各种资料，以直观的形式影响本地民众，保存、传承着民族文化。

第二，双方合作的意向强，但缺乏实质性的合作。在笔者调研的区域，已经有旅游发展和传统文化传承相结合的例子，但大多属于浅层次，没有深度的实质意义上的合作。例如，作为国家级非物质文化遗产代表性项目的西兰卡普，湖北省来凤县的"满妹贸易有限公司"主要经营西兰卡普旅游工艺品，是全国少数民族特需商品定点生产企业，也是一家集土家工艺品研究、收集、生产、销售于一体的实力宏大、生产能力强的专业独资民营企业。董事长彭远芳本人就是"湖北省非物质文化遗产土家织锦编织技艺代表性传承人"。公司同时还是来凤县非遗保护中心设立的"非物质文化遗产传承保护基地"，已经承担了多批次政府规定的非物质文化遗产的传承活动与任务。董事长彭远芳告诉笔者："每次帮政府做事情，都在亏钱。上次（2012年）搞'武陵山区非物质文化遗产传承'活动，政府要求搞一两百人的培训，这些人都是我们搞培训接待，每天一个人至少得要50元钱生活费。我还要给他们提供老师，师傅都得200元钱一天，统战部就给了我1万元钱，根本不够，我都是赔钱在做这些活动。其实这些人都是我叫我们工人找来的，一天给50元钱，政府领导来看的时候好看点，就两天时间哪里学得会。爱学的自己都会出钱学习织花，不爱学的你给她钱也学不会。"

又如，国家级非物质文化遗产传承人刘代娥，于1995年在捞车河成立了土家织锦作坊，现已搬迁进入捞车河土家织锦传习所，主要从事土家织锦的旅游手工艺品的生产。2011年11月，该传习所被国家文化部公布为国家级非物质文化遗产生产性保护示范基地。刘代娥对笔者说："我们原来在龙山县城，他们村里搞了这个传习所以后，就叫我们一定要搬回来。现在村里就是没收我们的场子钱（传习所场地的租金），其他的1分钱都没给我们。不晓得他们（村干部）搞这个传习所，花了好多钱！我们现在老了，东西也不太背得动，村里又没得公路，做织锦的原料还靠我们自己背。县城里还是好点，买东西、卖东西都方便，我们发货都还是要在县城里面，那里才有快递，要方便得多。"

第三，有潜在的冲突因素。在旅游发展领域，经济资本的力量过于强大,强大到会损害其他利益相关者的利益。"满妹贸易有限公司"的员工告诉笔者:"我们是市场化生产,客户要求什么我们就生产什么,要什么样的规格我们就生产什么样的,他们就是只要其中一个图案,我们也可以加工。材料也是由客户决定,可以是棉的、丝的、化纤的。"湖北省土家织锦工艺美术大师、来凤的唐宏祥,在2000年成立了来凤县土家织锦村,他自己设计了机器编织的西兰卡普图案的花带,因为价格便宜、易于与其他服饰结合而大受欢迎。即使被认为西兰卡普传统编织技术保留最完整的捞车河土家织锦传习所,刘代娥也说:"我们也是市场化生产,客户要什么我们就生产什么,图案、大小、材料都由客户决定。"可以看出在旅游发展领域,产品的最终形态都是由市场决定的,几乎没有任何制度方面的制约因素可以左右旅游生产商的生产。任意改变西兰卡普的图案、材质、用途等,对于文化遗产传承的原真性和整体性都有较大的损害。旅游生产商、作为经济人存在的政府获得绝大部分收益,也会引起其他利益相关者的不满。

在文化传承方面,政府包办的力量过于强大。针对传统文化民间传承方式日渐衰落,作为文化管理者身份的政府为文化传承投入大量资源。但是,现阶段政府包办的力量过于强大,无论是非物质文化遗产的四级名录认定体系、传承人制度,还是非物质文化遗产的教育传承、场馆传承、数字技术传承等方式,都是政府一手包办。由于教育传承、场馆传承、数字技术传承等方式不能带来直接的经济效益,地方政府在实施这些措施时往往力度不够,或者流于形式。在旅游生产商进行旅游生产性传承时,其中也存在政府自身的经济利益,导致政府对旅游生产性传承监管不力。在上述的各种非遗项目的旅游生产性传承过程中,对文化传承的要求几乎没有制度上的规定,即对旅游生产商的行为没有文化遗产传承方面的规定。虽然《中华人民共和国非物质遗产法》中有禁止歪曲、贬损使用非物质文化遗产的条文,但在执法过程中,如何界定"歪曲、贬损"缺乏司法解释,也没有相关的司法案例做依据,使得旅游生产商几乎可以随心所欲地使用非物质文化遗产,并且使用也没有任何费用回馈给文化持有者。比如,取材于中国古代传说的《花木兰》被美国人拍成电影之后,在全世界范围内上映,获得巨额利润。从影片内容看,也很难界定美国人"歪曲、贬损"使用了花木兰这个作品,但是作为该作品内容起源地的中国，因为没有法律制度上的规定，无法获得任何利益，这显然是不公平的。同理，旅游生产商和政府改编非物质文化遗产项目获得利润，文化所有者却没有获得利益的制度性保证，也是不公平的。

## 六　存在的问题及对策

旅游是一把双刃剑，既可以为传统文化带来无限的活力与繁荣，也可以将其扭曲和消解，导致传统文化的损毁和断裂。过度利用和浪费资源，使文化资源的开发和保护的矛盾日益凸显。

### （一）存在的问题

1. 过度开发，导致传统文化的"传承异化"

为了最大限度地吸引游客，在民族文化的开发中，"可观赏性、可参与性和可娱乐性则是其运行的基本原则"[1]。在这一规则下，贵州一些民族旅游区脱离现实生活，改编、假造诸多新奇的文化样式，造成"文化乱象"丛生和旅游符号的表象化。如旅游的"迪士尼化""麦当劳化""假事件""传统的凝固""后时髦现象"。旅游符号表象化的过程是一种简单的文化复制，如民族歌舞只停留在表演上，民族服饰只停留在敷衍旅游者观赏的穿戴上，民族餐饮只出售给旅游者而自己却很少享用，民居建筑只停留在外观的风貌整治上。景点中东拼西凑，胡乱包装，瞎编乱造的民俗物及硬贴上去的各式解说、民俗传说、故事等，没有当地文化生态中真正存在的任何根据。在贵州，还傩愿、祭神等信仰仪式失去神圣性、庄严性，成为一种可以在任何时空举行的娱人表演；村民们被打造成为"穿着民族服饰，背着鸟枪，走着'猫步'"的模特；苗族"鼓藏节"原仅限于本族内部人员参与，而如今游客不仅可以全程参与，而且还可以随意拍摄[2]。

此类"改变后的文化"浸入了这些民族原有的文化结构，不仅其形态、机理都与原有的文化传统不相融洽，而且其浮华的表达方式，有可能扰乱人们的文化认知，误将这些新造的文化类型当作本民族文化传承

---

[1] 林继富、王丹：《解释民俗学》，华中师范大学出版社2006年版，第217页。
[2] 李锦平：《旅游开发对民族原生态文化的负面影响论》，载贵州世居民族研究中心编《民族文化保护与旅游开发》，贵州科技出版社2005年版，第56—62页。

的重点，忽略了那些经岁月历练而成的民俗与传统。

2. 游客的现代性文化符号，冲击了民族文化的传承

游客是现代性文化因子的携带者，是游览、感叹"落后事物"的观光者。他们的一言一行、穿着打扮都会引起民族旅游区居民的关注和模仿，引发"示范效应"。这种效应对年轻人产生的影响尤为明显。他们在对外界文化的倾慕与追求之中，也失去了对本民族文化的坚守热情和传承担当。在一些民族旅游区普遍隐藏着民族文化传承中断的危机：民族歌谣、曲艺、传说等开始失传；传统礼仪和习俗逐渐被废弃；情人节、圣诞节、万圣节等西方节日冲击着民族文化传统节日体系。黔东南州"北侗"地区出现了"四十以上会唱歌、三十以上会哼歌、三十以下不懂歌"的现象。

3. 旅游区"筛选式"的文化开发，导致部分传统文化的散失

只有把民族文化与民族历史过程、民族交往纳入统一框架内，才能对民族文化生态进行整体性保护[①]。但是，一些旅游策划者为追求眼前的经济利益和迎合游客的喜好，只将个别民族文化事项进行"包装"和"打造"。而对那些深埋于乡间的边缘民族文化，由于不能在短期内带来经济利润，就很可能被人们抛弃，沦落、丧失。贵州大方县每年都举办"杜鹃花节""奢香文化节""火把节"，宣传、展示"彝家的歌和舞"，但是彝族的民间工艺、民间民俗等却没有被重视。这种"厚此薄彼"的文化保护方式，造成被"筛选"掉的文化事象的散失。1984年，该县彝文碑刻有250多块，而当前奢香博物馆收藏的却不足100块，许多彝文碑刻散落山野杂林，残蚀风化严重；古桥、古道和遗址日渐消失；许多彝族文物、彝文古籍流落民间，保存现状堪忧。

4. 旅游手工艺品的设计与质量问题，无法确保文化传承的可持续性

在湘鄂西地区，大部分游客对于"西兰卡普"等传统手工艺品的天然原材料、独特的手工工艺非常欣赏，对于神秘的土家族文化也很向往。却很少购买，究其原因，设计是最大的问题。一是实用性不足，"西兰卡普"至今没有一个广为人知的实用性产品代表。旅游工艺品"西兰卡普"

---

① 石群勇、龙晓飞：《民族文化生态特征与民族文化生态保护关系研究》，《青海民族研究》2011年第1期。

壁挂虽有较强的实用性，但重复消费性较弱，便携性也不突出，市场容量很小。二是时尚性缺乏，无法做到原真性与时尚性的结合。游客追求有原始风味的，有民族、地域特色的手工艺品，但若不紧跟市场时尚设计，满足当代社会文化背景、审美和消费习惯的消费者，必然难以为继。

"西兰卡普"产品价格跨度小，平均价格偏高。人类学家 Molly Lee 认为，消费旅游工艺品的游客分为娱乐型游客、收集型游客和通晓本地文化的游客三类[1]。对于旅游工艺品，娱乐型的游客要求便宜，重复购买的可能性不大；收集型的游客或收藏，或投资"西兰卡普"，对价格的评判取决于产品未来价格的上升空间，相对青睐价格较高产品，会有重复购买的可能；认同"西兰卡普"的文化内涵的游客，会重复购买产品，注重产品的品质，价格敏感程度不高。目前"西兰卡普"旅游工艺品的织造企业没有人做旅游目的地游客消费模式的调研，土家族地区旅游局也没有这方面旅游统计数据，各个企业主都靠着自身的市场经验在做产品，找不准消费群体、不能提供适合特定消费群体的产品，无法为产品制定出符合市场要求的价格就在所难免了。

"西兰卡普"产品缺乏质量标准。游客追求旅游工艺品的高质量。一方面，"西兰卡普"缺少价廉物美的产品。另一方面，"西兰卡普"旅游工艺品没有行业内的质量标准，造成质量良莠不齐的局面。比如说，尺寸相同、图纹类似的"四十八勾"壁挂，在不同的土家织锦企业之间报价相差10倍。从短期来看，这会造成游客购物时的困难，影响旅游手工艺品的生存和销售。从长期来看还会造成优质产品的消失。如果没有质量标准出台，质量低劣的"西兰卡普"产品最终会将质量好的产品驱逐出市场外，这不仅不利于旅游工艺品市场的可持续发展，也不利于文化遗产的有效传承。

无论是产品设计缺乏实用性和时尚性，还是质量良莠不齐、价格混乱等局面，都说明其无法向市场提供个性化产品与服务。当传统工艺无法融入当代旅游社区民众的生产生活时，其生命力以及民众的传承动力

---

[1] Nelson Graburn. Tourism and Handicrafts: Modernity and Identity in the Global Marketplace [A]. Tousism and Handicrafts [M]. Published and printed by the World Tourism Organization, Madrid, Spain, First printing 2008, pp. 30 – 34.

自然会慢慢消退。

5. 旅游企业对社区回馈不足，不利于传承能力建设

在旅游生产性传承对社区的回馈方面，墨西哥的 Haciendas del Mundo Maya 基金公司在开发旅游商品的同时，注重对社区居民的文化知识培训、支持并帮助当地居民建立自己的手工作坊、复兴各种手工艺品制作传统、在当地居民保护土地资源时给他们提供法律援助等。这些都是旅游企业在利用本地非物质文化遗产的同时对社区的回馈，这种方式有利于旅游业的可持续发展，也是非物质文化遗产有效传承的途径。

但是，我国的旅游企业对社区主动回馈普遍不足。如在湘鄂西土家织锦发展较好的两个村落：无论是湖南的捞车河还是湖北的舍米湖，都没有旅游企业做过诸如 Haciendas del Mundo Maya 基金公司所做的工作。本地企业使用本地产品也不足，如在土家族地区的酒店、餐饮、度假村等旅游企业，使用本地非物质遗产手工艺品的也很少。

(二) 促进传承的对策

1. 加强传统文化的整体性开发与传承，适应全域旅游发展的需求

在国家大力发展全域旅游的背景下，旅游社区向游客推出的不仅是旅游工艺品、民族演艺产品和服务，而是民族地区从传统建筑、传统工艺、民俗、生活样式乃至自然生态在内的整体性文化呈现。因此，政府应改变"碎片化"的旅游商品或服务的开发，而应与旅游企业和社区民众通力合作，在全面保护与传承传统文化基础上，再去打造所谓的"特色"或"重点"。这就要求政府、企业与民众应保持对传统文化的基本尊重，承担起相应的社会责任、文化责任。通过对企业和社区民众的宣传、教育与培训，提升传承人群对本地区、本民族文化传统的认识深度、对所持非遗项目知识和技艺的掌握程度、传统文化的当代价值得到弘扬。

当然，政府在规定传承人责任与义务的基础上，还应该给旅游企业或从业者开展企业经营管理的培训，尽快让他们在市场经济大环境里懂得如何利用自身的资源，找准市场需求点，设计出合适的产品，合理配置各种资源生产出来既有民族特色、又能满足市场需求的产品与服务，并能够根据市场变化及时做出调整，从而提升旅游企业、社区民众从对传统文化的旅游开发中获得必要收益的能力。

2. 以数据为基础进行市场分析，促进旅游开发与文化传承可持续发展

旅游主管部门应该提供地区旅游手工艺品消费数据，让企业可以在此基础上做初步的市场判断。地方政府或者行业主管部门可以参考联合国教科文组织制定的"旅游—手工艺品统计指数"，制定本地区的旅游手工艺品市场调研的指标，完善行业的数据支持。建立大数据基础上的旅游开发，既有利于文化旅游的可持续发展，发挥优秀传统文化的文化资源优势，也使得传统文化生命力能够在旅游市场中延续，实现旅游开发与文化传承间的良性互动。

3. 多种方式的产品支持，建立品牌系统

通过传统工艺科学理论研究和技术攻关，实行跨界交流与合作，改进工艺、完善功能、拓展用途、提高品质，实现门类、品种、工艺和功能的新突破，培育发展有民族、地域特色的知名品牌，是实现传统工艺振兴的重要保证。在产品支持上，由文化遗产的主管部门、旅游管理部门、手工艺品主管部门组织的旅游手工艺品大赛是旅游手工艺品产品创新、互相交流、发现市场潮流的较好选择。只有品牌建立，游客在面对不同文化背景的文化产品时，才能较轻松、放心地购买产品。当品牌文化被市场认可并接受后，品牌才产生其市场价值。要游客接受具有异文化特征的、价格较高的旅游手工艺品，必须让游客认同品牌，产生对企业产品、服务、文化价值的信任，这样才能让传统文化的文化内涵、市场价值被游客接受，达到文化传承、市场获益的双赢局面。

4. 创新传统文化旅游模式，改善传承环境

第一，建立传统工艺、民俗类旅游村。大力发展乡村旅游，将文化产品放在其生长的环境中展示，既有利于展示商品的原真性、促使手工艺品的销售，又有利于文化遗产在其原有环境中生存、保证文化的活态传承。

第二，手工艺品旅游线路。学习泰国"一村一品"的经验，选择我国比较知名的手工艺品，并在各个手工艺品发展较好的地区建立手工艺品乡村旅游村，按照不同手工艺品主题组成手工艺品旅游专题线路，对中国手工艺品进行整体推介。

第三，设立手工艺品工作间。在传统文化保存较好的社区设立代表

性传承人工作间,是连接手工艺品与文化旅游者最好的形式。通过这种方式,传承人可以向游客解释传统工艺的技术特点和织造流程,游客以当代的眼光欣赏传统的产品,可以让游客获得体验和产品的双重感受。

5. 增强旅游区企业的社会责任

第一,增加本地企业对本地产品的使用率。旅游企业大量使用本地的手工艺品,能够稳定地提供大量、高质量的产品,是旅游产业传承实践可持续发展的关键。

第二,引导企业回馈社区。借鉴泰国手工艺品发展的经验:政府利用各种政策优惠、奖励措施引导企业进入旅游发展较好的乡村,开发传统文化旅游项目。在此基础上,鼓励企业如同 Haciendas del Mundo Maya 基金公司在墨西哥坎昆地区所做的一样,建立村庄传统工艺、民俗、医药类中心,培训社区居民的文化知识,鼓励农村居民建立自己的作坊,恢复本地其他文化传统。国家或者地方政府,可以参考世界旅游业理事会(WTTC)的"明日旅业"大奖赛的标准,设立我国工艺品乡村旅游大奖赛,引导企业做上述工作。

传统文化的旅游开发传承及其传承场域的形成,是政府、资本、文化精英与文化持有者的合作与共谋。传统文化,或者文化遗产就是在这个场域里,在各方力量的角逐中实现了基于文化遗产的旅游产品真实性建构,并实现文化遗产在民族内部纵向的交接——文化传承。传统文化的旅游开发传承场域是一个开放性的场域,可以将多种传统文化资源,以及民间传承、教育传承、场馆传承、数字化传承等多种传承方式整合进来,以增加旅游收入、强化民族文化记忆、提高文化自信心、增强民族文化认同等方式,回馈给传统文化持有者及其社区,进而也能推动民族特色村镇保护、文化艺术之乡建设、文化生态保护区建设等整体性保护传承工作。

# 第 五 章

# 中华优秀传统文化数字化技术传承

中华优秀传统文化的传承需要在传播技术、传播媒介、传播形态、传播渠道、传播场景上不断创新。近年来，各种数字化传播媒介如雨后春笋般悄然兴起，互联网网站、智能移动终端、家庭数字电视、户外数字电视、数字化图书馆、数字化博物馆、数字化美术馆、展台展会等都广泛地被应用在中国优秀传统文化的传承中，使中华优秀传统文化在数字化技术传承手段下绽放出时代独特的魅力。

## 第一节　数字化技术传承概貌

数字化技术是一项将社会现实中的文、图、声、像等转化为数字信息，再通过计算机对数字信息进行解码还原为多媒体信息的技术。数字化技术既是多媒体技术的基础，又是智能技术的基础，也是信息社会的基础。"传统文化数字化"即是运用数字化技术将中华优秀传统文化进行数字转化，通过图片、视频、音频和交互式展示等方式实现文化的采集、存储、管理、生产、传播的工作，其目的是实现传统文化知识共享、有效利用和传承发展。① 随着数字技术渗透到人类日常生产生活的各个角落，数字化生活已经成为一种常态，相应地，将传统文化与数字化技术结合起来进行传承发展，是一种必不可少的有效方法。

---

① 莫代山：《少数民族优秀传统文化数字化技术传承研究》，《中华文化论坛》2018 年 1 月 30 日。

## 一 数字化技术传承动因

从本质上讲，数字化是现代的一种高科技技术，传统文化数字化是现代高科技技术在文化领域的运用。而借助数字化技术，传统文化也寻找到一条克服传承困境、创新和发展的新渠道。[1]

### （一）传统文化和数字化技术的关系

对于数字化技术来说，传统文化是不可多得的资源宝库，也是发挥功能、体现价值的绝佳载体。[2] 中华传统文化源远流长、博大精深、底蕴深厚，涉及中华民族日常生活的方方面面，在具体表现上更是千姿百态，具有很强的可塑性和娱乐性，更具有无穷的挖掘空间。数字化技术既可以从传统文化中汲取设计理念、设计灵感，也可以从中体会技术与文化交融的思想。更为重要的是，传统文化巨量的信息内容、多样化的存在形态和深邃的文化内涵，为数字化技术的运用提供了广阔的市场空间和发展创新的推动力量。[3]

数字化技术是传统文化现代存储、展示、创新、利用和传播必不可少的效能工具。"科学技术是第一生产力"，实现传统文化的数字化海量存储、数字化重构、数字化修复、个性化定制、网络即时巨量传播等，可有效克服传统传播成本大、受众面小、传播内容固定陈旧，以及传承手段单调、形式枯燥、方法不活、效果欠佳的弊端，为传统文化的保护和传承提供新的机遇和可能。[4]

总体上看，传统文化和数字化技术是主次关系，传统文化是主要方面，数字化技术是次要方面。数字化技术为传统文化传承服务，数字化是传统文化的媒介表现形式之一，其并不能取代传统文化本体，也不能取代传统文化的其他表现形式；同时，数字化技术在存储、展示、利用

---

[1] 莫代山：《少数民族优秀传统文化数字化技术传承研究》，《中华文化论坛》2018年1月30日。

[2] 莫代山：《少数民族优秀传统文化数字化技术传承研究》，《中华文化论坛》2018年1月30日。

[3] 莫代山：《少数民族优秀传统文化数字化技术传承研究》，《中华文化论坛》2018年1月30日。

[4] 莫代山：《少数民族优秀传统文化数字化技术传承研究》，《中华文化论坛》2018年1月30日。

等方面表现出来的优势，又是新时代传统文化传承复兴所不可或缺的，因此不能忽视和轻视数字化技术传承。①

(二) 数字化技术传承的原因

使用数字化技术传承传统文化，是由文化发展规律、当下遭遇以及发展文化产业等多种因素综合作用的结果。

1. 数字化技术传承是传统文化在当下遭遇的困难所决定的

在生产力因素、历史因素、社会因素等多种因素综合作用下，我国部分传统文化遭遇传承危机，文化生态破坏、市场空间狭小、传承人凋零、文化物品遗失破坏成为一种普遍现象。特别是一些地方性和少数民族所独有的传统节日庆典、风俗习惯、曲艺歌舞、语言文字、文学艺术、宗教信仰、建筑文物等文化内容已处于濒危状态和消失边缘，传统伦理道德、规章制度、价值观念、审美趣味等对文化主体的作用日渐式微。利用数字化技术对濒临消失的文化内容进行记录、存储、展示、传播尤为重要。同时促进传统文化发展适应人民群众生活习惯、融入群众日常生活，利用具有强大存储、传播、互动、创新的数字化技术功能也是传承，是一种主动创新。②

2. 数字化技术传承是由文化自身发展规律决定的

文化发展需要与生产力水平相适应、需要与时代精神相适应、需要满足人民群众日益增长的生活需求，这是文化良性发展规律的总结。随着生产力发展，人们生产生活方式发生了巨大变化，审美情趣日新月异、对文化的需求也日趋多样化。满足这些需求，必须对传统文化的表达方式、表现形式、内容形态、内涵特征等不断进行创新，数字化技术及其媒介所具有的开放性、互动性、个性化、生动性、娱乐性特点，可以成为传统文化全新载体，满足群众的审美需求、精神享受和市场需求。因此，传统文化采用数字化技术传承是文化发展的一种表现。③

---

① 莫代山：《少数民族优秀传统文化数字化技术传承研究》，《中华文化论坛》2018 年 1 月 30 日。

② 莫代山：《少数民族优秀传统文化数字化技术传承研究》，《中华文化论坛》2018 年 1 月 30 日。

③ 莫代山：《少数民族优秀传统文化数字化技术传承研究》，《中华文化论坛》2018 年 1 月 30 日。

### 3. 数字化技术传承是广大人民群众的现实需求

传统文化形态多样化、内涵深厚、价值重大，与人民群众生活息息相关。但作为历史积淀的产物，部分文化内容在表现形式上存在单调、僵化的缺陷，有些夹杂着一些不良内容，有些则因深奥而不易为普通人所理解的文化信息更是难以普遍传播。这些情况均不利于广大群众接触、学习、借鉴、享用传统文化。利用数字化技术，将传统文化内容广泛展示，赋予其生动的表现形式，将枯燥的文化内容趣味化，既是文化传承的需要，也是满足广大人民群众文化生活的需要。[①]

### 4. 数字化技术传承是文化产业发展的必要条件

文化产业是我国极具市场潜力的朝阳产业，是文化资本与文化资源有效结合的经济形态，加快文化产业发展也是党中央确定的重大国家战略之一。文化产业发展需要有文化资源作为支撑，而我国传统文化是一个巨大的资源宝库，可以为文化产业发展提供必要的产品、素材、环境、场所和机遇，两者结合是文化产业发展的必经之路。实现传统文化与文化产业相结合，必须对传统文化进行采集、挖掘、整理、修复、加工和传播，在信息化时代，这些方面的具体实现都是以数字化技术为基础的，因此，文化产业发展离不开传统文化数字化。[②]

## 二 数字化技术传承优势和局限

随着数字化技术的发展，传统文化数字化传承的媒介越来越多，这些数字化媒介在传承传统文化方面有着得天独厚的优势，但也存在一定局限。

### （一）数字化技术传承的优势

数字化技术与传统文化的结合，对传统文化传承带来的改变是全方位的。从宏观层面分析，与以前的各种文化传承模式相比，其优势主要表现在以下几个方面。

---

[①] 莫代山：《少数民族优秀传统文化数字化技术传承研究》，《中华文化论坛》2018 年 1 月 30 日。

[②] 莫代山：《少数民族优秀传统文化数字化技术传承研究》，《中华文化论坛》2018 年 1 月 30 日。

1. 文化传承的超时空、超实体性

传统方式的文化传承在时间和地域上有很大的局限性。而数字化传播是以网络为基础的，网络传播具有开放性、及时性、共时性、形式多样性、内容丰富性、成本低廉的特点，能够轻松打破时空局限，这为传统文化的传播提供了渠道的多样和空前的便利。另外，数字化技术对文化实体内容采集后，可无限次整理、处理、复制和传播，能避免对文化实体带来的不利影响。① 以数字博物馆为例，将传统博物馆的实体文物以数字化的形式完整呈现于网络，不管受众是在学校、家里、办公室，还是在咖啡厅、图书馆等场所，只需要一台可以上网的电脑或者手机，就可以超空间、远程访问众多的数字博物馆；数字博物馆免去了存放和陈列文物所需的库房、展厅等物质基础的限制，一个小小的芯片便可"存放"不计其数的数字化的文物馆藏；同时，还能避免密集观赏对易损、易碎、易破坏实体文物的不利影响。又如少数民族特色文化，在自媒体时代，只需要某一个人借助一部手机进行摄制，发送到微信或者微博，这种文化就可能引起多个分享和转发。这种蒲公英式的放射状传播模式，加快了信息的传播速度，有效扩大了信息的整体覆盖。从这个意义上讲，数字媒体的崛起为中华优秀传统文化的传播和传承提供了新的表现形式，拓展了巨大的受众群体。②

2. 文化传承参与的广泛性

传统方式下，人们能够接触到的传统文化比较有限。在普通群众缺位的情况下，官方对文化资源和传播资源占有方面占据垄断地位。但是由于缺乏灵活性和多样性，文化传播的效果不够明显。数字媒体和网络的出现，大大降低了群众欣赏、学习、运用、传播文化的门槛，人人都有参与传播我国优秀传统文化的可能。于是，文化传承的面得以拓宽，许多民间组织、民间艺人开始加入传统文化的传承行列；学界也以多种

---

① 莫代山：《少数民族优秀传统文化数字化技术传承研究》，《中华文化论坛》2018 年 1 月 30 日。

② 莫代山：《少数民族优秀传统文化数字化技术传承研究》，《中华文化论坛》2018 年 1 月 30 日。

形式积极研究传统文化与数字技术的深度融合,形成多头并进的态势。①传承的形式也变得丰富多彩,微博、博客、微信、论坛、贴吧等新媒介都成为记录与传播传统文化的有效工具。

3. 文化传承的个性化和互动性

传统模式下传统文化传承具有单向性特点,能够传承的文化内容是由传授者决定的,传承者只能被动接受。互联网打破了传统的单向传播模式,更注重受众的个性化需求。② 例如,在微博或微信平台上,受众可以依据自己感兴趣的文化内容,选择相应的话题和小组加以关注,从而获取个性化的定制信息;视频观赏过程中,观众既可以全程观看,也可以根据自己的兴趣选择性欣赏自己感兴趣的片段;论坛和贴吧平台,具有共同兴趣爱好的交流者针对专业性问题进行交流;在数字博物馆参观中,游客也可以只选择自己需求的内容仔细观摩;而各种数据库资料查阅,更能体现文化传承的个性化特点。传承者个性化选择内容能够有效节约资源,提高文化传承效率。③

互动性也是数字化技术优势之一。一方面,数字媒体带来的互动式传播,使得传者与传者、传者与受众、受众与受众之间处于平等的地位。④ 充分尊重受众的兴趣和需要,让受众参与其中传播传统文化,拉近了传统文化与普通大众的距离,使传统文化变得亲切、活泼、生动;另一方面,在数字媒体中,每个人既是信息的接收者,同时也可以成为信息传播者,受众可以将自己看到的、感兴趣的文化内容通过社交网站进行二次传播,与网民共建共享。这不仅拓展了文化传播的空间,为网站提供了丰富的文化资源,又加速了传统文化的流动。此外,数字化技术还支持互动参与,随着多媒体手段越来越丰富,特别是3D技术、虚拟游

---

① 莫代山:《少数民族优秀传统文化数字化技术传承研究》,《中华文化论坛》2018年1月30日。
② 莫代山:《少数民族优秀传统文化数字化技术传承研究》,《中华文化论坛》2018年1月30日。
③ 莫代山:《少数民族优秀传统文化数字化技术传承研究》,《中华文化论坛》2018年1月30日。
④ 莫代山:《少数民族优秀传统文化数字化技术传承研究》,《中华文化论坛》2018年1月30日。

览技术、交互式技术的使用，受众对传统文化的了解更为直观和深入。[①]游戏等传播形式的互动性更强，也更加吸引受众对传统文化的兴趣和参与热情。

4. 文化传承的通俗性和趣味性

数字化技术使得中华优秀传统文化传承面对更加通俗化、趣味性的网络环境，传统文化在此过程中得到通俗化的"解读"。《百家讲坛》就是把传统文化利用数字媒体进行通俗化、趣味性解读和传播的范例，《史记》《三国志》《红楼梦》《水浒传》等古代经典，用通读易懂的语言"翻译"成人人可懂的现代读本，妙趣横生；借助电视、网络媒体等数字传播平台，扩大传播范围，引起广大民众对于经典的关注，一定程度上在民众中掀起"国学热"。有观点认为，"《百家讲坛》是把埋藏在历史深处中华文明的宝藏挖掘出来，还给最大数量的普通人，成功地实现了传统文化在电视网络中的传播。"[②] 此外，动漫、游戏、手机 App、虚拟游览等形式，将我国的优秀传统文化转化成受众喜闻乐见的动态的形式，寓教于乐，增加了受众的兴趣。另一方面，多媒体技术在传统文化传承与创新领域的运用，采用多媒体技术，融合文字、声音、图像、影视、三维展示等表现形式，将多种媒介组合在一起，从多角度整合文化遗产的信息资源，形成基于各种数据信息的综合表现产品，这种系统性的信息架构为受众提供了更为多元、生动、互动、视听化的文化形态，提高了传播效果。

5. 文化传承与文化创新结合

传统模式下文化传承容易出现因循守旧、固化僵化的情况。数字化技术与传统文化结合可以有效改善这种情况：一方面，数字化技术的虚拟、合成、修复等功能赋予传统文化新的生命力。[③] 利用数字技术对由于年代久远已经消失或不完整的文物、遗址等进行数字化复原，可以解决珍贵文物的修复问题。如山东曲阜对孔庙等历史建筑进行复原，通过建

---

① 莫代山：《少数民族优秀传统文化数字化技术传承研究》，《中华文化论坛》2018 年 1 月 30 日。
② 廖礼平：《传统文化网络化传播的新时代》，《学习时报》2011 年第 3 期。
③ 莫代山：《少数民族优秀传统文化数字化技术传承研究》，《中华文化论坛》2018 年 1 月 30 日。

立虚拟漫游系统向游客进行数字展示。在固态文化展示过程中也可以实现文化创新，如动漫技术在固态文化展示中的运用，就可以使静态文化"活起来"。北京水晶石公司采用虚拟现实技术完成的世博会中国馆内动态版《清明上河图》，基于画作设计人物动作，将观看者、视频影像、建筑空间、时间整合在一起，展现宋代城市的昼夜风景，被誉为"镇馆之宝"。另一方面，数字网络的开放性推动传统文化被动创新。单一文化面临巨量受众群体选择，受众再经由互动对文化进行反馈，其间所进行的拼接、附加、删减、改变、移植等工作实际上就是文化创新的过程。数字网络技术可以帮助突破单一或单类文化之间的界限，进行文化之间的对比、互融等工作，创造出更符合时代审美特征的新的文化产品。[①]

（二）数字化技术传承的局限性

运用数字化技术传承传统文化是适应时代发展的必然趋势，但数字化技术本身所存在的缺陷以及传统文化自身的一些特点，决定其也有局限性。

1. 传统文化核心价值难以数字化呈现

数字化是信息采集、存储、转换、传播的技术，在真实记录物质文化和行为文化有关图、像、声、文等外显方面具有独特的优势，但在反映文化意蕴和内涵方面却存在明显的局限。我国传统文化内容丰富，历史悠久，沉淀着深厚的文化底蕴，但这些历史性的内蕴和思想性内容并不是数字化技术能够完全呈现的。如在采集外显特征较明显的物质文化和行为文化中，对于这些文化的造型、颜色、动作、形态等都能达到逼真的程度，但对物质文化背后所隐含的发展历程、审美观念、文化交流等信息却无法进行表达，行为动作背后隐藏的特定族群的生态观、人生观等也无法呈现；非物质文化往往具有无形性、系统性特点，更多地反映着人民群众的理念、精神、思想、感情、观念和价值判断，有的甚至只能意会难以言传，这些内容更难通过数字化技术采集和制作；另外传统文化在漫长的传承和演化过程中，不断吸收和转化其他民族的文化，而且随着时间的变化，不同时期也有不同的表现方式和存在形态，数字

---

① 莫代山：《少数民族优秀传统文化数字化技术传承研究》，《中华文化论坛》2018年1月30日。

化形式难以完整反映其文化空间中错综复杂的知识联系。①

2. 文化生态很难数字化技术呈现

文化并不是单一存在的，都有其赖以存在和发展的环境，这一环境综合了该种文化生存发展所必需的一切要素。②简要概括，文化生态既包括文化生存的自然因素，如气候、植被、水文、土壤、地理、地质等；也包括文化生存的社会因素，如历史遭遇、人口规模、政治制度、社会动荡程度、生产力水平等；还包括文化生存的异文化因素，即异文化种类、文化异质性、文化发展水平、文化接触频率等。因而文化生态是一个庞大的体系。同时，文化生态对于文化本体来说又是至关重要的，没有文化生态就不可能有文化的存在，文化生态决定着文化发展的内容与轨迹。所以，在进行文化数字化过程中，有必要对其生态进行反映，这样才能正确理解文化内容。数字化采集、存储、加工和展示都需要一定的设备、人力和时间，对庞大的文化生态体系进行全面采集所需要付出的代价是极为巨大的，一般情况下都很难做到，这对文化的整体性无疑是一种缺失。③

3. 数字化产品统一标准与文化多样性之间的矛盾

为了有效进行数据传播、转换和互融，数字化技术往往相互连接，很多技术标准是统一的。但在进行文化采集、存储、加工、展示和传播过程中，所要面对的文化种类却存在多样性，不仅有物质的、精神的，更包括行为方面。④截至2014年，我国国家级非物质文化遗产数量1517项，各省都有非物质文化遗产库，湖北省截至2016年有省级非物质文化遗产名录338项，如果加上地级、县级非物质文化遗产名录，仅湖北省列入各级名录非遗项目就有3000余项，如果把未列入名录项目计算在内，数目更是惊人。此外，截至2016年，湖北省有国家级文物保护单位149

---

① 莫代山：《少数民族优秀传统文化数字化技术传承研究》，《中华文化论坛》2018年1月30日。

② 魏美仙：《文化生态：民族文化传承研究的一个视角》，《学术探索》2002年第4期。

③ 莫代山：《少数民族优秀传统文化数字化技术传承研究》，《中华文化论坛》2018年1月30日。

④ 莫代山：《少数民族优秀传统文化数字化技术传承研究》，《中华文化论坛》2018年1月30日。

家、省级文物保护单位987家、地和县级文化保护单位数万家。如此众多的文化项目，表现形式不一、保存程度不一、传承方式不一、内涵深度不一、文化联系不一，存在着明显的多样性。数字化处理过程中，用单一技术标准很难全面地对这些文化进行很好的表达。比如，虚拟现实技术、交互技术在数字博物馆等反应静态文物中已经取得很好的效果，但这些技术运用到曲艺、歌舞等现实动作细节要求较高的文化形式上的效果明显存在缺陷。[1]

4. 部分传统文化不适宜数字化传承

中华传统文化中的有些内容具有私密性，如丧葬文化中的藏族天葬、火葬、塔葬，西南少数民族的树葬、水葬，穆斯林民族的土葬等；婚姻文化中一些少数民族"不落夫家""走婚""姑舅表婚"等；社会关系中存在的"血亲复仇"、民族矛盾等；思想文化中有不适宜时代需求的内容等。这些文化虽然历史久远、内涵丰富，但具有极强的敏感性，涉及少数民族感情、民族认同和社会关系，不宜公开。[2] 如果对这些文化内容进行数字化网络传播，很可能产生不利的社会影响。另外，一些文化内容传统模式传承效果要大大优于数字化传承，也不适宜数字化传承。如宗教信仰中的一些仪式往往具有神秘性，蕴含着大量不为人知的规则，甚至每一个细微动作都要求精准细致，数字化采集仅仅只能观察一些行为过程，对于观众来说只有亲临实地才能体会其真实含义，对于传承者来说只有口口相传、耳提面命才能真正领悟到其深邃的精髓实质。[3]

### 三 数字化技术传承政策、实践和成效

作为文化传承的一种行之有效的模式，我国传统文化数字化传承是随着数字化技术的引进和发展而演进的。为鼓励发展，国家在各层面出台了大量鼓励性政策，也取得了积极的社会效果。

---

[1] 莫代山：《少数民族优秀传统文化数字化技术传承研究》，《中华文化论坛》2018年1月30日。

[2] 莫代山：《少数民族优秀传统文化数字化技术传承研究》，《中华文化论坛》2018年1月30日。

[3] 莫代山：《少数民族优秀传统文化数字化技术传承研究》，《中华文化论坛》2018年1月30日。

（一）数字化传承的政策

数字化技术源自西方，在技术形成发展之初就开始了文化记录工作。随着数字化技术传播和数字化产品在人类生活中占有的地位越来越重要，20世纪90年代初开始，联合国等国际组织开始在世界范围内推动文化遗产的数字化工作。1992年，为"推动全球范围内的文献遗产普及、保护和利用"，联合国教科文组织推动实施了"世界的记忆"工程；2002年，教科文组织起草了《数字文化遗产保护指导方针》和《数字文化遗产保护纲领》草案，作为指导相关工作的指南和纲领，推进世界范围内的非物质文化遗产数字化保护工作。在联合国推动下，一些地区组织也开展了类似工程建设，如1999年在芬兰倡议下，欧盟国家开始启动一项多国框架性合作项目"内容创作启动计划"。在该计划中，文化遗产数字化被确定为基础性内容。[1] 一些欧美国家也推出自己的大型文化数字化工程，如美国1994年启动的"美国记忆"项目、法国1998年启动的"文化精品数字化"项目等均属此类。我国的传统文化数字化工作基本与世界同步，早在1996年，国家即启动"国家数字图书馆工程"，开始了文化资源的数字化进程。[2] 可以发现，早期进行的文化数字化传承工作，多集中在便于数字化的文献数据采集方面，这与数字化技术和产品水平与普及程度有密切的关系。

进入21世纪后，数字化技术水平有了新发展，国内的传统文化遗产保护工作也全面展开，二者的结合成为一种必然趋势。为了推动利用数字化技术传承传统文化，国家层面、各部委、地方政府都出台了一系列政策，实施了一批有影响的工程。文物保护方面，2002年修订的《中华人民共和国文物保护法》即规定"国务院文物行政部门应当建立国家一级文物藏品档案和其主管的国有文物收藏单位馆藏文物档案"。2001年，由财政部、国家文物局联合开展的"文物调查及数据库管理系统建设"项目试点工作启动，当年即在山西、辽宁、河南、甘肃4个试点省建立

---

[1] 林毅红：《国际旅游岛背景下HN黎族传统工艺数字化保护研究》，《学术论文联合对比库》2016年3月11日。

[2] 彭冬梅：《面向剪纸艺术的非物质文化遗产数字化保护技术研究》，博士学位论文，浙江大学，2008年6月。

文物的数字化档案。2005年，在"文物调查及数据库管理系统建设"项目试点工作总结会上，两部委进一步提出，力争"十一五"期间建成覆盖全国的文物数据库管理系统。[①] 此后，我国文物保护的数字化工作迅速展开，一大批重点文物保护工程得以展开，如"虚拟紫禁城""数字敦煌""数字圆明园"等。

我国非物质文化遗产保护工作从2005年开始成为国家工程，工作开始之初，数字化技术保护就是重要的内容之一。2005年，国务院办公厅发布《国务院办公厅关于加强我国非物质文化遗产保护工作的意见》，提出要运用文字、录音、录像、数字化多媒体等各种方式，对非物质文化遗产进行真实、系统和全面的记录，建立档案和数据库。[②] 为了激发社会参与非遗保护的意识，国务院决定从2006年起，把每年六月的第二个星期六确定为我国的"文化遗产日"。2011年《中华人民共和国非物质文化遗产法》规定：文化主管部门应当建立非物质文化遗产档案及相关数据库。非物质文化遗产档案及相关数据库应当公开，便于公众查阅。[③] 各省、市、县级非物质文化遗产保护"条例""规定"等纷纷出台，其中均提出要利用数字化技术对遗产进行保护。如海南省《白沙黎族自治县非物质文化遗产保护条例》规定，要"采用文字、录音、录像、数字化多媒体等方式进行真实、完整记录、整理"；《江苏省非物质文化遗产保护条例》规定，"县级以上地方人民政府应当组织文化行政部门及其他有关部门对本行政区域内的非物质文化遗产进行普查、确认、登记，运用文字、录音、录像、数字化多媒体等方式，对非物质文化遗产进行真实、系统和全面的记录"等。在政策的推动下，相关工作迅速开展，截至目前，百度搜索以"非物质文化遗产"为标题的网站数量多达400余个，各地非物质文化遗产数据采集工作全面铺开。

文化产业与传统文化密切相关，数字化在创意文化产业和文化服务产业等方面的作用极为明显。为了推动文化产业发展，国家出台了一系

---

① 金瑞国：《我国文物保护走进数字化时代》，《中国社会科学院院报》2005年8月24日。
② 孙传明：《民族舞蹈类非物质文化遗产数字化技术研究》，博士学位论文，华中师范大学，2013年11月。
③ 孙传明：《民族舞蹈类非物质文化遗产数字化技术研究》，博士学位论文，华中师范大学，2013年11月。

列政策。2000年10月，党的第十五届五中全会通过的《中共中央关于制定国民经济和社会发展第十个五年计划的建议》，在中央层面文件中提出了"文化产业"的概念，并要求完善文化产业政策；2006年，国务院办公厅转发财政部等部门《关于推动我国动漫产业发展若干意见的通知》；同年为了激励网络传播文化作品，国务院发布《信息网络传播权保护条例》；2008年，《文化部关于扶持我国动漫产业发展的若干意见》出台；同年，国务院办公厅转发了国家发改委等部门联合制定《关于鼓励数字电视产业发展若干政策的通知》；2017年，文化部出台《关于推动数字文化产业创新发展的指导意见》，这是国家层面首个针对数字文化产业发展的宏观性、指导性政策文件，也是首个明确提出数字文化产业概念的政策文件，向全社会发出鼓励数字文化产业发展的明确信号。在政策指导下，电视、电影、动漫、游戏、出版物、展览均有一系列以传统文化为基础的优秀文化产品出现，如近年来中央电视台出品的《中国诗词大会》《中国成语大会》《中国汉字拼写大会》《中国谜语大会》《舌尖上的中国》等等。借助文化产业，中国文物、中华节日、中华医药、中华烹饪、中华武术、中华典籍、中国园林等传统文化代表性项目在世界范围影响越来越大。

国家极为重视传统文化的数字化传承，综合性政策方面也有很明显的体现。如2002年起，由文化部、财政部共同组织实施的"全国文化信息资源共享工程"，应用现代信息技术，将中华优秀文化信息资源进行数字化加工与整合，依托各级公共图书馆、文化馆（站）等公共文化设施，通过互联网、广播电视网、无线通信网等新型传播载体，在全国范围内实现中华优秀文化资源的共建共享。[①] 2011年，党的十七届六中全会通过的《中共中央关于深化文化体制改革、推动社会主义文化大发展大繁荣若干重大问题的决定》也提出："要加强文化典籍整理和出版工作，推进文化典籍资源数字化建设"，"实施网络内容建设工程，推动优秀传统文化瑰宝和当代文化精品网络传播，制作适合互联网和手机等新兴媒体传播的精品佳作，鼓励网民创作格调健康的网络文化作品。"2012年6月，

---

① 孙研子：《全民阅读环境下高校图书馆微书评现状及发展分析》，《内蒙古师范大学学报》（哲学社会科学版）2017年第11期。

科学技术部等部门联合制定的《国家文化科技创新工程纲要》提出，要加强文化资源数字化保护和开发利用，重点针对文物、典籍、民俗、宗教等各类物质与非物质文化遗产传承和保护的需求，研究突破文化资源数字化关键技术，研究数字文化资源公益服务与商业运营并行互惠的运行模式，整合各类文化机构传统文化资源，开展文化资源数字化公共服务与社会化运营服务示范。① 2014 年，教育部制定《完善中华优秀传统文化教育指导纲要》要求，要"利用好现有全国文化资源共享工程、公共电子阅览室建设工程、数字图书馆推广计划等数字文化惠民工程的数据资源成果，推动优秀传统文化网络传播，制作适合互联网、手机等新兴媒体传播的传统文化精品佳作。重点打造一批有广泛影响的传统文化特色网站，支持和鼓励学校网站开设传统文化专栏"②。2017 年，中共中央办公厅、国务院办公厅印发《关于实施中华优秀传统文化传承发展工程的意见》，提出"实施中华文化资源普查工程，构建准确权威、开放共享的中华文化资源公共数据平台。建立国家文物登录制度。建设国家文献战略储备库、革命文物资源目录和大数据库"，"加强对中华诗词、音乐舞蹈、书法绘画、曲艺杂技和历史文化纪录片、动画片、出版物等的扶持。实施戏曲振兴工程，做好戏曲'音像'工作，挖掘整理优秀传统剧目，推进数字化保存和传播。实施网络文艺创作传播计划，推动网络文学、网络音乐、网络剧、微电影等传承发展中华优秀传统文化"等③。

（二）数字化传承的多方实践

传统文化传承事关文化自信、文化安全、社会经济发展，在国家政策鼓励下，各文化相关单位都展开积极的工作。

地方政府。利用数字技术保护当地独特的传统文化，工作主要集中在制定相关政策措施、组织进行文化普查、建设相关网站，对遗址、古建筑、古村落以及古代壁画、造像、绘画、文献等为代表的物质文化遗

---

① 科技部、中宣部、财政部、文化部、广电总局、新闻出版总署：《关于印发〈国家文化科技创新工程纲要〉的通知》，http：//www.most.gov.cn/tztg/201208/t20120824_96391.htm。

② 教育部：《关于印发〈完善中华优秀传统文化教育指导纲要〉的通知》，http：//old.moe.gov.cn//publicfiles/business/htmlfiles/moe/s7061/201404/166543.html。

③ 中共中央办公厅、国务院办公厅：《印发〈关于实施中华优秀传统文化传承发展工程的意见〉》，http：//www.gov.cn/zhengce/2017-01/25/content_5163472.htm。

产,以及对古乐曲、传统剧目、民风民俗等为代表的非物质文化遗产等进行数字化复原。①如湖南省湘西土家族苗族自治州作为全国非物质文化遗产数字化保护第一批试点之一,大力推进非物质文化遗产数字化采集工作,《湘西苗族鼓舞》和《土家族织锦技艺》作为首批国家级非遗项目,在数字化采集方面进展顺利。此外,湖南省结合湘西州具体情况,建立"8+1+3"试点建设方案,成立武陵山区(湘西)土家族苗族文化生态保护区,通过先进的数字信息技术保护与传承湘西文化。同处于武陵山区的湖北省恩施土家族苗族自治州,于2010年开始采用湖北省非物质文化遗产保护中心提供的非物质文化遗产数据库,对全州非物质文化遗产资源进行系统整理,将非物质文化遗产划分为国家级、省级、州级、县级四级名录分类进行记录和保护。收录便利、易于保存和传播的数字化存储方式,保护了恩施州民间优秀文化的多样性,一定程度上解决了濒危文化的保护与传承问题。西藏自治区自2013年起至2017年,投入经费843.5万元,对1965年(含)以前历史上各时代的艺术品、文献资料等,以及国有博物馆、纪念馆收藏的1965年后的藏品,古脊椎动物和古人类化石等文物进行了普查。全区共完成1305处国有单位文物收藏情况调查,采集文物数据114167件,登录建档105494件等②。

专业机构。主要在国家和地方政府指导下具体研究和实施对文物、文献、书画、歌舞艺术等文化的数字化工作。如敦煌研究院,是国家设立的负责世界文化遗产敦煌莫高窟、全国重点文物保护单位安西榆林窟和敦煌西千佛洞保护、管理和研究的综合性专门机构,属于甘肃省政府文化厅同级单位。目前,敦煌研究院的官方网站已形成"敦煌石窟公共网""敦煌学信息资源网""敦煌石窟旅游网",为受众提供有关敦煌石窟全方位的信息;由中国艺术研究院主持的"中国戏曲经典原创动画工程",以中国传统戏曲54个剧种、100个经典剧目为基础,创作"中国戏曲经典原创动画"百集系列。拟运用儿童喜欢并乐于接受的动画表现形

---

① 李松、王学文:《跨越数字鸿沟——信息化时代中国民俗文化数字化的现状、问题与对策》,《西南民族大学学报》(人文社会科学版)2014年第6期。

② 许万虎:《我区为10万余件珍稀文物数字化建档》,http://www.sohu.com/a/106652445_160909。

式，借助动画幽默、夸张、生动的表现元素，演绎传统戏曲，以期达到让孩子们接触和了解传统戏曲艺术、进而接受和喜欢传统戏曲文化的目的等。[1]

企业。主要按照市场需求开发数据化技术产品、搭建数据化平台、提供数据化服务工作。由北京世纪超星信息技术发展有限责任公司投资兴建的"超星图书馆"，是世界最大的中文在线数字图书馆。其数据资源异常丰富，包括数百万册电子图书，500万篇论文，超16万集的学术视频，数据总量超过1000000GB。拥有超过35万授权作者，5300位名师，1000万注册用户，而且这些数据仍在不断的增加与更新。又如，国内一家专业影像服务机构"时间机器影像中心"发布的"全景看展览"平台，利用摄影与摄像技术，结合360度3D全景技术与虚拟漫游技术，突破时间、空间的限制和阻隔，实现各展厅、展品之间漫游观看；并可通过工具对作品进行图像细部放大，对每件艺术品进行360度高精度浏览，学习艺术家的每一条笔触与线条的韵味；同时配以模拟音效，给观者以身临其境的感受。他们制作的"北京老字号展"、包头美术馆、包头图书馆、佛山陶艺展等地方数字博物馆和数字美术馆等，都是其360度全景制作的数字化作品的代表。另外，各大商业性计算机网络平台、移动自媒体平台，都是由商业公司运营。

学术界。是数字化传承的传统文化重要推动力量和数据化技术研发先锋力量。学术机构方面，1997年北京书同文数字化技术有限公司成立；1998年成立北京爱如生数字化技术研究中心；2002年北京国学时代文化传播股份有限公司成立——这些文化公司皆以研究和开发传统文化数字化产品为主要业务。2003年，首都师范大学成立电子文献研究所，这是高校系统第一个古籍数字化的专业研究机构。学术研讨方面，始于2003年的"数字博物馆与文化遗产数字化及保护"研讨会，至今已成功举办10届，为领域内专家提供了交流研究成果和经验、探讨该领域内所面临的关键性挑战和对策的平台，在文化遗产数字化保护方面贡献颇多，包括数字博物馆理论、文物复原技术、三维扫描技术等理论大发展。"中国古代小说、戏曲文献暨数字化国际研讨会"从2001年在北京首都师范大

---

[1] 余洋：《将动漫用于非物质文化遗产宣传的可行性探析》，《群文天地》2012年第10期。

学举办第一届以来，已经先后举办过13次。该研讨会主要介绍中国古代小说文献和版本研究的最新进展和成果，介绍中国古代小说数字化研究的最新成果和进一步发展。学术研究方面，浙江大学计算机辅助设计与图形学国家重点实验室，开发了敦煌莫高窟虚拟参观旅游系统、敦煌壁画辅助临摹与修复系统、计算机辅助石窟修复系统。浙江大学的"民间表演艺术的数字化抢救保护与开发的关键技术研究"、浙江大学的计算机学院现代工业设计研究所的"楚文化编钟乐舞数字化技术研究"、北京大学的龙门石窟数字化保护、北京航空航天大学的"虚拟五禽戏交互系统"、南京大学的三峡文化展览工程、微软研究院的秦始皇陵兵马俑数字化等等，都取得了重要的研究成果。

民间力量。数字化技术传承传统文化也蓬勃发展。如在数字博物馆建设中，目前各地涌现不少区域性的文化数字博物馆，如北京民间文化数字博物馆、北京民俗数字博物馆、羌族文化博物馆等，虽然这些博物馆还存在一定的不足，但其有益的尝试为后人提供了可贵的实践经验。[①]社会组织建设的文化传承网站影响力进一步扩大，如"藏人文化网"日访问量最高时达50多万人次，访客遍布五省藏区、北京、上海、广州及使用中文的华语地区；由苗族爱好者自筹资金创办的公益性的苗族文化网站"雄网"，主要有苗族姓氏、苗族研究、苗族苗药、苗族服饰、苗族美食、苗族民俗节日、苗族银饰、苗族歌曲、苗族舞蹈、苗族电影、苗族绝技等板块，通过视频和音频展示了苗族歌曲、苗族舞蹈以及苗族服饰、苗族银饰的独特性和多样性等。此外，在自媒体平台进行文化传播的主体也多是普通群众。如果没有民间力量的参与，传统文化数字化传承将会出现严重缺失。

（三）数字化传承取得的成效

经过各界数十年的努力探索，我国传统文化数字化传承取得了积极的成效，社会认识比较统一，初步形成了传承体系，在传承中的作用不可取代。

---

[①] 邝龙：《巴蜀文化数字博物馆建设的理论和方法研究》，硕士学位论文，成都理工大学，2013年5月。

1. 利用数字化技术传承传统文化的理念已为全社会所接受

传统文化的数字化技术传承从以电视、音像制品等为载体，到以电脑、互联网为载体，再到移动终端以及云计算、大数据等新兴科技的运用，文化传播的模式也在不断变化。数字化技术所拥有的即时性、内容丰富性、广泛参与性、表现生动性等对群众影响深远：早期的传统文化单向传播模式，如电视和电子音像产品，受众能够享受品质更高的视听欣赏；互联网时代传统文化传承更加交互化、人性化，受众可以依据个性需求选择文化内容，并对其进行互动和交流；进入自媒体时代，传统文化的数字化传播使得受众能够随时更新和反馈信息，真正实现了实时双向传播。良性循环的形成，使得国家和地方政府的政策反馈更加及时、行政能力明显增强；企业扩充了极大的市场空间、延续了市场生命力；学术机构享受到了更加丰富、即时的学术资源；普通百姓的文化生活更加精彩、享受到极大的生活便利。因此，各界对传统文化数字化传承都保持积极态度，达成一种共识、一种文化自觉行为。

2. 数据库成为传统文化储存的新平台

中国几千年的传统文化是一个博大精深的庞大体系，也是中华文化传播和传承的"源头"。但是，由于传统文化浩瀚无际、种类繁多，所以在查询、翻阅、学习、欣赏等方面有诸多不便。传统文化转化为数字资源进行储存，是一个革命性的转折，也是一个浩大的系统工程。目前，我国在传统文化数据库建设方面取得了丰硕的成果，储存了大量文化资源数据，形成古代文献典籍数据库、物质文化数据库、非物质文化遗产数据库三大类。

古代文献典籍数据库方面，较有代表性的有"电子汉文史资料库""中国基本古籍库"、《国学宝典》等。"电子汉文史资料库"是全球独一无二的数字中国古典文献考证数据库。"该资料库涵盖先秦时代至清光绪二十年以前的所有重要文献，并以经、史、子、集的原则进行有系统的分类，截至2001年9月，已收录逾1.1亿字、6698卷古典文献和68429幅图片。该资料库中的《全唐文新编》囊括了近200年《全唐文》遗文的搜集和整理的成果,是研究唐代文化和历史不可或缺的巨典"①;中国国家图书馆"中国基本古籍库",共分哲学社科、史地、艺文、综合4个库,20大类和100个细目,收录了先秦至民国年间历代典籍1万余种,总计全文约20亿字,图像约2000万页,内容总量大约相当于3部《四库全书》②;首都师范大学研制的《国学宝典》,共收录古籍5000种,总字数逾10亿汉字,其规模达到《四库全书》的1.5倍,在学术界产生了广泛影响。除上述三者外,还有一些有影响的古典文献数据库,如《中国历代笔记》是一个专门收录中国历代笔记的大型全文数据库,分为汉魏晋南北朝、唐五代、宋辽夏金元、明、清等五卷,共收入从两汉到清末笔记1150种、5300卷,总数约1.5亿字;《古代小说典》是一个专门收录中国古代小说的大型全文数据库,共收录中国古典小说1000种,上起先秦,下迄清末,几乎将历代有影响的作品网罗殆尽,可谓小说之大观。

物质文化遗产数据库方面,物质文化遗产主要包括历史文物、传统建筑、人类文化遗址等有形的文化遗产。这些文物、遗址等是民族的文化记忆,是民族自信的载体和依据,承载着文化传承的重任。相关数据库建设也有一定进展,如2004年5月,由中国长城学会启动的"中国长城数据库",及时更新长城普查和分段调查的结果,为全国及地方性的长城保护、研究活动提供准确可靠的依据;河南科技大学文物保护与数字文化研究中心在理论研究的基础上,利用数字技术建立洛阳大遗址保护和洛阳工业遗产综合信息系统,将文字、图片、地图、遥感图像等非空间数据和空间数据在同一地理参考坐标系下进行统一管理,形成基础信息数据库,为实施洛阳大遗址保护和工业遗产的保护、研究、展示、管理和决策提供可靠支撑。兰州大学敦煌学研究所与图书馆联合研建的《敦煌学数据库》,输入敦煌艺术、敦煌文物、佛教艺术、敦煌遗书、敦煌文献、敦煌学、敦煌艺术研究所等关键词,便可获取相关数据资料,同时可提供文字、图像、音频、视频等多媒体信息等。

非物质文化遗产数据库方面,近年来受到广泛重视,成果非常显著。

---

① 中新社:《"汉文史资料库研讨会"在港举行》,2001年9月7日,http://www.china.com.cn/chinese/TCC/57094.htm。
② 廖礼平:《中国传统文化的网络传播》,《唯实》2010年第12期。

如中国艺术研究院于2005年成立非物质文化遗产数据库管理中心，主要负责建设"中国非物质文化遗产数据库"及电子管理系统。"非物质文化遗产名录数据库系统"网站的统计结果显示，目前，该数据库共收录"联合国级非物质文化遗产"1处、国家级非物质文化遗产812处、省级非物质文化遗产1570处、市级非物质文遗产892处，以及县级非物质文化遗产19处。该数据库涵盖了民间文学、音乐、舞蹈、美术、传统戏剧、曲艺、医药以及传统手工技艺，有视频和图文介绍。21世纪初，文化部全面展开国家民族民间文化基础资源的数字化工作，设立"中国民族民间文艺基础资源数据库工程"专项项目，积极推进文化资源数据库的建设。"目前建设的'中国记忆'文化资源数据库包括传统民歌、传统器乐曲、戏曲、曲艺、民间舞蹈、民间故事（包括神话、传说）、谚语、歌谣、传统节日、史诗及叙事长诗等方面数字化资源，以文字、音像、图片和数字化建模等媒介形式保存，总量已接近200万笔。"[①] "中国记忆——民族民间文艺基础资源数据库"，不仅在数据量上成为世界最大的中国民俗文化基础资源库，在技术上也达到国际前沿水平。

与国家级传统文化数据库相对应，地方政府也根据区域或地方文化特色，积极开发相应的地方传统文化数据库，如河南省开发的"中原特色传统文化数据库"，四川大学历史系及校图书馆以《巴蜀文化与历史论著目录索引》为基础编制的《巴蜀文化数据库》，宁波市数字图书馆的"宁波市地方文化特色数字文献资源库"等。以上各类数据库运用现代数字化的手段，对文化资源进行分类管理和数字存储，超越时空限制，打破传统载体的物质基础局限，对于一些本身易损易碎的珍贵文物，提供了一条易于保存的技术途径。

3. 数字技术成为传统文化传播的新手段

近年来，数字化信息技术不断创新，数码技术、光纤传输、卫星通信技术、互联网、大数据、云计算技术等的出现为传统文化的传播提供了更多支持，数字技术在传统文化保护和传承上的研究和应用，不再只是将其搬上网络，而是具有更丰富的形式和更广泛的应用，相应的数字

---

[①] 李松：《从"十大集成"到国家民间文化基础资源数据库建设》，《中国文化报》2014年3月10日，http://epaper.ccdy.cn/html/2014-03/10/content_119801.htm。

化建模再现、数字化仿真、虚拟游览、4D影像体验等数字文化产品也丰富起来。数字技术为传统文化的保护和传承提供新的手段,将以往处于边缘状态的文化形态纳入人们的视野,让传统文化的独特价值进一步发扬光大。

珍贵文物和遗址的保护性传承。中国优秀传统文化很多都是只可意会不可言传的抽象文化,有些古代文物数量极其有限,且散落各地,难以查询利用;有的名胜古迹由于年代久远不易保存,或已经不适合人们亲临观摩,因此许多珍贵文物、古籍等常常被束之高阁,大大降低了其文化史料价值。古籍数字化正是利用现代技术,对古籍进行整理和挖掘,使研究者和普通大众都可以通过计算机来阅读数字化的古籍,同时又不会对古籍造成损坏。"北京水晶石公司采用虚拟现实技术完成的世博会中国馆内动态版《清明上河图》,被誉为'镇馆之宝'。该动态画卷长128米,宽6.5米,将观看者、视频影像、建筑空间、时间整合在一起,展现宋代城市的昼夜风景。"[①] 对类似珍贵文物和遗址的数字化,能有效地降低流通量和人为的使用性损伤概率,使历经岁月沧桑的古籍、文物得到真正的保护;在网际间传播共享也使珍贵文物、古籍的利用率大为提高,其价值得到了充分有效的发挥,是一种可持续性的保护和传承。

特殊文物复原和文化技艺数字化建模。利用数字技术对由于年代久远已经消失或不完整的文物、遗址等进行数字化复原,解决了珍贵文物的修复问题。山东曲阜对孔庙等历史建筑进行复原,通过建立虚拟漫游系统向游客进行数字展示;"数字敦煌""数字秦始皇兵马俑"都借助了数字技术对这些珍贵文物进行修复。此外,利用数字技术对一些民间工艺、戏曲、音乐、舞蹈等特殊技艺进行影像记录和数字建模,为这些非物质文化遗产带来新的传承方式,使其不至于随着老艺人的去世而消亡。"浙江大学现代工业设计研究所的楚文化编钟乐舞数字化保护项目,借助三维扫描、动作捕获和动画制作等技术手段,实现了具有楚文化特征的

---

[①] 汤筠冰:《视频投影的视觉传播研究——以世博会"清明上河图"展项为例》,《现代传播》2011年第2期。

人物舞蹈活动场景的虚拟仿真。"① 2011 年 7 月,"白族、傣族、彝族非物质文化遗产影像数字化保护"项目,深入云南省 4 个少数民族自治州 30 多个市、县,用影像技术记录白族、傣族、彝族国家级非物质文化遗产名录中最具代表性的白族扎染、傣族孔雀舞及彝族烟盒舞、火把节四项非物质文化遗产,用于非物质文化遗产的保护性研究和传承。②

文化瑰宝虚拟游览和互动展示。我国首个利用网络新媒介技术展示文化项目的工程"虚拟紫禁城"于 2008 年上线,这是故宫博物院与美国 IBM 公司历时 3 年合力打造而成的大型虚拟世界。"其中利用高清画质、3D 建模技术的虚拟技术,将故宫的建筑、文物进行了完美的展示;为了增加受众的体验感,项目组还利用了动态捕捉技术,营造出真实的游览环境,并针对不同的观众口味设计了多条游览路线。"③ 由中国科学院计算研究所、武汉大学和浙江大学共同合作的"数字敦煌"工程,也在着手将敦煌瑰宝数字化,以打破时间、空间限制,满足人们游览、欣赏、研究等需求,"它包括虚拟现实、增强现实和交互现实 3 个部分"④。数字秦始皇兵马俑博物馆运用全景摄影、虚拟现实等手段,实现虚拟游览。华中师范大学、武汉数字媒体工程技术有限公司等单位在道教文化遗产保护方面,利用自主研发的民族文化资源库和民族文化创意服务平台,开发了多款道教知识互动产品,包括触摸屏人机交互展示、真人参与的体感游戏等,从多方位对道教文化进行数字化和可视化。⑤ 这些项目充分利用多媒体、三维扫描、3D 动画等技术,对相关的文化遗产进行精确而细致的扫描和捕捉,并朝着立体化、动态化、交互性的方向发展,为各地受众提供了观赏著名文化景点的捷径,提升了受众的参与热情,在一

---

① 杨程、孙守迁、苏焕:《楚文化保护中编钟乐舞的复原与展示》,《中国图像图形学报》2006 年第 10 期。

② 孙传明:《民族舞蹈类非物质文化遗产数字化技术研究》,博士学位论文,华中师范大学,2013 年 11 月。

③ 邝龙:《巴蜀文化数字博物馆建设的理论和方法研究》,硕士学位论文,成都理工大学,2013 年 6 月。

④ 余生吉、吴健、王江子等:《敦煌莫高窟狭小空间内立体面摄影采集与图像处理——以莫高窟第 254 窟数字化为例》,《数字敦煌》2012 年第 6 期。

⑤ 孙传明:《民族舞蹈类非物质文化遗产数字化技术研究》,博士学位论文,华中师范大学,2013 年 11 月。

定程度上为传统文化的保护和传播做出了贡献。

4. 数字媒体扩大了传统文化传播的范围

传统的文化传播和传承模式,由于时间和地理限制,许多文化资源的传播交流十分不便,远不能满足受众对不同文化形态的需求。利用数字化技术进行传统文化传承,一方面使得一些处于边缘地带的文化形态,例如人口较少的少数民族文化,跨越地理限制,得到有效传播。现在,由于文化传播主体的广泛性和媒介多样性,网络媒体上少数民族特色文化和区域文化都能找到详细的文字说明、图片以及视频。少数民族的文化特色、生活状态、经济发展、社会结构等能够即时反映。另一方面,不同地区的受众能够通过互联网接触到各种优秀的中国传统文化,也有助于我国传统文化的海外传播。以中央电视台制作的纪录片《舌尖上的中国》为例,通过对中华美食的多方位展示,展现了食物给中国人生活带来的仪式、伦理等方面的文化。该片2012年在中央电视台播出后社会反响巨大,2012年7月在台湾公视播出,2012年9月在新加坡星和都会台播出,2012年10月起在香港TVB翡翠台播出,韩国、日本、东南亚、德国、法国、俄罗斯的电视台都购买了该纪录片的播放权;在第一部成功的基础上,《舌尖上的中国2》海外再次热销,单集销售价格高达35万美元,是以前《故宫》所创纪录5万美元的7倍,总收入超过亿元。2012年,美国《侨报》刊出社论说,《舌尖上的中国》"是中国一次成功的文化传播范例"[①]。

5. 数字化形式增强了传统文化传播效果

从传统文化传播效果的角度看,数字化形式所具有的通俗性、趣味性、个性化、互动性、超文本链接和多媒体化特点,也是传统的传承方式所不能比拟的。如中央电视台自2013推出的《中国汉字听写大会》《中国成语大会》《中国谜语大会》《中国诗词大会》等一系列以弘扬中国传统文化为核心的节目,创新形式、寓教于乐,润物无声地令传统文化获得了当代观众的认可。资料显示,《中国诗词大会第二季》的收官之战全网收视率达到1.17%,比排名第二的热播电视剧《孤芳不自赏》的

---

[①] 中国新闻网:《西方评中国文化像〈舌尖上的中国〉一样走出去》,http://view.kexue.com/2012/0530/22542.html。

收视率高出 30% 以上。仅在新浪微博上,"中国诗词大会"的话题阅读量超过了 1 亿次[1];2016 年《中国成语大会》收官之战,在央视网络春晚、《少帅》等热门晚会、电视剧的围堵下,一举夺得全国机顶盒酷云数据收视率全网第一、关注度超过 0.80、市场占有率突破 12% 的佳绩。截至节目播出结束,"中国成语大会"在微博的话题阅读量超过 1.5 亿。[2]

超文本链接方面,按照信息之间关系非线性地存储、组织、管理和浏览信息的计算机技术。如我们在网页上阅读《红楼梦》故事,任意点击某个丫鬟的名字,就能轻松进入以该人物作为主线的故事情节,读到"宝黛共读《西厢记》"这一情节,书名《西厢记》就可能会有一个超链接。[3] 这种新式的网络文本阅读方式的开放性,增强了浏览内容的丰厚度,为传统文化传播带来多向选择,有利于拓展传统文化的传播广度和深度。

多媒体技术在传统文化传承与创新领域的运用,融合文字、声音、图像、影视、三维展示等表现形式,将多种媒介组合在一起,多角度整合文化遗产的信息资源,形成基于各种数据信息的综合表现产品,这种系统性的信息架构为受众提供更为多元、生动、互动、视听化的文化形态,提高了传播效果。在《敦煌》《故宫》《西湖》《太极武当》等文化遗产类数字纪录片制作中,"通过以数字化摄制、特效、合成等技术手段,创造了许多时空上穿越古今、情节上艺术虚构、场景上虚实共生的镜头,打破了历史文物展示拘泥于实物实景、此时此地的物质束缚"。[4]"这种立体影像的运用,将传统的文化遗产内容与现代的声、光、电、网络等形式结合,提升受众观感的全息效果和环境的渲染氛围,让观众有

---

[1] 央广网:《〈中国诗词大会〉走红"诗词热"彰显民族文化自信》,http://finance.cnr.cn/gs/20170208/t20170208_523574143.shtml。

[2] 腾讯网娱乐:《成语大会收视第一完美收官 掀起网络成语狂欢》,http://ent.qq.com/a/20160202/037899.htm。

[3] 沈蔚:《数字阅读研究:从文化消费到意义生产》,博士学位论文,武汉大学,2013 年 10 月。

[4] 贾秀清、王珏:《数字化手段在我国文化遗产传承与创新领域中的应用》,《现代传播》(中国传媒大学学报)2012 年第 2 期。

身临其境式的感觉，有助于增强文明的可观性、文化的可感性。"①

总之，数字技术在传统文化传承中的应用，使传统文化更加生动、丰富、直观、准确，不仅增强了视觉作品的动态美感，还给受众带来沉浸式的感官体验，为参与者提供了体验与创作的机会，为营造全真的历史文化氛围、呈现完整的传统文化景观提供了广阔的空间，提升了传统文化的传播效果。

6. 数字化促进了文化发展与研究的创新

任何文化都带有特定的时代烙印。在时代的发展中，传统文化中有一些不适应社会发展的内容，需要在传承过程中予以剔除。因此，传统文化传承不能生搬硬套地全盘接受，而要采取客观和理性的态度创造性地继承。取其精华、去其糟粕，将传统文化数字化这一过程本身，也具有文化发展和创新的功能。

传统文化数字化传承的探索过程也是文化本身创新的过程。传统文化数字化，并不是对文化的机械复制和简单回溯，而是在保持作品的原始风貌和最初特色的基础上，对传统文化进行数字化重构。它利用各种数字技术，还原传统文化特有的自然和人文生态，包括生存环境、生产生活方式以及文化人格等组合的立体空间，使传统文化变得更加完整和丰富，也赋予其更多的活力和当今时代的文化艺术新质。这样，文化才是活的、不断进化的文化。传统文化数字化不仅传播和传承了传统文化，还使其成为具有更多艺术附加值的数字作品，增加了传统文化的当代价值内涵，促进了文化本身的创新和与时俱进。

传统文化数字化传承促进了理论研究的深化。传统文化数字化将传统文化与现代技术相结合，数字媒体的方便快捷对传统文化的学术研究提供了极大的便利。首先，与传统学术研究资料的辛苦查找和大量梳理相比较，研究者可以借助便捷的检索技术，只要轻点鼠标，便可在短时间内找到需要的资料，排除了冗余信息的干扰，迅捷准确地深入研究对象和研究资料的内部，节省大量的时间和精力，极大地改善了广大教学和科研人员的科研环境。由于数据库的互联互通，受众还可以随时整合

---

① 贾秀清、王珏:《数字化手段在我国文化遗产传承与创新领域中的应用》,《现代传播》2012年第2期。

多个数据库的文化资源,对传统文化进行交叉检索,实现文化资源的共享。数字化跨越了时间和地理位置的限制,使得研究者足不出户就可以查询到各地的不同文化。其次,对经典古籍进行数字化后,加入"超级链接"的特有功能,人们在阅读时可以对每一个字词句进行二次检索,对相关文化的背景知识和相关概念进行扩展阅读,全面深入地欣赏和解读传统文化作品,使得研究更为广泛和透彻。而且电子化后的虚拟文物和古迹等,允许受众利用手中的鼠标或遥控器在电子屏幕前随意推进、升降,从每一个角度去欣赏其每一个细节,可以达到更细致的展示要求与较为逼真的效果。再次,对于已经消失或濒临消失的文化遗产,可以通过数字化技术进行还原。准确快速查找、超链接和数据库资源共享等功能的实现,为研究者提供了无限的文化资源,开阔了传统文化研究者的视野,激发了研究者的热情,提升了传统文化研究的速度、广度和深度,为传统文化研究者提供良工利器。

数字化技术的学术研究取得一定成效。近年来,我国相关文化部门、各大高校以及学者组织了一系列学术会议,进行中华优秀传统文化数字化研究的学术交流。2011年8月19日,由甘肃省文物局、敦煌研究院、国家古代壁画保护工程技术研究中心联合主办的"2011敦煌论坛:文化遗产与数字化国际学术研讨会"在敦煌研究院开幕,来自海内外100多名专家围绕文化遗产信息的数字化采集、处理与展示,数字技术在文化遗产保护、研究与弘扬中的应用,文化遗产数字化成果在创意产业开发研究中的应用,文化遗产数字资源库建设、管理与服务,数字化成果的知识产权保护与研究等问题,展开了广泛交流与探讨。[①] 为推动世界范围的汉字数字化研究,华东师范大学、韩国汉字研究所联合举办的"汉字数字化研究回顾与前瞻国际学术研讨会——世界汉字学会第一届年会"于2013年8月在上海召开,会议以世界范围内已经建成和正在建设的若干文字语料库为主要议题,回顾总结汉字数字化取得的成就和经验,交流数字化过程中存在的困难和缺憾,对汉字数字化未来发展做出规划和展望。

数字化推动了传统文化传承人才的培养。专业文化人才培养方面,

---

① 李慧子:《数字化是文化遗产保护的历史使命》,《中国社会科学报》2011年8月25日。

数字化媒介使得文化学习的资源更丰富、手段更多样、反馈更直接；学科建设方面，推动了交叉学科的产生。首都师范大学从2007年开始设立了第一个以古籍数字化为研究对象的交叉学科——数字文献学，该学科以中国古典文献为基础，以现代信息技术为支撑，以历史、文学、艺术、地理、计算机等不同门类的学科建设为平台，是一门文理结合、综合应用的交叉学科。其申报成功，标志着古籍数字化得以开宗立派，为学术界所认可。2013年9月，第一届数字文献学研究生入校，这在全国尚属首创，标志着古籍数字化的发展进入一个新的阶段。[1]

7. 数字化传承增强了公众的文化自觉

增加文化主体的文化认同感。随着传统文化的数字化，越来越多的普通百姓通过网络接触了解传统文化，从而清晰地认识到中国传统文化或当地民族文化的历史、样态、价值和意义，进而产生文化归属感、自豪感、自信心、自强心，自觉关心、维护传统文化。经过数字化媒介的宣传和推广，许多原本已经濒临消失的文化内容重新被人们所认知，焕发出了新的活力。

拓展践行文化的空间。多媒体数字技术、数据库技术等现代信息技术手段，使得传统文化突破时空界限，短时间内到达最广泛的受众。特别对于那些身处异地的人们，有机会看到家乡的传统技艺和艺术，感受本民族或本地区的历史与文化，从而加强对出发地的文化感情和文化联系，维系文化责任感。旅居国外的数千万华人，有的虽然已经几辈居于他乡，但对中华文化的关注和自觉传承却从未停止，他们关注祖国的发展，过春节写春联、包饺子、舞狮子、挂灯笼；日常生活吃中餐、说汉语，尊老爱幼、仁义道德等已经深入海外华人的血脉。

8. 资源共享带来相应的经济效益

数字化技术作用于传统文化，影响群众生活的方方面面，在文化产业和电子商务大发展的背景下，其所具备的经济属性促进了经济的发展和市场的繁荣。

促进文化产业发展。传统文化借助电子书、电影、动漫、音乐、电视剧和游戏等形式，通过数字化文化产品推动信息消费，寻求经济效益

---

[1] 国学网：《第二届中国古籍数字化国际学术研讨会》，http://www.guoxue.cn。

具有很大的潜力和空间。在新经济时代，信息化、数字化引领传统文化消费走向，以传统文化为内容基础的文化产业，不仅能够推动传统文化的传承与发展，还能带来无法估量的经济效益。

开发传统文化产品。传统文化网站、手机应用、游戏软件等主要通过出售数字文化产品、广告位等方式营利。从理论上来看，网络游戏、电子杂志这些新媒体属性的文化产品的边际成本趋近于零，一旦被生产出来就可以零成本无穷复制，成为边际非稀缺资源，使传统文化成为可持续利用的数字资源。而且，这些利用传统文化网站进行传统文化产品的开发、营销和销售的方式，充分利用网络环境的长尾理论，将传统文化产品需求和供给有效联合起来，随着线上、线下各种渠道的整合，为传统文化产品打开巨大的市场。

**四　数字化技术传承面临的困境**

经过多年实践，虽然我国传统文化数字化传承已取得了巨大的成效，但在发展中也表现出一些问题，如若解决不好，将阻碍传承工作的进一步发展，应引起足够的关注。

（一）对数字化传承的认识有待提高

在传统文化数字化技术传承中，传统文化传承是目的，数字化技术是手段和工具。同时，传统文化是数字化技术体现价值和发展的资源，数字化技术是传统文化在新时代背景下传承创新的必要条件，二者又是相辅相成、相互促进的。但目前的社会实践对二者关系认识不够，导致文化传承效果不佳。

一是过于偏重传统文化的原真性，轻视、抵制数字化技术。如在数字博物馆建设中，有些管理者认为数字化技术会导致文物损害、像素损失和图像盗用，因而不愿意配合建设；在网络文化传播中，有些文化精英担心他人或者组织利用、占用文化资源，对某些特色文化内容实行"缄默"态度，不愿意公开；在社交平台中，对数字化平台发展出的如过年拜年祝福、采购年货、放鞭炮、包饺子等"虚拟应用"不适应，认为这样损害了传统文化的"本真"氛围，甚至伤害了传统文化存在的社会基础等。

二是过于迷信数字化技术的创造力，轻视传统文化，忽略传统文化的采集、整理、挖掘和辨伪。有的官方和机构对所要数字化技术传承的文化内容的实际情况不调查、不重视,采用过时资料或者他人提供的素材随意进行传播;有些从事数字化制作和生产的企业和学术机构,随意拼凑、刻意曲解传统文化,为了达到数字化效果不惜损害传统文化内容和内涵。

三是过度将传统文化数字化。有些组织,出于文化传播考量,对一些文化资源反复数据化,浪费了有限资源;一些机构为了便利,将不需要数字化传承的文化强行进行数字化,有画蛇添足之虞;有些企业为赚取高额利润,反复刻意炒作传统文化中的某些成分;有些群众为了自我表现和炫弄,将不适宜采集、传播的涉及私密、有不利社会影响的内容刻意凸显。①

(二) 数字化传承缺乏统一规范

国家在文物、非物质文化遗产、教育、文化产业等方面均有提倡、鼓励、推动使用数字化技术与传统文化相结合的建议、规定。但在数字化技术已成为一种社会基础科技、与广大人民群众生活息息相关、对未来发展至关重要的今天,传统文化数字化传承仍然缺乏顶层设计。从参与主体来看,传统文化数字化传承涉及传统文化、数字化技术;从实施主体来看,涉及组织者、操作者、文化持有者、传承人和普通群体;从社会主体来看,包括政府组织、企业、学术机构、文化精英和普通群众。以上各方面都具有多样性和分散性,从而形成文化数字化传承的复杂性。从宏观视角来看,如果没有统一的规划和制约,复杂性就很有可能引发混乱,成为制约文化传承事业发展的因素,甚至可能导致其走入歧途。具体来讲,其不利影响有以下方面。一是资源浪费。当前的文化资料多散落于政府、科研机构、图书馆和少数相关个人的手中,资源存量虽然丰富,但持有主体多元、资料类型多样,且标准和质量不一。目前,既没有很好的体制实现资料的整理和利用,也缺乏相对规范和统一的标准,对这些资料进行共同开发和资源共享。当不同的文化资源持有主体都加入到传统文化数字化的传承之中,便会出于各自的社会效益或经济利益

---

① 莫代山:《少数民族优秀传统文化数字化技术传承研究》,《中华文化论坛》2018年1月30日。

从不同角度进行开发和利用。这种各自为政的做法很容易造成财物、人员的重复投入、科研经费的浪费，以及数字化产品的杂乱无序、互不兼容，削弱了数字文化资源的利用价值。就传播过程而言，传播主体对传播内容的选择，实际上体现着传者的抽象概括能力和价值判断。因此，任何一个传播主体对同一文化资源的误读曲解，都会造成对文化资源本质的损耗。二是文化失真。文化的具体表现形式可以多样，但其所蕴含的思想、理念、价值却不容扭曲。但在数字化技术传承过程中，每一个人都有可能成为文化传授者，同时每一个人都有可能成为文化传承者。而每个人的人文素质、价值观等存在着巨大差异，参与文化传授或者传承的目的也各有不同。此情况下，对文化的碎片化、空心化、浅表化、娱乐化、戏谑化处理都有可能导致文化失真。而对于传承者来说，失真文化不仅会导致对文化的误解，甚至有可能产生文化偏见与歧视。三是忽视文化生态保护。文化生态是文化得以生存的基础，其保护是一个系统性的工程，不是单一的部门、社会组织、企业或者个人能够实现的，需要由国家从高层进行统一协调与规划。目前的传统文化数字化大多数侧重于复制保存模式，重视对文化形式及载体的保护，忽视对整体的文化生态和存在环境的保护。以皮影、戏剧、剪纸类的非物质文化为例，单一的数字化存储通常忽视了其赖以生存的文化空间特性，因此很难将其作为一个完整的体系予以保存。对皮影师、戏剧表演艺术家、剪纸艺术家的保护以及传承工作的推广，这既是能让艺术长期流传下去的关键，也是传统文化数字化传承的技术难点。[①] 如果仅仅用数字化技术使得复杂、深刻的文化简单化、碎片化，脱离其文化生态和社会景观背景，只关注文化的载体和形式，传统文化的生命力和影响力必将下降。四是不利于技术创新。文化传承对数字化技术的要求是不断提升的，而相关技术创新是一项投入巨大、过程艰辛、涉及面广的工作，单凭某一部门、某一机构、某一企业、某一院所很难完成。面临重大技术攻关时，只有国家统一协调组织、多方面参与配合才可能实现。另外，即使是已经取得的技术进步，由于利益、产权等方面的原因，很有可能无法在社会层

---

[①] 邝龙：《巴蜀文化数字博物馆建设的理论和方法研究》，硕士学位论文，成都理工大学，2013年6月。

面得到推广使用，于文化传承来说也是一种制约，这些均只有在制度的规范下才能解决。

(三) 数字化技术传承平台差距大

传承文化是每一个公民都应尽的义务。在社会主义体制下的文化传承，国家政府部门和机构具有主导性作用，具体来说，国家机构是政策制定者和执行监督者，也是重大文化工程的组织者和出资者，还是先进文化方向引领者。数字化传承文化是一个体系十分庞大、涉及面广、持续时间长、影响深远的系统性工程，在工程实施中，政府的主导性作用应得到体现。当下出现的一种情况是，国家、省、市、县多级传承平台发展差距过大，健康有效的传承平台体系还没有建立，有以下表现：一是资源过于分散。目前传统文化数字化工作参与的部门、机构、单位很多，据初步统计，仅在网站建设中把传统文化作为板块或者建设主题网站的国家部委就有国家民委、文化部、中央电视台、新华社、国务院新闻办、国家文物局、国家宗教事务局、教育部、旅游局、体育总局、台办、新闻办等十多个。如果把地方网站、民间机构、学校院所、商业网站、专业机构等计算在内，简直可以用"数不胜数"来形容。这些网站多是从自身的职责利益出发开展工作，缺乏统筹兼顾的跨领域的合作，导致资源的重复投入与浪费、行业壁垒重等问题。二是影响力普遍较小。以视频为例，由于在数字化网站广泛分布，但又缺乏系统性和统一权威的认证标准，相关文化信息到处可见，但同一文化内容的描述往往存在较大差距。如在360搜索引擎中输入"摆手舞"，出现视频约2000个，所述内容多不相同。这种情况导致观众对相关信息的信任度下降，媒介作用的发挥和影响力也随之降低。上述摆手舞视频中，有约三分之一的点击欣赏量在10次以下。专题网站情况亦如此。三是内容杂乱。如有些网站，打着宣传传统文化的旗号，实际上却充斥着大量广告及其他内容；有些微博、贴吧账号以传播文化名义创建，实际上与文化没有多大关系；有些视频贴着民族文化的标签，实际上却碎片化戏谑少数民族文化事项等。①

---

① 莫代山：《少数民族优秀传统文化数字化技术传承研究》，《中华文化论坛》2018年1月30日。

## （四）数字化技术传承整体水平不高

其一，与文化结合的数字化技术创新性不高。现阶段仍处在传统文化主动适应数字化技术的阶段，数字化技术主动服务文化传承需求的理念尚未形成，其直接结果是数字化技术不能满足文化传承的多样化需求，这对于文化和数字化市场来说都是一种缺失。其二，数字化技术传承效果有限。传统文化数字化不仅是将传统文化搬上数字媒体，而是将二者进行有机融合，充分利用数字媒体的优势，挖掘传统文化的特点，以达到最好的传播效果。当前，虽然多地开始对传统文化进行数字化，但是很多对数字化传承的概念理解不透，只是在数字化大潮的推动下被动地进行数字化，并未从思想观念上改变。如很多地方传统文化数字化只是停留在机械复制和简单地将文化资源搬到网上，而没有根据数字媒体的特点调整语言方式、内容展现形式和传播路径，还有些以传统文化数字化开发为噱头的产业，并未真正做数字化内容资源的开发。其三，数字化技术对传统文化创新发展不够。运用数字化技术对传统文化进行采集、加工，使传统文化精髓具备更加丰富、通俗、生动有趣的表现形式，是数字化传承的应有之义。但实践中真正创作性传承的案例并不多，大多都停留在简单的拍摄、复制、上传、展示阶段。[1]

## （五）缺乏国家级权威性数字化传承平台

中华传统文化内容异常丰富，是中国每一个民族、每一个地区传统文化的总和。虽然各民族、各地区都为自己的传统文化传承付出了巨大努力，但这并不能替代国家宏观层面对中华传统文化的传承。国家级权威性数字化传承平台的重要意义在于：集中优势力量对中华传统文化的精神、形象进行概括、凝练和打造；整合各个地区、各个民族、各种类型的文化资源建立跨区域、跨民族、跨内容的数据资源库；代表国家统一对外宣传中华传统文化交流、融合、升华的历史；运用在群众中强大的影响力，集中力量创作，宣传中华传统文化精髓、精神和理念，引领社会文化发展方向。当下，我国虽有一些国家级的网站如"中国非物质文化遗产网""中国文化网"，国家级电视台也开设了以传承文化为理念

---

[1] 莫代山：《少数民族优秀传统文化数字化技术传承研究》，《中华文化论坛》2018年1月30日。

的频道，如"中央电视台戏曲频道"等，但从中华文化传承层面来说，这些举措还存在着少、小、杂、散、乱、低的特点，因而有必要建立一批国家级权威数字化传承平台。

（六）少数民族地区传统文化数字化技术传承有待加强

少数民族传统文化是中华传统文化不可或缺的组成部分，有自己的特殊性。一方面少数民族文化内容异常丰富。我国55个少数民族，每个民族都有一套独特的体现其物质、精神、行为等层面的文化形态，每种文化都具有极大的价值；另一方面少数民族文化在宗教信仰、文学艺术、哲学思想、伦理道德、审美情趣等意识层面，服饰、饮食、交通等物质层面，风俗习惯、行为规范等行为层面都存在着独特性；再一方面少数民族经济发展水平较低，对科学技术的认识、接受科学技术的意愿、运用科学技术的能力都处于较低水平。这些客观现实，决定了少数民族地区的传统文化数字化技术传承水平有待提高。

（七）消费文化对传统文化的冲击

文化数字化为传统文化带来更多的受众，产生了更好的经济效益和社会效益。但在消费文化的影响下，一切以经济利益为出发点的做法，有悖于传统文化数字化的初衷，对文化产生的冲击越来越严重。

1. 从商业需要出发制造噱头生搬硬套

传统文化资源数字化开发和传播实践存在急功近利、过分商业化等现象。一些文化遗产数字化保护成果，为相关人员的研究提供了无损耗、可供重复分析的有益资源，但更多的则是采用一种功利化的商业保护模式，如一些商业化文化应用并没有从文化传承与创新的角度予以详细规划和科学设计，而是根据商业需要，为了给旅游景区制造噱头生搬硬套，将文化的原有神韵予以庸俗化和简单化表现，数字化保护被狭义使用甚至被曲解。如一些以中国历史人物为原型的网络游戏，杂糅或套用了不少传统文化的元素，但游戏开发者多以经济利益为追求，浮于形式，简单地将各种文化元素与符号拼接在一起。这种追求短期经济效益的做法，使历史文化失去了其本质意义。

2. 商业网站为实现营利目的哗众取宠

有些商业网站以营利为目的，传播传统文化只是其商业运营的一种手段。这一方面使得部分与市场结合不佳的文化元素易被忽略；另一方面，商业利益驱使下的传统文化数字化成为取悦民众的猎奇心理及哗众取宠的市场行为，网站从市场效应出发，或多或少地将传统文化变了味，把经典、严肃的传统文化变成缺乏文化内涵和文化品位的大众消费品，甚至不惜将文物原有的容貌重新"包装"改头换面。"1999年2月，故宫曾因被搬上了INTER的主页而引起全世界的关注，三周内点击率达到了150万人次。但是INTER公司为了自己的广告效益，对故宫进行漏洞百出的介绍，误导了西方民众，损害了中国的优秀传统文化。从某种意义上讲，中国历史文化在网络传播上遭遇到了最直接的挑战。直到2001年7月，故宫博物院'数字故宫'网站正式开通，60万次的日最高访问量重新夺回中国文化传播的主动权，体现出中国文化传播的权威。"①

3. 奢侈文化传播诱发强烈的物质欲望

当经典的传统文化经过数字化包装，演变成为一种新的奢侈品，成为一种装点门面、附庸风雅的工具，而不再是日常生活不可或缺的组成部分，这时的"文化"已被作为物质欲望的一种象征符号，成为金钱打造出的奢侈环境中的装潢与摆设。近年来，很多电视台开办了一批文物鉴定类广播电视节目，邀请专家对瓷器、玉器、字画等进行现场评估和鉴定，通过多种渠道和媒体平台，让更多收藏爱好者正确认识收藏，在体会收藏乐趣的同时增加收藏鉴藏方面的专业知识。这种做法促进了民间藏宝的保护和交流，但也存在节目过分关注文物经济价值、宣扬错误投资收藏理念的过度娱乐化现象。价格成为一些人判定收藏价值的标准，而忽视了其本身承载的文化内涵，这也造成了"长期以来中国的艺术品价格与价值不对等"②。

（八）"娱乐至死"颠覆传统文化内容与精神

知识性、有用性和娱乐性是文化得以存在的重要原因，但数字化媒介参与传统文化传承后，数字化技术存在的割裂文化表现形式与文化精神之间联系的现象，使文化传承达不到效果。

---

① 廖礼平：《中国传统文化的网络传播》，《唯实》2010年第12期。
② 中华瓷器网：《小拍新趋势：明清仿古瓷市场有望走高》，2015年4月17日，http://www.chinazg.net/news.asp?id=5475。

1. 网络恶搞对传统文化内在精神的销蚀

网络具有跨地域性、开放性、个性化、多媒体等特点,因而利用互联网储存和展示传统文化是传统文化数字化的重要手段之一,但网络文化充斥着大量低俗化、娱乐化、碎片化的内容,由此对传统文化造成意义的消解和颠覆时有发生。同时,网络文化的随意性、自由性和匿名性,致使为了追求经济利益而"博眼球"、迎合受众的口味的现象也并不鲜见。在此目的下,出现大量的不良文化形态和污染信息,形成对我国传统文化的侵蚀,影响我国地方优秀文化的网络传播。[1] 例如,近年来多次出现,并引起颇大争议的"戏剧比基尼",就是借着传统文化的外衣博取眼球和商业利益。这种缺乏对传统文化的真正理解,草率地截取一些表象或者片段进行的变异性传播,随意恶搞、过度煽情,不仅没有达到传承传统文化的效果,反而消解传统文化的精神内核,与传播初衷背道而驰。

2. 网络技术对传统文化逻辑关系的割裂

数字技术虽然使得传统文化跨越时空限制,但散布在以网络为代表的数字媒体上的传统文化是由大量碎片化信息堆砌起来的文化景观,失去了文化最具生命力的人和其形成并依存的社会生活环境,无法给受众以现场体验和切身感受。此外,超链接允许受众按照自己的兴趣延伸至相关文化的各方面,但也正因其链接的无序性和超文本性,颠覆了传统文化内部的逻辑关系和传播内容的确定性。它虽然强调了受众在文化接受过程中的自主权,也造成"对文化关系随心所欲的'分割''跳跃''粘贴''改写'和'逆转',受众以自我词语层序代替了传统文化的原有层序,眼花缭乱地'观看'而很难深入隐蔽地'品味',或者'玩技术'的兴趣超过了'玩文字'的兴趣"[2]。虚拟空间的传统文化,在受众的自主玩味下,同化成为满足当代人的文化消费欲望的无深度、无意境的电子文化。

---

[1] 高卫华、贾梦梦:《传统文化数字化传播有待解决的几个问题》,《当代传播》2016 年第 3 期。

[2] 夏光富:《数字媒体对文化传播的演进与重构》,《新闻界》2010 年第 1 期。

3. 流行文化对传统文化传播内容的挤压

随着大众媒体的普及和消费主义的扩张，由于流行文化更"接地气"，更易于现代人尤其是年轻人接受和传播，因而受到追捧；传统文化则缺乏对传播环境的适应性，受众狭窄，日益萎缩，有些传统文化形态甚至已经开始逐渐退出历史舞台。以戏剧为例，"除去部分中老年民众会保持观看川剧的习惯外，大部分中、青年等社会主流消费群体已经将娱乐休闲活动转向与流行歌曲、电影大片、演唱会等大众化的艺术形式当中，川剧的演出市场相较于以前已经日渐萎缩，部分川剧演员依靠旅游演出走向市场来维持生存；而除去川剧，金钱板、荷叶、扬琴、清音、竹琴等并未走向全国的地方小众戏曲形态，更是已经出现了生存困境"①。其主要原因之一是流行文化的受众面广，经济回报立竿见影。文化生产商更关注销售量、收视率、点击率等可以带来经济效益的东西。长此以往，传统文化的生存空间因侵蚀和压缩越来越边缘化。当下盛行的"追星族""粉丝文化"造就的趋时的偶像文化背后，则是传统精神失落的现实。

（九）文化产业与传统文化有机结合需要加强

通常情况下，事物的有用性越强，其生产的空间就越大，不同的时代，其有用性的内容和体现也有差异。传统文化的价值是多样性的，除了传承民族精神、丰富群众生活，在我国以经济建设为中心的时代大背景下，传统文化参与市场经济体系、促进经济繁荣是应有之义。

目前，我国文化产业发展取得了长足的进步，但传统文化参与产业发展的力度仍有待进一步加强。《2016中国数字创意产业发展报告》显示，我国目前数字文化产业的市场潜力空间约有8万亿元规模，但2015年我国实际数字产业规模仅有5939亿元，占国民经济总量的比例为0.7%。英国这一比例最高达8%，美国比重约为4%，日本为2.4%，中国数字文化产业尚有十余倍的提升空间。导致数字文化产业的瓶颈，报告认为最重要的原因在于产品供给内容方面，"虽然内容消费覆盖领域众多，但存在'优质作品供给不足、劣质作品产能过剩'的问题，有文化

---

① 邝龙：《巴蜀文化数字博物馆建设的理论和方法研究》，硕士学位论文，成都理工大学，2013年6月。

含量、情感含量、艺术含量的国产作品仍然凤毛麟角"①。我国文化资源丰富,文化产品供给内容的缺失与文化资源的挖掘整理不足、文化资源利用水平简单低下有着直接的关系。第38次《中国互联网络发展状况统计报告》显示,截至2016年6月,中国网民中即时通信的用户数量达6.42亿人,较2015年年底增长1769万人,占网民总体的90.4%;2016年12月数据显示,我国已有6.95亿手机网民,手机网民中使用手机上网的比例高达95.1%。如此巨大的消费群体,意味着传统文化在文化产业中的市场空间有待开发。

**五 推动数字化技术传承措施**

以上列举的市场经济条件下数字化媒介传播传统文化的弊端,有的是传统文化数字化技术发展过程中不可避免的困境,有的是由管理不到位所造成。从我国实际情况出发突破这些局限,可从以下方面进行努力。

(一) 深化对数字化技术传承的理解

一要深化理论认识。理论是实践的基础和先导。传统文化传承事关重大,数字化技术传承是时代背景下重要的手段和方法,二者的结合是一项复杂的系统工程。因此,理论研究应对二者关系的原因、本质、特点、局限等进行科学的总结。二要深化传统文化数字化技术传承的体系和内涵认识。传承事业需要厘清诸多问题:传统文化数字化技术体系的构成;数字化技术传承传统文化的适用性;不同数字化技术适用于哪种类型的传统文化;不同类型的数字化平台和媒介与文化结合的利弊;数字化新技术亟待取得的突破和创新;传统文化适应数字化技术传承所必须进行的调适等。三是深化国家、地方政府、专业机构、企业、学术界、群众在传统文化数字化技术传承的角色定位,及其作用发挥和文化、科技、财政、法律、人才、广电等相关部门责任担当的认识。以上参与主体的功能发挥,相互之间如何有效协调互动等也须有清醒的认识。②

---

① 中国社会科学网:《解读:〈2016中国数字创意产业发展报告〉发布》,http://ex.cssn.cn/wh/wh_cysc/201609/t20160930_3222300.shtml。

② 莫代山:《少数民族优秀传统文化数字化技术传承研究》,《中华文化论坛》2018年1月30日。

(二) 制定数字化技术传承的规划

实现传统文化数字化这一规模庞大的系统性工程，单靠一个单位或组织的工作无法实现，必须从国家和整体发展战略出发，从宏观将传统文化与科技进步、社会发展联系起来，进行长远、全面的把握和整体的规划。一是规划数字化技术传承的目标。结合中共中央办公厅、国务院办公厅最新印发的《关于实施中华优秀传统文化传承发展工程的意见》，把数字化技术传承在中华优秀文化传承工程中应发挥的作用、地位、阶段性目标和总目标进行明确表述。二是规划数字化技术传承的具体建设内容和建设目标。分别就数字图书馆、数字博物馆、数字文化馆、数字展览馆、数字科技馆建设的总体布局、规模、作用发挥等进行规划；就电视和电影等传统媒介、计算机网络媒介、手机等自媒体媒介在传统文化传承中应该起到的作用、遵守的规范等进行规划；就少数民族地区、贫困地区等情况较特殊地区的数字化传承做出明确规划。三是规划重点建设任务。就建设内容和建设目标实施中所要遵循的理念、遵守的原则、主要工作方式方法、攻坚克难的主要方向等做出解释。四是规划文化、科技、财政、法律、人才、广电等部门的协调保障。文化部门在文化挖掘整理、科技部门在数字化技术创新和调配、财政部门在资金保障和支持政策、法律部门在法律制度和版权制度、广电部门在宣传和重点工程打造、人才部门在人才鼓励政策等方面如何建立有效的协调机制等，都是规划的主要内容。①

(三) 完善数字化平台体系

一要建立"中华文化数字化技术传承平台"。借鉴"世博会"模式，在中国文化中心城市，建设一座以数字化技术为手段，综合展示中华优秀传统文化的"数字中华文化馆"，不仅推出文化类型和文化项目相关图像资料，而且可通过多媒体技术使之成为寓教于乐的文化传习中心。二要在国家级权威媒体上建立专门从事传统文化传承的"专业平台"。当下中央电视台传统文化类节目分散于多个频道，建议整合相关资源，打造一个以传统文化记录、制作、传播、交流为宗旨的权威平台；文化部建

---

① 莫代山：《少数民族优秀传统文化数字化技术传承研究》，《中华文化论坛》2018年1月30日。

设一个权威性的"中华传统文化网",专门从事与传统文化有关的知识普及、新闻、视频、虚拟体验、互动等活动;在中国最有影响的网络平台开设"中华传统文化"搜索专栏。通过专业性的权威平台,不仅传承传统文化,而且可提升其经济功能。三要做好省级数字化技术传承平台建设。省级政府和相关部门对全省传统文化资源进行综合和分类,按文化类型分类建设传承平台;完善电视、电影、网络、自媒体等不同媒介在传统文化传播中的全覆盖;组织宣传、文化、广电、财政等部门做好全省技术、资金、政策等方面的保障工作。四要完善市、县两级数字化技术传承平台建设。发挥市、县在文化资源挖掘、整理、采集和文化保护中的基础作用。积极鼓励有基础和条件的市、县发展多种形态的传承平台,对条件不成熟的可整合相关资源建立一个本级综合性的传承平台。在技术和资金上予以重点倾斜,按照平台建设水平和功能发挥水平分配支持资金。五要支持民间数字化技术传承平台建设。加强对民间平台的引导工作,在技术、资金、文化资源等方面予以适当支持,从而发挥普通群众、民间组织和机构对文化知识的了解更为直接、收集文化信息更为便捷、传递文化信息更为及时的特点。[①]

(四)提升数字化技术传承的水平

一要创作更多数字化的传统文化精品。新时代的数字化传统文化精品一定是既能体现传统文化精髓、传播传统文化知识、满足人们精神需求,又能紧贴人们群众生活、符合群众审美情趣、满足人们知识需求的作品。杜绝低俗性、恶搞性、戏谑性文化作品和简单、重复的复制文化作品。二要进一步提升数字化技术传承效果。文化方面加大对传统文化的挖掘、整理、研究力度,呈现多样性的文化形态、文化内涵;技术方面紧跟世界时代步伐,采用适当的技术表达文化;宣传方面组织权威性的媒介和平台加大对数字化传统文化的推广。

(五)规范消除媒体平台传播过程中过度娱乐化、恶搞等现象

一是做好电视、电影、VCD等"传统媒体"平台的审查工作。坚决抵制以博取"收视率""票房""销量"为目的而"戏说""恶搞"传统

---

[①] 莫代山:《少数民族优秀传统文化数字化技术传承研究》,《中华文化论坛》2018年1月30日。

文化的影视作品；坚决取缔以反映封建文化糟粕，尤其是那些打着弘扬传统文化旗号实则粗制滥造的文化节目和文化栏目；清除以制造"噱头""猎奇"为目的，碎片化利用少数民族传统文化，实则损害少数民族感情、不利于民族和谐团结的影视作品。二是做好计算机网络等"新媒体"的舆情监督工作。取缔以谋取经济利益为目的制作恶意歪曲传统文化、文化人物的网络作品；对刻意传播、组织传播恶搞传统文化的网站和搜索引擎及时劝诫和警告；通过网络加强对普通群众、企业尊重传统文化责任意识的宣传和培养。三是做好移动手机网络等"新新媒体"的舆情引导。发布行业文化标准，从根源上规定运营企业、手机游戏开发商和运营商的文化责任；制作传承传统文化为主题的 App，占领文化传播的主动权；对微信平台等影响巨大的平台进行即时监督；要做好网络文化名人的引导工作。

（六）实施一批重大数字化技术传承专项工程

一是实施重点传统文化事项数字化传承工程。选择一部分最能体现中华传统文化精髓且表现力丰富的文献、戏剧曲艺、故事传说、文物、工艺、风俗等进行数据化采集、整理、制作、展示和传播，宣传中华文化形象，继承中华文化基因。二是实施濒危传统文化数字化传承工程。对那些因自然原因、人为原因或其他原因损害严重的文物，因各种原因导致传承人后继不足、传承内容逐步消失、传承生态不断恶化或消失的非物质文化进行数字化记录、保存和展示，充实文化资源。三是实施少数民族传统文化数字化传承工程。针对少数民族和民族地区文化资源丰富、文化保护资金缺乏、数字化技术较落后、文化功能强大的特点，由国家组织进行少数民族传统优秀文化的数字化传承工作，以完善中华文化数字化传承体系。[①] 以上三方面工程，应给予更多的资金支持和政策支持。对于工程中重复部分，按照"先启动先受益，一次实施全面受益"的原则，利用数字化技术可复制、可储存的特点实现共享共赢。

（七）加强专业技术人才培养和技术创新

传统文化数字化是一项持续性工作，涉及传统文化和数字化技术，

---

[①] 莫代山：《少数民族优秀传统文化数字化技术传承研究》，《中华文化论坛》2018 年 1 月 30 日。

最终是由人来实施的，因此做好三者的结合，做好技术人才培养和技术创新尤为重要。

一是新设一个新专业。在高校开设"文化数字化"或"文化信息化"专业，培养文理兼容，同时精通数字化技术和文化学、社会学、民族学、文献学相关学科知识的人才。作为一个横跨工科和文科两大学科，掌握信息化技术和文化学知识的新专业，将学生培养成"在数字化技术中文化知识最丰富，在文化类学科中数字化技术最为扎实"的复合型人才，具有很广的社会就业空间。

二是举办一批研修、研习培训班。在高水平大学中组织地方各级文物工作者、文化工作者、非遗传承人和其他具有较高水平的从业者，以及企业、学术机构的业务骨干和部分管理人员，进行短期学习。通过专业知识学习、课堂研讨、创作实践，帮助提高技能、开阔眼界、丰富创新，解决难题，拓展应用空间。

三是推动技术创新。数字化技术主动适应传统文化传承，发动专业公司，组织研究机构、高校对数字化技术进行系统梳理，按照文化传承的需要进行创新。只有适合中华传统文化数字化传承的技术日趋成熟，传统文化的数字化工作才能取得理想效果。[1]

（八）推动数字文化产业进一步发展

数字化技术、中华传统文化、文化产业三者有机融合，使传统文化在国民经济和人民群众日常生活中发挥更重要作用。2017年，《文化部关于推动数字文化产业创新发展的指导意见》发布，为相关工作提供了方向。就传统文化的数字化产业发展来说，主要应抓住以下几点。

一是积极做好传统文化供给。以需求定供给，大力挖掘传统文化中适宜当下文化产业发展的内容和成分进行数字化转化，创作生产优质、多样、个性的数字文化内容产品；以供给促需求，积极储备具有长远开发前景的文化资源，建立传统文化资源库，及时有效地提供丰富的数字资源。

二是加强传统文化数字化转化。国家加大投入，提高博物馆、图书

---

[1] 莫代山：《少数民族优秀传统文化数字化技术传承研究》，《中华文化论坛》2018年1月30日。

馆、美术馆、文化馆等公共文化场馆的数字化水平；积极鼓励企业、文化精英、研究机构和社会组织对传统文化的数字化转化和创新工作；加强对少数民族文化和地方优秀文化转化，开发具有鲜明特点的民族数字文化产品和地方文化产品；推动现代设计与传统文化的深度融合。

三是推动传统文化与多形态产业融合发展。除文化产业传统的游戏、动漫、网络、数字装备、数字艺术展外，积极与先进制造业、消费品工业、信息业、旅游业、广告业、商贸流通业等现代服务业融合发展，实现与实体经济深度融合。

(九) 做好文化生态保护工作

文化生态保护事关文化保护的全局性工作，传统文化数字化并不能取代文化实体，数字化的最终目的是实现文化实体的传承，如果文化实体消失了，即使有相关数字化数据，也意味着文化数字化传承工作的落空。从这个意义上来说，做好文化生态的保护是文化保护的根本，也是文化数字化的根本。对于文化生态保护的研究很多，课题组从多年实际调查经验来看，建议做好以下工作。

一要注意传统文化载体的保护。文字、节日、语言、活动、信仰等是传统文化赖以存在和展示的重要载体，文化载体如果消失了，文化内容就会成为无源之水、无本之木。文化生态保护的首要工作，就是要想方设法让文化载体存续下来。可采取政府举办、民间参与方式保护节庆活动，设立文化保护区模式保护宗教信仰、语言、文字。

二要拓展传统文化生态内涵。文化变迁和文化发展是必然的，文化内容只有与时代需求相结合才能绵延不绝。在部分文化传统生态已不可避免萎缩的情况下，就要通过各种手段促使传统文化适应新生态。在当下生产力水平大幅度提升、生活水平迅速提高情况下，人民群众精神文化需求高涨，旅游、文化创意、文化展演、文化服务等产业具有极大的市场空间，传统文化须积极主动与这些产业相结合。只有群众认可，文化才有生存之基。

三要保护和培养传统文化的传承机制。保护和培养传统文化的传承者；保护传统文化的传统载体和传承媒介，使文化能有好的表现形式；保护传统文化的传承方式和方法，使文化传承更加自然，与群众生活联系更加紧密；通过开发利用为传统文化寻求新的社会市场和生存土壤，扩充、发展文化生态的内涵。①

四是文化生态建设与自然生态建设相结合。民族文化的生成环境由自然生态与文化生态组成，只注意自然生态，不注意文化生态，只重视文化生态而忽视自然生态都不利于文化生态的保护，必须把二者结合起来。②

## 第二节　互联网与传统文化传承

互联网对中国传统文化传承是一把双刃剑。一方面，互联网促成了中国传统文化得到了更好的传播，另一方面，外来文化和网络文化对中国传统文化传承也造成了很大的冲击。在通过对门户网站、搜索引擎、社交通信、电商网站、网络视频、网络游戏、手机 App 等主流互联网应用传播中国传统文化的现状进行分析之后，发现中国传统文化通过互联网传播，存在着传统文化在网络游戏中的狭隘性、在门户网站中的分散性、在电商环境下的消散性等问题。在今后的传播过程中，如果能打造满足用户需求的传统文化产品、控制文化传播的规范性、构建传统文化的聚合点，那么中国传统文化将借助于互联网更好地传承下去。

### 一　互联网在传统文化传承中的作用

互联网的出现，以其独具的传播优势，给信息传播带来了一场巨大的变革，尤其对于中国这样有着悠久历史的传统文化大国来说，更是具有翻天覆地的变化。但任何事物都有两面性，对于中国传统文化传承，互联网也不例外：一方面，高效的互联网让中国传统文化通过各种渠道、各种形式、各种终端更快捷、更生动地传递给受众；另一方面，由于互联网的高度开放性和自由性，其他外来文化以及在网络传播环境中形成的独特网络新兴文化不断冲击着中国本土传统文化。那么互联网的发展，给中国传统文化传播带来哪些影响呢？

---

① 莫代山：《少数民族优秀传统文化数字化技术传承研究》，《中华文化论坛》2018 年 1 月 30 日。

② 段超：《再论民族文化生态的保护与建设》，《中南民族大学学报》2005 年第 4 期。

(一) 积极作用

回顾媒介发展的历史，每一种新媒介的出现，改变的不仅是传播的空间和时间，还有我们的生活方式、思维方式、文化观念以及文化传递的方式。在今天传媒技术高度发展的时代，文化的传播更是呈现出了"前无古人"的全新特色：在以往的媒介时代，文化的传播是一个非常缓慢、艰难的过程，人际传播或组织传播是最主要的传播途径。在这种传播状态下，文化只是囿于狭小圈子之内的一种生活方式，缺少与外来文化的碰撞与交流，几乎处于停滞状态。印刷术的发明，出现了报纸和书籍，使得文化可以传达到异地。随着人类的进步、社会的发展，直到电子媒介的兴起，才真正意义上颠覆传统时空观念，尤其是新媒体的出现，它使文化以近乎光速的传播速度四处传播，不仅如此，它还彻底打破地理意义上的疆域之分，使得文化可以传向无限广阔的空间。[①] 互联网以其传播形式多样、传播过程快、传播内容开放性、受众的参与度高等特点，在传播中国传统文化中有着独特的优势。

1. 促进传统文化的表现形式多样化

在互联网时代，网络视频、网络音乐、网络游戏呈现百花争鸣的态势，借助先进的互联网技术，中国传统文化可以转化成不同的形式（视频、音频、游戏等）通过互联网传播，这样就会大大提高中国传统文化的传播效果。视频、音频、图片传播的信息比单纯的文字肯定要多很多，中国传统文化如饮食文化、古典音乐、古典文学、民俗可以通过纪录片、音乐、影视剧、网络游戏等丰富多彩的多媒体形式传播给受众。

2. 促进传统文化的传播形式多样化

中国传统文化可以通过不同类型的网络进行传播，如以微博、微信传播或者通过电子商务网站进行出售等。中国传统文化在互联网上不仅可以通过传统的门户网站进行传播，还可以通过微博、微信等社交通信，而且这种传播方式更及时，互动性、个性化更强。比如，用户、大众传播者可以在微博、微信上建立公众账号定向向用户推送相关信息，用户也可以主动关注订阅公众账号，根据自己的爱好获取相关个性化信息。与此同时，中国传统工艺品、传统美食、传统乐器等还可以通过淘宝网

---

[①] 干虎程：《浅析传统文化在新媒体中的传播特点》，《才智》2011年第1期。

等电商网站跨越时间和空间进行销售，让中国传统文化传播得更广泛。中国的传统建筑、名胜古迹，还可以通过携程网等在线旅游网进行网上订票；通过互联网，人们可以更便捷地进行旅游交易，从而促进传统文化的传播。因为互联网，传统文化的传播形式更加多样化。

3. 促进传统文化的互动传播

互联网以其传播形式多样、传播过程快、传播内容开放性、受众的参与度高等特点，在传播中国传统文化中有着独特的优势。首先，中国传统文化可以转化成不同的形式（视频、音频、游戏等）通过互联网传播；其次，中国传统文化可以通过不同类型的网络进行传播，如以微博、微信传播或者通过电子商务网站进行出售等；再次，在传播过程中，受众和受众之间可以进行跨越时间和空间的交流互动，让信息进行第二次的加工和交流，而在这一个过程中，传统文化的传播也得到了进一步的升华。最后，在传播的整个过程中，传播者和受众的身份越来越模糊，受众同时也是传播者。

（二）消极作用

由于互联网的极度开放性和自由性，集娱乐与刺激于一体的网络文化，无论是就其内容还是形式来说，都迥异于以往所有的文化，对中国传统文化的传播产生极大的影响。

1. 互联网的开放性导致外来文化的侵入

近年来，发达国家对网络高新技术占有绝对垄断地位。互联网的开放性，西方文化的强势传播来势凶猛，使互联网上的政治霸权主义和文化帝国主义现象表现得十分突出，直接导致世界文明的新矛盾与新冲突，这对中国传统文化的传承产生很大的冲击。西方网络文化以其语言优势正在全球以无比强劲的势头迅猛传播，对相对弱小的民族语言与文化进行着无情的吞噬，一种霸权语言与文化的渗透正在悄然进行。[①] 所谓文化霸权，是指霸权国家从本国的利益和战略目标出发，把自己的物质生活方式、人生观和价值观作为一种普世的行为准则加以推行，赋予自己在文化上的支配地位。西方文化霸权产生的直接原因是西方的经济科技优势和传媒霸权，深层原因则主要是经济全球化的发展。西方正是借助经

---

① 黄月胜：《论西方网络文化的强势传播与影响》，《江西社会科学》2005年第6期。

济全球化提供的基础设施和物质条件，利用经济科技活动、信息技术在文化上进行扩张。西方发达国家特别是美国的文化产品及思想文化传播，已经在国际市场上占据垄断地位。目前，经济日趋一体化，互联网络的迅速发展，使地球宛如一个村落；西方模式和价值观的强势传播，尤其是冷战后以美国为首的西方对发展中国家的文化传播加大了输入和渗透力度，有意或无意地控制发展中国家的媒介系统和文化生活，出现文化帝国主义现象。21世纪80年代以来，越来越多贴着美国商标的商品、电影大片、各类碟片、乡村音乐、摇滚乐、唐老鸭、米老鼠、变形金刚等一系列无不反映大国的文化和价值观的东西冲击着发展中国家市场，即使意识形态相对淡薄的纯粹娱乐性节目，也因有意无意间展示、倡导了西方社会的生活方式，而对发展中国家的人们尤其是年轻人产生了重大影响。①

2. 互联网的娱乐性导致网络文化的冲击

网络文化以虚拟的赛博空间为主要传播阵地，以数字技术为技术支持，以个性化的符号、图像为传播内容，以微博、微信等个性化媒介工具为手段，进行平等互动的双向传播。它使每一个人可以同时置身于信息传播的起点和终点。②

任何文化都需要特定的语言，网络文化也不例外。例如：在网络世界中，我们时常看见"88""1314""就酱紫""神马都是浮云""有木有"等字眼出现，如果你不懂得这些语言，你将不能在网络这个虚拟世界中与人交流。不仅如此，这些网络语言还悄悄地从网络这个虚拟世界迁移进我们的日常生活，并逐步引起传统语言的重构。

互联网已渗入生活的各个角落，成为人们的一种生活方式，其不良作用也正麻痹人们神经，吞噬人们灵魂，最终使得人们的伦理观、价值观日益颓废。中国传统文化在互联网的冲击下，很多精华和内涵正在慢慢消失。

3. 互联网的高速传播使人们形成浅阅读习惯

在互联网时代，文字显得是那么的轻薄，而视频、图片等丰富的多

---

① 黄月胜：《论西方网络文化的强势传播与影响》，《江西社会科学》2005年第6期。
② 张大洋：《论网络文化对中国传统文化的影响》，《云南电大学报》2008年第12期。

媒体形式才真正受网民的欢迎。在140字的微博时代，人们更愿意三言两语来描述发生在自己身边的新鲜事，并通过图片、视频来拓展。这样渐渐培养了人们浅阅读的习惯：人们不愿意看，也不愿意写长篇大论了，取而代之的是140字的微博、说说、图片、视频。长此以往，人们不愿意去阅读、不愿意去写作，而沉迷于网上，变得肤浅而且浮躁。互联网在中国高速发展的代价，就是中国人阅读率的降低，这对于中国传统文化是不可挽回的损失。

**二 互联网文化传承现状**

从1994年到2014年，中国互联网走过了20年。在这20年，中国互联网从无到有，互联网应用服务越来越丰富多彩，中国网民数已经跃居世界第一。20年间，中国互联网由呱呱落地成长为翩翩美少年，世人为之注目。到2017年12月，中国网民规模达7.72亿；全球十大互联网企业中中国揽有4席，中国已经当之无愧地成为互联网大国。互联网几乎渗入人们生活的各个领域。中国传统文化也正是要通过这些丰富多彩的互联网应用传播给受众。

根据互联网发展现状及中国传统文化传承特点，我们将互联网应用分为门户网站、搜索引擎、社交通信应用、电商网站、网络视频、网络游戏、手机App七大类型，每种类型以其中一到两个最具代表性的应用作为案例进行相关分析。

*（一）门户网站的文化传承*

1. 综合门户网站

以新浪、网易、搜狐为代表的门户网站，是web1.0时代的代表。门户网站以其丰富的频道组织、多样的媒体形式向用户提供综合性的信息服务。以新浪网为例，其提供的读书、历史、旅游、中医频道是传播中华传统文化的主要途径，而这些不同的类型又通过文字、视频、声音等多媒体形式传播给受众。

综合门户网站的优势在于其内容的丰富性和大量的用户群，但是其模式更多的还是web1.0的"一对多"模式，而且虽然部分频道具有传播中国传统文化的功能，但在内容整合上并没有体现出"传统"，甚至没有聚集在"文化"这一范畴上。

2. 垂直门户网站

垂直门户是相对新浪这样的传统门户网站而言，传统门户网站的内容广泛而全面，覆盖各行各业，垂直门户则专注于某一领域（或地域）如IT、娱乐、体育、汽车，力求成为关心某一领域（或地域）内容的人上网的第一站。例如：专注于IT领域的"中关村在线"，专注于汽车的"汽车之家"，专注于体育的"虎扑nba"，专注于财经的"东方财富"，专注于房产的"搜房网"，专注于教育资源的"中国教育出版网"，专注于工程机械的"中国工程机械商贸网"。

在互联网上，也有一些专注于传统文化传承的垂直门户网站，比如：

代代传承网（https：//www.91ddcc.com/）：以雅俗共赏的方式结合传统文化的资讯、应用、文化社交和文化商城等服务内容，让更多的人了解和学习应用传统文化并发扬光大，同时让更多传承和传播优秀传统文化的人实现社会价值和经济效益。内容主要有国学讲堂、中华技艺、中医养生、传统戏曲、古玩收藏、琴棋书画、中华礼仪、我的家谱、民俗文化、易学文化、品茶论酒等。

传统文化网（http：//www.zhwh365.com/）：致力于弘扬传统文化，包括各朝代、各地域、各民族文化在内的传统文化的推广和传播，学习和了解传统文化。主要内容有朝代文化、地域文化、传统文化、民族文化和杂家，并评选中国传统道德模范。

中国传统文化网（http：//www.zgctwh.com.cn/index.php）：是由中国传统文化促进会理事、传统文化交流委员会秘书长暨总会高级顾问王华先生发起，成立于2011年7月8日。内容聚焦于传统文化和传统工艺。

中华诗词网校（http：//bbs.zhscwx.com/）：创办于2011年，是国内首家旧体诗词研习主题网站，致力于中国古典诗词传承与普及推广工作，并长期坚持为广大诗词爱好者免费提供公益教学服务。

相比综合门户网站，垂直门户网站对中国传统文化的传播更专业、更精细、更有效，但是目前传统文化垂直门户的知名度远不如四大门户网站，因此在传播的覆盖面上存在缺陷。

（二）搜索引擎的文化传承

1. 门户搜索引擎

作为信息之源，在传播中国传统文化过程中起着"门童"的引导作用,其引导作用主要体现在两点:其一,信息的引导;其二,检索过程的引导。

信息的引导:各大搜索引擎在中国七大传统文化节日如春节、元宵节、清明节、端午节、七夕节、中秋节、重阳节时,都会将其LOGO融合中国传统节日文化元素(见图5-1),并极具创意和吸引力。用户点击LOGO可以直接进入相关的介绍页面。搜索引擎是上网的第一入口,将传统节日融入搜索引擎的设计之中,对传播中华传统节日有重要意义。比如"百度"搜索元宵节LOGO设计:

图5-1 "百度"搜索元宵节LOGO设计①

检索过程的引导:以百度为代表的搜索引擎网站,建设了一些内容产品,如百度百科、百度知道、百度文库,用户在进行搜索的过程中,这些内容会优先呈现给用户,引导用户消费这些信息。以全球最大的中文百科全书——百度百科为例,截至2017年9月,百度百科已经收录了超过1500万的词条,参与词条编辑的网友超过630万人,几乎涵盖了所有已知的知识领域。这些词条类型全面,包括自然、地理、文化、历史、艺术、生活、社会、人物、经济、科技、体育等。同时,百科推出特色百科词条,极具传统文化特色,如数字博物馆和城市百科,其中涉及中国传统文化介绍的词条不胜枚举。可以说,百度百科作为一部网上百科全书,依托百度搜索引擎,对传播中国传统文化起到了重要的推动作用。百科文库、百度知道,作为网上知识传播工具,具有同样的意义。

以百度为代表的搜索引擎,作为信息的源头,通过独特的产品设计

---

① 《元宵节的各种搜索引擎标志LOGO》,http://www.websbook.com/alltext/shijue/yxjdgzssyqbzLOGO_20911.html。

引导用户关注中国传统文化,通过精心建设内容产品,传播中华文化,极大地促进了中华传统文化在互联网上快捷、高效、大容量的传播。

2. 垂直搜索引擎

垂直搜索引擎为2006年后逐步兴起的一类搜索引擎。不同于通用的网页搜索引擎,垂直搜索专注于特定的搜索领域和搜索需求(如房地产搜索、汽车搜索、手机搜索、旅游搜索、生活搜索、小说搜索、视频搜索、购物搜索等),在其特定的搜索领域有更好的用户体验。在中国传统文化领域的垂直搜索引擎,比如:

国学宝典——全球最大中国传统文化检索引擎。《国学宝典》是一套主要面向中文图书馆、中国文化研究机构、专业研究人员和文史爱好者的中华古籍全文资料检索系统,由北京国学时代文化传播股份有限公司组织国内一批文史专家,历经长达6年的资料搜集和精心校勘,并借助先进的网络技术研制完成,是中国古籍电子化产品中性价比最高的产品之一。目前国学宝典全部开放的有13经、25史,国学备览81部,部分小说、佛经等,共计1080部。①

中国艺搜——艺术品行业垂直搜索引擎。中国艺搜是针对中国全艺术行业的专业搜索引擎,是搜索引擎的细分和延伸,是对艺术品数据库信息的一次整合。艺搜依托雅昌丰富的艺术类资源及中国艺术品数据库积累资源,为用户提供更加合理及准确的信息。艺搜不同于其他的互联网搜索引擎,其面向专业领域,利用数据仓库进行不断的数据挖掘和整理,检索内容具有强烈的专业性,用户操作有着明确的目的性。中国艺术品数据库作为全球最大的中国艺术品图片资源数据库,通过完善的知识产权保护体系,从各大文博机构、艺术品经营机构、艺术家及收藏家等渠道整合各种艺术资源,覆盖了全国艺术市场的各个产业链。数据库可提供30万以上的资讯信息、3T以上的图片信息,且信息资源还在高速扩充中。目前艺搜包括以下18个类目的搜索:综合、拍卖、艺术品、艺术家、画廊、展览、资讯、论坛、图片、博客、机构黄页、图书、印鉴款识、百科、书画著录、交易、雅昌指数、鉴证备案。

对于从事传统文化研究、中国艺术收藏等专业人士来说,文化数据

---

① 《国学宝典》,国学网,http://www.guoxue.com/cp/gxbd.htm。

库的建立和垂直搜索引擎为他们带来精准细分而权威专业的信息满足，这是互联网发展为传统文化传承带来的重要功绩。

（三）社交平台的文化传承

社交通信的盛行改变了信息传播的环境、路径、方式、形态，甚至改变了人们的生活行为方式，中国传统文化的传承也因此而受益。

1. 主体多样化

截至2017年9月，在新浪微博中输入关键词"传统文化"，得到27557个微博账号，他们在标签和简介中表明自己是传统文化传播者，这其中包括研究会成员、公益网站、论坛、会所、学院、传统文化爱好者、设计师、学者、商家等等，这也验证了社交平台上存在大量中国传统文化传播主体。在新浪微博中输入关键词"博物馆官方微博"，得到18077个微博账号，基本上可以说明有大量博物馆开通了新浪微博账号，在微博平台上与大众进行文化交流。其中"@国家博物馆"拥有301万粉丝。

在搜狗微信搜索中，输入"中国传统文化"或"传统文化"，发现有199个微信公众号是和中国传统文化紧密相关的。

微博微信这样的社交平台不仅将我们带入了自媒体时代，人人都可以成为媒体，发出自己的声音，使传播主体的量级迅速提升，而且几乎将所有的传播主体汇聚在一个平台上，让受众在一个平台上就可能获得所有的信息，或者跳转到所需信息的节点。如此丰富的传播主体，不仅丰富了中国传统文化的内容，也大大加速了中国传统文化的传播速度。

2. 范围扩张化

在新浪微博中搜索"中国传统文化"，选择时间段2014年2月28日至2015年2月28日，得到1880544条微博，其中414211条属于原创微博。《人民日报》拥有3239万粉丝，具有很大影响力和传播力，在2014年3月6日《人民日报》以传统文化二十四节气之一的"惊蛰"为主题，接连发布了4条微博，总计收到11928次转发，1013条评论，3524个赞。

在搜狗微信搜索中，输入"中国传统文化"，发现2013年内有46993篇公众号文章标题中包含这几个字。

传播主体的丰富直接导致传播内容的丰富，加上社交平台的交互性，足以让一个主题内容的传播范围成几何倍数增长，一传百，百传万，万传百万的现象可以在数小时内完成。不同于以往，部分人群对传统文化有信息需求，就在图书馆网络上搜索找寻相关信息，在社交平台上信息是扑面而来，即使没有关注中国传统文化，没有特意要接受中国传统文化的传播，也可能因为热门话题、热门微博或者朋友的转发而或多或少地接触到，这也是社交平台让中国传统文化传播范围急速扩张的原因之一。

3. 传承内容碎片化

微博的 140 字限制大大降低了传统文化传播的量，人们习惯了碎片化阅读，习惯简略的读图方式。虽然后来兴起的长微博和微信推文缓解了这些症状，但现如今 HTML5 场景化传播再次让人们淡漠了文字的重要性。而中国传统文化的博大精深在传播过程中尤其需要注意深刻性和系统性，这在社交平台上很难做到。即使是上文提到的"惊蛰"微博，也是靠 9 幅精美图片达到了较好的传播效果。

(四) 电商网站的文化传播传承

中国互联网信息中心 CNNIC 发布的第 41 次调查报告显示，截至 2017 年 12 月，中国网购用户规模已达 5.33 亿，在电商网站购物已经成为大部分人的生活习惯。以淘宝网为代表的电商网站，以携程旅游网为代表的在线旅游网站，对中国传统文化的传承也有大的促进作用。在电商时代，中国传统工艺品、传统乐器、传统美食、传统艺术品、传统文化典籍等都可以通过淘宝网 C2C 平台进行售卖，这颠覆了传统的商业模式，让中国传统工艺品、传统乐器、传统美食、传统艺术品、传统文化典籍跨越空间、时间进行传播。在淘宝网上以"传统手工艺""传统美食"为关键词，都可以检索到大量的产品。可见，通过网络进行传统工艺品、传统美食的交易已经非常普遍和流行了。以携程旅游网为代表的在线旅游网站，用户可以在线预订中国名胜古迹、传统建筑等景点门票，完成旅游交易。在线旅游网站通过互联网技术，让中国传统建筑、名胜古迹等中国传统文化的重要组成部分通过商业交易进行传播和传承。

层出不穷的各类电商网站在促进经济发展的同时，以其独特的商业特色，利用更先进的、传播更好的互联网技术，保护和传承中国的传统文化。

## （五）网络视频的文化传播传承

网络视频，作为传播形式最为丰富、表达内容最为丰富的媒介形式，利用其自身的特性，在传播中国传统文化方面具有独特的优势。

### 1. 电视视频二次传播

在传统媒介中，以视频传播方式的只有电视，电视的传播在时效性以及传播速度和广度上有很多局限性。而网络视频的出现，特别是网络视频的 UGC 模式，让以视频为媒介形式的中国传统文化传播更为全面。以《舌尖上的中国第二季》为例，如果在传统媒介的传播体系下，用户只能在特定的时间、特定的频道观看，传播面非常局限、非常小。而在网络的传播体系下，传播是立体的，用户可以通过电视、电脑、手机等多种终端观看视频，只要有网便不受时间和空间的限制，极大提高了传播的力度、广度和效率。相对传统媒介，以网络视频为代表的新媒介对于中国传统文化传承的促进作用是前所未有的。

### 2. 网络视频传播

以优酷网、爱奇艺网为代表的网站，兼具了门户网站、微博的传播特点，网站不仅可以将电视上的视频内容通过网站进行播放，同时网站还可以自制内容进行传播。目前的主流视频网站都包括了美食、历史、文化等频道。而且，视频网站都普遍采用 UGC 的运营模式，用户可以自己上传视频，这样可以有更多的个人、文化传播机构上传相关视频与大家分享。比如优酷上，一段不到 10 分钟的"容铁书法作品精选"的视频达到了 208 万次的点击量，3 分钟的"国画——牡丹基本画法"视频有 22.8 万次的点击量，一段 54 分钟的剪纸视频有 11.5 万次的点击量。

### 3. 网络教学视频

网易公开课是网易推出的"全球名校视频公开课项目"，首批 1200 集课程上线，其中有 200 多集配有中文字幕，用户可以在线免费观看来自哈佛大学等世界级名校的公开课课程。可汗学院、TED 等教育性组织的精彩视频，内容涵盖人文、社会、艺术、科学、金融等领域。[①] 网易公开

---

① 《网易公开课》，百度百科，https：//baike. baidu. com/item/% E7% BD% 91% E6% 98% 93% E5% 85% AC% E5% BC% 80% E8% AF% BE/6968186？fr = aladdin。

课,力求为爱学习的网友创造一个公开的免费网络视频教学平台。

在网易公开课中搜索"中国传统文化",可以得到各高校中英文课程77套,还有主题课程71套。其中涵盖书法、中医、汉语、汉字、礼俗、民族文化、园林、器乐、服饰等内容,以及龙文化、《红楼梦》研究等内容。这些课程较为系统严谨地向大众传播了中国传统文化中的某一分支或具体对象,是中国传统文化在互联网得以传承的重要手段之一。

(六)网络游戏的文化传播传承

网络游戏近十年来的迅猛发展,已成为社会领域中一个不容忽视的现象,从起步至今,每年都以50%的速度递增,发展势头异常迅猛。网络游戏作为一种新型的传播媒介,拥有跨时空性、开放性、互动性等媒介优势,为玩家群体提供了一个广阔的活动空间和虚拟的游戏场所,是当今社会人们休闲娱乐的一种有效途径。[①]

中国传统文化在网络游戏中的传播有两个方面:一方面是具体的表现,包括历史背景、历史人物、建筑、服饰、色彩、音效等;另一方面是价值理念,包括传统价值观、孝亲思想、节庆文化、佛、道、儒三家文化等。

中国古代神话传说是网络游戏的基本故事构架,西游、三国是最常见的,打怪升级、群雄争霸是吸引热血少年的不二法宝。雕梁画栋、斗拱交错、殿角飞檐的恢宏建筑,或苍茫或悠扬或昂扬的中国传统音乐,视觉与听觉的结合让玩家仿佛置身故事场景中,成为网络游戏氛围营造的重要元素。加之人物服饰、音效等细节处理,一个以中国传统故事为背景的网络游戏赫然呈现在玩家面前。游戏的可玩性不仅依靠其精良的制作和操作的难易,还取决于故事情节的设计发展。网络游戏中,修道成仙是常见情节,因为私人原因经历苦难磨炼不断升级,遇到更大的挫折,而后为天下苍生而努力奋斗,最终成"仙",而这正是源自我国道家文化。

---

[①] 吴冠华:《中国传统文化在网络游戏中的运用研究》,硕士学位论文,北京邮电大学,2013年6月。

目前，国内游戏开发商开发了如《仙剑奇侠传》《大话西游》《梦幻西游》，其在设计过程中无论是故事情节，还是人物视觉，抑或是人物对话、背景音乐都是从中国古典小说改编或者融合进中国传统文化元素。玩家在玩的过程中，身临其境，将中国传统文化融入娱乐之中，其潜移默化的传播效果，可见一斑。

《仙剑奇侠传》是国内开发的一款大型游戏，其故事背景发生在天地处于"混沌"状态，有"盘古"生于其间。盘古身体不断成长，原来的混沌状态不能容纳其身体而分裂，"清气"上升为天，"浊气"沉降为地。盘古死后，其精、气、神分化成为伏羲、神农、女娲三位大神，并且以此展开，整个游戏就是一部古代神话故事，加上古典的音乐，备受年轻玩家喜欢，玩家在玩游戏的过程中也将中国传统文化融入其中。

网络游戏作为最受欢迎的互联网应用之一，和中国传统文化融合度最高，传播效果非常好。国内的游戏开发商，如果能结合中国传统文化开发更多类似于《仙剑奇侠传》这样富含中国传统文化元素的网络游戏，则对中国传统文化的传播和传承具有很大的意义。

（七）手机 App 的文化传播传承

中国互联网信息中心 CNNIC 发布的第 41 次调查报告显示，截至 2017 年 12 月，我国手机网民规模达 7.53 亿。手机在即时通信、旅行、网络视频等应用均有爆发式增长，手机依然是中国网民增长的主要驱动力。移动互联网得到空前的发展，各类手机 App 层出不穷，作为和网民接触最多的手机应用，在传播中国传统文化方面起着至关重要的作用。在各大应用市场可以看到各类与中国传统文化相关的应用，我们以下载量很高的中华万年历为例进行分析。

中华万年历是一款手机时间管理软件，提供中国传统万年历、皇历，包括各类中国传统节日提醒、农历日程提醒、解梦、皇历解说等中国传统节日服务（见图 5-2）。中华万年历很好地将中国传统文化通过手机技术传播给受众，并服务于用户，创造了社会价值和用户价值。

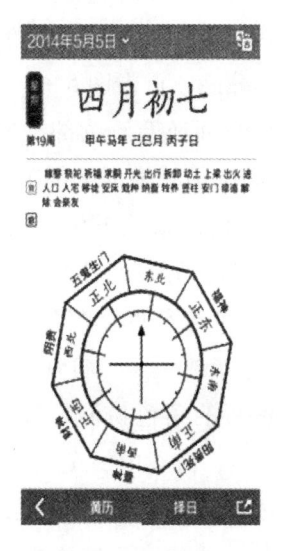

第五章 中华优秀传统文化数字化技术传承 / 451

图 5-2 "中华万年历"界面①

图 5-3 "每日故宫"界面

---

① 《中华万年历 App 黄历》, http://www.wandoujia.com/Apps/cn.etouch.ecalendar。

故宫博物院现已开发制作了 5 款 App，"每日故宫"是最新的一款 App，以日历的形式（见图 5-3）每天展出一件故宫藏品（见图 5-4），让大众随时随地能看到故宫藏品，点击图 5-3 中下方的祥云图案还可以记录随笔心情，在藏品展示页面还会解读部分文物工艺要点及背景故事（见图 5-5），整体设计充满中国味道，从细节部件到整体布局都透露出中国传统文化的独特韵味，是一款兼具传统文化传承和艺术欣赏的好 App。不同于"每日故宫"，故宫开发的其他 4 款 App"胤禛美人图""紫禁城祥瑞""皇帝的一天""韩熙载夜宴图"都有一个设定的主题，且为保证效果只适用于 iPad。"皇帝的一天"将昔日紫禁城场景和卡通手绘风格结合，并且融合了时下流行的角色扮演、解谜、收集等游戏元素，加入了 200 个大小不同的交互点，游戏中的交互式地图可以让玩家畅游乾清宫、御花园、畅音阁等超过 30 个故宫重要建筑，这种活泼可爱的形式完美地达到了寓教于乐的目的，让玩家不知不觉中欣然接受了和皇帝相关的传统文化。其他 3 款 App 以古朴高雅的画风见长，科普性较强，很好地阐释了作品中的传统文化和艺术价值，可以说是一件可供赏玩的电子艺术品。

图 5-4 "每日故宫"界面

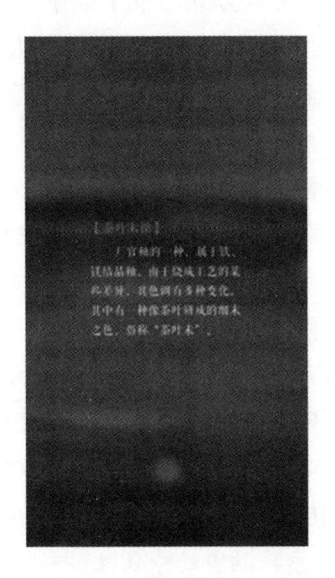

第五章　中华优秀传统文化数字化技术传承　/　453

**图 5-5　"每日故宫"界面**

此外，近年来，智能手机的普及让一些有趣的小游戏成为人们娱乐休闲的必备。于是，游戏公司推出"暴走华夏文化""看图猜成语""疯狂歇后语""活字帖""猜灯谜 2013""中国文化剪纸"等以中国传统文化为主要内容的手机游戏。例如一款手机小游戏"中国传统文化小测验"[1]，涉及中国古代哲学、文学、艺术、古代礼仪等传统文化的多方面内容，以选择题的方式进行答题闯关。此外，一些以传统文化为内容的教学型 App 也受到广泛关注，在手机上练书法、弹古筝、下围棋、制陶艺等受到年轻用户的欢迎。例如，网上评价颇高的古筝教学 App，"里面不仅有丰富的教学视频，而且专门配备了弹奏古筝的页面，可以使用户通过拨动'琴弦'，聆听古筝发出的美妙音乐。虽然无法与真实弹奏古筝相提并论，但是能够使用户了解古筝及弹奏技巧，使更多人感受学习古筝的趣味"[2]。以传统文化为内容，借助手机游戏载体传播中国传统文化，既符合现代人的移动阅读习惯，又可以利用碎片时间学习传统文化，适

---

[1]　"中国传统文化小测验"网页版游戏，http://www.4399.com/flash/76195_2.htm。
[2]　《App 让传统文化萌萌哒：故宫博物院推 iPad 应用〈胤禛美人图〉》，《中国文化报》2014 年 9 月 11 日。

合现在快节奏的生活。且游戏方式增强了娱乐性和互动性，这种寓教于乐的方式有助于增加人们的兴趣，尤其是年轻人对于传统文化的关注，从而更好地传播中国传统文化，推进传统文化数字化建设。

### 三　互联网文化传承存在的问题

通过以上分析，我们可以看到，中国传统文化在互联网上的传播有很多积极的表现。其一，中国传统文化正在通过不同的形态进行传播，包括门户网站、搜索引擎、电商网站、社交网络、即时通信、网络视频、网络游戏、手机应用等形式；其二，传播容量大；其三，传播速度快、覆盖面广；其四，传播不受空间的限制；其五，每个人都可以传播，受众和传播者的身份越来越模糊。在互联网越来越娱乐化，以及网络文化和外来文化的冲击下，传统文化互联网传播也存在一些问题。

（一）传统文化在门户网站中的分散性

门户网站作为互联网信息传播的首要渠道，担负着传承中国传统文化的义务与责任。中国四大门户网站网易、新浪、腾讯、搜狐，只有搜狐和腾讯有独立的文化频道，腾讯文化频道以现当代文学为主，并未涉及中国传统文化；搜狐的文化频道分类错乱，内容稍显杂乱。虽然新浪和网易没有文化频道，但是新浪有中国书画、红木、翡翠玉石、佛学、古籍善本等专栏，网易有佛学频道、风水专栏等。门户网站信息庞杂，信息归类的重要性显而易见，目前中国传统文化在门户网站中不仅没有独立聚合的频道，呈现内容不全面、分散不集中的特点，而且相关内容需要受众在网站导航中仔细寻找，甚至有一些专栏根本不显示在网站导航中，这说明当前门户网站对中国传统文化的重视程度很低。中国传统文化作为中国的特色瑰宝在门户网站中处于这样一种被忽视的地位不禁让人寒心。

（二）传统文化在网络游戏中的狭隘性

网络游戏是被公认为传播传统文化效果最好的形式之一，其最大的特点就是用户在玩游戏的过程中身临其境，有参与感。用户在玩游戏的过程中，直接接触到与传统文化相关的场景、道具，这样能够很好地传播中国传统文化。《仙剑奇侠传》系列游戏，故事背景、场景、道具、人物、场景音乐都完全融入中国传统文化中的古代神话、古代服饰、古典音乐等元素，用户在玩游戏的过程能够全方位地接触到这些文化因素，达到很好的传播效果，做到了让用户直接"体验"中国传统文化的快感。

然而，网络游戏在市场利益的驱动下，为了吸引更多玩家，大量引入暴力文化和色情文化。据统计，目前我国网络游戏市场约95%是以魔幻、武侠为主，而八成以上都是双方或多方对垒的游戏形式，频频出现血腥、暴力的画面。[①] 身穿盔甲的古代英雄，手持利刃在战场上以一敌百，血肉横飞而面不改色，面带桃花、罗裙飘飘的古代女子穿着暴露、搔首弄姿，长此以往的潜移默化，网游玩家尤其是青少年玩家便会对中国古代人物形成刻板印象，误以为传统就是武侠、神话。

网络游戏的风靡为中国传统文化的传承带来了新活力，让广大青少年直接感受到了中国传统文化的魅力与精髓，但由于网络游戏对中国传统文化片面、负面的表现，中国传统文化在网络游戏中具有一定的狭隘性。

（三）传统文化在电商环境下的繁荣与消散

网购风潮打破了购买行为的空间限制，让天南海北的消费者和商家共聚一堂，这一互联网发展为许多传统手工艺品制造者带来了新希望。由于传统手工艺品的从业者多处于偏远地区，市场潜力非常有限，尤其是在旅游业尚未被开发的地区。但是，互联网电子商务的兴起让他们只需要一台能上网的电脑就可以把手工品卖到地球的另一边，这无疑是扩大了传统手工业的市场，进一步推动了中国传统文化的传播。但是，也有很多商家为了快速获取利益，运用现代技术手段将传统手工艺品放到流水线上生产，降低了传统手工艺品的艺术价值，减弱甚至逆转了传统文化的传播效果，还挤压了传统手工艺传承者的生存环境，对传统手工艺的传承造成了不利影响，导致传统文化的传承进一步减损。

**四 完善互联网传承的对策**

通过对互联网传播中国传统文化的现状分析及缺点探析，总结了各类互联网应用传播传统文化的特点、优势以及成功代表，从而发现在未来互联网传播过程中，应该结合用户的需求，将更多的传统文化融入用

---

[①] 任建东：《网络游戏与传统文化的传播》，《伦理学研究》2010年第11期。

户的互联网生活中,在用户接触和使用互联网的同时,潜移默化地将传统文化根植于心,才能让传统文化更有效的传播和传承,而不是生硬地直接将传统文化传播给受众。

(一)创新传统文化的传播传承体系

传播内容新颖,让用户喜欢。无论是在传统媒体传播环境下,还是在互联网时代,传播的源头:内容一直是最重要的,所谓的内容为王。中国传统文化不能仅仅把"原汁原味"传统文化生硬地通过互联网传播给受众,而应该根据互联网的传播、互联网传播环境下受众接受信息的习惯、方式"因材施教",将中国传统文化打包变成受众喜爱的"套餐",通过先进的互联网技术传播给受众。只有传播的内容受用户喜欢,才能起到更好的传播效果。

传播形式新颖,让用户参与。传播形式不再拘泥于"广播式"的传播,让用户孤独的被动接受信息,而是让用户主动参与进来,身临其境。互联网可以利用其先进的技术,开发更多的形式新颖的网络游戏、网络购物、网络音乐、社交通信应用,同时融合中华民族博大精深的传统文化,然后通过让用户主动参与、主动互联网,达到传播中国传统文化的目的。

传播渠道新颖,让用户使用。这里的"渠道",是指那些最受互联网用户欢迎的各类应用,因为网民上网的过程就是和这些应用亲密接触的过程,如果在这些最受用户欢迎的互联网应用中"植入"中国传统文化,那么必定能够达到很好的传播效果。根据最新的数据统计,网络游戏、网络购物、社交通信类应用是最受用户喜欢的应用之一,如果能够根据产品的特点,设计融合中国传统文化的互联网应用,并且能够被用户喜欢和使用,那么传统文化就会根深蒂固于用户的脑海。

(二)控制传统文化传播传承的规范性

网络文化、流行文化对传统文化的冲击和再创作,传统文化传播过程中的片面、狭隘,电商环境对商品的疏于管理,都造成了互联网环境下中国传统文化的失范,因此为了保护中国传统文化的延续和发展,有必要控制传统文化的规范性。2014年,广电总局颁布了《关于广播电视节目和广告中规范使用国家通用语言文字的通知》,禁止广播电视节目和广告中使用"人艰不拆"等不规范的网络词语。这是一个良好的开端,但是网络环境更为自由，只能从政府文化部门、主流媒体、文化协会等着手，以身作则给网络大环境提供一个示范作用。电商行业也应该制定相关措施保证传统手工业的利益，确保传统手工制品和标着"传统"标签的流水线产品有所区别，正确引导消费者购买所需商品。

（三）构建传统文化的聚合点

作为华夏子孙，中国传统文化本应是人人通晓、如数家珍的，但现实是中国传统文化几乎成为少数人的高雅文化。如今说到谁的书法很不错，谁会一种民族乐器，那都是会令人刮目相看的。中国四大门户网站、两大社交平台、两大电商平台，都没有一个传统文化的聚合点，各类传统文化的分支星星落落地分布其中，少得可怜，藏得看不见，这是对中国传统文化的严重忽视。在网络文化占领新一代视线的情况下，更应该将中国传统文化渠道聚合起来，通过议程设置放在最瞩目的位置，巩固中国传统文化在中国文化体系里的地位，使之在互联网传播中不可或缺。门户网站应该系统建立传统文化频道，再细分到每个专栏。中国传统文化纷繁复杂门类众多，不能保证每一项都有足够的内容支撑，但基础分类引导一定要完整且正确。搜索引擎一方面要进一步完善数据库内容，比如百度百科"中国传统文化"词条尚有很多缺漏，另一方面要提高垂直门户网站的地位。社交网站一方面要多多组织和传统文化相关的活动，打造相关热门话题，另一方面也要将传统文化相关的信源汇聚在一个点，比如和传统文化相关的学者、从业者、组织机构等等，引导受众通过他们感受中国传统文化的魅力。电商网站也可以建立一个"中国传统"的门类，里面包含中国古典文化书籍、中国传统手工艺品、中国传统食品、中国传统服饰等等，让大众从实物体验中国传统文化的精髓。

综上所述，互联网对中国传统文化传承是一把双刃剑，一方面它促进了中国传统文化表现形式和传播形态的多样化，实现了传授双方的互动；另一方面，开放性带来的外来文化入侵，娱乐性、表浅性等网络文化，对中国传统文化传承造成了很大的冲击。互联网传播形态丰富，有门户网站、搜索引擎、社交通信、电商网站、网络视频、网络游戏、手机App等主流互联网应用，但中国传统文化在互联网传承中存在着在门户网站的分散性、在网络游戏中的狭隘性、在电商环境下的消散性等问题，如果能创新传统文化的传播体系、控制传统文化传播的规范性、构建传统文化的聚合点,那么中国传统文化将借助于互联网更好地传承下去。

## 第三节　家庭数字电视文化传承

20世纪七八十年代,电视开始快速走进中国家庭,成为家庭资讯获取最重要的信息渠道,消磨了家人相聚的大部分闲暇时光,并逐渐成为受众人数第一的大众媒体。中国传统文化也以不同的节目形态出现在不同的节目内容中,在视听觉的感官通道上,通过了多样化的节目形态传播中国传统文化,取得了重要的成就。数字化时代的到来,传统模拟电视升级到数字电视,传统电视信号也换代为数字信号,尤其是在三网融合的时代背景下,家庭数字电视拥有了电视网、通信网、互联网所具有的更强大的功能和应用。虽然,数字信息接收终端日益多样化,对家庭电视造成了一定的冲击,但是,由于电视媒体所拥有的视频业务内容牌照许可权、已拥有海量的正版视频内容资源、较强的节目制作能力、高带宽等优势,家庭电视在中国传统文化传承上的作用和价值并没有削弱,而是更加重要,同时功能和应用的增强给中国传统文化传承提供了更多的可能性。比如,中国传统文化栏目的点播式传播和个性化推播、中国传统文化的数字电视电子书阅读、远程教育、更便捷的无缝化弹幕分享等,甚至观众也可以自制节目分享,实现中国传统文化的逆向传播。

### 一　传统家庭电视的文化传播传承

文化传承与交流离不开传媒,没有历史的传播,任何文化都无法得到传承,最终要走向消亡。[1] 文化的传承是基于传播媒体的,不管是报纸、杂志、广播、电视还是互联网、手机,都是传播文化的渠道。"电视的属性既是技术的又是文化的"[2],这句话体现了电视的文化功能。电视作为传统大众媒介最受人关注的对象,集视听于一体,有多样化的节目形态和灵活的内容选题,能够成为中国传统文化传承的一个重要渠道。

---

[1] 邵培仁:《传播学》,高等教育出版社2000年版,第37页。
[2] 高鑫、贾秀清:《经济文化与现代电视传媒》,师范大学出版社2009年版,第56页。

电视还具有教育功能，电视节目内容中所展现的中国优秀传统文化能够春风化雨，润物于无形，滋养受众的心灵。在"您主要通过什么渠道学习传统文化知识？"的调查中显示，竟然有69.54%的人通过自学的方式，这个结果说明了国民对中国传统文化的重视和喜爱程度是很高的，而且主动学习的自觉性也很强。在我们身边的亲人朋友中，就有大部分人日常中会主动自觉地接受中国传统文化的知识，接触电视时也会随机收看关于中国传统文化的节目。在社会批判电视"眼球经济"和"娱乐致死"的时候，电视也需要底蕴深厚的中国传统文化来增加电视文化的"含金量"、提升电视内容的"品位"。

梳理一下电视近二三十年来发展的历史，家庭电视在中国传统文化的传承上具体有哪些应用呢？

(一) 传统家庭电视在传统文化传播传承中应用

在中国电视屏幕上，20世纪八九十年代，先是有一些中国传统文化的栏目如《曲苑杂坛》，还有由中国优秀古典文学作品改编的电视剧如《红楼梦》《西游记》《水浒传》《三国演义》等，创造了很高的收视率，成为传承中国传统文化的经典之作。21世纪以来，在韩美电视剧、宫廷剧和综艺节目成为收视率主流的时候，很庆幸2006—2008年，中国社会开始掀起一股国学风，央视的《百家讲坛》，凤凰卫视的《国学天空》《文化大观园》，山东电视台的《新杏坛》，东方卫视的《名人讲堂》和《头脑风暴》的学者专家们讲《论语》、论孔孟、解《易经》，给中国传统文化从电视频道走近百姓打开一扇大门，也让许多平时没有关注到中国传统文化的人开始擦亮眼睛看传统文化。那么，时下电视对中国传统文化的传承有哪些具体形式呢？

1. 电视讲座

电视讲座是指运用电视媒介对某一问题进行深入阐述与讲解的电视节目。这种形式最不让中国社会陌生的应该就是央视的《百家讲坛》了，这个节目红极一时的时候，带动起来的传统文化热，还由此产生了一本畅销杂志《百家讲坛》。电视讲座传播中国传统文化借鉴了大学中的课堂讲座形式，例如最初的《百家讲坛》就是直接以大学课堂讲座和学生听讲的形态来制作播出的，但收视率不甚理想，后改由知名学者讲解名著历史，这样的讲座使得历史活灵活现、通俗易懂，带红了易中天、于丹等学者，也带红了观众心中的中国传统文学。

2. 电视纪录片

电视纪录片指纪录型的电视专题报道类节目，是运用电子采录设备和手段，对政治、经济、文化等新闻题材，作比较系统完整的纪实报道。[①] 徐志祥编著的《广播电视概论》认为，电视纪录片以极具新闻性、艺术性、论理性的表现手法纪录和再现历史事实。它的新闻纪实性、论理性可以确保中国传统文化传播的可信度，它的艺术性可以提高审美价值，增加中国传统文化的艺术性和震撼力。中央电视台播过的《丝绸之路》《话说长江》《走遍中国》等历史纪录片深刻的展示了中国人文、地理、历史、文化、风土人情，这就是中国传统文化的一部分，也在受众中引起了莫大的反响。最近中央电视台戏曲频道播出的《京剧》，也是用专家讲解和演员采访、戏剧纪录相结合的形式展示京剧文化的，既不枯燥又能进行传播，也有专家对京剧发展探索的研究说明。还有一些考古类节目，更是直观地将中国传统文化展示在观众眼前。

3. 电视剧

电视剧应该是在各类形式中最受观众喜爱的形式，其故事性比较强，文化性质反而会被弱化。电视剧所呈现的中国传统文化会有一种真真假假、虚虚实实，说它真来真亦假，说它假来假亦真。不管是历史剧，还是现在流行的穿越虚构小说改编剧，都是具有传统文化传播意义的，但是其真实性要依靠受众的分辨能力和判断能力。有些受众在看了电视剧以后会比较较真，去查阅相关的史实，做出理性的判断；有些受众却全盘接受电视剧的传播内容，不辨真假，这种传播效果值得研究反思，后面会有更多探讨。有些历史电视剧比较接近历史本真，像《汉武大帝》《大明宫词》《雍正王朝》《康熙大帝》《走向共和》《长征》《贞观长歌》《成吉思汗》等，广受好评，其给中国传统文化带来的传播效果是积极的，有些历史电视剧掺杂了一些演义成分在里面，像《宰相刘罗锅》《大唐情史》《孝庄秘史》《隋唐英雄传》《大宋提刑官》等，如果受众不想看书，只想通过看电视剧来了解历史，也许就会被误导，以为那就是真

---

① 百度百科：《电视纪录片》，https://baike.baidu.com/item/%E7%94%B5%E8%A7%86%E7%BA%AA%E5%BD%95%E7%89%87/7738875。

正的历史。

4. 电视综艺节目

电视综艺节目是指运用独特的电视表现手法，如声光效果、时空自由转换、独特的视觉造型等，广泛融合音乐、舞蹈、戏剧（戏曲）小品、曲艺、杂技、游戏、竞赛（猜）问答等艺术形式或非艺术形式为一整体，对各种文艺形式进行二度创作，既保留有原有文艺形态的艺术价值，又充分发挥电视特殊艺术功能，用以满足广大观众多方面的文化艺术审美和消闲娱乐等需求的电视节目形态。① 因此，电视综艺节目既要满足受众消闲娱乐的需要，也应担负起传播知识、传承文化、引导社会精神风尚的责任。一般来说，好的综艺节目能集娱乐性、趣味性和益智性于一体，过于偏向消闲娱乐的节目反而无法吸引受众的眼球。江苏卫视有一个综艺节目叫《一站到底》，这个节目就是回答一些关于天文、地理、文学、历史、科学等方面问题的，这样益智而又具文化性质的节目，受众喜闻乐见。比如说，湖南卫视的脱口秀《天天向上》，主持人汪涵就是一个热爱中国传统文化的人，在主持节目的过程中常常会对一些传统文化进行说明，节目组也邀请专家、少数民族、文化遗产传承人在娱乐的同时分享中国的传统文化，在节目最后还有一节师徒演绎古诗词、成语及传统节日的小段子，将传统文化用现代言语来表达得逼真形象又有趣味，这个节目深受广大青年、少年喜爱，寓教于乐，使很多人从中获益匪浅。

5. 电视动画片

电视动画片是指以动画制作的电视剧。过去较具有代表性的传统文化动画片有《大闹天宫》《哪吒闹海》，这些动画片一直都广受我国儿童受众的喜爱。在《天天向上》节目组工作人员出访美国动画游戏《植物大战僵尸》工作室时，就给该游戏的设计师选送了《大闹天宫》的动画片，并告知对方说这是独具我们中国特色传统文化的英雄，像他们的蜘蛛侠一样的人物。动画片还有一个很重要的特点就是通过这些动画故事来教育孩子分辨真善美和假丑恶，传递中国传统文化中那些美好的价值观。例如从 2008 年以来，一直在热播的《喜羊羊与灰太狼》，羊村的小

---

① 百度百科：《电视综艺节目》，https://baike.baidu.com/item/%E7%94%B5%E8%A7%86%E7%BB%BC%E8%89%BA%E8%8A%82%E7%9B%AE。

羊们作为美的代表，灰太狼和红太狼则作为恶的代表，作恶不得好报，好人（以羊喻人）有好报，且邪不胜正，狼永远也是无法战胜羊的，同样即使狼很过分，但有难向羊求助的时候，羊也是会帮助狼的。儒家思想的"仁者爱人"在这里得到充分体现，还将人与自然的和谐关系"天人合一"的思想贯穿其中，虽然不是直观的表现，却也将中国传统文化内涵展现得淋漓尽致，或许小孩子不懂为什么那样，但是在他们的潜意识里知道坏狼是吃不到好羊的！

6. 文化专栏类节目

这一类节目中直接将中国传统文化作为内容设置，或是呈现，或是鉴赏，或是比赛，或是再创造。比如，2017年《中国诗词大会》火爆屏幕，它是中央电视台继2015年《中国汉字听写大会》《中国成语大会》《中国谜语大会》之后，由中央电视台科教频道（CCTV-10）自主研发的一档大型全民参与的诗词节目，一季推出10期，每期90分钟。节目以"赏中华诗词、寻文化基因、品生活之美"为基本宗旨，力求通过对诗词知识的比拼及赏析，带动全民重温那些曾经学过的古诗词，分享诗词之美，感受诗词之趣，从古人的智慧和情怀中汲取营养，涵养心灵。尔后，中央电视台又推出《国家宝藏》这个文博探索类节目，联合故宫博物院、上海博物馆、南京博物院、湖南省博物馆、河南博物院、陕西历史博物馆、湖北省博物馆、浙江省博物馆、辽宁省博物馆九大国家级重点博物馆，各拿出3件馆藏，由不同的明星"国宝守护人"进行推介。由于每一件文物流传至今都历经多年风霜，所以必然拥有属于自己的故事，"国宝守护人"将文物"前世今生"的故事用讲述+演绎的形式展现，活泼生动。2018年，中央电视台另一档中国文化专栏节目《经典咏流传》又刷爆口碑，这个节目用流行歌曲的演唱方法重新演唱经典诗词，带领观众在一众唱作歌手的演绎中领略中国经典诗词之美。歌曲演唱完毕，由传唱人、其他嘉宾讲述歌曲创作背景和时代意义，由鉴赏嘉宾团康震负责解读经典诗词背后的人文背景，王黎光、庾澄庆、曾宝仪负责点评歌曲，带领观众共同品鉴歌词文化内涵。这一类优秀节目，对中国传统文化传播的有效性效果极佳。

7. 电视广告

电视广告是一种经由电视传播的广告形式，它将视觉形象和听觉综合在一起，充分运用各种艺术手法，能最直观形象地传递广告信息。电视广告对中国传统文化的传承方式是多样化的，在电视广告的主题、情节、人物、文案、音乐、艺术表现手法上运用中国传统文化的元素或者直接展示具有中国传统文化的广告内容。如百事可乐 2016 猴年《把乐带回家之猴王世家》品牌广告，流行美《支持中国盘发申遗》系列广告，雕牌《新家观》品牌广告，七匹狼《狼文化系列 T 恤衫》广告等。在有的公益广告中，中国传统文化更是直接作为广告内容直接加以展现，如央视春晚的公益广告《筷子》《门》《中国印中国节》，将筷子文化、门文化、节日文化、印章文化贯穿其中，很好地传递了中国传统文化的内容。

这些中国传统文化在传统电视形态传播中已经取得了良好的效果，受众对此也反映良好，反响积极，曾一度引起了国学热、中国传统文化关注热。许多受众表示，通过各种各样的电视节目学习到了很多平时不曾知道的中国传统文化知识，还有一些人表示因为参加某些关于传统文化的节目后个性收敛转变成一个热爱传统文化的文雅之士。比如《汉字听写》节目播出后，就有学生表示中国文字真的好有魅力，简单的字就包含那么多的知识，好好写字是一种修养，以前写字马马虎虎，做人也丢三落四，参加那个节目之后就开始正式练习书法，决定改变自己的缺点，做个规矩、认真的孩子。

（二）传统家庭电视传播传承成效

众所周知，中国的宋词其实是曲赋的唱词，是一种独特的音乐文学艺术，在历史的长河里流传至今，宋词的唱法已经流失，这不得不说是一种莫大的遗憾。不仅是宋词，其他更多的少数民族民歌也在一定程度上出现流传断层。而电视媒介的出现，不仅使中国传统文化在传播的形式上得到拓展，也能在音、形、画三方面具有保存形式上深刻的现实意义。

1. 记录了传统文化的多样性和独特性

电视是一种集声音、画面、字幕于一体的记录手段，可以精确地记录下各种声音和图像，为历史保存下中国传统文化生动而又形象的影像档案，这样的记录方式使中国传统文化的传承获得"电视化保护"①。

中华上下五千年，祖先为我们留下丰富多彩的文化遗产，而这些文化遗产包括物质文化遗产和非物质文化遗产。而这些文化遗产，恰恰是与我国各族人民密切相关的各种传统文化表现，是中华民族历史的见证，是中华民族文化的重要载体，是中华民族的生命力和创造力。我们的物质文化遗产有很多，如敦煌壁画、北京故宫、秦始皇陵兵马俑等，在岁月的侵蚀下，我们的物质文化遗产正在逐渐被自然或者非自然的因素破坏。而非物质文化遗产，指被各群体、团体或有时为个人视其为文化遗产的各种实践、表演、表现形式、知识和技能及有关的工具、实物、工艺品和文化场所。②包括口头传统和表述，包括非物质文化遗产媒介的语言；表演艺术；社会风俗、礼仪、节庆；有关自然界和宇宙的知识及实践；传统的手工艺技能。这些非物质文化遗产独特的文化形式，使其有了"易碎"的特征，更让人遗憾的是，由于城市化、现代化的推进，这些非物质文化遗产要么失去了存在的文化环境，要么流失了继承人，要么因为过度商业开发运用失去了原真性，被篡改演绎。电视记录可以留存一份原汁原味的文化遗产影像档案资料。

2. 传播传承了传统文化的时代精神

党的十七大报告强调：弘扬中华文化，建设中华民族共有的精神家园。传播了中国传统文化，弘扬中国传统文化，发扬中国传统文化的时代精神，作为受众获取信息最重要的大众媒体，电视有着义不容辞的责任。

2014年4月18日，享誉海内外的《舌尖上的中国》栏目第二季开播，再一次挑逗了大家的味蕾。这是一档以食物为线索的纪录片，音乐艺术、视觉效果、运动式的画面、晓之以理动之以情的话语将"舌尖上的中国"描绘得栩栩如生，记录了中国大江南北、长城内外各地各族人民的饮食习惯和风俗，传播了我们的优秀民族文化，更是对我们民族文化的尊重，更是一种电视化保护。例如，《舌尖上的中国》20140516期，以深圳下沙村宗族传统祭祀为叙事点，用食物解说宗族活动，在食物上

---

① 孔令顺：《中国电视的文化责任》，中国传媒大学出版社2010年版，第109页。
② 联合国教科文组织：《保护非物质文化遗产公约》，2003年10月27日通过。

描述中国民族和谐统一、团结友爱的宗族理念做梳理和传播。又以食物相逢在新疆,讲述上海知青在第二故乡新疆的下乡工作,表达沿海发达地区与少数民族地区深切的联系。

维护民族团结统一,宣传国家基本民族政策,介绍少数民族文化习俗。以小见大,从《舌尖上的中国》对中国少数民族美食的细致描绘,如贵州少数民族的长街宴、重庆土家十三寨里一道独特美味"酸炸母猪壳"、内蒙古蒙古族的手把肉,到其他民族风情类的电视节目,比如少数民族地区风土人情专题片、少数民族题材电视剧等,都在为推动了解少数民族文化、增进民族之间的沟通、交流和团结、传播少数民族文化而努力。

传播中国节庆文化,深度解读各个节日背后的文化内涵。端午节,各大电视媒体纷纷萦绕着中国粽子的香气,唱起"长太息以掩涕兮,哀民生之多艰"的忧国忧民情怀,怀念起爱国诗人屈原的感人故事,演绎起了《雷峰塔》的白娘子传说,传承起中华民族的爱国主义情操,传播中国的古典文学的浪漫气息。七夕情人节的时候,以胜过西方情人节的雄势传唱七仙女的爱情和穿针乞巧的爱意传达,挑拨中国人民的民族情结。

中国传统文化是中国最宝贵的精神财富,是以儒、道、释三大体系为支柱的精神体现,无论是儒家的人文精神,还是道家的"天人合一""无为而治",抑或是外来佛学的本土化的积善从德、心性修养,从古至今都是中华民族的生命力之源。从央视的纪录片《问道楼观》,到湖南卫视的《天天向上》传统文化的演绎,再到各电视台的学术讲堂,无一例外不在弘扬中华文化,阐述中国传统文化的精髓,传播中国传统文化的时代意义。

3. 创新了传统文化传承方式

电视传播的本质特性,顾名思义是指电视媒体在传播过程中表现出来的其他媒体不具备的性质,包括现场即时性、包容性和再造性。电视的这些传播特性本身,对中国传统文化的传播和传承就是一种创新。

电视化宣传[①]:中国传统文化通过电视的介绍和宣传,使普通大众关

---

① 孔令顺:《中国电视的文化责任》,中国传媒大学出版社2010年版,第113页。

注中国传统文化、了解中国传统文化、热爱中国传统文化,使之融入生活中去。电视媒体的即时性使得电视媒体眼光精准地捕捉到文化热点,形成文化焦点事件,再通过精心策划进行全方位宣传报道,使文化得到更大范围和更加深入的传播,这也是其他传统文化传承方式所不具备的。2006年6月10日,是我国第一个"文化遗产日"。中央电视台就此推出《中国记忆——中国文化遗产日特别直播节目》对全国14个文化遗产进行直播播报;2007年又继续联合各地各部门推出《中国记忆——文化遗产博览月》大型电视媒体行动;同时在《百家讲坛》《探索发现》《任务》《讲述》四档传统文化品牌栏目联动播出,从不同视角聚焦"文化遗产"这一主题。该电视系列传播活动被广电总局称为"为观众奉上一道精美的文化大餐"。这样的文化聚焦事件,使得中国传统文化传承得以在电视媒体上以多种表现形态为大众关注,也使传统文化形成系统性、多角度的传播。

电视化吸收[1]:对中国传统文化的传承,我们还需重新评估中国传统文化的价值,挖掘和弘扬本民族的优秀文化遗产,重新塑造新时代的民族形象。那么中国传统文化如何在电视中体现其内涵和神韵呢?那就需要电视文化与中国传统文化的融合再造。这可以分为三类:第一,传统文化题材类。此类是用中国传统文化作为题材创造出的影视作品,例如汲取了民族传统造型和戏曲风格的中国古典名著《西游记》的动画片《大闹天宫》,源于中国神话小说的《宝莲灯》,起源于新疆风俗和智慧的动画片《阿凡提的故事》,等等。其中还有不少此类动画片获得国际奖项,如《大闹天宫》获伦敦国际电影节最佳影片,《哪吒闹海》获得马尼拉国际电影节特别奖,《三个和尚》荣获丹麦欧登塞国际童话电影节银质奖,等等。第二,传统文化符号类。此类代表着中国传统文化的符号形式创新利用在银屏上。如2008年北京奥运会时的《北京欢迎你》MV中就运用了剪纸、书法、祥云、京剧唱腔、春联、北京庭院等代表着中国传统文化的符号,将之与现代音乐和影视艺术创新结合在一起,并在海内外广为流传。第三,传统文化意蕴类。中国传统文化历来都重视营造一种独特的审美意蕴,追求一种审美意境。水墨画是中国传统文化典型

---

[1] 孔令顺:《中国电视的文化责任》,中国传媒大学出版社2010年版,第117页。

代表之一，最具中国传统审美意境，动画片《小蝌蚪找妈妈》和《牧笛》就是在形象和动画语言上成功的创新实践，它们利用柔和的景色、细致的笔调将水墨画的写意抒情表现得淋漓尽致。类似的对传统文化创新的动画作品还有许多，比如利用中国剪纸和皮影艺术创作的《葫芦娃兄弟》，利用敦煌壁画形式和中国水彩画艺术创新的《九色鹿》，这些作品已经受到了中国几代少年儿童的喜爱。

电视化策划：电视营销是为了突出个性、扩大影响，强化中国传统文化在电视媒体上的主动传播。以传统文化做题材、电视节目和宣传做手段，策划出相应的才艺竞技、文化采风等多种形态的电视节目，这类栏目可以使得弘扬中国传统文化和提高电视收视率达到双重收益。如"2007CCTV民族器乐电视大赛"，在弘扬民族文化、普及民族乐器知识上起到了很大推动作用，同时在民族器乐的新颖包装上也起到了革新性应用的效果。这样的节目，不仅在台上有表演，幕后也策划了赛前的专业培训，是一个系统性的传统文化传承人塑造培养的过程。广西卫视的《寻找金花》是一档描述少数民族风情的节目，它根据各地民族文化来策划相应的民族展示活动，在受众反应中一直颇受好评。其他的中国传统文化类的电视节目策划，如《梨园春》《跟我学》《中国达人秀》等等，也是为中国传统文化量身定制的节目，在内容和形式上给中国传统文化传承带来了许多的创新，并且在大众中引起新的聚焦。

## 二 家庭数字电视文化传承特点

早在20世纪90年代，英、美、日等发达国家已经开始了数字电视事业，我国也于2001年启动有线数字电视技术试验，开启了我国数字电视产业之路。从2003年国家广播影视"十五"规划提出开办有线数字电视业务，至今日数字电视深入全国百姓生活，数字电视已成为社会的重要组成。

当今社会对数字电视的定义普遍都很模糊，在数字电视市场上也有较多似是而非的概念，例如"数码电视""付费电视""互动电视""多媒体电视"等。数字电视即智能电视，指在具有足够性能的硬件基础上，除具备传统电视功能外，还具有嵌入式操作系统平台和应用支撑环境，具有网络接入功能，可拓展性强，用户可自主安装和卸载各类应用程序，以满足多样化和个性化需求的电视产品。①

业界根据对数字电视的使用环境而分类为家庭数字电视和公共空间数字电视。顾名思义，家庭数字电视即指在家庭室内环境使用的数字电视，它具有以下传播传承特点。

1. 内容集成的多样性

家庭数字电视不仅能看到传统的电视视频节目，还可以收看图片、文字等信息内容，另外，家庭数字电视拥有信息咨询服务，可以提供家庭数字电视各种各样的信息，例如股票信息、政务信息、教育信息、文化信息等。

2. 交互性

区别于传统电视的单向传播，家庭数字电视具有视频点播、节目预定、节目回看、广告互动等个人选择性接收的互动传播方式。在三网融合条件下还可以实现通信、网络连接，直接对传播内容进行意见反馈和话题互动等功能。

3. 个性化

由模拟电视的大众化传播转向数字化的精确传播，数字电视可以根据受众的需要提供定制化服务，使大众化的"统一传播"变成个性化的"定制传播"。受众还可以根据自己的喜好储存、回放、跳过电视节目内容。

4. 高清化

家庭数字电视的视频清晰度高、音频效果好，有更强的冲击力和感染力。运用数字化信息传输，受干扰少，播放流畅。

### 三　家庭数字电视文化传承现状

传统电视在中国传统文化的传承上对传播形式和内容的创新，在一定程度上获得了突出的效果。而家庭数字电视的出现，在传统电视的应用和具体成效的基础上又进一步拓展了中国传统文化传承的形式，推动了中国传统文化的创新表现。下面从家庭数字电视在中国传统文化传承中的具体应用和优势两方面进行研究。

---

① 乔维、薛楠：《智能电视产业发展现状及趋势研究》，《电视技术》2012 年第 36 期。

（一）家庭数字电视在文化传播传承中的应用

1. 开通传播传统文化的数字电视频道

中央数字电视传媒有限公司已开通国学频道，并设有《国学新闻》《名家名品》《国学大讲堂》《美术苑》《国宝那些事》《名家会客厅》《国画大讲堂》等栏目，致力于传播中国传统文化。该类电视频道是一种专门为中国传统文化传播开通的精选频道，它们立足中国传统文化，关注民族文化，以数字电视媒体来打造中国传统文化交流平台。

2. 点播传统文化类视频节目

视频点播（VOD）是可对视频节目内容进行自由选择的交互式电视点播系统，它摆脱了传统电视受时空限制的束缚，实现了按用户需要播放视频音频节目的功能。这个功能分三种系统，第一种是就近式点播电视，这种点播电视的方式是多个视频流依次间隔一定的时间启动发送同样的内容，如果用户想看这个电视节目可能需要等待，但最长不会超过10分钟，他们会选择距他们最近的某个时间起点进行收看。在这种方式下，一个视频流可能为许多用户共享。第二种是真实点播电视，它真正支持即点即放。当用户提出请求时，视频服务器会立即传送用户所要的视频内容。第三种是交互式点播电视，它不仅可以支持即点即放，还可以让用户对视频流进行交互式的控制。这时，用户就可像操作传统的录像机一样，实现节目的播放、暂停、倒回、快进和自动搜索等。[①]

中国传统文化类节目浓郁的文化内涵需要细嚼慢咽，而电视文化作为快餐文化，对中国传统文化的传播有不利的一面，因此，会有即时播放时节目收视率偏低的情况，难以达到较好的传播效果。所以，中国传统文化类节目需要打破时空限制，点播功能更符合传统文化传播特性。当受众想看《百家讲坛》时，如果受众的时间不容许，或者不方便及时收看，也无时间看重播，那么这个点播功能就可以让受众在空闲时候收看，时间可以由受众选择，而不是传统电视下的被动收看。如果受众在收看时错过了精彩片段或者想多回味一下其中的精彩片段，这个点播功能也可以使受众更随心所欲地收看《百家讲坛》的内容，也可以更详细、

---

① 《VOD 视频点播系统》，百度百科，https：//baike.baidu.com/item/VOD%E8%A7%86%E9%A2%91%E7%82%B9%E6%92%AD%E7%B3%BB%E7%BB%9F/7297842。

全面地收看这个节目。

3. 订购传统文化类视频节目

受众还可以根据个人对中国传统文化类节目的需求，通过付费购买不同形式的电视节目套餐。中国传统文化类的节目套餐，也由此种服务再次细分受众，可以按照受众年龄段分类，推出适合中小学生、青年群体、老年群体的节目套餐；或按照节目内容性质分类，推出天文类、考古类、古典文学类的节目套餐，还可以按照地域分类，推出日韩电视剧、内地古装剧、香港古装剧等。订购中国传统文化视频节目的形式，既有针对性，又能强化传统文化的系统性传承。

4. 推出传播传统文化的电子阅读

家庭数字电视终端已经跳出了只能看电视的传统框架了，数字电视终端同时还推出了电子阅读，形成了一个数字电子书库。电子书具有所有纸质书的功能，是文化的主要载体，自然也是中国传统文化的主要载体之一。电子阅读既可以单独进行，也可以和收看电视节目互补，通过互补加深对电视节目内容的了解，尤其是电视剧中的中国传统史实，可以通过电子阅读来加以辨别与补充。中国传统文化在数字电视的电子阅读平台占着举重若轻的地位，当画面不足以满足受众对传统文化的需求时，还有更丰富的电子书充当精神食粮！

5. 电商购买传统文化的书籍等衍生产品

电子购物早已不是什么新鲜事，电视购物也不算新奇，而传统电视购物是主持人的吆喝宣传、电话购物，而数字电视的购物商城可以直接实现在线购物，传统文化在电视商业活动也可以有新的契机。商城以数字电视为橱窗，既可以出售家常日用品、书籍、杂志、影碟、机票等，也可以售卖传统文化书籍、传统风和民族风元素设计的日用品、国画、传统音乐等文化衍生品，实现传统文化衍生品的电商经济。中国传统文化的电商化，在数字电视终端拓展了中国传统文化传承方式。

6. 开展传统文化在数字电视上的远程教育

数据显示，杭州数字电视的教育类节目点击率仅次于游戏板块。家庭数字电视可以实现双向交互教学、异步教学、教学信息查询等教学功能，这个功能有四种教学形式：互动数字电视教室在线远程教学；视频点播异步教学；数字电视上网功能开展远程教学；T-learning 等。这是数字电视的增值业务，系统包括教学视频采集、卫星传送和转播、文件格式转换、视频数据播放、教学节目管理、教学课程编排等，这种教育模式是具大众性、多媒体化、个性化的交互学习模式。中国传统文化是中国文化内容体系的重要组成部分，中国传统文化尤其是国画、民族乐器、古典文学等内容在数字电视远程教育系统中占有至关重要的地位。通过数字电视远程教育获得了一个更值得信赖的舞台，它既是一个传播的过程，也是一个教育学习的过程。

7. 植入传统文化的数字电视游戏

目前，一般的电视也设置有一些游戏，但是内容却贫乏无趣，多为传统的俄罗斯方块、推箱子游戏。而数字电视终端可以实现机顶盒用户之间的互动游戏，基本上与互联网游戏没有区别，其中棋牌游戏、趣味小游戏较多。麻将、象棋、五子棋、围棋皆属于中国传统文化的范畴，虽是消遣，却也是我们祖先的智慧，祖先将排兵布阵、阴阳相克、和谐统一等理念隐晦于游戏中，今天，在数字电视上也能将其发扬光大。除了传统游戏的电视化，还要将中国传统文化植入游戏内，以达到潜移默化、寓教于乐的目的，这是中国传统文化和数字电视结合的一个创新点。游戏的文化植入形式，最常见的为益智类游戏，这是最直观的中国传统文化植入的形式；另外一种则是小型的角色扮演游戏，将中国传统文化以故事情节、任务和NPC对话形式植入，由于技术限制，此类游戏在家庭数字电视中偏少，却是家庭数字电视游戏中最能使中国传统文化被用户关注和记住的形式。

（二）数字电视在文化传承上的优势

传统模拟电视平台，传播形式是大众传播，是单向的传播，传播渠道单一，受众接受信息是被动的，这也就造成很多观众对中国传统节目的关注是随机的。如果中国传统文化在电视内容上不能够以独特的视角、新鲜的角度来吸引眼球，那么观众对该类电视内容就难以持续关注。同时，传统电视无法接收高清的画面，也影响了中国传统文化传播的视觉效果，常常给受众造成困扰。由于信号限制，电视频道的覆盖率也不能达到更广泛的地域，造成文化分享区域受限。

面对这些传统模拟电视的局限，数字电视时代能带给中国传统文化的传承怎样的新希望？

1. 打造多样化、立体化的内容

中国传统文化在家庭数字电视中的传播，不再似传统电视的单向、单一传播，同时可以视频、图片、文字的形式被受众接收，例如受众收看中央电视台的高清频道《舌尖上的中国》，如果对其中的瑶族食物非常感兴趣，他可以通过检索其他关于瑶族的饮食文化的节目、视频或者文字文本信息进行更加深入的了解，受众甚至可以利用互联网网络和通信网络对中国传统文化传播进行实时的话题互动和意见反馈。

另外，数字电视同时还具有独立音频播放和广播的功能，家庭数字电视用户不仅能在电视上观看视频、欣赏图片、阅读文字，还能进行音乐播放和广播收听，中国传统音乐的余音绕梁，说不尽的传统文化故事，也能从听觉上尽情享受。

家庭数字电视的多种传播方式，使得中国传统文化的家庭数字电视传播内容更加丰富，且呈现中国传统文化内容的方式是全方位和立体化的。

2. 提供受众自主选择性和个性化传播

交互性是数字电视的最大优点，数字电视的视频点播功能，使得受众从对电视节目的被动接受转向主动接受，受众可以跨越时间限制，对自己喜爱的电视节目进行主动选择。对于喜爱中国传统文化的观众，可以像在电脑上一样在家庭数字电视上自由选择电视节目进行收看，并且能在自己需要详细咀嚼的镜头上进行回看，什么时候收看、收看哪个频道的哪个节目、怎样看（快进或者回看），全凭受众的喜好。与传统电视的指定传播不同，数字电视还能根据用户的喜好和节目收看习惯推荐相关节目，这有利于热爱收看中国传统类节目的用户通过数字电视的这种"推播"功能获得更多关于中国传统文化的其他同类节目信息，将数字电视的中国传统文化的传播个性化落到实处。

3. 提升传播的有效性

数字电视的电子书阅读功能，给中国传统文化题材的电子书提供了一个新的阅读平台，通过阅读这些理论性、科学性、系统性强的书籍，为部分电视节目对中国传统文化的恶搞、扭曲和误解补充了更符合事实的信息，这也为中国传统文化信息传播的真实准确性提供了一个弥补的渠道。同时，模拟电视的节目一次性播出或者在不合时宜的时段重播，使很多电视节目无法达到预期的收视效果。中国传统文化类节目在黄金时段所占比例较少，而数字电视的节目收看不受时间的限制，受众可以随心随意收看电视节目，更结合电子书、社区交流、游戏化潜移默化等多种形式，大大地提高了关于中国传统文化的优秀电视节目的传播有效性。

4. 推出课堂式教育传承传统文化

数字电视课堂是家庭数字电视的增值服务，属于移植到数字电视上的新业务。从孔子讲学到现在的网络教学，课堂传播自古以来便是最直接、最具权威的知识传承模式，将中国传统文化如戏曲、书法、国宝鉴赏等知识学习以课堂教学形式纳入数字电视远程教育业务，这是对中国传统教学的继承和创新，也是中国传统文化传播和传承的时代创新。

5. 保存传统文化的高清视频影像纪录

数字电视的影像资料都是采用数字摄像、数字技术剪辑合成和保存的，具有视频、音频高清的效果，家庭数字电视订购的电视节目可以存储下来随时收看，高清数字影像保存的中国传统文化的电视节目不会因为时光流逝而损耗信息，收视效果更好。

6. 分类的传统文化内容细分化受众需求

三网融合、家庭数字电视终端多媒体化，将使得信息传播细分化。在这个趋势下，中国传统文化的系统性传播会被弱化，但是将会更具吸引力、内容也更详细。在数字电视的点播系统中，点播频道一般都以电影、电视剧、动漫、综艺、体育、文化、新闻进行分类，而电视节目内容又可以再次细分到视频套餐，比如曲艺类、古装电视类、文化讲堂类等等，而这种细致的分类，在用户订购使用后，细分了受众对中国传统文化内容的需求。据了解，在中国传统文化类信息需求上，老年人多喜欢曲艺类的，以声音和高清画面为主；中青年比较喜欢少数民族风情、有文化艺术内涵的文学、思想类的，以影像、电子书为主；青少年喜欢传统又时尚的传承艺术、互动游戏；儿童处于启蒙阶段，对动画片形式最感兴趣。随着数字电视功能和业务的开发，更符合各类受众需求的中国传统文化内容将被应用于数字电视。

7. 互动的传统文化游戏促进家庭成员回归客厅

游戏是一个潜移默化性强、受众对信息易于接受的形式。在数字电视终端可以设置网络联机和终端无网络游戏，设计一些围绕中国传统文化主旨的游戏，比如文化知识问答比赛，可以使用闯关模式、挑战模式、人机对战模式、网友对战模式，再比如传统文化元素创意组合设计比赛，可以直接在电视终端上进行设计，并链接网络分享、比拼等。

现在许多中国家庭成员缺乏沟通。一个家庭中，有的忙于加班，有的忙于对外交际，有的只爱闭门玩弄手机或者电脑，这样慢慢形成家庭关系淡漠的问题。而互动式的家庭数字电视游戏，吸引家庭成员回归客厅，组队参加，家庭成员互动，既可以促进中国传统文化的传播，又可以将客厅娱乐提升至推动家庭成员沟通、增进家庭和睦，这也是中国传统家庭观念的实践。

**四 家庭数字电视文化传承方向**

2012年2月，工信部公布《电子信息制造业"十二五"发展规划》，其子规划《数字电视与数字家庭产业"十二五"规划》（以下简称《规划》）对数字电视与数字家庭产业有了相关规划。在科技高速发展的工业化、信息化时代，数字家庭产业也势在必行，当今智能家居已在很多家庭使用，随着社会的进步，不久的将来，智能家居也将会飞入寻常百姓家，而数字家庭电视终端也将在智能家居的链条中处于至关重要的地位。

据专家预测，未来所有的人和物都将与互联网联系在一起。在这种紧密的联系下，中国传统文化如何把握这个联系在家庭数字电视终端上传承呢？

（一）影像立体化

当今3D技术已被频繁运用在电影事业，4D技术也在一定程度上被使用在一些影视方向，在未来技术的持续发展下，裸眼3D技术乃至4D技术将会被运用在家庭数字电视领域，中国传统文化的影像将会在家庭数字电视终端中得到更具生动性和形象感的呈现，在传播形态上的传承得以再次突破。

（二）链接无缝化

当所有的人和物都通过互联网相连的时候，人们可以随时随地互联互通，享受各种信息和服务，不管是工作还是旅行、娱乐时，无处不在的数字化终端都可以通过互联网将信息分享。如此，家庭电视终端更是包含在这个系统中。如果传播渠道无处不在，那么信息的延伸也无止境。在一个社交圈中，可以通过网络的无缝链接形成一个分享圈，圈内人的所见所闻，能在这个广阔的交流分享平台上进行分享，一个人的信息变成 N 个人的信息，而这种多媒介具象传播既保证了信息的实时性也保留了信息不受更多干扰的真实性。在家庭数字电视终端上，人们在享受家庭休闲娱乐的同时，可以在不出门不使用 PC、移动通信工具也能第一时间接收到朋友的分享包括中国传统文化的所见所闻。分享是最好的学习，中国传统文化各种形式的传承，在这个广阔的分享平台必然发扬光大。

（三）服务智能化

"以人为本"是中国传统文化的核心思想。未来数字电视结合智能家居的需要，以家庭数字电视终端为核心操控系统之一，输入智能辨识分析和自动调控程序，将家庭和谐、兄友弟恭、尊老爱幼等优秀的中国传统家庭理念融入程序，当家庭发生不和谐的事件时，家庭数字电视将智能感应并通过程序分析，挑选出相应的中国传统文化家庭和睦相处的典故视频，或者可以通过语音智能搜索相关信息自动播放。

（四）用户的逆向传播

中国传统文化是丰富多彩的，也是由整个华夏民族共同铸就的优秀瑰宝，全民族共同的努力才是最好的传承。未来几年，家庭数字电视一旦实现全国联网，也可以实现用户自主上传文献视频，供给数字电视输出中心，通过选择审核后再分发至视频播放服务功能上。受众在家庭数字电视终端上也能实现从中国传统文化的信息接受者向传播者转换，也将使得电视关于中国传统文化的内容信息量得到扩展和更具大众化。

综上所述，家庭数字电视是中国传播文化传承的传统模式 + 创新技术 + 传播形态变革的融合，创新技术的加入极大地丰富和发展了中国传统文化的传承模式，在接受形态上，除传统的直播外，还可以点播、订购、推播，在传播形态上，除了传统的电视节目，还有数字书籍的阅读、远程教育等传播形态。未来，还可以通过更高端的立体化影像传播、更便捷的无缝化链接分享、智能化服务供给、用户的逆向传播等，不断开发家庭数字电视对中国传统文化传承的更多可能性和创新发展模式。

## 第四节　户外数字电视文化传承

近年来，户外数字电视不仅开拓了一条商务传播、政务传播的渠道，同时也给中华优秀传统文化传承开辟了一条崭新的道路。其公共性和公益性决定了它应该而且也必须有可能承担起中华优秀传统文化传承的责任。人们能利用碎片化的时间，从户外数字电视中接触到视听性和地方性强的中华优秀传统文化。但是目前户外数字电视在中华优秀传统文化传承上还存在着内容陈旧、形式单一、被表现的比重少、重视程度不够、缺乏政府整体规划与指导等问题。这些问题需要文化宣传主管部门、各户外数字电视媒体主体大力协作，提高传播的自觉性和有效性，丰富内容和形式，用故事形式活化中国优秀传统文化，建立反馈和互动机制，大力推动户外数字电视在传承中华优秀传统文化方面做出更大贡献。

### 一　传承特点

所谓户外数字电视，是相对于家庭数字电视而言的，指的是采用现代数字电视技术，针对户外普通群众，在公交车、地铁、出租车、楼宇、医院、广场等户外公共场地可以收看到的电视。户外电视媒体因其独特的媒介空间特性，不仅拥有电视媒体所具有的一般传播功能和特点，还拥有其他的一些传播特点。

#### （一）公共性

由于户外数字电视设立在户外公共空间，人们来来往往行走其间，因此自诞生之日起就打上了公共的表征，是一个公共信息发布平台。它是公共场所信息传播的载体，所传播的信息不是仅仅针对某个人或某个家庭，而是针对特定的公共空间内的所有公众。

#### （二）公益性

户外数字电视媒体占用的是公共资源，甚至还有一部分运作资金来源于公共财政，这就决定了它的服务大众的公益性。公益性内容在户外数字电视传播内容中占有适当比重，能够有效降低人们对户外数字电视浓厚的商业气息广告的反感程度，传递更多有益于民、服务大众的信息，增加户外数字电视媒体信息接收的体验度和传播效果。

## (三) 视听性

从户外数字电视媒介的表现方式来说，其以独特的技巧，将视觉冲击强烈的画面和优美动听的声音相结合，集声色之美，兼视听之乐，造型突出，具有一定的知识性、故事性和趣味性。这种声画、视听结合的传播方式，能够迅速吸引移动中的受众注意力，带来良好的传播效果。

## (四) 碎片化

现在，人们在户外和路途中所花费的时间越来越多，户外数字电视媒体已经非常自然地融入了人们的生活轨迹。人们每天除掉工作、吃饭和睡眠等时间之外，所能利用的闲暇时间已经不多。因此，户外数字电视媒体高度满足了人们碎片化时间的资讯需求，无论是在街头广场、写字楼电梯旁的液晶电视，还是在公交和地铁上的移动电视。[1]

受众在公交车、医院、广场等公共空间接受户外电视媒体传播而来的信息时，往往利用的是其随机的、不规整的、碎片化的时间，收视状态是非主动的、伴随性状态，随时可以开始收看，随时也可以被打扰而停止接收信息。这种断断续续的、碎片性的信息利用时间、信息接收状态和传播效果，都受外部环境因素的影响较大。

## (五) 地方性

弘扬地方文化是地方媒介的主要任务之一，而努力彰显地方特色、传播本土文化，也是地方媒介组织在市场竞争中求得生存发展的必由之路。[2] 在众多传播载体中，户外电视媒介作为地方媒介的主要代表之一，以其强大的文化传播力、影响力而成为地方文化建设的重要阵地，成为文化传播的重要载体，具有无可争议的地方性，适合特定的地方文化传播。

总之，户外数字电视利用的是公共空间，因此它具有公共性，其中还有一部分运作资金来源于公共财政，决定了它服务大众的公益性。户外数字电视表现方式特点是视觉＋听觉，这种视听性在创意表现方式上

---

[1] 陈曦：《新媒体时代我国传统电视媒体的广告价值研究》，硕士学位论文，南京师范大学，2012年，第11—12页。

[2] 夏吉英：《新闻媒介弘扬常州地方文化的优势和策略》，《常州工学院学报》(社会科学版) 2009年第3期。

具有感性化、娱乐性特色。它利用的是受众的碎片化时间来进行传播，受众的接受状态也是碎片化的，可以随时开始随时终止，容易受到外界其他因素影响使信息断断续续不完整。而且户外数字电视大都在一个城市的生活空间存在，具有地方性，特别适合特定的地方文化传播，比如内容地方性、形式方言性等。

### 二 地位和作用

户外数字电视是存在于公共空间的一种媒体，占用的是公共资源，它不仅是一门艺术，也是一种公共文化。它的大众化、通俗化、普及性决定了它在给人们传递信息的同时，也担负着一定的社会责任。户外数字电视的公共性和公益性决定了它应该而且也必须承担起中华优秀传统文化传承的责任。

（一）应然性

户外电视媒体作为现代广告媒体市场的生力军，作为向公民大众进行公共宣传的主要方式之一，具有强烈的公共性和公益性，有责任继承和发扬中华民族的优秀文化传统，增强社会教育的深度和广度，不断发展先进文化，引导社会大众尤其是青少年继承和发扬民族传统美德，塑造新一代中国人的文化涵养。因此，要让传统文化在中国大地焕发出新的生机，户外电视媒体应担负起应有的社会责任，以其独特的传播优势在传统文化的传承中有所导向和作为。

（二）必然性

作为影响力最为巨大和深刻的传播媒介之一，具有强烈地方性的电视媒体改变了人们的文化认知方式，是人们接收地方文化特色信息的主要方式之一。而户外数字电视媒体凭借着其在公共场合进行信息传播的天然优势，更是在传承中华优秀传统文化上责无旁贷。因此"在关乎整个民族精神坐标和文化未来走向的重大命题面前，电视媒体毫无疑问要体现国家力量主导下的文化倡导，要以责任为第一要义，承担起对观众进行优秀文化传播、社会核心价值引导的义务和责任，在创造文化的活动中把人塑造成'文化的人'"。[①]

---

① 马克燕：《观众选择时代下的电视媒体责任》，《中国广播电视学刊》2008年第5期。

(三) 可能性

电视媒体,特别是户外数字电视媒体,具有其他媒体所不具备的独特功能和魅力,在传承中华优秀传统文化上具有极大的可能性。从物理特性上来看,户外数字电视具有广泛的普及性,其传播的内容适合各个文化层次观众的需求。在传统大众媒介中,几乎没有任何媒体能像电视那样,具有巨大的兼容性,它几乎可以把所有媒介的传播内容和形式全部运用过来,经过改造加工,衍生出新的表现形态。① 户外数字电视的传播还具有互动性。电视传播已经从单向的线性模式转变为多向的非线性模式,这种转变是在传播者与受众的相互交流中产生的。② 电视内容的传播不再是一个消极的单向传播过程,观众可以积极、主动地参与到传播活动中来,把自己的情感、态度和意见进行适时的反馈。电视媒体的互动性为传统文化的传播提供了有效的传播模式,并为其打下了牢固的群众参与基础。户外数字电视所具有的普及性、兼容性和互动性特点,为其有效传承传统文化提供了有力的技术保障和广泛的群众基础。

**三 传承现状**

体现民族特色,弘扬民族精神,继承优秀传统文化一直是中国电视传媒的重要功能。③ 随着户外数字电视媒体的不断发展和普及,越来越多的城市开始重视和利用电视传媒的这一重要功能,应用户外数字电视在广场、公交车、医院等公共场所传播本土的礼仪风俗、道德规范、传统文学艺术等内容,来传承中国的传统文化。

目前,户外数字电视在中华优秀传统文化传承上的现状如下:

第一,在传播的内容上,主要为传统道德规范与基础文明礼仪、地方非物质文化遗产与旅游开发等。户外数字电视媒体通过在广场、楼宇、公交车等公共地方的数字电视,播放一些与本地区传统文化相关的电视剧、公益广告、宣传片、纪录片、微电影等,来传播推广传统文化,但整体而言,传播内容还较为单一,仅仅只是包含少量的文化节目和内容,

---

① 石长顺:《论电视传播的特性》,《当代传播》2000 年第 1 期。
② 熊斌:《中国传统文化的电视传承方式研究》,江西师范大学硕士论文,2007 年第 17 版。
③ 刘岩:《电视新闻传播与中国传统文化精神》,《记者摇篮》2003 年第 5 期。

还有很多其他更为丰富多样的传统文化传播内容有待进一步发掘和制作。尽管目前我们也做了不少工作，但对于中国博大精深的文化的挖掘、整理、传播、再造还远远不够。[①] 城市的商业区是城市居民与游客会集之所，也是展示城市形象和传递地方传统文化的重要窗口。我们在对武汉最具代表性的商业区——光谷广场进行实地调查时发现，与传统文化相关的传播内容主要为文明出行、防火防盗、献血救人、地方旅游推广等公益广告，内容形式以图片广告为主，宣传片广告为辅。主要存在传播内容不够新颖、推陈出新的频次较慢，以及过于单一的图片表现形式等问题。

第二，在传播内容的比重上，虽然各城市越来越重视通过户外电视媒体来传播传统文化内容，但是整体而言，其所占的比重还是较小，传统文化在户外电视传播的边缘化现象并未显著改善。文化节目量偏少与质不高是不争的事实。大量商业性质的广告充斥着户外电视荧屏，公益性内容为代表的公众服务信息少得可怜，户外数字电视传播内容商业化现象十分突出。现在，一些移动电视的运营商为了实现短期的利益，无视应当承担的社会责任，投放了大量商业广告和品位质量较差的娱乐节目，而且节目的编排和结构安排不合理，这些都严重损害了移动电视自身的品牌形象。[②] 南京新街口商业区户外数字电视的内容统计表明，广告内容主要以商业信息为主，公益广告比重较低，商业性广告量约占广告总量的 91.1%，公益性广告约占 4.3%，其他宣传占 4.6%。

第三，传播质量和传播效果上，户外数字电视为人们提供了丰富多样的文化节目和包含传统文化创意的广告片、宣传片等文化内容，让人们能够在公共空间欣赏到丰富的文化大餐，但文化传播内容的整体质量却不高，缺乏高水平文化创意的节目内容，同时节目转播和复制化现象严重。质量不高、千篇一律的文化节目内容，给受众带来不良的观看体验，一定程度上影响了传统文化的传播效果。移动电视因其所具有的接

---

① 熊斌：《中国传统文化的电视传承方式研究》，硕士学位论文，江西师范大学，2007年，第21—22页。

② 杨庆国：《浅谈公交移动电视公共信息平台的构建——以安徽移动电视为例》，《新闻世界》2009年第1期。

受形式移动、受众面宽、接受空间有限、播放时间长等特点而受到广告客户的青睐，广告"理所当然"地成为移动电视的主要内容之一，受众只能被迫接受，而诸多粗俗低劣的广告充斥移动电视荧屏，成为市民对移动电视不满的主要原因。[①]

**四 存在的问题**

从目前户外数字电视在传承中华优秀传统文化的现状来看，它固然在传承传统文化上具有很大的优势，但是由于受重视程度不够高，传播方式方法上还不够完善、政府整体规划不够等原因，在目前看来并没有做得很好，户外数字电视在传承传统文化上还存在着一些问题，需要进一步解决和完善。

*（一）重视程度不够，占比太少*

户外数字电视媒体播出的节目和广告中，公益性的以及文化内涵丰富的节目和广告所占比重相对较少，大量现代化和商业化严重的节目内容充斥着公共场合里的各个荧屏。服务性的、公益性的、传统文化节目内容被淹没在茫茫商业广告片中。户外数字电视媒体以追求短期的商业利益为主要目的，并未正视其自身应该承担的社会责任。传统文化在户外电视传播的边缘化现象并未显著改善。例如，通过在武汉的实地调查发现，大部分商业区的大屏户外数字电视，有超过一半以上全天播放的都是完全商业化的节目和广告，只有在路边显著位置的大屏数字电视会反复播放一定的传统文化节目和公益广告。同时，部分医院的户外数字电视播放的完全是传统家庭电视的节目内容，丝毫未把握传统文化在医院这个公共空间的电视传播优势，造成了资源浪费，亟待改进。

*（二）内容陈旧，表现形式单一*

户外数字电视媒体的很大一部分文化节目内容十分老旧，基本沿用以往陈旧的内容形式，缺乏现代化和艺术化的表现形式，存在一定程度上的与现代社会生活脱节的情况。同时，许多节目的播出具有滞后性，与其他媒体相比时新性有所欠缺，而且文化节目的重复率高，很多都是照搬其他媒体的节目，移植痕迹较重。户外数字电视媒体节目内容陈旧、

---

① 杨剑龙：《移动电视与市民文化权益》，《秘书》2011年第7期。

形式单一、播出滞后等这些问题，使得受众对户外数字媒体传播的文化内容缺乏兴趣和新鲜感，口号化严重，给传统文化传承带来负面影响。随着城市化、商业化、数字化技术的发展，移动电视遍布市民生活圈，每天大音量地、翻来覆去地播放同样内容的广告，如同"信息轰炸"，让市民觉得烦躁不安。在武汉进行随机的实地拦截采访中，部分市民认为商业区大屏电视以及公交车移动电视播放的节目内容千篇一律，更新速度慢，且大多为图片广告，故事性较差，对乘客起不到太大吸引作用，传播效果不佳。

（三）缺乏政府整体规划与指导

从户外数字电视媒体文化传承宏观管理的角度看，文化宣传主管部门没有从政策上对传播内容作具体的限制和要求，没有从整体上规划传播内容和整合传播手段。正因为主要监管部门在户外数字电视的文化传播上没有宏观的指导和要求，使得现有的文化传播趋于松散，也使得户外数字电视媒体这个文化教育的重要阵地处于无人守护的状态。同时，在文化传播的协同上，各个户外数字电视媒体主体彼此之间各自运作、自发传播，缺乏协作配合和统一的承担社会责任的意识。宏观管理和督导的欠缺，以及户外数字电视媒体自身缺乏统一的文化传承协同性，也是户外数字电视媒体没有很好传承中华优秀传统文化的主要原因之一。在对武汉市各大商业区、公交、地铁、医院等公共场所的户外数字电视的调查，以及对相关运营负责人的访谈中，我们发现相关文化宣传主管部门没有从整体上对各个渠道的传统文化传播进行统一的规划和要求，仅仅只对地铁和重要商业区街边的部分户外数字电视的文化传播内容有硬性的要求。而各个渠道的户外数字电视运营商也是各自独立运营，缺乏相互沟通、学习和联动的文化传播意识与传播体系，亟须相关政府部门对此松散的传播状况进行规划与指导。

**五　完善传承的对策**

针对目前户外数字电视在中华优秀传统文化传承中存在内容陈旧、形式单一、被表现的比重少、重视程度不够、缺乏政府整体规划与指导等问题，需要文化宣传主管部门、各户外数字电视媒体主体大力协作，提高传播的自觉性和有效性，丰富内容和形式，建立反馈和互动机制，大力推动户外数字电视在传承中华优秀传统文化方面做出更大贡献。

（一）重视户外数字电视在文化传承中的作用

重视传统文化电视节目传播，从行为实施者的角度讲，可从以下两个方面来体现：

1. 政府主管部门要提高认识

文化宣传主管部门应该更多地加强户外数字电视的监管力度，从整体上规划户外电视的传播内容，严格限制纯商业性的、低俗的广告数量，一定程度上增加文化和公益节目的比重，鼓励形式多样的、高水平文化创意的广告片和特色节目的创作。政府的重视不能靠一纸文件，要长期不懈将其作为一项关系国家民族文化兴亡的大事来抓，要发挥宏观调控的作用，提出相关政策，扶持传统文化电视传承，争取早日形成一个良好的传统文化电视传承的社会传播环境。①

2. 管理和运营商要有传承优秀传统文化的自觉意识

作为户外数字电视的管理者和运营商，户外电视媒体不能只注重眼前利益，纯粹地追求传播内容所带来的商业利益，应该有更长远的眼光、文化自觉和社会责任感。只有民族的、文化的才更能为国人所接受，户外电视媒体应更多地传播一些带有文化特色的广告、公益广告以及文化节目，才能更好地提升收视体验和传播效果。同时，户外电视媒体之间应该更多地加强合作，在公益广告和文化节目的制作等方面更多地协作配合，在内容上分工合作、有重有轻，将传承中华优秀传统文化变为媒体的自觉行为，为传承传统文化承担起应有的社会责任并做出应有的社会贡献。中国传媒大学胡智锋教授说："在经济全球化和西方媒体虎视眈眈的背景下，电视媒体更应当有着一种文化的自觉，担当起传承发扬我国悠久文明的历史使命，为世界的文化多样性做出应有的贡献。"②

（二）丰富传承内容和形式

为了使户外数字电视在传播中华优秀传统文化时能够快速且尽可能长久地吸引人们的眼球，需要在制作节目内容和策划节目形式上更多探索。

---

① 佘敏：《传统节日文化电视传播研究》，硕士学位论文，重庆大学，2009年，第9—10页。
② 佘敏：《传统节日文化电视传播研究》，硕士学位论文，重庆大学，2009年，第9—10页。

1. 创新原有传统文化节目的类型和风格

户外数字电视节目在类型上可突破陈规,在保持优势节目类型基础上,尽力在多个节目类型上对传统文化有所涉及。突破电视文艺节目和特别节目这两个单一类型,在电视新闻资讯节目、电视谈话节目、电视娱乐节目、电视电影这些节目类型上体现传统文化的要素。在节目类型表现上,可以综合运用、彼此渗透,使得节目表现形式和风格有所突破。比如,央视新闻频道《新闻会客厅》围绕清明习俗专门做了一档谈话节目,看似新闻访谈,却在轻松活泼的氛围中引导了观众对殡葬习俗的变化加以认知。[1] 同时,在节目的外在表现上,注重中国传统审美观和美学理念的培养与渗透。浓郁的中国味人物造型和角色设计,用国画手法表现有意境的山水场景,有不同文化内涵的中国色彩,等等,同时辅助以前沿的现代计算机动画高新技术,将有望制作出既有中华优秀传统文化特色,又具有较强时代感和现代感的广告作品和特色节目。

2. 内容上推陈出新,用故事形式活化传统文化

在节目的内容上,注重节目的思想内涵,从选题、剧本创作等方面入手,力求选取中华优秀传统文化中的精华,既尊重史实又结合现代生活需求,将传统文艺的文化元素融入现代时尚之中,更容易为大众所接受。比如从题材上选择一些诸如传统节日、茶文化、传统服饰以及中国的经典故事、成语故事、唐诗宋词等都是常做常新的创作题材。[2] 运用这些好的题材,学会用说故事的方式将中华优秀传统文化具象化,利用故事的文脉以情感人,增强受众的代入感。这样,中华优秀传统文化就具有了活的生命。同时,结合户外数字电视的自身传播特点,更多地创作出富有娱乐性、趣味性、创意性的文化节目,为大众所喜闻乐见。

(三) 建立效果评估与反馈互动机制

中华优秀传统文化的传播有效性评估需要获得受众的反馈,因此应该建立起一套反馈互动机制,利用户外媒体专业化的评估手段和方法予以测评。比如运用户外数字电视上设置的摄像头了解受众关注率和关注

---

[1] 韩永青、李芹燕:《传播媒介对"象征性现实"的策略性重构——论电视媒体传播中国传统节日文化的路径》,《新闻界》2009 年第 2 期。

[2] 周玉基:《中国传统文化在电视动画片中的游走与迷失》,《当代电视》2009 年第 10 期。

时长，哪些传播内容受喜爱程度更高和传播效果更好等。同时，还应完善与受众的互动机制，比如也可以在一些户外数字电视旁设置评价按钮，比如好、一般、不好等，或者通过二维码扫描进入页面评价节目内容等，通过了解并尊重受众的需求，淘汰受众满意度低的节目，方便受众的深度参与。

综上所述，在当今数字化新媒体的背景和环境下，户外数字电视作为公共空间的一个传播使者，它的公共性和公益性决定了它应该而且也必须承担起中华优秀传统文化传承的责任。人们能利用碎片化的时间，从户外数字电视中接触到活化的中国优秀传统文化，这既是一种文化的熏陶，也是一种试听的享受。文化宣传主管部门、各户外数字电视媒体主体要大力协作，提高传播的自觉性和有效性，大力推动户外数字电视在传承中华优秀传统文化方面做出更大贡献。

## 第五节　数字化图书馆文化传承

数字图书馆是传统型图书馆的特殊延伸。跟传统图书馆相比，数字图书馆具有保护古籍、整合资源、查询便捷、跨越时空等优势。轻视传统文化传承的价值，不重视潜在读者的发掘，全球化带来的文化不自信，互联网对传统文化的冲击，以及缺乏国家层面的统一规划与协调，是数字图书馆传承中国传统文化不力的主要原因。数字图书馆要在立足于继承的基础上主动传播，提升国人对传统文化的兴趣，做好个性化主动服务，努力发掘潜在读者，增强互动交流，通过创新传播渠道和传播方法来提升传播的有效性。

### 一　数字化图书馆在文化传承中的作用

总的来说，图书馆的职能是收集、加工、整理、科学管理自有人类社会以来一切存在于世的珍贵的文献资源，并给社会大众创造阅读这些资源的良好环境。随着互联网时代的到来，各种资源与信息都走向数字化，数字化图书馆的出现可以说是历史的必然。传统型图书馆可谓历史悠久，但数字化图书馆更能适应这个信息传播迅速的网络时代。在开放的网络时代，数字图书馆在传承中国传统文化方面表现出比传统型图书馆更大的优势。

（一）保护古籍，传承经典

保存书籍是图书馆最重要的一个职能。对于承载着中国优秀传统文化的古籍，不仅要保存，还得保护。数字图书馆在这方面有着无与伦比的优势，这是数字图书馆不可推卸的责任与义务。

古籍，顾名思义，是指未采用现代印刷技术印制的书籍。它们经历了几百甚至上千年的岁月洗礼，有着独特的文化魅力与收藏价值，以至于许多图书馆把年代久远、内容丰富的古籍当作镇馆之宝。

由于纸张的性质，纸质书的保存需要良好的环境和细心的呵护，古籍更是如此。不管文献保护这项技术发展得有多好，在长时间里它终究只适合少数的文物级别的古籍保存。对于图书馆巨大的藏书量来说，几十年的书籍就能算"古"了，总有一天有些书会坏掉；而那些抄本，总会有这样那样的差错，没有原本翔实。纸质书是非常容易被毁坏的，比如受潮、发霉、生虫，这些都有可能毁掉一本纸质书籍，再加上年代的久远，古籍更容易被毁坏。虽然文献的保护已经发展成了一项专门的技术，但毕竟这不是长久之计，而且大众无法接触到已经被保护起来的古籍文献。

一旦将这些古籍的原貌以多媒体的方式记录下来并存于数字图书馆，问题便迎刃而解。这些古籍不仅可以得到永久的保存，而且每个人都有接触它们的机会。

（二）整合资源，去伪存真

中国的传统文化历史悠久、源远流长，在这约960万平方千米的陆地国土面积上，人们造就了中国丰富多彩的传统文化。这几千年来的丰富多彩就意味着收集与整理上的困难，一部分传统文化无法收集，而传统图书馆里保存的少数古籍也存在缺陷。

所以，在传承中国传统文化的过程中，数字图书馆的首要的、最基础的职能便是文献的收集与整理，并与传统型图书馆互通有无、整合资源。其实，关于文献的收集与整理并不是特别难。中国历朝历代的古籍古书，除被类似于秦朝"焚书"这样的愚蠢活动破坏掉少数之外，大多数的书籍都保存了下来。真正的难点在于收集整理那些没有被记录在图书上的传统文化，例如民间艺术、地域文化，这里面有些东西只存在于一小部分人当中或交通通信还不发达的山区之中，并且面临失传。这就要求现代数字化图书馆有义务利用便捷、覆盖面广的互联网去了解、收集这些传统文化。

再就是去伪存真，这个"伪"并不单单指那些伪造的古籍古书。在数字图书馆将纸质图书转变为电子图书的过程中，还要注意取其精华、去其糟粕。并不是所有的传统文化都值得发扬光大，只有优秀的、符合社会准则的传统文化才值得我们去学习。

(三) 查询便捷，提高效率

数字图书馆依赖于自动标引、元数据、内容检索、不同数据库互联等知识发现和知识组织技术，将传统图书馆的文献资料等各类信息载体与信息来源，在知识单元的基础上有机地组织并链接起来，以动态分布式的方式为网络用户提供服务，图书馆员也成了知识导航员。信息加工的知识化、智能化，使数字图书馆能为网络用户一次性地提供某一专题目录、论文和著作全文、图片、声像等多种信息，极大地满足用户学习的信息需求，也更加方便用户快速便捷地学习相关文化知识。[①]

首先，是在信息的查阅上方便快捷。传统型图书馆，特别是那种大型图书馆，要找到一些特定的资料需要花很多时间；但在数字图书馆中，只需要输入关键词，便可以快速找到想要的资料。

其次，数字化图书馆保存资料能节约空间，便于管理。数字化图书馆能保存大量传统图书馆无法保存的多媒体资料，比如视频。虽然现在一般的传统图书馆都保存有数字化的音像资料，但毕竟这些音像资料也是有类似于光盘这种固体载体的，容易被损坏；而且一般图书馆资金有限，这种资料并不多。而数字化图书馆就不一样了，它借助的是计算机网络通信等高新技术，有专业的运作模式，有特定的载体，它能轻松地保存并管理那些记录着纸质书籍无法记录的东西的多媒体资源。

最后，传统型图书馆的位置都是固定的，并且地域分布不均衡。在快节奏的生活环境下，人们普遍不愿意花时间去较远的图书馆。而数字图书馆可以利用互联网快速传递信息，读者只需一台电脑、一根网线便可以在家享受阅读时光。数字图书馆可以利用互联网的特点更方便快捷

---

① 傅以相:《数字图书馆在网络文化建设中的作用》,《重庆图情通讯》2001 年第 12 期。

地去向全体网民推送中国的优秀传统文化。

这个"方便快捷"的优点对于传统文化的传承来说意义非凡。要知道，中国的传统文化淡出人们视线的一大重要原因，就是人们生活节奏越来越快，而业余学习时间越来越少。数字图书馆在这一点上便可以拉近传统文化与社会大众的距离，让中国的传统文化不再只是学者的长篇大论，不再只是书架上厚厚的古籍。

(四) 跨越时空，突破局限

数字图书馆能突破时空限制，在全球范围内，利用先进的网络搜索技术，从浩如烟海的文献信息中获取用户所需的有效信息，做到及时有效的服务，大大克服了传统图书馆咨询服务滞后的弱点。其信息资源的广泛性和信息传递的有序性与可靠性，在传承传统文化中起着不可替代的作用。[1]

传统型图书馆的第一大限制：一般读者无法接触到一些原始的、珍贵的文献资料。对于纸质图书来说，它会随着一次次的查阅而一点点地磨损。为了更好地保存一些珍贵的、年代非常久远的文献资料，这些资料不会对普通读者开放。可一旦把这些资料转换成数字化的图像或者声音存于数字图书馆，那读者便可以不受这个限制。这样，国人在传统文化方面将会扩大视野，接触那些以前很难接触到的优秀传统文化知识。

传统图书馆的第二大限制：一书不能二借。在一般的图书馆中，一种书采购5本及以上已属罕见，并且还得有1本是保留本不能外借，这很不利于资源共享。特别是对于传统文化的特点来说，这种借阅方式很不利于传统文化的传承。因为除了具有代表性的儒、道、释等大家和各种诗词歌赋，传统文化都具有一定的地域性，也就是说，一些相关资料可能只保存于某几个特定的图书馆。这样一来，也许这种资料就会由于借阅的人次较多而无法很好地进行资源共享。数字图书馆建设可以打破这个限制，它里面的文献资料不仅可以二借，还可以多借；它可以利用互联网的特性让一本"书"通过服务器同时借给不同地域的多人，大大增强资源的共享，拉近传统文化与社会大众的距离。

---

[1] 傅以相：《数字图书馆在网络文化建设中的作用》，《重庆图情通讯》2001年第12期。

## 二 数字化图书馆文化传承现状

1997年,我国实施"中国实验型数字式图书馆项目",开始走上数字图书馆建设之路。1999年,国家数字图书馆示范工程正式启动。在随后的2000年、2001年,相继召开了数字图书馆建设的工作会议,设立各类建设"数字图书馆"的重点项目。由于国家的关注和重点扶持,我国的数字图书馆已经有了长足的发展,超星数字图书馆、国家数字图书馆及各个高校的数字图书馆相继建立。尤其是超星数字图书馆,已经建立了一整套完整的体系,不仅可以在线阅读,还可以下载、打印,还有全文检索、添加书签等功能。作为国内首批数字图书馆之一,超星图书馆包括文学、历史、法律、军事、科学、经济、医药、交通、工程、建筑、计算机等十几个分馆,每个分馆所侧重的知识内容不同,超星数字图书馆在传承传统文化方面起着很大的作用。[①]

数字图书馆在我国的发展经历了三个阶段:第一阶段以资源数字化为主要特征,使用户能够通过网络远程存取数字化信息;第二阶段以分布式信息管理与集成信息检索为主要特征,使用户能够跨类型、跨载体、跨时空地发现和获取信息;第三阶段以知识管理为主要特征,主要支持用户的数据挖掘与知识发现。[②]

目前,我国数字图书馆建设正处于第三阶段,随着现代信息技术的迅速发展,我国的数字图书馆建设也取得了相当大的进步,目前国内图书情报单位都在积极建设各类型数字图书馆,其中既有国家级项目,也有地方省市级项目,还有单个数字图书馆项目。以中国知网(CNKI)的中国学术期刊网络出版总库为例。中国学术期刊网络出版总库(简称CAJD)是世界上最大的连续动态更新的中国学术期刊全文数据库,是我国数字化图书馆建设的标志性成果。其产品分为十大专辑:基础科学、工程科技Ⅰ、工程科技Ⅱ、农业科技、医药卫生科技、哲学与人文科学、社会科学Ⅰ、社会科学Ⅱ、信息科技、经济与管理科学。十大专辑下分为168个专题,可通过检索、高级检索、专业检索、作者发文检索、科研

---

[①] 李华、高海洋:《浅析我国数字图书馆的发展状况及影响》,《甘肃科技》2011年第12期。
[②] 熊启军:《我国数字图书馆现状及对策研究》,《科技情报开发与经济》2013年第4期。

基金检索、句子检索、来源期刊检索等 7 种方式进行检索，得到检索结果列表；还可以对检索列表进行二次检索；针对检索结果，按发表年度、期刊、关键字来进行统计。针对一篇文章可得到引文网络，从多角度了解该文研究工作的背景和依据、相近研究领域的成果、作者的研究领域、作者单位的研究领域等信息。它编织起了一张涉及学科广、检索方式多、检索结果丰富的知识网，是我国数字图书馆建设的风向标。①

### 三　数字化图书馆文化传承存在的问题

数字图书馆在中国出现的时间相对发达国家较晚，但近几年来发展迅速，系统正逐渐完善。可是，我国的数字图书馆在传承传统文化方面力度还不够，没有结合时代特征，甚至根本不注重传统文化的传承。

（一）轻视传统文化传承的价值

首先，数字图书馆忽视了已保存的传统文化。目前，国内几个主要的数字图书馆里关于传统文化的书籍文献所占的比例都比较小，关于传统文化的藏书不足、资料不够翔实。在目前的经济发展模式下，人们的生活节奏变得越来越快，压力大、业余时间少是大多数人的共同点。正是因为这种大环境，人们的需求逐渐走向了快餐化；相应地，很多行业也逐渐开始迎合这种快餐化需求改变运作模式，特别是互联网行业。我们暂且不评论这种改变的好坏，但数字图书馆里关于传统文化的资源较少的主要原因，就是图书馆的定位上偏向于现代快节奏生活下人们的阅读喜好，迎合广大网友的快餐化阅读需求，这非常不利于传统文化的传承。

其次，数字图书馆忽视了那些面临失传的未保存的传统文化。虽然社会的发展程度越来越高，人们之间的交流越来越方便，但由于我国特有的国情与地理特征，现阶段还有很多传统文化深藏在山沟沟里不见天日。还有一些传统民间艺术，学习它的耗时性与困难性将很多年轻人拒之门外，再加上现代年轻人对经济效益的追求，很少有人去学习继承这些东西。传统型图书馆有义务去收集整理这些面临失传的东西，数字图书馆更是义不容辞。而现实情况却并非如此，国内的数字图书馆几乎没

---

① 熊启军：《我国数字图书馆现状及对策研究》，《科技情报开发与经济》2013 年第 4 期。

有做过这方面的努力。

（二）不重视潜在读者的发掘

数字图书馆应该适当地去引导社会大众，让人们在不知不觉中重拾对中国传统文化的爱，但是现实的情况却不容乐观。中国的数字图书馆还仅仅只是在整理与保存信息上优于传统型图书馆，并没有突破传统型图书馆的桎梏。不关心它所服务的读者的阅读爱好，更谈不上引导他们的阅读偏好和发掘潜在读者。

中华民族的传统文化是我们祖先智慧的结晶，是经历了历史检验的东西。所以这个潜在读者便是所有的中国人，这是一个非常庞大的群体。当然，其中最重要的是年青一代。虽然目前的互联网已经变得越来越普及，网民的年龄也不再局限于某个层次，但国内使用互联网的主体在很长一段时间上仍然是年轻人。这些年轻人具有一定的文化水平，有一定的阅读需求。这些人是传统文化的重点受众群体，应该成为数字图书馆的重点挖掘对象。数字图书馆应该主动引导他们对传统文化的兴趣。如果说正是大好时光学习文化的年轻人都不了解、热爱我们国家的传统文化，那又何谈让全中国的人都从极度膨胀的物质欲望中抽离出来，去关注他们日益荒废的精神家园呢？

可事实正是如此残酷，现在的大多数人基本都是利用互联网来娱乐，而不是学习，更谈不上学习传统文化。纵然这里面有一部分的责任当归咎于社会，但是互联网是数字图书馆传播知识的主要阵地，作为"近水楼台"的数字图书馆也是有一定的责任的。它在传统文化方面并没有起到引导现有读者、发掘潜在读者的作用，甚至根本没去做出这样的努力。

（三）全球化带来的文化不自信

近几十年来经济全球化愈演愈烈，使得越来越多的知识分子开始学习西方知识，在很大程度上方便我们了解与接受西方外来文化。随着时间的推移，部分人已经习惯外来文化，这无形之中淡化了中国传统文化，有些人甚至认为中国传统文化已不再适应这个时代。

（四）缺乏国家层面的统一规划与协调

数字图书馆实际上就是一个数字信息资源库，建设数字信息资源是数字图书馆建设的核心。数字信息资源库，包括各种数字化的资料，如历史资料、网上资料、媒体资料、声像、录像等。我国图书馆体系较复杂，设有省级图书馆、高校图书馆、科研机构图书馆、军队图书馆等，管理主体各异，由于缺乏国家层面的统一规划与协调，各馆之间沟通和融合不够，各自为政的建设方式造成人力、物力、财力的极大浪费。由于缺乏统一的标准，各数字图书馆建设标准不一；有的单位片面地追求数字化资源的量，内容质量不高；有的单位则忽视自身馆藏的特点和实际情况，盲目引进数据库。这种种毫无统筹、各自为政的建设方法，不仅造成了大量的浪费，也给今后的资源整合造成了隐患。同时，各数字图书馆在用户检索界面、检索语言和管理系统等方面也存在较大差异，各系统之间难以相互联通，低水平的重复建设严重，有效资源不能共享，造成大量资源浪费或闲置。① 这些状况，都会给中国传统文化传承带来困扰和障碍。

**四 完善数字化图书馆文化传承的对策**

我国的数字图书馆在传统文化的资源收集、整理、保存等方面用功不足，在传播方面非常被动。中国的数字图书馆，必须杀出一条血路，引领国人将传统文化融入新时代的新生活中去。

（一）立足于"承"

作为未来保存文献、传播知识的主流机构，我国的数字图书馆应该把传承中国传统文化视为己任，建设一个强大的中国传统文化数据库。只有努力地去继承中国的传统文化，才能更好地将其发扬光大。

首先，数字图书馆应该与各个传统型图书馆建立联系，实现资源共享，大力吸收现存的传统文化。一般来说，数字图书馆都是与大型传统图书馆合作，或者就是某个传统图书馆的另一种存在方式。但是这只适用于一般的阅读需求；要想更好地传承中国传统文化，数字图书馆就应该与各种传统图书馆建立联系，无论大小。中国的国土面积巨大，地域辽阔，在漫长的历史中人口迁徙频繁。正是应为如此，中国的地域文化突出，各地风俗各异；而那些遍布全国各地的小型图书馆，就是当地传统文化的保存地与收集地。所以，数字图书馆在与传统图书馆的合作上，也应该注重小型传统图书馆。

---

① 张燕：《我国数字图书馆现状与存在问题探讨》，《今日科苑》2008年第12期。

其次，数字图书馆保存的资料早已不再局限于电子书，还包括视频、图片等多媒体资料。那么，数字图书馆在关于传统文化资料的馆藏上也不应该只局限于书籍，应该多一些多媒体资料，适应现代的传播方式。

最后，数字图书馆应该努力去收集整理那些快要消失了的传统文化。在这一点上，数字图书馆有着无与伦比的优势。传统型图书馆收集这些资源靠的是工作人员"上山下乡"，而且后期处理难度较大。但是，数字图书馆有它特定的平台与先进的技术支持，它可以在互联网上发布类似于"寻找身边快要消失的传统文化"这样的活动，将遍布全国各地的民间艺术收而汇总，利用强大的数据处理能力分类整理、事半功倍。

（二）主动传播

就像做产品一样，有了产品，你还得去宣传，把它卖出去。数字图书馆传承中国传统文化也是如此，馆里有了"产品"，你不能坐等别人来发现、来了解。特别是现在这个人们逐渐遗忘中国传统文化的时代，数字图书馆更应该义不容辞地向社会大众去传播中国的优秀传统文化，由被动变为主动。

要传承传统文化，创新现代文化，需要全社会的人共同去努力。在当今这个浅阅读时代，有效地引导全民深入地阅读，努力建设 21 世纪的书香社会，这将是图书馆人的奋斗目标。①

1. 提升国人对传统文化的兴趣

由于互联网的普及，人们借阅书籍的途径势必会改变，数字图书馆势必会成为图书馆的主流。虽然目前数字图书馆还没有大众化，但这阻止不了未来网络社会的趋势。在这种趋势下，加上经济的不断发展，人们业余时间变得越来越多，开始注重精神上的需求。传统型图书馆对传承中国传统文化的贡献肯定是不容忽视的，但它的主要贡献仅限于"承"上，很好地保存了全国各地的各种传统文化。传统型图书馆本身就没有特别主动地去向社会大众传播传统文化，在这个高效快速的互联网时代，我们不能把传播我国传统文化的希望还寄托在传统型图书馆上。而数字图书馆，正是为了这个时代而生。

都说兴趣就是最好的老师，所以我们的数字图书馆除了要更主动一

---

① 李劲：《论浅阅读时代图书馆对大众阅读的深度引导》，《图书馆学研究》2008 年第 4 期。

些,还应该去发掘传统文化里的趣味,以此来提升国人对传统文化的兴趣,让人们更乐于去学习传统文化。

2. 做好个性化主动服务

中国式教育从来就是老师教、学生学,即使是号称自由度非常高的大学也逃不了填鸭式教育模式。那么,现代年轻人不主动学习传统文化也就无可厚非了,要想人们真正地接受并爱上我国的传统文化,就需要数字图书馆来助推。

个性化主动信息服务,是将信息服务系统的"被动响应"变为有针对性的"主动服务",是网络环境下信息服务向纵深发展的结果,也是当前数字图书馆信息服务发展主流模式。[①] 个性化主动信息服务的重点除了"主动",还有一个就是"针对性"。中国传统文化博大精深、源远流长,关于传统文化的书籍、视频、图片等资料数量巨大。一个人不可能对所有的传统文化都感兴趣,也不可能看完所有的这些资料,不同年龄、不同地域的人在传统文化上的喜好都不会相同,数字图书馆对读者就应当分别对待,向他们推送适合的传统文化资料。

3. 努力发掘潜在读者

中国传统文化的潜在受众是所有中国人,数字图书馆最主要的发掘对象就是广大网民。数字图书馆应当顺应时代潮流,结合现在的新媒体去"营销"中国的传统文化。比如在微博上定期举行关于传统文化的话题讨论,在全网举行全民阅读分享活动,或者定期举行一些传统艺术的比赛等,各种方法不胜枚举,但最终的落脚点在"主动"这两个字上,数字图书馆应该扮演一个老师的角色,主动地去向广大网民传播中国传统文化。

4. 增强互动交流

传统图书馆里是禁止说话的,这利于创造一个安静的阅读环境,但不利于及时交流,而一旦把书籍借回家,那读者的交流范围将会变得更小。但在数字化图书馆里,可以提供一个互动交流的平台,通过设置各种中国传统文化主题,聚集一群对这个话题感兴趣的读者,随时在互联网展开互动交流。这种互动方式参与人数多,不受时间地域限制。再加

---

① 任通顺:《论高校图书馆个性化主动信息服务》,《情报资料工作》2010年第2期。

上移动互联平台的加入，更利于人们理解中国传统文化并加强这种交流互动。

（三）创新传播传承的方法与渠道

数字化图书馆要利用好自身优势，结合最新的数字化技术手段和渠道，对传统文化进行创新性传播，让中国传统文化在创新性传播过程中得到更好的传承。

1. 建立传统文化主题图书馆

数字图书馆可以很方便地将数据资料归类整理，因此也适合开发一些传统文化的主题数字图书馆，立足于某一特定领域的专门藏书和服务，以此来满足社会大众对这一领域的知识与信息的需要。传统文化经过这样的主题开发，就能做出特色来。目前这样的数字图书馆在中国数量比较少，特别是传统文化主题数字图书馆，不过是凤毛麟角。例如"中国文化海外传播动态数据库"就是其中一个代表。

主题数字图书馆的主题，可以是传统艺术，也可以是传统文学，或者是各地的传统地域文化。比如可以建立一个道家文化主题数字图书馆，藏书全是关于道家文化的，管理人员也是在这方面有一定造诣的学者。那么，当这个主题数字图书馆稍微有点名气之后，就很容易吸引全国各地，甚至是国外的研究道家文化的专家学者的注意，从而引起整个社会对道家文化的兴趣。当然，如果只建立一个主题数字图书馆，效果肯定不会这么理想。只有多多建立这种主题数字图书馆，且各个主题各有差异，在全国范围内形成一种流行趋势，这样才能发挥主题数字图书馆惊人的效应。如果再开发对应的移动应用登录平台，效果将更上一层楼。

2. 实现跨屏、多网融合服务

近几年来，移动互联网迅速兴起，网络平台也从传统的 PC 端发展到移动端，智能手机的兴起更是加快了移动互联网的发展。互联网兴起的时候，人们的阅读方式就已经在向无纸化转变；而移动互联网的兴起，更是加速了这种转变进程。当今世界，大多数纸媒都在改变自己的运营模式，以适应移动互联网时代。

发挥图书馆资源优势，将更多的原生数字资源及知识化、整合化的数字资源通过移动终端提供给读者，也是未来移动数字图书馆服务体系建设的重要内容。在资源建设中应该重点考虑全媒体资源建设，实现跨屏、多网融合服务。①

对于本身就是利用计算机与互联网技术的数字图书馆来说，这是一个绝好的时代。但是，数字图书馆不能仅仅把眼光放在传统的互联网上，更要去开发移动平台市场。数字图书馆要想更好地传播中国传统文化，就要努力开发运营适应现代人们获取信息方式的移动应用。当然，这种应用的核心应当是中国的传统文化。

(四) 健全机制体制

资源建设是数字图书馆建设的核心，应在国家层面进行统一规划与协调，遵循丰富总量、合理布局、优化结构、共建共享的原则，逐步建立起一个结构科学、内容全面、层次分明、布局合理、共联共享、可持续发展的数字资源保障体系。从内容上看，数字图书馆资源建设机制包括数字资源的发展政策、收藏策略、保存机制、评价体系等方面。② 明确的数字资源发展政策、长效的数字资源保存机制及科学的数字馆藏评价体系，都有利于数字图书馆对中国传统文化的传承。

1. 争取更多的社会力量支持

目前，我国数字图书馆的发展支持力量主要来自国家财政，资金并不充裕。但是中国传统文化的传承，光靠国家的力量是不够的，这是全中国人的责任与义务。虽然近几年我国数字图书馆建设成果可观，但是由于资金少、起步晚导致我国图书馆数字化程度偏低、质量不高。未来的数字图书馆要去争取更多社会力量的支持，凡是企业、社会机构或者各界名流愿意赞助数字图书馆建设的，要给予他们这样的机会。数字图书馆也要履行好自己传播知识的义务，去争取更多的社会支持，汇聚多方面的力量，共同把传承中国传统文化的责任担当起来。

2. 提倡馆际交流与合作

目前，中国的数字图书馆最大的问题就是重复建设、交流与合作不够。比如，中国知网、维普、人大复印资料在数据来源上很相似，信息重合度较高，这种重复性资源的增多，势必会造成资金的浪费。我国的数字图书馆发展本身就缺乏资金，这种浪费十分可惜。而各个使用机构

---

① 谢强、牛现云、赵娜：《移动数字图书馆服务体系研究》，《图书情报工作》2013 年第 4 期。
② 郑建明、胡唐明：《我国数字图书馆建设机制研究》，《情报资料工作》2010 年第 9 期。

在略有差异，但差异性不大的数字图书馆之间重复支付使用费用，其效用也是很低的。

数字图书馆之间的交流与合作，主要就是实现资源共享、杜绝资源重复浪费。结合主题数字图书馆的普及，从微观上来说，每个数字图书馆都有其独特性，都是某一方面的权威与代表，馆与馆之间基本不存在利益上的冲突与恶性竞争；从宏观上说，所有的数字图书馆都做到资源上的共享并团结在一起，在全网范围内形成一个各具特色、无比丰富的知识网络，不仅馆与馆之间走向了共赢，这种发展方式更利于知识的传播，让图书馆与读者之间也走向共赢！

综上所述，数字化图书馆在传承中国传统文化中已经取得了初步成效，但是未来的发展还可以做得更多更好。跟上数字化技术的发展步伐，适应用户的信息需要，给用户最便捷的服务，提升国人对中国传统文化的兴趣，将不再是奢望，这是新时代赋予数字图书馆的时代使命。

## 第六节 数字博物馆文化传承案例："数字敦煌"

我国现有各种类型的博物馆2300多座，在陈列、展示、研究、传承中华传统文化等方面发挥着不可替代的作用。博物馆在文化展示上具有直接性、集中性、现实性特点，但也存在着受特定展览时间、地点限制和形式单一、互动性不强、开放性差等缺点。随着科学技术的发展，20世纪90年代初，数字博物馆作为一种新形态在欧美国家兴起。数字博物馆是计算机技术、互联网技术和数字化技术融合的产物，是在数字空间中用数字信号虚拟表现现实空间中物体形状、图案、颜色、声音，并对数字信号进行后期处理、重组等编辑，从而实现在互联网、有线电视以及各种数字播放器中展示的一种综合系统。数字博物馆所运用的技术是不断发展的，传统中使用较多的技术有LED视频技术、互联网视频点播技术、三维动画技术等。当下，特种视频技术、虚拟现实技术、三维成像技术、互动娱乐技术等已经广泛运用。由于数字博物馆具有的不受空间位置限制、没有时间限制、不受展品条件限制、打破信息单向传递限制[①]等优点，我国20世纪90年代初开始了相关工作的尝试，与国外的技术交流合作也不断增多。时至今日，我国已经实施了"现代远程教育网上公共资源建设——大学数字博物馆建设工程"（2001）、"中国国家数字博物馆"（2004）等一系列工程；已经建成的各种数字博物馆有数十处（课题组统计），如社会影响较大的有"数字故宫""数字敦煌""秦始皇兵马俑数字博物馆"等；在建和拟建的数字博物馆数量非常庞大，如"三峡数字博物馆""武氏祠墓群数字博物馆""上海美术馆数字博物馆"等。这其中，"数字敦煌"无论是建设时间、技术创新、国际影响、传统文化传承等方面，在中国数字博物馆建设中都具有代表性。对其进行个案解读，为我们理解传统文化数字博物馆传承具有一定意义。

**一　敦煌莫高窟数字化背景**

敦煌古称"沙州"，位于我国甘肃省酒泉市、河西走廊的最西段，在古代是我国一处交通重镇。由于是丝绸之路羌中道（青海道）、河西道、西域南、北道交会点，敦煌也是古代中华文化与印度文化、欧洲文化、非洲文化的交融点，具有重要的战略地位。莫高窟位于现敦煌市东南25千米的鸣沙山东麓，是开凿于岩壁上的一处大型佛教洞窟群，据"敦煌莫高窟网"数据，莫高窟现有洞窟735个。这些洞窟最早开凿于北朝前秦建元二年（公元366年），其后经过隋、唐、五代、西夏、元等十多个朝代持续一千多年的开凿，形成了目前遗存的大型石窟群。莫高窟中保存着大量极为珍贵的佛教文化遗产，在现存的735个洞窟中，有佛教人物彩塑的洞窟492个、彩塑像2415尊，有以佛教人物、神话、故事为题材创作的壁画4.5万平方米，历史上还保存着古代文书、经卷、织绣、画像等5万多件。由于其巨大的历史、文化、艺术、研究价值，1961年国家将其列为首批全国重点文物保护单位，1987年被联合国教科文组织列入世界文化遗产保护项目。

尽管国家为莫高窟保护做出了巨大的努力，但是其生存仍然面临着巨大的危机，文化价值遭受着各种突发情况的侵蚀。首先，莫高窟文物

---

① 陈刚：《数字博物馆概念、特征及其发展模式探析》，《中国博物馆》2007年第3期。

距今都是数百年以上历史，有很大一部分历史超过千年，经过千年岁月的洗涤，文物的自然风化、变色褪色、自然脱落等情况比较严重；其次，由于地震、自然坍塌、雨水冲刷、风沙危害等地理环境、自然条件、气候的变化因素所导致的石窟壁画病变、壁画脱落、石窟建筑的塌落等现象严重影响着莫高窟的安全；但最严重的情况是，随着旅游开发的进行，越来越多的游客前往莫高窟参观、领悟传统文化，使得窟内温度、湿度、二氧化碳含量等发生显著变化，从而给文物造成了巨大的侵害。据敦煌研究院原院长樊锦诗介绍，1979年时，莫高窟每年接待游客量约有1万人次，到1984年这一数据就猛增到了10万人，1998年时达到20万人次，2012年时达到85万人次，2016年甚至高达惊人的300余万人次。游客大量增加，给部分壁画带来了不可逆的损害。据统计，经过数十年的人为因素干扰，莫高窟4.5万平方米的壁画中已有约20%受到不同程度的损坏，腐蚀、霉变、脱落比较严重，"如156窟原有墨书《莫高窟记》，在20世纪60年代仍依稀可见，现在已经看不到了"。而对比2004年和2014年时所拍摄照片，博物馆专业管理人员大吃一惊，"如果任由这种状况延续下去，将给莫高窟造成毁灭性的打击"①。这是相关部门、学者和博物馆管理人员的一致看法。

如何做到既不损害莫高窟这一中华优秀传统文化宝库本体，又能满足广大人民群众学习、领悟传统文化的需求，以及有效利用莫高窟文化元素积极发展文化产业，产生更高经济效益，成为摆在专业人员面前的一道难题。20世纪90年代初兴起的数字博物馆，有效地解决了这一难题。

### 二 敦煌莫高窟数字化历程

将敦煌莫高窟文物信息准确记录，同时保护文物是莫高窟数字化建设的初衷。早在20世纪80年代，莫高窟管理者就进行了相关尝试，最开始采用的技术是用传统照相机进行拍摄，但结果发现传统相机的输出精度远远达不到1:1的技术要求，照片信息零碎，对细微信息的反映不够

---

① 周龙、方莉、宋喜群：《数字敦煌：换种方式感受敦煌魅力》，《光明日报》2014年7月28日。

精准，而且还存在信息丢失的情况。随着数码相机和计算机技术的发展，使得管理者看到了相关工作的前景。90年代初期，电脑三维动画开始出现，初步接触到相关技术的莫高窟管理者大呼"大开眼界"，并产生了为石窟、壁画和彩塑建立数字档案，并最终实现数字化保存和展示的想法，"数字敦煌"构想开始形成。

为了实践上述想法，1993年，敦煌研究院开始尝试使用计算机技术对莫高窟壁画信息进行重组，这一计划也得到甘肃省和国家的支持。当年，"濒危珍贵文物信息的计算机存贮与再现系统"被列入国家"九五"攻关课题，"敦煌壁画计算机存贮与再现系统"列入甘肃省科技课题。但是，由于技术不成熟，也没有可以借鉴的成熟经验，虽然在壁画色彩的计算机复原和石窟档案系统等方面取得了一些成果，但总体来看取得的成效比较有限。其后，该院承担的一系列国家科委、国家"863"项目等多项有关敦煌壁画数字化技术的课题，是敦煌数字储存技术的进一步实践，为后续相关工作奠定了基础。1998年，敦煌研究院组织专家赴美国进行考察，在美国梅隆基金会的支持下，与美国西北大学达成"数字化敦煌壁画合作研究"的协议，开始了中外合作对敦煌壁画进行数字化拍摄工作。在拍摄中，联合开发了"多视点拍摄与计算机结合处理"技术，解决了一般相机对于拍摄窟顶、塑像、佛龛都无能为力的难题，到2005年年底，项目组完成了22个洞窟壁画的数字化采集。

在前期工作积累的基础上，2006年，敦煌研究院成立"数字中心"（现称"文物数字化研究所"），并联合浙江大学、武汉大学、中国科学院计算研究所及部分企业展开协调攻关，开始自主进行数字化工作。经过一系列探索和实践，取得了一系列阶段性成果：2008年建立"敦煌遗书数据库"，收录有现藏于法国、英国、北京图书馆的敦煌遗书约2万余件，占全世界全部遗书总量的50%左右；2007年建立"敦煌数字图片库"，将自1944年以来所有拍摄保存的与莫高窟有关壁画、彩塑、建筑、出土物品、考古发掘的照片胶片进行数字化采集、存储；2010年2月，敦煌研究院与浙江大学共建成立了"敦煌石窟壁画数字资源库和文化遗产数字保护技术联合实验室"；2010年7月，"敦煌壁画数字化流程"通过专家评估；2011年7月，由敦煌研究院数字中心虚拟现实工作室与北京双百爱玲珑数据有限公司共同实施的"敦煌莫高窟全景影像获取及定位测量项目",结束了第一期 8 个洞窟的数据采集;2013 年 7 月,敦煌研究院完成对 52 个洞窟中 10800 平方米壁画的数字化工作;到 2016 年 10 月,完成了 120 个洞窟的图像采集、42 个洞窟的图像处理、20 身彩塑的三维重建、120 个洞窟的全景漫游节目制作、124 个洞窟的三维扫描,文献数据库信息达 20 万条等。

### 三 "数字敦煌"成效和局限

经过数十年的探索与积累,"数字敦煌"取得了积极的社会效果,数字化技术本身所具有的特点和优势,也为传统文化传承带来了便捷,但数字化技术的运用也有一定的局限性。

#### (一)主要工作

"数字敦煌"实践过程中,其内涵、外延都在不断扩充,取得的成果绝不仅仅局限在壁画方面,其在数字博物馆理念创新、所创设的一系列技术规范、新技术的实践等方面在我国都堪称代表。

1. 研发、创新了一系列数字化新技术和操作流程、规范

如通过设备更新和技术探索,2006 年采用"焦点堆栈技术",将摄影分辨率提升至 300dpi,满足了后期制作一切要求,并确定为洞窟图像采集标准;研究院自主设计的图像拼接方法获得国家发明专利;2010 年确定的"敦煌壁画数字化流程"不仅成为敦煌莫高窟的数字化流程,而且成为我国石窟类数字化采集流程标准;新探索的适合石窟彩塑三维重建的关键技术、壁画辅助临摹与修复系统、计算机辅助石窟的保护修复系统、智能化图形图像处理技术、敦煌风格图案创作与展示系统、虚拟参观旅游系统都具有开拓意义。

2. "数字敦煌"外延不断扩大

在 20 世纪 90 年代提出数字化构想之初,其工作内容仅限于莫高窟壁画,随着数字化技术的发展,2006 年后,洞窟和彩塑的数字化成为可能,工作对象随之扩大。如今"数字敦煌"已经发展出三层含义,一方面是要将莫高窟壁画、洞窟、彩塑及一切相关文化遗产进行高智能数字采集,另一方面将所有敦煌文献、研究资料通过数字处理汇成电子档案,再一方面是通过虚拟现实、增强现实、三维重建等技术将数字化成果进行展示。数字化最初的目的,只是采用数字采集和光学测量等技术,把壁画

的材质、纹理等数据信息进行采集和存储，以达到永久保存文物信息的目的。随着技术的进步，数字化已经在文物修复与复原、文物展示、旅游开发、艺术工艺品设计、动漫产业开发、文化教育、对外宣传等方面发挥着越来越重要的作用。

3. 数字化的速度加快，利用取得突破性成果

2006年至2008年，敦煌研究院独立完成了16个洞窟的数字采集；至2016年，已完成了110个洞窟的高保真壁画数字化采集、40个洞窟的整窟高保真数字化图像处理以及110个360度虚拟漫游全景节目、近20余身敦煌石窟重点彩塑的三维重建。建成了"数字敦煌"网站，游客可以通过网站虚拟720度无视角盲区游览反映10个朝代、30个洞窟、4430平方米壁画。游览中可挑选游览线路、对感兴趣的内容进行放大、旋转、拖放进行仔细观摩；完成了"数字展示中心"建设，并于2015年开放，游客可通过主题《千年莫高》和球幕电影《梦幻佛宫》，分别欣赏莫高窟历史文化背景以及精美石窟艺术；按采集数据1∶1比例复制了大量精美壁画和彩塑，如分层壁画立体再现了莫高窟第329窟的藻井以及第257窟的《鹿王本生图》、3D打印完美再现了莫高窟328窟佛龛的8身彩塑用于展览展示、采用可穿戴式虚拟漫游设备为观众带来"穿越时空"的互动体验等。

4. 加强国内外合作，影响不断扩大

一方面，在数字化过程中，敦煌研究院逐渐成为世界敦煌学研究中心。在"国际敦煌"项目实施过程中，通过数字化，敦煌研究院为国际社会提供了一系列数字图片等信息，也通过捐献获得了法国国家图书馆数字化的馆藏敦煌文献。2016年，"数字敦煌"国际项目咨询会举行，来自中国、美国、英国、法国等8个国家和我国香港、台湾地区的30多位知名专家学者受聘担任"数字敦煌"国际项目咨询委员。另一方面，在数字化过程中，敦煌研究院趋近成熟的数字化模式得到了行业内的认可与推广，目前已对西藏夏鲁寺壁画、新疆克孜尔石窟壁画、山东岱庙天贶殿壁画、河北曲阳北岳庙壁画、河北毗卢寺壁画等同类型壁画的数字化进行了技术支撑，取得了良好的社会效益；另外，对外交流宣传效果更加明显，2016年以"数字敦煌"为主题的敦煌文化展已经走出国门，在俄罗斯进行展览，还将赴美国、法国、日本等国展出。目前，敦煌研

究院正在与法国吉美博物馆、大英图书馆进行"数字敦煌"有关的项目合作，两馆所收藏的敦煌文物将通过数字化方式实现共享。在国内，"数字敦煌"已经走进中央党校、武汉大学、甘肃河西学院等高校和文化场所，并将持续在国内各大高校进行展示等。

（二）在文化传承上的成效

"数字敦煌"的实施，不仅为莫高窟保护开辟了一条新路径，从文化传承上来说，也取得了一系列重要成效。

1. 敦煌莫高窟文化的信息保存实现了永久化

莫高窟实体自身存在易损性特点，一旦损害将不可逆转。传统拍摄、画像、临摹等手段也不能解决失真和细节无法详尽展示等问题。数字化技术一方面给图像、色彩、造型赋予了另一种存在方式，可以达到完全逼真的效果，而且能够使用计算机永久保存；另一方面使用数字化信息建模、高清打印、3D打印等技术，可以随时实现全真复制，即使文物本体损失或者出现变化，相关信息也能够永久保存；再一方面，数字化展示能够有效平衡文物保护与旅游开发之间的矛盾，一定意义上也有助于文物的长期保存。

2. 敦煌莫高窟文化传播范围扩大、效果更明显

通过网络虚拟游览，能够有效满足远距离、随时浏览的需求。2016年4月30日，"数字敦煌"资源库通过互联网向全球发布，截至2016年7月27日3个月时间，该资源库独立IP访问有82977个，页面总访问量达到895047次，除内地外，美国、中国的台湾和香港地区、日本、加拿大、澳大利亚、德国等访问者所占比例约有42%。数字化制作的视频、图像、复制品还能实现"走出去"，解决不可移动文物文化传播不灵活的弊端。通过这种方式，敦煌文化实现了走出文物本体环境的目标，以新环境、新视觉、新模式改变了传统而单一的展览、游览方式，让陌生群众有机会接触到古老文化，让悠久的文化有机会融入现代生活。现代化数字媒介，"数字展""网络体验""手机App"等使得游览更加便捷，如敦煌研究院开发完成的"莫高窟手机App"和"莫高窟目的地体验馆"，包含全景漫游、参观预约等多种功能，可使游客无死角地"畅游"多个精美洞窟，"动动手指就好像游了一趟莫高窟，并且清晰度等感觉比实体洞窟效果更好"是一位微信用户对该软件的真实评价；数字化虚拟体验

等功能，则有助于观众更生动地把文物欣赏与文物所处历史背景、生态背景、文化背景等联系起来，更深入地理解文化内涵。

3. 为敦煌莫高窟文物的修复提供了新参考

文物修复是博物馆文物工作的重要内容，利用采集的大量数据信息和世界范围内的同类信息、计算机强大的计算功能和专业软件的虚拟功能，数字化能够为文物修复提供科学参考。在"数字敦煌"实施中，相关数据被应用于敦煌壁画、文物、洞窟修复，取得了积极成果。如2002年第85号窟修复工程有效解决了壁画空鼓、裂缝和地仗等灾害；2010年第98号窟壁画保护修复工程获得"全国优秀文物维修工程"称号；2012年前对16号、66号洞窟的修复总面积达到200平方米；2013年至2014年与中国丝绸博物馆联合完成对出土62件（组）丝绸文物修复整理等。利用数字技术对已经消失或不完整的文物、遗址等进行数字化复原也取得重要成果，《千年莫高》《梦幻佛宫》《敦煌不再遥远》等影片中均采用了大量此类技术。在研究院的计划中，3D打印技术还将被大量运用于文物修复。

4. 敦煌莫高窟文化的利用更加便捷

一方面，数字化成果特征之一，就是可以无限次的复制，对数据信息中的某些元素进行提取，对某些元素进行加工和编辑，从而达到为社会服务的目的。敦煌彩塑中大量的人物造型，壁画中反映的故事情节和场景，人物动作和造型，动植物形象，服饰、劳动工具等都是值得挖掘、能够产生效益的元素。近年来，依托数字化技术，将观众比较熟悉的题材进行数据加工和编辑，已经开发出了《舍身饲虎》《玄奘取经》《五色鹿》等动漫影片。利用数字化技术采集信息制作而成的石版画、复制彩塑、挂件等物品已经遍及旅游区商店等。另一方面，对文献、文物、成果等信息全面数字化采集、存储，有利于相关信息的及时查找、比对和关联性扩展，对开展相关研究来说也具有极大的便利性。

5. 为我国数字博物馆建设培养了一批技术人才

经过20余年来的探索实践，在敦煌壁画、石窟、彩塑的数字化信息的采集、存储、加工、展示等方面技术持续不断的探索和积累，培养了一支年轻化的数字化专业人员队伍，这些数字化人才迅速成长为我国不可移动类数字博物馆建设中坚力量。我国北方各大文物保护单位数字化工程中，大多都有敦煌研究院参与，为运用数字化技术推进我国文化遗产研究、保护与弘扬事业的发展做出了贡献。

（三）存在的局限

作为数字化技术与博物馆建设成功实践，"数字敦煌"取得的效果十分明显，但是也要看到，对于文物保护和文化传承来说，数字化技术也不是万能的，存在一定的局限。

1. 数字化技术只能留存、展示信息，并不能真正代替文物本体

虽然数字采集技术能够对文物图案、造型、色彩等进行极为清晰的采集，利用数字加工技术能够实现对采集信息进行加工和编辑，虚拟现实和增强现实技术能够对这些信息进行全新展示，3D打印技术甚至能够全真模拟包括灰尘在内的一切细节。但是应该看到，文物的材质、工艺、历史、内部构造以及其所沉淀的文化内涵、稀有性价值并不是数字化技术能够代替的。因此，数字博物馆只能作为传统博物馆的补充形态存在，是博物馆信息保存和向外展示的一种新形式，而不能代替传统博物馆。正因如此，敦煌莫高窟实地旅游的人数并没有因为"数字敦煌"的上线而降低，2017年7月，敦煌日均游客量猛增至1.8万人，大大超出了6000人的最高接待限额。

2. 对资金、技术、人力的需求十分巨大

在技术方面，数字化采集、编辑、存储、展示、交换等技术都在不断进步，而由于技术开发主体的多元性、数字标准正常提高，数字化技术标准难以完全统一，故而往往造成数据转换、利用、展示方面的困难，有时甚至需要对相关工作进行重复。"数字敦煌"建设过程中，2000年以前采集手段与之后的采集手段、2006年以前采集标准与之后标准的差异，为工作带来的困扰是比较明显的。人力方面，数字化工作是一件极为复杂而又烦琐的工程，涉及采集、拼接、后期加工、展示设计等环节，往往一个洞窟中的一个壁面需要拍摄数千张图片，6人工作小组一个半月只能完成一座彩塑三分之一拍摄，而一名工作人员一天只能拼接15张图片。从1999年到2013年7月历时14年，整个敦煌壁画45000平方米中仅完成10800平方米数字化工作，其人力需求可想而知。在资金方面，数字博物馆建设需要最顶尖的仪器设备、使用最前沿的技术，加之技术、学术交流和长时期的人力资源支出，所需资金非常庞大。在"数字敦煌"

建设中,"缺钱"信息不时被媒体报道,前院长樊锦诗多次向国家申请专项资金,敦煌研究院曾多次公开向社会进行募捐[①],2010年,公益团体"香港敦煌之友"为敦煌募集大批经费;2011年,微软亚洲研究院向敦煌研究院捐赠很高像素相机;2013年,郁美净集团捐资70万元助力数字化项目。除此之外,还不断有个人对数字化项目进行捐资。以上情况说明,数字化虽然有巨大优势,但并不容易轻易实施,需要成熟的条件。

3. 容易产生版权等方面的问题

在数字化采集、编辑、展示、应用过程中,都容易产生盗版、滥用等问题,对于数字博物馆来说可能会带来损失。如在与美国梅隆基金会合作过程中,敦煌研究院就十分注意知识产权保护,在2000年到2002年,双方前后共签署了四项协议,每份协议都将拍摄内容知识产权归属问题作为最重要的内容。在"数字敦煌"上线运行后,利用剪辑技术对图像复制,进行画册、广告、网页、产品包装等方面运用的情况也比较普遍,从知识产权角度考量,对敦煌研究院来说是不利的。

4. 可能出现文化挤压现象

由于资金、技术等方面的限制,能够进行数字化建设的博物馆数量是十分有限的。新颖的表达方式、生动的表达效果、强烈的互动娱乐性、广阔的网络传播空间,给了数字博物馆足够的社会关注,甚至越来越受追捧。但对那些没有进行数字化建设的博物馆来说,它们的文物价值同样重要,但是因为缺乏对传播环境的适应性,可能会出现受众越来越狭窄、越来越边缘化的现象。从文化传承的角度来说,这种现象也是不利的。

5. 过度娱乐性

为了对采集的文化信息进行更加生动的展示,吸引更多关注,数字博物馆通常会采用诸如虚拟现实、增强现实、互动现实之类的技术,有的还会开发动漫作品,这对文化传播是有利的。但是如果只偏重于生动性、互动性,就有可能导致形式与内容之间的冲突。数字博物馆建设根本目的,是存储文物信息、展示文物信息、进行文化教育传承,如果脱

---

① 孙丽萍:《樊锦诗:"数字敦煌"需要"供养人"》,凤凰网,http://news.ifeng.com/society/。

离了这一限制，转而把关注点投向"市场"，那么就是"舍本逐末"的行为，是不具有长远发展空间的。

**四 完善数字博物馆文化传承的对策**

"数字敦煌"为我们正确理解数字博物馆建设的优点、效应、局限等提供了一个视角，为文化的数字化技术传承分析提供了典型个案。"以小见大"，从更有利于文化传承的角度，数字化博物馆建设应该注意以下一些问题。

（一）始终要把文化传承作为核心目的

博物馆藏文物沉淀了我国传统社会优秀工艺技巧、思想理念、价值观念、历史传统，不仅具有历史价值，造型、色彩、工艺等还具有现实价值。作为文化传承的专业单位，数字博物馆主要工作是用先进的科学技术手段把文物和文物相关信息保存下来，把沉淀的文化价值挖掘、整理出来，把优秀的传统文化展示、分享给更多的群众。而这些工作都是以文化作为核心内容的，数字化技术是为文化传承服务的一种有效工具，如果脱离了这个框架，就会得不偿失。因此，在数字博物馆建设中应该做到以下几点：一是不能放松对文物所反映的历史信息、工艺技术、文化信息、思想观念等内涵的研究，只有这些研究深入了，文物的价值才能够提升、才能用数字化技术表现出来；二是要加大使数字化技术对传统文化融合相关技术的采用和研发，把文物所沉淀的各种信息和内涵用简单、直接、高效的技术表达出来；三是要强化对与文物相关历史资料、信息、成果的汇总与数字化，只有这些资料都汇聚在数据库之中，信息才能完整，研究才能深入，利用才能便捷。

（二）数字博物馆建设不能代替传统博物馆建设

传统博物馆是数字博物馆之根。数字博物馆传承文化上虽具有一些优势，但传统博物馆的本体地位不容替代。传统博物馆在文物实体保存、保护、修复、展示等方面具有的直接性、真实性，也是数字博物馆所不能具备的。因此，在进行数字博物馆建设的时候，一定不要放松对传统博物馆建设。要确保博物馆的展存工作正常、持续开展；要加强对博物馆展品整理、归类、研究等工作；要加大对传统博物馆保存条件、修复技术、展示条件、场馆建设等方面的投入；要加强对博物馆外部环境整治，防止博物馆因外部原因出现自然和人为损害。

(三) 对文物数字化保护的同时不能忽视非物质文化遗产保护

非物质文化遗产在文化中隐性存在，却积淀着文化中最核心的价值。非物质文化与物质文化相伴而生，在文化保护中具有同等重要的地位。以莫高窟壁画为例，其中的山水画、动物画、人物画、装饰图案画传承千余年，均可代表独立的图案画史；不同类型的建筑画，表现出的佛寺、城垣、宫殿、阙、草庵、穹庐、帐、帷、客栈、酒店、屠房、烽火台、桥梁、监狱、坟茔，以及斗拱、柱坊、门窗等建筑部件和装饰，也可称之为一部中国古代建筑史；音乐题材洞窟达200多个，绘有不同类型乐队500余组、乐器40余种，藏经洞文献中也有大量曲谱和其他音乐资料，又可构成一部中国音乐文化发展史。这些壁画中隐藏的非物质文化信息的作用丝毫不亚于洞窟、壁画和彩塑本身。在对文物进行数字化保护的同时，要加大对这些非物质文化信息的挖掘、研究和传承，这样才能做到全面保护。

(四) 加强数字博物馆关联性建设

充分利用数字化技术优势，突出博物馆共建、共享的特色，将若干同类型或者相关联的博物馆建设成为一个资源整合、共享的宏大平台。这种做法可以避免各自为政、重复建设的情况，更重要的是可以整合资源实现"共同文化空间的打造"，从而实现丰富内容、扩大影响、有利对比研究的目的。2012年，百度百科数字化博物馆正式上线，与中国国家博物馆、中国古动物博物馆、中国地质博物馆、北京天文馆、湖南省博物馆、陕西历史博物馆、刘少奇同志纪念馆、上海博物馆8家知名博物馆达成深度合作，通过互联网来实现各数字化博物馆的联系，加强信息检索功能，是整合数字化博物馆"孤岛"的初步尝试。对于像"数字敦煌"这样的数字平台来说，一方面可以继续丰富内容，另一方面可以与龙门石窟、麦积山石窟、云冈石窟等合作，共建世界最具代表性的石窟艺术数字化平台。

综上所述，敦煌莫高窟数字化过程中，研发、创新了一系列数字化新技术和操作流程、规范，使"数字敦煌"外延不断扩大，数字化利用取得突破性成果，通过加强国际合作，对外影响不断扩大。数字敦煌使莫高窟文化信息保存实现了永久化，并为敦煌莫高窟文物的修复提供了新参考，传播范围扩大，利用更加便捷，为我国数字博物馆建设培养了一批技术人才。但数字化技术只能留存、展示信息，并不能真正代替文物本体，对资金、技术、人力的需求十分巨大，容易产生版权等方面的问题，可能出现文化挤压现象，带来娱乐性与文化性之间的平衡问题。因此，数字博物馆建设始终要把文化传承作为核心目的，不能代替传统博物馆建设，加强数字博物馆关联性建设，进一步扩大文化传承效果。

# 第六章

# 中华优秀传统文化博物馆传承

博物馆是国家教育体系中的非正式教育机构，是保存人类优秀传统文化的基因库。在当代中国，博物馆已经发展成为满足民众文化需求的公共文化服务机构。作为中华文明的记忆宝库，博物馆拥有传承中华优秀传统文化的优质资源，是中华优秀传统文化传承的重要场域。

## 第一节 博物馆场域建设

博物馆场域由博物馆场馆、博物馆教育者、博物馆受众三个基本要素组成。博物馆场馆是博物馆场域的物质载体。博物馆教育者是指开展中华优秀传统文化教育的从业人员，广义而言，博物馆内的所有员工都是博物馆教育者；狭义而言，仅仅指在博物馆从事教育及相关业务工作的人员。博物馆受众是中华优秀传统文化的承继者，是指在博物馆建筑场馆内通过参观展览、参与活动、听讲座等形式，接受中华优秀传统文化教育的民众。广义而言，所有接收到博物馆信息的民众都是博物馆受众；狭义而言，仅指在博物馆内接受博物馆信息的观众。场馆、教育者、受众三者相互依存、相互联系，共同构成博物馆场域。

### 一 博物馆场馆建设

100多年以来，中国博物馆馆舍建筑从无到有，从少到多，从简朴到专业化、智能化，经历了一个不断发展、不断提升的历史过程。由于受创建历史、所处地域、行政隶属以及博物馆类型等多种因素的影响，中国当代博物馆场馆的地理分布、数量、建筑规模和建筑形制千差万别，呈现出多样化特征。

(一) 博物馆数量快速增长

中国博物馆建设经历了一个曲折的发展历程。清朝末年，国门渐开，西方博物馆思想传至中国，外国传教士率先在中国开启博物馆建设实践，创办了震旦博物院、上海博物院、华北博物院、济南广智院等博物馆。但这些博物馆的创建和使用，没有华人参与，也没有对中国民众开放，仅仅是外国科研机构在中国的分支和延伸。1905 年，中国出现第一座由国人自主创办并对民众开放的博物馆——南通博物苑，由此开启中国博物馆事业发展道路。民国早期，博物馆数量逐年增加，至 1936 年达到 77 家。抗日战争和解放战争期间，博物馆遭受战争重创，至新中国成立时，博物馆数量一度降至 12 家。新中国成立后，党和政府高度重视博物馆建设，通过接管、改造和新建，20 世纪 50 年代的博物馆数量迅速增加，至 1966 年"文化大革命"前夕，全国博物馆的数量约 200 家。十年动乱再次使文博事业停滞不前。20 世纪 80 年代博物馆建设随着经济的复苏逐步迈入发展阶段，博物馆数量逐年增加。90 年代，博物馆建设继续增速发展。进入 21 世纪之后，随着非物质文化遗产保护、"一带一路"、公共文化服务体系创建、精准扶贫、乡村振兴等国家战略的实施，文博行业进入蓬勃发展时期，博物馆数量呈现出大幅度增加的趋势，根据文化和旅游部数据，1996—2017 年中国博物馆规模逐年快速增长，1996 年有 1219 个，到 2017 年，博物馆数量达到 4721 个，占文物机构的 47.5%。见图 6-1[①]。

(二) 博物馆分布范围广

中国已经建成了覆盖全国各省市自治区的博物馆网络，依据 2016 年国家文物局公布的博物馆名录，各省、市、自治区博物馆数量分别为：山东省 (388 家)、浙江省 (305 家)、河南省 (305 家)、江苏省 (279 家)、陕西省 (258 家)、广东省 (255 家)、四川省 (236 家)、安徽省 (221 家)、湖北省 (209 家)、黑龙江省 (208 家)、甘肃省 (202 家)、内蒙古自治区 (185 家)、北京市 (157 家)、江西省 (145 家)、湖南省 (134 家)、山西省 (134 家)、福建省 (120 家)、云南省 (110 家)、上海市 (108 家)、吉林省 (105 家)、辽宁省 (105 家)、新疆维吾尔自治

---

① 资料来源：前瞻产业研究院整理。

区（103家）、河北省（102家）、广西壮族自治区（101家）、重庆市（82家）、贵州省（81家）、宁夏回族自治区（59家）、天津市（56家）、青海省（36家）、海南省（28家）、西藏自治区（9家）①。其中超过300家博物馆的省份达3个，超过200家博物馆的省份达11个，博物馆数量最多的山东省已建成388家博物馆，数量最少的西藏自治区也有9家博物馆。博物馆在县市级行政区的覆盖率大幅度提升，甚至在某些地区的乡镇也有建立，例如浙江安吉的生态博物馆已经延伸至乡村。

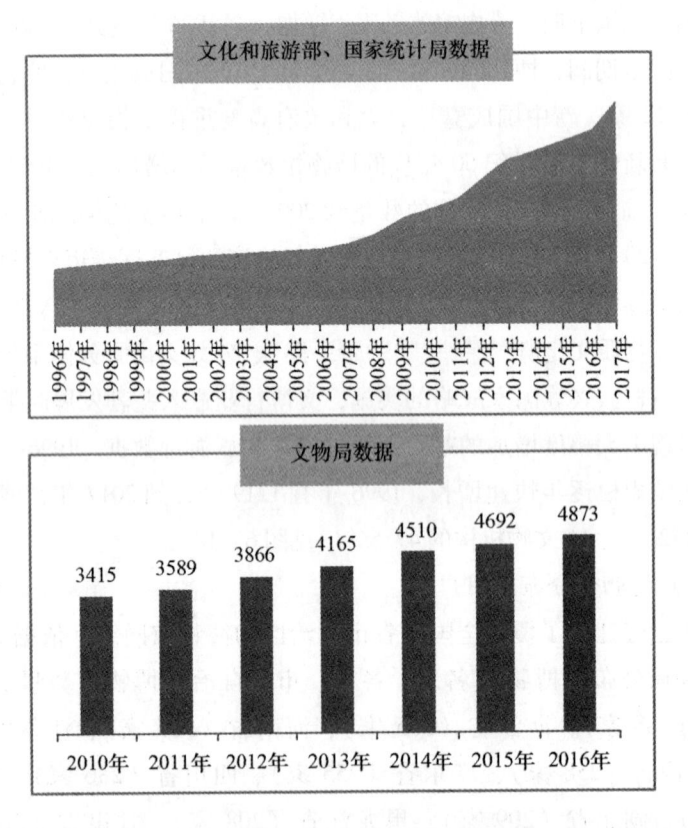

图6-1 1996—2017年中国博物馆数量变化趋势（单位：家）

---

① 《2016年度全国博物馆名录》，国家文物局官网，http://www.sach.gov.cn/art/2018/1/4/art_1952_146290.html。

### (三) 博物馆场馆设施日趋现代化

中国当代博物馆的场馆建筑,主要可以分为现代建筑和历史建筑两个大类。其中,现代建筑类依据建筑风格,又可分为现代新式建筑和现代仿古建筑。历史建筑类,又根据建筑的历史可分为古代建筑、民国时期建筑、人民公社时期建筑。无论是何种类型、何种规模的博物馆建筑,内部都有满足博物馆文物保管、科技保护、研究、展览、教育、接待、休闲服务、安保等各项工作需求的功能区域划分,并配备了相应的设施、设备。

中国当代博物馆场馆建设,已经达到或接近发达国家的水平。以国家博物馆、首都博物馆、河南博物院、南京博物院、山西博物院、内蒙古自治区博物院、湖北省博物馆、湖南省博物馆、上海博物馆、浙江省博物馆等为代表的国家级、省级综合性大型场馆的设施都已步入国际先进行列。文物库房、展示区、接待服务区、办公区等功能区划分明确,门票查验、安保监控、导览讲解、库房管理、网络办公、宣传推广等都采用新技术,实现系统化、信息化、智能化管理。参观、体验、购物、餐饮、急救等各种服务设施一应俱全,还为老年人、婴幼儿以及各类残障人士配备了贴心好用的专用设备。除此之外,诸如服装博物馆、丝绸博物馆、中医药博物馆等众多具有行业特色的专题性博物馆,古建筑遗址博物馆、考古遗址博物馆、非遗类博物馆等等,也都随着行业发展、文化遗产保护以及考古工作的推进不断涌现出来,还有数量众多的各类中小型博物馆,场馆设施都与时俱进,拥有符合当代博物馆服务理念的各种设施和设备。博物馆场馆设施现代化,已经成为中国博物馆界的发展潮流和趋势。

### (四) 博物馆馆藏资源日益丰富

无论博物馆的建筑、服务设施如何现代化,藏品才是博物馆的灵魂,藏品征集是博物馆场域建设的核心工作。随着政策激励和财政支持力度的加大,中国博物馆馆藏资源日益丰富,截至2017年,全国文物机构拥有文物藏品5096.32万件,比2016年年末增长14.4%,其中,博物馆文物藏品3938.32万件/套,占文物藏品总量的77.3%(见图6-2)。丰富的藏品是博物馆从事一切活动的基础,也是博物馆进行优秀传统文化教育传承的资源保障,现有馆藏资源为优秀中华传统文化的教育传承奠定了坚实的基础。

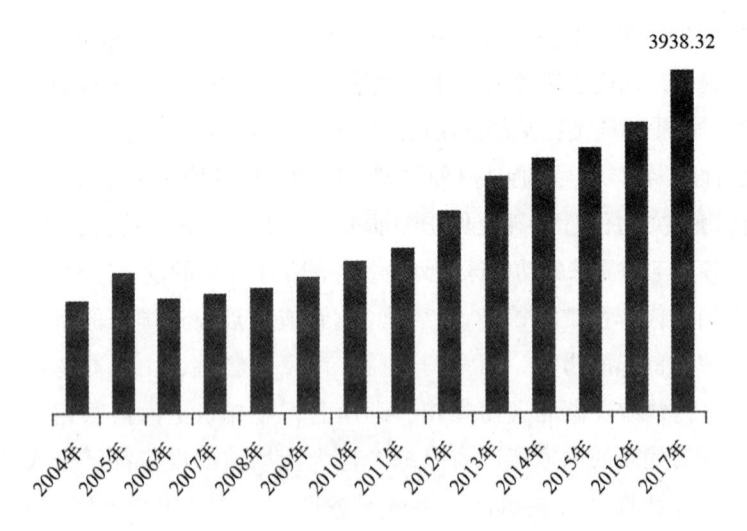

**图 6-2　2004—2017 年中国博物馆文物藏品数（单位：万件/套）**

资料来源：前瞻产业研究院整理。

## 二　博物馆的传者

博物馆的传者（教育者）是中华优秀传统文化传承的实施者，是博物馆场域中文化信息的输出方，其知识水平、文化素养、职业操守等直接关系到中华优秀传统文化传承的效果。博物馆教育者有广义和狭义之分。博物馆所有工作的终极目标是公众教育，因此广义的博物馆教育者包括安保、保洁、接待服务、行政管理等人员在内的博物馆所有从业者，他们共同实现博物馆的对外开放，塑造博物馆的社会形象，吸引民众成为博物馆观众，最终完成中华优秀传统文化的传承。在博物馆内直接从事藏品研究、文物保护、展览策划与实施、教育活动策划与实施、宣传推广等工作的人员，是我们所称的"博物馆业务人员"，他们的工作决定博物馆教育的内容、水平、范围和效果，是狭义的博物馆教育者，也是中华优秀传统文化博物馆传承的直接承担者。本书讨论的博物馆教育者是指狭义概念而言。中国当代博物馆教育者现状可以归纳为如下几点。

### （一）博物馆教育者队伍初步建成

从事博物馆教育的组织机构，已经形成，中国博物馆最基本的组织机构通常由业务部、社教部、安保部、办公室组成"三部一室"。大型博物馆在此基础上更进一步细分为：征集部、研究部、保管部、科技保护部、信息部、开放服务部、社会教育部、后勤保障部、财务部、行政办公室、安保部等。各地博物馆的组织机构设置大同小异，具体视博物馆规模、性质等情况而略有不同。博物馆教育者队伍主要来自博物馆内部，其中社教部（开放服务部、社会教育部）是在一线直接从事博物馆教育的专门机构，面向不同年龄阶段的受众进行展览讲解，开展教育活动，是博物馆教育的中坚力量；征集部、保管部、科技保护部、研究部、展览部则是社教部的智力支持，他们收藏、研究、保护藏品，利用藏品策划展览，撰写展览讲解词，决定博物馆教育的内容、形式等，在幕后间接从事博物馆教育。此外，博物馆还招募志愿者从事展览讲解等工作，利用社会力量充实博物馆教育者队伍，讲解志愿者已经成为很多地方博物馆教育的重要力量。

（二）博物馆教育者队伍数量相对不足

截至2017年年底，全国共有各类文物机构9931个，其中博物馆4721个，占文物机构总数的47.5%。尽管中国博物馆数量已接近5000家，[①]但相较于中国13亿人口来说，中国人均拥有的博物馆资源还远远落后于发达国家，博物馆从业队伍人数总量小决定了博物馆教育者队伍的不足。很多中小型博物馆由于编制和财力限制，博物馆职能部门区分不明，一人身兼数职的现象十分普遍。例如，一些博物馆的业务部肩负了藏品征集部、保管部、科技保护部、文物研究部、展览策划部等多个部门的职能，不得不实行一人多岗。博物馆社教部只是博物馆职能部门之一，专职从事博物馆接待服务和社会教育的人数就更少，不能满足快速增加的博物馆观众需求，也不能满足中华优秀传统文化博物馆传承的需求。

（三）博物馆教育者素质参差不齐

博物馆教育者必须具备包括专业知识、专业技能和职业道德三个层面的专业素养，这由博物馆行业的特殊性所决定。一方面，由于博物馆是一个涉及人文社会科学、自然科学以及艺术美学等多个领域的信息传

---

① 数据来源于2018年《中华人民共和国文化和旅游部2017年文化发展统计公报》。

播机构，博物馆教育者传播的信息来自于各个学科领域，必须专业、准确；另一方面，博物馆信息的接受者是不同年龄、不同性别、不同地域、不同族群、不同文化背景、不同学历、不同知识层次的民众群体，博物馆教育者必须具备与这些民众群体打交道的能力，必须懂得教育学、心理学、行为学、社会学等相关学科知识，拥有沟通、组织和协调、语言表达等能力。国家文物局最新数据显示，文博从业人员16.16万人，其中高级职称9221人，占5.7%，中级职称20136人，占12.5%。[1] 由此可见，中、高级职称人员的比例不足文博从业人员的20%，80%的文博工作者还停留在专业知识和技能都有待提升的状态，难以满足行业发展需求。就中华优秀传统文化传承而言，博物馆教育者必须具有传统文化、文物、历史、考古等专业知识，深入研究陈列展览内容及其所涉及展品的相关知识，及时了解学术前沿的新成果。目前，高学历的文博人才多集中于国家级、省级大型博物馆，而县市级和乡镇博物馆的专业人才普遍匮乏。笔者在武陵山片区的博物馆调研中发现很多中小博物馆甚至一个文博专业背景的专业人员都没有，与拥有数十名、数百名专家学者的国家大型综合性博物馆有很大差距。各地博物馆教育者素养参差不齐的现状，严重影响博物馆教育职能的发挥，影响中华优秀传统文化的博物馆传承效果。

### 三 博物馆的受众

博物馆受众是博物馆信息传播的接受者，是博物馆的服务对象。随着博物馆事业的发展，博物馆受众越来越受到关注，对于博物馆受众的了解和研究已成为博物馆中长期规划、年度计划、展览和教育活动策划等重大方案制订的前提和依据。博物馆受众的需求直接影响博物馆业务发展方向，越来越多的博物馆在调查研究的基础上，依据自身的馆藏资源优势确定目标受众。深入的博物馆受众研究，是做好中华优秀传统文化博物馆传承的必要前提。

（一）博物馆受众的组成

博物馆受众包括到博物馆实地参观的观众、未到博物馆参观但已经

---

[1] 数据来源于2018年《中华人民共和国文化和旅游部2017年文化发展统计公报》。

接收到源自博物馆的信息的潜在观众。博物馆观众是置身于博物馆传承场域，全方位感受、体验和接收博物馆信息的群体，也是中华优秀传统文化博物馆传承教育最为重要的群体，包括科研工作者、普通市民、义务教育阶段的在校学生、高等院校学生以及外来的旅游者等。博物馆潜在观众，则是指博物馆观众之外的所有社会成员，虽然还未到博物馆实地参观，但通过网络、书籍、电视、广播、报纸、微信、微博、文创产品等各种媒介，已经直接或间接接受博物馆信息，他们中的一部分会转化成博物馆观众。因此，博物馆潜在观众是博物馆扩大影响，提升中华优秀传统文化传承效果的潜力所在，与博物馆观众同等重要。有一点必须清醒地认识到：接受中华优秀传统文化传承教育的主体应该是在校学生，从幼儿园到高等院校的大学生，都是中华优秀传统文化的学习者和承继者，博物馆应该在其广泛而冗杂的受众群体中，重点围绕在校学生策划传统文化教育项目，并针对不同年龄段开展不同程度的教育。

（二）博物馆受众的信息接收方式

博物馆受众的信息接收方式主要可以分为：观看式、聆听式、触摸式、参与体验式。观看式是指博物馆受众观看博物馆提供的文字、图片、实物、场景、影像等视觉信息，包括观看陈列展览（或网络虚拟展览）、演出、演示，观摩活动，阅读书籍和媒介信息等。观看式是博物馆受众最为常用的信息接收方式。聆听式是指博物馆受众聆听博物馆提供的声音信息，包括博物馆提供的展览讲解（人工讲解和语音导览讲解）、课程讲解（课堂授课和网络课程）、现场模拟声音或各种音频文件等听觉信息。聆听式的信息接收方式有助于启发观众思考。触摸式是指博物馆受众用肢体接触获得的触觉信息，包括触摸展品、模具、盲文等，触摸式对于强化信息接收程度有帮助，同时也适用于视力残障等特殊群体；参与体验式是指综合运用身体的各种感官在博物馆提供的场景、活动、操作中，获得全方位体验，例如茶道、香道、古琴、花艺、纺织、刺绣、书法、绘画、木刻、石雕、陶艺等传统文化和技艺的动手实践，传统节庆习俗的角色扮演等。参与体验过程中接收的信息既全面真实，又形象生动、记忆深刻。

（三）博物馆受众的满意度

"博物馆受众满意度"源自市场营销学中的"顾客满意度"，是指博物馆受众对博物馆服务的满意程度，是判断博物馆受众是否继续接收博物馆服务的重要指标。影响博物馆受众满意度的因素很多，包括陈列展览、讲解服务、教育活动等在内的产品质量、博物馆从业人员的服务表现、博物馆内部环境及设施设备等，都会不同程度地影响博物馆受众的满意度。由此可见，在博物馆场域中，博物馆受众满意度是衡量中华优秀传统文化传承效果的量化指标，传承的内容、传承的形式、传承者的表现，以及传承的环境设施等在满意度测评中都至关重要。

综上所述，经过几代人长期不懈的努力，中国当代博物馆场域建设已经初具规模，近5000家博物馆分布全国各省、市、自治区，由场馆设施、传者、受众三者共同构成的博物馆传承场域已经具备。随着全国公共文化服务体系创建工作的推进，中华优秀传统文化的博物馆传承体系已经形成，为传承提供了一条确实可行的路径。

## 第二节　传承内容和传承方式

依据收藏、展示的内容，可以将中国现有博物馆划分为历史类、艺术类、自然科学类和综合类等多种类型。中华优秀传统文化传承的重任，主要仰赖其中的历史类、艺术类以及综合类博物馆来承担。具体的传承内容，还要根据每个博物馆的馆藏资源进行规划和实施。综合考察各地各类博物馆，中华优秀传统文化博物馆传承已经取得显著成效。

### 一　传承内容

中国当代博物馆涉及的中华优秀传统文化的内容十分丰富。许多博物馆是依托传统文化资源创办，大量的古建筑、石窟寺、考古文化遗址被利用，成为博物馆馆舍和展示场所。古文字、历史、国学思想、艺术、传统工艺、民间习俗等是博物馆展示、宣传和教育的内容。"博物馆通过收藏、保护将一切古往今来的文化基因信息进行时空压缩，又通过研究、展示、传播进行转换、扩散，构筑一条由文化基因载体的物、到信息释读、到知识生成和价值观塑造的进化链条，并为物与物、物与人、人与人的关联互动提供平台与范式，从而实现自己保存与激活人类文化优秀基因的责任和使命。"① 以下举例说明。

（一）古文字

古文字指中华各族在数千年的发展过程中，曾经创造和使用的记录语言的符号，如古陶文、骨刻文、甲骨文、石鼓文、金文、简牍文、帛书、西夏文、吐蕃文、蒙古文、满文、东巴文、傣文、彝文、水书等等。这些古文字通常伴随着考古出土文物出现在博物馆展览中。河南安阳的古文字博物馆、中央民族大学博物馆、国家典籍博物馆、里耶博物馆等博物馆中的少数民族文字文献展、古代典籍文献展等，还有各地博物馆以青铜器、陶器、玺印、竹简、帛书、甲骨、石器以及各种纸质文物为载体的古文字展示，都是对古代文字的展示和传承教育。例如，《荆州出土简牍文字展》展示，有楚简、秦简、汉简、汉代木牍以及铜削刀等文书工具，"内容涉及政治、法律、经济、军事、历史、哲学、数学、历法、医学、巫术、丧葬等多个领域"②。战国时代，诸侯割据，各自为政，各诸侯国语言、文字大相径庭。"楚国及其附属国家（曾国、蔡国等）使用的文字自成一系，被古文字学家称为'楚系文字'；书法家则因其笔势勾曲、首粗尾细形似蝌蚪，称之为'蝌蚪文'。"③ 这些出土简牍让观众领略了中华汉字的魅力，了解特定历史背景下的汉字发展过程、使用的书写材料以及书写方法。

（二）历史

博物馆收藏的所有遗迹、遗物都是中华民族活动的历史见证。从几十万年、几百万年前中华大地上的远古人类，到几十年前的重要人物、重要事件都能够在博物馆里找到历史见证物。博物馆利用馆藏资源或者整合社会资源，策划了众多精彩纷呈的历史文物展，通过展览讲解、教育活动、历史知识讲座和历史书籍向民众开展中华民族历史教育。例如，国家博物馆的《古代中国》《复兴之路》是两个最为典型的反映中国古代历史和近现代历史的文物展。一些省级、地市级综合性博物馆都有通史

---

① 曹斌武：《保存与激活：博物馆与优秀传统文化的传承与发展》，《中国文物报》2017年6月6日第3版

② 资料来源于网络：楚系文字：竹片上的思想与艺术，http//www.chinabamb。

③ 资料来源于网络：楚系文字：竹片上的思想与艺术，http//www.chinabamb。

陈列，完整地讲述该地域的历史发展全过程，一些历史专题展讲述某个地域某个阶段的历史面貌。如荆州博物馆的《江汉平原原始文化展》，展示了从旧石器时代的鸡公山遗址到新石器时代的大溪文化、屈家岭文化、石家河文化等原始先民生产和生活中使用的石器、陶器、玉器等。展览表明当时的人类在江汉平原的活动已经相当频繁，展览从不同角度再现了江汉平原史前时代的社会面貌和人们的生产及生活状况。总之，国家历史、民族历史、地域历史、城市历史、行业历史等都是博物馆展示、教育的内容，博物馆是各种历史知识和信息的汇聚地、传播源。

（三）思想文化

儒学、佛教、道教在中国穿越千年，积淀深厚，成为中国传统国学思想的主流，曾经被南怀瑾先生誉为满足中国民众精神需求的"三家粮食店"。美国博物馆学家古德认为，博物馆不应是物的坟墓，而应是思想的摇篮。传统国学思想的存储、挖掘、展示和传播是博物馆的职责所在。与儒、释、道相关的历史建筑、遗址、遗物、典籍等，蕴含着丰富的哲学、建筑学、美学、文化学等思想，是博物馆优秀传统文化传承的优势资源和重要内容。国学思想的讲授和传播近年来得到各地博物馆的积极响应，譬如利用文庙、书院、佛寺、道观等历史建筑创办的博物馆，纷纷创办国学讲堂，聘请国学专家、学者以系列公益讲座、研修班、国学夏令营等形式面向社会公众传播国学思想，深受民众喜爱。北京孔庙国子监博物馆是近年博物馆国学思想传播的典型代表。该馆是利用元明清三朝太学和皇家孔庙旧址所创办的博物馆，在国学思想传播应用分众化教育理念，针对不同群体采取不同形式开展国学思想教育。通过成贤国学馆、国学大讲堂、国学文化节、祭孔仪礼参与式体验、大成礼乐展演等各种平台和路径，将馆藏资源蕴含的儒学思想释读给少年儿童、中学生、大学生、普通市民、专家学者以及来华游客等不同群体。其中，成贤国学馆针对少年儿童开展国学经典诵读、礼乐课堂以及琴棋书画等各类传统文化的传习活动；国学大讲堂邀请国内知名国学专家以讲座的形式现场讲授国学思想，成为首都市民学习国学知识的重要渠道。国学文化节是北京孔庙和国子监博物馆以"国学圣地、德化天下"为主题开展的一个具有社会影响力的国学品牌活动。通过多板块系列活动为民众奉上的国学飨餮盛宴，传承经典，弘扬国学，为人文北京建设贡献力量。

祭孔仪礼参与体验，是集体缅怀先圣、继承优良传统、弘扬中华美德、提高民族素质、加强民族凝聚、增强民族自信、振奋民族精神的有效途径和方式，"大成礼乐"展演，是以传统礼乐为蓝本，经过专业人员提炼、改编，成为集乐曲、乐舞、吟诵于一体的具有观赏性的演出，能够让观众身临其境，切实感受到礼乐典雅之美，感受中国优秀传统文化带来的震撼。

（四）传统艺术

博物馆是美育教育的重要阵地，致力于艺术品收藏和展示的艺术类博物馆是中国博物馆的主要类型之一。随着经济的发展，博物馆越来越重视精品艺术展览的打造和传统艺术的传承教育。传统艺术如木雕、石雕、石刻、书法、绘画、音乐、戏曲等，都成为博物馆展览的热门题材，各个门类的专题艺术博物馆不断涌现。如北京石刻艺术馆、中国戏曲博物馆、中国美术馆、中国乐器博物馆等，艺术类展览频繁推出，不胜枚举。如故宫博物院的《清平福来——齐白石艺术特展》、天津博物馆的《清代中期绘画特展》、河北博物院的《粉壁丹青——毗卢寺笔画艺术展》、吴江博物馆的《庋坛遗珍——馆藏江南谜家书画展》、苏州博物馆的《翰逸神飞——苏州博物馆馆藏历史书法名品展》、浙江省博物馆武林馆区的《木里乾坤——吴尧辉木雕艺术精品展》、常州博物馆的《妙手削轻筠——白士风白雪飞父女留青竹刻艺术展》，等等，都是2018年8月新推出的传统工艺展。中华传统艺术展从艺术精品的呈现到创作过程的展示、人物故事的挖掘，展陈思路、展示角度随着时代的变迁而不断改变。例如，2018年8月，中国妇女儿童博物馆推出的《巧木造化意万千——漳州木偶雕刻作品展》，从漳州木偶的历史起源入手，详细介绍漳州木偶的艺术特点，用150余件木偶艺术精品向观众呈现闽南漳州一个已经延续七代的木偶世家。

（五）传统工艺

传统工艺是指"世代相传，具有百年以上历史以及完整工艺流程，采用天然材料制作，具有鲜明民族风格和地方特色的工艺品种和技艺"[①]。中华优秀传统文化的重要组成部分，门类繁多，涉及工具器械制作工艺、

---

[①] 陈于书、吴智慧：《传统漆艺在新文化家具设计中的运用》，《包装工程》，2011年05月20日。

传统饮食加工工艺、传统建筑营造工艺、雕塑工艺、织染工艺、编织扎制工艺、陶瓷制作工艺、金属冶煅加工工艺、髹漆工艺、家具制作工艺、文房用品制作工艺、印刷工艺、刻绘工艺等十多个类型。由于现代科技的高速发展，传统工艺的传承面临严峻挑战，有些技艺工艺复杂，经济效益低下，后继无人，面临失传的境地。随着非物质文化遗产保护的加强，传统工艺的保护和传承现状正在逐步改善，博物馆将非遗保护纳入业务工作范畴，高度重视传统工艺的展示和宣传，相关展览不断推出。在2018年8月各地博物馆推出的新展中，有厦门陈嘉庚博物馆的《读城——发现北京四合院之美》、中国丝绸博物馆的《神机妙算——世界织机与织造艺术》、苏州丝绸博物馆的《王祖识师生刺绣精品展》、顺德区博物馆的《匠作利器——传统工匠工具展》、广州番禺博物馆的《千年窑火生生不息——邯郸市博物馆馆藏磁州窑瓷器展》，等等。博物馆在举办展览的同时，还围绕展览内容策划传统工艺的传习活动，不仅引导青少年了解传统工艺的前世今生，还让他们亲自动手实践，使传统工艺代代传承。

苏州丝绸博物馆是丝绸技艺传承的典型代表。该馆于1991年建成开放，"以弘扬丝绸文化、保护丝绸文物、传承丝绸技艺、传播丝绸知识为宗旨"[①]，是我国第一座丝绸专业博物馆。苏州丝绸博物馆基本陈列可分为历史馆、现代馆、丝织机械陈列室、桑梓苑、少儿科普馆等几大部分，系统梳理丝绸文化的发展脉络，深入挖掘丝绸文化，以实物为主，图片、场景为辅，全面展示丝绸行业面貌。展览以时间为轴线，概括不同历史发展阶段丝织业呈现出的时代特征，浓缩中华七千年的丝绸文明史。展览生动展示蚕从卵、幼虫、蛹到成虫的四个形态过程，介绍高干桑、垂桑、湖桑、果桑等品种的种植方法及采撷技巧，陈列展示丁桥机、素织机、竹笼机等传统织机模型和铁木电力丝织机、窄幅丝织机、筒式络丝机、并丝机、捻丝机等近代丝织机械发展的典型实物。古代织造的工序是一个十分复杂的过程，馆内特设织染坊展厅，展示从缫丝、束捆、纺络到染色、织绸、攀花、成锦的精湛丝织技艺过程。

---

① 苏州丝绸博物馆：《设计与生活——"羿唐·当代丝巾艺术展"在苏州丝绸博物馆开展》，《江苏丝绸》2016年8月15日。

### （六）民俗文化

民俗文化是指某个地域的民众所创造、共享、传承的生产生活习俗，是传统文化的重要组成部分。由于现代化、城镇化、经济全球化等因素的影响，民俗文化随着传统村镇的消失在快速消失。对于民俗文化遗产的重新拾起，是博物馆的历史使命和责任担当，民俗类文物已经被纳入博物馆征集方案，越来越多的博物馆举办民俗专题展，越来越多的民俗专题博物馆出现在城市、乡镇甚至村落，抢救性地保护、存储那些历经沧桑的遗产碎片，唤起民众心底的记忆和乡愁。例如，依托北京道教圣地东岳庙创办的北京民俗博物馆、以古徽州"一府六县"文化展示为专题的徽州文化博物馆、以当阳淯溪镇的民俗文化为专题的淯溪民俗博物馆，还有民族地区众多的民族民俗类博物馆，以及传统村落为整体保护和展示的生态博物馆，等等。都是民俗文化遗产保护和传承的有益尝试，在地方文化传承中发挥着十分重要的地位和作用。民俗文化是地方博物馆打造公共文化产品有效服务地方民众的独特资源。越来越多的地方博物馆充分利用非物质文化遗产保护、乡村文化振兴、文化扶贫等国家战略和政策，系统整理所在地域的民俗文化，广泛征集民俗文化遗物，深入开展民俗文化研究，合理利用现代展示技术和信息传播技术，精心策划和打造民俗文化展，研发以民俗为主题的教育活动和体验课程，实现传统民俗文化的活态传承。

### 二 传承方式

（一）陈列展览

"博物馆陈列展览，是指在一定空间内，以文物标本为基础，配合适当辅助展品，按照一定主题、序列和艺术形式组合成的，进行直观教育、传播文化科学信息和提供审美欣赏的展览群体。"[1] 根据展出的性质和时间，可将陈列展览分为常设陈列和临时展览。常设陈列是与博物馆性质和任务相适应，能够体现博物馆馆藏特色，有比较稳定的主题、内容、展品和具有较完美的艺术形式，并且常年对外开放的一种陈列形式。常设陈列又可分为基本陈列或专题陈列两种类型。临时展览是展期较短、

---

[1] 王宏钧：《中国博物馆学基础》（修订版），上海古籍出版社2006年版。

灵活多样、适应性强的一种陈列形式。

陈列展览是博物馆为观众服务的主要途径，是博物馆提供给民众的公共文化产品。因其内容的独创性而成为博物馆最大的文化产品，其中蕴含丰富传统文化知识，是博物馆传承传统文化的主要方式。陈列展览传承途径的优势十分突出：首先，是直观性，通过实物展示将传统的文化思想、道德理念以及传统工艺等具象化地呈现，观众易于接受。其次，是系统性，陈列展览的内容通常是对某一方面的传统文化知识进行系统梳理和介绍，观众获得的知识相对全面而系统。当然，陈列展览的传承途径也有局限性，由于其信息量大、知识点多，观众在一定的时间内能够接受的有效信息十分有限，同时陈列展览对观众的知识背景和学习能力均有一定要求，在一定程度上影响博物馆传承传统文化的效果。

（二）体验课堂

体验课堂是指博物馆组织在校学生在博物馆展厅内进行的直观、形象、生动的教学形式。体验课堂利用博物馆馆藏优势，弥补学校教育的不足，是学校教育的延伸和补充。博物馆在了解学校教育的课程、进度、要求等相关信息的前提下，使体验课堂具有针对性，收到辅助教学的功效。与体验课堂相配套的是体验课程。博物馆资源是课程开发可利用的重要资源之一，在国际博物馆界已被广泛利用，形成博物馆资源课程，即来自博物馆而非学校或其他教育机构的课程资源。博物馆资源课程的理念直到20世纪80年代中期才被中国学者介绍到中国博物馆界。[①] 随着公众对博物馆内容的需求增加，越来越多的博物馆尝试开设体验课堂，并编写与之配套的课程读本。国家博物馆在体验课堂的创新实践中走在中国博物馆前列，目前其体验区的体验课程越来越丰富，达数十种之多。随着传统文化复兴，各地博物馆涌现出传统文化研学热潮，体验课堂将成为博物馆服务公众、传承优秀传统文化的重要途径。而课程内容研发、课堂教学管理、知识授权、人才培育和平台建设等方面，博物馆将面临一系列新课题和新挑战。

---

[①] 1986年宋伯胤在《博物馆与学校教育——兼论博物馆专业的学制与课程》一文中曾介绍了墨西哥人类学博物馆的博物馆课程、美国博物馆的学校教育部和儿童博物馆。

## （三）节庆教育活动

节庆活动指博物馆在纪念日、节日开展的专题活动。如在"5.18"国际博物馆日、世界文化遗产日、春节、清明节、端午节、中秋节、国庆节、重阳节等重要节日，为丰富节假日民众的文化生活，开展的具有一定启发和教育意义的活动。教育活动和展览同等重要，是现代博物馆经营的核心内容。欧美发达国家普遍重视博物馆教育活动，教育活动的策划、实施和评估已经成为考量博物馆社会服务能力的重要指标。教育活动正在从粗犷型向精细化发展，经过博物馆工作人员在活动前、活动中以及活动后大量深入细致的工作，教育活动的定位更加精准，效果和社会影响也更加突出。

近些年，各地博物馆大力加强传统节庆活动，举办的众多精彩活动受到观众好评。春节是华人世界最为隆重的节日，许多博物馆开展"博物馆里过大年"系列活动。如首都博物馆每年都为春节量身定制一个生肖文化展，还举办"带娃娃读城去"新年亲子系列活动，活动适合4—6岁的孩子，分为"老北京的大房子""四合院里的童年故事""四合院里的孩子们""四合院里噼里啪啦过大年"。孩子们可以和父母一起动脑动手、体验制作老北京传统玩具，分享胡同里的故事，了解北京的春节民俗文化。清明节是祭拜先祖、悼念故人的重要节日，孔庙和国子监博物馆邀请周边学校的师生共同举办《我们的节日——清明文明健康行》活动，使参加者通过对清明节习俗的了解，增加对传统文化的认识，在仪式中体验共同的文化心理，增强文化传承的信心和使命感。"五一"国际劳动节是世界上80多个国家共同拥有的国际节日。首都博物馆围绕"五一"节举办系列活动，如其中的"风筝诞生记"，是由首都博物馆社会教育部人员组织青少年和父母一起动手制作风筝，既让孩子们了解了中国传统的风筝及其科学原理，也体验到劳动的快乐。端午文化也成为博物馆开展教育活动的重要资源，譬如北京石刻艺术博物馆已经连续举办六届"五色五香——五塔寺端午文化嘉年华"活动。2018年端午节活动的主题是"匠心传承——非物质文化遗产手工艺展示与互动"，邀请糖塑、彩蛋绘制、京派剪纸、北京葫芦烙画、北京面塑、彩塑京剧脸谱等非物质文化遗产传承人现场为大家展示传统手工技艺。农历八月十五的中秋节，是中国四大传统节日之一。"中秋节自古便有祭月、赏月、拜月、吃月饼、赏桂花、饮桂花酒等习俗,流传至今,经久不息。中秋节以月之圆兆人之团圆,寄托思念故乡,思念亲人之情,祈盼丰收、幸福。"[1] 国内众多博物馆在中秋节开展特色文化活动,首都博物馆2017年的中秋系列教育活动内容十分丰富,在"发现四合院之美"的主题下,先后开展"四合院中的花团似锦"(盘子绘画)、"光阴的故事"(制作鸡毛毽)、"揭开门楼的面纱"(刮画绘制)、"月兔迎祥"(石膏绘画)、"绚丽的兔宝宝"(彩铅绘画)、"古色'鼓''箱'"(手工软陶)、"四合院中的大家闺'绣'"(手工京绣)、"爱在四'荷'院"(荷包制作)、"傲'胶'的大公鸡"(胶画制作)。元旦是世界多数国家通称的"新年",是公历新一年的第一天,各地博物馆纷纷在这一天举办各类迎新活动,寓教于乐。北京大钟寺古钟博物馆的鸣钟祈福活动,紧扣迎新主题,颇具特色,深受民众喜爱。

总而言之,越来越多的博物馆利用传统节日开展教育活动,并将传统文化的内容融入教育活动之中,将传统文化教育与现代民众生活紧密连接,沉浸式的互动体验,润物细无声的示范传导,摒弃了生硬的说教,使优秀传统文化传承在潜移默化中实现。

(四) 知识讲座

博物馆定期或不定期面向社会公众举办专题知识讲座(含论坛),传播普及历史文化知识。讲座主要包括确立主题、聘请主讲人、准备课件、发布通告、组织听众等工作环节。知识讲座的场地可以设在博物馆内,也可以设在社区、工厂、学校、部队等博物馆之外的场所。围绕藏品开展研究是博物馆的基本功能,也是博物馆开展其他业务工作的基础,高素质的研究人才和高品质的研究成果是博物馆的优质资源,利用这些资源为公众举办文化知识讲座既是博物馆服务公众的途径,也是博物馆传承优秀传统文化的重要途径。

(五) 图书出版

图书出版是博物馆研究工作的成果体现,也是传承中华优秀传统文化的重要途径。现阶段,绝大多数博物馆都出版了馆藏文物研究及介绍

---

[1] 陈晓环、袁小禹、张玉鑫:《家乐福超市品牌的中国本土化实际策略分析》,《品牌研究》2018年4月15日。

相关专业知识的图书。但是，除以中国国家博物馆为代表的少数几家博物馆外，我国博物馆普遍存在对图书出版重视程度不足及相关出版资源挖掘使用不到位的问题。我国博物馆在图书出版方面发展不平衡和不充分，存在提升和改善的空间。

（六）文创产品

文创产品即文化创意产品，是利用原生文化的符号意义、美学特征、人文精神、文化元素，通过设计者的理解、解读和重构，创造出的一种新型文化产品。文创产品是链接传统与当代的纽带，一方面是传统文化传承的物质载体，携带着传统文化的符号和意义，是历史过往的再现和情感寄托；另一方面是满足当代民众某种消费需求的产品，具有实用价值或审美价值，与当代民众生活息息相关。文创产品对于博物馆而言尤其重要，既是博物馆提供给公众的文化产品，也是博物馆实现中华优秀传统文化传承的重要途径。文创产品行销到哪里，传统文化元素就传播到哪里，文创产品是传统文化的移动广告牌。博物馆是收藏原生文化的宝库，具备开发文创产品的先天资源优势，在国家政策引导、支持和激励下，博物馆的文创产品开发呈现出蓬勃之势，以故宫博物院为代表的一些实力雄厚的大型博物馆走在文创产品开发的前沿，通过文创商店、淘宝网等途径为广大民众提供了大量颇具文化底蕴和时代感的文创精品，深受消费者喜爱。

## 第三节　博物馆文化传承概貌

2008年1月，中宣部等有关部门印发《关于全国博物馆纪念馆免费开放的通知》，2010年，国家文物局又下发了《关于进一步做好公共博物馆纪念馆免费开放工作的意见》。我国提出博物馆、纪念馆、艺术馆等场馆免费向公众开放，是公共文化服务体系建设的重大举措。截至2018年，全国已有4246家国有博物馆实现全免费开放。据文化部统计，全国2018年接待观众数量超过9亿人次，同比增长13.1%。[1] 湖北省已经有168家

---

[1] 数据来源：《文化部：2018博物馆将免费开放》，中国社会科学网，http://www.cssn.cn/。

国有博物馆免费对外开放，数量位居全国前列，全省免费接待观众1800万人次，参观观众为免费开放前的6倍。[①] 仅湖北省博物馆年接待观众达140万人次，日接待观众5000—8000人次。此外，湖北省内的国有博物馆如武汉革命博物馆、秭归屈原纪念馆、黄麻起义和鄂豫皖苏区纪念馆，年接待观众均超过100万人次。免费开放大大促进了博物馆展览数量的增加。"2007年至2010年，文物系统博物馆年举办展览数量从7689个增长到10091个。"[②] 免费开放不仅提高了社会对博物馆的认知度和博物馆在文化领域中的知名度，也打通人民群众了解优秀传统文化的门槛，让不同的社会阶层和低收入群体得以享受中华优秀传统文化的滋养，使中华优秀文化传承有更加坚实的基础和便利的门槛。免费开放是我国文化事业的一项开创性举措，也是我国文化事业发展史的一个里程碑，为传承中华优秀传统文化拿出最大的诚意，做出了巨大的贡献。

## 一 对青少年开展文化传承教育

青少年是中国博物馆受众的主体，是优秀传统文化教育的承者。据统计，我国大多数博物馆接待的未成年人占参观者总数的25%—40%，有的博物馆甚至高达54.2%—60%[①]，博物馆已成为青少年社会教育的第二课堂。近些年，为了加强青少年对传统文化的认知，各地博物馆相继推出各种以传统文化为主题的社会教育活动，掀起青少年传统文化教育传承的热潮。

案例1：中国国家博物馆十分重视对青少年的文化传承教育，充分利用馆藏资源，开设多种多样的传统文化体验课程（见表6-1），深受广大青少年的喜爱。

中国国家博物馆还专门针对中小学生举办"认知中国传统文化"夏令营，活动立足于中华民族的传统文化，结合中小学教科书的相关课程，涉及历史、语文、地理等多个门类。中小学生可以利用展厅参观、手动操作结合的途径从各个方面深入了解中国传统文化。2017年的系列活动

---

[①] 数据来源：《湖北省博物馆项目绩效评价报告》，湖北省文化厅，http://www.hbwh.gov.cn/。

[②] 宋新潮：《公共文化服务体系与博物馆免费开放》，《东南文化》2012年第4期。

共涉及 30 多个主题，内容各不相同，例如青花幽蓝、成语服饰、车马出行、比德于玉等主题，① 引导中小学生从各个方面了解中国传统文化。

表 6-1　　　　　　国家博物馆 2018 年 1—9 月体验课程②

| 时间 | 名称 |
| --- | --- |
| 1月 | 古代音乐、古代医学、古代钱币、古代兵器、古代科学、古代玉器、古代瓷器、古代家具、古代青铜、古代建筑、古代陶器、古代服饰、古代文字、话贸易、话交通、话鱼米、话扑满、话交通、话河流、话节奏、话玉柙 |
| 2月 | 古代青铜、古代文字、古代瓷器、古代家具、古代玉器、古代丝路、古代钱币、古代服饰、古代陶器、唱看做打话节奏、琼楼金樽话宴饮、古代音乐、古代建筑、金丝玉片话玉柙、寻根问祖话姓氏、历史与艺术体验营 |
| 3月 | 古代文字、寻根问祖话姓氏、古代青铜、金丝玉片话玉柙、古代丝路、花间呈祥话瑞鸟、古代音乐、吟诗作对话唐韵 |
| 4月 | 古代青铜、前世今生话秦俑、学院与沙龙艺术展教育活动、古代音乐、农耕渔猎话鱼米 |
| 5月 | 古代服饰、古代玉器、南船北马话交通、前世今生话秦俑、古代青铜、吟诗作对话唐韵、古代音乐、鬻物求珍话贸易、金丝玉片话玉柙、古代钱币、古代陶器、俭以养德话扑满、农耕渔猎话鱼米 |
| 6月 | 古代钱币、古代青铜、寻根问祖话姓氏、南船北马话交通、古代音乐、鬻物求珍话贸易、寻根问祖话姓氏、古代陶器、古代兵器、琼楼金樽话宴饮、衣食住行话河流、古代文字、古代玉器及特殊团体活动 |
| 7月 | 《无问西东》特别活动、古代音乐、农耕渔猎话鱼米、南船北马话交通、《历史与艺术》夏令营、《国博里的中国》夏令营、《读绘本　悦国博》夏令营 |
| 8月 | 农耕渔猎话鱼米、金丝玉片话玉柙、《历史与艺术》夏令营、《国博里的中国》夏令营、《读绘本　悦国博》夏令营 |
| 9月 | 古代音乐、忆空间《古蜀华章》、金丝玉片话玉柙、汉字的起源与统一、古代玉器、农耕渔猎话鱼米、古代钱币、南船北马话交通、中秋特别活动 |

---

① 资料来源于中国国家博物馆官方网站，http：//www.chnmuseum.cn/。
② 资料来自国家博物馆官方网站，http：//www.chnmuseum.cn/。

案例2：首都博物馆结合自己的地域特点，在2016年1月2—29日推出了"追寻历史上的北京城池暨156中学学生志愿者活动"，在首都博物馆的"读城"展厅里完成了为期6天的博物馆志愿者讲解和实践活动。整个活动围绕《读城——追寻历史上的北京城展览》[1] 展开，由讲解员带领志愿者参观展览，深入了解北京城的历史和传统文化，结合脸谱绘画、文物拓片等手工活动，让中学生志愿者在动手过程中加深对北京城传统文化的印象，达到弘扬传统文化，推动青少年传承传统文化的工作发展。

案例3：上海博物馆为中小学生策划了一系列暑期活动，主要内容包括：趣味墨拓，在石上刻下文字或图像，然后制作拓片；刻印生肖，由参与活动的中小学生亲自制作一枚关于自己生肖的印章，继而了解我国的生肖文化。"青花的故事——手绘青花盘"，[2] 是让参与者了解青花的文化内涵与艺术之美的活动，中小学生在参与学习青花的历史文化知识后，亲自设计青花的纹样绘制出青花盘，让参与者了解青花的文化内涵与艺术之美。"国画神韵——手绘纨扇"活动，引导参与者亲自动手绘制纨扇，感受国画的美与意境。影视欣赏系列活动，每一期会播放不同主题的影像资料，包括"艺匠古今——中国传统技艺工艺欣赏"等系列影片，让参与者通过直观的影视资料了解中国的传统文化。上海博物馆的暑期系列动手体验活动，全部为免费参与，最大限度上为中小学生提供学习了解传统文化的机会，培养中小学生对传统文化的感受和认知。

案例4：湖北省博物馆在2018年端午节假期期间，策划了"礼乐学堂"与您端午有约系列活动。包括以下内容：一是"棕情端午"亲子活动，针对6—12岁儿童及家长，分为节日课堂和互动体验两个部分，让家长和儿童深入了解传统端午节文化，弘扬传统文化；二是"我与云梦睡虎地秦简"教育活动，针对8—14岁儿童及家长，通过情景剧表演、知识抢答等活动向公众传播相关历史文化知识；三是"爸爸，我爱您"[3] 父亲节主题活动，通过讲述汉字"父"字的演变历史，了解汉字演变历史，弘扬中国传统的孝文化，引导孩子表达对父亲的爱；四是"乐享编钟"

---

[1] 资料来源于首都博物馆官方网站，http：//www.capitalmuseum.org.cn/。
[2] 资料来源于上海博物馆官方网站，https：//www.shanghaimuseum.net/museum/frontend/。
[3] 资料来源于湖北省博物馆官网网站，http：//www.hbww.org/home/Index.aspx。

教育活动，内容包括了解曾侯乙编钟的文化内涵、体验小编钟复制件、感受礼乐文化的魅力、亲手制作编钟帽饰、让文物活起来几个部分，从而弘扬传统礼乐文化。从不同的文化方面入手，达到向青少年弘扬传统文化的目的。

案例5：浙江省博物馆针对青少年的传统文化教育传承工作推出了一系列社会教育活动，例如："宝宝爱历史之河姆渡文化夏令营""山海亘古匠意长存——'泥金彩漆首饰盒'教育活动""'越地宝藏'小小守护人选拔赛决赛""童手相牵识国宝——记浙江省博物馆全国助残日特别活动""寻找国宝，听孩子讲述浙江人自己的故事""中华传统文化体验系列——创意元宵礼盒制作活动""中华传统节日文化体验系列——传统吉祥兔灯笼制作活动""'赏金石书法'八一建军节小书法家献礼活动""小小讲解员《十里红妆》主题夏令营"等特色活动。① 浙江省博物馆的社会教育文化立足于中华传统文化，结合地域特色，利用节庆假日的特殊时间点举办丰富多样的传统文化社会教育活动，让未成年参与者从不同的方面感受中华传统文化的魅力，在其心中树立对传统文化的喜爱和自信情感与观念，启发引导未成年参与者自觉承担中国优秀传统文化的传承责任。

案例6：苏州丝绸博物馆也十分重视青少年群体的传统文化教育传承工作。为给未成年人提供科学、丰富的蚕桑科普知识，苏州丝绸博物馆推出了"美丽蜕变·蚕宝宝领养计划"。主要内容包括进校赠送和进馆领养两种方式，即工作人员走进校园，向学生赠送蚕宝宝及饲养材料，并比较传统饲料喂养和先进技术制成的人工饲料饲料喂养的差异性。一是来馆领养蚕宝宝。向苏州范围内的未成年人免费赠送蚕宝宝及饲养材料包，参与活动的未成年人，也可凭领养手册免费来馆领取一份桑叶。二是设立微信互动交流区。领养者及其家长可通过线上互动分享养蚕乐趣和经验，也可以在线向专家咨询蚕桑知识或养蚕过程中遇到的问题。三是举办成果展。博物馆鼓励领养者在养蚕过程中，将文字、照片、绘画、手工作品等交给博物馆。丝博将对作品进行收集整理和专题集中展示，并向优秀作品创作者颁发荣誉证书。"美丽蜕变·蚕宝宝领养计划"以其

---

① 资料来源于浙江省博物馆官方网站，http://www.zhejiangmuseum.com/zjbwg/index.html。

知识性、趣味性、创新性和服务性，深受未成年人及其家长的欢迎，其背后体现了针对青少年这一特殊群体，在传承方式上所做的探索与创新。

案例7：湖北省荆州博物馆结合区域文化特色，利用中华传统节日，积极开展面向未成年人的文化传承活动。荆州博物馆现已开展过"荆楚瑰宝趣味讲堂"、忆"上巳·清明"——走进八岭山镇小学、"5.18"国际博物馆日走进沙市中学、暑期亲子游系列活动之"文物修复我在行"、我是小小讲解员、我在荆州博物馆学陶艺以及大学生参观和聆听专家报告等系列青少年主体品牌活动，培养中华优秀传统文化的接班人和传承人。①

## 二 加强馆际合作交流

我国国有博物馆在充分挖掘自身馆藏资源的基础上，通过"引进来、走出去"的方式，推出一系列高水平、高质量的临展、巡展和交流展，扩大了馆际交流合作深度与广度，观众"足不出户"就能欣赏到来自外省精美文物与艺术，了解不同地域文化的魅力，拓宽了传承文化的外延与内涵。

故宫博物院与山东博物馆联袂主办的"中正仁和——走进养心殿展"在山东博物馆展出，共展出故宫博物院藏养心殿相关文物241件，让观众近距离感受帝王的内心世界，回顾王朝的兴盛荣衰。故宫博物院还与海南省博物馆联合举办"普天同庆——清代万寿盛典展"，与宜兴市博物馆联合举办"龙凤呈祥——清帝大婚庆典展"，② 将故宫资源送出去，使山东、海南、宜兴等地观众有机会了解清代宫廷生活和传统艺术精品。

南京博物院联合山西博物院、苏州博物馆、中国昆曲博物馆联合举办的大型综合性展览"南腔北调——传统戏曲艺术展"，整合多地戏剧资源，弘扬中国传统的戏曲文化。由广西壮族自治区博物馆、广西民族博物馆和南京博物院联手推出的"五彩广西——广西壮族历史文化展"，③ 使广西优秀传统文化与民族文化在异地展示。

深圳博物馆联合福建博物院举办了"兰梅松竹颂中华——福建博物院积翠园艺术馆藏古今花鸟画精品展"，联合宝鸡青铜器博物院、周原博

---

① 统计数据来源于2015年荆州博物馆宣教成果汇报。
② 资料来源于故宫博物院官方网站，http://www.dpm.org.cn/Home.html。
③ 资料来源于南京博物院官方网站，http://www.njmuseum.com/html/default.html。

物馆、扶风县博物馆、岐山县博物馆、渭滨区博物馆等多家陕西宝鸡文博机构举办的"周邦肇作——陕西宝鸡出土商周青铜器精华展",[①]使深圳市民能够近距离感受中原文化的厚重。

湖北省博物馆先后引进了"云南高原民族服饰展""丰子恺书画作品展""台北历史博物馆馆藏绘画精品展"等多个展览。同时,也举办各种联展。2013年湖北省博物馆推出"楚腔汉调——湖北省汉剧文物展"与多个省级博物馆进行馆际交流;先后与湖南省博物馆共同举办"丹青巨匠——齐白石绘画精品展",与内蒙古博物馆联合举办"黄金草原——中国古代北方游牧民族文物展",与江西省博物馆联合举办"江西元明青花瓷展"等临时展览。除了省级博物馆,地方博物馆也注重引进博物馆展览,如辛亥革命博物馆引进"孙中山—梅屋庄吉与长崎"展;武汉博物馆引进"21世纪美国拼布艺术作品展";湖北明代藩王博物馆引进"云南民族民俗文化展"。

中国博物馆也纷纷走出国门,将优秀的传统文化带到世界各地。如湖北省博物馆先后到美国、法国、澳大利亚、日本、新加坡等国家以及我国台湾、香港地区举办系列展览,包括"曾侯乙墓特别展(日本)""中国周代艺术品展(卢森堡)""龙凤共舞展(美国)"。苏州丝绸博物馆应邀出国展览,足迹遍布英国、美国、德国、意大利、日本等十余个国家。同时,苏州丝绸博物馆还邀请世界各地的丝绸专家走进丝博,举办了"锦绣邻邦——中泰手工艺交流论坛",论坛就丝绸传统工艺的技艺研究、传承方式、工艺创新等问题开展对话,分享保护经验。故宫博物院"凤舞紫禁:清代皇后艺术与生活特展"赴美国波士顿迪美博物馆展出。南京博物院"帝国盛世——沙俄与大清的黄金时代"特展,共展出来自俄罗斯联邦国立历史博物馆、故宫博物院、南京博物院的500余件文物,体现东西方文化的碰撞交流,在中西对比中彰显和弘扬传统文化。

博物馆通过国际交流,共同举办联展、外展、临展和巡展,不仅充分挖掘和利用馆藏资源,让沉睡的文物动起来、活起来、走起来,为普通民众提供一场场精美的文化大餐的同时,发挥了文化传播的职

---

① 资料来源于深圳博物馆官方网站,https://www.shenzhenmuseum.com/。

能，在中华优秀文化传承上发挥了非常重要的作用。

### 三　走进校园、社区传承文化

《博物馆条例》于 2015 年 3 月 20 日颁布实施。"地方教育行政部门应当鼓励学校结合课程设置和教学计划，组织学生到博物馆开展学习实践活动。博物馆应当对学校开展各类相关教育教学活动提供支持和帮助"。[①] 为了拓展博物馆的教育职能和传承功能，我国博物馆不断加强针对中小学的内容与形式的创新。针对青少年的心理特点、知识水平和接受能力，各个场馆根据本馆的文物资源优势，适时举办知识性和趣味性特色活动，推出适合青少年参与的互动展览、培养青少年的动手能力，从而激发青少年主动获取人文知识的积极性。

湖北省各级博物馆联合学校共建读书基地、实践基地、课外活动基地，并依托基地举办读书征文活动、知识竞赛、夏令营等丰富多彩的活动，来传承本地区的历史和文化。通过实物教育与情境教育，增强青少年对优秀民族文化的热爱。如湖北省博物馆举办流动展览"轻松小课堂玩转博物馆——文物知识小课堂进校园"活动、"爱我江城、争当讲解小明星"活动。[②] 在鼓励青少年参与和学习方面做出了积极努力。

湖南省博物馆"记忆与传承——湖南省博物馆'民俗·传统节日'系列教育活动"[③]，在推进中开始走向学校，与长沙芙蓉区科普艺体中心对接，将民俗教育活动作为馆校合作的重要内容之一。截至 2016 年年底，民俗传统节日系列教育活动已在多所学校、幼儿园及社区开展。

河南省博物院充分发挥"郑州小学生校外教育基地"的作用，与学校合作丰富小学生的课余时间，通过展览及文物的深度讲解，让学生了解文物背后的故事，了解传统文化的内涵。2017 年，河南省博物院推出了"中原历史文化宣讲团"走进河南省实验小学的进校园活动，活动成员由社会教育服务部的优秀志愿讲解员和国宝讲解小明星组成，通过对

---

① 《博物馆条例》，《中国博物馆通讯》2015 年 03 月总第 331 期。
② 资料来源于湖北省博物馆官方网站，http：//www.hbww.org/home/Index.aspx。
③ 资料来源于湖南省博物馆官方网站，http：//www.hnmuseum.com/。

不同文物的讲解，让家长和参与学生领略文物背后的底蕴。①

"流动博物馆"是四川省博物院举办的社会教育系列活动，2018年4月，走进绵阳游仙区进行展览，主要内容包括《院藏历代钱币展》、皮影艺术家的流动皮影表演、四川博物院书法家挥毫送笔墨、现场拓片制作等活动，受到了绵阳游仙区群众的欢迎，吸引了大批人来参加。四川省的"流动博物馆"活动走进了校园，包括中学、小学、大学以及特殊教育学校，对不同年龄层次学生进行文物知识的普及，进行不同程度传统文化的教育和熏陶。②

广东民间工艺博物馆编写优秀传统文化教材，为学校提供传统文化教学资源。为加深青少年对本土文化的认知，广东民间工艺博物馆精心编写了《传统工艺文化课堂之广彩》《传统工艺文化课堂之广绣》等读本，并于2017年7月由广州出版社出版。"该教育读本分为教师用书和学生读本，根据教师、学生的不同需求，充分利用本馆的馆藏文物资源，以图文并茂、生动有趣的形式再现了广彩、广绣工艺的产生历史背景、工艺特色等。"③另外，广东民间工艺博物馆在中小进行优秀传统文化展示和讲座，将优秀传统文化带进中小学、幼儿园。2007年"5·18世界博物馆日"走进广州市荔湾区西关幼儿园，给小朋友教授剪纸艺术。同时还开辟了"民间工艺小作坊""非遗工坊"，设有剪纸、编绳、十字绣等传习项目，不定期开展传习活动。2014年，该馆举办"博物馆，我的美好记忆"活动。在"国际博物馆日""中国文化遗产日"举办公益性非遗学习班，教授剪纸、编绳、扇艺、书法等传统文化。2017年，举办了"广彩教师培训班"和"广彩学生学习班"，为与广东民间工艺博物馆共建学校的教师和学生教授、传习广州地区釉上彩艺术的技艺。

---

① 资料来源于河南省博物院官方网站，http://www.chnmus.net/。
② 资料来源于四川博物院官网网站，http://www.scmuseum.cn/。
③ 资料来源于中国教育在线网站，http://www.eol.cn/。

表6-2　　2017年广东民间工艺博物馆举办的广彩培训/学习班

| 传习班 | 目的 | 时间 | 对象 | 传习内容 | 人数 |
| --- | --- | --- | --- | --- | --- |
| 广彩教师培训班 | 协助共建学校开展广彩教育，为中小学培训传统文化师资。 | 2017.04.26—2017.06.02 | 18所共建学校的教师 | 广彩的发展史、鉴赏，广彩制作的操作。 | 20 |
| 广彩学生学习班 | 通过快乐学习，体验和感受传统文化，热本土文化。 | 2017.07.04—2017.07.09 | 18所共建学校中的小学生 | 讲授广彩历史文化知识，教授广彩技艺，绘制广彩作品。 | 28 |
| 广彩学生学习班 | 通过快乐学习，体验和感受传统文化，热本土文化。 | 2017.07.10—201.07.15 | 18所共建学校中的中学生 | 讲授广彩历史文化知识，教授广彩技艺，绘制广彩作品。 | 24 |

在校园举行的优秀传统文化展览、讲座活动，受到广大中小学师生热烈欢迎。师生们纷纷表示，展览和讲座极具地域特色，贴近学生知识水平和生活，既是艺术教育活动、文化教育活动，也是爱国主义教育活动，使小学生深受教育，文化自豪感倍增。各学校还强烈要求多举办类似活动，希望广东民间工艺博物馆不定期举办此类展览、讲座，场地不要局限在学校内，还要多到社区，使学生在社区里也能接受优秀传统文化的教育和熏陶。博物馆进校园活动，促进学校教育与博物馆教育的有效衔接和互为补充，有利于传统文化知识的传承与传播，有利于加快教育结构的调整、促进我国现代国民教育体系的完善。

**四　举办优秀传统文化展览、讲座**

广东民间工艺博物馆常年举办《岭南民间百艺》《旧广州家具展》《粤绣艺术作品展》《广州象牙雕刻艺术》《百年陈氏书院》等基本陈列展览。此外，还不定期举办诸如石湾艺术陶、广州织金彩瓷、潮州金漆木雕、广彩、海南黎族文物等地方性民间工艺美术展览。

表6-3　　　广东民间工艺博物馆部分传统文化展览项目①

| 时间 | 展览名称 | 举办地点 | 参观人数 |
| --- | --- | --- | --- |
| 2013.09—2013.12 | 时代印记大师足迹——馆藏20世纪后半叶广东艺术陶瓷精品特展 | 陈家祠 | 27万 |
| 2013.12.27—2014春节 | "壶韵茶香西关情——西关茶文化（紫砂壶、普洱茶）"典藏展 | 陈家祠 | 8万 |
| 2014.01.15—2014.03.16 | 烁金繁花——广东民间工艺博物馆藏珐琅工艺精品展 | 杭州工艺美术博物馆 | 缺 |
| 2014.01.24—2014.05.04 | 春花烂漫——馆藏花主题广绣作品展 | 陈家祠 | 29万 |
| 2014.02—2014.09 | 石湾泥塑《收租院》 | 陈家祠 | 52万 |
| 2014.04.23—2014.07.03 | 时代印记——馆藏广东艺术陶瓷（1950—1980）特展 | 陈家祠 | 23万 |
| 2014.09.02—2014.10.25 | 烁金繁花——广东民间工艺博物馆藏珐琅工艺精品展 | 甘肃省天水博物馆 | 缺 |
| 2014.11.07—2015.03.07 | 逐渐远去的文明——海南黎族文物展 | 陈家祠 | 31万 |
| 2014.12.25—2015.04 | 烁金繁花——馆藏珐琅工艺作品展 | 陈家祠 | 30万 |
| 2015.01.06—2015.06.30 | 时代印记——广东艺术陶瓷（1950—1980）特展 | 张氏帅府博物馆 | 缺 |
| 2015.02.13—2015.08 | 巧手慧心之广绣 | 陈家祠 | 40万 |
| 2015.02.13—2015.08 | 潮之绣 | 陈家祠 | 40万 |
| 2015.04.28—2015.06.28 | 西渐的中国风——外销工艺扇及现代扇艺艺术展 | 杭州工艺美术博物馆 | 缺 |
| 2015.05.16—2015.08.31 | 紫泥窑韵——广西钦州坭兴陶精品展 | 陈家祠 | 30万 |

① 本表资料由广东民间工艺博物馆提供。

续表

| 时间 | 展览名称 | 举办地点 | 参观人数 |
| --- | --- | --- | --- |
| 2015.07.17—2015.12.31 | 星光熠熠——馆藏传统石湾公仔（精选）展 | 陈家祠 | 42万 |
| 2015.09.16—2015.12.25 | 风从广州来：馆藏18—19世纪外销扇精品展 | 陈家祠 | 25万 |
| 2015.11 | 豪贤路小学陈家祠主题版画展 | 陈家祠 | 6万 |
| 2015.12.28—2016.06.28 | "劫后重生——神楼的故事"展 | 陈家祠 | 45万 |
| 2015.12.29—2016.04.29 | 万紫千红——潮汕平原孕育的民间工艺大观 | 陈家祠 | 31万 |
| 2016.01.30—2016.05.13 | 独树一帜——馆藏石湾现代陶艺展 | 陈家祠 | 28万 |
| 2016.05.18—2016.06.19 | 匠心、匠韵——"三雕一彩一绣"精品展 | 陈家祠 | 8万 |
| 2016.05.27—2016.07.24 | 锦绣岭南——四大名绣之粤绣展艺术展 | 杭州工艺美术博物馆 | 7万 |
| 2016.07.01—2016.10.21 | 风云激荡——红色收藏作品展 | 陈家祠 | 30万 |
| 2016.09.29 | "祖国颂歌：馆藏工艺品中的时代主旋律"图片展 | 华南农业大学图书馆 | 1500 |
| 2017.03.01—2017.05.15 | 嬗变的历史——馆藏广州彩瓷展 | 陈家祠 | 20万 |
| 2017.04.28—2017.05.24 | 匠心玲珑——清代广州制造工艺精粹展 | 陈家祠 | 7.5万 |
| 2017.06.02—2017.09.03 | 第三届广东省陶瓷艺术大师作品展 | 陈家祠 | 25万 |
| 2017.06.10—2017.07.10 | 名匠荟萃——广东传统建筑工艺作品展 | 陈家祠 | 8万 |

进入21世纪后,广东民间工艺博物馆观众接待量逐年增长,从80多万增长到100多万,每年有100多万人到该馆接受传统文化教育,体验、学习优秀传统文化。

广东民间工艺博物馆自2008年以来,不时举办与优秀传统文化有关的学术讲座(报告)。2012年4月起,定期举办"陈氏书院论坛",弘扬与传播优秀传统文化,具体如表6-4所示。

表6-4　　2008—2017年广东民间工艺博物馆举办的部分学术讲座（不含中小学讲座）①

| 时间 | 报告人 | 报告名称 | 地点 | 听众人数 |
| --- | --- | --- | --- | --- |
| 2008.06.17 | 胡桂蓉 | 风情广州任我游 | 陈家祠 | 65 |
| 2009.02.17 | 邵成村 | 灰塑的保护维修技术 | 陈家祠 | 48 |
| 2009.03.31 | 黄海妍 | 以申报世界遗产为契机,促进广州文化遗产保护 | 陈家祠 | 60 |
| 2009.05.26 | 曾土金 | 中国清代古陶瓷鉴定 | 陈家祠 | 40 |
| 2009.11.19 | 梁正君 | 民国粉彩陶瓷的特征 | 陈家祠 | 43 |
| 2011.06.08 | 黄海妍 | 文化遗产保护的原则与方法——兼谈陈家祠未来保护利用的思路与展望 | 陈家祠 | 46 |
| 2011.12.23 | 施静菲 | 象牙球所见之工艺交流——广东、清宫与神圣罗马帝国 | 陈家祠 | 56 |
| 2012.08.17 | 程美宝 | 物质文化研究与口述史操作基本知识 | 陈家祠 | 40 |
| 2012.11.22 | 牟辽川 | 民间工艺与地方戏曲 | 陈家祠 | 50 |
| 2012.11.23 | 陈志民 | 潮汕传统潮绣艺术辉煌成就——兼论潮绣的传承保护与收藏 | 陈家祠 | 55 |
| 2013.07.20 | 黄海妍 | 中西文化交流所见之折扇 | 嘉兴博物馆 | 150 |
| 2013.09.29 | 蔡海松 | 潮汕乡土建筑 | 陈家祠 | 47 |
| 2013.09.30 | 陈志民 | 枫溪陶瓷雕塑艺术赏析 | 陈家祠 | 52 |

① 本表资料由广东民间工艺博物馆提供。

续表

| 时间 | 报告人 | 报告名称 | 地点 | 听众人数 |
| --- | --- | --- | --- | --- |
| 2013.10.11 | 冯素阁 | 泥与火——石湾陶艺的艺术语言 | 陈家祠 | 50 |
| 2013.10.18 | 麦胜文 | 西方人眼中的陈家祠 | 陈家祠 | 15 |
| 2013.11.22 | 曾玲玲 | 外销瓷贸易与中西文化交流 | 陈家祠 | 39 |
| 2014.04.04 | 裴景珍 | 18—19世纪中西家具贸易的物质文化 | 陈家祠 | 20 |
| 2014.12.13 | 龙丽清 | "传统黎族风"田野分享 | 陈家祠 | 20 |
| 2015.04.30 | 洪裕静 | 如何保护和传承潮汕刺绣技艺 | 陈家祠 | 23 |
| 2015.05.16 | 李人帡 | 坭兴陶 | 陈家祠 | 25 |
| 2015.09.24 | 刘明倩 | 漂洋过海的石湾陶——英国维多利亚与艾伯特博物馆藏石湾陶介绍 | 陈家祠 | 45 |
| 2015.09.24 | 刘孟涵 | 在多元化的发展中坚守民间工艺的至美 | 陈家祠 | 45 |
| 2015.09.24 | 黄海妍 | 如何延续百年的缘分：陈家祠与石湾陶 | 陈家祠 | 45 |
| 2015.12.29 | 曾广锡 | 潮汕工艺、瑰丽多姿 | 陈家祠 | 42 |
| 2016.06.30 | 王光胜 | 红色文物的收藏研究与鉴赏宣传 | 陈家祠 | 32 |

群众除"听"之外，更是热情参与讨论，积极提出个人见解。如何保护、传承与弘扬优秀传统文化的智慧火花，在交流与碰撞中不断地迸发出来。

苏州丝绸博物馆注重面向社会的传统文化教育和传承。一是开展各种体验活动。如《独具匠心——苏绣体验活动》，包括参观苏绣展览、现场苏绣体验等环节，让大家近距离感受精湛的苏绣技艺。《指尖上的端午——宋锦香囊制作体验活动》，学生通过亲自动手制作宋锦香囊，感受中华传统文化的无尽魅力。体验活动内容设计精巧，融知识性与趣味性于一体，同学们亲身参与，加深了对传统文化的了解。二是设立丝博讲坛。讲坛邀请名家名师为大家授课，如《苏绣的文化发展》从刺绣的起源出发，与大家一同分享苏绣的历史，给大家带来一次刺绣发展的全面解读。《丝绸之路上的古典织锦赏析》以新疆地区出土织锦文物为主，从历史、文化、艺术角度来剖析织锦纹样特色等。通过专家讲解，进一步提升了观众对丝绸文化的认知水平。

表6–5 陈氏书院论坛（部分）①

| 期数 | 主题 | 时间 | 基本内容 | 与会者 | 参与人数 |
| --- | --- | --- | --- | --- | --- |
| 第一期 | 博物馆与青少年 | 2012.04.07 | "博物馆与中小学教育在相关合作上如何做得更好""怎样使高校人群不仅能够走进博物馆，还努力走向参与博物馆为代表的社会文化事业，形成关心的公民态度""站在博物馆工作者的角度，浅谈博物馆应该如何更好地发挥自身优势，增强教育推广"②三个基本话题 | 广州市教育界、共青团、博物馆行业及青少年与家长代表 | 45 |
| 第二期 | 博物馆与国民素质教育 | 2012.05.22 | "博物馆在国民教育素质教育方面能起到怎样的积极作用""博物馆如何根据观众的需求更好地进行阐释，更好地发挥国民教育功能""博物馆工作者应该如何更好地进行部门合作，增强博物馆社会教育工作的成效"三个基本话题 | 中山大学师生、博物馆行业同人、广东民间工艺博物馆 | 48 |

---

① 本表资料由广东民间工艺博物馆提供。
② 资料来源于网络："博物馆是否可以成为青少年的第二课堂"，http//finance.qq.co。

续表

| 期数 | 主题 | 时间 | 基本内容 | 与会者 | 参与人数 |
| --- | --- | --- | --- | --- | --- |
| 第三期 | 博物馆与石湾陶艺的发展 | 2012.06.09 | 博物馆与石湾陶瓷理论、石湾陶瓷史研究；博物馆对石湾陶艺行业发展的引领作用；石湾陶瓷的工艺品和艺术品发展道路及艺术创作 | 行业专家，中山大学人类学系老师，《第二届石湾中青年陶艺家原作展》参展作者代表，博物馆业内人士等 | 38 |
| 第四期 | "曹操墓事件"与公众考古学 | 2012.09.22 | 介绍"曹操墓事件"的来龙去脉，从公众考古学的研究角度剖析事件的研究案例意义，表达了考古学成果面向公众传达的必要性与重要意义，并能从中激发和支持祖国考古事业、博物馆事业的壮大和发展，吸纳更多有志青年投身中国文博事业 | 中山大学人类学系、博雅学院的考古研究学者及其他中大学生 | 40 |
| 第五期 | 博物馆与观众参与 | 2012.10.23 | 1. 博物馆及其文化活动是否应该走进社区？具体操作可能存在哪些困难？2. 如何完善、发展博物馆的志愿者服务 | 博物馆同行和高校的老师学生 | 42 |

续表

| 期数 | 主题 | 时间 | 基本内容 | 与会者 | 参与人数 |
|---|---|---|---|---|---|
| 第六期 | 民间工艺与地方戏曲 | 2012.11.22 | 1. 工艺与戏曲相关信息采集的路径等；2. 工艺与戏曲相互影响、互相借鉴与融合形成的历史原因，它们的关系现况及未来的走向 | 工艺界与戏曲界的专家学者和知名人物 | 36 |
| 第七期 | 展览与观众——以《云霞生异彩——广东民间工艺所见之地方戏曲》展览的观众调查为例 | 2013.03.31 | 从心理和行为角度分析了博物馆如何与观众对接，并对展览选题和定位、宣传、展览活动等多方面提出了不少新思路和新方法 | 广州文博专家，中山大学师生等 | 35 |
| 第八期 | 博物馆的运营 | 2013.06.14 | 博物馆的运营、博物馆运营的标准以及博物馆特展的策划 | 英国V&A博物馆刘明倩、博物馆专家、中山大学师生、广东民间工艺博物馆员工 | 33 |

北京民俗博物馆的传统文化展览内容十分丰富。在2013—2018年举办了多个不同形式不同内容的展览，包括："华衣冠佩——北京民俗博物馆精品文物展""揭秘古滇国——滇文化文物展""汉风唐韵——古代陶瓷精品文物收藏展"、《碧霞元君信仰与北顶娘娘庙》和《碧霞元君与诞生仪礼》展、"以广招徕"——传统民间行业招幌精品展、2013年"清明习俗文化展"、2013年北京市朝阳区高碑店"二月二龙抬头"节习俗

展等，①从不同的方面和角度对传统文化进行多方面的展示。

南京民俗博物馆的地域特色非常浓厚，也是南京市非物质文化遗产馆，主要展示具有南京地域特色的民俗文化。南京博物馆建筑为号称"九十九间半"的清代民居古建筑群——甘熙故居，是传统文化的物质体现，其基本陈列包括友恭堂、甘熙宅第、小园等具有南京地方特色的传统建筑。馆内的非物质文化遗产丰富，举办过"一脉文心、千古流传——非遗综合展示"的专题展览。②整个博物馆在将地方特色文化进行传承发扬的同时，更是中国传统文化的继承发展。

湖北省博物馆开设的荆楚文明讲坛教育活动，举办过多次有关传统文化的专题讲座，例如，荆楚文明讲坛第二十二讲预告：《发现中国凤——听考古学家说古代凤崇拜与龙凤因缘》《"川"字青砖茶在边销茶历史中的重要地位》《荆秦简牍与秦人法制》《中国古代建筑的第一次升高——试谈南北朝建筑的新变化》《赏玉、识玉——谈玉品与玉质》《事死如生——九连墩楚墓的贵族生活缩影》《曾国考古发现与研究——从"左右文武"到"左右楚王"》③等学术性专题讲座，帮助观众更深层次了解展览背后的知识。

**五 民办博物馆积极发挥文化传承作用**

据2017年国家文物局统计，目前我国"非国有"博物馆已达1110家，北京有民办博物馆22家、天津18家、河北8家、山西13家、内蒙古29家、辽宁19家、吉林11家、黑龙江30家、上海13家、江苏50家、浙江94家、福建11家、江西18家、山东54家、河南62家、湖北36家、湖南15家、广东54家、广西18家、海南5家、重庆13家、四川57家、贵州7家、云南6家、西藏1家、陕西45家、甘肃14家、青海6家、宁夏5家④。

这些民办博物馆绝大多数为专题博物馆，综合博物馆较少。从地理

---

① 资料来源于北京民俗博物馆官方网站，http：//www.dym.com.cn/。
② 资料来源于南京民俗博物馆官方网站，http：//www.gjdy.org.cn/。
③ 资料来源于湖北省博物馆官方网站，http：//http：//www.hbww.org/home/Index.aspx。
④ 资料来源：国家文物局，《2017年全国博物馆录》，http：//www.sach.gov.cn/art/2017/1/4/art_1952_136321.html。

分布来看，民办博物馆主要分布于经济发达和文化底蕴深厚地方，如浙江有94家，河南亦有62家。民办博物馆只有在国家文物局注册后方列入上述数据之中，而未能完成注册的民办博物馆数量远远大于已经注册的数量。民办博物馆注册需要符合《博物馆管理办法》，并在规范化、专业化及开放时限等方面都有相关的严格规定，而众多民办博物馆难以达到此标准。再有，许多民办博物馆是在民政局、工商局注册，而没有在文物局注册。

一是通过藏品展示传承传统文化。"民办博物馆的藏品展示需要以藏品的丰富性和专题化为基础，并与藏品的管理、维护水平密切相关。"① 受到经营条件的影响，民办博物馆在藏品的丰富性及其管理维护方面参差不齐。例如，泰兴红色文化博物馆，收藏有"大型刺绣、瓷塑、名人字画、苏区文化、抗战文物等各类文物12000多件，反映了中国共产党各个阶段的发展历程。分馆位于黄桥公园内，共设五个展厅，分别为刺绣织锦厅、红色茶文化厅、宣传和文献厅、钱币票证厅、像章勋章厅，共展出了1000件红色文化藏品"。② 从中可见泰州地区民办博物馆的收藏和展示情况。民办博物馆的运营大多为私人、企业出资，故其展示的频次和规模皆受到相应影响。"以武汉地区民办博物馆为例，武汉金楠雅苑金丝楠木博物馆、武汉琴台钢琴博物馆、武汉湛安明蝴蝶博物馆、武汉精益眼镜博物馆等民办博物馆藏品皆为专题化，并对公共开放参观。"③ "据武汉市文新广电局相关负责人介绍，管理部门要求私人博物馆每年开放天数，免费也好、收费也好，总数不得少于240天。"④ 然而实际上，这些民办博物馆的藏品展示往往不能达到标准。除了私人创办的民办博物馆，还有一些企业创办了博物馆，成都华通博物馆即是如此。"华通博物馆地处华通集团总部，是一家依托企业母体开放经营的民办博物馆，建馆初衷本为企业老总自身对传统文化的热爱及高度的文化自觉，在收集

---

① 黎帅：《民办博物馆：中华优秀传统文化传承重要场域》，《中南民族大学学报》（人文社会科学版）2018年第4期。
② 韩慧文：《泰州地区博物馆的发展与展望》，硕士学位论文，南京师范大学，2015年。
③ 黎帅：《民办博物馆：中华优秀传统文化传承重要场域》，《中南民族大学学报》（人文社会科学版）2018年第4期。
④ 蒋绶春：《武汉私人博物馆调查》，《湖北日报》2015年1月20日。

了大量产品后，开办博物馆。……成都华通博物馆是一个集收藏、教育、培训、实验、研究于一体的综合性历史艺术民营博物馆，于2004年正式在成都市民政局登记成立。建筑总面积5万平方米，展示面积超过3万平方米，分12个展区，主要的展馆为书画艺术馆、瓷器艺术馆、青铜艺术馆、汉陶艺术馆、明代陶俑艺术馆、骨牙艺术及金属工艺馆、当代艺术馆和佛教艺术馆。"① 可见，民办博物馆的藏品展示是实现文化传承的重要方式。

二是与社区融合发展，传承传统文化。"民办博物馆往往是某一地域文化的专题展示，与当地社区的融合发展是文化传承的重要方式。例如，昆明牛街庄滇戏博物馆就坐落在'滇剧窝子'——牛街庄社区。滇戏博物馆是云南省第一家民间滇戏博物馆，陈列有各个历史时期的滇剧戏服、道具、曲谱、照片等珍贵文物。馆长张勇即为牛街庄业余滇剧艺术团团长、云南省非物质文化遗产传承人。"② "历史的延续、牛街庄特有的建筑文化烘托出来的良好滇戏传承氛围、牛街庄老一辈无私的奉献精神等，吸引着人们从各地前往牛街庄来学滇剧、看滇剧、了解滇剧。"③ 依托社区文化传统，民办博物馆在文化产业的发展中逐渐成为社区文化展演的重要组成部分。凤凰县的山江苗族博物馆就属于这类民办博物馆的典型之一。山江苗族博物馆属于家庭博物馆，由湖南湘西土家族苗族自治州原副州长龙文玉先生创办于2002年10月1日。该馆"以苗族家庭文化特征为切入点，设有'普通农舍、古代住所、殷实人家、武士家居、服饰掠影、绣女之家、匠人居室、巫师小屋、文人陋室'等九个馆舍10000余件藏品和苗族风情园及苗族跳花坪"④。山江苗族博物馆不仅用藏品展示的形式开列展示活动，还按苗族传统节日设立节庆活动，如"赶年场""三月三""四月八""六月六"等，从而使博物馆展现出动态性，并与

---

① 丁锦频：《成都华通博物馆的发展制约因素与应对措施分析》，硕士学位论文，四川师范大学，2012年。
② 黎帅：《民办博物馆：中华优秀传统文化传承重要场域》，《中南民族大学学报》（人文社会科学版）2018年第4期。
③ 古珍晶：《贵明私人博物馆与社区互动研究》，硕士学位论文，云南大学，2014年。
④ 石群勇：《多重认同：文化遗产与博物馆——以凤凰山江苗族家庭博物馆为例》，《凯里学院学报》2009年第4期。

当地社区文化传统相结合。可以说，博物馆与社区文化融合是博物馆实现文化传承的重要方式之一。

三是利用现代科技手段展示传统文化。民办博物馆因在藏品、管理、服务等层面的不足，在藏品陈列、开放服务以及对外交流方面往往不能与国有博物馆相提并论。然而随着现代科技的发展，民办博物馆可以有效地利用光电、媒体、网络等手段实现藏品文化的现代传承。《国家文物事业发展"十三五"规划》明确指出："坚持政府积极引导、社会共同参与，推动互联网的创新成果与中华优秀传统文化的传承、创新与发展深度融合，充分发挥市场作用，通过观念创新、技术创新和模式创新，推动文物信息资源开放共享，推进文物信息资源、内容、产品、渠道、消费全链条设计，丰富文化供给，促进文化消费，进一步发挥文物资源在培育社会主义核心价值观、构建中华优秀传统文化传承体系和公共文化服务体系中的独特作用。推进文物信息资源开放共享，调动文物博物馆单位用活文物资源的积极性，激发企业创新主体活力，完善业态发展支撑体系，形成一批具有示范性、带动性和影响力的融合型文化产品和服务品牌，有力促进大众创新、万众创业。"[①] 在政府支持和科技进步的大背景下，民办博物馆应充分利用当今先进的各种科学技术，发挥自身优势，建构智慧博物馆，拓展文化传承的实践新途径。

四是从民俗文化、艺术审美和历史记忆三方面传承传统文化。"民俗文化是民办博物馆文化传承的重要内容。民办博物馆对大众生活日常的直观呈现，不仅是地域文化传承的有机组成部分，更能激发民众情感的共鸣。这类民办博物馆数量众多、类型多样。以上海地区为例，以民俗生活为传承内容的民办博物馆包括家庭蝴蝶博物馆、家庭钟表博物馆、火花藏馆、雨花石藏馆、金钥匙博物馆、蓝翔筷箸馆、老彩票博物馆、翰林匾额博物馆、四海壶具博物馆等，达50多个。从藏品来看，这些博物馆所收藏的物品多为民众传统生活用具，是民众'小传统'文化的呈现，体现出藏品展示的日常化和参观氛围的生活化。"[②] "位于虹口区多伦

---

[①] 国家文物局：《国家文物事业发展"十三五"规划》，《中国文物报》2017年2月21日。

[②] 黎帅：《民办博物馆：中华优秀传统文化传承重要场域》，《中南民族大学学报》（人文社会科学版）2018年第4期。

路的几家民间收藏博物馆十分注重营造温馨、舒适、轻松的气氛，收藏馆主可能会邀请你喝一杯茶，讨论他的珍藏，藏家也乐于跟观众交朋友。……屋外不时传来仿旧三轮车'铛铛'的敲铃声、三五人群散步而来的脚步声、缓速开过的汽车声。有熟识的邻居偶来串口，用开玩笑的语气向笔者称赞老人的收藏，极富生活气息，使访谈变得轻松和亲切。"[①]"这种民俗生活的日常化既是民办博物馆的传承主体，亦是民众生活与博物馆展品的有机融合，提升了博物馆展品文化传承的实践效果。艺术审美是民办博物馆文化传承的重要组成部分。现代社会充斥着实践理性和工具理性，亟须艺术文化弥补民众精神生活的匮乏。我国首家艺术博物馆——上海当代艺术博物馆，创办于2012年10月。而首家民办艺术博物馆则是成立于1999年的上海原弓美术馆，随后上海东方美术馆、证大现代艺术馆、上海多伦现代儿童美术馆、上海民生现代美术馆、外滩美术馆、当代艺术馆纷纷成立。"[②]"相比国家美术馆收藏注重经典性，民营美术馆更注重先锋性、新潮性。"[③]"民办艺术馆的艺术展，多聚焦于反思现代性的亚文化，从而丰富民众的精神世界，抵御现代理性社会的心灵枯竭。众多民办博物馆以民众历史记忆为主题，举办各类展出，实现精神世界的历史延续性。这类民办博物馆以红色文化主题馆为代表。例如，湖南博瑜万福源博物馆的藏品达15000件，包括毛泽东雕像、毛泽东著作、毛泽东红色革命文献、毛泽东生前使用过的生活用具、老式相机、红旗轿车等。"[④] 此博物馆以对毛主席的历史记忆为主题，激发了民众对新中国成立前后的历史记忆。此外，随着民营企业的发展，众多企业纷纷建立企业博物馆，促进博物馆功能与企业文化的融合。"企业兴办博物馆也是社会责任的体现。企业社会责任作为企业文化的新内容，重新塑造和创新了企业文化的价值观念，推进了企业文化的相关建设。而企业

---

① 蔡林伶：《从"补充"到"批判"：上海私立博物馆研究——以民间收藏馆、民办工商业遗产博物馆、民营美术馆为例》，硕士学位论文，南京大学，2014年。

② 黎帅：《民办博物馆：中华优秀传统文化传承重要场域》，《中南民族大学学报》（人文社会科学版）2018年第4期。

③ 蔡林伶：《从"补充"到"批判"：上海私立博物馆研究——以民间收藏馆、民办工商业遗产博物馆、民营美术馆为例》，硕士学位论文，南京大学，2014年。

④ 朱礼斌：《长沙民办博物馆现状调查与研究》，硕士学位论文，湖南大学，2016年。

文化作为企业的一种价值体系，又将社会责任建设提升到新的理论高度和较高的文化层次。"① 此类博物馆以营造企业文化氛围为宗旨，提升了企业员工的文化归属感。

## 第四节 博物馆传承存在的问题

我国博物馆事业正在快速发展，博物馆的影响力正在不断增强，文化传播面亦在逐渐变广。博物馆的中华优秀传统文化传承工作和大众的科普工作以及青少年的教育工作进行的也是如火如荼，博物馆正在更好地发挥其收藏、教育与研究等基本功能。但是，由于种种原因，博物馆在传承中华优秀文化的理念、方式和方法上尚有不足，还有很大的提升空间。

### 一 部分博物馆忽视文化传承

我国国有博物馆的建筑设施、硬件条件、参观环境，已经与西方博物馆接近，甚至毫不逊色。但绝大多数博物馆没有将"公众教育、文化传承"视为核心功能，更谈不上明确自身的教育使命和办馆宗旨。"藏品是博物馆业务活动的重要根基，博物馆藏品的多少和质量直接决定博物馆工作水平和社会效益。"② 博物馆对于藏品的重视度很高这一点在情理之中。但是，还是有很多机构至今仍打着"藏品第一"的旗号来推出展览活动，忽视了博物馆对于优秀传统文化传承的重要性，这样的展览和活动效果自然就差强人意。主要表现在：首先，"文化传承"理念并未引起博物馆高层的重视，将文化传承等同于日常参观讲解，将常设展览、巡展视作为文化传承的主要方式。其次，虽然有部分国有博物馆尝试针对不同人群开展各种教育传承活动，但目前处于初级阶段，缺乏长期的成熟的教育项目，没有形成科学完善的体系，如活动前无策划和观众研究，活动过程流于形式和走过场，缺乏内容支撑，活动后缺乏评估和反

---

① 丁锦频：《成都华通博物馆的发展制约因素与应对措施分析》，硕士学位论文，四川师范大学，2012年。

② 王宏钧：《中国博物馆学基础》（修订本），上海古籍出版社，2006年12月1日。

馈。因此，即使开展了一些教育活动，但文化传承和社会教育的效果并不理想。再次，国有博物馆的宣教部门和宣教工作者在机构内部地位并不高，宣教工作处于辅助和附属位置。最后，博物馆教育工作队伍自身素质和结构参差不齐，仍不能满足和支撑公众教育与文化传承活动的策划与实施，部分宣教工作者忽视对博物馆学、心理学、教育学以及公共关系学等专业的理论与实践，导致教育工作和文化传承水平得不到突破性提高，传统的思维模式得不到改变。因此，如何进一步发挥博物馆在促进教育发展和文化传承的职能，确定博物馆教育与文化传承的使命，提升文化传承的水平，成为目前博物馆亟待解决的问题。

## 二 传统文化展示辐射力不够广

我国博物馆每年举办陈列展览众多，常常观众如织。但与西方发达国家博物馆年观众达其人口总数的3倍相比，我国博物馆的文化影响力和文化传承面比较有限。在我国博物馆免费开放初期，参观人数流量一度出现爆棚和井喷现象，很多观众是带着好奇与新鲜感来的，随着时间的推移，参观人数逐渐回落。甚至有的新馆开馆时也并未出现预期的爆棚，如深圳博物馆新馆参观人数只是比过去略有增加。这种情况的原因是多方面的，博物馆免费开放释放了博物馆的功能，但也出现了参观人数激增、运营经费大涨、配套设施不全等问题。[1] 博物馆缺乏长久的吸引力，既有自身的问题，也有外在因素。近期一份来自欧洲知名咨询公司联合发布的《中国博物馆的价值重塑》报告对上海居民的调查发现，只有10.9%的受访者表示平时休息会去博物馆参观，[2] 报告作者叶珺不无感慨地说："这并不是说公众对博物馆和物质文化不感兴趣，我们应该看到的是博物馆自身推介能力的薄弱。"[3] 博物馆在单纯举办展览与活动的同时，有待提高其创意性和宣传度。据统计，西方发达国家平均每人每年进2次博物馆，而我国每人平均2—3年进一次博物馆，省级大馆如此，县市级博物馆的入馆率更低，经历短暂热闹后，依然回到"门前冷落车

---

[1] 彭玉华：《博物馆免费开放漫谈》，《博物馆研究》2009年第3期。
[2] 王嘉培：《短板在哪里》，《中国文化报》2013年4月25日。
[3] 叶珺：《中国博物馆的价值重塑》，《中国文化报》2013年4月27日。

马稀"的状态。博物馆入馆率出现了大馆大热,小馆小热,基层场馆遇冷的尴尬境地。此外,现代商业和社会服务体系日益完善,人们一般乐于参观游览故宫、秦始皇兵马俑博物馆等盛名远扬的历史文化遗迹,部分人群也不愿一年多次进馆参观,博物馆面临多元文化生活以及著名文化旅游景区的竞争。这一现象警示我们,我国博物馆的辐射力、影响力和文化传承面远远低于我们的预期,博物馆未深入公众的文化生活,存在感不强、关联性不强,普通大众的场馆意识仍然比较薄弱,广大公众对博物馆缺乏了解。如何在丰富多元的文化服务竞争中,既保持自身的文化品位和独持性,又加强场馆自身推介能力、拉近与观念距离、潜移默化地增强公众的博物馆意识需要花更大力气。

### 三 博物馆与学校、社区联动不紧密

文化传承是有具体的承接对象的,青少年是传承中华优秀传统文化的重要对象和群体,重视对青少年这一群体的传承,就是重视文化的延续和可持续发展问题。博物馆是非正式的教育机构,它作为文化传承的载体,与学校教育之间存在着优势互补、相互延伸的关系。二者的合作,不仅有助于学校课程的实施,拓宽学生的人文知识与科学知识领域,[①] 也可以推动博物馆文化传承职能的不断完善和提升。

博物馆以丰富的展品、寓教于乐的展示形式,以及灵活多变的传承方式,在青少年成长、成人、成才的过程中扮演着重要的角色。在博物馆的见闻,对于未成年人感性思维起着重要的作用,能激发孩子对探索世界奥秘的兴趣,能将优秀传统文化潜移默化于内心。中国青少年学生平均每年走进博物馆的次数远远落后于美国,经常走进博物馆的外国孩子和不经常去博物馆的中国孩子在认知和创造力上形成了鲜明的对比。例如,2015年陕西省69座博物馆开展青少年教育项目167个,2014年北京开展青少年教育项目超过40项。[②] 中国的博物馆里难见孩子,原因很多,复旦大学文物与博物馆系教授、博士生导师陆建松认为,多数孩子在很小的时候就担负起分数、竞赛的压力,他们只接受标准化的应试教

---

① 李君:《博物馆资源的开发与利用研究》博士学位论文,东北师范大学,2012年。
② 崔波:《博物馆事业蓬勃发展的法律护航》,《中国文物报》2016年3月1日。

育，影响到了他们感性思难，进而影响到他们的创新思维。对于家长来说，补习班似乎比进博物馆更重要。另一方面，博物馆普遍存在"重展"不"重教"的现象，绝大多数博物馆没有专门针对青少年教育学习的区域，缺少道具等吸引青少年的设施。对于孩子来说，博物馆或许并没有多大的吸引力。我国博物馆的"硬件硬，软件软"的弊端，使之很难发挥场馆应有的文化传承职能。如何吸引青少年主动进馆，并内化为潜在的精神需要，需要博物馆更加深入研究和思考。调查显示：学校和博物馆双方缺乏合作机制，合作动力和合作意愿不强。一方面，博物馆不了解学校的教学计划和教学规律，合作无从下手；另一方面，教师普遍认同博物馆是一种可以有效利用的课程资源，但在实际的教育教学实践中，挖掘和利用博物馆资源来辅助课程的开展和学生学习的教师不多，博物馆资源与课程紧密结合不够，学生学习效果不显著。因此，探讨馆校合作，从粗放式参观到深入合作，需要理论探讨和实践验证。

### 四 传统文化产品开发不丰富

文创产品是具有文化基础，在设计人员发挥创意力设计研发之后的文化创意产品。博物馆拥有重要的文化资源，既可以为社会及其发展服务，成为公共文化服务机构，又可以作为文化创意产品开发的源泉，推进文化产业的发展。我国博物馆对文化资源的研究和利用取得了一定的成就，但还有提升的空间。虽然我国采取联展、巡展、借展和临展等多种形式，提高了文物展出率，解决了新建博物馆藏品不足的问题，形成国有馆藏文物资源共享机制。但部分博物馆仅注重展览的次数，对文物的深入研究有限，有的博物馆甚至对藏品研究不足而不敢轻易展出，缺少馆际交流。大多数博物馆资源利用形式单一，只是依赖传统的方式——展览，有的临时展览只是图片加文字，有的拿出的是复制品，缺乏新意和吸引力。由于是外展，讲解不深入，传承效果有限。如何解决资源利用的深度和形式，还有待研究。

文化产品的开发尚有巨大提升空间。文化产品是博物馆文化影响力的延续，能为公众提供文化体验，公众通过购买具有一定文化价值的实用商品，在了解文物知识同时满足日常生活需求。因此，博物馆开发的文化创意产品以及衍生品又被称为"移动的口袋博物馆"，是文物"活起来"的重要途径,也是文化传承的一种方式。随着时代发展,博物馆的文化创意品和衍生品早已不是小卖部兜售纪念品的简单概念,而是文化与创意相结合的授权商品。衍生品早已延伸到服装、玩具、家庭装饰、音像书籍、网络游戏、食品饮料等人们日常生活的各个领域,[①] 成为让老百姓易于接受的文化传承的重要方式,也是博物馆重要经济来源。放眼国外,几乎所有美术馆、博物馆都配有自己的艺术商店。著名的美国大都会博物馆商店的年营业额在1亿美元左右,仅仅在纽约市内就开设了8家分店,效益可观。台北故宫博物院围绕品牌授权,与超过90家厂商合作,"让文物再生与重生",单单是2013年就收入了9亿元新台币,数字直逼门票收入(10亿元新台币)[②],仅2010年玉白菜衍生品就带来超过2亿元台币的收入;红极一时的台北故宫创意纸胶带"朕知道了",让众多消费者争相购买,以至一度脱销。北京故宫也因为一组名为"雍正:感觉自己萌萌哒"的《雍正行乐图》动态照片瞬间火了。可见,富有创意的博物馆衍生产品对文化的传承与传播,可以达到事半功倍的效果。目前,我国大多数场馆,特别是地方博物馆衍生品存在文化创意不足、产品单一、实用价值低、市场结合度不高、营销手段落后等问题,使文化传承少了一个渠道。2009年,江苏南京博物院文化衍生品仅数百万元,这在全国博物馆中还处于中上游水平。这背后反映了我国博物馆文化衍生品产品雷同、品种单一、制作粗糙、开发和营销模式落后等问题。[③] 这就需要我们改变博物馆文化衍生品的开发机制,加大对馆藏的了解度和研究力度,真正做到与时俱进,从根本上改变我国博物馆文化产品和衍生品开发不足的问题。

### 五 数字化技术利用不全面

博物馆中的数字化技术主要有数字导览讲解、全景图模拟、幻影成像、AR、VR体验等。数字化展示具有互动性强、趣味性强、体验感强的特点,容易吸引观众参与,通过参与能将传统文化知识寓教于乐,达到

---

[①] 杨帆:《颐和园将首度尝试艺术衍生品开发》,《北京商报》2010年5月17日。
[②] 焦丽丹:《如何让文物"活起来"》,《中国博物馆》2015年8月15日。
[③] 章义平:《关于博物馆文化衍生产品开发的认识和思考》,《东南文化》2015年第5期。

良好的传承效果。随着新馆的建设完成，陈列展览的数字化展示提上日程。与传统的陈列展示手段相比，我国数字化展示水平已经上了一个台阶，在展示方式、展示手段、高科技与艺术化运用方面得到很大提升，但是趣味性、融合度和体验感还不强。部分场馆数字化程度不高，甚至对数字化持排斥态度；有的由于经费原因，缺少数字化展示；有的场馆数字化展示过多，为了追求所谓的视觉冲击效果，滥用数字化手段；许多耗资不菲的陈列展览，充斥着庞大的多媒体视频和电子沙盘，未能诠释文物的精髓，加上数字化展示缺乏趣味感和互动性，难以长久吸引人，影响文化传承的效果。如何充分利用数字化展示的优势，做到融合度高、趣味性强、内涵丰富，还有待改进提高。

### 六　部分新建博物馆选址与建筑设计不科学

虽然各地新建、改扩建博物馆高潮迭起，改变了过去积贫积弱的落后面貌，但在博物馆数量快速增长的形势中却存在不足。由于缺乏有效的发展规划和标准，"博物馆热"存在规划不合理、选址不科学、建筑不适宜等因素。有的新馆选址偏远，交通不便，入馆率和参观率低，如广西民族博物馆新馆坐落于青秀山南麓，远离市中心，降低了入馆率。有的新馆虽选择闹市，但违背博物馆选址的规律，既不属于文化密集区，也不属于教育云集处，更不属于休闲文化集群地和旅游区，参观人数乏善可陈，如武汉博物馆新馆选择在人来人往的汉口火车站附近，匆匆过客多，静心驻足者少。有些博物馆的外形或是与其内在主题大不相符，或是缺乏特点与新意，难以吸引观众的眼球。很多地方存在先建馆舍后设计陈列，使布展受到了很大的局限，展示空间狭小，展览环境欠佳，内外主题不一。这些弊端都对观众的审美以及参观体验造成极大的影响，使观众舒适度降低，从而也难以融入藏品所体现出的文化中去，博物馆对于优秀传统文化的传播与传承工作也就难以进行。因此，在今后的博物馆建设工作中，还需更多地考虑选址与建筑设计的问题。

### 七　重展示、轻传习

囿于传统博物馆的理念，许多博物馆在传承优秀传统文化方面，都存在着重展示、轻传习的问题。按照传统理念，博物馆就是用来展览、展示物质文化的机构。通过展览展示及其相关讲解的方式，开展社会教育活动，造成了博物馆缺乏配套体验课程与动手活动等传习方式的问题。博物馆往往显得不那么"平易近人"，使优秀传统文化与大众之间产生了距离感。世界博物馆事业发展至今，产生了一些新的理念。博物馆也是一个休闲的场所，也就是说博物馆不仅具有收藏、研究、展示的功能，同时也具有休闲的功能，人们参加一种文化的体验、学习活动，也是一种休闲生活。游客进到博物馆，不局限于参观，也有体验、学习优秀传统文化的强烈需求。因此，我国博物馆在履行职能时，需要注意自身身份的转变，以顺应世界博物馆发展的大潮流。

### 八　传承工作的机制不健全

博物馆传承优秀传统文化的政策法规滞后，相关条例没有明确具体规定博物馆在传统文化传承方面的工作要求。博物馆与社会的联系不紧密，特别是与非物质文化遗产传承人的联系不密切，对于非遗及其传承人的保护力度还不够，很多技艺几乎走到失传的境地。随着物质文化的发展，非遗传承人们在缺乏相关补贴的情况下难以靠一项技艺维持生计，而各级财政的重视度不高，投入的经费偏少。在提高对非物质文化遗产及其传承人的保护力度方面，还有很长的路要走。

## 第五节　加强博物馆文化传承的措施

中国的博物馆建设日益完善，各项工作稳步推进，中华优秀文化的博物馆传承已经初显成效，但任重道远。各地博物馆从事优秀传统文化传承的资源、力度、措施和效果都有很大差距，存在发展不均衡的问题，还有许多方面需要改进。因此，借鉴欧美国家博物馆传承传统文化的做法和经验，结合中国博物馆的实际情况，提出以下对策。

### 一　将"传统文化传承"纳入博物馆职能

公众教育是博物馆开展宣教活动工作的一项基本职能。在这项工作的开展中，应强化"文化传承"的核心职能，将文化传承始终贯穿于博物馆的各项教育服务活动中，使教育服务发挥更加强劲的作用。发挥博物馆的文化传承职能，必须找到一种切实可行的途径，那就是将博物馆的教育纳入学校教育计划。同时，博物馆有责任提供资源和服务来激发普通民众，特别是青少年终身学习的热情。博物馆不仅是一个精神享受的场所，也是一个终身学习的殿堂。将博物馆的文化优势转化为文化传承的教育优势，这需要博物馆和学校转变观念、多方互相配合、积极衔接、确定机制，才能充分发挥博物馆的资源优势和教育优势。

在博物馆事业发达的西方国家，将博物馆教育纳入国民教育体系，已经成为普遍做法，许多经过实践积累下来的经验都值得我们借鉴。比如，提供各年龄段的教育项目、制定"国家课程"等，加强博物馆教育与学校课程连接。这需要我国教育部门的协调，建立馆校联系制度，制定教学大纲，将组织学生到博物馆学习列入教学计划。同时，明确学校应有义务和责任创造机会带学生到博物馆学习与实践，学校也应要求教师树立博物馆教育理念，将博物馆教育纳入教师培训计划。我国若要制度化将文化传承纳入博物馆核心职能，就需要将博物馆的教育纳入国民教育体系，尤其是青少年的义务教育体系，除由政府制定法规外，通过制定有效的政策措施，切实融入中小学教学课程计划。同时，政府对博物馆纳入教育体系，服务学校教育，应给予充分的财政保障。

（一）加强博物馆文化传承空间建设

博物馆教育活动的开展，需要一定的空间、场地和实施设备。虽然我国国有博物馆大多设有高规格的会议室、多媒体室、报告厅，但部分博物馆并未预留教育活动开展的空间。为保证青少年在博物馆更好地开展学习活动，应具有功能齐全的学习中心，比如教室、礼堂、接待站、衣柜、午餐室等。① 在展厅也要设置儿童学习专区，制作道具和教具，让儿童尽情地对模拟展品触摸和操作，并由触摸和操作去掌握展品质地、形状、原理、功用和文化内涵。馆内学习空间和儿童辅助展品区的设置，应从儿童心理教育学出发，将枯燥的出土文物以及艰涩历史知识通过儿童喜闻乐见的辅助展示，通过操作和触摸，鼓励儿童动手探索，从而一

---

① 高翠：《英国博物馆的教育》，《中国文物报》2012年2月23日。

改博物馆严肃沉闷的现象，转变传承的方式，达到较好的传承效果。①

文物年代与现代人的生活年代距离已经很远了，如何让儿童和青少年成为文化传承者，就需要转变教育和传承的方式，注重方法，关注传承群体易于接受的方式，在轻松愉悦中潜移默化传统文化的魅力。特别要注意的是，博物馆的传承教育方式区别于学校教育，在当今选择日趋多样化的时代，博物馆要想赢得观众特别是青少年观众的青睐，首先必须尊重青少年的感受心理、审美趣味和认知特点。因此，我国国有博物馆应适当开辟适合青少年学习的实验室、探索室、工作坊、活动中心，并拥有技术设备，支持远程教育等基于网络学习的教育场地，更大程度地发挥传承功能。博物馆不应成为高高在上的施教者，而必须学会与青少年的平等对话、交流和互动②，才能促使更多公众更深入、更主动地探究博物馆的知识，使文化传承工作落到实处。

（二）开发建设虚拟博物馆，扩大文化传承的覆盖面

虚拟博物馆是信息时代传承优秀传统文化的一种重要方式。通过建设指尖上的博物馆，缩小博物馆与民众的空间距离，让民众能便捷地接受优秀中华文化。数字技术对博物馆的文化传承及博物馆工作带来了变革，各种网络技术、VR虚拟现实技术、App软件等技术竞相应用在博物馆的文化传承上。近年来，很多博物馆开发出通过智能手机和平板电脑等移动终端设备，在线游览或者下载脱机游览的软件，来领略数字博物馆的魅力。虚拟博物馆使更多的人足不出户，了解博物馆知识，能扩大文化传承的覆盖面。目前，我国虚拟博物馆处于起步阶段，下一步虚拟博物馆的虚拟开发需要做以下几方面的工作：一是藏品的数字化。藏品的数字化要保持一定的数字标准，例如对壁画类藏品就要按更高的像素来制作；二是对藏品呈现环境的数字化。藏品数据要按一定的主题和立体空间来组织和呈现；三是对不同主题的数据进行串联，建立科学的检索方式；四是要建立于DIY的终端数据识别和共享方式。虚拟博物馆的

---

① 林毅红：《博物馆：既做"文化殿堂"，也做"文化集市"》，《中国社会科学报》2015年5月8日。

② 赖少芬：《博物馆为何旺不起来？》文化-人民网-http://culture.people。

开发最大的困境在于藏品的数字化复制以及带来的知识产权问题。[①] 相信随着科技的发展，这一问题很快能得到解决。

作为文化遗产的保存、展示与研究机构，博物馆是社会经济发展的产物，它反映了人们对精神生活的追求和向往。同时，博物馆的发展和完善有利于中华优秀传统文化的传承，有力促进文化教育的发展和公众素养的提高。[②] 近20年，我国博物馆建设高潮奠定了我国博物馆的基本格局。进入21世纪，博物馆的主要任务就是要不断破解发展的难题，充分运用现代科技和先进运营理念，跟上时代的步伐。我们相信，博物馆一定能为更好地传承中华优秀传统文化发挥更大的社会效益。

## 二 做好文化传承基础工作

（一）重视藏品在文化传承工作中的作用

藏品是博物馆进行传承的物质基础，是直接与观众进行交流的载体，因此要保证藏品的丰富性、真实性和安全性。需要加强博物馆藏品的征集、鉴定和管理，相关资料也要尽量收集完整。博物馆需要有前瞻性，不仅要征集具有代表性的文物，也要征集其他辅助性的文物和背景资料。

（二）做好文物的保护与利用工作

文物保护工作的基本方针是"保护为主、抢救第一、合理利用、加强管理"。由此，我们可以看出，对于文物，博物馆既要注重保护，也要积极发挥它们的价值。通过对文物的修复和复制，可以使文物获得"新生"，重新焕发活力。因此，文物保护和利用意义重大，是文化传承的有效手段。对此，博物馆需要有专业的保护设备以控制适合文物存放的最佳环境，也要积极吸引人才和资金。

（三）开展优秀传统文化的保存工作

书籍与图录是传统文化内涵与价值展现和保存较为直观的形式。博物馆必须认识到优秀传统文化基础资料收集与整理的重要性。进行资源普查，整理、编辑书籍与图册。

---

① 易明：《指尖上的博物馆》，《中华文化报》2013年1月24日。
② 林毅红：《博物馆：既做"文化殿堂"，也做"文化集市"》，《中国社会科学报》2015年5月8日。

### （四）开展优秀传统文化研究

传承优秀的中华传统文化，首先需要观众对馆藏文物有所了解，才能探寻其背后的内涵。这就要求博物馆对自己的藏品有充足的了解，才能将它们所承载的文化信息传达给广大人民群众。人们现实的精神文化需求，要求博物馆加强对传统文化的研究，成立专家组织，申报相关课题，出版读物刊物。

### 三 积极发挥非遗传承人作用

博物馆要主动加强与非物质文化遗产传承人的联系，邀请他们来博物馆进行文化传承活动。

比如，免费为传承人举办作品展，扩大传承人及其作品的知名度。选取最有代表性、最具扶持价值的优秀传统文化传承人，为其免费举办艺术作品展和现场展示传统工艺。在宣传、传播、推广优秀文化的同时，也能在很大程度上提高优秀传统文化传承人的知名度及其经济收益，客观上提高了传承人传承优秀传统文化的积极性和主动性，有利于优秀传统文化的保护、传承与弘扬。

再如，免费帮助优秀传统文化传承人出版作品集或个人传记，扩大他们及其作品的知名度。

还可为传承人申请科研项目，获取研究保护的人力与财力支持。为传承人开设专题课堂，扩大博物馆文化传承的辐射面。

### 四 建立优秀传统文化教育实践基地

为了更好地发挥博物馆的文化传承功能，更系统全面地做好文化传承工作，博物馆可以建立优秀传统文化教育实践基地。比如，开辟"民间工艺小作坊"，以及开设少儿美术作品展、优秀传统文化宣传栏、拼图、编绳、剪纸、十字绣、画纸填色等项目，丰富内容，增强趣味性。尤其是利用宣传栏介绍我国各种优秀传统文化的由来、历史等知识。内容充实、定期更换的宣传栏，使观众阅览之后，不仅能加深对我国优秀传统文化的了解，同时也能增强民族自豪感，从而达到传承文化和"知国、爱国"的目的。拼图融入传统文化元素，孩子们在拼和玩的过程中，不知不觉就熟悉了中华传统文化特色。编绳、剪纸、十字绣，简单有趣，易于操作,孩子们通过自己动手学习传统文化寓教于乐,效果良好。设置阅读角,提供关于馆藏文物及博物馆建筑的书籍给游客阅览。

还可以在馆内开设"非遗工坊"和"民间工艺小作坊",作为非物质文化的教授、学习、体验与宣传的专题活动场所,让学生、市民和各界人士与非物质文化遗产零距离接触。"民间工艺小作坊""非遗工坊"还可结合传统节日、专题展览,开展专题性优秀传统文化传习教育活动。

## 五 提升传统文化传承效果

### (一)展览形式增强亲民性

"博物馆陈列是在一定空间内,以文物标本为基础,配合适当辅助展品,按照一定的主题、序列和艺术形式组合成的进行直观教育、传播文化科学信息和提供审美欣赏的展品群体。"[①] 陈列展览是博物馆发挥社会效应的主要方式,也是博物馆传承优秀传统文化的一种重要途径。陈列展览水准的高低,直接影响到观众的喜爱程度和接受程度,也直接影响到文化的传承效果。[②] 博物馆在陈列展览上要处理好"文化殿堂"和"文化集市"的关系,将学术性与亲民性有机结合,让更多的观众走进博物馆,实现"专家叫好、百姓叫座"。首先,博物馆的展览应体现专业性和亲民性并重。趣味性是引导青少年热爱传统文化、探索科学精神、自觉传播与运用科学文化的重要内容。[③] 博物馆应提供多种可供操作的探索活动展示,举办互动展览,让孩子们可以抛开枯燥的书本,融入妙趣横生的视频动画、憨态可掬的动漫人物、饶有趣味的互动游戏中去,[④] 大大增加青少年和文化的融合度。推行趣味性和互动性展览方式,结合我国的文化资源特征,创造出青少年易于接受的专业性与趣味性的场馆文化,是信息时代和多元文化时代博物馆的历史责任。

---

[①] 王宏钧:《中国博物馆学基础》(修订本),上海古籍出版社2006年版。
[②] 沙晓芸、徐斌:《文化创新新视域下博物馆陈列展览的要素把握》,《江西教育学院学报》2011年10月15日。
[③] 林毅红:《博物馆:既做"文化殿堂",也做"文化集市"》,《中国社会科学报》2015年5月8日。
[④] 林毅红:《博物馆:既做"文化殿堂",也做"文化集市"》,《中国社会科学报》2015年5月8日。

## （二）培养保护传承意识，注重各环节的衔接

博物馆在传承优秀传统文化的过程中，应该打一套"组合拳"，重点在于热爱优秀传统文化的意识的培养，在实践中强化传统文化的意识及价值的灌输与强化。首先，通过举办展前学术讲座、报告，对观众进行自然科学、社会科学、人文科学的"科普"，为观众参观、学习、接受优秀传统文化教育打下基础。其次，通过一系列展览展示，让社会观众跟传统优秀（物质）文化进行近距离的亲密接触，使之有思考、有认识、有感触，甚至有震撼。最后，通过"民间工艺小作坊""非遗工坊"的体验、学习，传习民间传统工艺文化，使学习者通过实践来验证传统文化知识及技能，加深理解，深刻印象，提高工艺技能。同时，也进一步强化了其热爱优秀传统文化的意识，并通过这些传习人进一步把优秀传统文化扩散到社会中去。

上述"办讲座—看展览—学工艺"的系列活动，能够有效地把传承工作的各个环节连贯起来，在传习上起到趁热打铁、深化效果的作用。听了讲座可以加深观展的认识与理解，而具备工艺文化体验的学习活动，则可起到巩固兴趣，将先前对传统工艺文化的认识与理解转化为传统工艺实践技能的作用。

## （三）加强传统文化产品和衍生品开发

博物馆的文化产品和衍生品开发，是将博物馆带回家的一种有效方式，不仅能传承文化，还能创造不菲的经济价值，有利于博物馆自身发展，也拓宽了文化的传承形式。当今社会，博物馆、艺术馆的纪念品、艺术商品，已经成为博物馆的一个重要组成部分。[1] 2016 年 5 月，我国出台《关于推动文化文物单位文化创意产品开发的若干意见》，博物馆应该顺应政策形势，提高利用馆藏资源开发文创产品的积极性。除了针对常设展览开发文创产品以外，博物馆更要针对重点展览研发相应的随展文创，让展览更立体，做到既传承传统文化，又带来社会效益和经济效益。博物馆还要专门设立博物馆商店、微店、淘宝店等，线上线下相结合，开发各类生活用品、文具、装饰品、电子产品、书籍刊物等，顺应市场

---

[1] 林毅红：《博物馆：既做"文化殿堂"，也做"文化集市"》，《中国社会科学报》2015 年 5 月 8 日。

需求，方便消费者选购。可以将现代博物馆办成展销结合的场所，既具有展陈现代企业文化的功能，又可供中外游客参观选购，实现社会价值和经济价值的双赢。

合理有效的文化产业开发，能为博物馆带来源源不断的经济效益，更重要的是还可延伸文化体验。但长期以来我国部分国有博物馆，高度依赖政府拨款，"收支两条线"的传统模式，在文化产业开发方面缺乏积极性和创新性。2013年，中国博物馆协会文创产品专业委员会在北京成立，它的成立反映我国博物馆界对新兴文化产业的关注，21世纪的博物馆理应拥有品牌思维，不断开发新的文创产品，延伸博物馆文化体验。

需要指出的是，开发优秀传统文化资源时，要注意其科学性。博物馆在开发利用优秀传统文化时，切忌妄自臆造，造成民族传统文化在改造中扭曲。

（四）积极拓展数字化传承

电子信息时代，博物馆要合理利用科技手段，积极拓展数字传承。一是引入智慧导览系统。实现微信导览、团队讲解、手机自动讲解等功能，方便不同群体更有效率的进行参观和学习。二是发布微博、微信公众号文章，制作官方网站，构建网上互动平台。关注公众号和官网，相当于拥有了掌上博物馆，观众可以浏览展讯，进行活动预约，开展网上学习，也可以通过互动平台，与博物馆专家进行交流。三是实现藏品的数字化采集与展示。将馆内文物信息进行归类、存档，利用多媒体手段对藏品进行全方位的展示。

（五）着力打造活态传承

博物馆可以有效利用其场地，打造非物质文化遗产传习功能区，将非遗活态传承展演作为常设展览内容，选取最有代表性的内容进行操作表演，给观众带来极大的视觉震撼，精湛的技艺也能由此得以传承。

## 六 促进民办博物馆发展

（一）提升民办博物馆文化传承的科学性

首先，践行社会公益性，将文化传承明确为首要目标。民办博物馆的创办和运营，公益性居于首位。民办博物馆将私人、企业的藏品向公众开放参观，是由"独乐"向"众乐"的转变。民间收藏家创办博物馆之初衷也具有强烈的公益性。民办博物馆的公益性，突出体现在藏品在文化传承场域中的"位置"，因此，应将文化传承明确为民办博物馆创办、运营、发展的首要目标，从而从文化传承的角度解决当下民办博物馆的生存困境。以文化传承为首要目标，既是民办博物馆践行社会公益性的需要，又是民办博物馆发展的必然。当下，民办博物馆普遍存在资金来源不足、工作人员短缺、管理理念落后等实际问题，从而导致民办博物馆创办不易、经营维艰。民办博物馆可以借鉴文化产业的发展经验，探索民办博物馆文化传承与市场结合的路径。

其次，产业化运营，实现文化传承的科学性。文化与市场并非截然对立，而是相辅相成。可以将民办博物馆藏品蕴含的文化价值与博物馆运营中的"工具理性"相结合，增强民办博物馆运营的产业化，实现民办博物馆文化传承的科学化和文化传承的产业化运营。[①] 博物馆应当与当地旅游经济相结合，突出文化表征，体现当地历史文化的独特性，从而实现博物馆资本运营的产业化。在此基础上，博物馆要继续探索藏品文化静态展示与地域文化动态展演的融合路径，实现文化传承内容的主题化、传承路径的多元化，从而实现文化资本与经济资本的融合，提升了文化传承的有效性和科学性。此外，随着市场经济的发展，企业文化对于民营企业的发展越来越重要[②]。博物馆可借此机遇与民营企业合作，通过创办企业博物馆展示经营理念、价值观念、团体意识等历史文化传统，从而达到互利共赢的目的。无论是借助于旅游经济，还是依托于企业资本，民办博物馆都需实现藏品文化与市场经济的有机结合，从而以文化资本为基础、以经济资本为依托，探索产业化运营途径，实现文化传承的系统性和科学性。

最后，提高与社区文化融合程度，优化文化传承的场域。民办博物馆的创办、运营、发展都是在文化传承场域中实现的，民办博物馆与社区文化的交融程度对文化传承的实践效果具有直接影响。民办博物馆要

---

① 黎帅：《民办博物馆：中华优秀传统文化传承重要场域》，《中南民族大学学报》（人文社科版）2018 年第 4 期。

② 黎帅：《民办博物馆：中华优秀传统文化传承重要场域》，《中南民族大学学报》（人文社科版）2018 年第 4 期。

与所在社区文化相交融,实现博物馆与社区的良性互动。民办博物馆的馆址选择、建筑设计、藏品展示等皆需充分考察所在社区文化情况,实现文化传承与社区发展的相互交融。民办博物馆的聚落化发展模式,是解决生存困境的可选路径。民办博物馆聚落,既可以实现传统文化集中展示,又可以形成以博物馆文化为核心的社区,从而使民办博物馆公益性和产业化结合,优化文化传承的场域。[①]

(二) 促进行业交流

其一,应促进民办博物馆行业交流,共享运营发展经验,共同探讨文化传承体系的建构途径。民办博物馆文化传承效果的不足,一方面源于其自身建设的不足,另一方面则在于各博物馆多处于"散兵游勇"式的发展模式,缺乏行业交流的平台。受民办身份限制,民办博物馆缺乏专业人员的专项培训、学习平台。[②] 博物馆要抓住国家文物局承办的博物馆新从业人员入职培训班的机会,委派工作人员前往参加培训。行业培训既可提升博物馆业务水平的平台,又可相互了解、相互促进。此外,应由地方政府主办民办博物馆论坛,邀请国内外的民办博物馆代表,共同探讨民办博物馆在当代运营、发展问题,这对于促进民办博物馆文化传承具有积极的推动作用。因此,应进一步提升民办博物馆相关论坛、协会的交流功能,促进民办博物馆文化传承经验的相互交流。[③]

其二,借鉴国内外民办博物馆文化传承经验,拓展文化传承途径,提高文化传承效果。在文化传承方面,我国民办博物馆要尝试学习构建会员机制。一方面,需要充分利用大量会员和志愿者提高文化传承效果;另一方面,还应强调博物馆文化传承与教育体系的相互促进与融合。让自身拥有数量可观的长期会员,利用会员的年费可以实现稳定的运营资金,而这些会员囊括了社会的各个阶层、领域,从而为博物馆文化传承提供了便利。民办博物馆的志愿者是民办博物馆与社区融合的另一条路

---

[①] 黎帅:《民办博物馆:中华优秀传统文化传承重要场域》,《中南民族大学学报》(人文社科版) 2018 年第 4 期。

[②] 黎帅:《民办博物馆:中华优秀传统文化传承重要场域》,《中南民族大学学报》(人文社科版) 2018 年第 4 期。

[③] 黎帅:《民办博物馆:中华优秀传统文化传承重要场域》,《中南民族大学学报》(人文社科版) 2018 年第 4 期。

径。"一方面,志愿者为博物馆节约了用人成本,节省了巨大的开支,并且很好地承担了博物馆的服务工作,增加了博物馆的魅力及亲和力;另一方面,志愿者制度使得博物馆与社区联系更加的紧密,丰富了大众的社区文化,这也是博物馆更好地吸收社会资源,与社会更好互动的重要手段。"① 民办博物馆与基础教育的结合,是实现文化传承的重要手段。② 博物馆应尽可能为幼儿园至高中学生提供教育服务。通过博物馆的参观学习,激发兴趣、启迪灵感,从而以潜移默化的形式取得良好的文化传承效果。我国民办博物馆应注重国外民办博物馆文化传承经验的借鉴,形成适合我国国情的文化传承模式。

(三) 强化国家引导、完善政策体系

长期以来,相关法规和政策的缺失,导致我国民办博物馆没有明确的身份定位,深刻地影响了民办博物馆文化传承作用的发挥。因此,应强化国家引导,使民办博物馆以中华优秀传统文化传承为使命,强调公益性和社会服务性,并完善各项政策的制定和落实,促进民办博物馆文化传承走向制度化。

其一,国家引导应突出强调民办博物馆的公益性和社会服务性,促使民办博物馆以文化传承为主旨。一方面,"现行法律规定民办博物馆为'民办非企业法人',不仅使其很难享受财政拨款,还要缴纳各项赋税,运营极其困难,建议把民办博物馆定性为'民办法人公益组织'(或'民办法人事业单位')……在定性为公益组织后,应允许民办博物馆开展多渠道的经营活动,以筹措运营资金。作为社会公益组织,民办博物馆理应受到法律和社会的监督,把运营的盈利部分再投入到博物馆的发展中去"。另一方面,强化国家引导亦是解决民办博物馆发展中各种不良现象的重要手段。因政府、社会监督缺乏,民办博物馆出现了藏品造假以及过度商业化等弊端,影响了文化传承的实践效果。应强调民办博物馆文化传承的主体地位,保证传统文化的本真性,摒弃功利化的发展模式。③

---

① 王婷:《我国当代民营博物馆管理问题初探》,硕士学位论文,中国艺术研究院,2014年。
② 王婷:《我国当代民营博物馆管理问题初探》,硕士学位论文,中国艺术研究院,2014年。
③ 黎帅:《博物馆:中华优秀传统文化传承重要场域》,《中南民族大学学报》(人文社科版) 2018年第4期。

其二，为民办博物馆提供政策支持，应积极制定促进民办博物馆文化传承相关的法规和政策。民办博物馆与国有博物馆的主旨是一致的，应该享受同等的法律保护，在行政注册、政策扶持、场馆建设、运营税费，以及行业培训等方面应大力扶持。各地政府应积极探索促进民办博物馆发展的途径，制定扶持政策，并切实督促各项政策的具体落实。各级文物部门应加强对民办博物馆的专业指导和行业监督，促进民办博物馆协会、论坛等行业交流平台的发展，从而激发民办博物馆文化传承的活力。在场馆运营方面，各级政府应积极扶持民办博物馆，给予适当的税费减免，如场馆使用费、日常文物维护资助、门票补贴等，减轻民办博物馆的运营压力。在文化传承方面，各级政府应充分利用民办博物馆文化传承功能，促进民办博物馆与教育的有机结合；在服务水平方面，各级文物部门应鼓励民办博物馆参加各项文物工作专业培训，并将民办博物馆纳入行业协会，提升民办博物馆文化传承的业务能力。[①] 与此同时，"国家应对具有门类特点、行业个性或地域文化、民族唯一性的民办博物馆，以及致力于抢救濒危文化遗产、填补某领域文化空白或稀缺的新建民办博物馆，给予必要和适当的倾斜性扶持"[②]。通过法规和政策的保障，促进民办博物馆文化传承的制度化，提升民办博物馆文化传承的效果。[③]

## 七 建立健全保障体系

### （一）政府高度重视

各级政府需高度重视博物馆在文化强国进程中所发挥的作用。可以考虑将某些原来公司所属的博物馆纳入政府博物馆管理体系。政府还需做出战略部署，为振兴和传承优秀传统文化提供政策保障，也为博物馆的发展提供新的契机。具体措施包括：第一，建立优秀文化传承工作领导小组，作为文化传承的管理协调机构。加强领导有利于行政资源的配

---

① 黎帅：《博物馆：中华优秀传统文化传承重要场域》，《中南民族大学学报》（人文社科版）2018年第4期。
② 张国超：《我国民办博物馆的发展现状、问题与对策》，《江西社会科学》2011年第4期。
③ 黎帅：《博物馆：中华优秀传统文化传承重要场域》，《中南民族大学学报》（人文社科版）2018年第4期。

置与整合。第二，确立重点加以培育扶持，包括文化部门在内，派出重点支持的大师、人才、团队，集中力量加以扶持。第三，加大专项资金支持。其中，博览展示馆等是重点支持的方向。同时，实施博物馆整治提升工程，对博物馆的场馆设施进行全面的升级与改造。第四，注重提升优秀传统文化与现代文化双重交融的影响力，强化非物质文化遗产的传承保护。

（二）完善法律法规

国家颁布有《中华人民共和国文物保护法》《中华人民共和国非物质文化遗产法》等法律法规，对文物的保护和文化的传承进行法律保障。地方政府也需要颁布文化管理政策，在非遗项目的评定、人才培养等方面进行规范与激励。比如对代表性传承人进行两年一次的定期评估，形式采取书面材料审核与实地考察相结合的方式。内容包括代表性传承人从事非物质文化遗产项目生产、表演等实践活动情况，开展后继人才培养等传承工作情况，参与或者开展资料收集、整理、记录工作情况等。[①]要对代表性传承人进行评估，合格者继续享有市级或国家级代表性传承人的相关权益。不合格的传承人，市或国家非遗办对其提出书面告诫，督促其改进相关工作。代表性传承人在评估后的两年内，不得申请项目资助经费。这些措施也对传承体系的运行进行有效的监控与评估。

（三）加强博物馆队伍建设

博物馆的文化传承工作，需要专业化的人才队伍，他们是博物馆落实文化传承和公众教育实施的关键。制约博物馆文化传承和公众教育活动可持续发展的重要因素，是缺少专业的教育人员。博物馆理应是具有较高文化素养人员的集中地，开展富有成效的教育活动与专业化的教育工作者有着密切关系，这些专职的教育工作者由教育项目策划者、讲解队伍和博物馆教师三部分组成。[②] 与西方国家博物馆相比，我国的宣教队伍主要是讲解员，缺乏教育项目的策划者、专业的博物馆教师。为了能发挥博物馆文化传承的潜能，我国博物馆界急需加强专业人才引进和在

---

[①] 裴海：《"非遗"视角下苏州玉雕的发展现状与传承研究》，硕士学位论文，安徽大学，2017年。

[②] 郑奕：《博物馆教育活动研究》，博士学位论文，复旦大学，2012年。

职培训，提供政策保障来加快教育队伍的转型。一方面，提高进入博物馆教育工作者队伍的门槛，以保证队伍的专业素养，加大对业务熟练和实践经验丰富的专业技术人员的引进力度；另一方面，对现有讲解员进行在职培训，加快其专业转型发展，促进其对已有的工作经验进行理论反思和实践探索。博物馆必须根据新的发展需求，加大人才引进力度，完善人才结构，构建学术团队，为优秀文化的传承与发展提供人才保障。

（四）社会各界大力支持

博物馆的发展需要依靠社会各界的力量，包括资金支持、智力支持、藏品支持在内的各种社会性支持因素是支撑和推动博物馆发展的重要力量。政府能为博物馆提供政策和法规保障，企业和会员可为博物馆提供运作资金，学校可为博物馆提供人才支持，社会公众给予博物馆的支持更是不胜枚举，尤其是来自民间的捐赠品可以增加藏品数量，充实博物馆库房，丰富馆藏资源。由此可见，充分依靠社会各界的力量是博物馆文化传承保障体系中的重要环节。

# 参考文献

**一 著作类**

邓廷良：《羌笛悠悠：大地震后羌文化的保护与传承》，四川人民出版社2009年版。

邓佑玲：《民族文化传承的危机与挑战——土家语濒危现象研究》，民族出版社2006年版。

干春松等：《文化传承与中国的未来》，江西人民出版社2004年版。

郭齐家：《文明薪火赖传承——儒家文化与中国古代教育》，山东教育出版社2011年版。

蒿宁：《教育的嬗变和文化的传承》，湖南大学出版社2008年版。

蓝爱国、马薇薇：《文化传承与文化消费：电影产业的文化道路》，北京大学出版社2009年版。

李申申：《传承的使命：中华优秀文化传统教育问题研究》，人民出版社2011年版。

林华东：《历史、现实与未来：闽南文化的传承研究》，厦门大学出版社2011年版。

刘辉：《观音信仰民俗探源——本土观音民俗文化及其传承开发研究》，巴蜀书社2006年版。

刘慧群：《民间非物质文化的大学传承》，西南交通大学出版社2010年版。

刘正发：《凉山彝族家支文化传承的教育人类学研究》，中央民族大学出版社2007年版。

吕萍、邱时遇：《达斡尔族萨满文化传承》，辽宁民族出版社2009年版。

普丽春：《少数民族非物质文化遗产教育传承研究》，民族出版社 2010 年版。

乔馨：《教育人类学视野下的岩洞嘎老文化传承研究》，人民出版社 2011 年版。

容中逵：《传统文化传承论：全球化时代中国教育的文化责任》，广西师范大学出版社 2011 年版。

宋生贵：《当代民族艺术之路：传承与超越》，人民出版社 2007 年版。

谭建川：《日本文化传承的历史透视——明治前启蒙教材研究》，商务印书馆 2010 年版。

谭志满：《文化变迁与语言传承——土家族的语言人类学研究》，中国社会科学出版社 2010 年版。

王芳恒：《共性传承与个性张扬：中华民族精神与贵州民族文化传统关系研究》，民族出版社 2009 年版。

王军：《文化传承与教育选择：中国少数民族高等教育的人类学透视》，民族出版社 2002 年版。

王军等：《民族文化传承与教育》，中央民族大学出版社 2007 年版。

王志强：《学术、学派与文化传承》，宁波出版社 2017 年版。

杨竹芬：《非物质文化遗产保护与布朗族蜂桶鼓舞传承研究》，云南大学出版社 2017 年版。

姚朝文、袁瑾：《都市发展与非物质文化遗产传承》，北京大学出版社 2009 年版。

张仲谋：《非物质文化遗产传承研究》，文化艺术出版社 2010 年版。

赵世林：《云南少数民族文化传承论纲》，云南人民出版社 2002 年版。

郑培凯：《口传心授与文化传承》，广西师范大学出版社 2006 年版。

## 二 论文类

白庚胜：《民间文化传承论》，《河南大学学报》2007 年第 1 期。

白珍、张世均：《基诺族民族文化传承的现状调查与分析》，《西南民族大学学报》2009 年第 8 期。

鲍海丽：《社区教育：民族文化传承的有效途径》，《中国民族教育》2011 年第 9 期。

曹能秀：《少数民族地区的学校教育和民族文化传承》，《云南师范大学学报》2007年第2期。

曹能秀等：《论民族文化传承与教育的关系》，《云南民族大学学报》2009年第5期。

曹学娜：《推动传统文化在网络文化中的传承与发展》，《理论探讨》2010年第4期。

陈永典，汪季石：《新时代大别山红色文化的伦理价值及其传承》，《中南民族大学学报》2021年第12期。

窦坤、刘新科：《中国传统文化的当代价值及其传承》，《西北农林科技大学学报》2010年第3期。

高小康：《非遗活态传承的悖论：保存与发展》，《文化遗产》2016年第5期。

葛承雍：《中华文化遗产的历史形态与当代意义》，《中国文化研究》2011年第2期。

郭相颖：《孝道与中华传统文化的传承》，《重庆社会科学》2009年第1期。

韩红杰：《中国传统文化传承事业的形式化危机及对策》《新疆社会科学》2005年第1期。

韩美群、周小芹：《近二十年来非物质文化遗产数字化传承研究回顾与展望》，《中南民族大学学报》2022年第1期。

和少英：《民族文化保护与传承的"本体论"问题》，《云南民族大学学报》2009年第2期。

李虎：《论传承人流动与少数民族非物质文化遗产保护》，《中南民族大学学报》2018年第5期。

李牧：《民俗的表演性：表演理论、活态传承与公共文化实践》，《民俗研究》2022年第1期。

李穆玲：《构建和谐社会与优秀传统文化的传承》，《沈阳师范大学学报》2008年第3期。

李庆华、张博：《全面推进乡村振兴视阈下优秀乡土文化的传承与创新》，《学习与探索》2021年第9期。

李先明、成积春：《中华优秀传统文化传承体系的构建：理论、实践与路径》,《南京社会科学》2016 年第 11 期。

李亚楠、平锋:《乡村振兴战略背景下非物质文化遗产的传承创新研究——以天琴艺术为例》,《广西民族研究》2021 年第 5 期。

李勇:《地域性少数民族传统造型艺术的文化传承与保护》,《甘肃社会科学》2010 年第 5 期。

吕进、何佳佳:《传承与重塑：文化记忆视角下优秀传统文化发展探析》,《重庆大学学报》2022 年第 3 期。

罗正副:《文化传承视域下的无文字民族非物质文化遗产保护省思》,《贵州社会科学》2008 年第 2 期。

马知遥、常国毅:《非物质文化遗产保护与传承深化阶段——2011—2020 年热点问题研究综述》,《原生态民族文化学刊》2021 年第 6 期。

彭晓烈、高鑫:《乡村振兴视角下少数民族特色村寨建筑文化的传承与创新》,《中南民族大学学报》2018 年第 3 期。

秦宣:《关于增强中华文化认同的几点思考》,《中国特色社会主义研究》2010 年第 6 期。

容中逵:《当代中国传统文化传承不力之社会学成因（上）》,《教育理论与实践》2011 年第 2 期。

容中逵:《当代中国传统文化传承不力之社会学成因（下）》,《教育理论与实践》2011 年第 10 期。

容中逵:《当代中国传统文化传承的三种语境》,《社会科学战线》2009 年第 3 期。

孙占元:《中国共产党对中华优秀传统文化的传承和创新发展》,《山东社会科学》2022 年第 1 期。

汪春燕:《从民族政策视角论民族文化传承》,《西北民族大学学报》2006 年第 1 期。

王凤玲:《中原传统文化传承三路径》,《求索》2010 年第 4 期。

王剑兰、赵勇、赵彩花、李祖华:《南岭民族走廊瑶族文化传承研究》,《黑龙江民族丛刊》2021 年第 2 期。

王廷信:《文化变迁与傩文化的当代传承》,《民俗研究》2022 年第 2 期。

吴爱月:《侗族传统教育与文化传承》,《广西民族大学学报》2006 年第 6 期。

晏鲤波：《少数民族文化传承综论》，《思想战线》2007 年第 3 期。

杨志文等：《爱国主义教育与本土文化传承》，《社会主义研究》2006 年第 6 期。

易玲，肖樟琪，许沁怡：《我国非物质文化遗产保护 30 年：成就、问题、启示》，《行政管理改革》2021 年第 11 期。

袁凤琴，刘柯兰，罗露：《乡村振兴背景下民族文化传承场域重构研究》，《贵州民族研究》2021 年第 4 期。

张福三：《论民间文化传承场》，《民族艺术研究》2004 年第 2 期。

张晓：《关于西江苗寨文化传承保护和旅游开发的思考——兼论文化保护与旅游开发的关系》，《贵州民族研究》2007 年第 3 期。

张祝平：《文化民生视域下乡村优秀传统文化传承与发展研究》，《农业经济》2022 年第 2 期。

章龙飞：《中华文化的复苏、创新与复兴》，《社会科学》2010 年第 3 期。

赵鹤龄：《在现代化进程中我国朝鲜族传统文化传承问题的思考》，《黑龙江民族丛刊》2010 年第 1 期。

赵世林：《论民族文化传承的本质》，《北京大学学报》2002 年第 3 期。

钟志勇：《学校教育视野中的民族传统文化传承》，《民族教育研究》2008 年第 1 期。

# 后　　记

本书是笔者主持的国家社科基金重大招标项目"中华优秀传统文化传承体系研究"的研究成果。课题研究自2012年6月开始，2018年6月结项。

参加研究和本书撰写的有段超、田敏、柏贵喜、向柏松、崔榕、徐红、庾华、李然、高卫华、林毅红、尹旦萍、姚磊、黄雅薇、马振、莫代山、黎帅、李锦云、冉红芳、贾梦梦等。

课题组相关成员围绕中华优秀传统文化的民间传承、学校传承、开发利用传承、博物馆传承、数字化技术传承等专题，到湖北、湖南、重庆、四川、内蒙古、宁夏、甘肃、广西、海南、云南等省、市、自治区的相关文化企业、高校、中小学、博物馆、乡村社区进行田野调查，形成了20多篇调研报告，发表了学术论文20多篇，多篇论文被人大复印资料《民族问题研究》《文化研究》和《新华文摘》全文转载和摘要，《关于完善非物质文化遗产保护传承政策法规的建议》被国家社科基金办《成果要报》采用，资政报告《关于加强国家民委所属高校中华优秀传统文化传承工作的建议》获国家民委领导批示，《民族地区大中小学开展中华优秀传统文化教育的内容、做法、经验与对策》被教育部社科司采纳，为教育部出台中小学开展中华优秀传统文化传承工作文件提供了重要参考。

感谢课题组全体同志的努力，感谢中南民族大学雷振扬、李吉和教授对书稿提出的宝贵意见，感谢中国社会科学出版社的大力支持。

段超<br>2022年6月于武汉南湖寓所